AGOSTINO PARAVICINI BAGLIANI

Der Leib des Papstes

Eine Theologie der Hinfälligkeit

Aus dem Italienischen übersetzt
von Ansgar Wildermann

VERLAG C.H. BECK MÜNCHEN

Der Übersetzung liegt folgende Ausgabe zugrunde:
Agostino Paravicini Bagliani, Il corpo del papa

Mit 16 Abbildungen

Die Deutsche Bibliothek – CIP-Einheitsaufnahme

Paravicini Bagliani, Agostino:
Der Leib des Papstes : eine Theologie der Hinfälligkeit /
Agostino Paravicini Bagliani. Aus dem Ital. übers. von
Ansgar Wildermann. – München : Beck, 1997
(C. H. Beck Kulturwissenschaft)
Einheitssacht.: Il corpo del papa ⟨dt.⟩
ISBN 3-406-42694-8

ISBN 3 406 42694 8

Für die deutsche Ausgabe:

Satz: Fotosatz Janß, Pfungstadt.
Druck und Bindung: Freiburger Graphische Betriebe
Gedruckt auf säurefreiem, alterungsbeständigem Papier
(hergestellt aus chlorfrei gebleichtem Zellstoff)
Printed in Germany

Inhalt

Zweiter Teil
Der Tod des Papstes

Dritter Teil
Leiblichkeit

Epilog
Bonifaz VIII.

Für Martine, Lorenzo und Clelia

Gerhart B. Ladner
und Anneliese Maier
in memoriam

Einleitung

1. 1277 lebte in Viterbo, einer an Heilquellen reichen Stadt, die damals vorübergehend Sitz der römischen Kurie war, Witelo, der größte mittelalterliche Fachmann der Optik. Nach Viterbo war er gelangt als Gesandter König Ottokars von Böhmen, der sich damals um die Kaiserkrone bewarb. In seinem Traktat *Perspectiva* erzählt Witelo, der polnischer Herkunft war, daß er wiederholt am Abend zu einem Wasserfall nahe der Bäder von Lo Scoppio gegangen sei, um dort in den herabstürzenden Wassermassen die Brechung des Sonnenlichts zu beobachten.

Witelo sagt nicht, welche Kurienbeamte ihn begleiteten, um die physikalischen Gesetze des Regenbogens zu entschleiern; doch wissen wir aus anderen Quellen, daß damals am Papsthof noch vier andere Gelehrte lebten, welche die Probleme des Lichts und des Sehens studierten. Der gerade regierende Papst Johannes XXI. (Petrus Hispanus) war ein berühmter Arzt und hatte einen bekannten Traktat der Augenheilkunde geschrieben. Der englische Franziskaner John Peckham, Lektor der Theologie am *Studium Curiae*, einer Art Hochschule am Papsthof, war der Verfasser der «Allgemeinen Perspektive» *(Perspectiva communis)*, so genannt weil diese Abhandlung in fast allen Schulen jener Zeit als Lehrbuch diente. Der päpstliche Kaplan Campanus von Novara hatte einen Kommentar zu den Elementen des Euklid verfaßt und damit der wissenschaftlichen Optik ein wichtiges mathematisches Hilfsmittel bereitgestellt. Der Dominikaner und päpstliche Pönitentiar Wilhelm von Moerbeke, Übersetzer des Aristoteles und mehrerer griechischer naturwissenschaftlicher Werke, hatte Forschungen über die Philosophie des Lichtes begonnen, von denen Witelo in der Widmung seiner *Perspectiva* mit Bewunderung spricht.

Bereits zehn Jahre früher hatte Roger Bacon in seinen großen, Papst Klemens IV. übersandten Werken, häufig Fragen der Optik behandelt. Der gelehrte Franziskaner aus Oxford hatte dem Papst sogar eine selbständige optische Abhandlung übersandt, den Traktat «Über die Strahlen» *(De radiis)*. In einem Jahrzehnt also (1267–77) wurden die wichtigsten mittelalterlichen Werke der Optik, die bis weit über die Renaissance hinaus ohne Unterbrechung studiert wurden, am Papsthof zu Viterbo geschrieben oder fanden hier ihre ersten Leser.

2. Das Bestehen eines solchen Gelehrtenkreises am Papsthof warf ganz neue und unvermutete Probleme auf. Meine Überraschung wuchs noch, als ich feststellte, daß Roger Bacon in seinen Schriften mit Nach-

druck eine auf das erste Hinsehen seltsame Frage behandelte: Ob es dem Menschen möglich sei, wieder jung zu werden und das Altern aufzuhalten, ob also der Mensch sein Leben verlängern könne. Nach Roger Bacon waren die Wissenschaft vom Licht und die Wissenschaft der Lebensverlängerung eng miteinander verbunden. Einzig die Experimentalwissenschaften – Optik, Astronomie und Alchemie – waren fähig, den Menschen zu verjüngen oder zumindest das Altern anzuhalten. Diese Bemerkungen Roger Bacons zeigten mir, daß auch für das Problem der Lebensverlängerung die Mittlerrolle dieser Gelehrtenelite am Papsthof von großer Wichtigkeit war.

Doch welche Bedeutung hatte dieses auffallende Interesse der Päpste und Kardinäle an all jenen Wissenschaften, die um die Natur und den menschlichen Leib kreisten und die erst seit kurzem dank der arabischen Wissenschaft (Avicenna, Alhazen) ins Abendland gelangt waren? War es ein rein theoretisches Interesse, das einzig auf Wissen zielte, oder steckte mehr dahinter? Kurzum, die Stellung, die diese mächtige wissenschaftliche Bewegung am Papsthof des 13. Jahrhunderts in einer «Geschichte des Leibes» zu haben schien, warf neue Fragen auf, unumgänglich für ein volles Verständnis des Papsttums. Die erste lautet: Welchen Platz hat der physische Leib des Papstes in der Geschichte des Papsttums? Wie wurde der Gegensatz zwischen der physischen Leiblichkeit eines jeden Papstes und der Ewigkeit der Institution gelebt und bewältigt? Wie hat die Kirche das gefährliche Machtvakuum nach jedem Papsttod institutionell gemeistert? Jeder mittelalterliche Christ mußte seinen Leib abtöten, und ein langes Leben war nicht unbedingt ein Gut, aber wie steht es mit dem Papst? War das Wohl des Leibes und ein langes Leben nicht notwendig für das Heil der Kirche? Der Papst ist heilig, aber auch er ist der Sünde unterworfen. Wie hat die Kirche mit dieser gefährlichen Spannung gelebt? Jeder menschliche Leib wird zu Staub und Asche. Wie steht es mit dem Leichnam des Papstes? Warum sind die Päpste bis in die Neuzeit einbalsamiert worden? Das waren einige der Fragen, die mich nicht mehr losgelassen haben.[1]

3. Auf die Frage, was mit dem eigenen Leichnam nach dem Tode geschieht, gaben die Testamente der Kardinäle des 13. Jahrhunderts mir wertvolle Auskünfte.[2]

Einige Kardinäle, vor allem französischer Herkunft, bestimmten, den Leichnam zu zerstückeln und auszuweiden, um so die Überführung an den testamentarisch festgesetzten Bestattungsort zu erleichtern. Andere jedoch, und hier vor allem die italienischen Kardinäle, verzichteten lieber auf einen ehrwürdigen Bestattungsort, zum Beispiel die Peterskirche, als den eigenen Leichnam zerstückeln zu lassen, was unumgänglich war, wenn der Bestattungsort sehr entfernt war.

Ein weiteres wichtiges Problem einer «Geschichte des Leibes» ist die Unverletzlichkeit des Leibes. Auch darüber unterrichten uns päpstliche Dokumente des 13. Jahrhunderts. In den Jahrzehnten des ausgehenden 13. Jahrhunderts wurde um diese Frage erbittert gestritten. Bonifaz VIII. entschied sie schließlich durch ein Machtwort. Seine Dekretale *Detestande feritatis abusum* aus den Jahren 1299/1300 verbot, den Leichnam eines Verstorbenen auszukochen oder zu zerstückeln.

In einem ganz persönlichen Ton sprach sich der Papst feierlich und leidenschaftlich für die Unverletzlichkeit des Leibes aus. Dies entsprach ganz der Anthropologie Roger Bacons, daß die innerleibliche Harmonie aller vier Elemente – des Feuchten, Trockenen, Warmen, Kalten – Vorbedingung jeder Lebensverlängerung sei. Da nun die Traktate Roger Bacons ihre erste Verbreitung am Papsthof gefunden hatten, so war es nur natürlich, sich zu fragen, ob Benedikt Caetani, der zukünftige Papst Bonifaz VIII., diese Theorien nicht vielleich dort kennen gelernt hatte.[3] Kurz, auch diese berühmte Bulle, in der Bonifaz VIII. mit der ganzen Macht seiner Person einen Entscheid gefällt hatte, warf manche Fragen auf für eine «Geschichte des Leibes».[4]

4. Die Testamente der Kardinäle und Bonifaz' VIII. Bulle verweisen uns auf die Empfindlichkeiten und Einstellungen von Einzelpersonen gegenüber ihrem eigenen Tod. Reinhard Elze war jedoch noch weiter gegangen und hatte die Frage gestellt, welche Bedeutung der Tod des Papstes innerhalb der Institution des Papsttums habe. Seine Überlegungen waren von grundlegender Wichtigkeit, weil sie auf einen Widerspruch aufmerksam machten.[5]

Ausgangspunkt Elzes war ein Bericht Jakobs von Vitry über die Ausraubung des aufgebahrten Papstes Innozenz III. Jakob erzählt, daß bei seiner Ankunft in Perugia, das damals vorübergehend Sitz der Kurie war, Papst Innozenz III. bereits tot, aber noch nicht bestattet war. In der Nacht vom 16. zum 17. August 1216 nun raubten Unbekannte die kostbaren Gewänder, mit denen der Papst bestattet werden sollte, und ließen seinen Leichnam, der bereits zu verwesen begann, halbnackt in der Kirche liegen. Jakob von Vitry sagt, daß er in die Kirche gekommen sei und dort mit eigenen Augen habe sehen können, wie flüchtig und nichtig der verführerische Glanz dieser Welt sei.

Elze dehnte seine Forschungen über den Tod des Papstes auf das gesamte Mittelalter und auch auf die Renaissance aus. Er fand andere Berichte über ähnliche Vorfälle und kam zum Schluß, daß es eine Art Gesetz gebe, welches für die gesamte Geschichte des Papsttums Gültigkeit habe. Das, was dem aufgebahrten Leichnam Innozenz' III. widerfahren war, sei kein Zufall und kein Einzelfall gewesen, sondern spiegele auf sehr genaue Weise eine allgemeine Wahrheit: Der Papst hat nicht zwei Leiber wie der König, sondern nur den einen natürlichen

Leib, der geboren wird und wieder stirbt. Was bleibt, ist Christus, die römische Kirche, der Apostolische Stuhl, nicht aber der Papst.[6]

5. Die Überlegungen Reinhard Elzes führten Theorien weiter, die Ernst Hartwig Kantorowicz in seinem berühmten Buch «Die zwei Körper des Königs» entwickelt hatte. Der König hat zwei Leiber: einen physischen, der sterben muß, und einen institutionellen, der nie stirbt, sondern im Königtum stets weiterlebt.[7] Kantorowicz war auch auf Probleme eingegangen, die den Papst betrafen, freilich nur am Rande, um Gedanken von Juristen des 13. Jahrhunderts über die Leiblichkeit von Kaiser und Papst zu erläutern. Scharf arbeitete er den Unterschied zum Königtum heraus: Die Könige verewigen sich in der Institution, die sie verkörpern; Papst und Kaiser jedoch nicht.

Reinhard Elze hatte die Aufmerksamkeit auf ein von der Forschung bisher vernachlässigtes Problem gelenkt: den Tod des Papstes. Damit öffnete er den Weg für weitere Forschungen über den Leib des Papstes ganz allgemein. Vor dem Hintergrund des Schrifttums über die Möglichkeiten der Lebensverlängerung, von dem ich ausgegangen war, warf die Episode von Perugia neue Fragen auf. Wie kann man diesen Widerspruch erklären zwischen der allgemein üblichen Hinfälligkeitsrhetorik, der sich auch Jakob von Vitry bedient, und dem Interesse einzelner Päpste an den Möglichkeiten der Verjüngung des Leibes. War es ein reiner Zufall, wenn über zwei offensichtlich so widersprüchliche Gegenstände – Hinfälligkeit des Leibes und Lebensverlängerung – die Quellen innerhalb eines Zeitraums von nur wenigen Jahrzehnten so reich flossen?

6. Neue Fragen warfen auch die Arbeiten von Julian Gardner und Ingo Herklotz über die römischen Grabdenkmäler des 13. Jahrhunderts auf. Wie es schon der von Angiola Maria Romanini angeregte Kongreß «Rom um 1300» deutlich gemacht hatte, konnten sie zeigen, daß im Europa des ausgehenden 13. Jahrhunderts Rom ein Kunstzentrum von größter Bedeutung war.[8]

Konnte die Geschichte des Todes des Papstes vereinfacht werden auf den bloßen Gegensatz von Hinfälligkeit des Leibes und Ewigkeit der Kirche? Wenn der Papst stirbt und nicht in der Kirche weiterlebt, verliert der Leichnam damit wirklich alle Zeichen der antiken *maiestas*?

Des weiteren: wenn der Papst bei seinem Tode jede *potestas* verlor, in welcher Weise und in welcher Gesinnung versuchte die Institution Kirche mit Hilfe von Riten das Machtvakuum zu überbrücken, das der Tod eines Papstes unvermeidlich schuf. Mußte man in diesem Zusammenhang nicht von neuem die Rolle der Kardinäle untersuchen, welche seit 1059 das ausschließliche Recht der Papstwahl hatten?

7. Solche Fragen verwiesen auf Probleme von Ernst H. Kantorowicz, der die Ursprünge des dynastischen Kontinuitätsbewußtseins der Kö-

nige des Spätmittelalters und der Renaissance untersucht hatte. Für Kantorowicz lagen diese Ursprünge in den Überlegungen gewisser Kanonisten des 11. und 12. Jahrhunderts zum Thema «Die Würde ist unsterblich» *(dignitas non moritur)*. Er hatte jedoch nur das Königtum im Auge; er fragte nicht, welche Folgen diese Theorie für die Ekklesiologie und die Zeremonien der Römischen Kirche hatte. Dieses von Kantorowicz freigelassene Problemfeld war immens. Beim Versuch, die immer verwickelter werdenden Probleme um den Leib des Papstes systematisch zu erforschen, erwies sich von großer Wichtigkeit die Art und Weise, wie das Papsttum versucht hatte, den Übergang der Papstwürde von einem Amtsträger zum anderen zu ritualisieren. Dieses Problem mußte, so schien mir, ganz neu untersucht werden, nicht nur wegen des Fehlens von Einzelstudien, sondern auch aus Gründen der Chronologie. Denn die ersten hier und da gefundenen Hinweise zeigten nämlich, daß innerkirchliche Überlegungen über die durch den Tod des Papstes aufgeworfenen Probleme erheblich früher auftauchten als die von Kantorowicz und Giesey für das Königtum angeführten Zeugnisse.

8. Die Bedeutung des physischen Leibes eines Herrschers hängt ganz davon ab, welcher Art seine Herrschaft ist. Und hier unterscheidet sich der Papst grundsätzlich vom König und auch vom Kaiser, denn seine Gewalt ist nicht weltlich und politisch, sondern geistlich und kirchlich.

So gesehen lautete die zentrale Frage: Wie sah die römische Kirche den Gegensatz zwischen der naturgegebenen physischen Hinfälligkeit des Papstes und der Ewigkeit der Institution; wie löste sie die Spannung zwischen der menschlichen Bedingtheit des Papstes und der Ausübung eines überpersönlichen Amtes? Mit welchem rhetorischen und rituellen Instrumentarium versuchte die Kirche, die möglichen Konflikte zwischen der Leiblichkeit des Papstes und seiner hohen überzeitlichen Würde zu bewältigen? Wollte man die Geschichte des «Leibes des Papstes» nicht um eine wesentliche Dimension verkürzen, so durften diese Fragen nicht übergangen werden.

Wie sollte man vorgehen, um zu Antworten zu gelangen? Eine große Hilfe waren mir die Vorarbeiten zweier hervorragender Kenner des mittelalterlichen Papsttums, Michele Maccarrone und Gerhart Burian Ladner. Dank ihrer Studien war es mir möglich, auf festem Grund die Geschichte der Metaphern und Bilder nachzuzeichnen, welche die Römische Kirche zwischen dem 11. und 13. Jahrhundert um die Person des Papstes geschaffen hatte.[9]

9. Die Geschichte des Papsttums im dreizehnten Jahrhundert ließ durchblicken, daß es eine Vielzahl von Möglichkeiten gab, dieses schwierige Problem anzugehen. Aber das 13. Jahrhundert genügte nicht als Quellenbasis; man mußte die Forschungen auch auf andere Epochen der Papstgeschichte ausdehnen, wollte man ein vollständiges Bild er-

halten von den Problemen um Individuum und Institution, Hinfälligkeit der Person und Ewigkeit des Amtes, Flüchtigkeit der Macht und Dauer des Ruhms, Selbsterniedrigung und Erhöhung, Körperpflege und rituelle Reinigung, Sterblichkeit und Langlebigkeit. Freilich blieb das 13. Jahrhundert stets der hauptsächliche Bezugspunkt, denn in diesem Jahrhundert – so meine anfängliche Vermutung – stellte sich das Problem der Leiblichkeit des Papstes zum ersten Mal in seiner ganzen Vielfalt.

Für die Geschichte der «Leibsorge» *(cura corporis)* und der Lebensverlängerung *(prolongatio vitae)*, von der meine Forschungen ihren Ausgang genommen hatten, habe ich mich auf die Zeit von Innozenz III. bis Bonifaz VIII. beschränkt, um die Intensität des damaligen Interesses für alle Fragen des Leibes erschöpfend und adäquat darzustellen. Dem Pontifikat Bonifaz' VIII. wurde dabei ganz besondere Aufmerksamkeit geschenkt, denn er scheint eine Art Epilog zu sein.

Die Gegebenheiten des 13. Jahrhunderts können jedoch nicht mechanisch auf andere Epochen der Papstgeschichte übertragen werden. Auch dürfen wir nicht annehmen, daß es die Probleme, die im 13. Jahrhundert so plötzlich auftauchen, in anderen Epochen nicht gegeben habe. So wurde, um nur ein Beispiel aus neuester Zeit anzuführen, einer der bekanntesten Spezialisten für «Alter und Verjüngung»[10] zweimal nach Rom gerufen, um Papst Pius XII. zu behandeln, das erste Mal im Dezember 1954, das zweite Mal am 8. Oktober 1958, einen Tag vor dem Tode des Papstes.[11]

10. Die Quellen, welche uns gestatten, diesem vielschichtigen Thema in allen seinen Verästelungen nachzugehen, sind sehr vielfältig und sehr verstreut. Von immer größerer Wichtigkeit erwiesen sich mir im Laufe meiner Forschungen die Zeremonienbücher der Römischen Kirche vom 11. bis zum 15. Jahrhundert, die nun gut erschlossen sind dank der Edition durch den vor kurzem verstorbenen Pater Marc Dykmans S. J. und dank der grundlegenden Forschungen Bernhard Schimmelpfennigs über die Textüberlieferung und über die Symbolik des mittelalterlichen Papstzeremoniells.[12]

Die Interpretation dieser *ordines* – so werden im Mittelalter gewöhnlich die Zeremonienbücher genannt – bietet jedoch eine Reihe von Schwierigkeiten; die größte ist, daß mittelalterliche Zeremonienbücher selten der gelebten Wirklichkeit entsprechen.[13] Dennoch habe ich dieses Entstehen von immer neuen Zeremonien in der römischen Kirche jener Jahrhunderte genau studiert, nicht so sehr, um zu wissen, ob die vorgeschriebenen Riten tatsächlich beobachtet wurden, sondern als Zeugnisse für Überlegungen, die auf ganz natürliche Art innerhalb der Institution des Papsttums entstanden waren und sich dort weiterentwickelt hatten.

Von Beginn an war mir klar, daß eine so weitgespannte, mehrere Jahrhunderte umfassende Darstellung jenen Zeiten ganz besondere Aufmerksamkeit schenken mußte, in denen diese Probleme heftig diskutiert wurden und für den Papsthof von großer Wichtigkeit waren. Aber auch Zeiten des Schweigens, in denen solche Probleme keine Wichtigkeit am Papsthof hatten, waren zu bedenken. Nur eine chronologische Darstellung gestattete, historische und institutionelle, ekklesiologische und kulturelle Bedingungen aufzuzeigen, welche für eine Geschichte des Verhältnisses zwischen der Leiblichkeit des Papstes, seiner menschlichen Hinfälligkeit, und dem päpstlichen Amt von Bedeutung waren.

Vielleicht war es mit einem wachen Bewußtsein für diese vielfachen Bedingungen möglich, hinter das starre System der Zeremonien zu sehen.

11. Ausgangspunkt meiner Forschungen über die «Geschichte des Papstleibes» war das außergewöhnliche Interesse des Papsthofes des 13. Jahrhunderts für Medizin und Naturwissenschaft. Ich war zufällig darauf gestoßen, als ich den Lebensläufen von Gestalten wie Witelo, Campanus von Novara, Wilhelm von Moerbeke, Simon von Genua und anderen nachging, die alle an der Kurie gelehrt oder geschrieben hatten. Bereits die Aufgeschlossenheit der Päpste für alles, was die Sorge um den Leib *(cura corporis)* und die Verlängerung des Lebens *(prolongatio vitae)* betraf, legten nahe, eine umfassende Darstellung zu versuchen. Die Arbeiten der oben genannten Forscher sowie der Wunsch, diese neue Sensibilität für den Leib in die Gesellschaft und in die Institution einzubetten, welche diese neue Sensibilität hervorgebracht oder begünstigt hatten, bewogen mich, alle aussagekräftige Elemente zu befragen, darunter auch Riten und Symbole.

In den Mittelpunkt meiner Aufmerksamkeit rückte schließlich nicht nur der physische Leib im engen Sinne, der «Leib der Ärzte und Anatomen», sondern jenes subtile Spiel der Beziehungen zwischen dem Papst als «Leibwesen» und dem Papst als «Amtsperson». Der Begriff «Leib» meint also nicht nur den physischen Körper, sondern zugleich auch Hinfälligkeit und Unschuld des Lebens. So gesehen überschreiten meine Forschungen den Rahmen einer bloßen Medizingeschichte des Papsthofes oder einer Geschichte der Sorge der Päpste für die eigene Gesundheit. Hier soll versucht werden zu erfassen, ob und in welcher Weise während des von mir abgesteckten Zeitraums diese beiden Ebenen der Leiblichkeit – der Leib als physischer Körper und der Leib als Symbol der menschlichen Hinfälligkeit – sich zueinander verhielten. Gab es eine Art Komplementarität oder gab es hier einen Widerspruch?

Die Fragen, die sich mir im Laufe meiner Forschungen immer deutlicher aufdrängten, waren: Ist beim Papst die Leiblichkeit nicht stets in irgendeiner Art an sein hohes Amt gebunden? Gehört nicht auch der

«Leib des Papstes» zu einer vollständigen Geschichte des römischen Papsttums des Hoch- und Spätmittelalters?

Um die in diesem Buche vorgelegten Forschungen zu einem guten Ende zu bringen, bedurfte es des Rates von Freunden, welche Freundschaft und kritische Diskussion der hier aufgeworfenen Fragen zu vereinigen wußten. Carlo Ginzburg hat mir so – freundschaftlich und kritisch – während der gedanklichen Ausarbeitung und der Niederschrift dieses Buches zur Seite gestanden. Ja, man könnte sogar sagen, seine freundschaftliche Herausforderung in Los Angeles während meiner Lehrtätigkeit am Departement of History der UCLA hat mich bewegt, meine Forschungen fortzusetzen.

Während meines Aufenthaltes in Los Angeles und in allen Jahren darauf konnte ich über all diese Probleme mit Gerhart B. Ladner sprechen, einem der besten Kenner der Ideen und Ideale des mittelalterlichen Papsttums. Es waren Gespräche, welche eine alte Freundschaft fortsetzten, die in den Sälen der Vatikanischen Bibliothek begonnen hatte und die mir immer sehr kostbar war.

In der Vatikanischen Bibliothek war es Anneliese Maier, die große Historikerin der mittelalterlichen Wissenschaft, welche mich während der beiden letzten Jahre ihres Lebens in unvergeßlichen, fast täglichen Gesprächen zu den mittelalterlichen Naturwissenschaften hinführte. Michele Maccarrone lehrte mich durch seine Forschungen über Innozenz III., deren Entstehung ich im Innern seiner Forscherwerkstatt verfolgen konnte, mit welcher Geduld man den Mäanderbewegungen der Ideen und Ideale des mittelalterlichen Papsttums nachgehen mußte.

Ein Studienaufenthalt in Oxford, wo mir das All Souls College seine Gastfreundschaft als Visiting Fellow gewährte, gestattete mir, Ziel und Inhalt meiner Forschungen zu präzisieren. Die Seminare in Paris an der Ecole pratique des Hautes Etudes en Sciences Sociales auf Einladung von Jacques Le Goff, Jean-Claude Schmitt und Alain Boureau und am von André Vauchez geleiteten Seminar für Religionsgeschichte waren für mich sehr wichtige Gelegenheiten zur Diskussion und Reflexion. Gelegenheit, die hier behandelten Probleme zu diskutieren, sowie fruchtbare Anregungen gaben mir zahlreiche Seminare am Centro Ettore Majorana per la Cultura Scientifica in Erice im Rahmen des *International Workshop on Medieval Societies* und des *International Seminar on Frederick II.* Das Gleiche gilt für die «Lezioni Comparettiane» an der Scuola Normale Superiore von Pisa.

Das lebhafte Interesse von Georges Duby für meine Forschungen war mir eine große Hilfe. Claudio Leonardi tat mir den Freundesdienst, das Manuskript zu lesen. Francesco Santis anregende Freundschaft hat mich während meiner mühevollen Arbeit stets begleitet. Seine Anregungen und Vorschläge finden sich auf zahlreichen Seiten dieses Buches.

Mit Rat und Hilfe haben mir beigestanden, bisweilen ohne es zu wissen, die Freunde Gilmo Arnaldi, Jacques Chiffoleau, Jean Coste (†), Chiara Crisciani, Julian Gardner, Christiane Klapisch-Zuber, Michel Pastoureau, Michela Pereira und Pierre Toubert sowie meine Mitarbeiter an der Universität Lausanne Bernard Andenmatten, Jean-Daniel Morerod und Véronique Pasche. Allen, und ganz besonders Louis Duval Arnould, Skriptor der Vatikanischen Bibliothek, gilt mein allerherzlichster Dank.

Martine, Clelia und Lorenzo wissen, daß ohne ihre nachsichtige Geduld dies Buch nie geschrieben worden wäre.

Erster Teil

DER LEIB ALS SINNBILD

I.
Hinfälligkeit und Flüchtigkeit

Das kurze Leben des Papstes

Juni 1064. Petrus Damiani (1007–72), einer der großen Anreger der Kirchenreform des 11. Jahrhunderts, sendet Papst Alexander II. (1061–73) eine kleine Abhandlung, die ein auf erste Sicht höchst kurioses Problem behandelt: «Warum lebt das Haupt der Römischen Kirche nicht länger? Warum stirbt der Papst bereits nach kurzer Zeit?»[1]

Diese Frage war ungewohnt und mutig. Ungewohnt, denn niemand hatte bis zu diesem Zeitpunkt über die Kürze des Lebens der römischen Päpste nachgedacht; mutig, denn Petrus Damiani schrieb seinen Traktat für einen Papst, der erst seit wenigen Jahren im Amt war. Gerade zu dieser Zeit, im Juni 1064, hatte eine Synode zu Mantua Alexander II. als rechtmäßigen Papst anerkannt und damit das Schisma beendet, das zwei Jahre vorher durch die Wahl Cadalus' zum Gegenpapst (Honorius II.) wieder aufgebrochen war.[2]

Wie Petrus Damiani berichtet, war es Papst Alexander II. selbst, der ihn gebeten hatte, über einen seltsamen Zufall nachzudenken: Keiner seiner Vorgänger hatte länger als vier oder fünf Jahre regiert.[3] Um diese beunruhigende Tatsache zu verstehen, richtete Petrus seinen Blick auf die Geschichte des Papsttums und sah das «Papstbuch» *(Liber Pontificalis)* durch, die offiziöse Sammlung von Papstbiographien. Dabei entdeckte er eine noch überraschendere Konstante der Papstgeschichte: Kein Papst hatte jemals so lange regiert wie der heilige Petrus, der nach einer alten frühchristlichen Überlieferung fünfundzwanzig Jahre lang Vorsteher der Kirche von Rom gewesen war.[4] Die Papstlisten des «Papstbuches» zeigten es in aller Deutlichkeit: Kein Papst hatte je die «Jahre des Petrus»[5] erreicht, geschweige denn übertroffen. Diese Entdeckung muß Petrus Damiani sehr beeindruckt haben, denn im Jahr 1064, in dem er diesen Brief schrieb, stand man drei Jahre vor der Tausendjahrfeier des Todes des heiligen Petrus.[6]

Da Petrus Damiani dem Papste sehr nahestand und unbestrittene Autorität besaß, konnte er sofort eine erste – unbequeme – Folgerung ziehen: die Kürze des Lebens ist Wesensmerkmal des Papstes. Eine ähnliche Gesetzmäßigkeit findet sich in keiner anderen Kirche des Erdkreises, und auch kein König wird davon betroffen.[7] «Der Heiland der Welt wurde von der Jungfrau während der langen Regierungszeit des Kaisers Augustus, welche 56 Jahre betrug, geboren, und König David, dessem Geschlecht Jesus angehörte, herrschte 40 Jahre.» Die beiden wichtigsten Herrschaftszeiten der Geschichte, scheint Petrus Damiani sagen zu wollen, waren um vieles länger als jede Herrschaft eines Papstes, und nicht einmal die kurzen Regierungszeiten anderer Herrscher waren so kurz wie die der Päpste.[8]

Für Petrus Damiani war also Kürze das charakteristische Merkmal des Lebens eines jeden Papstes. Gerade dadurch unterschied sich der Papst von einem Bischof oder von einem König. Sie zeigte, daß der Papst verschieden von jedem anderen Herrscher dieser Erde war. Sie war von Gott gewollt, sie war «ein von der Vorsehung angeordnetes Geheimnis, um dem gesamten Menschengeschlecht, angefangen bei seinem Haupte, die Furcht vor dem Tode einzuflößen, damit der Glanz dieses zeitlichen Lebens verachtet werde». Der Papst – «der erste unter allen Menschen» *(praecipuus hominum)* – muß innerhalb kurzer Zeit sterben, und der Schrecken über ein solches Ereignis wird jeden Sterblichen bewegen, mit Sorge an seinen eigenen Tod zu denken. «Wenn der Baum des Menschengeschlechts sieht, daß seine Spitze so leicht fällt, so werden alle seine Zweige von dem mächtigen Wind der Furcht geschüttelt werden.»[9] Der Schrecken, den der Tod des Papstes einflößt, ist einzigartig und unvergleichlich, denn er birgt eine universelle Botschaft. Stirbt nämlich ein Papst, «so fürchten alle bis in die verschreckten Eingeweide das Ende des eigenen Lebens».[10] Der Tod des Papstes ist eine feierliche Warnung; er erinnert alle Menschen an die Nichtigkeit des Ruhms dieser Welt und mahnt sie, sich auf den eigenen Tod vorzubereiten.

Stirbt ein König, so verliert ein einziges Königreich sein Haupt; stirbt jedoch der Papst, so verliert der gesamte Erdkreis seinen Vater. Das läßt sich sehr einfach zeigen, sagt Petrus: «Was weiß Afrika von den Königen Asiens, und was weiß Äthiopien von den Königen des Abendlandes?» Die Könige kennen nicht die anderen Könige, weder die lebenden noch die verstorbenen, weil sie so weit entfernt voneinander leben. Da die weltlichen Herrscher so voneinander abgesondert sind durch die Grenzen ihrer Reiche, dringt die Kunde von ihrem Tod nicht in die anderen Teile der Welt. Ganz anders jedoch die Nachricht vom Tode des Papstes: sie breitet sich in allen Königreichen aus, denn der Papst ist der «allgemeine Bischof» *(episcopus universalis)*, der Bischof aller Kirchen der Christenheit.[11] Der Tod eines Königs erregt dem gegenüber sehr viel weniger Schrecken, denn Herrscher sterben oft durch das Schwert, und sie sind stets den verschiedensten Todesarten ausgesetzt. Das Leben des Papstes dagegen vollendet sich gemäß dem Gesetz der Natur. Daher erregt auch die Nachricht von seinem Tode sehr viel größeren Schrecken.[12]

Nach diesen Bemerkungen legt Petrus in seinem Briefe lang und breit dar, daß alles Geschaffene – Himmel, Erde, Luft und Wasser mit allem, was in ihnen lebt – eine Harmonie bildet und mit Weisheit und Güte für das Glück und den ausschließlichen Nutzen des Menschen geschaffen worden sei. Wasser und Erde tun sich zusammen, um für den Menschen Gras und Bäume hervorzubringen. «Das Gras wandelt sich um in Tiere, und die Tiere werden fett, um sich dem Menschen als wohlschmeckende Speise anzubieten.» Alle Tiere des Himmels, der Erde und des Wassers dienen dem Menschen und unterstehen seiner Gewalt. Alle Elemente der Natur – Luft, Wärme, Wasser, Erde – tun sich zusammen, um dem Menschen eine wunderbare Vielfalt von Gaben zu bereiten.[13]

Dieses Loblied auf die Harmonie der Schöpfung umfaßt mehr als die Hälfte des ganzen Briefes und ist fast ein kleiner Traktat für sich. Es ist daher nicht verwunderlich, wenn der Titel dieses Briefes in acht Handschriften aus zwei Fragen besteht: «Warum lebt der Papst nicht länger?» und «Warum dient die gesamte Schöpfung den Bedürfnissen des Menschen?»[14] Dieser Exkurs ist aber nur oberflächlich betrachtet eine Abschweifung vom eigentlichen Thema des Briefes, denn hier geht Petrus Damiani genauer und eingehender auf die Pflicht des Menschen zur Demut ein. Zunächst betrachtet er das Menschengeschlecht ganz allgemein: Der Mensch kann zwar über die Schöpfung verfügen, aber er ist nur Mensch, wenn er auch sich selbst als Teil der Schöpfung sieht und Gott, seinen Schöpfer, anerkennt. Hält er sich nicht an die Gebote Gottes, so ist er nicht mehr Mensch. Beachtet er Gott nicht, so wird auch Gott ihn nicht beachten. Nach Ijob (25,5) sind nicht einmal die Sterne rein vor Gott, um so weniger der Mensch, der nichts als «Fäulnis» *(putredo)* ist.[15] In diese Pflicht zur Demut wird stillschweigend auch der Papst miteingeschlossen. Sogar Abraham, dem die höchste Würde zuteil wurde, die ein Mensch erwerben kann, nämlich mit Gott zu sprechen, und der mit Gott vertrauten Umgang hatte, mußte seine Niedrigkeit eingestehen. Er rief aus: «Ach, ich habe mich unterfangen, mit meinem Herrn zu reden, wiewohl ich Staub und Asche bin.» (Gen. 18,27)[16]

Sofort nach diesem Exkurs beschreibt Petrus dem Papst Demutsriten, die in Konstantinopel bei der Kaiserkrönung üblich waren:

> Bei den Griechen gibt es folgenden Brauch: Wenn der Kaiser mit den kaiserlichen Insignien, mit Krone und Szepter geschmückt ist, wenn die Ersten des Reiches ihm huldigen und wenn er durch singende Chöre empfangen wird, dann tritt ihm jemand entgegen, der in einer Hand ein Gefäß mit Knochen und Asche trägt, in der anderen aber ein feingeflochtenes Wergbündel mit nach unten hängenden feinen Fäden. Er zündet dieses Bündel an, und augenblicklich wird es durch die Flammen verzehrt. Das eine soll ihn daran

> erinnern, was er ist; das andere daran, was er hat. Die Asche zeigt ihm, daß er Asche ist; das brennende Werg erinnert ihn an den Tag des Jüngsten Gerichts, wenn die ganze Welt in Flammen aufgehen wird. Indem er betrachtet, wie nichtig er selbst ist und wie flüchtig alles ist, was er besitzt, wird er weniger überheblich sein wegen seines Aufstiegs zum Gipfel der Macht. Es gibt keinen Zweifel daran, daß der Besitzer und all sein Besitz dem gemeinen Los unterworfen sind; daher soll der, welcher auf den höchsten Gipfel der Würde angelangt ist, sich darob nicht voller Stolz aufblähen.[17]

Am Ende des Briefes wird der Mensch durch Petrus Damiani erneut aufgefordert, die wunderbare Schöpfungsordnung zu bewundern und das Verdienst nicht sich, sondern dem Schöpfer zuzuweisen. Die gesamte Natur dient dem Menschen und ist ihm unterworfen, aber das ist ein unverdientes Geschenk und nicht ein Recht. Deswegen soll der Mensch den Ruhm dieser Welt verachten; er soll in Erwartung des Jüngsten Gerichtes zittern und bedenken, daß «die Kraft des Fleisches schon jetzt trockener Staub ist». Alle Menschen sind dazu aufgerufen, vor allem aber jene, die den Gipfel weltlicher Ehre erreicht haben: der Kaiser von Byzanz, aber noch mehr der Papst. Als Beispiel und Vorbild berichtet Petrus Damiani als erster im Abendland die Demutsriten des byzantinischen Krönungszeremoniells. Der letzte Satz Damianis klingt wie eine deutliche Warnung: «Der so erhaben dasteht unter allen irdischen Geschöpfen, wird nur dann auch in der Herrlichkeit des Himmels wahrhaft groß sein, wenn er sich den Gesetzen seines Schöpfers unterwirft.»[18]

In seiner Antwort auf die Frage des Papstes spricht Petrus Damiani über drei grundlegende Themen: über die Lebenskürze der Päpste, über die alles Andere in der Schöpfung überragende Würde des Papstes und über seine menschliche Hinfälligkeit.

1. Wenn es wahr ist, daß Alexander II. die Frage gestellt hatte – und wir haben keinen Grund, daran zu zweifeln –, so war die Frage des Papstes durchaus verständlich. Für einen Papst, der gerade gewählt worden war, schien die kurze Lebenszeit seiner Vorgänger eine Art Todesurteil zu sein. Verbarg sich also hinter der Petrus Damiani gestellten Frage die Angst, bald zu sterben? Paradoxerweise ist die ganz vom Thema der Lebenskürze geprägte Antwort Damianis in einem gewissen Sinn eine Trostschrift. Auch wenn kein Papst länger als Petrus gelebt hat, so sind doch einige Päpste sehr nahe an dessen Amtszeit von 25 Jahren herangekommen. Selbst wenn die Kürze der Lebenszeit eine Konstante der Papstgeschichte war, so konnte Alexander II. immer noch hoffen, länger zu regieren als seine Vorgänger. Schließlich waren 25 Jahre damals eine lange Zeit, es war fast der Zeitraum einer Generation.

2. Das Neue in den Ausführungen Damianis war die Entdeckung, daß kein Papst die «Jahre des Petrus» jemals überschritten hatte. Von dieser Entdeckung ausgehend entwickelte Petrus Damiani eine regelrechte Theorie der päpstlichen Lebenskürze, eine Theorie, die sich auf eine einzigartige geschichtliche Tatsache stützte und nach der sich die Päpste von jedem anderen Herrscher unterschieden. Gerade weil die historische Konstante bereits tausend Jahre Gültigkeit hatte – vergessen wir nicht, daß Petrus seinen Traktat keine drei Jahre vor der Tausendjahrfeier (67–1067) des Todes des heiligen Petrus schrieb –, gerade deswegen mußte sie auch gottgewollt sein. Damit wurde dieses simple historische Faktum für jeden Papst eine sehr eindringliche Mahnung zur Demut.

3. In diesen Brieftraktat über die Kürze des Papstlebens läßt Petrus Damiani die neuesten und kühnsten Formulierungen der Überlegenheit des Papstes einfließen. Die von ihm hier gebrauchten Ausdrücke sind in der Tat sehr stark und kaum noch zu überbieten: Der Papst ist «der erste unter den Menschen» *(praecipuus hominum)*, «Gipfel und Spitze des Menschengeschlechts» *(cacumen et vertex humani generis)*, «alleiniger Vorsteher der ganzen Welt» *(unus omni mundo praesidens)*, «König der Könige und Fürst der Kaiser» *(rex regum et princeps imperatorum)*, «der allen gemeinsame Vater» *(communis pater)*.

Diese Ausdrücke zeigen, daß keiner mehr als Petrus Damiani sich des Vorrangs des Bischofs von Rom bewußt war. Die Bezeichnungen des Papstes als König der Könige, Fürst der Kaiser, universaler Bischof *(rex regum, princeps imperatorum, universalis episcopus)* bezeugen «ein neues Bewußtsein für die Papstautorität, das in der vorangehenden Epoche sehr verdunkelt worden war».[19]

Das ist nicht unwichtig. Petrus Damiani spricht über die Kürze der Papstleben in eben dem Traktat, in dem er den Papst mit immer neuen Wendungen als den alle anderen Herrscher überragenden Oberherrn definiert. Ist aber der Papst nicht wie Abraham? Muß nicht auch er, der – wie Abraham – würdig ist, mit Gott zu sprechen, mehr als jeder andere daran denken, daß er nur Staub ist? Ist es unter allen Christen nicht der Papst, an den man die deutlichsten Ermahnungen zur Demut richtet und der sich den eindringlichsten Demutsriten unterwerfen muß? Gerade weil der Papst der «erste unter den Menschen» ist und «an Ehre und Würde über allen im Fleische Lebenden steht», ist ihm als einzigem Herrscher eine kurze Amtszeit zugewiesen. Die Betonung der leiblichen Hinfälligkeit des Papstes dient also gleichzeitig der Überhöhung der Papstwürde. Im vollen Bewußtsein dieser Tradition wird der um 1265 lebende Dichter Heinrich von Würzburg typisch damianische Wendungen benutzen, um den Gegensatz zwischen universalem Amt und persönlicher Hinfälligkeit auszudrücken: «‹Papst› ist ein kurzes Wort, aber die Macht dieses Wortes durchdringt Erdkreis und Himmelszelt.»[20]

4. Doch Achtung: Petrus Damiani sagt, der Papst sei allen, die im Fleische leben, an Ehre und Würde überlegen. «Weil der allmächtige Gott wollte, daß sein Leben der Erbauung aller Menschen diene, so wollte er auch, daß sein Tod dem Heil der Menschen diene.»[21] Mehr als der Tod jedes anderen Menschen ist also der Tod des Papstes ein Mittel zum Heil. Auch dies war ein Argument, das die Ängste des Briefempfängers, Papst Alexander II., beruhigen konnte. Für Petrus Damiani waren also Leben und Tod des Papstes gleichermaßen bedeutungsschwer: sie waren ein Modell für die gesamte Christenheit. Das Leben des Papstes ist so kurz, weil es so bedeutend ist.[22] Die Einzigartigkeit des Lebens und des Todes des Papstes fließt aus der Einzigartigkeit seines Ranges gegenüber allen anderen Bischöfen und weltlichen Herrschern. Sie verpflichtet ihn aber auch zu einem heiligmäßigen Leben: «Der Papst soll sich als Vater des Erdkreises betrachten, aber auch nie müde werden, so vielen Söhnen ein Vorbild zu sein.»[23]

5. Vergleicht man den Papst mit anderen Großen dieser Welt, so ist sein Tod von ganz besonderer Art. Er ist dem Tod jedes anderen Herrschers überlegen, da er einen größeren Schrecken einjagt. Petrus betont auch, daß der Tod des Papstes nicht gewaltsam, sondern friedlich und geregelt sei. Von diesem «natürlichen» Tod des Papstes unterscheide sich der Tod der Könige, denn Könige kommen oft durch das Schwert um, sterben also eines gewaltsamen, nicht «naturgemäßen» Todes.

Dieser gewaltsame Tod der Könige «rückt die fundamentale Diskontinuität jeder Königsherrschaft ins Licht, die Dramatik der Brüche und schwierigen Neuanfänge des magischen Königtums».[24] Der «natürliche» Tod der Päpste dagegen läßt sich in einen ordnungsgemäßen, vorhersehbaren Geschichtsablauf einbetten. Diese Natur- und Ordnungsgemäßheit des Papsttodes soll den Schrecken in Grenzen halten, der deswegen so heftig ist, weil er die gesamte Christenheit betrifft. Indem Petrus Damiani die universelle Bedeutung des Papsttodes betont, hebt er ihn scharf ab von der gemeinmenschlichen Sterblichkeit. Der Tod des Papstes betrifft nicht nur Rom, so wie der Tod eines Bischofs dessen Diözese und der Tod eines Königs dessen Königreich betrifft, sondern er geht die gesamte Christenheit, die ganze Kirche an.

6. Petrus Damiani begnügte sich nicht damit, seine Entdeckung der «Jahre des Petrus» dem Papste mitzuteilen; er sammelte auch Nachrichten über die Demutsriten der Kaiser von Konstantinopel und berichtete sie seinem päpstlichen Briefpartner. Nicht nur durch theoretische Erörterungen über die Kürze des Papstlebens und über die nie erreichbaren «Jahre des Petrus» sollte der Papst zur Demut bewegt werden, sondern auch durch die Beschreibung ganz bestimmter Zeremonien, mit denen

in Byzanz dem Kaiser die Flüchtigkeit seines Lebens und die Vergänglichkeit seiner Macht gezeigt wurden.

«Nie wirst du die Jahre des Petrus sehen»

Das Thema der Kürze des Papstlebens erscheint weniger als ein halbes Jahrhundert später erneut im *Liber Pontificalis*. Anlaß war der außergewöhnlich lange Pontifikat Paschals II. (1099–1118), der gut neunzehn Jahre lang regiert hatte. Diese Tatsache scheint dem Biographen so wichtig, daß er in seiner Lebensbeschreibung innehielt und von einer Vision berichtet, welche die Länge dieses Pontifikats betrifft.

Der unbekannte Autor berichtet, eine gewisse Person habe während eines Gottesdienstes dem Bischof von Alatri, Albert, einen Zettel gezeigt, auf dem die Worte geschrieben waren: *Quater quaterni ternique* (vier mal vier plus drei), was neunzehn ergibt. Bischof Albert reiste nach Rom, näherte sich dem neugewählten, auf dem Throne sitzenden Papst und rief aus: «Das, was ich gesehen habe, sehe ich durch Gottes Hilfe, und du wirst es sehen, solange du leben wirst.» Darauf sprach er laut die Worte der Prophezeiung – *quater quaterni ternique* –, die nach dem *Liber Pontificalis* nicht die bereits verflossenen Tage, Wochen oder Monate bezeichneten, sondern die Regierungsjahre, «die wir mit der Gnade Gottes erwarten können».

Der Sinn dieser – nachträglichen – Prophezeiung ist klar: Nur der Wille Gottes konnte einen Pontifikat rechtfertigen, der so außergewöhnlich lang war und den «fünfunzwanzig Jahren des Petrus» so gefährlich nahe kam.[25]

Auch die Lebensbeschreibung Kalixts II. (1119–24) im selben *Liber Pontificalis* beginnt den Bericht über den Tod dieses Papstes mit einer allgemeinen Bemerkung über die Kürze der Regierungszeit der Päpste: «Keine Macht dauert lange».[26] Doch hier hatte die Erinnerung an die Kürze des Lebens der Päpste einen politischen Hintergrund: Kalixt II. hatte lediglich fünf Jahre regiert, aber sein Pontifikat war politisch überaus erfolgreich gewesen. Durch das Konkordat von Worms (1122) mit dem Reich hatte er das Papsttum siegreich aus dem langwierigen und aufreibenden Investiturstreit herausgeführt. Der Ruhm dieses Pontifikats brauchte ein Gegengewicht: für den Autor der *Vita* war es die Kürze der Amtszeit Kalixts II.

Zwei Jahrzehnte später war es Bernhard von Clairvaux, der sich wiederholt über die Hinfälligkeit der physischen Person des Papstes äußerte. Bernhard zitiert nie Petrus Damiani, doch ist dessen Einfluß deutlich zu greifen. Bereits in seinem ersten Brief an Eugen III., den ersten Zisterzienserpapst der Geschichte, ermahnte der Abt von Clairvaux den neuen Papst, nie zu vergessen, daß er Mensch sei, «und stets den zu fürchten, der den Geist von den Herrschern nimmt». Bernhard suchte mit einem neuen Argument den Papst zu bewegen, an die Kürze des Lebens aller Päpste zu denken: «Wie viele Päpste hast du mit eigenen Augen innerhalb kurzer Zeit sterben sehen? Diese deine Vorgänger ermahnen dich: das Ende deiner Amtszeit ist nicht nur sicher, sondern auch nahe. Die kurze Dauer ihres Pontifikats zeigt dir die Kürze der dir zugemessenen Tage. Vergiß also nie im Glanze deines jetzigen Ruhms, den Tod zu bedenken; denn es ist sicher, daß du denen ins Grab folgen wirst, denen du auf dem Papstthron nachgefolgt bist.»[27]

Auch Bernhard erinnert also an die Kürze des Lebens der Päpste, um die menschliche Hinfälligkeit des Papstes in scharfen Gegensatz zu bringen zu der Hoheit des Amtes, doch setzt er neue Akzente: Das historische Faktum der Lebenskürze des Papstes wird nun sittliche Aufforderung an den regierenden Papst, sich beständig in Demut zu üben, so wie die vor ihm verstorbenen Päpste. Die unbestrittene Vorherrschaft des Papsttums eine Generation nach dem Konkordat von Worms (1122) veranlaßte Bernhard, die Demutsrhetorik noch zu radikalisieren. Mit großer, aus der monastischen Weltverachtungsrhetorik herkommender Schärfe verwies er auf Widersprüche und mögliche Konflikte zwischen dem so kultivierten Leben am Papsthof und der strengen Einfachheit des zisterziensischen Mönchtums.

> Du mußt deine Aufmerksamkeit aber neben der Frage, was du durch deine Geburt bist, auch der Frage zuwenden, in welchem Zustand du geboren wurdest, wenn du nicht um die Fruchtbarkeit und den Nutzen deiner Besinnung betrogen werden willst [...]. Besinne dich nackten Geistes auf deine Nacktheit, denn nackt kamst du aus dem Schoß deiner Mutter hervor. Oder kamst du schon mit der Mitra zur Welt? Warst du vielleicht schon mit funkelnden Edelsteinen geschmückt, in bunte Seide gehüllt, mit Federbüschen gekrönt oder mit Edelmetallen bedeckt? Wenn du all das wie die Wolken am Morgenhimmel, die rasch vorüberziehen und sich schnell verziehen werden, wegschiebst und vom Blick deiner Besinnung wegbläst, wirst du auf einen nackten, armen, armseligen und erbärmlichen Menschen stoßen, einen Menschen, der darunter leidet, daß er Mensch ist, der sich schämt, weil er nackt ist, der weint, weil er geboren wurde, und murrt, daß er überhaupt ist; einen Menschen, der für die Bürde, nicht für die Würde geboren wurde, einen Menschen, der, vom Weibe geboren, eben darum Schuld in sich trägt; der nur kurz zu leben hat und deshalb in Ängsten schwebt; der voll zahlloser Gebrechen ist und daher voller Tränen lebt.[28]

Die Warnung Bernhards von Clairvaux wird nicht in Vergessenheit geraten. Nur ein Jahrzehnt später spricht der erste und einzige englische Papst der Geschichte, Hadrian IV. (1154–59), über die Mühen des Papstamtes in Worten, die es verdienen, hier festgehalten zu werden. Wir kennen die Ausführungen des Papstes dank Johannes von Salisbury.[29] Ausgehend vom Titel «Diener der Diener Gottes» *(servus servorum Dei)*, der bereits damals gewöhnlich dem Papst zugeteilt wurde, sagt Johannes in seinem *Policraticus*:

> Wer bezweifelt schon, daß der Papst Diener der Diener Gottes ist? Dafür rufe ich als Zeugen an meinen Herrn Hadrian, dem Gott ein glückliches Leben gewähren möge. Nach seinen eigenen Worten lebt niemand erbarmenswerter, niemand elender als der römische Papst. Selbst wenn er keine andere Mühen hätte, die Last seines Amtes allein ermüdeten ihn in kürzester Zeit. Er selbst hat mir gestanden, er habe auf dem Papstthron soviel Elend erlebt, daß verglichen damit alle Bitterkeit der Vergangenheit ein Leben der Freude und des Glückes gewesen sei. Er sagte, der Thron des römischen Bischofs sei voller Dornen, das Bischofsgewand sei voll der schärfsten Stacheln und so schwer, daß es die stärksten Schultern wundreibe und niederdrücke. Wenn Krone und Mitra so weit leuchteten, so deshalb weil sie aus Feuer seien. Nie habe er gewünscht, den heimatlichen Boden Englands zu verlassen, wo er für immer im Kloster des heiligen Rufus ein verborgenes Leben hätte führen können, um ein Leben mit solchen Ängsten zu beginnen. Doch habe er nicht gewagt, der Fügung Gottes Widerstand zu leisten. Frage ihn selbst, solange er noch lebt, und glaube ihm, der dies alles selbst erlebt hat! Auch dies hat er mir häufig gestanden, daß sein Aufstieg Stufe um Stufe vom einfachen Klosterkleriker über alle Ämter zum obersten Bischof der Christenheit seinem früheren Leben nichts an Glück und Frieden hinzugefügt habe. Er sagte auch – und hier gebrauche ich seine eigenen Worte, denn er wollte nicht, daß vor meinen Augen etwas von ihm verborgen bliebe: «Gott hat mich immer zermalmt zwischen Hammer und Amboß; aber jetzt möge er mit seiner Rechten die Last, die er meiner Schwäche aufgeladen hat, stützen, denn sie ist zu schwer für mich.»[30]

Diese Gedanken, vielleicht die ältesten wörtlich überlieferten Demutsworte eines Papstes, wurden später von Petrarca in einem seiner Familienbriefe wiederaufgenommen. Petrarca schreibt:

> Wenig bekannt ist die Äußerung Papst Hadrians des Vierten, die ich in einer Sammlung philosophischer Anekdoten gelesen habe.

> Dieser Papst pflegte zu sagen, daß niemand unglücklicher sei als der römische Papst, daß kein Stand elender sei als der seine, und daß er äußerst schnell an das Ende seiner Kräfte gelange durch die ihm aufgebürdeten Mühen, selbst wenn er von niemandem bedrückt würde [...]. Er sagte, der Papstthron sei voller Dornen, der Mantel übersät mit Stacheln und so schwer, daß er die kräftigsten Schultern belaste und niederdrücke. Krone und Mitra leuchteten nur so hell, weil sie aus Feuer seien. Er sagte auch, daß er beim stufenweisen Aufstieg vom Kloster bis zur Papstwürde nie mehr den Frieden und die Ruhe seines früheren Lebens gefunden habe.[31]

Der erste lange Pontifikat nach Paschal II. war der von Alexander III. (1159–81). Robert von Torigny, ein französicher Chronist, der sehr empfänglich war für alles, was mit Zahlen zusammenhing, spielt ausdrücklich auf den Damianischen Topos an und bemerkt, daß sich nur drei der 174 Nachfolger des heiligen Petrus dessen 25 Regierungsjahren genähert hätten. Die Päpste Silvester I. (314–37) und Hadrian I. (772–95) hätten 23 Jahre regiert, Alexander III. (1159–81) zweiundzwanzig. Die ungewöhnliche Länge des Pontifikats Alexanders III. verlangte nach einer Erklärung; Robert von Torigny begründet sie, wie schon der Biograph Paschals II., mit der «besonderen Gnade der Vorsehung».[32]

Nach einem langen Schweigen von über zwei Jahrhunderten[33] spricht man erneut von den «Jahren des Petrus» anläßlich des Pontifikats Benedikts XIII. (1393–1423)[34]. Peter von Luna war am 23. Mai 1423 in Peñiscola nach einem Pontifikat von 29 Jahren gestorben, ohne die Absetzung durch das Konstanzer Konzil am 26. Juli 1417 je angenommen zu haben. Das von Petrus Damiani konstatierte Gesetz schien also seine Gültigkeit und damit dieses historische Faktum seinen Wert als Demutsmahnung verloren zu haben. Benedikt XIII. wurde jedoch von der kirchlichen Geschichtsschreibung des 15. Jahrhunderts nicht als legitimer Papst betrachtet. Im Gegenteil, die Tatsache, daß sein Pontifikat die «Jahre des Petrus» überschritten hatte, war ein weiteres Argument für seine Verurteilung und für das Auslöschen der Erinnerung, die seinen Pontifikat nun traf. Antonin von Florenz (1389–1459) sagte es mit aller Deutlichkeit: «Benedikt, der Apostat, begab sich, von allen verlassen, mit wenigen Getreuen nach Peñiscola. Dort verharrte er in seiner Halsstarrigkeit und übertraf schließlich die Jahre des Petrus; aber das alles gereichte ihm nur zu seiner Verdammung, und das mit Recht, denn er wollte nicht nur auf dem Thron Petri sterben, sondern auf dem Sterbebett sogar noch einen Nachfolger wählen lassen.»[35]

Nach der Verstoßung Benedikts XIII. aus der Reihe rechtmäßiger Päpste war das Gesetz der «Jahre des Petrus» wieder gültig. Die Botschaft dieses «Gesetzes», den Papst zur Demut zu bewegen, vermochte wieder zu wirken. Aber zum ersten Mal war seine Gültigkeit ernstlich in Frage gestellt worden. Vielleicht hat das den spanischen Theologen Rodrigo Sanchez de Arevalo († 1470) bewogen, die Beweisführung des Petrus Damiani kritisch zu untersuchen. Er tat dies in seinem Werk «Spiegel des menschlichen Lebens» *(Speculum vitae humanae)*, das – so wie der Brieftraktat Damianis – einem Papst gewidmet ist: Paul II. (1464–71).[36] Auch Arevalo denkt nach «über die Gründe und Ursachen dieser Lebenskürze, die einzig die Päpste trifft und nicht andere Monarchien und Fürstentümer«.[37]

Die päpstliche Lebenskürze nennt er ein großes Unglück. «Es ist wahr» – so sagt er – «die Päpste werden schnell hinweggerafft; sie sterben in so kurzer Zeit nach ihrer Thronbesteigung, daß nach dem heiligen Petrus, der die Kirche 25 Jahre lang geleitet hat, keiner seiner Nachfolger einen ebenso langen Pontifikat hatte.»[38] Fast wörtlich übernimmt er die geschichtliche Beweisführung Damianis, wenn er in seinem Traktat sagt, daß selbst in allerjüngster Zeit kein Papst länger als einige wenige Jahre regiert habe.[39]

Die Argumente, die der spanische Theologe anführt, um nachzuweisen, daß die göttliche Vorsehung mit guten Gründen das Leben der Päpste abkürze, sind nicht neu. Die so kurzlebigen Päpste folgen nur dem Beispiel Christi, der «in der Mitte seiner Jahre aus dem Leben gerissen wurde». Die Lebenszeit liege ganz in der Hand des ewigen Gottes, der sie wie ein gerechter Herr so an seine Diener und Getreue verteile, daß keiner hochmütig werde ob der empfangenen Wohltat und keiner den anderen wegen seines Glückes beneide.[40] Neu hingegen ist Arevalos entschiedener Einspruch gegen die Leichtfertigkeit, mit der Damiani dieses historische Faktum zu einem Gesetz gemacht hatte. Die Lebenskürze der Päpste ist für Arevalo mitnichten eine «Prerogative des Papstthrons». Ganz im Gegenteil; diese Kürze der Amtszeiten kann sehr gefährlich sein für die Einheit der Kirche, weil die schnell aufeinanderfolgenden Tode der Päpste Kirchenspaltungen begünstigen. Der frühzeitige Tod des Papstes kann keine Eigentümlichkeit des Papsttums sein, denn die Kirche soll nach dem Willen des Herrn ewig dauern, und es wäre daher höchst absurd, daß jeder Papst nur kurze Zeit auf dem Throne Petri sitzen soll.

Die Kritik Arevalos an Petrus Damiani hat einen ganz bestimmten Zweck: Sie soll die Päpste darauf hinweisen, daß sie nur dann «zahlreiche und glückliche Tage» sehen werden, wenn sie fähig sind, die Kirche gut zu regieren und ihre Ehre zu mehren. Arevalo sagt: «Wenn der römische Bischof die Kirche rechtschaffen und fromm regiert, so lebt er lang, selbst wenn er tatsächlich nach seiner Thronbesteigung nur noch wenige Jahre lebt; denn er hat sich um die Kirche verdient gemacht und seine der Zahl nach nur wenigen Lebensjahre waren lebenserfüllte

Zeit.» Andererseits gilt aber auch: «Lebt der römische Bischof nicht rechtschaffen und fromm, so hat er die Kirche nur kurze Zeit geleitet, mag in Tat und Wahrheit sein Pontifikat auch hundert Jahre gedauert haben, denn all diese Jahre waren nichts als verlorene, tote, unfruchtbare Zeit. Der Papst, der die Kirche fromm regiert, denkt ununterbrochen an den Tod, ja er sehnt sich nach ihm; zu Recht lebt nur geringe Zeit, wer das Leben gering achtet.»[41]

Bei Sanchez de Arevalo wird also dieser Topos der «Lebenskürze» Aufruf an den Papst, die wenigen ihm zugemessenen Jahre ein vorbildliches Leben zu führen. Jeder Papst steht also vor folgendem Dilemma: entweder er vervollkommnet aufs höchste sein Erdenleben, oder die Zeit seines Pontifikats schrumpft zusammen zu einem Nichts; die Lebenszeit – mag sie auch noch so viele Jahre umfassen – wird tote Zeit. In den Ausführungen Arevalos ist das sittliche Element sehr viel stärker als das rituelle oder rhetorische. Es ist nicht wichtig, ob das Leben nun kurz ist oder lang, das Einzige, was zählt, ist der Geist, die Heiligkeit, nicht aber der Leib und die ihm zugeteilte biologische Lebenszeit. Die Kirche bedarf gar nicht eines solch äußerlichen Zeichens wie der kurzen Lebensdauer ihres Oberhauptes, denn das einzig Wesentliche ist das sittliche und politische Tun des Papstes. Der Kirche dienlich ist auch nicht jenes andere von Petrus Damiani erwähnte Wirkungsmittel: der durch die Häufigkeit der Papsttode erregte Schrecken vor dem Tode. «Vielleicht» – so sagt Arevalo – «sind wir sehr viel betrübter über den frühen Tod eines in der Blüte seiner Jahre hingerafften Jünglings als über den natürlichen Tod eines alten Mannes.»[42] Der Papst soll die Kürze seines Lebens der Kirche aufopfern. Nur wenn er die physische Lebensdauer aufopfert zugunsten eines heiligmäßigen und vorbildlichen Lebens, kann sein Leben wahre Länge gewinnen. Das Leben des Papstes ist kurz, und nur geistlich kann es verlängert werden. Einzig die Qualität und Intensität seiner Tätigkeit vermag Kürze in Länge zu verwandeln. Sanchez de Arevalo zögert daher nicht, in seinem Traktat, der immerhin an Paul II. gerichtet ist, eine ernsthafte Mahnung an jene römischen Bischöfe zu richten, die zu sterben fürchten, die möglichst lange leben wollen und die gar beklagen, daß sie nicht aus dem Leben «scheiden», sondern «herausgerissen» werden. Die Päpste sollen sich nicht irreleiten lassen durch den Wunsch, das eigene Leben zu verlängern.[43]

Im 16. und 17. Jahrhundert wird der Topos der «Jahre des Petrus» erneut in Frage gestellt. Pietro Aretino wünschte Papst Paul III. (1534–49) ganz offen, daß er die «Jahre des Petrus» überschreite:

Or per piú grado suo, per piú suo merto
Fa forza al tempo e lo ritorna indietro
Perché ei varchi d'assai gli anni di Pietro.[44]

Da er so hohe Würde, so große Verdienste besitzt,
Tut er Gewalt der Zeit an und hält sie zurück,
Denn er wird um vieles die Jahre des Petrus überschreiten.

Etwas später widmete der Arzt Tommaso Rangoni von Ravenna den Päpsten Julius III. (1550–55), Paul IV. (1555–59) und Pius IV. (1559–65) ein Werk über die Möglichkeit, das Leben auf über 120 Jahre zu verlängern. Bei jeder Papstwahl veröffentlichte Rangoni erneut seinen ganzen Traktat, nur das Titelblatt wurde geändert. In einem Anhang sagt er ausdrücklich, daß der Papst mit Hilfe eines Elixiers und anderer medizinischer Kunstgriffe «die Jahre des Petrus» sehen könne und noch mehr.[45]

Mit Urban VIII. (1623–44) kommt es zu einer wichtigen Neubeurteilung dieses Topos. Ein Geistlicher – so wird berichtet – soll dem Papst auf dem Sterbebett mit leiser Stimme zugeflüstert haben: «Du wirst nicht die Tage des Petrus sehen» *(non videbis dies Petri)*, worauf ihm der sterbende Papst sofort geantwortet habe: «Das gehört nicht zum Glauben», *non è di fede*[46]. Dennoch wurde dieser Topos nicht vergessen. Der niederländische Oratorianer Guillaume de Bury bemerkt in seinem seinerzeit sehr verbreiteten Abriß der Papstgeschichte, Leo X. sei sehr jung im Alter von nur 30 Jahren Papst geworden, aber dennoch bereits zehn Jahre später gestorben. Und er fügt folgende Verse hinzu, welche die Feststellung Damianis wiederholen:

Sint licet assumpti iuvenes ad pontificatum
Petri annos potuit nemo vedere tamen.

Selbst wenn sie als Jünglinge den Papstthron bestiegen,
vermochte niemand die Jahre des Petrus zu sehen.[47]

Um 1800 kommen erneut zwei aufeinanderfolgende Pontifikate den «Jahren des Petrus» sehr nahe. Pius VI. (1775–99), der letzte Papst des 18. Jahrhunderts, erreichte fast die angebliche Regierungszeit des heiligen Petrus: sein Pontifikat dauerte genau 24 Jahre, 6 Monate und 14 Tage. Diese ungewöhnliche Länge der Amtszeit war für seine Zeitgenossen gottgewollt und heilsam für die Kirche. «Silvester I., Hadrian I., Leo III., Alexander III. und Pius VI. regierten länger als alle anderen, damit sie besser der Kirche in ihrer Not beistehen konnten.»[48] Und als sein unmittelbarer Nachfolger Pius VII. (1800–23) sich ebenfalls den «25 Jahren des Petrus» näherte, wurden ihm bereits vorher überschwengliche Glückwunschgedichte gewidmet.[49] Ungefähr zur selben Zeit jedoch begann man, die historische Exaktheit der fünfundzwanzig Amtsjahre des heiligen Petrus zu bezweifeln. Mehrere enzyklopädische Werke, die manchmal keinen engen Bezug zur Papstgeschichte hatten, sprachen nicht mehr von fünfundzwanzig, sondern von zweiunddreißig Regierungsjahren des hl. Petrus (ein Jahr weniger als die Lebensjahre Christi).[50]

Der erste Papst, welcher die sogenannten «Jahre des Petrus» erreichte, war Pius IX. (1846–78). 1871 feierte der Papst des 1. Vatikanischen Konzils sein fünfundzwanzigjähriges Krönungsjubiläum. Das war vier Jahre nach den Feiern zum 1800. Todestag des Apostels im Jahre 1867 und etwas mehr als 800 Jahre nach dem Brief Damianis aus dem Jahre 1064, in dem zum ersten Mal dieses historische Faktum einem Papste mitgeteilt worden war. Dieses Ereignis blieb von den Zeitgenossen nicht unbeachtet. Zur Erinnerung daran, daß Pius IX. als erster Papst die «Jahre des Petrus» errreicht hatte, wurden in den großen römischen Basiliken (St. Peter am Vatikan, St. Johann im Lateran, Groß Sankt Marien) und auch in anderen Kirchen (Santa Maria in Via Lata, San Teodoro) Gedenktafeln angebracht.[51] Um zu zeigen, daß dieses vermeintliche «Gesetz» keine Gültigkeit hatte, wurden die Worte Urbans VIII. auf seinem Sterbebette, *non è di fede*, nachträglich auch Pius VIII. zugeschrieben; bereits zu Beginn seines Pontifikats soll er erklärt haben, daß die «Jahre des Petrus» keine Glaubenssache seien.[52]

Der Nachfolger Pius' IX., Leo XIII. (1878–1903) feierte am 4. März 1903, kurze Zeit vor seinem Tod, ebenfalls sein fünfundzwanzigjähriges Amtsjubiläum. Das «Gesetz» Damianis hatte damit endgültig seine Aufgabe verloren, den Papst zur Demut zu mahnen.

Mahnende Gräber und lärmende Gebeine

Nach diesem Gang durch nicht weniger als neun Jahrhunderte müssen wir nun erneut in die ersten Jahrzehnte des 11. Jahrhunderts zurückkehren.

Um die Kürze des Papstlebens zu begründen und um den Papst zur Demut zu bewegen, hatte Petrus Damiani eine Gesetzmäßigkeit der Papstgeschichte und eine Zeremonie des byzantinischen Krönungsrituals angeführt. Einige Jahrzehnte später tauchte das Thema der Hinfälligkeit und Flüchtigkeit in einer Legende auf, die sich an das Grabmal eines berühmten Papstes knüpfte, welches in der Kirche des Bischofs von Rom, der Lateranbasilika, stand. Der Tod des Papstes – und damit verknüpft die Kürze seines Lebens – war nun nicht mehr Gegenstand eines gelehrten Traktats, sondern wurde Teil des Volksglaubens.

Um die Mitte des 12. Jahrhunderts wird in einigen Fassungen der Legende Gerberts von Aurillac (Papst Silvester II., 999–1003) eine für unser Thema wichtige Begebenheit berichtet. Ist der Tod des herrschenden Papstes nahe, so beginnt das Grab Silvesters II. Feuchtigkeit auszuschwitzen. Wilhelm Godell, Verfasser einer zwischen 1135 und 1175 geschriebenen Chronik, erzählt, beim Herannahen des Papsttodes sondere das in der Lateranbasilika stehende Grab Silvesters II. soviel Feuchtigkeit ab, daß sich um das Grab herum eine Schlammpfütze bilde. Nahe jedoch der Tod eines Kardinals oder eines hohen Prälaten des Papsthofes, so sickere aus dem Grabmal gerade nur soviel Wasser, daß es zur Gänze feucht werde.[53]

Wilhelm Godell bekennt, er wisse nicht, ob diese ihm von anderen erzählte Tatsache auch wirklich wahr sei, und überlasse es daher dem Leser, sich hier seine eigene Meinung zu bilden.[54] Die Unterschiede in den je nach dem Rang der Persönlichkeit aus dem Grab sickernden Wassermengen finden sich auch bei Walter Map (1135–1200) in seinem Werk «Belustigungen von Höflingen» *(De nugis curialium)*. Stehe der Tod des Papstes bevor, so fließe aus dem Grabmal ein Rinnsal Wasser; sterbe jedoch eine hochgestellte Persönlichkeit des Papsthofes, so sickere aus dem Grab drei, vier oder fünfmal weniger Wasser.[55] Die Menge des aus dem Grab des Papstes sickernden Wassers entspricht also genau dem Rang des Prälaten, dessen Tod unmittelbar bevorsteht.

In Rom selbst erwähnt einzig der Diakon Johannes in seiner Papst Alexander III. (1159–81) gewidmeten «Beschreibung der Lateranbasilika» das todverkündende Ausfließen von Wasser, und er bemerkt, diese Erscheinung errege jedesmal großen Schrecken. Auch Johannes selbst ist sehr beeindruckt. Er glaubt an eine übernatürliche Ursache, denn der Standort des Grabes bietet nach ihm keine hinreichende Erklärung. «In dieser Säulenhalle» –so sagt er – «ruht Gerbert, Erzbischof von Reims, der als Papst den Namen Silvester II. trug. Obwohl sein Grabmal nicht an einer feuchten Stelle liegt und auch bei sehr trockener Luft sickert aus dem Grab Wasser, was großes Erstaunen hervorruft.»[56] Das Motiv des aus dem Grabmal rinnenden Wassers ist also für das 12. Jahrhundert in Rom belegt. Freilich erwähnt Johannes mit keinem Wort, daß dieses Wasser den nahen Tod des Papstes oder eines hohen Prälaten ankündigt. Warum? Aus Unwissenheit? Aus Scheu? Es ist schwierig, hier eine Antwort zu geben. Sicher ist: Der Diakon Johannes schrieb für einen Papst, Alexander III., und er schrieb zum Ruhme der Lateranbasilika, deren Vorrang die Chorherren von Sankt Peter damals begannen, ernstlich zu erschüttern.

Aber warum war es gerade dem Grab Gerberts bestimmt, den nahen Tod von Päpsten und Kardinälen anzuzeigen?

Eine Erklärung bietet vielleicht die Geschichte der Lateranbasilika, wo sich das Grab Silvesters II. befand. In den ersten Jahrzehnten des 12. Jahrhunderts war die Lateranbasilika die bevorzugte Begräbnisstätte der Päpste geworden. Von 496 bis 824 waren alle Päpste bis auf drei in der Peterskirche bestattet worden. Aber im 10. Jahrhundert wurde diese Tradition unterbrochen: Johannes X. (914–28), Agapit II. (946–55), Silvester II. (999–1003) sowie Silvesters unmittelbarer Nachfolger Johannes XVII. (1003) und Sergius IV. (1009–12), fanden ihre letzte Ruhe im Lateran.[57] Nach einer längeren Unterbrechung beginnt dann mit Paschal II. eine neue Folge von Papstbestattungen im Lateran.[58] Von den zwölf in Rom verstorbenen Päpsten des 12. Jahrhunderts wurden nicht weniger als zehn in der Lateranbasilika bestattet. Von Paschal II. bis Coelestin III. (1191–98) war die Kirche des Bischofs von Rom die bevorzugte Grablege der Päpste.[59]

Innozenz II. (1140–43) und Anastasius IV. (1153–54) wählten als Grab sogar Porphyrsärge; das war im lateinischen Westen geradezu eine Wiederentdeckung dieses kaiserlichen Steines schlechthin.[60] Innozenz II. ließ aus der Engelsburg den Sarg Kaiser Hadrians überführen[61], Anastasius IV. aus ihrem Grab an der Via Labicana den auf allen Seiten mit Triumphszenen geschmückten Sarg Helenas, der Mutter Konstantins des Großen[62]. Der Papst rechtfertigte seine überraschende Entscheidung mit dem Vorwand, das Grabmal der Kaiserin sei geplündert worden und berge nicht mehr ihre Gebeine.[63]

Bietet diese Todesmahnung des Grabmals Silvesters II. nicht einen Gegensatz zu den neuen Bestattungsgewohnheiten der Päpste, die nun offen die Kaiser nachahmten?[64] Antwortet die Legende des Magierpapstes mit seiner Erinnerung an den nahen Tod nicht auf diese unerhörte Neuigkeit, daß Päpste sich wie Kaiser in Porphyrsärgen bestatten ließen? Wer bot sich besser an zu solcher Mahnung als der kaisernahe Papst Silvester II., der einer der wichtigsten Ratgeber Kaiser Ottos III. († 1002) gewesen war bei dessen Versuch, das Römische Reich zu erneuern?[65]

Die Legende bereicherte sich um einen neuen Zug im ausgehenden 13. Jahrhundert. Der Dominikaner Martin von Troppau, der diese Legende in seiner Papst- und Kaiserchronik berichtet, fügt dem aus dem Sarg sickernden Wasser noch das Rumoren der Gebeine hinzu. Er sagt über Silvester II: «Begraben ist er in der Laterankirche, und zum Zeichen dafür, daß er Gottes Barmherzigkeit erlangt hat, kündet sein Grab durch das Lärmen der Gebeine oder durch aussickerndes Wasser den nahen Tod des Papstes an. So steht es geschrieben in der Grabinschrift.»[66]

Warum rückt Martin von Troppau hier das aussickernde Wasser an die zweite Stelle? Im 13. Jahrhundert starben eben die meisten Päpste außerhalb Roms; der Lateran war nicht mehr wie früher die Grablege der Päpste. Zudem wurde seit Beginn des Jahrhunderts der Vatikan neben dem Lateran Sitz der Kurie. Der von Innozenz III. (1198–1216) gebaute Vatikanpalast wurde von Innozenz IV. (1243–54) erweitert und durch Nikolaus III. um 1280 umgebaut.[67] Unmerklich lockert Martin von Troppau die Gebundenheit der Legende an einen ganz bestimmten

Ort. Die Mahnung geschieht nun nicht nur durch aussickerndes Wasser, sondern auch durch das Scharren der Gebeine. Die durch die Legende vermittelte Botschaft wird dadurch nur noch eindringlicher: Mehr noch als das aus den Steinen des Grabmals sickernde Wasser sind es nun die im Grab lärmenden Gebeine eines Papstes, die den nahen Tod des herrschenden Papstes ankünden. Und diese Ankündigung betrifft ganz allein den Papst; bei Martin von Troppau werden Kardinäle und hohe Würdenträger des Papsthofes nicht mehr erwähnt.

Das Papyruskissen

Die ersten Jahrzehnte des 12. Jahrhunderts, in die uns die Silvesterlegende geleitet hat, scheinen besonders wichtig zu sein in der Geschichte päpstlicher Demutsriten. Dies zeigt auch das zwischen 1140 und 1143 zusammengestellte erste nachgregorianische Zeremonienbuch der römischen Kirche. Der von einem gewissen Benedikt geschriebene *Ordo XI* enthält eine Reihe von Demutsriten, die für uns besonders wichtig sind und die wir daher mit der größten Sorgfalt untersuchen müssen.

Benedikt beschreibt eine seltsame Zeremonie, die an jedem Aschermittwoch gefeiert wurde. An diesem Tag – so Benedikt – begibt sich der Papst barfuß zur Kirche Santa Sabina auf dem Aventin. Am Ende der Messe nimmt ein Geistlicher ein Papyrusblatt und taucht es in das flüssige Wachs einer Kerze. Er wischt das Wachs ab und trägt diesen Papyrus dann sofort zum Lateranpalast, noch bevor der Papst dort angekommen ist.[68] Bei der Ankunft des Papstes im Lateran spricht ein Kleriker die Bitte: «Herr, gib den Segen!» Der Papst gibt seinen Segen und der Kleriker spricht: «Heute wurde der Gottesdienst *(statio)* in der Kirche Santa Sabina gefeiert, welche dir ihren Gruß übermittelt.» Der Papst antwortet darauf: «Dank sei Gott.» Ein Akoluth reicht nun dem Papst den wachsgetränkten Papyrus, und der gibt ihn einem Kammerherrn, der es sorgfältig bis zum Tode des Papstes aufbewahrt. Mit all diesen Papyri wird ein kleines Kissen ausgefüllt, das unter das Haupt des toten Papstes gelegt wird.[69]

Welches auch die kritischen Probleme sein mögen, dieser ausschließlich für den Papst bestimmte Ritus zeigt überraschende Ähnlichkeit mit einem Brauch der römischen Kaiserzeit.[70] Pompeius Festus berichtet, daß mit Bündeln aus Eisenkraut Kissen für die Häupter der Götter oder der verstorbenen Kaiser gemacht wurden.[71] Auch im Papstritus fehlt es nicht an Elementen, die auf eine bewußte Kaisernachahmung verweisen: Der Papyrus mußte dem Papst vor dem Lateranpalast gezeigt werden, der von Kaiser Konstantin gebaut worden war, und er mußte bis zum Tode des Papstes aufbewahrt werden. Innozenz II.

(1130–43), für den Benedikt diesen *Ordo XI* seines Zeremonienbuches zusammengestellt hatte, war – wie wir gesehen haben – der erste Papst, der in der Lateranbasilika in einem Porphyrsarkophag bestattet werden wollte.

Dies alles ist aber nicht genug, um den Symbolgehalt dieses Ritus auszuschöpfen. Der Papst ist zunächst ganz und gar untätig, wenn der Akoluth ihm den wachsgetränkten Papyrus zeigt; erst nach diesem öffentlichen Vorzeigen wird auch er tätig und küßt den Papyrus, das Symbol seines Lebens als Papst. Durch die jährliche Wiederholung wird diese Zeremonie ein Reinigungsritus für den ganzen Pontifikat. Nur die Erinnerung an ein heiligmäßig geführtes Leben kann den Papst über den Tod hinaus begleiten. So gesehen sind die Unterschiede zum Ritus der römischen Kaiserzeit offensichtlich. Der Papstritus zeigt sicherlich den Willen, einen alten römischen Brauch nachzuahmen, doch zugleich will er auch deutlich machen, daß der Papst von jedem anderen Herrscher verschieden ist. Der Papst ist nicht wie die anderen Herrscher, denn seine Herrschaft ist nicht nur weltlich, sondern auch geistlich, und das Leben des Papstes muß dessen würdig sein. Dies sind Gedanken, die bereits im Brief Petrus' Damiani über die Kürze des Lebens der Päpste auftauchen, die aber hier ihren Ausdruck in einer sehr schönen und tiefsinnigen Zeremonie finden.

Es ist leider unmöglich, etwas über die Geschichte dieser Zeremonie zu sagen, denn sie wird einzig im *Ordo XI* Benedikts erwähnt; sie findet sich in keinem anderen päpstlichen Zeremonienbuch. Bedeutet dieses Schweigen aller späteren Zeremonienbücher, daß man diesen Ritus wegen seines heidnischen Ursprungs aufgegeben hat? Oder fand man, daß Sinn und Ziel dieses Ritus, nämlich den Papst zur Demut zu mahnen, nicht einsichtig genug und nur schwer erkennbar waren?

Im Zeremonienbuch Benedikts finden sich noch zwei andere Zeremonien, welche auf die Hinfälligkeit des Papstes und die Flüchtigkeit der päpstlichen Macht verweisen und die sich dazu der Sinnbilder von Feuer und Asche bedienen. Es ist dies die Verbrennung eines Wergbüschels und das Bestreuen des Hauptes mit Asche. Vielleicht waren es diese sehr viel unmittelbarer verständlichen Zeremonien, welche den Ritus des wachsgetränkten Papyrus verdrängt haben. Auch der Ascheritus wurde ja am Aschermittwoch gefeiert.

Vielleicht haben die päpstlichen Zeremoniare den Ritus des wachsgetränkten Papyrus aufgegeben, um mit noch größerer Deutlichkeit und mit eindeutig christlichen Sinnbildern die leibliche Hinfälligkeit des Papstes auszudrücken. Es ist wahr, daß dieser sehr schlichte und würdige Papyrusritus sich keiner Sinnbilder «von unten» bedient wie Staub, Asche, Gebeine, Exkremente. Dem mit wohlriechenden, wachsgetränkten Papyrus gefüllten Kissen, auf dem das Haupt des toten Papstes ruht, entsprechen eher Riten und Sinnbilder, in denen der Duft, das Weiße und das Weiche von Wichtigkeit sind.

Asche

Petrus Damiani hatte in seinem Brief zweimal die Asche als Sinnbild der Demut erwähnt. Er zitiert die Worte Abrahams, der bekannte, nur Staub und Asche zu sein, als er mit Gott um das Schicksal Sodoms rechtete (Gen. 18,27), und er verweist auf den byzantinischen Krönungsritus, in dem ein Akoluth dem neuen Kaiser Knochen und Asche zeigte, um ihn daran zu erinnern, daß auch er nur Asche sei.

Zur Zeit des Petrus Damiani gab es keine Zeremonie, in der dem Papste Asche gezeigt wurde oder gar auf das Haupt gestreut wurde. Erst Urban II. (1088–99) ordnete 1091 auf der Synode von Benevent an, am Aschermittwoch allen Gläubigen, Laien und Geistlichen, Asche auf das Haupt zu streuen.[72] Daher ist es nicht erstaunlich, daß dieser Ascheritus erst im um 1140 niedergeschriebenen *Ordo XI* des Chorherrn Benedikt unter den Zeremonien des Aschermittwochs erscheint.

In dieser Zeremonie ist der Papst der Handelnde. Das Zeremoniale bestimmt ausdrücklich, daß der Papst die Asche austeilt; nicht gesagt wird jedoch, ob auch der Papst – so wie die anderen Gläubigen – die Asche empfängt. «In Santa Anastasia, wohin er sich mit seiner ganzen Kurie begibt, schreitet der Papst nach dem Anlegen der Gewänder zum Altar empor und verteilt dort die Asche.»[73] Auch das römische Pontifikale aus dem 12. Jahrhundert sagt nur, daß der Papst die Asche austeilt, nicht jedoch, ob sie auch auf sein Haupt gestreut wird. Geweiht wurde die Asche durch den jüngsten Kardinal, der dabei die Bibelworte sprach: «Gedenke Mensch, daß du Staub bist und wieder Staub werden wirst» (Gen. 3,19).[74]

In den folgenden Zeremonienbüchern des Albinus (1189) und des Cencius (1192) nehmen auch die Kardinäle an der Zeremonie teil, und zwar alle drei Grade, Kardinalbischöfe, Kardinalpriester und Kardinaldiakone. «Um die dritte Stunde reitet der Herr Papst mit Bischöfen und Kardinälen nach Santa Anastasia. Nach dem Empfang der Prozession durch die Geistlichkeit der Kirche betritt er den Altarraum und legt dort mit Kardinälen und anderen Würdenträgern die Gewänder an. In der Zwischenzeit segnet der jüngste Kardinalpriester die Asche. Dann schreitet der Papst mit den Kardinälen und der Sängerschola zum Thron hinter dem Altar. Dort wird ihm die Asche gezeigt, und der erste der Kardinalbischöfe streut ihm Asche auf das Haupt mit den Worten: ‹Gedenke, daß du Staub bist und wieder Staub werden wirst›. Danach gibt der Papst die Asche den Bischöfen, Kardinälen und allen anderen Würdenträgern.»[75]

Eine aus der Zeit Innozenz' III. stammende Gottesdienstverordnung der Papstkapelle *(Ordinarium Innocenti III)* fügt einiges hinzu, was neu ist.[76] Hier ist Santa Anastasia nur dann Stationskirche des Aschermittwochs, wenn der Papst sich in Rom aufhält. Diese Bemerkung spiegelt die große Mobilität der römischen Kurie, wie wir sie seit den ersten Jahren des Pontifikats Innozenz' III. kennen.[77] Wie im *Ordo XI* Benedikts wird auch hier die Asche vom jüngsten Kardinalpriester gesegnet und vom Prior der Kardinalbischöfe auf das Haupt des Papstes gestreut.[78] Vor der Prozession hinauf nach Santa Sabina zieht der Papst die Schuhe aus und legt eine schwarze Kasel an.[79] Das Ordinar erwähnt nicht, ob an den Papst die diesen Ritus gewöhnlich begleitenden Worte «Gedenke, daß du Staub bist und wieder zum Staub zurückkehren wirst» gerichtet werden; ausdrücklich erwähnt wird jedoch die schwarze Farbe der Kasel.

Ein unbekannter päpstlicher Zeremonienmeister beschreibt diesen Ascheritus so, wie er im neunten Jahr des Papstes Bonifaz VIII. am 20. März 1303 gefeiert wurde. Der Papst empfing zunächst die Huldigung der mit ihren Mänteln bekleideten Kardinäle, und dann bestreute er einen jeden mit Asche. Danach brachte der erste der Kardinalbischöfe, der nach den älteren Zeremonienbüchern die Aufgabe hatte, den Papst mit Asche zu bestreuen, dem Papst Wasser, damit dieser sich die Hände waschen konnte.[80] Das ist alles. Der Papst selbst wurde offensichtlich nicht mit Asche bestreut. Derselbe unbekannte Autor berichtet, daß auch am vorhergehenden Lichtmeßfest (2. Februar) und am Palmsonntag die mit Mäntel bekleideten Kardinäle zunächst dem auf seinem Throne sitzenden Papst huldigten, bevor die eigentliche Feier begann.[81] Zwei Neuigkeiten bringen diese Notizen aus der Zeit Bonifaz' VIII.: die Huldigung der Kardinäle und die Handwaschung des Papstes. Sie werden in den früheren Zeremonienbüchern nicht erwähnt.

Beide Riten finden sich jedoch wieder in dem sogenannten «Langen Zeremonienbuch» aus Avignon, das unter Johannes XXII. (1316–34) und Klemens VI. (1341–52) niedergeschrieben wurde. Nach ihm begibt sich der Papst zur Aschefeier im roten Mantel, auf dem Haupt eine weiße Mitra ohne Perlen. Auf dem mit violettem Tuch bedeckten Thron sitzend empfängt er nun die Huldigung der Kardinäle und Kurienprälaten. Zu seiner Rechten und zu seiner Linken stehen dabei zwei der ranghöchsten Kardinaldiakone. Nach der Huldigung nimmt der zur Rechten stehende Kardinaldiakon die Mitra vom Haupt des Papstes, und der erste der Kardinalbischöfe streut ihm in Form eines Kreuzes Asche auf das Haupt, ohne irgendetwas dabei zu sagen. Diese Bemerkung bestätigt das Schweigen der früheren Zeremonienbücher über die diesen Ritus begleitenden Worte.[82] Der Kardinalbischof, der dem Papst die Asche auf das Haupt gestreut hat, legt danach seinen Kopf zwischen die Knie des Papstes zum Zeichen seiner vollen Unterwerfung. Hierauf gießt der oberste Kardinalpriester Wasser über die Hände des Papstes, so wie er es auch an Lichtmeß und am Palmsonntag machen mußte.[83] Die anderen Kardinäle küssen nach dem Empfang der Asche durch den Papst in hierarchischer Reihenfolge die päpstlichen Knie. Am Ende der Zeremonie empfängt der Papst in Rangfolge jeden Kardinal und küßt ihn auf Mund und Brust.[84]

Diese sehr deutliche Unterwerfung des rangobersten Kardinalbischofs wird etwas gemildert in einer Anweisung, die sich in einer Anmerkung zum Zeremonienbuch des Bindo Fesulani findet, das im Mai 1377 zusammengestellt wurde.[85] Nach dieser Notiz legt der Kardinalbischof sein Haupt nicht mehr zwischen die Knie des Papstes, sondern küßt lediglich das rechte Knie. Zwei Jahrzehnte später, am 24. Februar 1395, bestimmte Bonifaz IX., daß von nun an nicht mehr der erste Kardinalbischof, sondern der Meßzelebrant, welchen Rang er auch habe, die Asche auf das Haupt des Papstes streuen solle.[86] Damit nahmen die Kardinäle nicht mehr tätig teil am Ascheritus. Dadurch wurde zugleich der eigentliche Sinn dieser Zeremonie, die Selbstdemütigung des Papstes vor aller Welt, noch verstärkt.

Im nachtridentinischen römischen Zeremoniale war es dann doch wieder ein Kardinal, der dem Papst die Asche auf das Haupt streuen sollte, aber nun war es der Großpönitentiar. Damit wurde vor allem der Bußcharakter dieser Zeremonie hervorgehoben. Doch bleiben die beiden Elemente der Papstherrschaft, Ewigkeit des Amtes und Endlichkeit des Amtsinhabers, auch in dieser Zeremonie gewahrt. «Der Auditor der Rota kniet zur Rechten des Papstes nieder, und der Großpönitentiar, der immer an diesem Tage die Messe feiert, steigt auf den Schemel vor dem Papstthron, verbeugt sich tief vor dem Papst, der ohne Handschuhe, ohne Ring, ohne Mitra auf dem Throne sitzt, und streut ihm stillschweigend die Asche auf das Haupt in Form eines Kreuzes.»[87] «Auch beim Empfang der Asche bleibt der römische Bischof oberster Priester der Kirche Gottes.» Der Papst empfängt die Asche, «damit allen sichtbar sei, daß auch er Mensch, gebrechlich, schwach und dem Tode unterworfen ist, obwohl er ein Amt bekleidet, dessen Würde ihn über alle anderen Menschen weit erhebt».[88]

Warum wird in einer für alle Christen bestimmten Zeremonie ausdrücklich der Papst erwähnt? Warum sagt andererseits der Chorherr Benedikt in seinem Zeremonienbuch nichts darüber, ob auch der Papst die Asche erhält und ob auch an ihn die Mahnung gerichtet wird: «Gedenke, daß du Staub bist»? Warum gibt es keine gradlinige Entwicklung dieses Ritus, sondern eine lange Reihe von Varianten nicht nur im Mittelalter, sondern auch noch später bis in jüngste Zeit?

Die Antwort auf die erste Frage ist klar. Mehr als andere Christen muß der Papst – wie Petrus Damiani sagt – dem Beispiel Abrahams folgen und sich daran erinnern, daß er nur erbärmlicher Staub ist. Die ausdrückliche Einbeziehung des Papstes in eine für alle Christen bestimmte Liturgie der Buße und Selbstdemütigung zeigt, daß die römische Kirche seit der Mitte des 11. Jahrhunderts der leiblichen Hinfälligkeit und Schwäche ihres Oberhauptes große Aufmerksamkeit schenkte.

Der Einbezug des Papstes als Papst in diese Aschermittwoch-Liturgie geschah nur allmählich, und das erklärt, warum die liturgischen Quellen den Papst so lange nicht erwähnen. Die Geschichte des Ascheritus zeigt, wie schwierig es war, in der Liturgie ein Gleichgewicht zu finden zwischen der leiblichen Hinfälligkeit des Papstes und der ehrfurchtgebietenden Würde seines Amtes. Nach den Zeremonienbüchern des Albinus (1189) und des Cencius (1192) wird auf das Haupt des Papstes Asche gestreut mit den Worten: «Gedenke, daß du Staub bist.» In Avignon ist es jedoch bereits anders. Der Papst sitzt auf dem Thron, wenn er die Asche erhält, und die auf seinen Tod hinweisenden Worte werden nicht mehr gesprochen. Der Kardinal aber, der die Asche auf das Haupt des Papstes gestreut hat, muß sofort danach seine völlige Unterwerfung zeigen, indem er sein Haupt zwischen die Knie des Papstes legt. Einige Jahrhunderte später wird der Bußcharakter des Ascheritus betont, der hierarchische Aspekt tritt in den Hintergrund. In der Gegenreformation ist es nicht mehr der ranghöchste Kardinal, der die Asche über den Papst streut, sondern der Großpönitentiar.

Die Suche nach einem Gleichgewicht zwischen Hinfälligkeit und Ehrfurcht vor dem Amt war lang und schwierig gerade wegen der Kardinäle, welche die Kontinuität der Kirche versinnbildlichten. Das Aufzeigen der Todgeweihtheit des päpstlichen Leibes durfte in keiner Weise die Würde des Amtes antasten, und die Teilnahme der Kardinäle an diesem Ritus mußte auch nur den Anschein vermeiden, als werde die Vollgewalt des Papstes in irgendeiner Weise beeinträchtigt.[89]

Wergbüschel

Außer der Asche hatte Petrus Damiani auch das Werg als Sinnbild der Vergänglichkeit erwähnt. Als erster im Okzident berichtete er, daß in Byzanz nach der Krönung vor den Augen des neuen Kaisers ein Akoluth Leinenwerg anzündete, das im Handumdrehen von den Flammen verzehrt wurde. Dies sollte dem Kaiser zeigen, «was er hat» *(quod habet)*.

Werg wird als Sinnbild der Vergänglichkeit mehrere Male in der Bibel genannt (Sirach 21,9; Jesaja 1,31).[90] Mit seiner das Wesentliche sichtbarmachenden Einfachheit war diese tiefsinnige Zeremonie von großer Eindringlichkeit. Wie nichts anderes versinnbildlicht das verbrennende Werg die Hinfälligkeit des Menschen und die Flüchtigkeit der Macht.[91]

Wir wissen nicht, ob damals das Verbrennen von Werg bereits Teil des päpstlichen Zeremoniells war. Wahrscheinlich nicht, denn Petrus Damiani beschreibt die Zeremonie so, als kenne der Papst sie nicht. Auch die große Genauigkeit, mit der er sie wiedergibt, läßt vermuten, daß er den Papst bewegen wollte, sie – so wie in Byzanz – in das Krönungszeremoniell des Papstes aufzunehmen.[92]

Bevor wir unsere Blicke auf Rom richten, muß noch eine andere Stadt genannt werden: Besançon. Dort nämlich findet sich die genau gleiche Zeremonie in der Domliturgie, die Erzbischof Hugo I. von Salins (1031–66) neu geordnet hatte. In Besançon zündete der Erzdekan vor den Augen des Erzbischofs ein Büschel Leinenwerg an und sprach dabei die Worte: «Ehrwürdiger Vater, so vergeht die Welt und ihre Lust.»[93] Die Eindringlichkeit dieser Zeremonie wurde dadurch verstärkt, daß sie viermal im Jahr wiederholt wurde: an Weihnachten, am Stephanitag, an Ostern und an Pfingsten.[94] Der Erzbischof blieb – so wie der Kaiser in Byzanz – passiv, er antwortete weder mit Worten noch mit einer Geste.

Wichtig für uns ist, daß Petrus Damiani Ende August 1063 auf der Rückreise von seiner Gesandschaft nach Frankreich in Besançon Halt machte. Erzbischof Hugo hatte ihm im Dom sein Grab gezeigt, «das mit großer Sorgfalt so hergerrichtet war, als sollte es noch heute den Leib des Bischofs aufnehmen». Hugo hatte ihm auch gesagt, daß als Lohn für die Totengräber in die vier Zipfel des Bahrtuches fünf Schillinge eingenäht seien. «So sehen jene», sagte der Bischof, «die dich begraben sollen, bereits während der Begräbnisfeierlichkeiten, daß ihr Liebeswerk nicht unbelohnt bleibt.» In einem Brief an Erzbischof Hugo lobte Petrus Damiani den Bischof – er nennt ihn «ehrwürdig unter den Priestern des Okzidents und weitberühmt» –, daß er bereits zu Lebzeiten sein Grab fertiggestellt habe; so könne er betrachten, wie die Lebenskraft gleich schwachen Blumen dahinschwinde. Und lasse sich sein Geist einmal beeindrucken durch Glanz und Pracht des Amtes, so genüge es, die Augen auf das Grab zu richten, um sich zu erinnern, daß man nur Staub und Asche sei. Petrus Damiani forderte den Erzbischof auf, die Fleischeslust zu bekämpfen, indem er daran denke, daß sein Leib einst Madenfraß und Würmerspeis sein werde.[95] Diese Ermahnungen Damianis, die Flüchtigkeit des Lebens zu bedenken und sich in Demut zu üben, ähneln überraschend stark den Worten im Brief an Papst Alexander II. Auch zeitlich stehen sich beide Briefe sehr nahe: der Brief an den Erzbischof von Besançon und der an den Papst gerichtete Brieftraktat wurden beide im selben Jahr 1064 geschrieben. Die erste Erwähnung des Wergritus in einem westlichen Zeremonienbuch erklärt sich also aus dem Zusammentreffen Damianis mit dem Erzbischof von Besançon im

August 1063. Damals wird Erzbischof Hugo diesen Ritus durch Petrus Damiani kennen gelernt haben, und er hat ihn dann in sehr massiver Art – viermal jährlich sollte er gefeiert werden! – in die Gottesdienstordnung seiner Kathedrale eingefügt. Zweifellos war das Verbrennen von Werg damals eine Neuigkeit, und die entscheidende Rolle bei der Verbreitung dieses Ritus spielte Petrus.

In Rom erwähnt das Verbrennen von Werg zum ersten Mal der Chorherr von Sankt Peter, Benedikt, in seinem um 1140 entstandenden Zeremonienbuch, dem bereits erwähnten *Ordo XI*. Hier werden die Wergbündel Weihnachten und Ostern angezündet. Nach Benedikt feiert der Papst am Weihnachtsmorgen die Messe in Santa Anastasia am Palatin. Von dort begibt er sich dann in feierlicher Prozession nach Sankt Peter. Auf dem Weg dorthin berührt die Prozession viele Denkmäler des kaiserlichen Roms: die Jupiterbasilika, den Flaminius-Zirkus sowie den Triumphbogen der Kaiser Gratian, Theodosius und Valentinian. Die Prozession erreicht schließlich die Hadriansbrücke «gegenüber dem Tempel des Kaisers, nahe dem Nero-Obelisken und vor der Memoria des Romulus.» Im Vatikan angekommen schreitet der Papst hinauf zur Peterskirche und feiert dort mit dem Palastklerus die Messe. Bevor er erneut zur Prozession zurück zum Lateran aufbricht, setzt man ihm die Tiara auf. Auf dem Rückweg zum Lateran findet «wegen der Kürze des Tages und der Schwierigkeit des Weges» in Groß Sankt Marien eine Stationsfeier statt, während derer vor dem Papst das Bündel Werg verbrannt wird.[96] Wenn der Papst die Kirche betritt – so sagt Benedikt –, reicht ihm der Sakristan einen Stab mit einer brennenden Kerze. Mit dieser Kerze zündet der Papst ein Wergbündel an, das von den Kapitellen der Säulen am Eingang der Basilika herabhängt. Die Zeremonie wird am Osterfest wiederholt, doch diesmal an der Schwelle des Priesterchors.[97]

Die Unterschiede zum byzantinischen Ritus sind beträchtlich. Auch dem päpstlichen Ritus fehlen nicht Elemente, welche die weltliche Gewalt des Papstes betonen und damit mittelbar auch dessen Vergänglichkeit. Die Prozession vom Lateran nach Sankt Peter führt an den Siegeszeichen der Kaiser vorbei, – man geht sogar durch den Triumphbogen der Kaiser Gratian, Theodosius und Valentinian hindurch –, aber sie endet schließlich vor dem Mausoleum Hadrians und vor der Memoria des Romulus.[98] Die Prozession von Sankt Peter zum Lateran wird «Kronenfest», *festum coronae*, genannt. Dennoch ist die Zeremonie der Wergverbrennung eng in einen liturgischen Rahmen eingebettet[99]; auch ist es der Papst, der hier handelt: er zündet das Wergbündel mit der vom Sakristan übernommenen Kerze an. Hier hat nämlich dieser Ritus einen anderen, einen eschatologischen Sinn: das Verbrennen von Werg ist Sinnbild des Endes dieser Welt, die einst vom Feuer verzehrt werden wird.

Zur Zeit Benedikts war der Wergritus, so wie er in Byzanz bei der Kaiserkrönung begangen wurde, sicherlich bereits in das Kaiserzeremoniell des Okzidents aufgenommen worden. Das aus der Zeit um 1140 stammende «Zeremonienbüchlein des Kaiserhofes» *(Libellus de ceremoniis aule imperialis)*, welches in eine Sammlung Rom betreffender Texte, die «Schriften über die goldene Stadt Rom» *(Graphia aureae urbis Romae)*, eingeschoben wurde, beschreibt nämlich diese Zeremonie, und zwar mit Worten, die deutlich an den Text des Petrus Damiani erinnern. Dem mit der Lilienkrone gekrönten Kaiser werden Asche und Knochen von Verstorbenen gezeigt, und dann wird vor ihm das Wergbündel angezündet «als Sinnbild des Jüngsten Gerichts».[100] So wie der Kaiser des Ostens bleibt auch der Kaiser des Westens in dieser Zeremonie untätig, er betrachtet schweigend das Verbrennen des Wergs.

Honorius Augustodunensis erwähnt zu Beginn des 12. Jahrhunderts die päpstliche Wergzeremonie einzig im Zusammenhang mit dem Osterfest: «Wenn der Papst am Ostertag in der Prozession schreitet, wird ein Bündel Werg über ihn aufgehängt, das angezündet wird und auf ihn fallen darf. Dadurch wird er daran erinnert, daß sein Leib Staub und sein prachtvolles Gewand Asche werden wird.» (Ezechiel 15,4).[101] So tut es auch eine überarbeitete Fassung des bereits erwähnten *Ordo XI* des Chorherrn Benedikt, die uns eine Basler Handschrift überliefert.[102] Haben wir hier also eine Abschwächung des Ritus vor uns? Das ist schwierig zu sagen. Sicher ist, daß verglichen mit Besançon, wo diese Zeremonie viermal im Jahre vorgesehen war, die römische Liturgie von Anfang an sich für einen weniger dichten Rhythmus entschieden hat. Die Erklärung liegt vielleicht in der Tatsache, daß der Papst, nimmt man den Text des Honorius Augustodunensis wortwörtlich, jetzt nur noch eine rein passive Rolle spielt. Der Beschränkung der Häufigkeit entspräche also eine Verstärkung und Vertiefung der Demutsmahnung an den Papst.

Bei Lothar von Segni, dem späteren Innozenz III., erinnert das Feuer an das Jüngste Gericht und an das Ende der Zeit. Aber darüber hinaus mahnt es auch den Papst. Er zündet es an, «damit er, der in Pracht daherschreitet, sich nicht an weltlichem Ruhm erfreue, denn alles Fleisch ist wie Gras, das trocknet, und all sein Ruhm wird enden wie Blumen, die welken». Bei Lothar von Segni ist es der Zelebrant selbst, der das Werg anzündet. Doch scheint diese Textstelle nicht den Papst zu betreffen, denn Lothar spricht ganz allgemein von einem Ritus, der «in einigen Basiliken in der Mitte des Chores gefeiert wird».[103] Lothar gebraucht hier Bilder, die er bereits früher in seinem Traktat «Über das Elend des Menschen» benutzt hatte, um die Eitelkeit gewisser Prälaten anzuprangern und um scharf den Gegensatz zu betonen zwischen dem «glanzvollen Sitzen» auf dem Thron und dem «elenden Liegen» im Grab.[104]

Um die Mitte des 13. Jahrhunderts begegnen wir wieder etwas Neuem. Der Dominikaner Stefan von Bourbon, welcher in den Jahren 1250–61 eine der wichtigsten mittelalterlichen Sammlungen von Predigtexempeln zusammenstellte, beschreibt diesen Ritus im Kapitel, das dem Bedenken des eigenen Todes gewidmet ist und wo mehrere Beispiele der Selbstdemütigung im Gedanken an den eigenen Tod berichtet werden. Stefan von Bourbon berichtet hier nacheinander eine Sentenz Platons über die Notwendigkeit des Denkens an den eigenen Tod, die bekannten biblischen Texte über Staub und Asche, die demütigen Worte des Aristoteles auf seinem Sterbebett sowie eine Geschichte über Alexander den Großen, die Stefan einmal gehört hat.[105] Ein Greis – so berichtet Stefan – habe Alexander einen äußerst kostbaren Stein gegeben, der schwerer war als jeder andere Gegenstand dieser Welt, solange er nicht mit Staub bedeckt war. Und dieser Stein war niemand anders als Alexander, dessen Gewicht größer war als das aller anderen Menschen, als er lebte und noch nicht vom Staub bedeckt war; doch einmal tot und mit Staub bedeckt, wog auch der große Alexander nichts mehr.[106] Anschließend berichtet Stefan eine Einzelheit aus der Lebensbeschreibung Johannes des Almosengebers, Patriarch von Alexandrien († um 620). In dieser Lebensbeschreibung werde berichtet, daß am Krönungstag ein Marmorbrecher dem neuen Kaiser drei oder vier Marmorstücke unterschiedlicher Farbe zeige und ihn dann frage, mit welchem Marmor sein Grabmal gebaut werden solle. «Denn jeder Mensch stirbt und muß den Tod vor Augen haben, damit er demütig bleibt.» Daher habe auch Patriarch Johannes befohlen, ein Grabmal für ihn zu errichten, das jedoch unvollendet bleiben sollte. An hohen Festen, wenn er auf dem Patriarchenthrone saß, mußte dann jemand vor ihn treten und sagen: «Herr, befiehl die Vollendung deines Grabmals, denn du weißt nicht, wann der Dieb kommen wird.» Stefan schließt sein Kapitel über das Bedenken des eigenen Todes mit einer Bemerkung, die für uns von besonderer Wichtigkeit ist. «Wenn der Papst geweiht und zur höchsten Würde erhoben worden ist», sagt Stefan, «so zündet man vor seinen Augen Werg an und man spricht die Worte: ‹So vergeht der Ruhm der Welt. Denk daran, daß du Staub und sterblich bist›.»[107] Dies ist das erste Mal, daß der päpstliche Wergritus so beschrieben wird wie der byzantinische, denn das Werg wird hier nach Stefan wie in Byzanz am Weihe- oder Krönungstag des Papstes verbrannt.[108] Zudem ist der Papst – so wie der Kaiser – untätig und hört schweigend die an ihn gerichteten Worte.

Noch aus einem anderen Grunde ist das Zeugnis Stefans wichtig. Zum ersten Male wird die uns so geläufige, in den allgemeinen Sprachgebrauch eingegangene Mahnung «So vergeht der Ruhm der Welt» mit Sicherheit dem Papste gesagt.[109] So wie das Verbrennen von Werg sind auch diese Worte durch die Bibel inspiriert.[110]

Ein anderer Kurienbeamter, der Deutsche Alexander von Roes, gebrauchte um 1285 dieselben Worte in einem Vers seines Werkes «Der Pfau» *(Pavo)*, einer Parodie des Papsthofes, in welcher der Papst als Pfau dargestellt wird. Der Vers spielt nicht ausdrücklich auf eine religiöse Zeremonie an, doch ist sicher, daß Alexander, welcher Kaplan des römischen Kardinals Jakob Colonna war, an die Worte des Wergritus gedacht hat.[111]

Doch warum besitzen wir erst seit dem 13. Jahrhundert Quellen, die uns die päpstliche Wergzeremonie so schildern, wie sie Petrus Damiani bereits im Jahre 1064 berichtet hat? Ist dieses lange Schweigen ein reiner Zufall unserer Quellenüberlieferung? Oder hat das Papsttum damals einen «neuen» Wergritus übernommen?

Das Zeugnis Stefans von Bourbon ist älter als das 1272–73 entstandene Zeremoniale Gregors X., in der zum ersten Mal die Papstkrönung von der bisherigen Tradition abweicht. Denn nach diesem Zeremoniale wird der Papst zunächst in Sankt Peter gekrönt, und erst dann begibt er sich zum Lateran, um den Palast in Besitz zu nehmen.[112] Nach den Bestimmungen der früheren Zeremonienbücher dagegen nahm der neugewählte Papst zunächst den Lateran in Besitz, und erst dann, am Sonntag danach, wurde er in Sankt Peter gekrönt.[113] Diese Änderung ist wichtig. Im Zeremoniale Gregors X. rückt die Krönung an die erste Stelle; sie ist das eigentlich wichtige und konstituierende Element. Alle anderen Zeremonien werden diesem feierlichen Akt nachgeordnet.

Wir wissen auch aus anderen Quellen, daß Gregor X. den größten Wert auf den Krönungsakt legte. Vor den Kardinälen rechtfertigte er seine Entscheidung, sich in Sankt Peter krönen zu lassen, mit einem Rückgriff auf die Konstantinische Schenkung:

> Ihr wisset, geliebte Brüder, daß Kaiser Konstantin, der Beherrscher der Welt, seine Krone vom Haupte nahm und sie in seiner großen Freigebigkeit dem heiligen Silvester, dem damaligen römischen Bischof, übergab als Zeichen königlicher Würde und weltlicher Herrschaft. Und weil dies in der Stadt Rom geschehen ist, so ist es nur vernünftig, billig und ehrenvoll, daß diese Kirche in unserer unwürdigen Person mit dieser Krone ausgezeichnet werde.[114]

Der letzte Papst des 13. Jahrhunderts, der in Rom gewählt und gekrönt wurde, war Gregor IX. (1227–41), ein Papst, der denselben Papstnamen trug wie später Tedald Visconti (Gregor X., 1271–76). Diese Gleichnamigkeit ist vielleicht nicht zufällig. Die Lebensbeschreibung Gregors IX. gibt eine so ausführliche Schilderung der Pracht des feierlichen Rittes des Papstes von Sankt Peter zum Lateran, daß man sich spontan fragt, ob sie nicht später Gregor X. für seinen feierlichen Ritt inspiriert hat. 1227 wurde der neue Papst zunächst am 27. März im Lateran feierlich auf den Bischofsthron gesetzt. Dank dieser Inthronisationsfeier «legte die Kirche ihre Trauerkleider ab, und die nahezu zerstörten Mauern der Stadt fanden zum Teil ihren alten Glanz wieder». Am folgenden Sonntag, dem 28. März, empfing der Papst in Sankt Peter das Pallium. Am Ostertag, dem 11. April, wurde Gregor IX. schließlich nach einer feierlichen Messe in der Basilika von Groß Sankt Marien gekrönt. Am folgenden Ostermontag ritt der Papst – «verklärter Cherub, Vater der Stadt und des Erdkreises» *(pater urbis et orbis)* – durch die Stadt; er war mit der Tiara gekrönt und ritt auf einem mit kostbaren Stoffen bedecktem Pferd, begleitet von den in Purpur gekleideten Kardinälen. Der Senator und der Präfekt der Stadt begleiteten ihn zu Fuß und hielten die Zügel des Pferdes.[115] Die Gewohnheit, die Krönung durch einen feierlichen Umritt zu beenden, war Teil der Kaisernachahmung. Auch in Konstantinopel ritt der Kaiser unter der Krone von der Kirche zu seinem Palast; auch in Byzanz trugen die Patrizier den *Loros*, eine Schärpe, die durch ihre goldene Farbe Sinnbild des Glanzes der Auferstehung Christi war.[116]

Wie wichtig dem unbekannten Verfasser der Lebensbeschreibung Gregors IX. die Krone des Papstes war, zeigt seine gegen Friedrich II. gerichtete Bemerkung, der Kaiser habe gewollt, daß der Papst anstatt der Krone Asche auf seinem Haupte empfange.[117] Diese Lebensbeschreibung Gregors IX. ist zur selben Zeit niedergeschrieben worden wie Stefans Exempelsammlung. Das ist ein zusätzlicher Hinweis darauf, welche Bedeutung man in kurialen Kreisen nach dem Tode Kaiser Friedrichs II. im Jahre 1254 der Krone des Papstes zumaß.[118] Es ist also nicht überraschend, daß sich auch der Papst in Rom, so wie der Kaiser in Konstantinopel, dem Wergritus unterwerfen mußte; denn die Krönung gewann im Papstzeremoniell zunehmend an Gewicht und wurde schließlich ein autonomes und konstitutives Element.

Die so wichtigen Zeugnisse Stefans von Bourbon und Alexanders von Roes sind vereinzelt.[119] Nicht einmal das Zeremoniale Gregors X. spricht bei der Beschreibung der Krönungsfeier von der Wergverbrennung. Sie wird nur im Zusammenhang mit anderen liturgischen Zeremonien erwähnt; dort freilich ist der Papst nie passiv, sondern immer handelnd tätig.[120] Der Liturgiker Wilhelm Durand (1230/31–96) gibt in seiner Gesamtdarstellung der Liturgie, dem *Rationale divinorum officiorum*, eine Zusammenfassung des Krönungszeremoniells, in der die verschiedenen liturgischen Traditionen, wie sie sich etwa bei Honorius Augustodunensis und Lothar von Segni greifen lassen, zusammenfließen.[121] Der spanische Theologe und Kurienbeamte Alvarus Pelagius berichtet in seinem 1341–45 verfaßten «Königsspiegel» *(Speculum regum)*, gesehen zu haben, daß man, während der Papst in feierlicher Prozession einherschritt, auf einer Säule in der Mitte des Chores ein Bündel Werg angezündet habe, damit der in seiner Pracht heranschreitende Papst nicht den irdischen Ruhm liebe. Alvarus Pelagius übernimmt Wort für Wort den Text Lothars von Segni. Es ist unmöglich zu sagen, ob Alvarus hier auf die Krönungsfeier oder auf die Ostermesse anspielt, denn aus seinen Worten wird nicht klar, welche Rolle der Papst in dieser Zeremonie spielt: ist er aktiv so wie bei Lothar oder passiv wie in den Krönungszeremoniellen?[122]

Wurde in Avignon während der Krönungsfeierlichkeiten vor den Augen des Papstes Werg verbrannt? Eine Antwort vermag einzig jenes Krönungszeremoniell zu geben, das vielleicht die Anweisungen für die Krönung Urbans V. am 6. November 1361 enthält.[123] Der hier beschriebene Weg führt durch den Papstpalast, wie ihn Klemens VI. (1342–52) fertiggestellt hatte. Der Papst verläßt sein Gemach und begibt sich in die große Kapelle *(capella magna)*, wo er die liturgischen Gewänder anlegt. Hier finden auch alle anderen Zeremonien statt, unter ihnen das Verbrennen von Werg. Danach durchquert der Papst die Kapelle, das Haupt mit einem goldenen Tuch bedeckt, Sinnbild seiner neuen Würde *(maiestas)*. Ist er im Chor der Kirche angelangt, kommen ihm drei Kardinalpriester entgegen und küssen ihm mit Ehrerbietung die Brust.[124]

Eine Bemerkung in diesem Zeremonial enthüllt uns, daß unter den Kurienbeamten darüber gestritten wurde, wie man die Wergzeremonie feiern sollte. «Einige glauben» – so heißt es im Text – «es sei besser, wegen des zahlreichen Volkes diese Zeremonie auf einem hölzernen Gerüst *(in cadestillo)* zu feiern; das sei ein Ort größeren Ruhmes» *(est locus maioris glorie)*. Die Forderung nach größerer Sichtbarkeit dieser Zeremonie wird in dem Moment laut, als die Kurie in dem neuen Papstpalast für die Papstkrönung tatsächlich über einen «Ort größeren Ruhmes» verfügt. Vielleicht zielte diese Diskussion darauf ab, in Avignon ähnliche Bedingungen zu finden wie in Rom, wo diese Zeremonie allen sichtbar auf den zur Peterskirche hinaufführenden Stufen gefeiert wurde.[125]

Der erste Autor, der diese Zeremonie als Augenzeuge berichtet, ist der englische Chronist Adam von Usk aus dem 15. Jahrhundert. Er war bei der Krönung Innozenz' VII. im Jahre 1404 zugegen und berichtete darüber so:

> Am Martinstag (11. November) begab sich der Papst aus seinem Palast hinab nach Sankt Peter. Am Gregoriusaltar reichten ihm die Auditoren die Gewänder, und er kleidete sich zur Meßfeier. In der Kapelle nahe dem Ausgang nahm dann ein Kleriker einen Stab, auf dessen oberem Ende Werg befestigt war. Er zündete ihn mit einer Kerze an und rief mit lauter Stimme: «Vater, so vergeht der Ruhm der Welt!» In der Mitte des Schiffs wiederholte er diesen Ruf, nun

> noch lauter, indem er zweimal «Heiliger Vater! Heiliger Vater!» rief. Ein drittes Mal wiederholte er diesen Mahnruf am Aufgang zum Hauptaltar. Dieses Mal rief er mit sehr lauter Stimme dreimal «Heiliger Vater! Heiliger Vater! Heiliger Vater!» Nach jedem der drei Mahnrufe wurden die brennenden Wergbündel gelöscht.

Diese Beschreibung enthält alle von Stefan von Bourbon und dem avignonesischen Krönungszeremoniell berichteten Elemente: die passive Rolle des Papstes und den zu dieser Zeremonie gehörenden dreimaligen Mahnruf. Auch Adam von Usk verweist an dieser Stelle auf die entsprechende Zeremonie im byzantinischen Krönungszeremoniell, wo die Steinmetzen dem Kaiser in seinem Krönungsornat Steine jeder Art und Farbe zeigen und fragen: «Erhabenster Fürst, mit welchen Steinen sollen wir dir das Grabmal bauen?»[126]

Wir wissen, daß diese Zeremonie auch bei der Krönung Gregors XII. am 19. Dezember 1406 in der Peterskirche gefeiert wurde. Jacopo d'Angiolo berichtet sie in einem Brief an Manuel Chrysoloras von Konstantinopel.[127] Wie im «avignonesischen» Zeremoniell ist das Verbrennen von Werg eingebettet in eine Liturgie, in der Demutsgesten abwechseln mit der prächtigen, das Kaiserzeremoniell nachahmenden Inszenierung weltlichen Herrschertums. Nachdem der Papst die goldenen Schuhe angelegt hat, die von Diokletian eingeführt worden sein sollen, wäscht er sich die Hände. Er empfängt den Ring und schreitet zum Altar hinan. Schmuck und Gewand des Papstes sind «göttlich» *(divinus).* Der Papst trägt einen weißen Mantel *(velum)* und – «wegen seiner Heiligkeit, nicht als Schmuck» – ein goldenes Brustkreuz. Der Beschreibung der Wergzeremonie folgt eine lange Überlegung Jacopos über die von Konstantin dem Papst geschenkten Herrscherinsignien *(regum ornamenta).* Sofort nach dem Verbrennen des Wergs trägt der Papst ein goldenes Tuch über dem Haupt.[128]

Werg wurde auch vor zwei Päpsten verbrannt, die von Konzilien gewählt worden waren: Alexander V., gewählt zu Pisa am 26. Juni 1409[129], und Martin V., gewählt zu Konstanz am 11. November 1417. Über die Zeremonie in Konstanz unterrichten uns das für Konstanz adaptierte «avignonesische Zeremoniell»[130] sowie die Konzilschronik Ulrichs von Richenthal[131]. Bei der Krönung Pius' II. in St. Peter im Jahre 1458 wurde das Wergbündel dreimal angezündet: in der Mitte des Schiffes, beim St. Mauritiusaltar im linken Seitenschiff, sowie auf den Stufen, die zur Apsis führten, der sogenannten Treppe des heiligen Petrus *(scala sancti Petri).*[132] Pinturicchio hat die Zeremonie in der Piccolomini-Bibliothek des Domes von Siena zwischen 1504 und 1507 in einem Wandgemälde festgehalten. Der Zeremonienmeister zündet das auf einen Stab gelegte Werg an und spricht zum Papst, der in der Prozession auf einem Sessel getragen wird, die zu diesem Ritus gehörenden Worte.[133]

Wiederum etwas Neues berichtet uns Agostino Patrizi Piccolomini in seinem zwischen 1484 und 1492 niedergeschriebenen Zeremonienbuch. Der Zeremonienmeister verbrennt wie üblich dreimal das Werg und ruft jedesmal, kniend, dem Papste zu: «Heiliger Vater! So vergeht der Ruhm der Welt! *(Pater sancte, sic transit gloria mundi!)*» Sofort danach begibt sich der Papst in Prozession zu den Gräbern der römischen Bischöfe in der Kapelle Gregors des Großen.[134] Zu der durch die Wergverbrennung so eindrucksvoll versinnbildlichten Flüchtigkeit des Amtes kommt hier bei Patrizi nun noch die Mahnung an die Sterblichkeit des physischen Leibes hinzu. Auch der neue Papst wird dereinst bei den verstorbenen Vorgängern ruhen.

Wir haben gesehen, daß sich das Verbrennen von Werg zwischen 1064 und 1140 eingebürgert hat. Während dieser Zeit wurde auch die Aschezeremonie am Aschermittwoch eingeführt. Die Entwicklung beider Zeremonien ist nicht gradlinig, es gibt Varianten und Widersprüche. Auch in der Wergzeremonie scheint zunächst der Papst der Handelnde gewesen zu sein.

Die Geschichte dieser Zeremonie zeigt, daß seit der Gregorianischen Reform die an den Papst gerichtete Demutsmahnung nie mehr aufgegeben wurde. Doch sind die Zeitumstände – man denke nur an die Jahrzehnte in der Mitte des dreizehnten Jahrhunderts – nicht ohne Einfluß auf diesen Ritus geblieben und haben ihn bisweilen grundlegend verändert. Die Einreihung der Wergverbrennung in das päpstliche Krönungszeremoniell bewirkte, daß sie nun nicht mehr am Ostersonntag begangen wurde; seit dem 15. Jahrhundert ist das Verbrennen von Werg nicht mehr Teil der Osterliturgie.

Im 15. Jahrhundert war das Verbrennen von Werg auch am Hofe der deutschen Könige Brauch, doch wurde es später aufgegeben. Das Krönungszeremoniell der Päpste bewahrte jedoch diesen Ritus bis in die Neuzeit.[135] So wurde es ausschließliches Sinnbild der Vergänglichkeit päpstlicher Macht. Es war das Ergebnis einer langen und widersprüchlichen Entwicklung, daß der Wergritus einzig für den Papst seine volle Bedeutung gewann.[136]

Die Sessel des Laterans

Wir müssen nun näher die Zeremonien der Besitznahme des Laterans durch den neugewählten Papst betrachten. Finden sich hier auch rituelle Handlungen oder symbolische Gegenstände, welche das Menschsein des Papstes verdeutlichen?[137]

Keine Auskunft gibt uns hierzu das Zeremoniale des Chorherrn Benedikt, von dem wir ausgegangen waren für die Rekonstruktion päpstlicher Demutsriten wie das Tränken von Papyrus mit Wachs, das Bestreuen des Hauptes mit Asche und das Verbrennen von Werg. Benedikt sagt nichts über die Besitznahme des Laterans durch den neuen Papst. Einige Einzelheiten dieses Zeremoniells finden wir jedoch an anderer Stelle: in den Lebensbeschreibungen Paschals II. (1099–1118) und Honorius' II. (1124–30) des «Papstbuches», sowie in der ersten Lebensbeschreibung Bernhards von Clairvaux.

Paschal II. wurde am 13. August 1099 in der Kirche Sankt Clemens zum neuen Papst gewählt. Der unbekannte Verfasser des Lebens Paschals II. im «Papstbuch» beschreibt genau die Zeremonien, «welche die Wahl vollenden» und den Neugewählten zum rechtmäßigen Papst machen. Der feierliche Zug vom Vatikan zum Lateran fand am Tag nach der Wahl statt. Die einzelnen Phasen der Besitznahme des Laterans werden hier – zum ersten Mal – genau beschrieben.

> Nachdem die Kardinäle dem Neugewählten den roten Mantel umgelegt und die Krone auf das Haupt gesetzt haben, wird er – begleitet vom singenden Volk – zum Lateran getragen. Dort angekommen, wird er vom südlich des Laterans gelegenen Platz zum [östlich gelegenen] Hauptportal der Erlöserbasilika, auch Konstantinsbasilika genannt, geleitet. Der Papst steigt vom Pferd und wird zunächst auf den Thron am Eingang und dann auf den Patriarchenthron [im Innern der Basilika] gesetzt. Dann schreitet er hinauf zum Palast und begibt sich zu den zwei kurulischen Stühlen. Dort wird ihm ein Gürtel mit sieben Schlüsseln und sieben Siegeln umgelegt. Damit soll ihm gezeigt werden, daß er mit Hilfe der sieben Gaben des heiligen Geistes die ihm von Gott anvertrauten Kirchen durch Binden und Lösen so klug leiten soll, wie es der Feierlichkeit der Zeremonie entspricht. Man setzt ihn dann auf die beiden [kurulischen] Sessel, gibt ihm den Bischofsstab und geleitet ihn durch die Papstgemächer. So vollendet der Papst, welcher bereits Herr ist, durch Sitzen und Schreiten das Wahlzeremoniell.[138]

Die Wichtigkeit der Sessel im Zeremoniell wird unterstrichen durch eine Episode, die sofort nach diesem Bericht über die Krönungsfeierlichkeiten erzählt wird. In einer Vision soll Bischof Albert von Alatri den Kardinal Rainerius als zukünftigen Papst vorhergesagt haben mit den Worten: «Er wird leben und [auf dem Throne] sitzen» *(vivet sedebitque)*.[139]

Obwohl der Papst bereits Papstmantel und Tiara trägt, wenn er zum Lateran reitet, so ist für den Verfasser der Lebensbeschreibung Paschals II. diese feierliche Besitznahme des Laterans mit dem dreimaligen Absitzen – auf den Sessel beim Portal, auf den Bischofssitz im Chor und auf die beiden Amtsstühle *(duae curules)* oben im Palast – unverkennbar von großer Wichtigkeit. Der Sessel in der Vorhalle der Basilika hat keinen besonderen Namen; der zweite ist zweifellos der Marmorthron in der Apsis, den der Verfasser Patriarchenthron, *sedes patriarchalis*, nennt, also der eigentliche Papstthron. Auf die beiden Amtsstühle setzt sich der Papst, nachdem er die Treppe hinauf zum Palast gestiegen ist; sie standen also wohl nahe dem Eingang. Der Neugewählte – «bereits Herr» *(iam dominus)* – setzt sich noch an anderen Orten des Palastes feierlich nieder, aber der Autor sagt nicht, auf welche Sessel oder Stühle.[140] Nur bei der «Einsetzung» auf die beiden Sessel oben am Palasteingang berichtet die Lebensbeschreibung Einzelheiten des Zeremoniells. Der Papst erhält einen Gürtel mit sieben Schlüsseln und sieben Siegeln, und nachdem er sich gesetzt hat, erhält er den Bischofsstab. Schlüssel und Siegel versinnbildlichen die sieben Gaben des heiligen Geistes, die ihm helfen sollen, sein Amt weise auszuüben. Die Besitznahme des Lateranpalastes ist für den Autor ein konstitutives Element der Wahl. «Um die Wahl zu vollenden», betritt der Papst mit dem Bischofsstab, dem sichtbaren Zeichen seiner Herrschaft, den Palast. «Bereits Herr» durchschreitet er dann den Palast und setzt sich während dieses Umgangs an weiteren, nicht näher bestimmten Orten nieder.

Die von Pandulf verfaßte Lebensbeschreibung Honorius' II. im Papstbuch ist sehr viel kürzer. Nach der Wahl – so heißt es – sei der neue Papst durch die Wähler auf die Sessel vor der Kirche des heiligen Silvesters (die Kapelle *Sancta Sanctorum* oben im Palast) gesetzt worden. Pandulf teilt uns hier drei Dinge mit, die neu sind: Er nennt die Sessel *syme* und deutet damit ihre äußere Form an. Offensichtlich handelt es sich um die in der Lebensbeschreibung Paschals II. erwähnten Amtssessel, die *duae curules*. Diese beiden Sessel hatten in der Sitzplatte kreisrunde Öffnungen, die dem griechischen unzialen «S» ähnelten, das die Form eines lateinischen «C» hatte. Nach dem Namen des griechischen «S», *sigma*, wurden diese Sessel *sygmae* oder *symae* genannt. Weiter sagt uns Pandulf, daß diese beiden Sessel vor der Silvesterkirche (die Kapelle *Sancta Sanctorum)* stehen, und schließlich, daß es die Wähler des Papstes sind, die den Neugewählten auf diese beiden Sessel setzen.[141]

Ein anderer Autor, der unbekannte Verfasser der ersten Lebensbeschreibung des heiligen Bernhard, nennt die einzelnen Etappen der Besitznahme *sessiones*, «Einsetzungen», die einer alten Gewohnheit entsprächen. Auch hier sollen ganz bestimmte zeremonielle Handlungen die Rechtmäßigkeit Innozenz' II. beweisen, der im Jahre 1130 von denen erwählt worden war, «die im katholischen Teil geblieben waren». Sein Gegner Petrus Pierleoni jedoch, Papst Anaklet II. (1130–38), sei – so der Verfasser – nur dank betrügerischer Machenschaften gewählt worden.[142]

Genauere Vorschriften für diese Einsetzungszeremonie finden sich erst in den Zeremonienbüchern des Albinus (1189) und des Cencius (1192), sowie in zwei *ordines*, die sich in Handschriften aus Basel und London erhalten haben.[143]

Albinus sagt: «Ist der römische Bischof gestorben und begraben, so versammeln sich die Kardinäle an einem ehrwürdigen Ort, *in loco celebri*, um den neuen Papst zu wählen. Nach der Wahl legt ihm der Erzdiakon oder der erste der Kardinaldiakone den roten Chormantel um und gibt ihm den Namen. Zwei der ältesten Kardinäle geleiten dann den Papst zum Marmorsessel, der vor der Lateranbasilika steht und der «Kot-Stuhl», *(sedes stercorata* oder *stercoraria)*, genannt wird. Die beiden Kardinäle setzen ihn ‹ehrenvoll› auf diesen Sessel. Nachdem er einige Zeit dort gesessen hat, steht er auf und erhält vom Kämmerer drei Handvoll Pfennige, die er über die Menge wirft mit den Worten: Silber und Gold habe ich nicht, doch was ich habe, das gebe ich dir (Apg 3,6). Darauf führt ihn der Prior der Lateranbasilika zusammen mit einem Kardinal oder einem anderen Chorherrn zum hochheiligen Altar der Basilika. Sobald sie die Vorhalle durchschritten haben und die Kirche betreten, ruft man laut: ‹Der heilige Petrus hat unseren Herrn N. erwählt›. Nachdem der Sängerchor das *Te Deum* gesungen hat, setzt sich der Neugewählte auf den Bischofsthron. Dort werfen sich die Kardinäle zu seinen Füßen nieder und tauschen mit dem Papst den Friedenskuß. Begleitet von Kardinälen, Subdiakonen, Primizerien und dem Sängerchor verläßt der Papst nun die Basilika. Die Richter führen ihn zur Basilika des hl. Silvester [die Kapelle *Sancta Sanctorum*, auch St. Laurentius «im Palast» *(in palatio)* genannt]. Dabei durchschreitet der Zug den Bogen, auf dem sich das Bild des Erlösers befindet, das zu bluten begann, als ein Jude auf dessen Stirne schlug.» Nach dieser ersten Begegnung mit dem (Blute des) Herrn kommt es zur Zeremonie der Porphyrsessel.[144] Daß diese vor der Silvesterkapelle standen, ist kein Zufall; denn nach einer alten Legende war es Papst Silvester I. (314–37), welcher auf Befehl der Apostelfürsten Kaiser Konstantin vom Aussatz heilte. Die Reliquien, welche der neue Papst nach der Besitznahme des Laterans in der Kapelle *Sancta Sanctorum* verehrte, sowie das Bild der Apostelfürsten über dem Altar sollte nach der Überlieferung Kaiser Konstantin Papst Silvester geschenkt haben.[145]

Hat der Papst sich auf den Porphyrsitz zu seiner Rechten gesetzt, so übergibt ihm der Prior von St. Laurentius «im Palast» (die Kapelle *Sancta Sanctorum)* den Bischofsstab sowie die Schlüssel der Lateranbasilika und des Lateranpalastes. Der Papst erhebt sich nun und setzt sich auf den Sessel zu seiner Linken, der ebenfalls aus Porphyr ist, und gibt dem Prior Stab und Schlüssel zurück. Er bleibt einige Zeit sitzen, und dann wird ihm vom selben Prior ein roter Gürtel umgelegt, an dem eine

Purpurbörse mit Moschus und zwölf Siegeln aus Edelsteinen hängt. «Darauf nun muß sich der Neugewählte so auf die beiden Sessel niederlassen, als liege er zwischen zwei Betten. Das bedeutet, daß er sich niederläßt zwischen dem Primat des Apostelfürsten Petrus und der Predigt des Heidenapostels Paulus.»[146] Sitzend empfängt der neue Papst dann zu seinen Füßen die Beamten des Palastes, denen allen er den Friedenskuß gibt. Der Kämmerer reicht ihm Münzen, die er über das Volk wirft; dabei sagt er drei Mal: «Er hat ausgestreut, er hat den Armen gegeben; seine Gerechtigkeit bleibt in Ewigkeit.»(2 Kor. 9,9) Der Papst durchschreitet nun die Vorhalle und geht unter den Bildern der Apostel hindurch, die – von niemandem getragen – über das Meer nach Rom gekommen sind. Er betritt die St. Laurentiusbasilika und verweilt im Gebet lange vor dem Altar, an dem nur er die heilige Messe feiern darf. Dann geht er in seine Gemächer, um sich auszuruhen, bevor er sich zu Tisch begibt. Am folgenden Sonntag zieht der neugewählte Papst in Begleitung des Palastklerus, der Kardinäle und des römischen Adels nach St. Peter, um durch die Kardinalbischöfe geweiht zu werden. Nach der Weihe legen ihm der Erzdiakon und der Prior der Peterskirche das Pallium um und befestigen es vorne, hinten und auf der linken Seite durch drei goldene Nadeln. Zuletzt setzt man dem Geweihten eine Krone mit drei Hyazinthen auf das Haupt. So geschmückt schreitet der Papst zum Altar, um die Messe zu feiern. Der Kardinaldiakon, die Subdiakone und die Skriniare der Peterskirche stimmen nun Lobgesänge an. Nach der Messe begibt sich der Papst an den Ort, wo man das geschmückte päpstliche Pferd bereithält. Dort empfängt der Erzdiakon vom Oberstallmeister *(maior strator)* die Tiara *(frigium)* und setzt sie dem Papst auf das Haupt. Unter der Krone reitet der Papst durch die Stadt zurück zum Lateran, umgeben vom Jubel der Menge. Am Lateran angekommen, steigen die Kardinalpriester vor dem Papst vom Pferd; sie empfangen den Segen und stimmen dann die üblichen Lobgesänge an. Das gleiche tun die Richter, die den Papst darauf zum Palast geleiten. Dort gibt der Papst jedem Prior der verschiedenen Beamtenschaften des Palastes eigenhändig das übliche Geldgeschenk *(presbyterium)*.[147] Die Prioren erhalten jeweils das Doppelte.[148]

Die einzelnen Phasen dieses Krönungszeremoniells müssen Punkt für Punkt untersucht werden. Nur so können wir die Demutsriten heraussondern, welche den neuen Papst bei seiner Krönung an die Sterblichkeit seines Leibes und die Vergänglichkeit seiner Macht erinnern sollen.

Sedes stercorata

Der Marmorsessel in der Vorhalle der Lateranbasilika hat in den oben angeführten Krönungsordnungen einen neuen und ungewöhnlichen Namen: «Kot-Stuhl», *sedes stercorata* oder *stercoraria.* Dieser Name scheint nicht vom Volke gegeben zu sein. Die Zeremonienbücher führen zur Erklärung des Namens eine Stelle aus dem Gebet der Hanna im ersten Samuelbuch an (1 Sam 2,8):

> Er hebt auf den Dürftigen aus dem Staub
> und erhöht den Armen aus dem Kot,
> daß er sie setze unter die Fürsten
> und sie den Stuhl der Ehren erben lasse.[149]

Die Worte «den Armen aus dem Kot», *de stercore pauperem*, stehen bereits im Formular 85 des alten *Liber diurnus*, mit welchem der neue Papst seine Wahl anzeigte.[150]

War dieses Sitzen auf der *sedes stercorata* ein alter Bestandteil des päpstlichen Krönungszeremoniells? Es ist schwer zu sagen. Sicher ist, daß diese Bibelverse nach Jahrhunderten des Schweigens um die Mitte des 12. Jahrhunderts in den Quellen wieder auftauchen. Ein englischer Chronist führt sie an, als er von seinem Landsmann Hadrian IV. (1154–59) spricht. Der Wortlaut seiner Ausführungen erinnert an die Ermahnungen zur Demut, die der heilige Bernhard an Eugen III. gerichtet hatte.[151] Vielleicht deutet diese Gleichzeitigkeit auf eine Aktualität dieses Themas in dieser Zeit hin; dem entspräche, daß die Hinweise auf den Kot-Stuhl sich zum ersten Mal in den Zeremonienbüchern des ausgehenden 12. Jahrhunderts finden (Albinus, Cencius).

Der symbolische Sinn der Sesselzeremonie liegt auf der Hand: sie sollte den Papst zur Demut mahnen. Sie ist vielleicht der eindringlichste Demutsritus, dem sich ein Papst unterwerfen mußte, denn das Wort *stercus*, das diesem Marmorsessel seinen Namen gab, bedeutet Dung, Kot, Dreck, Exkremente.[152] Auf dem Gipfel von Ehre und Reichtum angelangt, sollte der Papst an seine urprüngliche menschliche Hinfälligkeit denken und sich in Demut üben.[153] Das hatte Abraham getan, als er gewürdigt wurde, unmittelbar mit Gott zu sprechen. Petrus Damiani hatte Alexander II. daran erinnert in seinem Brief über die «Kürze des Lebens der römischen Bischöfe». Der Ritus sollte die Gesinnung des Erwählten wandeln, der nun, da er sich in Demut geübt hatte, den glanzvollen Thron des Papstes besteigen konnte.[154]

Die *sedes stercorata* ruhte auf einem Marmorsockel, der in derselben Zeit wie der Sessel selbst oder nur wenig später entstanden war. Auf ihm fand sich ein Relief mit Schlangen, Löwen und Drachen. Das sind Symbole, die sich auf frühmittelalterlichen Herrscherthronen finden; auf ihnen wird häufig – einem Bibelwort folgend – der Herrscher als Bändiger von Monstern dargestellt.[155] Das Krönungszeremoniell der Londoner Handschrift reiht die *sedes stercorata* unter die Kaisersessel ein und setzt sie mit den Porphyrsesseln oben im Palast gleich.[156] Mit seinem Bildschmuck verwies also die *sedes stercorata* auf die Königlichkeit des Papstamtes, mit seinen Namen aber ermahnte sie den neuen Papst zur Demut.

Der Papst setzt sich nicht eigenmächtig auf den Sessel, er wird auf ihn «ehrenvoll» von den Kardinälen hingesetzt. Diese Handlung spiegelt das ausschließlich den Kardinälen vorbehaltene Recht, den neuen Papst zu ernennen, so wie es das Papstwahldekret von 1059 festgelegt hatte.[157] Indem sie so den Papst zur *sedes stercorata* begleiten und ihn dort hinsetzen, reihen auch sie sich ein in jenes delikate Spiel des Gleichgewichts zwischen dem unvergänglichen Amt und dem sterblichen, immer wechselnden Träger dieses Amtes.[158]

Sitzen und Liegen

Und wie steht es mit den Porphyrsesseln oben im Palast? Verweisen auch sie in irgendeiner Art sinnbildhaft auf die päpstliche Hinfälligkeit?

Albinus und Cencius sprechen von «Porphyr»-Sesseln, *sedes porphireticae*; sie glaubten also, sie seien aus Porphyr, dem kaiserlichen Marmor schlechthin, da seine Farbe dem Purpur ähnelte.[159] In Wirklichkeit waren jedoch diese Sitze aus *Rosso antico*, einem sehr teuren und gesuchten Marmor, der in Rom seit dem Ende der Republik verwendet wurde.[160] Die Lebensbeschreibung Honorius' II. im Papstbuch hatte diese Sessel nach den dem griechischen Sigma ähnelnden Öffnungen der Sitzplatte *syme* genannt. Diese kreisrunden Öffnung legen nahe, daß es sich um Sitze öffentlicher Bäder handelt. Sehr wahrscheinlich stammen sie aus den nahegelegenen Thermen.[161]

Diese beiden Marmorsitze am Eingang des Lateranpalastes waren eine Art Doppelthron. Auch der byzantinische Kaiserthron im Konsistoriensaal, zu dem Porphyrstufen hinaufführten und den ein Baldachin überdachte, war in Wirklichkeit ein Doppelthron. An Wochentagen saß der Kaiser, mit Goldgewändern bekleidet, auf dem rechten Teil des Thrones; an Festtagen jedoch saß er in Purpur gekleidet auf der linken Seite. In anderen Zeremonien, die nicht im Konsistoriensaal stattfanden, wurden bisweilen zwei Throne aufgestellt. Der Thron, auf dem der Kaiser saß, war der Thron Kaiser Arkadius', der leere Thron neben ihm war der Konstantins.[162]

Die Lebensbeschreibung Paschals II. im Papstbuch nennt diese beiden Sessel «kurulische Stühle»; so bezeichnete man im antiken Rom die «Throne» der hohen Verwaltungbeamten. In der Lebensbeschreibung Honorius' II. erhalten sie ihren Namen nach der sigmaförmigen Öffnung. Unzweifelhaft handelt es sich also um die von Albinus und Cencius erwähnten «Porphyr»-Sessel.[163] Aus Amtsstühlen wurden also Porphyrthrone. Auch dies ist ein Element der päpstlichen Kaisernachahmung. Der Hang des Papsttums, das Kaisertum nachzuahmen, läßt sich noch an einem anderen römischen Thron aufzeigen. Während der Gottesdienste in den römischen Stationskirchen saß der Papst entweder auf einem tragbaren Sessel (Faltstuhl oder Thronsessel) vor der Kirche oder er nahm in der Kirche auf einem Marmorthron in der Apsis Platz. Am 6. Mai 1123 übergab Alfanus, Kämmerer Papst Kalixts II. (1119–24), des Papstes also, der das Wormser Konkordat geschlossen hatte, der Kirche Sankt Marien in Cosmedin einen Papstthron, den er selbst hatte wiederherstellen *(restaurare)* lassen. Dieser Thron war ein antiker Marmorsitz, der einen römischen Amtsstuhl nachahmte. Alfanus nun brachte an der Stirnseite der Armlehnen Löwenköpfe an, die vom Thron eines hohen Beamten oder gar Herrschers stammten, und mischte so in seiner «Wiederherstellung» zwei Arten von Sesseln: den kurulischen Stuhl *(sella curulis)* und den Marmorthron *(solium)*. Vorbild war vielleicht der Thron Salomons, wie er in der Bibel beschrieben wurde. «Denn allein der biblische Salomonthron gestattete eine genaue Unterscheidung zu den üblichen Formen des Faltstuhls *(faldistorium)* und des Thrones *(solium)*, die beide gleicherweise dem Kaiser wie dem Bischof zugeordnet werden konnten.» Der Thron von Sankt Marien in Cosmedin war ein Herrscherthron und drückte die Idee des *imperium* aus; «er ist ein unbezweifelbares Sinnbild der monarchischen Aspirationen des Papsttums». Freilich darf man nicht völlig einen Einfluß des Marmorthrones von Sankt Peter ausschließen, der ebenfalls mit zwei Löwenköpfen geschmückt war.[164]

Dem auf dem rechten «Porphyrsessel» sitzenden Papst überreichte der Prior der Basilika St. Laurentius *in palatio* (die Kapelle *Sancta Sanctorum)*, Stab *(ferula)* und Schlüssel. Dieser Stab, der nicht die Form eines Bischofsstabes hatte, war ein Papstzeichen und wird zum ersten Mal durch Liudprand in seinem Bericht über die Absetzung Benedikts V. auf der römischen Synode von 964 erwähnt. Benedikt V. legte dort das Pallium ab und übergab dann den Stab seinem Widersacher Leo VIII., der den Stab sofort über dem Kopf Benedikts zerbrach, um zu zeigen, daß Benedikt nun nicht mehr Papst war.[165] Nach der Lebensbeschreibung Paschals II. hielt der Papst den Stab in der Hand, wenn er auf beiden Porphyrsesseln saß. «Bereits Herr *(iam dominus)*, vollendet er das Wahlzeremoniell, indem er sich in den Papstgemächern niederläßt oder sie durchschreitet.»[166] Der Stab *(ferula)* ist ein an die Besitznahme des Palastes gebundenes päpstliches Herrschaftszeichen. Albinus und Cencius nennen den Stab «Zeichen der Herrschaft und der Strafgewalt» *(signum regiminis et correctionis)*. Der Papst gibt ihn aber – zusammen mit den Schlüsseln – dem Prior der Laurentiusbasilika wieder zurück, sobald er sich auf den zweiten Porphyrsessel niedergelassen hat; der Papst trägt also nicht diesen Stab, wenn er die Palastgemächer durchschreitet.[167] Die Schlüssel der Basilika und des Palastes, die dem Papst überreicht werden, sollen außerdem ausdrücken, «daß dem Apostelfürsten Petrus – und durch ihn allen römischen Bischöfen – auf ganz besondere Weise die Gewalt gegeben worden ist, zu schließen und zu öffnen, zu binden und zu lösen». Die Schlüssel, die bisher nur Sinnbild der Besitznahme des Laterans waren, werden nun, gemäß Matthäus 18,18, Sinnbild der päpstlichen «Apostolität».

Die Gegenstände, welche dem neuen Papste überreicht werden, wenn er auf dem linken Porphyrsessel sitzt, sind einander ergänzende Sinnbilder. Am Gürtel hängt eine Tasche mit Moschus und zwölf Edelsteinen. Der Gürtel ist hier Sinnbild der Keuschheit und der Unschuld; die Tasche ist der Schatz *(gazofilacium)*, der es dem Papst erlaubt «Diener der Armen und Witwen» zu sein. Die zwölf Siegel schließlich verweisen auf die zwölf Apostel. Auch diese Zeremonie ist eine Nachahmung des Kaiserzeremoniells. Das Römisch-germanische Pontifikale erläutert ausführlich jenen langen Abschnitt des Buches Exodus (28, 17–30), in dem die zwölf Edelsteine auf dem Gewand des Hohenpriesters mit den zwölf Stämmen Israels verglichen werden.[168] Der Moschus wird den Steinen beigefügt, damit der Papst Wohlgeruch verbreite in Anspielung auf das Paulswort (2 Kor. 2, 15–16): «Denn wir sind für Gott ein Wohlgeruch Christi unter denen, die gerettet werden, und unter denen, die verlorengehen.» Auch der neue Papst soll «Wohlgeruch Christi», *Christi bonus odor*, sein, das heißt, er soll in seiner Person die Lehre Christi verwirklichen und sie verbreiten.[169] Tasche, Moschus, Siegel werden durch den Gürtel gehalten. Damit soll ausgedrückt werden, daß Keuschheit und Unschuld Vorbedingung sind für die Ausübung des Papstamtes.

Noch in einem anderen Punkte stimmen die vier Zeremoniale des Albinus, des Cencius sowie der beiden Handschriften aus London und Basel überein. Der Papst muß auf beiden Sesseln sitzen oder genauer: er muß auf ihnen gleichsam liegen. «Er muß auf ihnen sitzen, als liege er zwischen zwei Betten.»[170] Das Sitzen des Papstes auf den beiden «Porphyrsesseln» am Eingang des Lateranpalastes sucht also zwei entgegengesetzte Formen des Ruhens – Sitzen und Liegen – zu vereinigen. Zwei völlig verschiedene Körperhaltungen werden in einem einzigen Gestus zusammengefaßt.[171] Diese Betten, die *lectuli*, auf denen der Papst gleichsam ruhen soll, verweisen sinnbildhaft auf den Tod. Auch der Verfasser der Lebensbeschreibung Papst Leos X. (1049–54) hatte das Bild des Bettes gebraucht *(lectulum in quo iacebat)*, um auszudrücken, daß der Papst im Sterben lag.[172]

Der Gegensatz zwischen dem Sitzen *(sedere)* auf dem Thron und dem Liegen *(iacere)* im Grab findet sich auch in Lothars von Segni, des späteren Papstes Innozenz' III. (1198–1216) Traktat über das «Elend des Menschenlebens». Von den Mächtigen der Erde sagt hier Lothar: «Der ehemals glanzvoll auf dem Throne saß, liegt nun verachtet im Grab.»[173]

Die in den Zeremonienbüchern des Cencius und des Albinus als dritter und letzter Teil der Besitznahme des Laterans beschriebene Einsetzung auf die beiden «Porphyrsessel» wird geprägt durch zwei Elemente: Kaisernachahmung und sinnbildhafter Verweis auf die Apostelfürsten. Das Sitzen und Liegen auf diesen Sesseln, die bildhaft mit Betten *(lectuli)* verglichen werden, ist zugleich Sinnbild des Todes und Sinnbild der Apostelnachfolge. Der neue Papst soll in sich Amt und Lehre, den Primat des Petrus und die Predigt des Paulus, vereinigen.

Noch zwei andere Neuerungen, die sich bis in das 12. Jahrhundert zurückverfolgen lassen, müssen hier erwähnt werden. Sie entsprechen nämlich jenen beiden Körperhaltungen – Sitzen und Liegen –, die im Besitznahmezeremoniell des Laterans erwähnt werden.

In der jahrhundertelangen Geschichte des Bleisiegels, das seit alters an einer Hanf- oder Seidenkordel den Papstbriefen angehängt wurde, kommt es um 1100 zu einer wichtigen Änderung. Seit Paschal II. (1099–1118) werden nämlich auf der Vorderseite des Siegels die Häupter der Apostel Petrus und Paulus abgebildet. Die Apostelköpfe trennt ein Kreuz, und sie werden begleitet von den Inschriften SPA *(Sanctus Paulus)* und SPE *(Sanctus Petrus)*. Auf der Rückseite findet sich im Nominativ der Name des Papstes sowie seine Ordnungszahl. Damit hatte die Papstbulle ihre endgültige Form gefunden, welche bis in die Neuzeit beibehalten wurde.[174] Der neue Siegelstempel bringt den Namen des Papstes mit den Bildern der Apostelfürsten zusammen, unterstreicht also, daß die Papstwürde sich auf die Apostel gründet: der Papst «sitzt» zwischen den Aposteln. Der Pontifikat Paschals II. ist für uns von besonderer Wichtigkeit, denn die Lebensbeschreibung dieses Papstes im Papstbuch ist die älteste Quelle, die uns Einzelheiten über das Zeremoniell bei der Besitznahme des Laterans mitteilt.[175]

Zwei oder drei Generationen später, in der zweiten Hälfte des 12. Jahrhunderts, finden wir unter den Quellen eine neue Legende über die Leiber der Apostel Petrus und Paulus. In der «Beschreibung der Vatikanischen Basilika», welche der Chorherr Petrus Mallius Papst Alexander III. (1059–81) widmete, findet sich eine völlig neue Behauptung: der Altar in der Confessio der Peterskirche berge nicht nur den

Leib des heiligen Petrus, sondern auch den des heiligen Paulus.[176] Das ist neu, denn nach einer uralten Tradition ruhten die Leiber beider Aposteln jeweils in den ihnen geweihten Basiliken: Petrus in St. Peter und Paulus in der Basilika an der Straße nach Ostia. Die Lebensbeschreibung Papst Cornelius' (253–55) im alten und ehrwürdigen Papstbuch berichtet, daß der Papst auf Bitten einer frommen Frau namens Lucina die Leiber der Apostel bei Nacht aus den Katakomben geholt habe.[177]

Diese Legende wurde 1192 durch einen anderen Chorherrn von St. Peter wiederaufgenommen und durch ein neues Element bereichert. Am Altar der beiden Heiligen vor der Confessio der Basilika seien die kostbaren Gebeine der Heiligen gewogen worden.[178] Die Gleichzeitigkeit und die Ähnlichkeit dieser beiden Legenden, die den Gebeinen beider Aposteln eine so große Bedeutung beimaß, mit dem ebenfalls auf die Apostel verweisenden Symbolismus im Besitznahmezeremoniell bei den Lateransesseln, liegt auf der Hand. Nach Albinus und Cencius versinnbildlichen die beiden «Porphyrsessel» des Laterans die Apostel Petrus und Paulus, und der neue Papst ruht auf beiden wie auf zwei Betten.[179]

Auch der König von Frankreich vollzog bei seiner Krönung einen Ritus, der dem Besitznahmezeremoniell des Laterans ähnelt. Nach dem Krönungszeremoniell Karls V. aus dem Jahre 1364 mußte der zu krönende König «gleichsam liegend auf dem Bette sitzen» *(... sedentem et quasi iacentem supra thalamum ...).*[180]

Dennoch gibt es zwischen dem Zeremoniell des Papstes und dem des Königs einen Unterschied. Der König erhebt sich zu neuem Leben, nachdem er sich vorher «gleichsam liegend» auf dem Bett befunden hatte. Der König ist in dieser Zeremonie handelnd tätig: er steht auf, ganz im Gegensatz zum Papste, der sich niederläßt, um zu liegen. Wir haben hier die Umkehrung eines Begräbniszeremoniells. «Das Aufstehen des Königs versinnbildlicht nicht das Emporheben des Leichnams, der zur letzten Ruhestätte getragen wird, sondern die Auferstehung des Leibes zu neuem Leben.»[181] Der Papst hingegen läßt sich nieder, als wolle er sich zwischen den beiden Aposteln niederlegen *(accumbare).*

Der Verschiedenheit des Königs- und des Papstritus entspricht die Verschiedenheit der beiden berühmten Sätze: «Der König stirbt nie» *(Le roi ne meurt jamais)* und: «Der Papst stirbt» *(Papa moritur).* Der König hat zwei Leiber, der Papst nicht.[182] Der Papst wird geboren, und er stirbt zwischen den Aposteln Petrus und Paulus.

Die abschließenden Riten des Besitznahmezeremoniells im Lateran verdeutlichen noch einmal die Nähe des neuen Papstes zu den Aposteln und zu Christus. Der Papst betritt nämlich ganz allein die Kapelle *Sancta Sanctorum* - auch Laurentiusbasilika genannt – um dort die Christusreliquien zu verehren.

Der Erzdiakon und der Prior der Basilika «begleiten den Papst von der Vorhalle unter den Apostelbildern hindurch, die über das Meer gekommen sind, ohne von jemandem getragen worden zu sein, bis zur allerheiligsten St. Laurentiusbasilika, die auch *Sancta Sanctorum* genannt wird». Albinus und Cencius sagen, daß der Neugewählte allein die Kapelle betritt und daß er vor dem ihm allein vorbehaltenen Altar lange in stillem Gebet verweilt. Das Zeremoniell aus der Basler Handschrift ist ausführlicher: «In der Sankt Laurentiusbasilika steht der heilige Altar, auf dem nur der römische Bischof die Messe feiert, denn hier werden aufbewahrt die Nabelschnur und die Beschneidungsreliquie unseres Herrn Jesus Christus sowie Milch seiner Mutter in einem goldenen, mit Edelsteinen geschmückten Kreuz.»[183] Auch die «Beschreibung der Lateranbasilika» berichtet bereits in ihrer ersten, kurz nach 1073 entstandenen Fassung, daß in einem der Kästchen ein Kreuz aus reinstem Gold aufbewahrt werde, in dessen Mitte sich die Nabelschnur und die Beschneidungsreliquie Christi befänden. Das Kreuz sei mit Balsam gesalbt, und jedes Jahre werde diese Salbung am Feste Kreuzerhöhung (14. September) wiederholt, wenn sich Papst und Kardinäle in Prozession von der Sankt Laurentiusbasilika zur Lateranbasilika begäben.[184]

Kardinal Jacopo Stefaneschi, der noch die Krönungsfeierlichkeiten Bonifaz' VIII. am 23. und 24. Januar 1295 miterlebt hatte, erinnert rund zwanzig Jahre nach der Niederschrift des Zeremonienbuches Gregors X. daran, daß die Sessel des Laterans den Papst zur Demut bewegen sollten. Der Papst besteige den Stuhl Petri *de stercore sumptus* und *pulvere nactus.*[185] Solange die Päpste in Avignon residierten, wurden die «Porphyrsessel» nicht benutzt, denn sie waren in Rom geblieben. Aus diesem Grunde werden sie im *Ordo XIV* und in den anderen Zeremonientexten des 14. Jahrhunderts nicht mehr erwähnt.[186] Agostino Patrizi Piccolomini (1435–95) beschrieb dann in seinem von 1484 bis 1495 verfaßten Zeremonienbuch erneut den Lateranritus, aber nach ihm legte sich der Papst nicht auf die beiden «Porphyrsessel», sondern auf den Kot-Stuhl.[187] Handelt es sich hier um einen Irrtum oder um ein Nichtverstehen des Ritus? Nach einem Bericht des päpstlichen Zeremonienmeisters Johannes Burckard († 1506) streckte sich Innozenz VIII. (1484–92) nacheinander auf jedem der beiden «Porphyrsessel» aus. Er sagt: «Darauf wurde der Papst zur Türe der Silvesterkapelle *(Sancta Sanctorum)* geführt, wohin man Sitze aus Porphyr gestellt hatte. Der Papst setzte sich, oder vielmehr, er legte sich auf den Sessel zu seiner Rechten ...; der Papst erhob sich dann und ging zum Sessel zu seiner Linken, auf dem er sich ebenso ausstreckte.»[188] Diese Beschreibung entspricht den Beschreibungen bei Albinus und Cencius, nur fehlt hier jeder Hinweis auf die symbolische Bedeutung dieses Ritus. Das ist nicht verwunderlich. Von den beiden wichtigen Zeremonien am Beginn eines neuen

Pontifikats hatte die feierliche Krönung im Laufe der Jahrhunderte gegenüber der Besitznahme des Laterans immer mehr an Vorrang gewonnen. Am Ende des Mittelalters, zur Zeit Johannes Burckards, war diese Entwicklung unwiderruflich abgeschlossen. Die Folge war, daß man die Symbolik des Lateranzeremoniells immer weniger begriff. Das erklärt auch den Beschluß Leos X. aus dem Jahre 1513, den Ritus des Kot-Stuhls aufzugeben.[189]

Am Ende dieser langen Reise durch Riten und Texte, welche die physische Hinfälligkeit des Papstes und die Flüchtigkeit seiner Macht aufzeigen, ist es an der Zeit, die Ergebnisse kurz zusammenzufassen und neue Fragen zu stellen.

1. Zunächst müssen wir uns fragen, ob es richtig war, mit dem Brief Petrus' Damiani über die «Kürze des Lebens der römischen Bischöfe» zu beginnen. Wir meinen ja.

Der Mönch von Fonte Avellana war der erste, der über Asche und Wergbüschel, Selbstdemütigung und Hinfälligkeit schrieb, und das in einem Brief, der an einen Papst gerichtet war. Was er sagt, ist zudem neu. Petrus entdeckte geradezu die Leiblichkeit des Papstes und ihre unverwechselbare Besonderheit verglichen mit der anderer Menschen. Er zeigte zum ersten Mal die außergewöhnlich großen Probleme, die sich für die Institution des Papsttums ergaben. Die Leiblichkeit des Papstes konnte physische und sittliche Schwäche verursachen, sie konnte aber auch – durch das heiligmäßige Leben des Papstes oder durch seinen Tod – Vorbild und Mahnung sein für die gesamte Christenheit.

2. Die spätere Geschichte hat ihm recht gegeben. Das von ihm zum ersten Mal ausgesprochene Gesetz der «Jahre des Petrus» wurde nie mehr vergessen und wurde bis zum Ende des 18. Jahrhunderts für gültig gehalten. Seit dem 11. Jahrhundert bedurfte jeder außergewöhnlich lange Pontifikat der göttlichen Rechtfertigung. Das galt für Paschal II. (1099–1118), Alexander III. (1159–81) und noch für Pius VI., der 1799 starb. Daß der Gegenpapst Benedikt XIII. länger als Petrus regiert hatte, war ein Grund mehr, ihn zu verdammen. Zum ersten Mal wird Urban VIII. (1623–44) die Aussage zugeschrieben, daß die «Jahre des Petrus» keine Glaubenssache seien. Als aber Pius IX. im Jahre 1871 die ersten fünfundzwanzig Jahre seines Pontifikates feierte und damit als erster Papst der Papstgeschichte die fünfundzwanzig «Jahre des Petrus» erreicht hatte, da wurden in mehreren Basiliken der ewigen Stadt Gedenktafeln mit Jubelinschriften angebracht, um dieses Ereignis zu feiern.

3. Es überrascht, mit welcher Schnelligkeit, nur wenige Jahrzehnte nach dem Brief des Petrus Damiani, der Hinweis auf die physische Hinfälligkeit des Papstes und die Vergänglichkeit seiner Macht ihren Platz in der römischen Liturgie und in einem so offiziösen Dokument wie dem *Liber Pontificalis* fanden. Innerhalb nur weniger Jahrzehnte schuf

die römische Liturgie eine Bündel von Zeremonien, deren Ziel es war, den Papst zur Demut zu mahnen. Im ersten Zeremonienbuch des nachgregorianischen Papsttums, im sogenannten *Ordo XI* des Benedikt aus dem Jahr 1140, erinnern nicht weniger als drei Sinnbilder an die Sterblichkeit des Papstes: das mit Kerzenwachs getränkte Papyrus, welches einst das Kopfkissen auf dem Totenbett füllen wird, die auf das Haupt des Papstes gestreute Asche, sowie das Wergbüschel, das vor den Augen des Papstes verbrannt wird. Das Verbrennen von Werg ist, wie wir gesehen haben, nicht vor 1064, das Bestreuen mit Asche nicht vor 1091 in die römische Liturgie eingeführt worden. Auch die Zeremonien bei den Sesseln des Laterans gehen, soweit sie an die Vergänglichkeit des Lebens und der Macht des Papstes erinnern, höchstens in die letzten Jahrzehnte des 11. Jahrhunderts zurück. Nur für das Kissen mit den wachsgetränkten Papyrusblättern, das nur in einer einzigen Quelle, dem Zeremonienbuch Benedikts, erwähnt wird, besitzen wir keine Hinweise darauf, zu welcher Zeit es in das päpstliche Zeremoniell eingeführt worden ist. Alle päpstlichen Zeremoniale des 12. Jahrhunderts lassen weiten Raum für Sinnbilder und Riten, welche den Papst zur Demut mahnen. Diese Riten begleiten das ganze Leben des Papstes, von der Wahl (Besitznahme des Laterans) bis zum Tode (Papyruskissen). Einige dieser Riten werden zudem jedes Jahr wiederholt während der besonders feierlichen Liturgien des Weihnachtsfestes, des Aschermittwochs und des Osterfestes, die in den drei großen römischen Basiliken, in Sankt Peter, im Lateran und in Groß Sankt Marien gefeiert wurden.

4. Daß so rasch Riten ins Papstzeremoniell aufgenommen wurden, die den Papst an eine bittere Tatsache erinnerten, bedarf einer Erklärung.

Eine erste Antwort gibt die Struktur dieser Demutsriten. Sie wollen keineswegs die Institution des Papsttums schwächen, sondern sie ganz im Gegenteil stärken. Die Riten und die theoretischen Überlegungen über den Papst und sein Amt wollen das aufzeigen, «was oben ist», nämlich den Vorrang und die Universalität der Papstwürde. Und sie tun das, indem sie an das erinnern, «was unten ist»: an die Sterblichkeit des Papstes und die Kürze seiner Amtszeit.[190] Man muß sich auch daran erinnern, daß Petrus Damiani seinen Brief in jenem Augenblick an Alexander II. richtete, da dieser seinen Widersacher Cadalus endgültig besiegt hatte. In diesem Augenblick des Triumphes hält Petrus dem Papst vor Augen, daß er Mensch ist und daher sterben muß, daß er aber als Papst auch «der universale Bischof ist, Fürst der Kaiser, König der Könige, alle anderen im Fleische Lebenden an Ehre und Würde überragend».

In diesem Gegensatz zwischen der physischen Gebrechlichkeit der Person einerseits sowie der Universalität und dem Vorrang des Amtes andererseits liegt der Schlüssel für das Verständnis jener Texte und Riten, die uns seit dem 11. Jahrhundert in der Papstgeschichte begegnen.

Es ist kein Zufall, daß die Demutsriten in dem Augenblick im römischen Papstzeremoniell auftauchen, als das Papsttum wieder beginnt, das Kaisertum nachzuahmen. Diese sich auf viele Gebiete erstreckende Kaisernachahmung nimmt in der ersten Hälfte des 11. Jahrhunderts ihren Neuanfang. All diese Zeremonien, welche an die Flüchtigkeit von Leben und Amt erinnerten, sollten ein Gegengewicht bilden gegen die kaiserähnliche Würde des römischen Bischofs, der immer mehr «wahrer Kaiser» *(verus imperator)* wurde. Das Grab Silvesters II. erhält seine Aufgabe, an den Tod zu erinnern, in dem Augenblick, als einige Päpste beginnen, sich in Porphyrsärgen bestatten zu lassen. Das aus dem Sarkophag sickernde Wasser und die lärmenden Gebeine eines Verstorbenen, welche auf die Vergänglichkeit irdischer Macht hinweisen, sind aus Aberglauben und Magie bekannt. Bei der Verbrennung des Wergbüschels ist der Papst ganz und gar untätig, er muß sie stumm und untätig über sich ergehen lassen. Diesen Ritus muß man im Zusammenhang sehen mit der immer größer werdenden Wichtigkeit der päpstlichen Krönungszeremonie. Die Passivität des Papstes drückt den Gegensatz aus zwischen der Todverfallenheit des Papstes als sterblicher Mensch und dem zum Tätigsein, zum «Pflanzen und Ausreißen» verpflichtenden Herrscheramt, das er bekleidet. Die Beispiele könnten noch vermehrt werden. Als im ausgehenden 15. Jahrhundert das Besitznahmezeremoniell im Lateran seine ursprüngliche Symbolhaftigkeit verliert, werden die Hinweise auf die Sterblichkeit des Papstes und die Vergänglichkeit seiner Macht in das zu Sankt Peter gefeierte Krönungszeremoniell eingefügt. Der Papst muß nicht nur das herkömmliche Verbrennen eines Wergbüschels ansehen, er muß sich auch zu den Gräbern seiner Vorgänger auf dem Papstthron begeben.

5. Der Brief Petrus' Damiani gab uns den Anstoß, durch die Jahrhunderte Texte und Riten zu verfolgen, welche an die hinfällige Menschlichkeit des Papstes erinnerten. Wir hatten gesehen, daß am Anfang eine Theorie über die «Lebenskürze der römischen Bischöfe» steht, die sich auf eine unbestreitbare historische Tatsache stützte: Im ersten Jahrtausend der Papstgeschichte hatte kein Papst länger als Petrus, der erste Papst, regiert. Von hier aus entwickelten sich in der Folgezeit zwei Arten von Riten: solche, welche an die Sterblichkeit des Papstes erinnerten, und solche, welche auf die Vergänglichkeit seiner Macht verwiesen. Für die Päpste des ausgehenden Mittelalters waren Kürze des Lebens, Gebrechlichkeit des Leibes und Flüchtigkeit der Macht drei verschiedene Seiten der päpstlichen Existenz. Sie verwiesen auf die Leibbedingtheit und Endlichkeit des Papstes, nicht jedoch notwendigerweise auf seinen physischen Körper.

Dieses eindrucksvolle Schaffen von neuen Riten geschah im Schoße des Papsttums selbst; es war das Ergebnis der ununterbrochenen Bemühung derjenigen, welchen am Papsthof die Aufsicht über die Zeremonien übertragen worden war. Von entscheidender Bedeutung waren Benedikt, die Verfasser der Zeremonienbücher des ausgehenden Jahrhunderts Albinus und Cencius, und schließlich all diejenigen, welche die verschiedenen Gesten und Handlungen der Päpste schriftlich festhielten. Ihre Neubearbeitungen, Abänderungen, Ermahnungen führten dazu, daß die Demutsriten nie aus dem Papstzeremoniell verschwanden, sondern immer wieder neuen historischen Situationen und Bedingungen angepaßt wurden.

Aber auch außerhalb des Papsthofes gab es Stimmen von großer Autorität. Bernhard von Clairvaux, die Autoren der Bettelorden, Antonin von Florenz, Sanchez de Arevalo, und sogar fern von Rom lebende Chronisten haben dazu beigetragen, daß dieses Thema der Hinfälligkeit und Vergänglichkeit immer lebendig blieb. Die Quelle, die uns vom Lärm der Gebeine im Silvestergrab berichtete, kommt sogar aus England.

An dieser Stelle drängt sich von selbst eine Folgerung auf: Die Sterblichkeit des Papstes und die Flüchtigkeit seiner Macht gehen die ganze Kirche an, denn der Leib des Papstes ist Teil der universalen Kirche. Auch unter diesem Gesichtspunkt war die Intuition Petrus' Damiani fruchtbar für die Zukunft.

6. Die Ritualisierung solch heikler Begriffe wie Sterblichkeit und Vergänglichkeit im päpstlichen Zeremoniell stieß jedoch auch auf Widerstand. Die Geschichte der Aschezeremonie am Aschermittwoch ist zutiefst geprägt durch die Suche nach einem Gleichgewicht zwischen der Ritualisierung päpstlicher Hinfälligkeit und der Achtung des hohen Amtes, das der Papst bekleidet. In Rom wurde der Werg-Ritus nicht sofort eingeführt wie in Besançon, und als es schließlich geschah, feierte man ihn nur zweimal im Jahr, und nicht gleich viermal wie in Besançon.[191] Der Papst spielte in dieser Zeremonie lange Zeit eine aktive Rolle. Knochen und Marmorsteine jedoch wurden ihm nie gezeigt. Der Diakon Johannes verschweigt die Legende des den Tod ankündigenden Grabes Silvesters II., die er zu kennen scheint.

Ein bezeichnender Fall wird uns von einem namentlich nicht bekannten Zeremonienmeister und Augenzeugen berichtet. Am Aschermittwoch des Jahres 1305 wurden Papst Bonifaz VIII. durch den ersten der Kardinalbischöfe zwar die Hände gewaschen, aber Asche scheint damals nicht auf das Haupt des Papstes gestreut worden zu sein. Wenn das so war, so hat sich Bonifaz VIII. zwar einem Reinigungsritus unterzogen, dem Händewaschen, aber nicht einem Sterblichkeitsritus. Damit vermied er eine rituelle Unterwerfung gegenüber dem Vertreter des Kardinalkollegs.[192]

Daß Bonifaz VIII. sich gewisse Freiheiten nahm mit diesem ehrwürdigen Ascheritus, zeigt eine Begebenheit, welche der Verfasser der *Annales Genuenses* in aller Ausführlichkeit erzählt. Der neugewählte Erzbischof von Genua, der Franziskaner Porchetto Spinola (1299–1321), war in Rom und wollte am Aschermittwoch vom Papst die Asche erhalten. Der Papst jedoch streute die Asche nicht auf das Haupt, wie es der Ritus verlangte, sondern warf sie ihm in die Augen. Dabei sprach er, die Rituswortе parodierend: «Gedenke, daß du ein Ghibelline bist und mit allen Ghibellinen zu Asche werden wirst.»[193] Bonifaz VIII. entzog dem Erzbischof sogar seine Bischofsgewalt, da er glaubte, Spinola habe die schärfsten Feinde des Papstes, die Colonna-Kardinäle, bei sich aufgenommen. Wenn diese Geschichte wahr ist, so zeigt sie, daß Bonifaz VIII. den Ascheritus eher als persönliche Demütigung und Rangminderung empfand und weniger als frommes Bedenken des eigenen Todes. Und das war vielleicht auch der Grund, warum er am Aschermittwoch 1303 diese Zeremonie nicht in aller Öffentlichkeit über sich ergehen lassen wollte.

7. Petrus Damiani hatte die Mahnung ausgesprochen: Leben und Tod des Papstes sind und müssen ein Vorbild für alle Christen sein. Nicht nur durch die Kürze seiner Regierungszeit, auch durch die Heiligkeit seines Lebens unterscheidet sich der Papst von den anderen Herrschern dieser Erde. Was also beim Papst zählte, das war seine gesamte Menschlichkeit, und dazu gehört nicht nur seine Sterblichkeit, sondern auch die Vorbildlichkeit seines Lebens hier auf Erden. Deswegen waren im antiken Rom die unter das Haupt des Verstorbenen gelegten Ruten Instrumente der Gottheit, deswegen wurden in dem entsprechenden Ritus des Papstzeremoniells die wachsgetränkten Papyrusschnitzel bis zu seinem Tode aufbewahrt, nachdem der Papst sie mit Andacht geküßt hatte. Der Leib des Papstes verwandelt sich: er wird «apostolisch», «selig», «heilig», selbst wenn die physische Körperlichkeit in ihrer Hinfälligkeit und Todgeweihtheit weiterbesteht.

Der Papst unterscheidet sich dadurch von den anderen Herrschern dieser Welt, weil seine Gewalt zweifacher Art ist; sie ist weltlich und geistlich. Und hier stellt sich nun eine zweite Frage: Hat die römische Kirche durch Texte und Riten mit dem gleichen Nachdruck auf die Heiligkeit des Papstlebens und des Papstleibes hingewiesen wie auf seine Hinfälligkeit? Ist nicht auch dies ein grundlegender Aspekt für eine Geschichte des Leibes des Papstes gerade wegen der besonderen Art des Papstamtes?

Um diese neuen Fragen anzugehen, müssen wir unsern Blick von der physischen Leiblichkeit des Papstes abwenden und den Papst als Träger eines Amtes betrachten.

II.
Persona Christi

«Stellvertreter Christi»

Petrus Damiani nennt in seinem Traktat über die Kürze des Lebens der römischen Bischöfe den Papst: «Universaler Bischof», «an Ehre und Würde alle im Fleische Lebenden überragend», «König der Könige», «Fürst der Kaiser». Zwei Jahre früher hatte er in seiner *Disceptatio synodalis* den Wunsch ausgesprochen, König und Papst, diese beiden «erhabenen Personen», sollten sich so eng miteinander verbinden, «daß der König im römischen Bischof und der römische Bischof im König sei».[1] Dies war ein Aufruf zur Verständigung von Kaiser und Papst. «Da beide Gewalten von einem göttlichen Geheimnis umgeben sind», da «jede der beiden Gewalten jeweils auch die andere verkörpert», waren Kaisertum und Papsttum aufgerufen, nach dem Vorbild von Gottvater und Christus zusammenzuarbeiten.[2] Zu dieser Zeit übernahm der Papst die bis dahin der Person Jesu Christi vorbehaltene Königssymbolik.

Petrus Damiani war auch der erste, welcher dem Papste den Titel «Stellvertreter Christi», *Vicarius Christi*, gab, der bis dahin dem Kaiser als Gottes Statthalter auf Erden vorbehalten war.[3] 1057 schrieb er an Viktor II. (1057), Christus persönlich habe den Papst zu seinem Stellvertreter eingesetzt.[4]

Bernhard von Clairvaux dagegen gebrauchte in seinem Brief an Innozenz II. (1130–43) und in seinen Schriften vor 1147 noch den alten Titel «Stellvertreter Petri», *Vicarius Petri*; dann aber, nach der Thronbesteigung Eugens III. (1145–53), bevorzugte er den Titel «Stellvertreter Christi», *Vicarius Christi*, und trug damit wesentlich dazu bei, daß sich diese Benennung schließlich durchsetzte. In seinem Traktat «Über die Besinnung an Eugen III.» *(De Consideratione)* ging er noch weiter: Nur einen einzigen Stellvertreter hat sich Christus erwählt, den Papst.[5] Bernhard brach hier mit einer sehr alten Tradition, denn bisher trugen auch Bischöfe und sogar weltliche Fürsten den Titel «Stellvertreter Christi».

Bernhard begründete und vertiefte diesen neuen Titel des Papstes, indem er sich einer neuen Leibmetapher bediente. «Laßt uns nun, so gut es eben geht, überlegen, wer du bist, welche *Person* du für eine gewisse Zeit in der Kirche Gottes vertrittst?»[6] Die Antwort Bernhards besteht aus einer langen Liste von immer ehrwürdigeren Papsttiteln, die schließlich den Papst mit Christus gleichsetzen: «Du bist der Hohepriester, der höchste Oberhirte, du bist der erste der Bischöfe, du der Erbe der Apostel. Du bist Abel durch deine Vorrangstellung, Noah durch deine Leitungsaufgabe, Abraham als Patriarch, Melchisedek durch die Weihe, Aaron durch deine Vollmacht und Christus durch die Salbung.»[7] Als Bischof habe er die Aufgabe, «die einzelnen Glieder des Leibes Christi zu ordnen». «Diesen Leib hat der heilige Paulus in wahrhaft apostolischer Sprache beschrieben; der Apostel hat alle Glieder in wunderbarer Eintracht dem Haupte zugeordnet.»[8] Schon 1130, als es darum ging, die Rechtmäßigkeit «seines» Papstes Innozenz II. (1130–43) zu verteidigen und die Aktionen des Legaten Anaklets II. (1130–38) zu diskreditieren, hatte Bernhard eine Leibmetapher von großer christologischer Eindringlichkeit gebraucht: Innozenz II. sei wahrer Papst, denn er sei «Gebein von Christi Gebein, Fleisch von Christi Fleisch».[9]

Dieser Sprachgebrauch Bernhards setzte sich sogleich durch. Noch zur Regierungszeit des ersten Zisterzienserpapstes Eugen III. wurde der Titel «Stellvertreter Christi» *(Vicarius Christi)* Teil des Formulars der päpstlichen Kanzlei.[10] Hugutio von Pisa rechtfertigte die Zuteilung dieses Titels an den Papst so: «Ihm allein hat Christus Autorität verliehen; daher kann denn auch nur der Papst Stellvertreter Christi genannt werden.»[11] Auch für Papst Innozenz III. (1198–1216) stand der Titel *«Vicarius Christi»* einzig dem Papste zu. Er bediente sich der von Bernhard geprägten Ausdrücke, ja er steigerte noch in neuen Bildern die Christusnähe des Papstes: Der Papst sei aufgerufen «die Person Christi zu tragen» *(gerere personam Christi)*.[12]

Herrschaft

Innozenz III. ist vielleicht der erste Papst gewesen, der über die Grenzen gesprochen hat, welche der physische Leib dem Handeln des Papstes setzt. Als Mensch – so sagte er – «gehören wir zu einem Stand und zu einer Ordnung, deren Grenzen wir nicht übersteigen können».[13] Dieses Menschsein scheint für den Papst die einzige Begrenzung der Vollgewalt des römischen Bischofs gewesen zu sein. Innozenz sagt einmal, daß die physischen Grenzen seiner menschlichen Natur es nötig machten, Legaten in die Christenheit zu senden.[14] Mit dem gleichen Argument rechtfertigte er auch die Teilnahme der Bischöfe an der päpstlichen Vollgewalt.[15]

Unter Innozenz III. wird das Wort «Vollgewalt» *(plenitudo potestatis)* der offizielle Ausdruck zur Bezeichnung der päpstlichen Souveränität.[16] Der Papst gebraucht dieses Wort auch in dem Bild von der Kirche als Leib, dessen Haupt der Papst sei.[17] «So wie im menschlichen Leib einzig das Haupt die ‹Vollgewalt› der Sinne besitzt, die übrigen Glieder an dieser ‹Vollgewalt› aber nur teilhaben, so gehören die Bischöfe zu jenem Teil der Kirche, der *pars sollecitudinis* genannt wird, der also nur Teilgewalt hat, während der Papst die Vollgewalt besitzt.»[18] Die Äusserungen Innozenz' III. werden im Laufe seines Pontifikats immer bestimmter: «Petrus war der einzige, dem die Vollgewalt verliehen worden war. Von ihm habe ich die Mitra für meinen Priesterthron, von ihm die Krone für meine Königsherrschaft erhalten. Er hat mich zum Stellvertreter dessen eingesetzt, auf dessen Gewand geschrieben steht: ‹König der Könige, Herrscher der Herrscher, Priester auf ewig nach der Ordnung des Melchisedek›.»[19] Hauptargument für die Rechtfertigung der weltlichen Herrschaftsgewalt des Papstes ist Christus. Nachdem er zunächst von Petrus gesprochen hat, wechselt Innozenz III. – wie man sieht – unversehens in die erste Person und spricht von sich selbst. Christus ist der König der Könige, Herrscher der Herrscher; Melchisedek, welcher König und Priester war, ist Christi alttestamentliches Vorbild.[20] Auf das Königtum Christi beruft sich auch Innozenz IV. (1243–54), um die Abfolge der Herrschaften zu rechtfertigen, deren sich Gott zur Leitung der Menschen bedient hat. «Bis Noah regierte Gott allein. Seit Noah, der kein Priester war, aber dennoch das Priesteramt bekleidete, regierte er mit Hilfe von Dienern. Das gleiche geschah unter all denen, welche nachher über die Hebräer herrschten. Das ging so bis zur Geburt Christi, unseres Königs und Herrn. Christus aber regiert durch seinen Stellvertreter, den Papst.»[21]

«Wo der Papst ist, da ist Rom»

Nach einer uralten Tradition mußte sich jeder Bischof nach Rom begeben, um die Gräber der Apostelfürsten aufzusuchen *(visitatio ad limina)*. Diese jahrhundertealte Verbindung der Worte *ad limina* («zu den Schwellen») mit den Gräbern der Apostelfürsten in Rom lockert sich um die Mitte des 12. Jahrhunderts, und die *visitatio ad limina* erhält einen sehr viel anderen Sinn.[22] Diese Weiterentwicklung des Begriffs *ad limina* folgt zeitlich derselben Linie, welche zur Aufgabe des Titels «Stellvertreter Petri» zugunsten von «Stellvertreter Christi» führte.

Gratian, der in seinem Rechtsbuch die Verpflichtung jedes Bischofs zur Reise erwähnt, betont, daß sie aus religiösen Gründen und aus Verehrung der Apostelfürsten geschehe.[23] Der Rechtslehrer Rufinus jedoch ersetzt bereits in seiner *Summa* aus den Jahren 1157–59 diese rein religiöse Pflicht des Besuchs der Apostelgräber durch die Verpflichtung, den «Papst» aufzusuchen und ihm Ehrerbietung *(reverentia)* zu erweisen.[24] Dieser Satz Rufins wurde sehr schnell von anderen Kanonisten übernommen. So schrieb bereits kurz nach 1160 Stefan von Tournai, daß alle Bischöfe gehalten seien, jährlich die «Kirche von Rom» aufzusuchen.[25] Ebenfalls um 1160 schreibt der unbekannte Verfasser der *Summa Parisiensis*, daß die Bischöfe in Gemeinschaft mit dem Papst bleiben müßten und daß daher die Bischöfe verpflichtet seien, regelmäßig – die einen jedes Jahr, andere weniger häufig – die «römische Kurie» aufzusuchen.[26] Die Gräber der Apostelfürsten werden – wie man sieht – in der *Summa Parisiensis* durch die römische Kurie ersetzt.[27] Der Besuch in Rom ist kein Akt der Frömmigkeit mehr, sondern eine kirchenrechtliche Verpflichtung gegenüber dem Oberhaupt der Kirche. Noch einen entscheidenden Schritt weiter geht Hugutio in seinem Kommentar zum Dekret aus den Jahren 1188–91. Er versteht unter den «Schwellen», den *limina*, nicht nur die Apostelgräber oder die Kurie «in Rom», sondern «die römische Kurie, ganz gleich wo sie sich auch aufhält».[28] Das heißt mit anderen Worten: Die «Schwellen der Apostelgräber» sind dort, wo der Papst sich gerade aufhält, denn die römische Kurie, das ist der Papst.

Innozenz III. scheint sich in dieser Sache nicht geäußert zu haben. Doch als er von Petrus spricht, gibt er dem Papstamt eine Universalität, die nicht nur die Jurisdiktionsgewalt, sondern auch den geographischen Raum betrifft. «Petrus herrschte über alle Dinge in ihrer Länge und in ihrer Breite, denn er war Stellvertreter dessen, welchem die ganze Erde gehört mit allem, was sie enthält, und mit allen, die auf ihr leben.»[29] Unter Innozenz III. findet sich Hugutios Gleichsetzung Roms mit der Person des Papstes auch außerhalb des engen Kreises der Kanonisten. Als der Abt Wilhelm von Andres 1207 in Viterbo ankommt, wo sich gerade die römische Kurie aufhält, ruft er aus: «Ich bin in Viterbo angelangt und habe hier Rom gefunden».[30] Als einige Jahrzehnte später Innozenz IV. sich nach Lyon begibt, um dort ein allgemeines Konzil zu feiern, sagt Nikolaus von Calvi, der Biograph des Papstes: «Aus der ganzen Welt strömten die Gläubigen nach Lyon wie nach einem anderen Rom.»[31]

Papst Innozenz IV. selbst ging in seinem Dekretalenkommentar noch viel weiter in der Gleichsetzung der Apostelschwellen mit dem jeweiligen Aufenthaltsort des Papstes. Für ihn sind die *limina* dort «wo der Papst ist» *(ubi papa est)*.[32] Niemand vor ihm war so weit gegangen. Einige Jahre später prägte der große Rechtslehrer Heinrich von Susa den Grundsatz, der berühmt werden sollte: «Wo der Papst ist, da ist Rom»: *Ubi papa, ibi Roma*.[33] Bereits als Professor in Paris hatte Heinrich in seiner 1253 abgeschlossenen «Goldenen Summe» *(Summa aurea)* ähnlich argumentiert, indem er von der Zeremonie der Pallienverteilung ausging, die gewöhnlich am Petrusaltar in der Vatikanbasilika stattfand. Der Kardinaldiakon oder ein Subdiakon der römischen Kirche nahm während dieser Zeremonie das Pallium «vom Leib des heiligen Petrus», d. h. aus der Palliennische, und legte es auf das Apostelgrab. Heinrich sagt nun, daß es nicht nötig sei, diese Zeremonie in Rom zu feiern, sondern «dort, wo sich der Papst aufhält». Heinrich rechtfertigt dies mit zwei Gründen. Er sagt: «Nicht wo Rom ist, da ist auch der Papst, sondern genau umgekehrt ist es wahr.»[34] Und dann: «Nicht der Ort heiligt den Menschen, sondern der Mensch heiligt den Ort.»[35] Bereits Gratian hatte diese Formulierung gebraucht, um auszudrücken, daß die persönliche Heiligkeit und nicht das Amt einen Würdenträger heiligen.[36] Diesen allgemeinen Grundsatz Gratians wandelte Heinrich nun ab, um auszudrücken, daß die Institution des Papsttums nicht an einen heiligen Ort – die Stadt Rom – gebunden sei, sondern an die – heilige – Person des Papstes: *Ubi papa, ibi Roma.*

Dies alles zeigt uns die große Fähigkeit der Rechtsgelehrten, die vielfältigen Entwicklungsstufen des Papsttums und der Kurie in griffige Formulierungen zu fassen. Das ständige, meist erzwungene Herumreisen der Päpste in der zweiten Hälfte des 12. Jahrhunderts, der Aufstieg der Kurie als Sitz von Verwaltung und Regierung der Kirche in den letzten Jahrzehnten des ausgehenden 12. Jahrhunderts, die immer enger werdenden Beziehungen zwischen den Bischöfen der Christenheit und dem Haupt der Kirche, die unwidersprochene Universalität des Papsttums: das alles findet seinen Ausdruck in diesen Formeln. Vor allem fällt an diesen Formulierungen auf, daß die Römische Kirche offenbar ganz in der Person des Papstes aufgeht.

Diese Formel Heinrichs von Susa, *Ubi papa ibi Roma*, diente später dazu, den Aufenthalt der Päpste in Avignon zu rechtfertigen. Der große Theologe Augustinus (Triumphus) von Ancona (1270–1328) sagte, der Papst sei nicht verpflichtet, an einem bestimmten Ort zu residieren, denn er war ja Stellvertreter dessen, der gesagt hatte: «Der Himmel ist mein Thron und die Erde der Schemel meiner Füße» (Jesaja 66, 1).[37] Alvarus Pelagius (1275–1352) führte eine ekklesiologische Überlegung an, um den zeitweisen Bruch der Bande zwischen dem Papsttum und Rom zu rechtfertigen: «Die Kirche ist der mystische Leib Christi, und die Gemeinschaft der Christen wird nicht von den Mauern einer Stadt begrenzt. Der mystische Leib Christi ist dort, wo das Haupt des Leibes – der Papst – ist.»[38]

Christus gab Rechtsgewalt und Macht weder Rom noch einer anderen Stadt, sondern einer Person: Petrus und seinen Nachfolgern.[39] So sah es auch der Rechtslehrer Ubaldus de Ubaldis (1327–1400): «Wo der Papst ist, da ist Rom, Jerusalem, Sion und das allen gemeinsame Vaterland.»[40] Die Person des Papstes verkörperte die Kirche auch in ihrer räumlichen Ausdehnung über den gesamten Erdkreis.

«Teil des Papstleibes»

In seinem Eugen III. gewidmeten Traktat «Über die Besinnung» bedient sich Bernhard von Clairvaux Wörter, welche leibliche Befindlichkeiten bezeichnen wie «Gesundheit» und «Schmerz», um das Zusammenleben von Papst und Kardinälen bildhaft auszudrücken: «Aber betrachten wir nun jene, die an deiner Seite stehen *(collaterales)* und die dir helfen *(coadiutores)*. Diese lassen dich niemals allein, sie sind dir immer nahe. Sind sie gut, so bis du der erste, der daraus Nutzen zieht, sind sie aber schlecht, so wirst du auch als erster darunter leiden. Du hast Unrecht, dich in guter Gesundheit zu wähnen, wenn du an deinen Seiten leidest.»[41] Auch nach Johannes von Salisbury war Eugen III. sich bewußt, «daß seine Seiten krank waren», denn so, nämlich «Seiten» *(lateres)*, habe er seine Begleiter und Räte genannt.[42] Dieses Bild von den «Seiten» des Papstes wurde jedoch später nicht mehr gebraucht, vielleicht weil es bereits besetzt war durch den Ausdruck «Legat von der Seite des Papstes» *(legatus a latere)*, der sich im Sprachgebrauch der päpstlichen Diplomatie inzwischen fest eingebürgert hatte.

Derselbe Johannes von Salisbury nannte 1167 den Kardinallegaten Wilhelm von Pavia «Glied der römischen Kirche» *(membrum Ecclesiae Romanae)*.[43] Dieses Bild finden wir um dieselbe Zeit bei Otto von Freising, dem Verfasser der «Taten Kaiser Friedrichs I.» Für Otto waren die Kardinäle die «obersten Glieder» *(summa membra)*, die sich nicht von ihrem Haupt, dem Papst, trennen durften.[44] Fast unmerklich hatte sich der Sinn des Wortes verschoben. Otto von Freising bringt den die Kardinäle bezeichnenden Begriff «Glied» *(membrum)* nicht mehr in Zusammenhang mit der römischen Kirche, sondern mit dem Papst: die Kardinäle sind nicht mehr «Glieder der Kirche», sondern «Glieder des Papstleibes». Auch für den päpstlichen Geschichtsschreiber Boso sind die Kardinäle so an den Papst gebunden wie die Glieder an das Haupt.[45]

Der erste Papst, der sich dieses Bildes bedient, ist Innozenz III. In einem Brief vom August 1198 nennt er die Kardinäle «Glieder unseres Leibes» *(membra corporis nostri)* und ruft dann aus: «Wir alle [Papst und Kardinäle] sind ein Leib in Christus.»[46] Diese Formulierung ist biblischer Herkunft. Innozenz benutzt hier das Pauluswort: «Wir sind Glieder seines Leibes, von seinem Fleisch und seinen Gebeinen.»[47] Paulus hatte von allen Christen gesprochen. Innozenz verdoppelte dieses Bild, indem er es auch auf die kirchliche Hierarchie anwandte. Der Leib des Papstes, zu dem als Glieder die Kardinäle gehörten, war wiederum Teil des Leibes Christi.

Die Kanonisten zogen den Ausdruck «Teil des Leibes» *(pars corporis)* vor. Diese Formel findet sich zum ersten Mal bei dem Rechtslehrer Bernhard von Parma (†1266). «Nur Kardinäle» – so sagt er – «können als Legaten ‹von der Seite› *(de latere)* des Papstes ausgesandt werden, denn sie allein werden ‹Teil des Papstleibes› *(pars corporis domini pape)* genannt.»[48] Zu Beginn des 13. Jahrhunderts hat sich dann diese Formel «Teil des Papstleibes» in der kirchenrechtlichen Literatur voll eingebürgert.[49] Der Verzicht auf das Wort «Glied» *(membrum)* zugunsten von «Teil» *(pars)* ist vielleicht dem Einfluß des Codex Justinians zuzuschreiben, denn in ihm werden bereits die römischen Senatoren «Teil des kaiserlichen Leibes» genannt.[50] Und waren die Kardinäle nicht die Senatoren der Kirche?

Heinrich von Susa († 1271) gebrauchte ein noch viel eindringlicheres Bild, um die Innigkeit der Bande zwischen Papst und Kardinälen auszudrücken. Der Papst ist das Haupt der ganzen Kirche, und die Gläubigen sind die Glieder dieser Kirche; in ganz besonderer Weise ist der Papst aber auch das Haupt der Kardinäle, und die Kardinäle sind seine Glieder. Diese Glieder sind so innig zu einem einzigen Leib vereint, daß ein Treue- oder Gehorsamseid gar nicht nötig ist. Der Papst empfängt daher von den Kardinälen keinen Eid, «denn sie sind Teil seiner Eingeweide».[51] Dieses neue, etwas grausige Bild entsteht zu einer Zeit, da man das Innere des – toten oder lebendigen – Menschenleibes entdeckt und ohne Ekel damit umgeht.[52] Heinrich bleibt im Bild und zieht mit unerbittlicher Folgerichtigkeit einen überraschenden Schluß: Da die Kardinäle gleichsam die Eingeweide des Papstes sind *(tamquam inviscerati)*, dürfen sie auch nicht zur Ader gelassen werden ohne besondere Erlaubnis des Papstes.[53]

Heinrich begründete die Formel «Teil des Papstleibes» *(pars corporis pape)* mit den Vorrechten der Kardinäle in der päpstlichen Gerichtsbarkeit. Die Kardinäle sind «Teil des Papstleibes», weil die Kardinäle zusammen mit dem Papst über alle zu Gericht sitzen.[54] Dieser Gedanke findet sich auch in der gegen Bonifaz VIII. gerichteten Denkschrift der Colonna-Kardinäle, wo es von den Kardinälen heißt: «Sie sind Mitrichter *(coniudices)* des römischen Bischofs, und sie sind nicht nur Glieder des Leibes der Kirche, sondern auch Glieder des Hauptes dieser Kirche.»[55] Die von den Colonna-Kardinälen gebrauchten Ausdrücke waren alt, neu jedoch war der gegen einen Papst gerichtete äußerst angriffige Ton.[56] Die «Eingliederung» der Kardinäle in die Person des Papstes sollte ihre Teilhabe an der Papstgewalt verstärken und ihren Rang gegenüber den Bischöfen erhöhen. Diese Auseinandersetzung findet einen vorläufigen Abschluß mit dem Brief Eugens IV. aus dem Jahre 1439 an den Erzbischof von Canterbury, Henry Chichele. In diesem Brief, der später in das kirchliche Gesetzbuch aufgenommen wurde, sagt der Papst, daß die Kardinäle Assistenten des Papstes seien und zu Recht seine Brüder genannt werden, denn sie seien Teil und Glieder seines

Leibes *(pars sui corporis, contigua sui corporis membra)*.[57] Die Begriffe «Teil» *(pars)* und «Glieder» *(membra)*, deren man sich jahrhundertelang bedient hatte, um bildhaft auszudrücken, daß die Kardinäle Teil der Person des Papstes waren, finden sich in diesem Brief feierlich vereinigt nebeneinander.

Der sichtbare Christus

Boso, der Biograph Alexanders III., beschreibt den triumphalen Einzug des Papstes in Rom im März 1178 so: «Alle betrachteten sein Gesicht wie das Antlitz Christi, dessen Stellvertreter auf Erden er war.» Es war das Fest Gregors des Großen, das in diesem Jahr auf den dritten Fastensonntag *(Oculi)* fiel. Die Geistlichkeit Roms war dem Papst weit außerhalb der Stadt mit Fahnen und Kreuzen entgegengekommen. Boso sagt, man erinnere sich nicht, daß je ein römischer Bischof so empfangen worden sei. Senatoren und Beamte, der Adel und das Volk mit Olivenzweigen in den Händen, sangen die herkömmlichen Lobgesänge.[58] Im Krönungsumzug Bonifaz' VIII. am Ende des 13. Jahrhunderts ging vor dem Papst ein Pferd, das ein Kreuz trug.[59] In den letzten Jahrzehnten des 14. Jahrhunderts trat an die Stelle des Kreuzes gar eine Monstranz mit der Hostie.[60] Inzwischen hatte sich auch die Gewohnheit durchgesetzt, auf die Schuhe des Papstes Kreuze zu nähen.[61] Sogar die Ankündigung der Wahl eines neuen Papstes – «ich verkündige euch eine große Freude» – ahmte einen Christus betreffenden Satz des heiligen Paulus nach: «Dieser ist Christus, den ich euch verkünde.»[62] Dante wird in Bonifaz den «gefangenen Christus» sehen.[63] Alvarus Pelagius sagt 1332: «Da der oberste Bischof Christus vertritt und seine Stelle auf Erden einnimmt, sieht der Gläubige in ihm, wenn er mit den Augen des Glaubens schaut, Christus selbst.»[64] «Der Papst ist der Nachfolger Adams, des ersten Menschen, und deswegen hat Gott gewollt, daß der Stellvertreter Christi in ganz besonderer Weise nach Gottes Bild und Gleichnis geschaffen sei.»[65] Und Antonius von Budrio († 1408) ging so weit zu sagen: «Was der Papst als Stellvertreter Gottes tut, muß so betrachtet werden, als habe Gott alleine es getan; die Handlungen des Stellvertreters sind die Handlungen des Herrn.»[66]

Zwischen dem 11. und 12. Jahrhundert war der Papst der einzige Stellvertreter Christi geworden, ja das lebende Bild Christi auf Erden.[67] Aus diesem Grunde unterschied sich, zumindest seit Beginn des 13. Jahrhunderts, die Eucharistiefeier des Papstes von der anderer Priester und Bischöfe der Christenheit. Auf die Frage, warum der römische Bischof bei der Kommunion einer anderen Gewohnheit folge, antwortete Lothar von Segni, der spätere Innozenz III., in seinem Traktat «Über das heilige Geheimnis des Altares»: «Der römische Bischof kommuniziert nicht dort, wo die Hostie gebrochen wird. Er bricht sie am Altar, aber er nimmt sie zu sich auf seinem Thron. Denn Christus brach das Brot in Emmaus vor den beiden Jüngern, aber er aß es zu Jerusalem vor den elf Aposteln.»[68] Wilhelm Durand begründete diese Gewohnheit ebenfalls mit der Christusähnlichkeit des Papstes: «Als Stellvertreter Christi ist der oberste Bischof das Haupt all derer, die in der kämpfenden Kirche leben. Und weil er Christus vertritt, kommuniziert das Haupt der Kirche vollkommener und feierlicher an einem erhöhten Ort.»[69]

Unfehlbarkeit

Ein namentlich nicht bekannter Autor, «Anonymus von York» oder auch «Normannischer Anonymus» genannt, dessen Gedanken Ausgangspunkt sind für jede Geschichte der «zwei Leiber des Königs»[70], schrieb um 1100, daß der König eine «Doppelperson» *(persona geminata)* sei. Die eine Person des Königs sei von der Natur begründet, die andere von der Gnade; die eine gründe auf den Eigenschaften des Menschen, die andere auf Geist und Tugend; kraft der einen sei er ein natürliches Individuum, kraft der anderen durch die Gnade Christi Gott-Mensch.[71] Durch die Gnade sei der König Gott und Christus; alles was er vollbringe, tue er nicht als Mensch, sondern als Gott und Christus.[72] In diesen Gedanken wird der Gegensatz zwischen Person und Amt bis zum äußersten gesteigert. Der unbekannte Verfasser geht so weit zu behaupten, auch Christus sei, soweit er Mensch war, schwach *(infirmus)* gewesen.[73] Die Bischöfe verloren nach diesen Überlegungen ihren überlegenen Rang, denn es war der König, welcher die beiden Naturen Christi besaß, der Bischof dagegen besaß nur die menschliche Natur.[74]

Für den Papst schlug der Anonymus eine Dreiteilung vor: er war gleichzeitig Bischof, Mensch, Sünder.

> Eine solche Person ist nicht einfach, sondern vielfältig, sie vereinigt in sich mehrere Personen.[75] Der Papst vereinigt in sich die Person des obersten Bischofs, die des Menschen und die eines Mörders oder irgendeines anderen Sünders [...]. Als oberster Bischof steht er über allen Menschen, als Mensch jedoch steht er auf gleicher Ebene wie alle anderen Menschen, als Sünder schließlich steht er unterhalb aller anderen Menschen. Als oberster Bischof sündigt er nicht, sondern vergibt er die Sünden; als solcher wird er von allen verehrt, geehrt und von niemandem gerichtet.[76] Als Mensch dagegen kann er keine Sünden vergeben, auch wenn er selbst nicht

> sündigt; man muß ihn zwar ehren, aber er kann auch wie jeder andere Mensch gerichtet werden. Als Sünder schließlich darf er weder verehrt noch geehrt werden, und er muß gerichtet werden wie jemand, der unter dem Menschen steht. Denn es ist nicht gerecht, daß wir gleichzeitig einem Apostel und einem Mörder oder Ehebrecher, dem allerheiligsten Bischofsamt und dem Verbrechen eines Mörders oder Ehebrechers Ehre und Verehrung erweisen.[77]

Diese Gedanken sind so radikal, daß man sich fragt, ob sie ernst gemeint sind und ob man hier nicht vielleicht bloße Schulübungen vor sich hat. Der unbekannte Verfasser stellt die Frage, ob der Papst die einzige Person ist, der man in der Kirche gehorchen muß. Und wem müssen wir gehorchen? Dem Papst als Mensch oder dem Papst als Apostel *(apostolicus)*? Um zu einer Antwort zu kommen, trennt der Autor scharf Amt und Person. «Wir müssen ihm nicht gehorchen, insoweit er Mensch ist, denn keinem Menschen schulden wir einen solchen Gehorsam. Sonst müßten wir auch jedem anderen Menschen so gehorchen.» Dem Papst gebührt jedoch Gehorsam «als Apostel *(apostolicus)*, das heißt als Gesandtem Christi» *(missus a Christo)*.[78]

In einem Brief an den Patriarchen von Kostantinopel vom 12. November 1199 erläuterte Innozenz III. die bekannten Herrenworte von Lukas 22,32 so: «Der Herr enthüllt hier, daß er für Petrus gebetet hat, und er sagt ihm im Feuer der Leidenschaft: ‹Ich aber habe für dich gebetet, daß dein Glaube nicht aufhöre; und du, wenn du dich einst bekehrt hast, stärke deine Brüder!› Das bedeutet offensichtlich, daß seine Nachfolger nie vom wahren Glauben abgewichen sind» Nach der übereinstimmenden Lehre der Kanonisten des 12. Jahrhunderts [...] hatte Christus dem Petrus keineswegs die Unfehlbarkeit in der Leitung der Kirche versprochen, denn nach dem Zeugnis des heiligen Paulus (Gal. 2,11) hatte er sich ja offensichtlich gegenüber den Hebräern geirrt. Der Herr versprach dem Petrus einzig das Ausharren im Glauben bis zum Ende. Hugutio jedoch und andere Rechtslehrer des 12. Jahrhunderts hatten eine sehr viel weitere Auslegung der Herrenworte gegeben.[79] Sie setzten die Person des Petrus mit der Kirche gleich und schlossen, daß es nicht der Glaube des Petrus und seiner Nachfolger war, der nicht mehr wanken sollte, sondern der Glaube der Kirche. «'Daß dein Glaube nicht aufhöre' bedeutet unbezweifelbar, daß Petrus noch fester im Glauben geworden war, obwohl er einen Augenblick geschwankt hat. In der Gestalt des Petrus muß man die Kirche sehen, im Glauben des Petrus den Glauben der universalen Kirche, der nie in seiner Gesamtheit wankt und nie wanken wird bis zum Tage des Gerichts.»[80] Innozenz III. war dagegen in seinem Brief vom 12. November 1199 näher beim Wortlaut des Lukasevangeliums geblieben. Die vom

Herrn verbürgte Glaubensfestigkeit *(indefectibilitas)* der Kirche war darin begründet, daß Petrus und seine Nachfolger nie vom wahren katholischen Glauben abgewichen waren.[81]

«Weil der Papst Bild Christi ist», sagt Petrus Johannis Olivi 1295, «behaupten einige, er sei ungeschaffen *(increatus)*, groß, sündenfrei *(impecabilis)*, unfehlbar und allwissend wie Christus.»[82] Die Person des obersten Bischofs verbürgt also die Reinheit des Glaubens der universalen Kirche. «Es ist unmöglich, daß Gott jemandem die Gewalt gibt, in Zweifelsfragen des Glaubens und des göttlichen Gesetzes zu entscheiden, und ihm gleichzeitig erlaubt, dem Irrtum zu verfallen. Dem jedoch, der nie irren kann, dem muß man folgen wie einer Regel, die sich nicht irrt. Gott hat diese Vollmacht dem römischen Bischof verliehen.»[83]

Die beiden Naturen Christi

Da der Papst das auf Erden lebende Bild Christi war, besaß er auch die beiden Naturen Christi, die göttliche und die menschliche. Dieser Gedanke findet sich zum ersten Mal um 1100 beim Anonymus von York, um die Doppelperson des Königs zu definieren.[84] Innozenz III. übertrug ihn in seiner Predigt am Peter und Paulstag auf den hl. Petrus.[85] Dennoch muß man noch bis zum Ende des 13. und bis zum Beginn des 14. Jahrhunderts warten, bis die auch dem Papst eigenen zwei Naturen Christi dazu dienen, die dem Papste zukommende Doppelgewalt – die geistliche und die weltliche – zu rechtfertigen. Augustin von Ancona (1270–1328) sah in der päpstlichen Gewalt eine Mischung göttlicher und menschlicher Elemente: die Weihegewalt *(potestas ordinis)* ist an den wahren Leib Christi gebunden; die Rechtsgewalt *(potestas iurisdictionis)* jedoch an den mystischen Leib Christi.[86] Auch Jakob von Viterbo sagt in seinem Traktat «Über die christliche Herrschaft» *(De regimine christiano)* aus dem Jahre 1302: «Der Papst wird Stellvertreter Christi genannt einerseits, insoweit er nur Mensch ist, denn er ist Priester; andererseits, insoweit er Gott und Mensch ist, denn er ist König. Aus diesem Grunde heißt er zu Recht Stellvertreter Gottes.»[87] Auch in dieser Sache fand Alvarus Pelagius die abschließend gültige Formulierung: «So wie Christus zwei Naturen besitzt, so auch sein Stellvertreter; jeder Papst hat in einer gewissen Weise teil an den beiden Naturen Christi: an der göttlichen, was das Geistliche angeht, und an der menschlichen, was das Zeitliche betrifft.»[88]

«Leib der Kirche»

In dem Zeitraum, den wir bisher betrachtet haben, werden noch andere Begriffe und Bilder, welche die frühmittelalterliche Lehre von der Kirche auf Christus angewandt hatte, fortschreitend auch auf den Papst übertragen. Die Ekklesiologie des 12. Jahrhunderts suchte abstrakte Begriffe wie «Kirche» und «Christenheit» durch aus der Welt des Leibes genommene Bilder auszudrücken. Der älteste Autor, der versucht hat, den abstrakten Kirchenbegriff durch ein Leib-Bild auszudrücken, war Honorius Augustodunensis. Für ihn hat der «Leib der Kirche» *(corpus Ecclesiae)* sieben Glieder – Augen, Haare, Zähne, Lippen, Knie, Hals und Brüste –, die den sieben Chören der Erwählten *(ordines electorum)* entsprechen. Sie sind die sieben Glieder der Braut [die Kirche], welche der Bräutigam [Christus] lobt, da sie den Geboten Christi folgen.[89] Lothar von Segni, der spätere Papst Innozenz III., erwähnt in seinem Traktat über die Geheimnisse der heiligen Messe, daß der mit den liturgischen Gewändern bekleidete römische Bischof zum Zeichen der Ehrerbietung auf sieben Stellen seines Leibes geküßt werde: auf Mund, Brust, Schulter, Hände, Arme, Knie und Füße.[90] Einmal Papst geworden, ging Innozenz III. noch weiter. In seiner Predigt zum Fest Gregors des Großen übertrug er einen Großteil der Sinnbilder Honorius' für die sieben Chöre der Auserwählten auf die liturgischen Gewänder des Papstes.[91]

Noch an anderer Stelle setzte Innozenz III. den Papst mit dem Leib der Kirche gleich. Die Krankheit der Glieder – so sagt er – trifft auch den Leib des Papstes; ist die Kirche krank, so empfindet das Herz des Papstes heftigen Schmerz.[92] Der Papst bildet eben einen Leib mit der Kirche.

Dieser Gedanke bewegte Innozenz III., dem Bild der geistlichen Ehe einen radikal neuen Sinn zu geben. Das Gewicht wird nun nicht mehr wie bisher auf die mystische Heirat Christi mit seiner Kirche gelegt, sondern auf die Heirat des Bischofs von Rom mit der römischen Kirche.[93] Diese neue Sicht fand ihren sichtbaren Ausdruck im Apsismosaik von Alt Sankt Peter. Dort ließ sich Innozenz im unteren Teil abbilden, leicht geneigt stehend, mit den Zeichen seines Amts. Ihm gegenüber stand – in Gestalt einer jungen Frau – wie eine Braut die römische Kirche.[94]

Aegidius von Rom zögerte um 1300 nicht, zu sagen, daß der oberste Bischof, welcher an der Spitze der Kirche steht, «die Kirche» genannt werden kann.[95] In den großartigen Zeichnungen des Opicinus de Canistris (1334), eines Geistlichen am Papsthof zu Avignon, findet sich einige Jahrzehnte später neben der Darstellung des Papstes zweimal eine Inschrift, die ihn mit dem «Leib der Kirche» gleichsetzt. Die erste Inschrift nennt den Papst «apostolischer Leib der Kirche» *(apostolicum corpus Ecclesiae)*; eine kleine Gestalt zu Füßen des Papstes versinnbildlicht die Laienkirche, welche «der rechten Hand des mystischen Christus» den Zehnt schuldet.[96] Die Gestalt des Papstes gleicht hier der Gestalt Christi in einer vorhergehenden Zeichnung.[97] Die zweite Inschrift nennt den Papst «Leib der kämpfenden Kirche» *(corpus Ecclesiae militantis)*. Ein kleines Kind mit Heiligenschein trägt die Inschrift «Menschensohn» *(filius hominis)*, es ist also Christus.[98]

Hinfälligkeit

Seit dem 12. Jahrhundert wird die Person des Papstes immer mehr mit der Kirche, ja mit Christus gleichgesetzt. Der Papst war nicht mehr bloß Stellvertreter Petri *(Vicarius Petri)*, sondern Stellvertreter Christi *(Vicarius Christi)*, und er wurde immer mehr schließlich «der auf Erden sichtbare Christus». Die Person des Papstes hatte außerdem auf sich die traditionellen Bande zwischen Rom und den Apostelgräbern gezogen. Wo er war, da waren Rom und die «Schwellen der Apostelgräber». Dank des Rückgriffs auf den Begriff «Haupt» *(caput)* wurde die Figur des Papstes bevorzugter und ausschließlicher «Sitz» der Unwandelbarkeit des Glaubens der Kirche. Der «Leib des Papstes» war auch das Bild, mit dem man die Einheit von Papst und Kardinälen an der Spitze der römischen Kirche ausdrücken wollte.

Die Demutsrhetorik und die Demutsriten, denen wir im ersten Kapitel nachgegangen sind, setzten die Hinfälligkeit des physischen Leibes des Papstes in Gegensatz zum Vorrang und zur Universalität des Papstamtes. Zwar ist das Leben des Papstes kurz und seine Macht flüchtig, aber als Papst ist er «universaler Bischof» *(universalis episcopus)* und «Fürst der Kaiser» *(princeps imperatorum)*, das heißt, er übersteigt an Ehre und Würde die menschliche Bedingtheit. Zwar wird sein Leben von unüberschreitbaren Schranken begrenzt, welche Gott und die Geschichte («die Jahre des Petrus») gesetzt haben, aber als Nachfolger Petri ist er eine «Über-Person».[99] Doch je mehr der Papst sich Christus annäherte, je mehr wurde es unvermeidbar, den Papst als Menschen von dem Papst als Verkörperung Christi *(persona Christi)* zu trennen. Diese Frage war von so großer Wichtigkeit, daß im zwölften und in den ersten Jahrzehnten des 13. Jahrunderts die Päpste selbst und die päpstlichen Theologen dieses Thema aufgriffen, nicht um das Papsttum zu schwächen, sondern um die christologische Grundlage des Papsttums zu verstärken. So setzte Honorius III. (1216–27) gegen die Ewigkeit des Hohenpriesteramtes Melchisedeks die Sterblichkeit der physischen Person des Papstes.[100] Über seinen Vorgänger Innozenz III. sagte er: «Da er sterblich war und dem Tod nicht entrinnen konnte, so wappnete er sich mit den Waffen der Buße und wünschte, aufgelöst zu werden und mit Christus zu sein, in dem und durch den er leben und sterben wollte.»[101] Trotz aller Christusähnlichkeit blieb der Papst ein schwacher und sterblicher Mensch.

Papst Nikolaus III. unterschied in seiner Wahlanzeige vom 25. November 1277 zwischen der menschlichen Hinfälligkeit des Papstes und der auf Christus gegründeten Ewigkeit des Papstamtes. «Der Herr wollte, daß das Stellvertreteramt Christi ewig sei in der Form einer Folge von ständig wechselnden Amtsinhabern. Obwohl die Stellvertreter Christi wegen ihrer menschlichen Gebrechlichkeit dem Tode verfallen sind und sterben müssen, sollte das Stellvertreteramt selbst in all diesen Wechseln unsterblich und ewig bleiben.»[102]

Augustin von Ancona (1270–1328) stellte fest: «Petrus und nach ihm jeder Papst folgt Christus nach als Stellvertreter in Amt und Macht, nicht aber als Stellvertreter der Person *(vicarius in officio et potestate, non in persona)* [...]. Petrus und seine Nachfolger sind nicht hinsichtlich der Person *(personaliter)* Nachfolger Christi, und deswegen werden sie zu Recht Stellvertreter und Diener genannt.»[103]

Nach Alvarus Pelagius (1275–1352) handelt der Papst nicht als Herr *(excellenter)* wie Christus, sondern als Diener *(ministerialiter)*; die Macht Christi ist ewig, die seines Stellvertreters jedoch zeitlich begrenzt, obwohl in den Nachfolgern Petri diese Gewalt in der Kirche bis zum Ende der Zeiten Bestand haben wird.[104] «Christus richtet nicht nur, was offenbar ist, sondern auch, was in den Herzen verborgen liegt; der Stellvertreter Christi, mag er auch noch so rein sein, ist dazu unfähig. Der Mensch sieht nur, was offenbar ist.»[105] Die Notwendigkeit, den «obersten Bischof» von der physischen Person zu unterscheiden, die dieses Amt bekleidet, läßt Alvarus sagen, daß Christus von Pontius Pilatus gerichtet wurde nicht als öffentliche, sondern als private Person [...]. «Christus verkörperte vor Pilatus nicht den Papst *(personam pape)*, sondern den einfachen Menschen *(personam simplicis hominis)*.»[106] Alle Überlegungen Alvarus' münden schließlich in Bemerkungen über die Hinfälligkeit und Kürze des Lebens der Päpste, welche an die Worte Bernhards von Clairvaux in seinem Traktat «Über die Besinnung» erinnern:

> Der Papst muß bedenken, wer er ist; warum er Mensch, warum er Bischof ist ... Der Mensch wird geboren, der Bischof wird gemacht ... Von einer Frau geboren, lebt er nur kurze Zeit, denn das Leben der Päpste ist kurz und elender als das anderer Menschen ... Er betrachte sich nackt, denn nackt kam er aus dem Schoß der Mutter ... Als Mensch schäme er sich, nackt zu sein ... und beklage er,

> geboren zu sein ... Als oberster Bischof soll er dessen eingedenk sein: nicht daß er Asche gewesen ist, sondern daß er Asche sein wird.[107]

Am Ende dieses Kapitels über die Leib-Bilder, welche die Entwicklung des Papstbildes zwischen Gregorianischer Reform und ausgehendem 13. Jahrhundert begleitet haben, finden wir also mit großer Eindringlichkeit erneut den Gedanken der päpstlichen Hinfälligkeit. Das ist nicht überraschend, denn das Problem ist auch im 14. Jahrhundert dasselbe geblieben. Da der Papst immer mehr die Kirche verkörperte, welche ewig ist, mußten physische Person und Amt unmißverständlich getrennt werden.

Die Tatsache, daß der Papst sichtbares Bild Christi auf Erden geworden war, warf eine fundamentale Frage für eine Geschichte des päpstlichen Leibes auf: Wie bewältigte man innerhalb der römischen Kirche den Gegensatz zwischen der körperlichen Gebrechlichkeit des Papstes und dem auf Christus gegründeten hohen Amt, das der Papst bekleidete? War die Auseinandersetzung rein rhetorisch oder brachte auch sie Riten hervor wie die, welche wir beim Studium des Themas «Hinfälligkeit und Flüchtigkeit» haben beobachten können?

III.
Weisse

Wachslämmer

Einen ersten Zugang zu den Wachslämmer-Riten eröffnet uns erneut jener *Ordo XI* des Chorherrn Benedikt aus dem Jahr 1140, von dem wir ausgegangen waren, um jene Riten nachzuzeichnen, welche die Gebrechlichkeit des Papstes und die Flüchtigkeit seiner Macht ausdrücken sollten.[1]

Benedikt beschreibt zwei Zeremonien mit Lämmern.

Die erste wird Ostern gefeiert. Nach der Stationsfeier in Groß Sankt Marien kehrt der Papst, die Krone auf dem Haupt, in feierlicher Prozession in den Lateran zurück. Dort angekommen steigt er vom Pferd. Man nimmt ihm die Krone vom Haupt und übergibt sie einem Kämmerer, der sie in einen Schrein stellt. Die Richter führen ihn in den Saal, wo man um den Tisch des Papstes und sein «Bett» elf «Diwane» *(scanna)* und einen Sessel *(subsellium)* aufgestellt hat in Erinnerung an die zwölf Apostel beim letzten Abendmahl. Auf den elf Diwanen «liegen» *(iacent)* der Primicerius, fünf Kardinäle und fünf Diakone. Der Papst verteilt zunächst das *presbyterium*, ein an Ostern übliches Geldgeschenk, erhebt sich dann und geht in den *cubitorium* genannten Saal, um dort ein gebratenes Lamm zu segnen. Darauf begibt er sich zu Tisch. Der Prior der Basilika hat auf dem Sessel vor dem «Bett» des Papstes Platz genommen. Der Papst nimmt ein Stück des Lammes, reicht es dem Prior mit den Worten: «Was du tun willst, das tue bald! Wie jener das Stück nahm zu seiner Verdammnis, so nimm du es zur Vergebung der Sünden.»[2] Er reicht es ihm in den Mund, und der Prior ißt es. Den Rest des Lammes gibt der Papst den elf anderen, die nach antiker Art «zu Tisch liegen».[3] In dieser Wiederholung des Abendmahls nimmt der Papst den Platz Christi ein, der Prior der Basilika den Platz Judas', die anderen elf Apostel werden von fünf Kardinälen, fünf Diakonen und vom Primizerius dargestellt. Dieses päpstliche Ostermahl wird uns vom Chorherrn Benedikt berichtet und durch den Basler *Ordo*.[4] In späterer Zeit findet sich keine Spur mehr von dieser Zeremonie.

Lämmer aus Wachs, und nicht mehr ein richtiges Lamm aus Fleisch und Blut, sind Gegenstand der zweiten von Benedikt beschriebenen Zeremonie. Sie wird nicht mehr am Osterfest gefeiert, und sie hat zwei deutliche getrennte Teile: die Herstellung der Lämmer und ihre Austeilung. Hergestellt werden diese Wachslämmer am Karsamstag, ausgeteilt werden sie jedoch erst eine Woche später am Weißen Samstag. «Am Karsamstag» – so heißt es – «erhebt sich der Erzdiakon morgens in der Frühe und mischt Öl und Chrisma des vergangenen Jahres mit reinem Wachs. Der Akoluth knetet diese Mischung und formt aus ihr Lämmer, welche der Papst während der Messe am Weißen Samstag austeilt.[5]

Im Gegensatz zur Zeremonie des Letzten Abendmahls findet sich dieser Ritus bereits in einem römischen *Ordo* aus dem 9. Jahrhundert. Er bestimmt: «Der Erzdiakon begibt sich frühmorgens am Karsamstag in die Lateranbasilika und schmelzt in einem großen reinen Gefäß Wachs; er mischt Öl darunter, segnet es, und bildet daraus Lämmer, die er an einem reinen Ort aufbewahrt. An der Oktav von Ostern verteilt der Erzdiakon diese Lämmer an das Volk. Dieses verbrennt die Lämmer, um die Häuser mit Weihrauch zu füllen und sie so gegen alle Gefahren zu schützen.[6]

Die Ähnlichkeit dieser beider Zeremonien ist überraschend. Die Übereinstimmung geht bis in die für diese Zeremonie vorgesehenen Tage: geformt werden die Lämmer am Karsamstag, verteilt werden sie eine Woche später. Es gibt freilich auch Unterschiede. Im *Ordo* des 9. Jh. ist es der Erzdiakon, welcher das Wachs schmelzt und mit Öl mischt; er ist es auch, welcher das Wachs segnet, die Lämmer formt, sie an einem reinen Ort aufbewahrt und schließlich am Weißen Sonntag an die Gläubigen austeilt. Zwei Jahrhunderte später, im *Ordo* des Chorherrn Benedikt, erscheint der Erzdiakon nur noch im ersten Teil der Zeremonie. Außer mit Öl wird das Wachs bei Benedikt auch mit Chrisma gemischt, Sinnbild der Salbung. Geformt werden die Lämmer von einem Akoluthen, ausgeteilt werden sie vom Papst, und das nicht mehr am Weißen Sonntag, sondern am Weißen Samstag. Für Benedikt ist das weiße Lamm nicht nur das Opferlamm, also Sinnbild der Eucharistie, es verweist auch auf die Taufe.[7] Die weißen Lämmer erinnern an die Reinigung, an das «Ablegen des alten Gewandes» und an die Befreiung von den Dämonen. Diese Zeremonie mit dem weißen Gotteslamm ist also bei Benedikt ein Übergangsritus, der den «alten Menschen» in den «neuen österlichen Menschen» umwandeln soll. Wichtig ist, daß nun der Papst und nicht mehr der Erzdiakon bei der Verteilung eine tätige Rolle spielt.

Die Zeremonie mit den Lämmern findet sich wieder im *Ordo* des Cencius (1192).[8] Hier ist es nicht mehr der Erzdiakon, welcher die Wachslämmer am Karsamstag formt, das tun nun die Akoluthe des Papstes, welche dafür zehn Pfund Wachs vom Petrusaltar erhalten, und sie sind es auch, die diese Lämmer eine Woche später vor den Papst tragen. Hier bei Cencius verweist das Wachs durch seine Herkunft sehr deutlich auf den heiligen Petrus. Die Verteilung geschieht wiederum in zwei Phasen: Am Weißen Samstag verteilt der Papst in der Lateranbasilika die aus Wachs und Chrisma gebildeten Lämmer «den Bischöfen, den Kardinälen, den anderen Geistlichen und den Laien». Während des Ostermahls bringen die Akoluthen eine Silberschüssel mit Wachslämmern dem Papst; eine andere wird dem Kämmerer übergeben, der die Lämmer an die «Familie» des Papstes verteilt.[9] Die erste Austeilung in der Lateranbasilika ist Bestandteil einer feierlichen Liturgie, welche die Tischgemeinschaft des Papstes auf die gesamte Kirche – hier vertreten durch Bischöfe, Kardinäle, Kleriker und Laien – ausdehnt. Die zweite Austeilung ist bestimmt für die große Gemeinschaft des Papsthofes.[10]

Im *Ordo XI* des Chorherrn Benedikt nahm der Papst den Platz Christi ein; er aß und verteilte wie der Herr ein gebratenes Osterlamm. Im Zeremonienbuch des Cencius dagegen verteilt der Papst Wachslämmer, die durch die Herkunft des Wachses vom Petrusaltar sehr deutlich auf den heiligen Petrus hinweisen und die nicht nur Öl, sondern auch Chrisma, Sinnbild der priesterlichen und königlichen Salbung, enthalten. Diese Zeremonie scheint im *Ordo* des Cencius für die Person des Papstes in einem ganz bestimmten Sinn umgestaltet worden zu sein. Der Papst übernimmt hier auf mystische Weise ein Mittleramt. Er ist nicht mehr an der Herstellung der Wachslämmer beteiligt, er teilt sie nur noch aus. Die Lämmer sind Sinnbilder Christi, und ihre Verteilung durch den Papst an die Kirche (Bischöfe, Kardinäle, Kleriker, Laien) und an die Kurie (Prälaten und päpstliche *familia)* symbolisiert die Stellvertreterschaft Christi.[11]

Zwei römische liturgische Handschriften aus der zweiten Hälfte des 13. Jahrhunderts fügen dieser Lämmerzeremonie ein neues Element hinzu.[12] Nachdem der Papst am Weißen Samstag die Lämmer an Bischöfe, Priester, Diakone, Volk verteilt und die Messe gefeiert hat, kehrt er zum Lateranpalast zurück und begibt sich zum «Haus, wo er das Mahl einnimmt». Nachdem er sich die Hände gewaschen und den Segen gegeben hat, schreitet er zu Tisch. Vor dem für den Papst hergerichteten Tisch stehend, nimmt der diensttuende Akoluth ein Tuch, die Schüssel mit den Wachslämmern und entfernt sich zur Tür des Saales. Dort spricht er mit lauter Stimme: «Dies sind die neuen Lämmer, welche uns das Alleluja angekündigt haben. Nun eilen sie – glanzumstrahlt – zur Quelle. Alleluja!»[13] Der Akoluth verneigt sich, nähert sich einige Schritte und spricht dieselben Worte, aber nun etwas lauter. Danach nähert er sich wiederum einige Schritte, bis er vor dem Papst steht und sagt dann, noch lauter: «Herr! Herr! Dies sind die Lämmer!»[14] Der Akoluth stellt die Schüssel wieder auf den Tisch, und nun verteilt der Papst die Lämmer an seine «Familie», zunächst an die Kapläne, dann an die Akoluthen und schließlich an alle anderen Mitglieder der Kurie.[15] Mehr als in den anderen Beschreibungen nimmt hier der Papst tätig teil an der Zeremonie. Auch die für die eigene «Familie» bestimmten Lämmer werden vom Papst persönlich ausgeteilt und nicht mehr vom Kämmerer. Dies ist ein weiterer Hinweis darauf, wie das Zeremoniell ständig und wiederholt den Papst in den Mittelpunkt zu rücken sucht. Der Papst bleibt nicht mehr außerhalb der Zeremonie als bloßer Zuschauer; er wird in sie eingebunden, sei es passiv – dreimal richtet sich an ihn immer lauter rufend der Akoluth – oder aktiv: der Papst persönlich verteilt schließlich die Lämmer an seine Familie.[16]

Diese an den Papst gerichteten Rufe sind ein neues Element in dieser jahrhundertealten Zeremonie. Sie erinnern an den Wergritus, so wie ihn der Dominikaner Stefan von Bourbon wenige Jahre nach der Abfassung des Römischen Meßbuches beschrieben hat.[17] Ist diese zeitliche und inhaltliche Übereinstimmung reiner Zufall? Wichtig ist, daß in beiden Zeremonien die Sinnfälligkeit des Ritus für Augen und Ohren verstärkt wurde. Die Ähnlichkeit beider Zeremonien schuf zudem ein Gleichgewicht zwischen den beiden großen römischen Basiliken: das Wergbündel wurde in Sankt Peter bei der Krönung des Papstes verbrannt, die Lämmerzeremonie wurde jährlich im Lateran gefeiert.[18]

Das Zeremoniale aus dem 13. Jahrhundert schreibt vor, daß den Wachslämmern das Papstsiegel und das päpstliche Krönungsjahr eingedrückt werden.[19] Der Chorherr Benedikt hatte bestimmt, die Lämmer aus Wachs zu bilden, das mit ein Jahr altem Chrisma, Sinnbild der Salbung, vermischt worden war. Im Zeremoniale des Petrus Ameil aus den Jahren 1385–90 liest man, daß die Päpste diese Zeremonie im ersten Amtsjahr und dann alle sieben Jahre feierten.[20] Paris de Grassi, Zeremonienmeister unter Leo X. (1513–21), verknüpft diese Zeremonie ausdrücklich mit der Krönungsfeier. «Am Weißen Samstag des ersten Amtsjahres erhalten Kardinäle, Bischöfe und hohe Beamte in ihre umgekehrten Mitren gemäß ihrem Rang kleine, mittlere oder große Wachstafeln. Auf beiden Seiten findet sich das Bild des auf dem mystischen Buch mit den sieben Siegeln liegenden Lammes, das mit dem rechten Huf die Siegesfahne mit dem Kreuz hält. Unter dem Bild war das Wappen des Papstes und das Jahr seiner Krönung eingeprägt.»[21]

Da diese Zeremonie eine Gedächtnisfeier der päpstlichen Krönung war, heben die Zeremonienbücher immer mehr die weiße Farbe hervor, Sinnbild der Unschuld und Reinheit. Das Wachs muß rein, neu, schön und äußerst weiß sein, denn das «jungfräuliche Wachs schützt vor aller menschlichen Befleckung».[22] Urban VI. feierte die Herstellung der Lämmer in Sankt Marien im Trastevere am 16. April 1379, dem Gründonnerstag seines zweiten Pontifikatsjahres. Verteilt wurden diese Lämmer aber nicht am Weißen Samstag, sondern am Weißen Sonntag.[23] Die traditionellen Worte «Heiliger Vater, dies sind die neuen Lämmer ...» sang an diesem Tage der Subdiakon. Er trug ein Schultertuch aus feiner Seide, was gut den Sinn dieser eng an die Person des Papstes gebundenen Zeremonie ausdrückte: die Reinigung von aller Befleckung.[24] Der Sakristan, der die Lämmer formte, mischte neues Chrisam mit solchem, das ein Jahr alt war, und prägte dann die Siegel ein.[25] Der Papst segnete die Lämmer, so wie er an Lichtmeß die Kerzen aus «weißem jungfräulichen Wachs» segnete. Darauf teilte er – auf einem Throne sitzend – die Lämmer aus, nicht nur an die, welche gegenwärtig waren, sondern auch an die großen und kleinen Fürsten und Fürstinnen der Christenheit.[26]

Klemens VI. gab 1350 jedem Kardinal drei und jedem Prälaten zwei Lämmer.[27] Das Zeremonial bemerkt, daß nach der Tradition der Papst selbst am Weißen Samstag bei der Lämmerzeremonie keine Messe mehr feiere. Dieser Zurückhaltung bei der Teilnahme an der liturgischen Feier entspricht eine größere Aktivität bei der Austeilung der Osterlämmer. Urban V. (1362–70) schickte an Kaiser Johannes V. Palaiologos drei Lämmer.[28] Der Papst legte seiner Gabe Verse bei, welche an den mystischen Sinn der Vereinigung von Chrisam und Balsam erinnerten. Urban erwähnte auch, daß die Lämmer Sinnbilder der Wiedergeburt seien.[29]

Ein Jahrhundert früher hatte ein anderer französischer Papst, Urban IV. (1261–64), der Königin von Navarra Schuhe und einen Gürtel übersandt, «welche die römischen Bischöfe zu tragen pflegen». Ein langer Brief erläuterte die Symbolik von Gürtel und Schuhen.[30] Auf die Frage: «Warum, geliebte Tochter, begehrst du den Gürtel des römischen Bischofs», antwortet der Papst mit einer langen Reihe von Erläuterungen, die alle aufzeigen, daß der Gürtel das Sinnbild der Zügelung menschlicher Sinnlichkeit sei. Über die Schuhe sagt er: «Der Herr wollte, daß mit diesen Schuhen die Füße der Apostel bei der Verkündigung des Evangeliums bedeckt seien, damit die, welche bereits rein waren, auch an ihren Füßen rein seien von der Beschmutzung durch irdischen Staub und weltlichen Ruhm. Mit solchen Schuhen erscheinen sie zum Mahl des Osterlammes.» Die Analogien zur Lämmerzeremonie sind sehr eng. Auch das reine, jungfräuliche Wachs sollte vor jeder menschlichen Befleckung schützen. Der Gürtel bedeutet hier die Zügelung menschlicher Leidenschaft. Für den großen Liturgiker des 13. Jahrhunderts, Wilhelm Durand, symbolisiert die Vermischung von Chrisam und Balsam (wie sie sich auch im Wachs der Osterlämmer wiederfindet) die «Sinne unseres Leibes».[31] Ein Gürtel, das Symbol der Keuschheit, und Moschus, Symbol des Wohlgeruches Christi, wurden dem neugewählten Papste überreicht, wenn er auf dem rechten Porphyrsessel im Lateran saß.[32] An diesem Gürtel hingen zwölf Siegel, Sinnbilder der zwölf Apostel. Gereinigt durch die Zeremonie der Wachslämmer, durch den Gürtel und die Schuhe, welche Reinheit symbolisieren, ist der Papst – so wie die

Apostel – würdig, am Ostermahl des Lammes teilzunehmen. Dies alles wird bildhaft durch Symbole gesagt.

Die Bedeutung von Reinheit und Weiße in dieser Zeremonie zeigt auch der Bericht des päpstlichen Zeremonienmeisters Johannes Burckard über die Feier am 28. März 1486 in Gegenwart Innozenz' VIII. «Osterdienstag wurden sieben große weiße Körbe mit gesegneten Lämmern bereitgestellt ... Dann füllte man eine große Wanne mit reinem Wasser ... Der Papst taufte die Lämmer, indem er sie ins Wasser tauchte. Die ihn umstehenden Bischöfe nahmen die Lämmer aus dem Wasser und trugen sie in Becken auf eigens aufgestellte Tische, die mit makellos weißen Tischtüchern gedeckt waren.»[33] Nicht weniger als drei Päpste – Nikolaus V., Paul II. und Gregor XIII. – erließen zwischen 1447 und 1572 Bullen, die unter Androhung schwerster Strafen verboten, die weiße Farbe zu ändern.[34]

Was sagt uns diese Wachslämmer – Zeremonie?

Auf den ersten Blick fällt sogleich der Unterschied zwischen dem *Ordo XI* des Benedikt und den späteren Zeremonienbüchern auf. Bei Benedikt verteilt der Papst das Fleisch eines für das Ostermahl gebratenen Lammes. In den späteren Zeremonienbüchern ist aus diesem «Essen des Osterlammes» die Verteilung von Wachslämmern geworden. Das Wachs dieser Lämmer verweist auf den heiligen Petrus, da es von den Kerzen des Altars über seinem Grabe stammt. Dieses Wachs ist «gesalbtes» Wachs, da man ihm Chrisam zugefügt hat. Wie einem Siegel sind jedem Wachslamm die Zeichen des herrschenden Papstes eingeprägt worden. Das Eindrücken des Siegels auf das Lamm versinnbildlicht das Einssein des Papstes mit Christus. Durch die Wachslämmer, die in die gesamte Christenheit gesandt wurden, weitete der Papst seine österliche Tischgemeinschaft auf die gesamte Kirche aus. Dies entspricht ganz der allgemeinen Entwicklung des Papsttums, wie wir sie im vorhergehenden Kapitel nachgezeichnet haben. Wird seit der Mitte des 12. Jahrhunderts der Papst nicht immer häufiger «Stellvertreter Christi» genannt? Hatte Innozenz III. nicht betont, der Papst «trage», das heißt er «vertrete» die Person Christi?

Die Symbolik dieses Ritus betrifft nicht nur den Papst als Papst, als Träger eines überpersönlichen Amtes. Sie richtet sich auch an den Papst als Individuum, denn die Lämmerzeremonie erinnert den regierenden Papst an seine Krönung; sie mahnt ihn, «rein» und «jungfräulich» zu sein wie das Wachs der Lämmer. Sind es nicht die Quellen des 13. Jahrhunderts, die zum ersten Mal von dieser Doppelfunktion der Wachslämmer sprechen? Dreimal wird mit immer lauterer Stimme der «Glanz des Lammes» angekündigt. So wird zum einen die Christusnähe des Papstes öffentlich sichtbar gemacht, zum andern wird der Papst aufgerufen, sich um Reinheit und um Demut zu bemühen. Betrachtet man den Ritus in seiner Ganzheit, so sieht man, daß seine Botschaft vielschichtig ist: den Gläubigen zeigt er auf sehr sichtbare Weise die Stellvertreterschaft Christi des Papstes, und dem Papst zeigt er, daß er rein und «unschuldig» sein muß.

Die goldene Rose

Der *Ordo XI* Benedikts beschreibt auch die Zeremonie der goldenen Rose. Am vierten Fastensonntag *(Laetare Jerusalem)* feiert der Papst die Messe in der Kirche des Heiligen Kreuzes von Jerusalem *(Santa Croce in Gerusalemme)*. Er hält eine goldene, nach Moschus duftende Rose in der Hand. Nach dem Evangelium zeigt er sie den Gläubigen und predigt dann über sie: über ihre rote Farbe und ihren Duft. Nach der Messe begleitet der Stadtpräfekt den Papst zum Lateranpalast. Lange vor dem Papst steigt er vom Pferd und begleitet ihn zur Stelle, wo auch der Papst vom Pferde steigt. Hier empfängt er aus der Hand des Papstes die goldene Rose.[35] Cencius fügt in seinem Zeremonienbuch von 1198 hinzu, daß die Rose gesalbt wird, bevor der Papst das Moschusöl hinzufügt.[36] Papst Eugen III. (1143–54) ist der erste Papst, von dem wir einen Text über die sinnbildhafte Bedeutung der Rose besitzen. Sie ist «Sinnbild des Leidens und der Auferstehung unseres Herrn Jesus Christus».[37] Auch Alexander III. (1159–81) sagte bei der Übersendung der Rose an den König von Frankreich, daß sie Sinnbild Christi sei, und bezog auf sie den Bibelvers «Ich bin eine Blume auf den Wiesen» (Hoheslied 2, 1).[38]

Zwei Päpste, Innozenz III. (1198–1216) und sein Nachfolger Honorius III. (1216–27), haben über die symbolische Bedeutung der Rose gepredigt. Für Innozenz III. versinnbildlichte die Rose nicht nur ganz allgemein Christus, sondern darüber hinaus seine beiden Naturen. Das Gold verweise auf seine Göttlichkeit, der Moschus auf seine Menschlichkeit. Der Balsam sei wie die vernunftbegabte Seele *(anima rationalis)*, welche göttliche und menschliche Natur miteinander verbinde.[39] Honorius III. übernahm die Gedanken seines Vorgängers, aber er ging noch weiter und deutete die Rose sogar als Sinnbild der Dreifaltigkeit: Das Gold, Symbol der Macht, verweise auf den Vater, der Moschus, Symbol der Weisheit, verweise auf den Sohn, und der Balsam, Symbol der Liebe, verweise auf den Heiligen Geist.[40]

Überraschenderweise fügt Honorius III. noch eine Deutung der weißen und der roten Farbe an: das Weiß bedeute die Unschuld und Jungfräulichkeit Christi, das Rot sein Leiden und Tod. Die Rose – so sagt er – diene als Heilmittel, um übergroße Körperhitze abzukühlen. So kühle auch Christus den Gläubigen in den Gefahren des Lebens und im Feuer der Leidenschaften. Sogar die Form der Rose ist ihm

Sinnbild. Die Rose sei unten eng und oben weit. So sei auch Christus arm auf Erden gewesen, und doch habe er die ganze Welt umfangen. Jeder Christ müsse die irdischen Dinge geringachten, aber alles Himmlische hochachten.[41]

Das Moschusöl, das der Papst in die goldene Rose goß, wurde ihm überreicht, wenn er auf dem linken der beiden Porphyrsessel vor dem Eingang des Lateranpalastes saß. Der in den beiden Zeremonienbüchern des Albinus und Benedikt als Symbol des Wohlgeruchs Christi bezeichnete Moschus befand sich zusammen mit zwölf Siegeln in der am Gürtel hängenden Tasche. Das Moschusöl, das der Papst selbst in die Rose gegossen hatte, ist also auch eine Erinnerung an den Beginn des Pontifikats. Das wird auch dadurch bekräftigt, daß die Rose bereits gesalbt ist, wenn der Papst das Öl hineingießt.[42] Noch andere Elemente verdeutlichen die enge Bindung dieses Ritus an die Person des Papstes. Der Papst erhält die Rose in seinem Gemach von dem Kämmerer; er behält sie in der Hand, während er über ihre sinnbildhafte Bedeutung predigt und während er in feierlicher Prozession zum Lateran reitet.

So wie die Wachslämmer versinnbildlicht auch die goldene Rose Christus; deswegen darf auch nur der Stellvertreter Christi sie in der feierlichen Prozession tragen. Innozenz III. sagt ausdrücklich: «Petrus allein besitzt die Fülle der Gewalt, und deswegen versinnbildlicht die Rose den römischen Bischof.»[43] Nie vorher hatte ein Papst bei der Deutung der Rose den römischen Bischof in ähnlich große Christusnähe gerückt. Der Besitz der Rose, so sagte sein unmittelbarer Nachfolger Honorius III., verpflichtet zur Unschuld des Fleisches und zur Geringschätzung der irdischen Güter.

Bei den beiden ersten Päpsten des 13. Jahrhunderts zeigt die Rosenzeremonie die Christusnähe des Papstes, denn der Papst allein bedient sich dieses Christussymbols. Zugleich ist sie aber auch ein einzig dem Papst vorbehaltener Reinigungsritus.

Rot und weiß

Noch ein anderer Papst des 13. Jahrhunderts nimmt in der Geschichte der Papstfarben einen wichtigen Platz ein. Im Zeremoniale Gregors X. aus den Jahren 1272–73 ist die *immantatio*, das Bekleiden des neugewählten Papstes mit einem roten Mantel, eingebettet in eine Zeremonie, die ganz von den Farben rot und weiß beherrscht wird. «Sofort nach der Wahl nimmt der erste der Kardinaldiakone dem Papst den Mantel ab und legt über seine Schultern die römische Albe. Dann legt er ihm den roten Mantel um mit den Worten: Ich bekleide dich mit dem römischen Papsttum, damit du herrschest über Stadt und Erdkreis.»[44]

Der Papst singt dann mit allen das *Te Deum* und begibt sich in seine Gemächer. Bevor er nun die Geldgeschenke *(presbyteria)* verteilt und mit den Kardinälen das Festmahl hält, zieht er sich um.[45] Er legt die weiße Mitra und den roten Mantel ab und bekleidet sich mit einem anderen roten Mantel, den das Zeremoniale *mantellus* nennt. Er zieht Strümpfe aus rotem Tuch, kleine Schuhe aus rotem Tuch und darüber Stiefel *(calceos religiosos)* aus rotem Leder an, die bis zur Mitte der Unterschenkel reichen. Auf das Haupt setzt er eine Mitra, die nicht mehr weiß, sondern rot ist. Die Tunika ist so lang, daß der obere Teil durch einen Gürtel aus roter Seide gehalten werden muß.[46]

Die weiße Farbe findet sich wieder bei den Krönungsfeierlichkeiten: «Der Papst, die Kardinäle sowie alle übrigen Prälaten und Subdiakone bekleiden sich – jeder gemäß seinem Rang – mit kostbaren Gewändern in weißer Farbe.» Vor den Toren oder Stufen der Peterskirche angekommen, nimmt ihm der erste der Kardinaldiakone, der ihm nach der Wahl den roten Papstmantel umgelegt hatte, die Mitra vom Haupt und setzt ihm die Tiara auf, «die Krone, welche Herrschaft genannt wird» *(corona que vocatur regnum)*. Das Volk singt währenddessen das *Kyrie eleison*. Nach der Krönung reitet der Papst feierlich mit seinem Gefolge zurück in den Lateran. «Jeder Kardinal und jeder Prälat reitet auf einem mit weißem Tuch bedeckten Pferd. Subdiakone, Kapläne, Skriniare und alle anderen tragen ihre üblichen Gewänder, doch reiten sie auf unbedeckten Pferden. Der Papst reitet ein großes Pferd, das hinten mit Scharlachtuch bedeckt ist, vorne aber unbedeckt bleibt.»[47]

Während der gesamten Krönungsfeier trägt der Papst ausschließlich weiße und rote Gewänder. Es ist das erste Mal, daß im Krönungszeremoniell – wie vorher bereits im Besitznahmezeremoniell – so genau und systematisch die Farben erwähnt werden.[48] Dies ist wichtig, denn dieses Zeremoniale wurde sehr wahrscheinlich auf Anordnung des Papstes zusammengestellt.[49] Die früheren Zeremonienbücher erwähnten nur eine Farbe: rot. Rot war der *cappa* oder auch *clamys* genannte Mantel, der vom Erzdiakon oder vom ersten der Kardinaldiakone dem Papst gleich nach seiner Wahl umgelegt wurde.[50]

Ähnliches läßt sich über das Pferd des Papstes sagen. In den früheren Quellen wird einzig angegeben, daß es weiß ist.[51] Im Zeremoniale Gregors X. jedoch wird zum ersten Mal erwähnt, daß die Farben der Papstgewänder den Farben des Pferdes entsprechen. Der *Ordo* spricht nicht ausdrücklich von der Farbe des «großen Pferdes des Papstes» – sie kann eben nur weiß sein –, aber er bestimmt, daß die Pferdedecke rot ist, wenn der Papst nach der Krönung von Sankt Peter zum Lateran reitet.[52]

Das Recht des Papstes, den roten Mantel zu tragen, geht auf die «Konstantinische Schenkung» zurück. In ihr wird behauptet, Kaiser

Konstantin habe Papst Silvester I. (314–35) gestattet, verschiedene kaiserliche Gewänder zu tragen, unter ihnen auch den Purpurmantel, die *clamis purpurea.*[53] Die erste, freilich noch völlig vereinzelte Erwähnung des päpstlichen roten Mantels, der *cappa rubea*, findet sich im Pontifikat Silvesters II. (999–1003). Bischof Arnulf von Orléans (†1003) warf dem Papst vor, er sitze auf einem hohen Thron im Glanze eines «purpurnen und goldenen Mantels».[54] Petrus Damiani fragte polemisch Papst Cadalus (1061–64), dessen Rechtmäßigkeit er bestritt: «Trägst du etwa den roten Mantel des römischen Bischofs, wie es die Gewohnheit will?»[55] Sein Gebrauch im Zeremoniell ist uns zum ersten Mal bezeugt für Gregor VII. Der *Liber Pontificalis* sagt, der Papst habe nach seiner Wahl im Jahre 1076 den roten Mantel erhalten «wie es Brauch sei».[56] Zwischen den Pontifikaten Urbans II. (1088–99) und Alexanders III. (1159–81) werden die Zeugnisse immer häufiger.[57] Bruno von Segni (†1123) sagt: «Der oberste Bischof trägt die Tiara [...] und den Purpur [...], weil Kaiser Konstantin dem heiligen Silvester alle Insignien des römischen Reiches übertragen hat.»[58] Die Zeremonienordnungen des Albinus (1189) und des Cencius (1192) bestimmen beide, daß sofort nach der Krönung der Erzdiakon oder der erste der Kardinaldiakone dem Papste den roten Mantel umlegen.[59] In all diesen Quellen ist es das Umlegen des Mantels, die *immantatio,* welches die Legitimität des neuen Papstes sichtbar macht. Diese Zeremonie ersetzte den älteren Ritus der feierlichen Thronsetzung.[60]

Auch weiß ist eine kaiserliche, ja sakrale Farbe. Im Kapitel über die Kaisergewänder des «Zeremonienbüchleins des Kaiserhofs» *(Libellus de ceremoniis aulae imperialis),* das in die «Schriften über die goldene Stadt Rom» *(Graphia aureae urbis Romae)* eingeschoben ist, wird sofort nach dem roten Mantel das «Hemd aus feinstem und weißestem Leinen» erwähnt.[61] Auch hier ist Byzanz das Vorbild. Dort trug der Kaiser unter dem Purpurmantel ein Hemd aus weißer Seide.[62] Ein erster Punkt ist damit geklärt: Das älteste päpstliche Zeremoniale, das auf die weiße Farbe der Gewänder des neuen Papstes eingeht, stammt von einem Papst, der seinen Entscheid, sich in Sankt Peter krönen zu lassen, mit der Konstantinischen Schenkung begründete und der die Krönung in eine eigenständige Zeremonie umwandelte, welche den Vorrang hatte gegenüber der Besitznahme des Laterans. Diese Tatsache ist bemerkenswert, denn sie zeigt, daß die rote und weiße Farbe der Papstgewänder Teil der päpstlichen Kaisernachahmung ist.[63] Dies ist wahrscheinlich auch der Grund für die wachsende Aufmerksamkeit, welche im Laufe des dreizehnten Jahrhunderts das Papsttum dem weißen Pferd widmete, denn es war ein Sinnbild kaiserlicher Macht; freilich befand es sich noch nicht unter den angeblich von Konstantin dem Papst Silvester I. übertragenen Kaiserinsignien.[64] In seinem Bericht über den feierlichen Ritt Gregors IX. durch Rom am 12. April 1227, weniger als drei Wochen nach der Krönung am 21. März, geht der unbekannte Biograph des Papstes in ganz ungewöhnlicher Weise auf den Schmuck des Pferdes ein: der Papst habe ein Pferd geritten, das mit den kostbarsten Stoffen geziert gewesen sei.[65] Kaiser Friedrich II. wird von demselben Autor scharf angegriffen, er habe die «weiße Pracht des Papstpferdes» *(equorum candidata gloria)*, ein Vorrecht des Bischofs von Rom, antasten wollen.[66] Unter den Kaiserinsignien erscheint das weiße Roß in den 1246 entstandenen Fresken der Silvesterkapelle der Kirche zu den «Heiligen vier Gekrönten» *(Quattro Santi Coronati)*, die ein politisches Manifest gegen Kaiser Friedrich II. sind. Dort reitet Papst Silvester ein weißes Pferd, und Kaiser Konstantin hält ihm die Zügel.

Die roten und weißen Papstgewänder hatten ihre Vorbild nicht nur im Kaiserornat. Ein anderes Vorbild des roten Papstmantels war das im Buch Exodus (28,1–43) beschriebene rote Gewand *(Efod)* des Hohen Priesters. Im Römisch-deutschen Pontifikale wird ausführlich die symbolische Bedeutung der Teile dieses Gewandes dargelegt; das Gleiche tat Innozenz III. in seiner Predigt über Gregor dem Großen, eine Leitgestalt des römischen Papsttums.[67]

Die weiße Farbe wird in den älteren Zeremonienbüchern nie ausdrücklich erwähnt. Ein erster Hinweis findet sich im Zeremoniale Gregors X. Nach ihm wird der neue Papst erst dann Herrscher über Stadt und Erdkreis, nachdem er den roten Mantel und die «römische Albe» angelegt hatte. Diese «römische Albe» *(alba romana)* war ein Rochett aus weißem Leinen, welches das 4. Laterankonzil den Bischöfen vorbehalten hatte. «Die Bischöfe tragen in der Öffentlichkeit und in der Kirche Leinengewänder, es sei denn sie sind Mönche.»[68] Das Rochett war den Würdenträgern vorbehalten, welche richterliche Gewalt besaßen. Das rote und weiße Papstgewand befindet sich also in vollkommener Übereinstimmung mit dem, was Innozenz in seiner 3. Krönungspredigt sagt: «Petrus gab mir die Mitra für mein Priesteramt und die Krone für mein Herrscheramt. Er hat mich zum Stellvertreter dessen gemacht, auf dessen Gewand geschrieben steht: ‹König der Könige; Herr der Herrscher, König auf ewig nach der Ordnung des Melchisedek›.»[69] Hatte Innozenz nicht auch über Silvester I. gesagt: «Er war ein Priester, nicht groß, sondern überaus groß; erhaben an priesterlicher und königlicher Gewalt»?[70]

Ist es nicht bezeichnend, daß im Zeremoniale Gregors XI. die Symbolik der Tiara durch die Symbolik der Papstgewänder ergänzt wird? Im 13. Jahrhundert trägt der Papst stets den roten Mantel und das weiße Rochett, wenn er mit der Tiara dargestellt wird. Die Tiara ist gleichermaßen Sinnbild seiner weltlichen und seiner geistlichen Gewalt.[71] Der rote Mantel und das weiße Rochett des Papstes sind also – so wie die Tiara – Sinnbild der Vollgewalt des römischen Bischofs.

Rot und Weiß sind die Farben Christi. Nach Rupert von Deutz ist Christus weiß wegen seiner Heiligkeit und rot wegen seines Leidens.[72] Auch das Grab Christi war nach mittelalterlicher Anschauung weiß und rot; rot wegen der Blutzeugenschaft des Herrn und weiß wegen seiner Göttlichkeit.[73]

Dies ist auch der Grund, warum rot und weiß die Farben der Kirche sind. Hatte Hieronymus nicht auf die Kirche das weiße Gewand des Hohen Priesters übertragen?[74] Ambrosius entwickelte in seinem Traktat «Über die Geheimnisse» *(De mysteriis)* die Idee, daß die Kirche weiße Gewänder empfangen habe, «die reinen Gewänder der Unschuld».[75] Honorius Augustodunensis, einer der tiefsinnigsten Theologen des 12. Jahrhunderts, sagt in seiner Auslegung des Hohen Liedes über die Kirche: «Ihre Wangen erröten vor Scham über ihre Sünden. Sie sind wie punische Äpfel: außen sind sie rot von Liebe und innen weiß von Unschuld.»[76] Für den unbekannten Autor eines Apokalypsekommentars aus dem 12. Jahrhundert ist das weiße Pferd Sinnbild der Kirche.[77]

Die in einer Handschrift aus Avranches überlieferte Fassung des *Dictatus papae* aus dem Ende des 11. Jahrhunderts enthält die Bestimmung: «Nur der Papst darf den roten Mantel tragen als Zeichen der Herrschaft und des Martyriums.»[78] Der rote Mantel des Papstes erinnert auch an den scharlachroten oder purpurnen Mantel, den die Soldaten des Landpflegers Christus umgelegt hatten, bevor sie ihm die Dornenkrone auf das Haupt setzten.[79]

So wie das Rot des Papstmantels das Leiden und die Purpurfarbe das Blut Christi versinnbildlichen, so ist auch die römische Albe, die der Papst anlegt, Symbol Christi.[80] In der Konstantinischen Schenkung wird ausdrücklich gesagt, der blendend weiße Tiarastoff erinnere an die Auferstehung Christi.[81] Pius II. sagt in seinen Erinnerungen, als er von seiner Wahl zum Papste spricht, er habe die alten Kleider abgelegt und das weiße Gewand *(alba tunica)* Christi angezogen.[82] Ähnlich drückt sich auch ein altes, am Papsthof verfaßtes Diarium aus, welches sagt, der Papst müsse die weißen Gewänder der Himmelsbewohner tragen, «damit allen Menschen der Glanz seines himmlischen Amtes *(coelestis officii sui splendor)* gezeigt werde».[83] Die weiße Farbe verweist also auf die Lichtfülle des Himmels.

Das Zeremoniale Gregors X., welches so sehr die Universalität des Papstamtes auszudrücken sucht,[84] ist auch das erste, welches wiederholt auf die rote und weiße Farbe der Papstgewänder hinweist. Hier spiegelt sich eine ganz bestimmte kirchenpolitische Situation: Die weiße und rote Farbe machen allen Augen sichtbar, daß der Papst Stellvertreter Christi ist, das lebende Abbild Christi auf Erden; und da der Papst die Person Christi «trägt», «darstellt», «verkörpert», der die Kirche ist, muß er die Farben tragen, welche die Kirche symbolisieren. Hatte nicht Lothar von Segni, der spätere Papst Innozenz III., die gesamte römische Liturgie auf die drei Farben rot, weiß und schwarz gegründet?[85] Sind nicht rot und weiß die Farben des Banners der römischen Kirche, das in eben diesem 13. Jahrhundert zum ersten Mal erwähnt wird?[86]

Die erste symbolische Deutung der roten und weißen Papstgewänder gab wenige Jahre nach dem Zeremoniale Gregors X. Wilhelm Durand in seinem *Rationale divinorum officiorum*, einer Darstellung der gesamten römischen Liturgie: «Der Papst trägt außen immer den roten Mantel, innen aber ein weißes Kleid; denn in seinem Innern muß er weiß sein von Unschuld und Liebe, außen aber rot von Mitleid, damit er so seine Bereitschaft zeige, das Leben hinzugeben für die Schafe; denn er ist Stellvertreter dessen, der für uns alle sein Gewand gerötet hat.»[87]

Nach Wilhelm trägt der Papst – immer – rot und weiß. Hier stimmt er mit dem Zeremoniale Gregors X. überein, nach dem der Papst immer und überall während der Krönungsfeierlichkeiten die römische Albe trägt: in der Kirche während des *Te Deum*, unter freiem Himmel bei der Verteilung der Geldgeschenke und während des Festmahls mit den Kardinälen. Sogar in seinen Gemächern trägt er die römische Albe über Kleidern aus weißem Leinen. Falls die Umstände nicht den roten Purpurmantel erfordern, trägt der Papst einen roten Schulterumhang, die Mozzetta.

Welches sind die Gründe, daß man so nachdrücklich und in bisher ungewohnter Weise darauf besteht, daß der Papst immer – in der Kirche, unter freiem Himmel und in seinen Gemächern – ein weißes Gewand trägt? Die Antwort ist im Grunde einfach: Wenn der römische Bischof - immer – das lebende Bild Christi auf Erden ist, muß er dann nicht auch – immer – ein weißes Gewand tragen? Dieses Argument führt Urban V. (1362–70) an, um zu rechtfertigen, daß der Papst immer die römische Albe aus weißem Leinen trägt: «Der Papst repräsentiert in der universalen Kirche die göttliche Person Christi, und die äußere Weiße dieser Albe ist Zeichen seiner inneren Reinheit.»[88] Nach dem von Agostino Patrizi Piccolomini in den Jahren 1484–92 verfaßten Zeremoniale ist die Verpflichtung des Papstes, immer rote und weiße Gewänder zu tragen, unverzichtbar: «Das nichtliturgische Gewand über der Albe muß immer rot sein. Unter der Albe trägt der Papst immer ein weißes Hemd, rote Strümpfe und mit goldenen Kreuzen verzierte Schuhe.» Auch die erhaltenen bildlichen Darstellungen zeigen uns, daß seit dem 13. Jahrhundert das rot-weiße Papstgewand zur Norm wird.[89]

Die von Wilhelm Durand gegebene symbolische Deutung der Farben des Papstgewandes war nicht völlig neu. Bereits Honorius III. (1216–27) hatte gesagt, daß der Priester zwei Elemente in sich vereine: «Zweifach ist die Gestalt des Priesters: das eine – sichtbar und äußerlich – wird durch die Weihe verliehen; das andere – unsichtbar und innerlich – durch die Rechtfertigung. Das eine gehört zur Macht, das andere zur Heiligkeit. Beides verlieh Gott im überreichen Maße dem seligen Silvester: er schmückte ihn mit den Gewändern der Tugend, und er erhob ihn auf den Apostolischen Stuhl.»[90] Bei Wilhelm Durand freilich wird dieser Gedanke ausdrücklich auf das damals übliche Papstgewand angewandt. Das äußere Gewand, der rote Mantel, ist nun ausschließlich Sinnbild des Martyriums Christi; die Weiße des Untergewandes dagegen verweist nun nur noch auf die Unschuld und Liebe des Papstes. Die Ausführungen Durands geben zu erkennen, daß Innen und Außen zusammenhängen: das «äußere Gewand» muß von einer christusähnlichen inneren Reinheit getragen werden. Das «innere» weiße Kleid des Papstes verweist sinnbildhaft auf das Gleiche wie die weißen Wachslämmer: das Leben des Papstes muß unbescholten und jungfräulich sein wie die Lämmer und rein wie das Kleid, das er trägt.

Um dieselbe Zeit wird auch das weiße Pferd des Papstes, ein altes Symbol kaiserlicher Macht, umgedeutet zu einem Sinnbild von Reinheit und Unschuld. Bonaventura bemerkt in seinem Psalmenkommentar, daß an Festtagen die Pferde der Kardinäle mit weißen Tüchern bedeckt seien. Der Papst aber reite immer – nicht nur an Festtagen – ein weißes Pferd, das manchmal mit Seide gedeckt sei.[91] Das weiße Pferd bedeute das Fleisch, das weiße Tuch die Reinheit. Papst und Kardinäle müßten das Fleisch beherrschen und nicht von ihm beherrscht werden. Die Seide, welche bisweilen das Papstroß decke, bedeute, daß der Papst die von der Seide symbolisierte Tugend der Demut besitzen müsse.[92] Auch die Pferde, welche die Bischöfe am Tage ihrer Weihe reiten, müssen nach Wilhelm Durand weiß oder zumindest weiß gedeckt sein. Dadurch soll daran erinnert werden, daß der Leib der Prälaten keusch und rein sein muß, nur so könnten sie Christus nachfolgen.[93]

Dies alles ist nicht überraschend. Die Reinheit des Papstes war zu jener Zeit ein verbreitetes Thema. In der Lebensbeschreibung Gregors X. ist die Strenge der Lebensführung und die Reinheit geradezu ein Topos. «Der Papst» – so sagt der unbekannte Verfasser – «hielt sein Fleisch frei von jeder sündhaften Befleckung.»[94] Auch von Gregors unmittelbarem Vorgänger Klemens IV. (1265–68) rühmte man die Strenge seines persönlichen Lebens: er aß lange kein Fleisch, schlief auf einem harten Bett und trug auf bloßer Haut keine Kleider aus Leinen.[95] Von Kardinal Wilhelm Fieschi, einem Neffen Innozenz' IV., wird in der Grabschrift in St. Laurentius vor den Mauern *(San Lorenzo fuori le mura)* gerühmt, er sei weißer als ein Schwan gewesen. Reinheit versinnbildlicht sicherlich auch das Gotteslamm auf der Schließe des Chormantels Hadrians V. auf seinem Grabmal in San Francesco in Viterbo.[96] Der berühmte Rechtslehrer Heinrich von Susa sagt in seinem Dekretalenkommentar über die

Kardinäle, die 1245 von Innozenz IV. den Kardinalshut bekamen, sie müßten bereit sein, ihr Leben für den christlichen Namen hinzugeben, denn das sei der Sinn der roten Farbe; ihre Lebensführung jedoch müsse reiner sein als der Schnee.[97] Es ist daher nicht überraschend, daß in einer Zeit, in der die symbolische Reinigung und die Reinheit des Papstes so wichtig waren, zum ersten Mal auch der «Engelpapst» erwähnt wird, die vollkommenste Verkörperung des Papstideals, welche das Mittelalter geschaffen hat. Roger Bacon schreibt 1267, bereits vor vierzig Jahren sei geweissagt worden, einst werde ein Papst kommen, welcher die Kirche erneuern, die Kirchenspaltung zwischen Ost und West beseitigen und die Tataren und Sarazenen bekehren werde.[98] Während der Jahre 1268–71, als der Papstthron unbesetzt war, entstanden Gedichte, welche die Hoffnung ausdrückten, der nächste Papst werde ein heiliger Mann sein, ein Vater der Armen, von Gott erleuchtet, erwähltes Gefäß Gottes und Verächter der Schätze dieser Welt.[99] Salimbene erzählt in seiner Chronik, daß während des Konklaves von 1271, in dem dann schließlich Gregor X. gewählt wurde, Gedichte die Runde machten, welche vorhersagten, es werde ein heiliger Papst den Stuhl Petri besteigen, der vierzig Jahre alt sei und ein heiliges Leben führe.[100]

In Lyon, wo sich die römische Kurie seit 1245 aufhielt, verlas Kardinal Johannes Gaëtan Orsini am 13. Mai 1250 im Konsistorium eine Denkschrift, welche der große englische Gelehrte Robert Grosseteste, Bischof von Lincoln, wenige Zeit vorher an drei Kardinäle und an Papst Innozenz IV. (1243–54) gesandt hatte. Diese Schrift enthält einen der schärfsten Angriffe, die je gegen die Politik der Kurie auf so hoher Ebene vorgetragen worden sind. Robert Grosseteste kommt in ihr auch auf die Person des Papstes zu sprechen:

> Diejenigen, welche auf diesem heiligen Stuhl sitzen, haben unter allen Sterblichen auf ganz besondere Weise die Person Christi angezogen; deswegen müssen in ihnen auch auf die höchste Weise Christi Werke aufleuchten, und nichts darf sich an ihnen finden, das den Werken Christi entgegengesetzt ist. So wie in allem Jesus Christus zu gehorchen ist, so muß man auch in allem denen gehorchen, die auf diesem heiligen Stuhl sitzen, soweit sie Christus angezogen haben und in Wahrheit regieren. Sollte jedoch – was nicht geschehen möge – einer dieser Vorsteher darüber noch den Mantel der Verwandtschaft, des Fleisches, der Welt oder irgendeines anderen als Christus angelegt haben [...] dann trennt er sich von Christus und seinem Leib, der Kirche.[101]

An anderer Stelle sagt Grosseteste: «Diese unnützen Hirten, welche Christum angelegt haben und ihn dennoch nicht verkünden, sind Antichriste.»[102]

Der Papst ist also Christ oder Antichrist. Hat er die Person Christi «angezogen», so ist er alles, hat er jedoch sein eigenes Fleisch angezogen, so ist er nichts.[103] Um die Person Christi ganz in sich aufzunehmen, muß er sich des eigenen Fleisches entkleiden. Hier liegt die Bedeutung der Denkschrift des großen englischen Bischofs. Nie vorher war so radikal einem Papst dargelegt worden, daß es einen Zwiespalt geben könne zwischen der Person Christi, die der Papst «verkörpert» und der menschlichen, «fleischlichen» Person des Papstes. Die Erörterungen Roberts sind natürlich nicht rein theoretischer Natur. Sie sind an Innozenz IV. gerichtet, also an den Papst, der Friedrich II. und damit das Kaisertum besiegt hatte und der zutiefst durchdrungen war vom Vorrang der geistlichen über jede weltliche Gewalt.[104]

Weiß und schwarz

Nach dem Zeremoniale Gregors X. aus den Jahren 1272–73 feierte der Papst am 2. November, dem Allerseelentag, die Messe in schwarz oder violett, wie es ihn gutdünkte.[105] Der *Ordo XIV* aus dem Jahre 1328 dagegen bestimmte, daß der Papst an diesem Tage keine feierliche Totenmesse feiere, es sei denn für einen mächtigen König.[106] Er beauftragt vielmehr einen Kardinalbischof oder einen Kardinalpriester, in seiner und aller Kardinäle Gegenwart ein Totenamt zu feiern. Bei dieser Gelegenheit trägt der Papst keine liturgischen Gewänder, sondern den vorne offenen roten Mantel und eine einfache weiße Mitra ohne Gold und Perlen.[107] Auch nach dem Zeremoniale von Agostino Patrizi Piccolomini aus den Jahren 1484–92 feiert der Papst am Allerseelentag nicht selbst die Messe, sondern wohnt ihr nur bei. Dabei trägt er den roten Mantel oder einen Chormantel von der gleichen Farbe. Der Kardinal dagegen, welcher die Messe feiert, trägt schwarze Meßgewänder.[108]

Am Ende des 15. Jahrhunderts feiert der Papst nicht das Jahresgedächtnis seines Vorgängers.[109] Am Ende des 16. Jahrhunderts nimmt er auch nicht am Totenamt für alle verstorbenen Kardinäle teil. Angelo Rocca berichtet, daß Kardinal Ottavio Paravicini († 1597) die Totenmesse für alle verstorbenen Kardinäle gefeiert habe in Abwesenheit des Papstes Klemens' VIII., «der dieser Messe gewöhnlich nicht beizuwohnen pflegt».[110]

Sogar am Aschermittwoch trägt nach Agostino Patrizi Piccolomini der Papst keine schwarzen Gewänder, sondern einen roten Chormantel und eine violette Stola.[111] Bereits zur Zeit, als Pierre Ameil sein Zeremoniale zusammenstellte, also in den Jahren 1385–90, hatte der Papst die herkömmliche schwarze Gewandung am Aschermittwoch aufgegeben.[112]

Nach den avignonesischen Zeremonienbüchern trägt der Papst nur noch am Karfreitag schwarze liturgische Gewänder.[113] Das ist folgerichtig, denn der Karfreitag ist der Todestag Christi, den der Papst hier auf Erden verkörpert. Dem entsprechend trägt der Papst während der gesamten Osteroktav ausschließlich weiß, denn weiß ist Sinnbild der Auferstehung Christi.[114]

Sobald sich weiß und rot als Farben der Papstgewänder durchgesetzt hatten, verschwanden aus den Zeremonienbüchern die liturgischen Gewänder in schwarz. Der Papst verkörperte die Person Christi, den «ewigen Bischof», und konnte daher keine unmittelbare Berührung mit dem Tode haben. Richer berichtet in seiner Chronik der Kirche von Sens, daß ein Kammerherr des Papstes Honorius III. (1216–27) einst schwer erkrankte. «Als der Papst sah, daß der Tod nahe war [...] und während die Diener für die Waschung und das Begräbnis bereits alles vorbereiteten, da empfahl der Papst die Seele des Sterbenden Gott und ging hinweg.»[115]

Die Bedeutung der Farben des äußeren und des unteren Papstgewandes wurde erneut ausführlich erörtert in zwei Sixtus V. (1585–90) gewidmeten Werken des spanischen Theologen Alexander von Torquemada. In einem langen Traktat über den Primat des heiligen Petrus behandelte er nacheinander die «Strahlen des Lichtes der Hierarchie der kämpfenden Kirche».[116] Eine dieser «Strahlen» nun war für ihn das weiße und purpurne Gewand des römischen Bischofs.[117] Hier wird die gesamte Gewandung des Papstes symbolisch gedeutet. Die Ausführungen Alexanders folgen im großen und ganzen den Deutungen Wilhelm Durands, aber er setzt doch hier und da neue Akzente. Herodes habe Christus zum Spott mit einem weißen Mantel gekleidet. Aus diesem Grunde «verordnete die Kirche völlig zu Recht, daß die Kleidung ihres Oberhauptes von jener Farbe sei, mit der man ihren Erlöser bedeckte, um ihm Schmach und Schande zuzufügen. Und in der Tat, diese reine und am wenigsten befleckte Farbe allein versinnbildlicht Reinheit, Helle und Unbescholtenheit.» «Daher ist es äußerst angemessen, daß der Bischof der römischen Kirche, der aufgerufen ist, durch die strahlende Unbescholtenheit seines Lebens den katholischen Glauben zu schützen, ein Gewand weißer Farbe trage.»[118] Der Papst trägt außen rot, weil er die Person dessen darstellt, «der das eigene Leben opferte und das Kleid seines Leibes rot färbte». Da der «Bischof der römischen Kirche die Person des sanftmütigen und gehorsamen Lammes Christi darstellt, ist es nur recht, daß sein rotes Gewand vom Pallium eingefaßt wird, das mit seiner Weiße die Reinheit des Geistes und die Unschuld des Lebens symbolisiert, die einen solch erlauchten Priester schmücken müssen».[119] Die weiße und rote (purpurne) Kleidung, d. h. «die äußere Erscheinung des Leibes, welche die Pythagoräer ‹Epiphanie› nennen, zeigt an, daß der Glanz der Reinheit und der Liebe des römischen Bischofs im ganzen christlichen Erdkreis strahlen muß».[120] Diese Äußerung zeigt, wie sehr Person und Amt des Papstes in der Zeit der Gegenreformation ein Symbol der Reinheit geworden waren. Das war unumgänglich, wenn die «Erscheinung des Leibes», die *corporis apparentia*, so universal wie nur möglich sein sollte. Die «Epiphanie» des Papstes im christlichen Erdkreis setzte voraus, daß er im höchsten Maße den «Schmuck von Reinheit und Liebe» *(ornamenta puritatis und charitatis)* besaß. Die Entwicklung war unumkehrbar: es war in der Tat die Kirche, die ihrem Oberhaupt vorschrieb, die «Kleider» anzulegen, die der Herr bei seinem Leiden trug: außen rot und innen weiß.[121]

Ungefähr zur selben Zeit stellte Angelo Rocca, der später während der Jahre 1595–1620 päpstlicher Sakristan war, in einem kleinen Traktat die Frage: «Kann der Papst grüne liturgische Gewänder tragen?» Angelo Rocca bejahte die Frage, und das mit Gründen, die den Leib betrafen: das Grün des Smaragdes sei Sinnbild der Jungfräulichkeit, denn der Smaragd zerbreche, wenn er von jemandem getragen werde, welcher der käuflichen Liebe diene.[122] Rocca spricht dann auch über die Symbolik der weißen und roten Papstgewänder. So wie vor ihm bereits Wilhelm Durand betont auch er, daß der Papst nur rot und weiß trage, denn er vertrete den, von dem die Braut im Hohen Lied sage: «Mein Geliebter ist weiß und rot.» (Hoheslied 5.10) Die weiße Farbe sei Sinnbild der Göttlichkeit und des ewigen Lichts. Der Papst trage weiß, weil er den «Bischof» Jesus Christus repräsentiere und damit die unwandelbare göttliche Natur. Diesen Gedanken, daß die weiße Farbe die göttliche Natur Christi ausdrücke, ergänzt Angelo Rocca mit Überlegungen über weiß als Sinnbild der Reinheit. Weiß – so sagt er – ist die Farbe, welche das «Fleisch» und den Geist des Papstes reinigt. Aus diesem Grund trägt der Papst – immer – weiße Gewänder. «In seinen Gemächern und in der Öffentlichkeit müssen alle Untergewänder *(vestes subtanee)* weiß sein. Auch das Rochett genannte Leinenkleid muß stets von reinstem Weiß sein.» «Die ‹inneren› Kleider *(interiores vestes)* des Papstes sollen immer weiß sein und vertragen in dieser Hinsicht keine Änderung.»[123]

Die Überlegungen Angelo Roccas nehmen Gedanken auf, die – wie wir gesehen haben – zum ersten Mal im 13. Jahrhundert ausdrücklich formuliert worden sind. Nimmt man das Zeremoniale Gregors X. aus dem Jahre 1273 als Ausgangspunkt, so ist die rote und weiße Farbe des Papstgewandes zunächst nichts als eine Nachahmung der Farben der Kaisertracht; doch dann dienen sie auch dazu, die Vollgewalt des Papstes und seine besondere Christusnähe auszudrücken. Seit dem 13. Jahrhundert wird der Papst endgültig «Stellvertreter Christi» *(Vicarius Christi)* genannt oder gar «Person Christi» *(Persona Christi)*. Der «Leib des Papstes» erhält nun seinen Platz in der Institution der römischen Kirche und auch in der Ekklesiologie jener Zeit, was sich daran zeigt, daß die Kardinäle nun «Teil des Papstleibes» *(pars corporis papae)* genannt werden. Nach Wilhelm Durand verweist das Rot auf die Blutzeugenschaft Christi, das Weiß auf die Reinheit und Unschuld des Lebens. In für scholastisches Denken bezeichnender Art verband man dann die Symbolik der Farben mit der Symbolik der Gewänder: Die Würde des Amtes symbolisiert durch den außen umliegenden roten Mantel, muß dem reinen inneren Leben des Papstes, symbolisiert durch die weißen «Innengewänder» *(vestes interiores)*, entsprechen.[124] Eine gerade Linie führt von den Liturgikern des 13. zu denen des ausgehenden 16. Jahrhunderts: das weiße Papstgewand verweist gleichzeitig auf das unbescholtene Leben des herrschenden Papstes und auf Christus, das Fundament des Papsttums.

Der so nachdrückliche Hinweis auf die rote und weiße Papstgewandung im 13. Jahrhundert bedeutet im Grunde einen Sieg der weißen Farbe, denn in den Quellen der vorhergehenden Jahrhunderte kommt sie nicht vor. Dieser Siegeszug von weiß als Papstfarbe wird sich in der Gegenreformation noch fortsetzen. Für die Liturgiker jener Zeit gestattete die weiße Farbe das «Aufscheinen des Leibes» *(corporis apparentia)*; sie hatte geradezu eine sittlich reinigende Kraft und machte allen sichtbar, daß der Papst «Person Christi» *(persona Christi)* war.

Das weiße Gewand des Papstes hatte noch einen anderen Sinn, den gleichen wie die weißen Wachslämmer, deren Zeremonie wir im ersten Teil dieses Kapitels betrachtet haben. Sowohl die weißen Kleider, die der Papst immer und überall trägt, als auch die weißen Wachslämmer sollten den Gegensatz ausgleichen zwischen dem sterblichen Leib des Papstes und dem unvergänglichen, hohen Amt, das er bekleidet.

Dies alles führt uns zu folgendem Schluß: Seit dem 11. Jahrhundert wird der Leib des Papstes Gegenstand von Riten und einer ganz bestimmten Hinfälligkeitsrhetorik. Dabei gibt es Zeiten, wie etwa das 13. Jahrhundert, in denen dem irdischen Leib des Papstes ganz besondere Aufmerksamkeit geschenkt wird. Das Weiß seines Gewandes und Zeremonien wie die der weißen Wachslämmer sollten den Papst daran erinnern, daß sein Leib rein und unschuldig sein müsse; die Texte, die von Hinfälligkeit und Vergänglichkeit sprachen, sollten ihn darauf hinweisen, daß sein Leib sterblich war.

Ganz von selbst stellt sich hier eine neue Frage: Welche Form nahmen diese Riten und diese Hinfälligkeitsrhetorik, die so konstant und nachdrücklich das Leben des Papstes begleiteten in dem Augenblick an, wenn der Papst auf dem Sterbebett lag. Wie ging die römische Kirche vor, um jene Probleme zu lösen, die zu Lebzeiten des Papstes durch die «Hinfälligkeitsliturgie» ritualisiert worden waren? Wie begegnete die römische Kirche jenem «Augenblick des Schreckens», von dem Petrus

Damiani gesprochen hatte? In welcher Weise überlebten in der Erinnerung und in der apostolischen Abfolge von verstorbenen Päpsten jene Elemente von Majestät und Heiligkeit, die seit der Mitte des 11. Jahrhunderts zum Idealbild des Papstes gehörten? Nachdem wir gesehen haben, welches Bild man sich vom lebenden Leib des Papstes gemacht hat, müssen wir nun untersuchen, wie man den toten Papstleib betrachtet hat.

Zweiter Teil

DER TOD DES PAPSTES

I.
Neue Räume und Zeiten

Den Palast beschützen

So wie für die Hinfälligkeitsriten müssen wir auch für Nachrichten über den Tod des Papstes bis in die Mitte des 11. Jahrhunderts zurückgehen, genauer bis zum Pontifikat Leos IX. (1049–54). Zwei Ereignisse bestätigen, daß es nach dem Tode eines Bischofs oder Papstes zu Plünderungen kam. Die erste Episode betrifft nicht Rom, aber der Brief, in dem sie berichtet wird, ist für uns wichtig, denn sein Verfasser ist niemand anders als Petrus Damiani, dessen Gedanken über den Tod des Papstes und die Kürze seiner Amtszeit uns von Anfang an begleitet haben.

Was war geschehen? Die Einwohner von Osimo, einer kleinen Stadt in den Marken bei Ancona, waren nach dem Tode ihres Bischofs um 1049 in das Haus des Bischofs eingedrungen, hatten es ausgeraubt, hatten die Rebstöcke und Sträucher der Gärten umgehauen und schließlich Feuer an die Häuser der bischöflichen Domäne gelegt. Wir wissen nicht, ob ein Unrecht des verstorbenen Bischofs der Grund für diesen Ausbruch der Volkswut war. Tatsache ist, daß Papst Leo IX. Petrus Damiani beauftragte, einen Brief aufzusetzen, in dem dieser Brauch, hier «perverse Gewohnheit» genannt, scharf verurteilt wurde. Der im ersten Pontifikatsjahr des Papstes (1049) geschriebene Brief enthält eine ausführliche Darlegung der Unstatthaftigkeit solcher Plünderungen.[1] Die Beweisführung Damianis stützt sich auf den Gegensatz zwischen der Sterblichkeit des Prälaten und der Unsterblichkeit Christi, «Bischof aller Seelen», «unsterblicher Bräutigam der Kirche», «ewiger Bischof».[2] Damit sollte gesagt werden: Mag der Bischof auch sterben, die Kirche und Christus bleiben.

Das zweite Ereignis betrifft eben diesen Papst Leo IX., der Petrus Damiani mit der Verurteilung dieses Brauchs beauftragt hatte. Am Morgen des 18. April 1054 hatte der schwerkranke Papst eine Vision, die ihm den nahen Tod ankündigte. Den Klerikern, die in die Peterskirche zusammengekommen waren, gab er den Auftrag, sein Marmorgrab nach St. Peter zu überführen. Dann gab er den Befehl, ihn auf seinem Bett in die Kirche zu tragen.[3] Als die Römer sahen, daß man das Grabmal des Papstes nach St. Peter brachte, da liefen sie zum Lateranpalast, um ihn zu plündern «wie sie es gewohnt waren».[4] Der unbekannte Verfasser der Lebensbeschreibung Leos IX. fügt jedoch sofort hinzu, daß die Verdienste und Tugenden des Papstes so groß gewesen seien, daß es niemandem gelang, ins Innere des Palastes zu dringen. «Als die Römer das sahen, erfaßte sie Schrecken und sie kehrten in ihre Häuser zurück.»[5] Der Papst jedoch hielt in Sankt Peter von seinem Bett aus eine Predigt, die – entsprechend seinem Ideal der Kirchenfreiheit – alle Gläubigen eindringlich ermahnte, sich nicht am Kirchengut zu vergreifen.[6]

Bevor wir nun näher auf die beiden Ereignisse eingehen, müssen wir uns daran erinnern, daß Nachrichten über die Plünderungen der Güter verstorbener Prälaten sehr alt sind. Seit den ersten Jahrhunderten der Christenheit werden solche Ereignisse berichtet. Bereits das Konzil von Chalkedon 451 bedrohte diejenigen Kleriker mit der Degradation, die sich am Besitz verstorbener Bischöfe vergriffen.[7] Das Konzil von Orléans versuchte, die Plünderung der Habe eines verstorbenen Bischofs dadurch zu verhindern, daß sie den Schutz des Bischofshauses demjenigen Bischof übertrug, der die Begräbnisfeierlichkeiten leitete. Auch dieser Beschluß war ausschließlich für Kleriker und nicht etwa für Laien bestimmt.[8] Ähnlich befahl 546 ein Dekret des Konzils von Valence den Klerikern, die Habe eines verstorbenen Bischofs nicht an sich zu reißen, sondern sie zu schützen und zu bewahren.[9] 615 verlangte die Synode von Paris die Achtung des letzten Willens der Bischöfe und Kleriker; Klerikern, aber auch Laien, die sich nicht daran hielten, wurde der Ausschluß aus der Kirche oder aus der Tischgemeinschaft der Christen angedroht.[10] Umgekehrt verbot 650 das Konzil von Châlons den Bischöfen und Erzdiakonen, sich Güter verstorbener Äbte oder Priester anzueignen.[11] Das letzte Konzil, das gegen diese Gewohnheit einen Beschluß faßte, war das Konzil von Toledo im Jahre 655. So wie das Konzil von Valence übertrug es den Schutz der Habe des verstorbenen Prälaten dem Bischof, der die Bestattungsfeierlichkeiten leitete.[12]

Wie man sieht, richten sich alle diese Dekrete an die Kleriker, die am Bischofssitze lebten oder dem Bischof nahe waren. Der Schutz von Kirche und Bischofsresidenz wird dem Bischof anvertraut, der die Totenfeier leitet. Nur ein einziges Dekret, das von Paris, erwähnt auch ausdrücklich die Laien bei der Plünderung der Habe verstorbener Bischöfe.[13]

Angesichts dieser jahrhundertealten Gewohnheit, die Güter verstorbener geistlicher Würdenträger zu plündern, ist es verwunderlich, daß man bis zum Jahr 885 warten muß, um von der Plünderung des Lateranpalastes nach dem Tode eines Papstes zu hören.[14] Als Papst Stefan VI. (885–91), begleitet von Bischöfen, vom kaiserlichen Gesandten und vom Senat, nach seiner Wahl feierlich den Lateran in Besitz nehmen wollte, da entdeckte er mit Entsetzen, daß aus den Schatzkammern *(vestiaria)* des Palastes das liturgische Gerät, kostbare liturgische Gewänder und Kleinode geraubt worden waren; sogar das berühmte Goldkreuz, das einst Belisar der Peterskirche geschenkt hatte, fehlte.[15] Der Biograph Stefans VI. im *Liber Pontificalis* erzählt diese Begebenheit höchst dramatisch: sogar Weinkeller und Kornkammer waren leer. Um Gefangene loszukaufen, um Witwen, Waisen und Armen zu helfen, mußte der neue Papst an die Großzügigkeit seiner eigenen Verwandtschaft appellieren.[16] Mit dieser so eindrücklichen Beschreibung des leergeplünderten Palastes wollte der Biograph wohl die Entschlossenheit des neuen Papstes begründen, solche Plünderungen in Zukunft unmöglich zu machen, was eine Neuheit zu sein scheint. Angesichts seines ausgeraubten Palastes schwor der Papst feierlich vor seinen erlauchten Begleitern – den Bischöfen, dem kaiserlichen Gesandten und dem Senat –, er wolle all dies geraubte Gut suchen lassen, «damit alle wüßten, daß zu seinen Zeiten solches nie geschehen sei».[17]

Die Unmöglichkeit, solch eingewurzelte Gewohnheiten zu beseitigen, begegnet uns bereits zwanzig Jahre später, und das zeigt, wie brennend dieses Problem war. 904 untersagte ein römisches Konzil die Gewohnheit, nach dem Tode eines Papstes den Lateranpalast *(patriarchium)*, die Stadt und die Umgebung Roms zu plündern. Das Dekret spricht von einer verbrecherischen Gewohnheit, die sich immer mehr verbreite und keineswegs auf Rom beschränkt sei.[18] Kirchenstrafen und der kaiserliche Unwille sollten gleichermaßen helfen, diesen üblen Brauch zu beseitigen.[19]

Die römischen Zeugnisse von 885 und 904 sind im damaligen Abendland keineswegs vereinzelt. Bereits einige Jahre früher hatten die kaiserlichen Kapitulare von Pavia (876) und Quierzy (877) das Plündern von Abteien und Bischofssitzen nach dem Tode ihrer Inhaber untersagt.[20] Zwei Päpste, Stefan VI. (885–91) und Formosus (891–96), hatten dem Erzbischof von Reims, Fulko, Privilegien erteilt, die es jedem untersagten, auch dem König oder einem anderen Bischof, nach dem Tode des Erzbischofs die Hand auf Bischof- oder Kirchengut zu legen.[21] Den französischen König bat Fulko, daß nach dem Tode des Bischofs von Laon, Dido, das Gut der Kirche von Laon nicht geplündert werde.[22] 909 brandmarkte das Konzil von Trosley die «abscheuliche Gewohnheit der Mächtigen», nach dem Tode eines Bischofs – gegen alles Recht – sich Kirchengut anzueignen, als sei es persönliches Eigentum des Bischofs.[23] Das römische Konzil von 904, das allen Plünderern den kaiserlichen Unwillen androhte, wollte vielleicht an eine Tradition anknüpfen, die wir im Kapitulare Lothars, Sohn Ludwigs des Frommen, vom November 824 fassen können. In diesem Kapitulare, das Lothar nach den Unruhen beim Tode Paschals I. (11. Februar 824) und bei der Wahl Eugens II. (Februar/Mai 824) erlassen hatte, wurden nicht nur die Papstwahl und die Wahrung der öffentlichen Ordnung geregelt, ausdrücklich wurde auch bestimmt, die bisher üblichen Plündereien hätten in Zukunft – sei der Papst nun lebend oder tot – zu unterbleiben.[24]

Der Kampf gegen solche Plündereien ist also nicht neu, dennoch führt dieser Kampf in den römischen Dokumenten der Jahre 885–1054 zunehmend und mehr als anderswo schließlich zu grundsätzlichen Überlegungen, die von großem historischen Interesse sind. Papst Stefan VI. versprach, alles Geraubte zurückzukaufen, und er betonte, daß er damit etwas Neues tat. Das Konzil von 904 brachte die Plünderung des Papstgutes mit der des Bischofsgutes in Zusammenhang und forderte entschieden den kaiserlichen Schutz. Aber erst der Brief Damianis nach den Übergriffen in Osimo (1049) begründete die Unerlaubtheit solcher Praktiken mit Gedanken über die Kontinuität des Amtes und die Sterblichkeit des Amtsinhabers. Der sehr deutlich ausgesprochene Grundgedanke Damianis ist: Die Kirche ist unvergänglich, denn auch Christus, ihr «ewiger Bischof», ist unvergänglich. 1054 sind es die Verdienste und die Tugenden des sterbenden Leo IX., welche die Römer in Verlegenheit bringen und sie davon abhalten, den Lateranpalast zu plündern. Im einen wie im anderen Fall wird der Wille, die «Bischofgüter» zu schützen, getragen durch die Abstraktion der Institution oder, anders gesagt, durch die Depersonalisation des Bruches, welchen der Tod des Papstes oder des Bischofs verursachte.

Diese Aspekte sind für uns von großer Wichtigkeit, denn sie bilden den Grund, auf dem nur einige Jahre später (1064) die Überlegungen Damianis über die Kürze des Lebens der Päpste entstehen werden. Die Ähnlichkeit der Beweisführung liegt auf der Hand: Als physische Person muß der Papst sterben, aber die Institution des Papsttums ist unvergänglich.

Nach dem Pontifikat Leos IX. hören wir lange Zeit nichts mehr von Plünderungen nach dem Tode eines Papstes; erst zu Beginn des 13. Jahrhunderts finden wir wieder einen Hinweis. Der englische Geschichtsschreiber Matthaeus Paris berichtet, Papst Honorius III. (1216–27) sei zehn Tage vor seinem Tode schwach und bereits halbtot an einem der oberen Fenster des Lateranpalastes dem römischen Volke gezeigt worden, das bereits begonnen hatte, «gegen das Papstgut zu wüten» *(debachare in res papales)*. Die Kurie versuchte also, durch die Zurschaustellung des noch lebenden Papstes das übliche Plündern zu verhindern.[25]

Das lange Schweigen läßt sich vielleicht damit erklären, daß zwischen Leo IX. und Honorius III. zahlreiche Päpste außerhalb Roms gestorben waren.[26] Kam es also nur dann zu Aufruhr und Plünderung, wenn der Papst in Rom starb?[27] Möglich wäre es. Das jähe Aufflammen von Gewalttätigkeit war in gewisser Weise an die physische Gegenwart des Papstes in Rom gebunden und an die Plötzlichkeit, mit der sich die Nachricht von seinem Tode in der Stadt verbreitete.

Die von Matthäus Paris berichtete Begebenheit ist übrigens völlig vereinzelt. Für das gesamte 13. Jahrhundert besitzen wir keine Nachrichten über Plünderungen des Papstpalastes durch die Römer nach dem Tode des Papstes.[28] Tatsächlich starben nach Honorius III. wegen der großen Mobilität der Kurie die meisten Päpste des 13. Jahrhunderts fern von Rom.[29] Auch für das Papsttum von Avignon (1308–78) wird uns von solchen Übergriffen des Volkes nichts berichtet.[30] Im Gegenteil, in den avignonesischen Bestattungszeremoniellen von Pierre Ameil und François de Conzié – die ersten des Papsttums, die überliefert sind – stellt der Schutz des Palastes den Verantwortlichen für den ordnungsgemäßen Verlauf der Vakanz (der Kämmerer und die Kardinäle) offenbar keine großen Probleme.[31]

In der zweiten Hälfte des 15. Jahrhunderts, als die Päpste gewöhnlich wieder in Rom starben, berichten die Chronisten wiederholt von Tumult und öffentlichem Aufruhr.[32] Die Nachricht vom Tode des Papstes löste also immer noch Unordnung aus, aber es kam nicht mehr zur Plünderung des Papstgutes wie im Früh- und Hochmittelalter (885, 1054, 1227).[33] Beim Tode Sixtus' IV. zogen junge Leute zum Palast des Papstneffen Girolamo Riario und verwüsteten ihn so gründlich, daß keine Tür und kein Fenster heil blieb. Andere zogen zum Castel Giubileo, wo sich ein Landgut von Girolamos Gemahlin Katharina Sforza befand, und raubten hundert Kühe, alle Ziegen, viele Schweine, Esel, Gänse und Hühner, sowie eine große Menge von Pökelfleisch und viele Leiber Parmesankäse. Nach Rom zurückgekehrt, erbrachen sie die Kornspeicher von San Teodoro und Santa Maria Nuova. Bei Sant' Andrea delle Fratte überfielen Battista Collerosso und seine Söhne einen Bäckerladen und töteten den Bäcker.[34] Als sich am 8. August 1559 die Nachricht vom Tode Pauls IV. verbreitete,

> da liefen die Römer zu den Gefängnissen, brachen die Türen auf und ließen alle Gefangenen frei. Das gleiche taten sie in den Inquisitionsgefängnissen, da – wie sie sagten – viele aus anderen Gründen als Ketzerei dort eingekerkert seien. Vor der Freilassung jedoch mußten alle Gefangenen schwören, der Kirche und dem christlichen Glauben treu zu bleiben. Das taten sie, um von den Ketzern nicht gescholten zu werden und um nicht als Verächter des Glaubens dazustehen [...]. Am selben Tag lief das Volk auf das Kapitol, zerbrach die erst drei Monate vorher aufgestellte Marmorstatue und trennte den Kopf vom Rumpf. Kinder rollten ihn dann durch die ganze Stadt, man gab ihm Tritte, verspottete ihn und warf ihn schließlich in den Fluß.[35]

Als am 2. Juli 1590 sich die Nachricht vom Tode Sixtus' V. verbreitete, da packten die Juden, welche auf der Piazza Navona ihren traditionellen Mittwochmarkt hielten, so schnell wie möglich ihre Waren zusammen, da sie Plünderungen befürchteten.[36]

Wie man sieht, sprechen diejenigen Quellen des 15. und 16. Jahrhunderts, welche auch römische Tagesereignisse berichten, häufig von Raub und Plünderung. Der Unterschied ist aber nun, daß man nicht den Papstpalast ausraubt, sondern die Güter und Paläste der an der Kurie mächtigen Familien. Auch die Zeremonienbücher spiegeln diese Entwicklung: Das große römische Zeremoniale des Agostino Patrizi Piccolomini aus den Jahren 1484–92 sagt ganz allgemein, die Kardinäle hätten dafür zu sorgen, daß kein Aufruhr entstehe, wenn der Papst in Rom stirbt. Über die Notwendigkeit, den apostolischen Palast zu schützen, wird nichts mehr gesagt.[37]

Die Betrachtung der Plünderungen nach dem Tode eines Papstes führt uns zu einigen Einsichten allgemeiner Art, die es verdienen, hier festgehalten zu werden.

1. Das Ausplündern des Palastes war eine Art Ritus. In ihm fand die Überzeugung des römischen Volkes ihren Ausdruck, daß sie, die Römer, Eigentümer der Güter des Bischofs von Rom seien und daß demnach beim Tode des Bischofs diese Güter wieder an das Volk zurückfallen müßten. Dieser Gedanke findet sich übrigens auch im Besitznahmezeremoniell des Laterans. Sobald der Papst sich auf den Kot-Stuhl, die *sedes stercorata*, niedergelassen hat, wirft er drei Mal eine Handvoll Münzen unter das Volk mit den Worten: «Silber und Gold habe ich nicht, doch was ich habe, das gebe ich dir.»

2. Der Kampf des Papsttums gegen diesen Brauch begann bereits vor der Gregorianischen Reform. Ein erstes Beispiel dafür ist die Episode von 885, welche deutlich das Entsetzen Stefans IV. angesichts des leergeplünderten Lateranpalastes zeigt. Das verdient Beachtung. Überlegungen, die ausdrücklich die physische Person des Amtsträgers vom überpersönlichen Amt trennen, finden sich freilich erst sehr viel später unter Leo IX. Die Papstgüter schützen, das lief auf den Gedanken hinaus: «Der Papst stirbt, aber die Kirche ist ewig.» Hatte Petrus Damiani nach der Plünderung des Bischofspalastes von Osimo nicht mit Nachdruck gesagt, daß Christus der «ewige Bräutigam der Kirche», der «ewige Bischof» sei?[38] Die Notwendigkeit, den Palast zu schützen, führte also dazu, daß zum ersten Mal ausdrücklich und bewußt zwischen der leiblichen Hinfälligkeit des Papstes und der Ewigkeit des Papsttums unterschieden wurde.

3. Der jahrhundertelange Kampf der Päpste gegen diesen Brauch trug schließlich im 13. und 14. Jahrhundert Früchte. Sicherlich waren hier auch rein äußerliche Gründe wichtig, vor allem die Tatsache, daß die Päpste im 13. Jahrhundert häufig außerhalb Roms starben. Im

14. Jahrhundert war es dann der Aufenthalt des Papsttums in Avignon (1308–78), welcher ein Wiederaufleben dieser traditionellen Plündereien verhinderte, denn die Spontaneität und Heftigkeit dieses Gewaltausbruches waren an die physische Präsenz des verstorbenen Papstes in Rom gebunden.

4. Hauptgrund jedoch dafür, daß die Plündereien aufhörten, war die zunehmende Universalität des Papsttums. Im 13. Jahrhundert hatte sie sich endgültig durchgesetzt, sowohl in der Theorie wie auch in der Wirklichkeit. Bereits Petrus Damiani hatte gesagt, daß der Tod des Papstes ein «Augenblick des Schreckens» von universaler Dimension sei, da er die gesamte Christenheit betreffe. Seit der Gregorianischen Reform wird der Tod des Papstes immer mehr ein Ereignis, das nicht nur die Kirche von Rom, sondern die gesamte Kirche angeht. Konnten die Römer also wagen, sich Güter gewaltsam anzueignen, die nicht nur dem Bischof von Rom, sondern der ganzen Kirche gehörten?

5. In den ersten Jahrzehnten des 13. Jahrhunderts gelang es dem Papsttum nicht nur, den «Palast» zu schützen, sondern auch den Kaiser zu zwingen, das Recht auf den Nachlaß der Geistlichen, das Spolienrecht, aufzugeben.[39] Der Sieg des Papsttums in der Frage des Spolienrechtes ist ein Ausdruck der päpstlichen Vollgewalt; er fällt zusammen mit der Ausbreitung des Testaments an der römischen Kurie.[40] Die älteste päpstliche Erlaubnis an einen Kurienprälaten, sein Testament machen zu dürfen, stammt von Cölestin III. (1191–98) und ist an den Kardinal Peter von Piacenza gerichtet.[41] Grundlage dieser Erlaubnis für Prälaten, ihr Testament zu machen, war der Gedanke, daß ein Teil des Nachlasses eines verstorbenen Prälaten der Kirche gehöre. Diese Unterscheidung galt natürlich auch für den Papst.

Das Bemühen um den Schutz des «Palastes», die Ansprüche auf den Nachlaß der Prälaten und das Aufkommen des Kurientestaments werden von ein und demselben Willen bestimmt: Der Tod eines Prälaten, und ganz besonders der des Papstes, darf nicht der Kontrolle der Kirche entgleiten. Beide Bereiche, der private wie der institutionelle, müssen gleichermaßen respektiert werden. Der Papst stirbt, aber die Kirche ist ewig.

Ehrenvoll bestatten

Papst Leo IX. wollte auf seinem Bette in der Peterskirche sterben. Am Morgen, da man ihn nach St. Peter trug, ließ er auch sein Marmorgrabmal dorthin überführen.[42] Einige Jahrzehnte vorher berichtet der Verfasser der Lebensbeschreibung Paschals II. († 1118) im Papstbuch, der Leichnam des Papstes sei einbalsamiert worden und – gemäß den Vorschriften des Zeremoniells *(ut ordo habet)* – mit geistlichen Gewändern bekleidet worden. Dann habe man ihn «mit gebotener Achtung und Ehrfurcht» in die Lateranbasilika zur Bestattung getragen.[43] In der Lebensbeschreibung seines Vorgängers Urban II. (1088–99) findet sich ein flüchtiger, aber bezeichnender Hinweis auf die Ehrenhaftigkeit der Bestattung: «Sein Leichnam wurde wegen der Nachstellungen der Feinde durch das Trastevere zur Peterskirche getragen, wie es das Herkommen will. Dort wurde er ehrenvoll bestattet.»[44] Die Lebensbeschreibung Honorius' II. (1124–30) verweist ausdrücklich auf das Alter der Vorschriften, welche die «ehrenvolle» Bestattung der Päpste regeln.[45] Wie wichtig diese ehrenvolle Bestattung war, zeigt die 1142 durch Petrus Guillermi abgeschlossene Fassung des *Liber Pontificalis*, die mit dem Leben Honorius' II. endet. Zweimal wird darauf hingewiesen, daß bei den Begräbnisfeierlichkeiten dieses Papstes nicht die Vorschriften des Zeremoniells beachtet worden seien.[46] Der Verfasser, der über zehn Jahre nach den Ereignissen schrieb, kritisiert wiederholt die Verstöße gegen das Zeremoniell: Der Leichnam des Papstes sei von «Laienhänden» vom Lateran zum Kloster der heiligen Andreas und Gregor getragen worden, er sei nur mit Hose und Hemd bekleidet gewesen, und die Bahre hätten keine Tücher bedeckt. Nie vorher wird im *Liber Pontificalis* so nachdrücklich auf die Begräbnisliturgie und auf den päpstlichen Leichnam eingegangen, der hier mit dem gesuchten Wort *gleba*, «Erdscholle», bezeichnet wird.[47] Der gesamte Abschnitt, in dem sich auch Wortspiele befinden *(deportanda, deportata)*, zeigt, daß es damals ein äußerst feierliches, ehrenvolles und allein dem Papst vorbehaltenes Begräbniszeremoniell gab. Dies ist der *Ordo*, von dem die Lebensbeschreibungen Paschals II. und Honorius' II. sprechen und der bestimmte, daß der Leichnam einbalsamiert und mit geistlichen Gewändern bekleidet werden mußte, und daß ihn dann die *patres*, die Kardinäle, zur Grabstätte tragen sollten. Dieser letzte Punkt ist nicht unwichtig; denn bisher gab der *Liber Pontificalis* lediglich den Ort des Grabes an, jedoch nicht die Umstände der Grablegung.[48]

In der Fortsetzung des *Liber Pontificalis*, welche weniger als ein Jahrhundert später Boso, Kämmerer und Kardinal unter Hadrian IV. (1154–59) und Alexander III. (1159–78), verfaßte, wird so ausdrücklich und regelmäßig von der «ehrenvollen» Bestattung der Päpste berichtet, daß man geradezu von einem Topos sprechen kann. Dies beweist, daß es um die Mitte des 12. Jahrhunderts ein voll ausgebildetes Totenzeremoniell gab, das einzig dem Papst vorbehalten war.[49] Es ist bezeichnend, daß unsere Zeugnisse dafür mit Papst Leo IX. beginnen, dem ersten Reformpapst des 11. Jahrhunderts.[50]

Das alles bestätigt, daß zwischen den letzten Jahrzehnten des 11. und den ersten Jahrzehnten des 12. Jahrhunderts sehr schnell ein langer Weg

1. Bernardino di Betto, genannt Pinturicchio. Krönung Pius' II.
Verbrennung des Wergs vor dem Papst. Siena, Dom, Libreria Piccolomini

2. Kot-Stuhl (sedes stercorata). Rom, St. Johann im Lateran, Kreuzgang

3. «Porphyr»-Sessel. Rom, Vatikanische Museen, Gabinetto delle Maschere

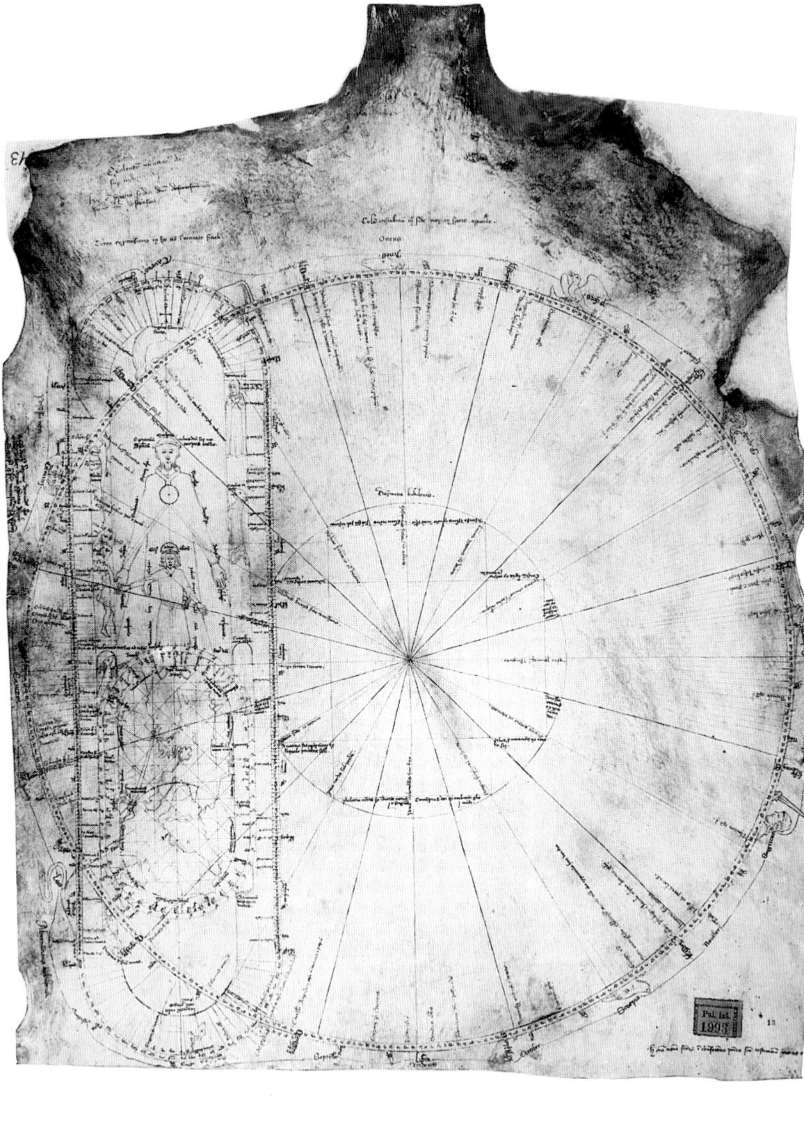

4. Himmelskreis und irdische Welt (das Oval links).
Im oberen Teil des Ovals sieht man den Papst, den die Inschrift rechts und links des Kopfes «Apostolischer Leib der Kirche» (apostolicum corpus ecclesiae) nennt. Die kleine Gestalt unter ihm ist die Laienwelt, die der Geistlichkeit, der «rechten Hand der Kirche», den Zehnt entrichtet.
Opicinus de Castrinis, Liber de laudibus Ticinensis civitatis.
Vatikanische Bibliothek, ms. Pal. Lat. 1993, f. 17

5. Kaiser Konstantin der Große führt zu Fuß das Pferd Papst Silvesters I. nach Rom. Rom, Santi Quattro Coronati, Silvesterkapelle

6. Melozzo degli Ambrogi da Forlì. Papst Sixtus IV. gründet die Vatikanische Bibliothek (1475) und ernennt Bartolo Sacchi, genannt Platina, zum ersten Kustoden. Fresko. Rom, Vatikanische Museen, Pinakothek

7. Übergabe eines Elixiers an einen Papst (Cölestin V.?), dem ein Fuchs (Bonifaz VIII.?) die Tiara entreißt. Florenz, Biblioteca Nazionale, ms. BR 72, f. CCLXXIII r.

8. Goldene Rose Papst Klemens' V. für den Bischof von Basel (1311).
Paris, Musée de Cluny

9. Das Antlitz Papst Klemens' IV. von seinem Grab in der Franziskanerkirche von Viterbo

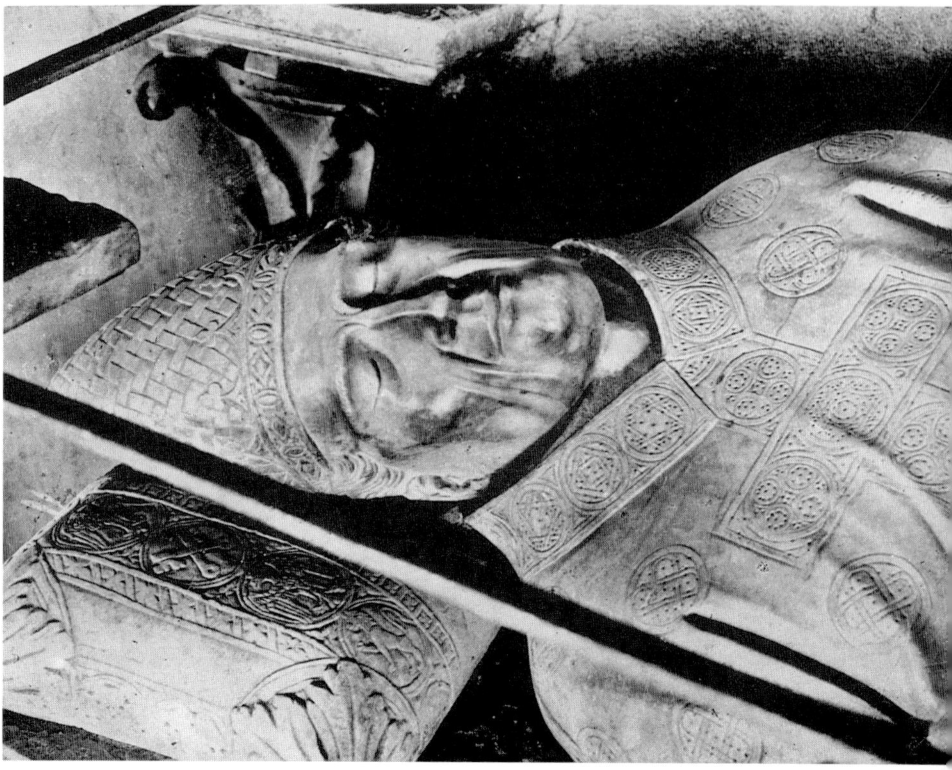

10. Das Antlitz Papst Gregors X. von seinem Grab im Dom von Arezzo

11. Hippokrates und Galen. Um 1230. Anagni, Domkrypta

12. Grab Bonifaz' VIII. Peterskirche, Vatikanische Grotten

13. Antlitz Bonifaz' VIII. von seinem Grab. Peterskirche, Vatikanische Grotten

14. Porträtbüste Bonifaz' VIII. Rom, Vatikanpalast, Sala di San Giovanni

15. Ehrenstatue Bonifaz' VIII. Bologna, Museo Civico

16. Die Päpstin Johanna gebiert ein Kind. Miniatur zu Boccaccios Traktat «Über berühmte Frauen» (De claris mulieribus). Paris, Bibliothèque Nationale, ms. lat. 598, f. 151.

zurückgelegt wurde. Der *Liber Pontificalis* gestattet uns, diesen Weg zu verfolgen. Zunächst erwähnt er, eher beiläufig, die «ehrenvolle» Bestattung Urbans II., doch verweist er ausdrücklich auf ein eigenes päpstliches Bestattungszeremoniell und beschreibt davon einige wichtige Bestandteile. Die immer feierlichere und ehrenvollere päpstliche Bestattung führte zu einer Aufwertung des Papstleibes über das Grab hinaus.

Man muß diese Entwicklung des päpstlichen Bestattungszeremoniells im Zusammenhang sehen mit den anderen europäischen Herrscherhöfen. Auch in Frankreich wird zum erstenmal zu Beginn des 12. Jahrhunderts (1129) auf ein traditionelles königliches Bestattungszeremoniell verwiesen.[51] In England läßt sich gegen Mitte des 12. Jahrhunderts genauer ein eigenes königliches Begräbniszeremoniell fassen. König Heinrich II. (1154–89) war nach dem Bericht des Chronisten Roger von Hoveden der zweite König, der in seinem Krönungsornat bestattet wurde. Bei dieser Gelegenheit wird gesagt, daß die Bestattung «nach königlicher Gewohnheit» *(more regio)* gefeiert worden war.[52]

Begräbnis und Papstwahl

Noch etwas muß bei dieser Gelegenheit betrachtet werden. Die große Aufmerksamkeit der Quellen für die Bestattung der Päpste hatte ihren Grund auch in einem institutionellen Problem des Papsttums: dem geregelten Übergang der Papstgewalt von einem Papst zum andern.

Um die Rechtmäßigkeit der Wahl Hildebrands zum neuen Papst (27. April 1073) anzuzweifeln, warfen ihm seine Gegner vor, er sei gewählt worden, noch bevor sein Vorgänger bestattet worden sei.[53] Auf diesen Vorwurf antwortete Bonizo von Sutri in seinem um 1080 verfaßten «Buch an den Freund» *(Liber ad amicum)*, Hildebrand sei gerade bei der Bestattung Alexanders II. gewesen, als auf einer Versammlung von Klerikern der Ruf nach Hildebrand als neuem Papst erscholl.[54] Daß Kardinal Haimerich 1130 seinen Kandidaten Innozenz II. wählen ließ, ohne die Bestattung Honorius' abzuwarten, war für die Anhänger Anaklets II. ein zusätzlicher Beweis der Ungültigkeit dieser Wahl.[55]

Wichtig sind für die Geschichte der päpstlichen Bestattung auch die zum Schisma von 1130 führenden Ereignisse, und das wegen der grundsätzlichen Überlegungen, die damals vom Kardinalkollegium über Bestattung und Neuwahl angestellt wurden. Die Kardinäle hatten nämlich «wegen des Hasses und der Feindschaften, welche die gesamte Stadt Rom beherrschen», beschlossen, über die Wahl eines Nachfolgers zu beraten, noch bevor Honorius gestorben war. Einige Kardinäle gaben zu bedenken, man dürfe nicht über einen Nachfolger beraten, wenn der amtierende Papst noch lebe und sein Leichnam noch nicht gemäß dem

Herkommen bestattet worden sei; für diese Ansicht beriefen sie sich auf Bestimmungen des Kirchenrechts. Andere Kardinäle meinten jedoch, man dürfe diese Vorschriften wegen der Dringlichkeit der Lage nicht strikt befolgen. Dennoch wurde damals unter Androhung der Exkommunikation beschlossen, daß keine Aufforderung zur Wahl eines Nachfolgers erlaubt sei, solange der alte Papst noch nicht bestattet war.[56]

Die alten Bestimmungen des Kirchenrechts, auf die sich die Kardinäle beriefen, schrieben vor, daß die Wahl des neuen Papstes am dritten Tag nach dem Tode seines Vorgängers stattfinden sollte. Der grundlegende Text – ein Dekret Bonifaz' III. von 607, das im *Liber Pontificalis* angeführt wird – spricht nur sehr unbestimmt vom Begräbnis: das hier gebrauchte Wort *depositio* könnte sogar als Synonym für «Tod» gedeutet werden.[57] Dieser Text Bonifaz' III. wurde jahrhundertelang nicht verändert. Auch im Papstwahldekret der Lateransynode von 1059 findet sich immer noch die traditionelle, sehr allgemein gehaltene Vorschrift, daß der neue Papst gewählt werden solle, «sobald der Bischof der Römischen Kirche gestorben ist».[58] Eine Generation später jedoch, um 1080, ersetzte Kardinal Benno das Wort *depositio* durch das genauere Wort *sepultura*.[59] Dies ist bemerkenswert, denn in den ungefähr zur gleichen Zeit verfaßten Lebensbeschreibungen Paschals II. und Honorius' II. wird zum ersten Mal auf ein eigenständiges päpstliches Bestattungszeremoniell verwiesen.

Nach dem Tode Cölestins III. am 8. Januar 1198 verließ ein Teil des Kardinalkollegiums den Lateran und begab sich zum sichereren Septizonium, um die Wahl eines Nachfolgers vorzubereiten. Lothar von Segni gehörte zu jenen Kardinälen, die im Lateran geblieben waren und ostentativ an den Begräbnisfeierlichkeiten des verstorbenen Papstes teilnahmen. Der Biograph Innzozenz' III. sagt: «Es war sein Wille, zusammen mit einigen anderen [Kardinälen] an der Beisetzungsfeier seines Vorgängers in der Konstantinbasilika teilzunehmen.»[60] Rund vierzig Jahre nach der Wahl Innozenz' III. kam es nach dem Tode Gregors IX. im Jahre 1241 zu einer der dramatischsten Sedisvakanzen in der Geschichte des Papsttums. Um die Kardinäle zu zwingen, sich schnell auf einen neuen Papst zu einigen, sperrte der Senator Matteo Rosso Orsini sie kurzerhand in das Septizonium ein, wo einst Innozenz III. gewählt worden war.[61] Der Mailänder Gottfried von Castiglione (Cölestin IV.) erkrankte bereits drei Tage nach seiner Wahl zum neuen Papst am 25. Oktober 1241 und starb schon am 11. November darauf. Einige Kardinäle flüchteten sich verschreckt nach Anagni und warfen von dort den in Rom verbliebenen Kardinälen vor, nicht gewagt zu haben, an den Begräbnisfeierlichkeiten Cölestins IV. teilzunehmen, und darüber hinaus auch ihre Familienbande in Rom nicht genutzt zu haben, um Cölestin IV. mit den einem Papst geschuldeten Ehren zu bestatten.[62]

Abschließend läßt sich – vorläufig – folgendes sagen: Die ostentative Teilnahme Hildebrands (Gregor VII.) und Lothars von Segni (Innozenz III.) an den Bestattungsfeierlichkeiten ihrer Vorgänger, der Protest der Wähler Anaklets II. gegen den Kämmerer Haimerich, der Vorwurf der 1241 nach Anagni geflüchteten Kardinäle, die inmitten von unzähligen Schwierigkeiten den Kardinälen in Rom vorwarfen, Cölestin IV. sei nicht mit den einem Papst gebührenden Ehren bestattet worden, das alles weist in dieselbe Richtung: Nicht nach dem Tode, sondern erst nach der – ehrenvollen – Bestattung des alten Papstes durfte ein neuer Papst gewählt werden.

Wahlanzeigen

Die enge institutionelle Verbindung von Tod, Bestattung und Wahl des Nachfolgers zeigt sich auch immer deutlicher in den Wahlanzeigen, mit denen ein neuer Papst seine Wahl bekanntmachte. Die Entwicklung dieses Wahlanzeigenformulars läßt sich ganz in die von uns bisher betrachtete Zeitspanne einschreiben. Die ersten Andeutungen finden sich um die Mitte des 11. Jahrhunderts, und ihre volle Ausbildung findet dieses Formular schließlich im 13. Jahrhundert.[63]

Das Schreiben eines der ersten Reformpäpste, Stefans IX. (1057–58), vom 2. August 1057 ist noch eine Antwort auf den Glückwunsch des Erzbischofs Gervasius von Reims.[64] Alexander II. (1059–73) berichtet bereits von sich aus seine Wahl; diese Ankündigung ist freilich noch sehr kurz. Nicht einmal der Name seines Vorgängers wird erwähnt.[65] Alexanders II. Nachfolger Gregor VII. versendet vier Wahlanzeigen: an Kaiser Heinrich IV., an Desiderius, Abt von Montecassino, an Fürst Gisulf von Salerno und an Wibert, Erzbischof von Ravenna.[66] In diesen Briefen wird nicht nur die eigene Wahl mitgeteilt, auch der Tod und die Bestattung des Vorgängers wird erwähnt.[67] Das scheint zu bestätigen, daß die so ostentative Teilnahme Hildebrands an den Begräbnisfeierlichkeiten seines Vorgängers eine ganz bewußte Entscheidung war.[68]

Die Reihenfolge: Tod des Vorgängers, Bestattung, Wahl, die sich zum ersten Mal in den Briefen Gregors VII. findet, haben auch die Wahlanzeigen Kalixts II. vom 2. Februar 1119 und Anaklets II. vom 24. Februar 1130.[69] Cölestin II. (Wahl am 26. September 1143) und Eugen III. (Wahl am 15. Februar 1145) fügen noch das Todesdatum des Vorgängers hinzu.[70] Alexander II. berichtet in seiner dem Erzbischof von Genua übersandten Wahlanzeige vom 26. September 1159 nicht nur den Todestag (1. September), den Begräbnistag (4. September) und den Begräbnisort (Peterskirche) seines Vorgängers, sondern gibt auch noch die Dauer der Verhandlungen an, die schließlich zu seiner Wahl führten (drei Tage).[71]

Grund dieser außergewöhnlichen Genauigkeit der päpstlichen Kanzlei war wahrscheinlich die Tatsache, daß die Wahl angefochten wurde. Alexanders Rivale Wibert von Ravenna ist weniger ausführlich, aber auch seine Wahlanzeige vom 28. Oktober 1159 berichtet Tod und Bestattung seines Vorgängers. Die Erwähnung von Tod und Bestattung war also inzwischen fester Bestandteil jeder päpstlichen Wahlanzeige geworden.[72]

In seiner König Philipp August von Frankreich übersandten Wahlanzeige gibt Innozenz III. zwar nicht den Tag der Bestattung seines Vorgängers Cölestin III. an, aber er betont, daß er «ehrenvoll» beigesetzt worden sei.[73] Dies ist kein reiner Zufall. Auch Innozenz' III. Nachfolger Honorius III. berichtet in seinem Brief vom 25. Juli 1216 an den König von Jerusalem, daß der Leib des verstorbenen Papstes nach den Trauerfeierlichkeiten einen Tag nach seinem Tode mit gebührender Ehre *(cum honore debito)* beigesetzt worden sei und daß die Kardinäle dann über die Wahl eines Nachfolgers beraten hätten.[74] Die Wahlanzeigen der Päpste des 13. Jahrhunderts von Gregor IX. (1227) bis Martin IV. (1285) erwähnen weiterhin die Totenfeier und die Grablegung des Leichnams, aber auf die Ehrenhaftigkeit der Beisetzung wird nur noch ganz allgemein verwiesen mit Formeln wie: «gemäß dem Brauch» *(iuxta morem)*, «wie es sich geziemte» *(prout decuit)*, «wie es Recht und Sitte erforderten» *(prout est juris et moris)*, «wie man es schuldig war» *(debita)*. Dies ist ein untrügliches Zeichen, daß die «Ehre der Bestattung» *(honor exequiarum)* inzwischen zur Tradition geworden war, über die man nicht mehr viele Worte verlieren mußte.[75]

In dieser langen, aber ziemlich gradlinigen Entwicklung des Formulars der päpstlichen Wahlanzeigen kommt es unter Papst Nikolaus IV. zu einer Neuerung. Der Brief dieses ersten Franziskanerpapstes an den Erzbischof von Sens und die Bischöfe seiner Kirchenprovinz vom 23. Februar 1288 erwähnt nicht nur Begräbnisfeier und Grablegung seines Vorgängers, sondern berichtet auch, daß seine Wahl dort stattgefunden habe, wo der vorhergehende Papst residiert habe, im Palast von Santa Sabina zu Rom.[76] Den gleichen Hinweis enthält auch die an den Erzbischof von Mailand gerichtete Wahlanzeige Benedikts XI. vom 31. Oktober 1303. Die Papstkanzlei trug hier der neuen Verordnung *Ubi periculum* Papst Gregors X. von 1274 Rechnung, nach der die Kardinäle am selben Ort einen neuen Papst wählen mußten, wo der alte Papst verstorben war.[77] Mit diesem Hinweis auf die Verordnung Gregors X. fand das Formular der päpstlichen Wahlanzeige seine endgültige Form. In avignonesischer Zeit sind die Abweichungen äußerst gering.[78]

Zeit zu trauern

Papst Eugen III. starb am 8. Juli 1153 zu Tivoli. Noch am selben Tag wurde sein Leichnam «auf öffentlichen Straßen mitten durch die Stadt» nach Sankt Peter getragen, begleitet von vielen Klerikern und von einer großen Volksmenge. Kardinal Boso, der Verfasser der Lebensbeschreibung Eugens III. im *Liber Pontificalis* spricht von der überaus großen Trauer *(maximus luctus)* und der unermeßlichen Betrübnis *(immensa tristitia)*, die alle erfüllte, welche dem toten Papst das letzte Geleit gaben. Diese Worte sind ungewöhnlich in der langen Überlieferungsgeschichte des *Liber Pontificalis*.[79] Sie drücken hier mehr aus als eine rein augenblickliche Gefühlsüberwältigung. Sie wollen sagen: Der Tod des Papstes stürzt die gesamte Kirche in tiefste Trauer.

Noch deutlicher drückt sich das aus in der Lebensbeschreibung Gregors IX. (1227–41).[80] Die prachtvolle Thronsetzung des neuen Papstes – so sagt der Verfasser – bewirkt, daß die Kirche ihre Trauerkleider ablegt und daß die halbverfallenen Mauern der Stadt wieder etwas von ihrem alten Glanz zurückgewinnen.[81] Mit dem Tode des Papstes beginnt für die Kirche eine «Zeit der Trauer»; aber die Ankunft eines neuen Papstes ist für sie «Wiedergeburt». Anläßlich der Wahl Innozenz' IV. am 25. Juni 1243 gebraucht der Verfasser des Lebens Gregors X. (1271–76) zum ersten Mal das Bild von der «Witwenschaft der Römischen Kirche». Dieses Bild ergibt sich ganz natürlich aus dem anderen Bild des Papstes als Bräutigam der Kirche. Mit der Wahl eines neuen Papstes findet die verwitwete Kirche vollständig *(integre)* ihren Bräutigam wieder.[82]

Die Nachrichten, welche wir in den Quellen über den Tod des Papstes gefunden haben, sind, alles in allem, zahlreich und zeigen übereinstimmend eine ganz bestimmte Entwicklung. Fassen wir zusammen: Die Wichtigkeit, die im *Liber Pontificalis* seit dem Leben Urbans II. der ehrenvollen Bestattung des verstorbenen Papstes zugemessen wird; die im Leben Paschals II. berichtete Einbalsamierung des Papstleichnams; der ausdrückliche Wunsch Hildebrands und Lothars von Segni, am Begräbnis des verstorbenen Papstes teilzunehmen; der Unwille des sterbenden Honorius' II. über die beginnenden Plündereien der Römer; die Vorwürfe der Kardinäle in Tivoli an ihre Kollegen in Rom, Papst Cölestin IV. sei nicht mit der einem Papst zustehenden Feierlichkeit bestattet worden; das vor allem im 13. Jahrhundert sehr lebendige Bild der beim Tode des Papstes verwitweten Römischen Kirche; die immer häufiger und regelmäßiger werdende Erwähnung der ehrenvollen Bestattung des Vorgängers in den päpstlichen Wahlanzeigen; und schließlich die Ausbildung eines eigenen päpstlichen Bestattungszeremoniells, – all diese Tatsachen zeigen, daß die Römische Kirche dem Tod und dem Begräbnis des Papstes seit der Mitte des 11. Jahrhunderts eine stetig wachsende Aufmerksamkeit widmete. Die Wichtigkeit, welche in den überlieferten Texten und in den Zeremonien die ehrenvolle Feierlichkeit der Bestattung des verstorbenen Papstes hat, fügt sich ein in diese Tendenz, immer genauer zu unterscheiden zwischen der physischen Hinfälligkeit des einzelnen Papstes und der Unvergänglichkeit des Papsttums.

Begräbnisriten

Wir müssen uns nun fragen, wie sich diese scharfe Trennung von Person und Amt im päpstlichen Bestattungszeremoniell ausdrückte. Eine Antwort auf diese Frage ist freilich erst seit dem 14. Jahrhundert möglich, denn erst aus dieser Zeit, also zweieinhalb Jahrhunderte nach dem ersten Hinweis auf ein eigenständiges päpstlichen Bestattungszeremoniell in der Lebensbeschreibung Paschals II. († 1118), ist uns ein vollständiges Begräbniszeremoniell überliefert.[83] Sein Verfasser, Pierre Ameil, lebte seit dem Pontifikat Urbans V. (1362–70) bis zu seinem Tode am 4. Mai 1404 am Papsthof.[84]

Pierre Ameil unterscheidet bei der Beschreibung der Totenfeierlichkeiten sehr genau drei verschiedene Orte: das päpstliche Gemach, die Kapelle und die Kirche. Die letzten Augenblicke seines Lebens verbringt der sterbende Papst in seinem Gemach, und das Zeremoniale schreibt für das Sterben ganz bestimmte Worte und Gesten vor. Hier im Gemach wird auch der Leichnam gewaschen und angekleidet. Die Kapelle ist ein halböffentlicher Ort, wo der Papst aufgebahrt wird und wo man von ihm Abschied nimmt. In der Kirche schließlich finden die öffentlichen Trauerfeierlichkeiten statt. Vom Gemach zur Kapelle und von der Kapelle zur Kirche wird der Leib des Papstes in feierlicher Prozession getragen. Jeder dieser drei Orte hat also eine ganz bestimmte Funktion: Im Gemach wird der Leib gewaschen und eingekleidet; in der Kapelle halten die Angehörigen des Hofes und Ordensleute die Totenwache; in der Kirche finden die öffentlichen Trauerfeierlichkeiten statt. Für diese drei Phasen des Totenzeremoniells ist ein Zeitraum von neun Tagen vorgesehen. Überwacht und geleitet werden sie vom Kämmerer, vom Großpönitentiar und von den Kardinälen.

Der Kämmerer hat eine zweifache Aufgabe, eine öffentliche und eine private. Er muß den Besitz des Papstes gegen jeden Übergriff *(insultum)* schützen, und er wohnt, wenn er will, mit den Familiaren des Papstes in den Papstgemächern. Sobald der Leichnam des Papstes aus den Privatgemächern in die Kapelle getragen wird, müssen ihm alle Kammerherrn ihre Schlüssel übergeben. Er ruft die Dienstältesten der Kardinalbischöfe, der Kardinalpriester und der Kardinaldiakone vor sich und übergibt ihnen – zusammen mit einem Inventar – die Kleinode des Papstes.[85] Auch der Sakristan der Papstkapelle übergibt sämtliche Kleinode, nicht jedoch die Schlüssel, da das Amt des Sakristans ewig ist, d. h. auf Lebenszeit verliehen wird und nicht mit dem Tod des Papstes erlischt.[86] Auf dem Zug von den Privatgemächern zur Kapelle begleiten den toten Papst der Kämmerer, die Prälaten des Papsthofes und die gesamte «Familie» des Papstes. Dabei sind ihre Häupter von Kapuzen verdeckt.[87] Aufgabe des Kämmerers ist, «alles zu sehen» *(omnia videre)*. Ist der Kämmerer Kardinal, so ist er bei der Waschung des Leichnams und bei seiner Überführung in die Kapelle nicht anwesend.[88] Ist der Kämmerer kein Kardinal, so trägt er eine schwarze Kapuze; ist er jedoch Kardinal, so trägt er weder schwarz noch rot oder grün, sondern irgendeine andere Farbe.[89] Bei dieser Gelegenheit gibt Pierre Ameil genau an, welche Mitglieder der Familie des Papstes schwarz tragen müssen.[90]

Während der Papst mit dem Tode ringt, beten die Pönitentiare das Totenoffizium, die sieben Bußpsalmen und die anderen Totengebete, die in ihren Gebetbüchern stehen. Die «Brüder der Bulle» waschen den Leichnam mit warmem Wasser, das die Kammerherrn vorbereitet haben und in das man wohlriechende Kräuter getan hat. Der Barbier des Papstes schert Haupthaar und Bart. Für die Waschung des Leibes erhalten der Apotheker oder die Brüder der Bulle mit Würzkräutern und Vernaccia versetzten Weißwein, der von den Kammerherrn oder von den päpstlichen Kellermeistern erhitzt worden ist. Für die Salbung des Leibes «und der Hände» geben ihnen der Kämmerer oder der Sakristan Balsam. Nach der Waschung und Salbung legen die Pönitentiare dem Papst, nachdem sie ihn aufgerichtet und fast zum Sitzen gebracht haben, die Gewänder an, die fast alle rot sind. Es sind dies: weiße Pontifikalschuhe, Zingulum, Subcinctorium, Fano, Stola, Tunizella, Manipel, Dalmatik, Handschuhe, Kasel und das «vom Leib des heiligen Petrus genommene» Pallium.[91] Sie falten den Fano über dem Kopf und um die Schultern, als sollte der Verstorbene die Messe feiern. Auf das Haupt setzen sie das Birett und eine weiße Mitra ohne Gold und Perlen.[92]

Zwei oder drei Tage, «bevor der Papst die Sprache verliert», ruft der Kämmerer die Kardinäle zusammen, damit der Sterbende in ihrer Gegenwart sein Testament aufsetzt und seinen Begräbnisort wählt.[93] Er spricht vor ihnen das Glaubensbekenntnis, und die Kardinäle müssen ihm verzeihen, falls er das Papstamt nicht gut verwaltet hat.[94] Er legt ihnen die Kirche ans Herz und mahnt sie, in Frieden und Eintracht einen guten Hirten zu wählen. Seinem Gewissen folgend nennt er dann den oder diejenigen, welche er für dieses Amt geeignet hält. Er empfiehlt den Kardinälen seine Familiaren und gibt an, wo sich seine und der Römischen Kirche Güter, Schätze und Kleinode befinden. Desgleichen muß er sagen, welches die Schuldner der Kirche sind, und welche

Schulden er selbst für die Römische Kirche gemacht hat, damit sein Nachfolger sie zurückzahlen kann.[95] Schließlich ist der Papst noch verpflichtet, den Kardinälen einige Gnadenerweise zu geben, soweit er es vor seinem Gewissen verantworten kann.[96] Unmittelbar nach dem Tode des Papstes, noch bevor der Leichnam gewaschen und eingekleidet ist, können die Kardinäle den toten Papst in seinem Sterbezimmer aufsuchen, doch dann müssen sie sich gänzlich zurückziehen.

Während der Herrichtung des Leichnams für die Bestattung und während der halböffentlichen Aufbahrung in der Kapelle sind die Kardinäle nicht anwesend. Sie tragen Gewänder, die nicht auf ihre Würde hinweisen. Findet die Leichenfeier in der Kapelle statt, so stehen die Kardinäle, die teilnehmen wollen, in den Bänken und tragen keine liturgischen Gewänder, sondern lediglich einfache Wollmäntel, die nicht rot sein dürfen.[97]

Während der neun Tage dauernden öffentlichen Trauerfeierlichkeiten tragen die Kardinäle weder schwarz noch rot oder grün.[98] Nur für die Meßfeier legen sie während dieser Tage eine schwarze Kasel an.[99] Ihre Trauer zeigen die Kardinäle nicht durch ihre Kleidung, sondern einzig durch ihre Teilnahme an der Totenliturgie. Am ersten Tag der Trauerfeierlichkeiten stehen um die Bahre – hier «Schmerzenburg» *(castrum doloris)* genannt – die schwarzgekleideten Familiaren und der Kämmerer, falls er kein Kardinal ist. Die Kardinäle jedoch stehen abseits im Chor der Kapelle.[100] Sie feiern das Totenoffizium strikt nach ihrem Rang. Die Reihenfolge – Kardinalbischöfe, Kardinalpriester, Kardinaldiakone – muß genau befolgt werden. Wer sich nicht daran hält, verliert seine Stellung.[101]

Der Leichnam und die Bahre – die «Schmerzenburg» – tragen immer noch die Zeichen der früheren «Majestät» des Verstorbenen: das «vom Leib des heiligen Petrus genommene» Pallium; den Fano, der so über den Kopf und um die Schultern gefaltet ist, als sollte der Papst die Messe feiern; die rote Seide des Matratzenbezugs; die zwei darübergelegten zusammengenähten Goldtücher; die Bahrdecke aus schwarzer oder blau-violetter *(iacintinus)* Seide mit den Wappen des Papstes und der Römischen Kirche; die beiden Kissen aus Goldstoff mit schwarzseidenen Borten unter dem Haupt und unter den Füßen des Papstes.[102]

Der Barbier des Papstes darf das Kästchen mit dem Rasiermesser und der Silberschale nicht behalten; dafür gibt ihm später der neue Papst zehn oder zwölf Gulden. Rasiermesser, Silberschale und Tücher müssen immer im Papstgemach bleiben.[103] Es sind persönliche Gegenstände, die letzten, die den Papst berührt haben, denn mit ihnen hatte der Barbier Haupthaar und Bart des toten Papstes geschert.[104] Falls die Bäcker die Tischtücher verlangen, von denen der Papst zum letzten Mal gegessen hat, und die Kellermeister die Fässer, von deren Wein der Papst zum letzten Mal getrunken hat, so soll ihnen das abgeschlagen werden, da sie entlöhnt werden.[105] Die Gegenstände, die den Leib des Papstes berührt haben, werden – gegen Zahlung von Geld – Eigentum der Institution.

Das Zeremoniale des Pierre Ameil ist das erste in der Geschichte des Papsttums, welches bis in die Einzelheiten das Zeremoniell beim Tode eines Papstes und bei seiner Bestattung regelt. Es umfaßt rund hundert Vorschriften. Der Abschnitt über den Tod des Papstes ist nur der erste einer Vielzahl von Anhängen zum liturgischen *Ordo*; ihm folgen die Bestimmungen für das nach der Bestattung stattfindende Konklave.[106] Der Zeitraum, den das Zeremoniale strikt regelt, umfaßt die letzte Krankheit des Papstes, die Herrichtung des Leichnams, die Aufbahrung in der Kapelle, die öffentliche Totenfeier und schließlich auch das Konklave, welches den Nachfolger wählt.

Bereits die Lebensbeschreibung Paschals II. († 1118) hatte berichtet, daß der Papst vor seinem Tode die letzte Ölung empfangen und gebeichtet habe.[107] Der Verfasser des Lebens Gelasius' II. († 1119) ist noch ausführlicher: «Der Papst wurde unvermutet von einer Krankheit erfaßt, welche die Griechen Pleuritis nennen. Da rief er von überall seine Brüder zusammen, beichtete und empfing Leib und Blut des Erlösers.»[108] Auch das Leben Kalixts II. († 1124) berichtet, daß der Papst im Herrn entschlafen sei, nachdem er gebeichtet und alles geregelt habe.[109] Im 13. Jahrhundert sind die Nachrichten über die Vorbereitungen der Päpste auf den Tod spärlicher. Ein Fortsetzer des Chronisten Bernard Gui berichtet, daß Nikolaus III. († 1278), als er sein Ende nahen fühlte, die in Viterbo weilenden Kardinäle und Kurienbeamte zu sich auf die Burg Soriano im Norden Viterbos zusammengerufen habe.[110] Die erste ausführliche Beschreibung der Beichte und der Vorbereitung auf den Tod stammt aus dem Pontifikat Benedikts XI.[111] Dieser Text berichtet die Ereignisse beim Tode des Papstes am 7. Juli 1304. Vergleicht man diesen Bericht mit den Vorschriften von Pierre Ameil, so finden sich keine nennenswerten Unterschiede.[112] Die letzen Worte und Handlungen des Papstes gelten dem eigenen Seelenheil und dem Wohl der gesamten Kirche. Benedikt XI. beichtet, kommuniziert, und bittet um die Letzte Ölung, die ihm der Kardinalbischof von Albano spendet. Das Glaubensbekenntnis soll zeigen, daß er all seine Entscheidungen als Papst in Treue zum katholischen Glauben gefaßt hat. Die Kardinäle ermahnt der Papst zur Eintracht. Nachdem er seinen Begräbnisplatz in der Dominikanerkirche zu Perugia bestimmt hat, folgt ein langer Abschnitt, der ausschließlich den Kardinälen gewidmet ist: Er spricht sie frei von jeder Exkommunikation, Sünde oder Irregularität. Die anderen Bestimmungen über seine «Familie», über die Güter aus seiner Kardinalszeit und über seine Bücher bekräftigen den Eindruck, daß dieses Dokument in der Form eines Kurientestaments verfaßt ist.[113] Man könnte nun auf erste Sicht hin glauben, die Vorbereitungen des Papstes auf den Tod unterschieden sich nicht von dem, was jeder Christenmensch für einen «guten Tod» tun muß. Doch so, wie er in den Zeremonialen und Geschichtsbüchern beschrieben wird, ist der Tod nicht nur für den Papst, sondern darüber hinaus für die gesamte Kirche ein Augenblick von großer Wichtigkeit. Der Tod des Papstes ist zugleich ein privates und ein öffentliches Ereignis. Wie jeder Christ muß er auf dem Sterbebett seine Sünden beichten; doch darüber hinaus muß er – so sagt Pierre Ameil – allen Königen und Fürsten, Laien und Geistlichen, die in ihrer Krankheit Gott anrufen und ihr Gewissen ordnen, ein Vorbild sein, denn er ist das Licht des Alls *(lumen totius universi)* und Haupt der Christenheit.[114] Vor seinem Tode muß er die Kirche den Kardinälen anvertrauen. Dies zeigt deutlich, wie sehr diese Vorbereitung auf den Tod auch ein öffentlicher Akt ist. In ihm wird die Verantwortung für die Kirche und für den Übergang der Papstgewalt in die Hände der Kardinäle gelegt.

Der Gegensatz zwischen physischer Hinfälligkeit des Papstes und Ewigkeit der Institution steht auch im Mittelpunkt des zweiten Totenzeremoniells, zusammengestellt von François de Conzié, der 48 Jahre lang, von 1383 bis 1431, päpstlicher Kämmerer war.[115] Die Besiegler der Papstbullen mußten sofort nach Bekanntwerden des Todes die Druckstöcke dem Vizekanzler übergeben, dessen Amt beim Tode des Papstes erlosch. Dieser nähte die Siegelstöcke in starkes Leinen und setzte sein Siegel darauf, damit sie nicht mehr benutzt werden konnten. Der erste der Kardinalbischöfe versammelte alle an der Kurie weilenden Kardinäle in einer Kammer des Palastes. Dort zeigte der Vizekanzler allen Anwesenden die beiden Druckstöcke und zerschlug darauf mit einem Hammer, den die Besiegler mitgebracht hatten, den Druckstock, der den Namen des Papstes trug. Der andere mit den Bildern der Apostelfürsten wurde wieder in das Leinentuch gewickelt. Der Vizekanzler setzte erneut sein Siegel darauf und übergab das Paket dem Kämmerer, der es bis zur Neuwahl eines Papstes aufbewahren mußte. Der Druckstock konnte auch beim Vizekanzler bleiben, doch in diesem Falle mußte das Leinentuch durch den Ersten der Kardinalbischöfe oder durch die Ersten aller drei Kardinalsränge versiegelt werden.[116] Die Kardinäle waren also die Garanten des Übergangs der Papstgewalt. Aus diesem Grunde wurde ihnen beim Tode des Papstes auch der Fischerring des verstorbenen Papstes zur Aufbewahrung übergeben.[117]

François de Conzié schreibt auch vor, daß die Kardinäle während der neuntägigen Trauerfeierlichkeiten, der sogenannten *novena*, keine schwarzen, sondern «dunkle» Mäntel tragen, die grau oder dunkelblau gefüttert sind. Schwarz tragen nur die Kardinäle, die mit dem Papst verwandt oder von ihm ernannt worden waren.[118] Sehr deutlich unterscheidet er zwischen Kurienangehörigen, die schwarz tragen, und solchen, die es nicht tun. «Man muß wissen, daß diejenigen, die ein ‹ewiges› Amt an der Kurie bekleiden, keine Trauerkleider tragen [...]. Die anderen jedoch, die ein Amt ausüben, das mit dem Tode des Papstes erlischt, [tragen Trauerkleidung], es sei denn, daß sie außerdem noch ein kleineres, zeitlich nicht beschränktes Amt ausüben.»[119]

Die Aufgabe des Kämmerers bleibt unverändert. Er muß sofort nach dem Tode des Papstes alle Türen schließen, ausgenommen eine für diejenigen, die im Palaste irgendetwas zu besorgen haben. Das dürfte wohl während der ganzen avignonesischen Zeit des Papsttums so gehandhabt worden sein.[120] Unter den unvermeidlichen außerordentlichen Maßnahmen zur Aufrechterhaltung der öffentlichen Ruhe erwähnt François de Conzié mit keinem Wort den Schutz des Palastes.[121]

Müssen die Kardinäle Trauer tragen? In dieser Frage beobachtet man eine bemerkenswerte Entwicklung vom Zeremoniale des Pierre Ameil zu dem von François Conzié. Nach Pierre Ameil dürfen die Kardinäle während der neuntägigen Trauerfeierlichkeiten weder rot noch schwarz und auch nicht die dazwischenliegende Farbe grün tragen. Nur für die Feier der Messe legen sie die schwarze Kasel an. François de Conzié dagegen unterscheidet die mit dem Papst verwandten oder von ihm ernannten Kardinälen von den anderen. Nur die dem Papst durch Verwandtschaft oder Ernennung besonders nahestehenden Kardinäle tragen schwarz, die andere tragen nur dunkelfarbene Gewänder. In dieser Unterscheidung, die bis in die Neuzeit gültig blieb, spiegelt sich ein neuer subtiler Gedanken über den Gegensatz zwischen der Ewigkeit der Kirche und der Endlichkeit des Papstes.

In diesem Punkt gibt es eine gewisse Übereinstimmung mit dem Totenritual der Könige von Frankreich. Die Präsidenten des Parlaments von Paris durften nie Trauer tragen, «denn die Krone und die Rechtssprechung sterben nie».[122] Dieser Brauch ist zum ersten Mal 1422 anläßlich der Bestattung Karls VI. nachgewiesen. Bildlich bezeugt ist er aber bereits in einer Miniatur, die den Leichenzug der 1378 verstorbenen Königin Johanna von Bourbon zeigt. Das führt uns genau in die Zeit, in welcher die ältesten päpstlichen Totenzeremoniale verfaßt wurden.[123]

Fassen wir noch einmal zusammen. Auf die zu Beginn des Kapitels gestellten Fragen vermochten die beiden ältesten päpstlichen Totenzeremonielle mit einer gewissen Klarheit zu antworten. Die Trennung der physischen Person des Papstes von der unvergänglichen Institution des Papsttums bestimmt die gesamte Geschichte des Papsttodes von der Gregorianischen Reform bis heute. Auch wenn die Totenzeremonielle des ausgehenden 14. Jahrhundert manche avignonesische Neuerungen enthalten, so spiegeln sie doch im wesentlichen die Gedanken der vorhergehenden Jahrhunderte über die Hinfälligkeit des Papstes. Die Entwicklung dieser Gedanken konnten wir anhand schriftlicher Quellen, aber auch durch eine aufmerksame Betrachtung der Zeremonien am Papsthof verfolgen. Der Papst stirbt, aber die Kirche ist ewig.

Diese sich über Jahrhunderte erstreckende Ausformung des päpstlichen Totenzeremoniells führt schließlich zur Schaffung eines besonderen liturgischen Zeitraums, des Novemdiale (in den Texten *novena* genannt). Deutlich läßt sich in den Riten und in den überlieferten Texten eine immer größere Aufmerksamkeit für den Leib des verstorbenen Papstes nachweisen. Denken wir an das Bild des sterbenden Leo IX., der in seinem Bett in die Peterskirche getragen wird und auf seinen Bette sitzend zur Menge spricht. Denken wir an die Bedeutung, die man von einem bestimmten Zeitpunkt ab der «ehrenvollen» Bestattung des verstorbenen Papstes zumißt. Die Teilnahme oder Nichtteilnahme am Begräbnis des Papstes konnte ein Argument im Streit um die Rechtmäßigkeit oder Unrechtmäßigkeit der Wahl des Nachfolgers werden. Liest man im *Liber Pontificalis* die Papstleben des 11. Jahrhundert, so sieht man gut, wie für die Biographen der Leib des Papstes immer größere Wichtigkeit gewinnt.

Wir müssen uns nun fragen, ob dieser Gegensatz zwischen sterblicher Person und ewigem Amt nur etwas Oberflächliches ist oder ob er bis in die Wurzeln geht und unüberbrückbar ist. Um eine Antwort zu finden, müssen wir Punkt für Punkt das Rituell betrachten, mit dem man den Leichnam des Papstes von seiner Aufbahrung bis zu seiner Bestattung umgeben hat.

II.
Der Leichnam

Nacktheit

Jakob von Vitry, einer der bekanntesten Prediger seiner Zeit, der später Kardinalbischof von Tusculum wurde, berichtet einen berühmten Vorfall, der den Leichnam des ersten Papstes des 13. Jahrhunderts, Innozenz' III. (1198–1216), betrifft. Jakob war 1216 nach Perugia gereist, wo sich damals der Papsthof aufhielt, um die Weihe zum Bischof von Akkon zu empfangen. Der Zufall wollte es, daß er am Tage nach dem Tode des Papstes (16. Juli 1216) in der Stadt eintraf. Der Papst war noch nicht begraben, sondern im Dom der Stadt aufgebahrt. In der Nacht vom 16. zum 17. Juli nun raubten Unbekannte die kostbaren Gewänder, mit denen der Papst beerdigt werden sollte. Halbnackt *(fere nudum)* und bereits verwesend *(fetidum)* ließen die Räuber die Leiche des Papstes in der Kirche zurück. Jakob sagt, er sei in die Kirche gekommen und habe mit eigenen Augen sehen können, wie kurz und wie eitel der verführerische Glanz dieser Welt sei.[1]

Hinfälligkeit des Leibes, Vergänglichkeit des Amtes, Verpflichtung zur Demut, diese Themen, deren Entwicklung wir zu Beginn des Buches nachgegangen sind, sie finden sich im Bericht Jakobs wieder. Die Bemerkungen Jakobs erinnern an Worte eben dieses Innozenz' III. über das «Elend des Menschenlebens». Die Übereinstimmungen zwischen dem Bericht Jakobs und dem Traktat Innozenz' III. sind nicht wortwörtlich, doch die Ähnlichkeit der Gedanken ist überraschend.[2] Beide Autoren sprechen von: Nacktheit, Verwesungsgestank und Vergänglichkeit der Macht.

Aber um welche Art der Nacktheit handelt es sich? Welches ist die Bedeutung von «halbnackt» *(fere nudum)* im Bericht Jakobs von Vitry? Muß man das ganz wörtlich verstehen? Hier ist eine gewisse Zurückhaltung angebracht, denn das Wort «Nacktheit» kann im Mittelalter bisweilen auch Durchsichtigkeit oder das Weiße bezeichnen. «Halbnackt» will hier nicht sagen, daß der Papst «entblößt» dalag, sondern lediglich, daß er nur noch mit dem weißen Hemd bekleidet war.[3] Sicher ist, daß die düsteren Worte Jakobs von Vitry einen scharfen Gegensatz bilden zum Ruhm dieses Papstes, den der englische Chronist Matthaeus Paris «Staunen der Welt» *(stupor mundi)* genannt hatte und der auch für moderne Historiker der «mächtigste Papst des Mittelalters» war.[4]

Bisher hat man keine Quellen gefunden, welche die Wahrheit der von Jakob berichteten Ereignisse in Frage stellen könnten.[5] Man kann auch nicht als Gegenargument anführen, daß der einzige andere Bericht über Tod und Bestattung des Papstes diese nächtliche Ausraubung nicht erwähnt.[6]

Das Thema der Nacktheit erscheint ein zweites Mal im 13. Jahrhundert anläßlich des Todes eines anderen mächtigen Papstes, Innonzenz' IV., der am 7. Dezember 1254 zu Neapel starb.

Der erste Bericht über den Tod dieses Papstes stammt vom Franziskaner Salimbene de Adam († nach 1284) und ist einige Jahre nach den berichteten Ereignissen niedergeschrieben worden. In seiner Chronik schrieb er um 1284, daß der Papst nackt und von allen verlassen auf Stroh gelegen habe, «so wie es Brauch ist, wenn die römischen Bischöfe sterben». Beim verstorbenen Papst befanden sich nicht die Diener – diese hatten das Weite gesucht –, sondern zwei Franziskaner aus Deutschland, die schließlich auch dafür sorgten, daß der Leib des Papstes gewaschen wurde. Sie sollen so zum verstorbenen Papst gesprochen haben: «Monatelang haben wir in diesem Land geweilt, weil wir Euch sprechen und mit Euch unsere Angelegenheiten regeln wollten, aber die Türhüter ließen uns nicht ein, um Euer Angesicht zu sehen. Nun aber kümmern sie sich nicht mehr um die Bewachung [Eures Leibes], denn sie haben von Euch nichts mehr zu erwarten. Doch wir wollen Euren Leib waschen.»[7]

Ein anderer Franziskaner, Nikolaus von Calvi in Umbrien, Bischof von Assisi, schreibt in seiner Lebensbeschreibung des Papstes: «Franziskaner, Dominikaner, viele andere Ordensleute und Weltgeistliche verbrachten die Nacht betend und singend bei der Bahre des Papstes.»[8] Die beiden Berichte widersprechen sich völlig, und man ist versucht anzunehmen, daß hier Nikolaus von Calvi beschönigt und nicht die Wahrheit sagt. «Wie oft haben Chronisten uns, aus frommer Scheu oder aus welchen Gründen immer, so falsch unterrichtet wie der Biograph Innozenz' IV.?»[9]

Wer sagt die Wahrheit, Salimbene oder Nikolaus von Calvi?

Es wäre durchaus verständlich, wenn Nikolaus versucht hätte, die Wirklichkeit ein wenig zu beschönigen. Andererseits muß man jedoch bedenken, daß er nur wenige Jahre nach dem Tode des Papstes schrieb, als zumindest noch einer der beiden Kardinäle Fieschi, Neffen des verstorbenen Papstes, lebte.[10] Nikolaus hatte Jahrzehnte an der Kurie verbracht, er war Kaplan und Beichtvater Sinibald Fieschis gewesen, bevor er Papst wurde, wie konnte er da wagen, mit größter Genauigkeit eine Szene zu beschreiben, die – zumindest in der Theorie – nicht dem päpstlichen Zeremoniell entsprach? Es mag schon sein, daß Nikolaus die Wirklichkeit etwas verschleiert, aber die Riten und liturgischen Einzelheiten, die er berichtet, könnten durchaus so stattgefunden haben. Und das ist bereits viel angesichts der Spärlichkeit unserer Quellen über das päpstliche Totenzeremoniell des 13. Jahrhunderts.

Man muß die Frage anders stellen. Sprechen Salimbene und Nikolaus von derselben Sache?

Salimbene spricht – genau gesehen – von der Zeit unmittelbar nach dem Hinscheiden des Papstes: Innozenz IV. ist nackt auf dem Stroh alleingelassen worden, und nur dank der Fürsorge der deutschen Franziskaner wird sein Leib gewaschen. Nacktheit und Verlassenheit «sind Brauch, wenn die römischen Bischöfe sterben».[11] Für Salimbene war also der päpstliche Leichnam zunächst nackt und alleingelassen, bevor er dann hergerichtet, eingekleidet und aufgebahrt wurde. Die Nacktheit folgt unmittelbar dem Hinschied des Papstes.

Nikolaus von Calvi dagegen spricht von der Totenwache, die man unterscheiden muß von den Augenblicken unmittelbar nach dem Tod. So gesehen stimmt seine Aussage überein mit dem, was das älteste päpstliche Totenzeremoniell von Pierre Ameil vorschreibt.

Bevor wir nun Schlußfolgerungen ziehen, müssen wir noch eine andere Quelle betrachten, die ebenfalls franziskanischer Herkunft ist. Die Begebenheit steht in einer alten Chronik der englischen Franziskaner, «Über die Ankunft der Minoriten in England», die einige Jahre vor Salimbenes Chronik geschrieben wurde.

Thomas von Eccleston, der Verfasser, erwähnt nicht weniger als dreimal die Dekrete, die Innozenz IV. im Streit der Bettelorden mit dem Weltklerus an der Universität Paris erlassen hatte. Wegen dieser den Bettelorden feindlichen Dekrete – so Thomas von Eccleston – habe der Papst die Sprache verloren, und er gewann sie nur dank des heiligen Franz wieder zurück.[12] Thomas berichtet dann etwas, das er von einem Familiaren Papst Alexanders IV. (1254–61) erfahren hatte, des Papstes also, der sofort nach seiner Wahl die Dekrete Innozenz' IV. aufgehoben hatte.[13] Dieser soll, als er noch Kardinal und Protektor des Franziskanerordens war, gesagt haben, Gott werde den Papst bald aus dem Leben reißen wegen seiner Feindlichkeit gegen den Franziskanerorden.[14] Thomas fährt fort: «Als der Papst dann starb, verließen ihn alle seine Familiaren, nur die Franziskaner nicht. Dasselbe geschah auch beim Tode Gregors [IX.], Honorius' [III.] und Innozenz' [III.], bei dessem Tode der heilige Franz gegenwärtig war.»[15] Und nun bringt Thomas eine Bemerkung allgemeiner Art über den Tod des Papstes: «Bruder Mansuetus sagte mir, kein Bettelmönch, ja kein Mensch sterbe so erbärmlich und elend wie der Papst.»[16] Dieser Bruder Mansuetus berichtet dann auch noch, daß Friedrich II. mit 5000 Rittern in den Schlund des Ätnas geritten sei. Das war ein weiterer wirksamer Versuch, einen namhaften und hartnäckigen Feind der Franziskaner in Verruf zu bringen.[17]

Thomas von Eccleston und Salimbene de Adam müssen zusammengesehen werden, nicht nur weil sie zeitlich so nahe beieinander liegen. Beide gehören ganz offensichtlich zur Geschichtsschreibung der Bettelorden, die Papst Innozenz IV. nicht sehr wohlgesinnt war. Die Möglichkeit, daß der Leichnam des Papstes unmittelbar nach seinem Tod für einige Zeit alleingelassen worden war, benutzte man zur Anschwärzung eines Papstes, hier Innozenz' IV., der dem Franziskanerorden feindlich gewesen sein sollte.

Thomas von Eccleston und Salimbene spielen offensichtlich auf eine Gewohnheit an, nach dem Hinschied den Leichnam des Papste für eine gewisse Zeit allein zu lassen. Dies muß man festhalten. Dieser «Gewohnheit» stellen die Franziskaner ein anderes Bild gegenüber: das Ausharren der Franziskaner beim verstorbenen, von allen verlassenen Papst, und die liebevolle Sorge um seinen Leichnam. Schließlich gelangt man zu einer ganzen Reihe von Päpsten, die im Tode verlassen wurden und denen die Franziskaner zur Seite standen. Am Anfang steht die legendenhafte Gegenwart des heiligen Franz beim Tode Innozenz' III. Und später sind es die Leiber jener Päpste, die den Orden gefördert haben – Honorius III. und Gregor IX. –, die von den Franziskanern mit Hingabe gewaschen, hergerichtet und bewacht werden.[18]

Hinter diesen Erzählungen steht eine zweifache Absicht: Man betont die Gewohnheit des Alleinlassens, um den Franziskanerorden zum Wächter des päpstlichen Leichnams zu machen. Dies hätte keinen Sinn, wenn Nacktheit und Alleinlassen des Leichnams nicht in irgendeiner Art der Wirklichkeit entsprochen hätten.[19] Die Franziskaner waren einflußreiche Vermittler und Verbreiter der päpstlichen Hinfälligkeitsrhetorik; diese konnte sogar – wie im Falle Innozenz' IV. – zur Verdunkelung des Bildes eines Papstes benutzt werden. Zur gleichen Zeit nahmen sie – rückwirkend – für ihren Orden die Leiber der verstorbenen Päpste in Besitz, selbst den Leib eines Papstes, der ein Feind des Ordens gewesen war.

Die Verdunkelung des Bildes Innozenz' IV. war Teil einer Strategie der Bettelorden. Das zeigt ein Exempel, welches sich nur in franziskanischen und dominikanischen Exempelsammlungen findet. Im Mittelpunkt steht wiederum ein Leib in seiner Nacktheit, doch handelt es sich dieses Mal nicht um einen Papst, sondern um einen Kardinal, der am 25. Mai 1253, also einige Monate vor dem Tod Innozenz' IV., in Assisi tödlich verunglückte.

Peter von Collemezzo, Kardinalbischof von Albano, war vom Solarium seines Hauses gestürzt. Als er nun wie tot auf dem Boden lag, da begannen seine Familiaren, ohne sich weiter um ihn zu kümmern, sofort Pferde, Geschirr und Haushaltsgeräte zu rauben. Franziskaner, die herbeigeeilt waren, sahen, wie einer dieser Familiaren mit Gewalt Mitra und Kasel an sich riß und den Leib des Kardinals «nackt» zurückließ.[20]

Auch dieses Exempel will jemanden anschwärzen aus Gründen, die ein Blick auf die Biographie sofort offenlegt. Kardinal Peter von Collemezzo war mit großer Wahrscheinlichkeit die wichtigste Stütze Wilhelms von Saint-Amour an der Kurie.[21] Der Tod des Kardinals fiel in einen der kritischsten Augenblicke des Streites zwischen Weltgeistlichen und Bettelorden an der Universität Paris. Im April 1253 hatten die weltgeistlichen Magister beschlossen, keinen Magister mehr zuzulassen, wenn er nicht vorher die Statuten ihrer Körperschaft beschworen hatte. Das bedeutete, daß die Magister der Bettelorden von der Universität Paris ausgeschlossen waren. Nur einen Monat nach dem Tode des Kardinals gab Papst Innozenz IV. den Bettelorden recht und befahl den Weltgeistlichen, den Bettelorden den Zugang zu den Lehrstühlen der Universität zu gestatten. Der elende Tod des Kardinals wurde – nachträglich – in Zusammenhang gebracht mit diesem Sieg der Bettelorden. Der Tod des hartnäckigsten Verteidigers der Weltgeistlichen machte die Bahn frei für den Sieg. Dieser Tod war mehr als ein bloßer Zufall. Das zeigt eine andere unverfängliche zeitgenössische Quelle. In seinem geistlichen Traktat «Über die Bienen» bemerkt der Dominikaner Thomas von Cantimpré: «Was dem unglücklichen Kardinal zugestoßen ist, war ein gerechtes Urteil Gottes. Er bestrafte einen Bischof und Kardinal der römischen Kurie, der bis auf den Tod Franziskaner und Dominikaner verfolgt hatte.»[22]

Nach einem Schweigen von über zwei Jahrhunderten reden um 1500 die Quellen erneut von der Nacktheit und Verlassenheit des Papstleichnams.

Papst Julius II. empfing kurz vor seinem Tod (21. Februar 1513) in Audienz seinen Zeremonienmeister Paris de Grassi. Der Papst erinnerte sich, viele Päpste gesehen zu haben, die im Tode von Verwandten und Dienern verlassen und sogar des Notwendigsten beraubt worden waren, so daß sie völlig nackt mit entblößten Schamteilen dagelegen hätten. Das sei für eine so hohe Majestät wie die päpstliche entehrend und beleidigend.[23] Um zu verhindern, daß nach seinem Tode Ähnliches geschehe, wollte Julius II. den Zeremonienmeister bereits vor seinem Tode bezahlen.

Die Paris de Grassi gewährte Audienz ist die einzige in der Geschichte des Papsttums im Mittelalter und in der Renaissance, in der ein Papst mit seinem Zeremonienmeister über seine eigene Bestattung spricht. Paris de Grassi schlug dem Papste vor, seinen Leichnam, so wie üblich, in ein weißes Hemd zu hüllen. Julius II. gab seine Zustimmung, verlangte jedoch, das Totenhemd müsse golden verziert sein. Die Kleidung seines Leichnams sollte also seine frühere Würde sichtbar machen. Der Papst wollte nicht die Nacktheit: die Goldsäume des Totenhemdes verwandelten die Weiße – und damit die Nacktheit – in das Gold-Weiß herrschaftlicher Majestät. Nach der Audienz bat übrigens Julius II. zwei Kurienbeamte, dafür zu sorgen, daß der Zeremonienmeister auch tatsächlich alles wie versprochen ausführe.[24]

Sagen wir es sofort: die Furcht Julius' II. war voll gerechtfertigt. Beim Tode Sixtus' IV. (12. August 1484) hatte der Zeremonienmeister Johannes Burckard unzählige Schwierigkeiten zu überwinden, um den Leichnam des Papstes für die Bestattung herzurichten.

> Der Sakristan, Abt von Sankt Sebastian, nahm das Bett mit seiner ganzen Ausstattung, obwohl es – gemäß meinem Rang – eigentlich mir gehörte. Auch alles Übrige wurde sozusagen in einem Augenblick mitgenommen, kaum daß der Leichnam des Papstes aus dem Zimmer getragen worden war. Trotz allen Suchens zwischen der sechsten und der zehnten Stunde fand ich weder Balsam noch ein Tuch oder irgendein Gefäß, in das man den Wein und das mit Kräutern gewürzte Wasser für die Waschung des Leichnams hätte gießen können. Nicht einmal Strümpfe oder ein sauberes Hemd für die Einkleidung waren da.[25]

Auch der Leichnam Alexanders VI. († 18. August 1503) blieb allein, «die ganze Nacht, mit zwei Fackeln, ohne daß jemand die Totenwache halten wollte; und das, obwohl die Pönitentiare gerufen worden waren, um das Totenoffizium zu beten».[26] Der tote Papst wurde sogar mit Verachtung behandelt. Einen Tag nach seinem Tode, einem Sonntag, wurde der Leichnam des Papstes gegen Mitternacht in die Kapelle der Schwangeren-Madonna getragen.

> Er wurde nahe der Mauer bestattet in einer Ecke links des Altares. Das taten sechs äußerst vulgäre Männer, die Witze rissen und über den Papst und seinen Leichnam fluchten. Mit ihnen waren noch zwei Schreinermeister. Diese hatten den Sarg zu schmal und zu kurz gemacht. Ohne Fackeln und Kerzen, ohne daß jemand da war, der sich um den Leichnam gekümmert hätte, wurde die Leiche mit Fausthieben in den Sarg gezwängt. Dabei wurde die Mitra zusammengedrückt. Bedeckt haben sie den Papst mit jener alten Decke, die wir früher bereits erwähnt haben. Dies alles hat mir Camillo Crispolti, Pfründner von Sankt Peter, berichtet.[27]

Die Einkleidung des Leichnams Pius' III. († 18. Oktober 1503) nur wenige Wochen nach dem Tode Alexanders VI., bot keine Schwierigkeiten:

> Der Papst wurde gewaschen, eingekleidet und in das Vorzimmer getragen auf einem Bett, dessen Matratze mit grünem Velours bedeckt war. Er war bekleidet mit den liturgischen Gewändern, jedoch ohne Brustkreuz, das nicht aufzufinden war. Ich ersetzte es durch ein Kreuz, das ich aus den Enden des Cingulums bildete und mit Nadeln befestigte. Von dort wurde er in den Papageiensaal getragen und auf den Tisch gelegt. Die Pönitentiare beteten währenddessen ohne Unterbrechung im Vorzimmer und im Papageiensaal das Totenoffizium. Die Kardinäle versammelten sich im Saal der Päpste und gingen dann das «Vater unser» betend in den Papageiensaal [...]. Dort küßten sie dem toten Papst die Füße.[28]

Johannes Burckard gibt in seinem Tagebuch zu, sich bei der Einkleidung Sixtus' IV. geirrt zu haben. Sixtus IV. war nämlich Franziskaner und hätte daher unter dem Papstgewand die Franziskanerkutte tragen müssen.[29] Bei dieser Gelegenheit macht Johannes einige grundsätzliche Überlegungen über die Hinfälligkeit der Päpste.

> Es ist zu beachten, daß wir uns heute morgen bei der Einkleidung des Toten geirrt haben; er hätte nämlich unter den liturgischen Gewändern das Kleid des Franziskanerordens, dem er angehörte, tragen müssen und nicht die Gewänder eines Bischofs. Mit diesem Franziskanerhabit wurde einst Alexander V. eingekleidet, der ebenfalls Franziskaner war. Der Grund ist, daß ein Mensch im Tode alle Überlegenheit verliert, die ihm kraft seines Amtes zustand. Deswegen muß er so bestattet werden, wie er vor der Erlangung der Papstwürde war.[30]

Paris de Grassi bespricht dieses Problem noch ausführlicher:

> Wenn ein Ordensmann zum Papst gewählt wird, so muß er, solange er lebt, das Ordensgewand aufgeben und das für alle Päpste gleiche Papstgewand tragen. Das Papstgewand ist nämlich einzigartig und folgt keiner Ordensregel. Als oberster Bischof ist der Papst der größte aller Menschen *(maior hominum)*; daher ist er an keine Regel gebunden und nicht verpflichtet, das von einer Regel vorgeschriebene Gewand zu tragen. Da er Stellvertreter Christi ist, steht er über allen Menschen. Im Tode jedoch hört der Papst auf, Stellvertreter Christi zu sein, und wird wiederum Mensch *(in hominem reversus est)*. Daher muß er mit jenem Gewand bekleidet, überführt und bestattet werden, das er als Mensch *(dum homo esset)* vor der Erlangung der Papstwürde getragen hat. Freilich muß er über diesem Ordensgewand all jene liturgischen Gewänder tragen, die er früher bei der Feier einer Papstmesse anhatte.[31]

Um 1500 wird also der Gedanke, wonach der Papst im Tode wieder Mensch wird, gerade von den päpstlichen Zeremonienmeistern erneut mit großem Nachdruck ausgesprochen. Zweifellos war dieses Thema damals aktuell. Das Zeremonial des Agostino Patrizi Piccolomini enthält eine Vorschrift, die sich nirgendwo vorher findet; danach soll der Papst auf dem Totenbett die Worte wiederholen, die vor ihm bei seiner Krönungsfeier gerufen wurden: «Heiliger Vater! So vergeht die Pracht der Welt.»[32]

Johannes Burckard schreibt in seinen Erinnerungen, daß der Papst in aller Abgeschiedenheit nackt auf ein Brett gelegt wird, um gewaschen und gereinigt zu werden.[33] Das entspricht dem, was Salimbene drei Jahrhunderte früher geschrieben hatte über die «Gewohnheiten beim Tode der römischen Bischöfe». Sowohl für Salimbene wie auch für Johannes Burckard fallen Nacktheit und Verlassenheit des Papstleibes in die Zeit unmittelbar nach dem Tod, bevor er gewaschen und eingekleidet wird. Für Salimbene sind Nacktheit und Verlassenheit eine Gewohnheit, und Johannes Burckard spricht davon wie von etwas völlig Normalen. Für beide sind also Nacktheit und Alleingelassensein des Leichnams Ereignisse, die fast die Natur eines Ritus haben, mit dem das alte Wort «Auch der Papst stirbt» seinen sichtbaren Ausdruck findet. Nacktheit und Verlassensein sagen mit aller Deutlichkeit: «Der Papst hat nicht zwei Leiber wie der König, sondern nur einen einzigen natürlichen Leib, der geboren wird und stirbt. Das was beim Tode blieb, war Christus, die römische Kirche, der apostolische Stuhl, aber nicht der Papst.» Gilt für den König der Satz: «Der König stirbt nie» *(Le roi ne meurt jamais)*, so gilt für den Papst: «Der Papst stirbt» *(Papa moritur)*.[34]

Diese Übereinstimmung zweier Autoren des 13. und 15. Jahrhunderts darf uns nicht vergessen lassen, daß der Nachdruck, den man im Laufe der Jahrhunderte auf die Hinfälligkeit des Leibes und die Vergänglichkeit der Macht gelegt hat, stets geschwankt hat. Das bezeugt die Dichte der Quellen zunächst im 13. und dann wieder im ausgehenden 15. Jahrhundert, als das Papsttum besonders mächtig war. Es ist sicherlich kein Zufall, daß die Quellen über die Nacktheit des Papstleibes solch machtvolle Päpste wie Innozenz III., Innozenz IV. und Julius II. betreffen. Dieses nachdrückliche Betonen der Nacktheit und Verlassenheit des Papstleichnams im Tode sollte offensichtlich zur Demut bewegen und das Gleichgewicht wiederherstellen zwischen der «Menschlichkeit» des Papstes und der ihm von seinem Amt verliehenen «Über – Menschlichkeit».

Die Nachrichten Johannes Burckards sind hier erwähnt worden, weil sie zeigen, daß es noch um 1500 zu Raub und Plünderungen durch die Familiaren beim Tode des Papstes gekommen ist. Der Gegensatz zu anderen Fürstenhöfen ist bemerkenswert. In Frankreich scheint das

Ausrauben und Alleinlassen des königlichen Leichnams seit der zweiten Hälfte des 12. Jahrhunderts nicht mehr vorgekommen zu sein.[35]

Der Unwille Johannes' und anderer Zeremonienmeister über diese Gewohnheiten, zeigt, daß es am Papsthof Kreise gab, die entschlossen waren, solches nicht mehr hinzunehmen. In der Tat hatte das Papsttum bereits seit dem Ende des 13. Jahrhunderts versucht, die regelmäßig wiederkehrenden Plünderungen der Familiaren dadurch einzudämmen, daß man als Entschädigung für gewisse Gegenstände, die beim Tode des Papstes dem Herkommen nach einigen der Familiaren zufielen, eine Geldsumme zahlte. Immer mehr Ämter des Papsthofes wurden im übrigen «ewige» Ämter; sie erloschen also nicht mehr beim Tode des Papstes.[36] Die hier angeführten Berichte, denen man noch weitere hinzufügen könnte, zeigen deutlich, daß es dem Papsttum im 13. Jahrhundert schließlich gelang, den «Palast des Papstes» vor den Plünderungen der Römer zu schützen. Sehr viel weniger erfolgreich waren die Versuche der Kurie, die Plündereien der Familiaren und Kurienbeamten beim Tode eines Papstes einzudämmen.[37]

Der Grund dafür ist sehr einfach: Die päpstliche und kuriale Macht ruhte auf persönlichen Treuebündnissen, die mit dem Tode des Papstes erloschen. Für die Umgebung des Papstes bedeutete daher der Tod des Herrn einen einschneidenden Bruch, zumal der damals übliche Nepotismus bei jeder Neuwahl zu einem sehr weit gehenden Auswechseln des Kurienpersonals führte. Erst in verhältnismäßig junger Zeit nahm dieses Plündern von Kleidungsstücken und Gegenständen des verstorbenen Papstes ein Ende. Das geschah mit der Einführung einer nicht an die Person des Papstes gebundenen Berufsbeamtenschaft, so wie wir sie heute an der römischen Kurie finden.

Aufbahrung

Der Leichnam Innozenz' III. wurde ausgeraubt, als er im Dom zu Perugia aufgebahrt war. Es mag erstaunen, aber die durch Jakob von Vitry erzählte Begebenheit enthält eine wichtige Neuigkeit. Keine ältere Quelle erwähnt nämlich die öffentliche Aufbahrung eines Papstes.[38] Das römische Pontifikale des 12. Jahrhunderts sagt lediglich: «Hat die Seele den Leib verlassen, so wird der Leichnam gewaschen, gereinigt, auf die Bahre gelegt und in die Kirche getragen.»[39] Der Leichnam des verstorbenen Papstes ist hier – so scheint es – der allgemeinen Sichtbarkeit entzogen. Aber bereits Boso erzählt in seinem Bericht von der Überführung der sterblichen Überreste Eugens III. (1145–53) von Tivoli zum Vatikan, der Trauerzug habe seinen Weg «über öffentliche Straßen mitten durch die Stadt» genommen und sei von einer großen Menge Klerus und Volk begleitet worden.[40] In dieser «öffentlichen» Überführung zeigt sich ganz offensichtlich der Wunsch, den Leib des Papstes allen sichtbar zu machen.

Nach dem Bericht Jakobs von Vitry müssen wir bis in die zweite Hälfte des 13. Jahrhunderts warten, um weitere Nachrichten zu erhalten. Die öffentliche Aufbahrung ist bisweilen auf den Grabmälern von Päpsten und Kardinälen jener Zeit abgebildet. Das Grab des Kardinals Ancher von Troyes, eines Neffen Urbans IV., in Santa Prassede ist das älteste Grabmal, das den Verstorbenen auf einem Bahrtuch zeigt, das mit Sinnbildern des Todes – Rosen und Lilien – bestickt ist.[41] Papst Bonifaz ruht auf dem um 1296 von Arnolfo di Cambio geschaffenen Grabmal, dessen Reste nach dem Abbruch von Alt Sankt Peter in die Vatikanischen Grotten verbracht wurden, auf zwei Decken; die obere Decke trägt Medaillons mit dem Wappen der Familie Caetani.[42] Auch auf den Grabmälern der Kardinäle sieht man häufig das Familienwappen, etwa auf dem des Wilhelm Fieschi.[43] Der erste Papst, dessen Grabmal das Familienwappen trug, war Urban IV., das erste heute noch erhaltene Papstgrab mit einem Familienwappen ist das Honorius' IV.[44] Das Zeremoniale des Pierre Ameil aus den Jahren 1385–90 schreibt vor, daß über die päpstliche Bahre zwei Decken aus Goldstoff gelegt werden, welche die Wappen des Papstes und der römischen Kirche tragen. Haupt und Füße ruhen auf mit Goldstoff bezogenen Kissen, welche so breit sein müssen wie die Bahre.[45] In keinem Grabdenkmal eines Kardinals oder Papstes des ausgehenden 13. Jahrhunderts fehlen diese beiden Kissen, die sehr wahrscheinlich gemustert waren. Die Toten sind stets mit den liturgischen Gewändern bekleidet, so wie es die Zeremonienbücher des 14. Jahrhunderts vorschrieben.[46]

Die öffentliche und feierliche Aufbahrung bildet einen scharfen Gegensatz zur Nacktheit und Verlassenheit des Toten, von denen weiter oben gesprochen wurde. Vielleicht wollte Jakob von Vitry mit seiner eindringlichen Hinfälligkeitsrhetorik diesen Gegensatz scharf herausarbeiten. Die prächtige öffentliche Aufbahrung des Toten, welche im 13. Jahrhundert Teil der Trauerfeier für Ritter und hohe Beamte der italienischen Städte war, ist die Nachahmung eines Brauchs des römischen Altertums; sie sollte den Toten verherrlichen.[47] In Byzanz wurde der tote Kaiser in seinem Krönungsornat im Saal der neunzehn Betten aufgebahrt.[48] Auch Philipp August (1180–1223) wurde im Krönungsornat aufgebahrt.[49]

Der Gegensatz ist aber nur äußerlich. Die «Nacktheit» sollte verdeutlichen, daß der Papst im Tode «wieder Mensch wird»; die öffentliche Aufbahrung bedeutete nicht nur Sichtbarmachung des Todes, sondern auch Verherrlichung des Verstorbenen.

Einbalsamieren

Um den Papst über längere Zeit öffentlich aufbahren zu können, war es unumgänglich, immer präzisere und kompliziertere Verfahren der Einbalsamierung anzuwenden.

Das älteste Zeugnis für die Einbalsamierung eines Papstes findet sich in der Lebensbeschreibung Paschals II. (†1118), doch wird nichts gesagt von einer öffentlichen Aufbahrung des Papstes. Der Verfasser sagt lediglich, der Leichnam des Papstes sei mit Balsam eingerieben worden.[50] Dies ist eine völlig vereinzelte Nachricht. Für fast zwei Jahrhunderte schweigen die Quellen darüber, ob und wie die Päpste einbalsamiert worden sind.[51]

Sehr ausführlich und genau wird die Einbalsamierung im ersten päpstlichen Bestattungszeremoniale von Pierre Ameil aus den Jahren 1385–90 beschrieben:

> Ist der Papst gestorben, so waschen die Pönitentiare zusammen mit den Brüdern der Bulle [Besiegler], falls sie da sind, oder sonst mit den Brüdern der Pignotte [Elemosinare] den Leib des Papstes mit warmem Wasser, in das man gute Kräuter getan hat. Zubereitet wird dieses Wasser von den Kammerherren. Der Barbier schert Bart und Haupt. Ist der Leichnam gewaschen, so verstopfen ihm der Apotheker und die genannten Brüder von der Bulle alle Körperöffnungen – Nase, Mund, Ohren, Anus – wenn möglich mit Myrrhe, Weihrauch und Aloe, sonst mit *Bombasium* oder Werg. Der Leichnam wird gewaschen mit gutem erhitzten Weißwein, den man mit Würzkräutern und Vernaccia versetzt hat, welche die Kellermeister oder Kammerherren liefern müssen. Die Kehle wird gefüllt mit Gewürzen und mit *cumbumbasium*, die Nasenöffnungen mit Moschus. Schließlich wird der gesamte Körper kräftig abgerieben und mit Balsam bestrichen, auch die Hände. Das Balsam liefern der Kämmerer, die Kammerherrn oder der Sakristan.[52]

Waschen und Einbalsamieren des toten Papstes sind, wie man sieht, Kurienbeamten anvertraut: Pönitentiaren, Kammerherren, Elemosinaren.[53] Pierre Ameil beschreibt in seinem Zeremoniale die Einbalsamierung «von außen»; in den Leichnam werden weder Schnitte gemacht, noch wird er geöffnet. Guy von Chauliac beschreibt diese Art in seinem berühmten Chirurgiehandbuch, das ein langes und ausführliches Kapitel über das Konservieren von Leichnamen enthält.[54] Guy, Leibarzt Papst Klemens' VI. (1342–52) erwähnt noch eine zweite Art, «die Leiber der Toten» herzurichten. Man öffnet die Bauchdecke und zieht die Eingeweide heraus.[55] Guy sagt, er habe Auskünfte über diese Art der Einbalsamierung vom Apotheker Jacobus erhalten, «der viele römische Bischöfe hergerichtet hat».[56] Es gab also offensichtlich an der römischen Kurie eine längere Tradition, die Papstleichen auch auf diese Art einzubalsamieren. Diese Einbalsamierung «von innen» war aber Spezialisten anvertraut. Damit war die Herrichtung des Papstleichnams für Aufbahrung und Bestattung nicht mehr Sache der Kurienbeamten, sondern eines Fachmanns, des *apothecarius*.[57]

Für Guy von Chauliac († 1368) sollte die Einbalsamierung acht Tage lang die Verwesung des Gesichtes verhindern.[58] Pietro Argellata, Schüler Chauliacs und berühmter Chirurgieprofessor in Bologna, sagt selbstzufrieden, es sei ihm gelungen, den Leichnam des in Bologna verstorbenen Alexanders V. so kunstvoll einzubalsamieren, daß er acht Tage lang aufgebahrt werden konnte. Gesicht, Hände und Füße wurden bei der Aufbahrung nicht bedeckt, «denn Hände und Füße muß man sehen können wie das Antlitz».[59] Das bestätigt auch Heinrich von Mondeville († um 1320), Chirurg König Philipps des Schönen:

> Drei Arten gibt es, die Leichen herzurichten. Einige bedürfen gar keiner oder nur einer sehr einfachen Behandlung, um sie gegen die Verwesung zu schützen, z. B. die Leichen der Armen oder auch gewisser reicher Leute. Diese müssen im Sommer innerhalb von drei Tagen und im Winter innerhalb von vier Tagen bestattet werden. Andere dagegen müssen gegen die Verwesung behandelt werden, so die Leichen von Leuten mittleren Standes wie Ritter und Barone. Andere schließlich müssen behandelt werden, da ihr Gesicht unbedeckt bleibt, wie Könige, Königinnen, Päpste und Prälaten.[60]

Die Übereinstimmung mit dem ersten päpstlichen Bestattungszeremonial des Pierre Ameil liegt auf der Hand. Das Antlitz des Papstes bleibt bedeckt, wenn er in der Kapelle aufgebahrt ist, es ist jedoch unbedeckt während der öffentlichen Aufbahrung in der Kirche; es wird erneut verhüllt, wenn der Leichnam in den Sarg gelegt wird. Im Tode wird der Papst wieder Mensch; daher wird sein Antlitz verhüllt. Aber sein Tod muß auch allen sichtbar sein; daher wird sein Antlitz enthüllt.[61]

Das Grabmal Papst Hadrians V. aus dem Jahr 1276 in San Francesco alla Rocca zu Viterbo gestattet uns, noch einige Jahrzehnte weiter hinauf ins 13. Jahrhundert zu gehen. Der Betrachter bemerkt sogleich, wie sehr Haupt, Hände und Füße in der Darstellung des ausgestreckt liegenden Papstes hervorgehoben werden. Eine ideale Linie beginnt beim Haupt, gipfelt in den gegen den Betrachter gekehrten Händen und endet bei den Füßen, die – anders als die Hände – gegen das Innere des Denkmals gekehrt sind. Die Struktur der Statue zeigt, daß man sich den Papst waagerecht liegend vorstellen muß; und in dieser Stellung sind die Hände ganz besonders gut sichtbar. Auch der senkrechte Fall der Quasten des Kopfkissens zeigt, daß man sich das Totenbett in waagerechter Position vorstellen muß.[62] Das Grabmal Hadrians V. ist das getreue Abbild eines öffentlich aufgebahrten Papstes, dessen Antlitz, Hände und Füße gut sichtbar sein mußten. Daß die Hände bei der Aufbahrung unbedeckt bleiben, gibt Pierre Ameil mittelbar zu verstehen, wenn er sagt, Kämmerer oder Sakristan müßten Balsam bereitstellen, damit der *apothecarius* den Leib einbalsamieren könne – «und die Hände».[63]

Wenn wir den Zeugnissen Guys von Chauliac und der anderen großen Chirurgen des 14. Jahrhunderts glauben, so hatte die Einbalsamierung ein ganz bestimmtes Ziel: die Konservierung des Papstleichnams für die Dauer von acht Tagen sicherzustellen. Das entspricht dem Novemdiale, der neuntägigen Trauerfeier für den verstorbenen Papst. So gesehen ist es nur natürlich, wenn die ersten Nachrichten über die Einbalsamierung aus dem Anfang des 13. Jahrhunderts stammen, denn zu dieser Zeit wurde sehr wahrscheinlich das Novemdiale in das päpstliche Totenzeremoniell eingeführt.

Die öffentliche Aufbahrung des Papstes war Teil der päpstlichen Kaisernachahmung; sie zeigte noch einmal vor aller Augen das hohe Amt des Verstorbenen.[64] Die öffentliche Ausstellung des Papstleichnams, dessen Antlitz, Hände und Füße allen sichtbar waren, diente aber auch als öffentliche Beglaubigung, daß der Papst tatsächlich gestorben war. Einbalsamierung und Zurschaustellung der sterblichen Überreste des Papstes sind also untrennbar miteinander verbunden und von grundlegender Wichtigkeit beim Übergang der Papstgewalt.

Bestattung

Wie wurde der Leichnam des Papstes eingekleidet, bevor er bestattet wurde? Zwei Zeugnisse gestatten uns, auf diese Frage mit einer gewissen Genauigkeit zu antworten. Es sind dies die Berichte über die Öffnung der Gräber Gregors VII. (1073–85) und Bonifaz' VIII. (1294–1303), zweier Päpste also, deren Pontifikate in Zeiten fallen, die für uns ganz besonders wichtig sind.

Beide Berichte sind nicht gleich ausführlich. Das Protokoll über die Öffnung des Grabes Gregors VII. in Salerno im Jahre 1578 ist sehr viel kürzer als das Notariatsinstrument, das am 11. Oktober 1605 der Chorherr Giacomo Grimaldi anläßlich der Öffnung des Grabes Bonifaz' VIII. in der Peterskirche aufsetzte.[65] Für uns sind folgende Aussagen dieses Dokuments von besonderer Bedeutung. Der Papst

> trug Beinkleider *(femoralia)*, welche, wie damals üblich, Beine und Schenkel bedeckten; sie waren rot und hatten oben Silberfibeln.

> Das Untergewand *(tunica interior, subtana)* war weiß. Das fersenlange Rochett war aus Tuch von Cambrai. Aus demselben Stoff war die bis zu den Füßen reichende weiße Albe *(alba, camisium)*, auf der Brust, am Ende der Ärmel und unter den Knien befanden sich Stickereien mit Bildern aus dem Leben Christi. Die Stola war bis zur Quaste fast sieben Hände lang. Sie bestand aus mit Silberfäden und schwarzer Seide durchwirktem Brokat. Der Gürtel war aus rot-grüner Seide und hatte reichverzierte Quasten und Kordeln. Der drei Hände lange Manipel war mit Gold- und Silberfäden verziert. Die nach gotischer Art spitzen Pontifikalschuhe ohne Kreuz waren aus schwarzer Seide und trugen kleine Blumen aus Goldstickerei. Die Bischofstunika war aus schwarzer Seide und hatte enge Ärmel. Sie trug Brokatstickereien, welche auf violettem Grund mit Goldseide gestickte Löwen zeigten. Die Dalmatik war ebenfalls aus schwarzer Seide; goldene Brokatstickereien zeigten auf schwarzem Feld Rosen und zwei aufrecht stehende Hunde. Auch die Strümpfe waren aus schwarzer Seide. Die Kasel war lang und weit nach alter Art. Sie hatte wunderbare Verzierungen in Gold auf violettem Grund. Der Fano war aus feinster weißer Seide ohne Gold und ohne irgendwelche Verzierungen. Er war um Hals und Schultern gelegt wie es noch heute die Päpste tun. Das Pallium war, da aus Wolle, fast ganz zerfallen, aber die Kreuze aus schwarzer Seide und die goldenen mit Saphiren geschmückten Nadeln auf der Brust und am linken Arm waren noch erhalten. Die Handschuhe aus weißer Seide waren mit Perlenstickereien verziert. Die Hände waren gekreuzt; die linke Hand lag über der rechten. Auf dem Haupte trug der Papst eine Mitra aus weißem Damast; sie war klein, denn sie war nur eine Hand hoch und eine Hand breit.[66]

Alle Kleidungsstücke, welche das Zeremoniale für die Einkleidung des toten Papstes vorschreibt, finden sich im Bericht des Giacomo Grimaldi wieder. Darüber hinaus werden noch erwähnt das Rochett, die Saphirringe und die gekreuzten Hände des Papstes. Die Übereinstimmung könnte nicht vollständiger sein. Sogar die Art der Faltung des Fano über der Alba um den Hals wird in beiden Dokumenten gleich beschrieben. Das Zeremoniale des Pierre Ameil spiegelt also Riten, die seit längerer Zeit in Gebrauch waren und die zumindest bei der Bestattung Bonifaz' VIII. genau befolgt wurden. Giacomo Grimaldi beschreibt unter anderem «mit schwarzer Seide auf das Pallium genähte Kreuze wie sie heute die römischen Bischöfe tragen sowie goldene, mit Saphiren besetzte Nadeln auf der Mitte der Brust und auf dem linken Arm».[67] Ähnliche Nadeln sieht man auf den Grabdenkmälern Honorius' IV. († 3. April 1287) und Bonifaz' VIII. († 11. Oktober 1303).[68] Auch nach Pierre Ameil müssen die Kreuze auf dem Pallium nach altem Brauch mit drei Nadeln befestigt werden.[69]

Besondere Beachtung verdienen die Farben. Nur der Umschlag der Strümpfe und der Gürtel sind rot. Untergewand, Rochett, Pallium, Handschuhe und Mitra sind weiß. Der Großteil der liturgischen Kleidung ist jedoch schwarz: Stolaquaste, Manipel, Pontifikalschuhe, Bischofstunika, Dalmatik, Strümpfe und Kasel. Schwarz war übrigens auch das Roß, auf dem in späterer Zeit der Schildträger des Papstes dem Sarg folgte.[70]

Der Bericht über die Öffnung des Grabes Gregors VII. im Dom von Salerno (1578) sagt:

> Der Leib des Papstes war vollständig erhalten, mit Nase, Zähnen und den anderen Körperteilen. Er trug eine einfache Bischofsmitra, auf deren Bändern Kreuze angebracht waren. Auf die golddurchwirkte Seidenstola waren die Worte PAX NOSTRA gestickt worden. An den Händen trug der Papst schöne mit Gold und Perlen verzierte Seidenhandschuhe, auf die ein Kreuz gestickt war. Am Ringfinger trug er einen goldenen Ring ohne Stein. Die rote Kasel war mit Goldfäden durchwirkt. Die Tunika war aus Seide. Die bis zu den Knien reichenden Schuhe waren aus Goldseide und trugen ein Kreuz. Der Gürtel war aus Goldstoff. Das Gesicht war mit einem Schleier bedeckt. Man sah noch Reste des Palliums. Viele Kreuze waren an den Gewändern angebracht. Nichts fehlte, was zu den Gewändern eines Papstes gehört.[71]

Das Protokoll der Graböffnung sagt nicht, ob Gregor VII. schwarze liturgische Gewandung trug. Doch findet der Schleier über dem Gesicht Gregors VII. bei Pierre Ameil seine Entsprechung im Fano, der über das Haupt des verstorbenen Papstes gefaltet wird. Das Antlitz des verstorbenen Papstes ist bedeckt während der Aufbahrung in der Kapelle, es ist unbedeckt in der Kirche, und es wird erneut bedeckt, wenn der Leichnam in den Sarg gelegt wird.[72]

Heilige Leiber

Nur zweimal berichtet das Papstbuch für die Zeit vor dem 11. Jahrhundert von Wundern und Heilungen beim Tode eines Papstes. Zum Grab des Papstes Silverius (536–37) «eilte eine große Zahl von Kranken, und alle wurden geheilt».[73] Papst Martin I. (649–53) «starb in Frieden wie ein Bekenner Christi; bis auf den heutigen Tag wirkte er viele Wunder».[74] Für die folgenden Jahrhunderte bringt das Papstbuch keine Nachrichten mehr. Das ändert sich erst wieder mit Leo IX. († 19. April

1054), an dessen Grabe viele Wunder geschehen sein sollen.[75] Ein Jahrhundert später weist der Chorherr Petrus Mallius in seiner Alexander III. (1159–81) gewidmeten «Beschreibung der Vatikanischen Basilika» allen dort bestatteten Päpsten die Heiligkeit zu und spricht von den «heiligen Leibern» der zu Sankt Peter ruhenden Päpste.[76] Mit dem Tode Honorius' III. (18. März 1227) beginnt eine lange Reihe von Berichten über Wunder und Heilungen an den Gräbern der Päpste. Honorius' III. Porphyrgrab in Groß Sankt Marien war Gegenstand öffentlicher Verehrung.[77] In der Lebensbeschreibung Innozenz' IV. († 7. Dezember 1254) von Nikolaus von Calvi sind diese Heilungen und Gebetserhörungen bloße Formeln geworden.[78] Auch Klemens IV. († 29. November 1268), der in der Dominikanerkirche Santa Maria in Gradi zu Viterbo bestattet sein wollte, begann bereits an seinem Todestag Wunder zu wirken: «Das Volk, durch seine Heiligkeit und seine Wunder bewegt, strömte bei seinem heiligen Leichnam *(sacrum cadaver)* zusammen, um ihn zu sehen, zu berühren und zu küssen.»[79] In der Lebensbeschreibung Gregors X. (1271–76) haben die Berichte von den Wundern, die sich beim Grab ereigneten, geradezu die Form eines Mirakelbuches.[80] Die Wunder wurden auf eine Tafel geschrieben und beim Grab des Papstes im Dom von Arezzo aufgehängt.[81] Beim Tode Martins IV. (28. März 1285) in Perugia kam es bereits bei der Aufbahrung im Dom zu Heilungen.[82] Ein Chronist, der Augenzeuge war, schreibt:

> Kranke mit den verschiedensten Krankheiten, vor allem solchen der Augen, des Mundes, der Ohren und der Sprache, warfen sich an der Bahre nieder, auf welcher der Leib des Papstes lag. Laien und Kleriker sahen es und halfen ihnen. Viele wurden geheilt. Und auch jetzt noch, da diese Zeilen geschrieben werden, am 12. Mai, haben diese Wunder nicht aufgehört; im Gegenteil, jeden Tag wirkt sie der barmherzige Gott für die große Menge der herbeigeeilten Gläubigen. Der dieses schreibt, hat alles mit eigenen Augen gesehen.[83]

Martin IV. hatte testamentarisch bestimmt, in der Franziskuskirche von Assisi bestattet zu werden. Sein Nachfolger Honorius IV. (1285–87), der auch sein Testamentvollstrecker war, befahl daher die Überführung von Perugia nach Assisi.[84] Die Einwohner von Perugia jedoch «wollten nicht eines solch heiligen Leibes beraubt werden und nicht einen solchen Schatz verlieren». Die Stadt legte mehrere Berufungen ein und konnte so die Ausführung dieses Befehls hinauszögern.[85] Sie ließ in ihre Statuten sogar eine Geldstrafe von 25 Pfund aufnehmen für jeden, der «es wagen sollte, das Grab Martins IV. anzutasten». Mehr noch als die Ausraubungen ist diese Anordnung ein wertvolles Zeugnis dafür, daß im 13. Jahrhundert für eine Stadt wie Perugia das Grab eines Papstes im

Dom der Stadt ein Schatz war, den man beschützen und verteidigen mußte.[86] Auch beim Tode des ersten Dominikanerpapstes Benedikt XI. († 7. Juli 1304) ereigneten sich sogleich Wunder, die in einem heute verlorenem Mirakelbuch festgehalten wurden.[87] Das Grab Johannes' XXII. in Avignon ähnelte ganz außergewöhnlich gotischen Reliquienmonstranzen. Die Gebeine des Papstes selbst ruhten in einem Goldreliquiar.[88]

Verehrung, Kult, Heilungen, Streit um den Leichnam des Papstes. Mehr noch als die Vielfalt dieser Episoden überrascht, daß sie sich – beginnend mit dem Tode Honorius' III. – in das dritte Viertel des 13. Jahrhunderts zusammendrängen. Sehr verschiedenartige Ereignisse rücken zusammen und bilden ein zusammenhängendes Ganzes: Die Demutsriten sollen den Papst daran erinnern, daß sein Leben kurz und seine Macht vergänglich ist; die auf Reinheit und Reinigung verweisenden Zeremonien und Texte sollen dem herrschenden Papst ins Gedächtnis rufen, daß er für die Ausübung seines hohen Amtes, welches ihn in die Nähe Christi rückt, rein und ohne Schuld sein muß. Die hier zusammengestellten Hinweise zeigen, daß diese spannungsvolle Kohärenz sich auch auf die Zeit nach dem Tode erstreckt: im Tode «wird der Papst wieder Mensch», aber dennoch gehört er weiterhin in die Reihe der «heiligen Leiber » der Nachfolger Petri.[89]

In dieser Hinsicht ist von großer Wichtigkeit das Grabmal Papst Klemens' IV. (1265–68) in der Franziskanerkirche zu Viterbo.[90] Die Grabfigur des Papstes – die erste auf italienischem Boden, welche realistische Züge zu haben scheint – hat das Gesicht eines Greises mit geschlossenen Augen. Der Realismus des Antlitzes soll weniger das Alter als die physische Hinfälligkeit des Papstes zeigen. Das müde und alte Antlitz Klemens' IV. zeigt keinerlei Züge physischer Schönheit, es drückt einzig und allein die «Wahrheit des Todes» aus.[91] Über dem liegenden Papst erscheint als Mittlerin zwischen dem Papst und der Gottesmutter die heilige Hedwig, welche Klemens IV. 1267 in Viterbo heiliggesprochen hatte. Im Giebel befand sich früher nach einer alten Quelle eine Statue des heiligen Petrus. Das ist durchaus glaubwürdig, denn auch im Grabmal Hadrians V. (1276) finden wir an dieser Stelle eine Petrusstatue, die hier die Unvergänglichkeit des Papstamtes darstellt. «Auch der Papst stirbt», aber die auf Petrus gründende Papstgewalt ist ewig.

Die Wirklichkeitstreue des Antlitzes Klemens' IV. hat ihren Ursprung vielleicht in Gedankengängen des damaligen Generalmagisters der Dominikaner. Dies wäre ein neuer Hinweis darauf, daß die Dominikaner vor allem die physische Hinfälligkeit des Papstes betonten.[92] Der eindrücklichen Hervorhebung des Gedankens «Auch der Papst stirbt» entspricht andererseits in jenen Jahren eine äußerst lebendige Volksfrömmigkeit, welche den Leib des toten Papstes und sein Grabmal umgibt. Die Dominikaner, die sich mit den Chorherren von Viterbo um das Grab des Papstes stritten, scheinen auf zwei Ebenen zu agieren: Einerseits betonen sie die Endlichkeit des Papstes, andererseits halten sie die Erinnerung wach an den verstorbenen Papst und an seine Heiligkeit.[93] Etwas Ähnliches geschieht später mit Papst Gregor X. (1271–76). Seine Lebensbeschreibung ist die erste im 13. Jahrhundert, die eine Liste der Wunder des verstorbenen Papstes enthält; zugleich ist sie aber auch die erste, welche die «Reinheit des Fleisches» *(munditia carnis)* des lebenden Papstes erwähnt. Wir finden hier erneut Gedanken, die bereits Damiani geäußert hatte. Leben, Lehre und Tod des Papstes sind allen Menschen als Beispiel nützlich; in seinem Tode triumphiert er über die Welt, das Fleisch, den Teufel und wird er Gefährte der Engel.[94]

Im Totengedächtnis erscheinen die Päpste nicht nur als Individuen, sondern auch als Gruppe, als die Nachfolger Petri. Der Gedanke war, wie wir gesehen haben nicht neu, aber erst im 13. Jahrhundert fand er seinen Ausdruck in Riten und Texten, in Grabdenkmälern und in der Voksfrömmigkeit. Um die Mitte des 13. Jahrhunderts schuf das Papsttum ein Jahresgedächtnis aller verstorbenen Päpste und Kardinäle. Papst Alexander IV. (1254–61) bestimmte im August 1259, daß von nun an jeden 5. September der Papst zusammen mit den Kardinälen ein feierliches Totenamt für die verstorbenen Päpste und Kardinäle feiern sollte. In verschiedenen Kapellen sollten – mit neun Lesungen und mit Gesang – die Vesper und die Vigilien des Totenoffiziums gebetet werden. Der Papst sollte an diesem Tag zweihundert Arme speisen und jeder Kardinal weitere fünfundzwanzig.[95]

Die Bestimmung Papst Alexanders' IV. war neu, doch gibt es Anzeichen, daß der Wunsch, der toten Päpste und Kardinäle zu gedenken, ältere Wurzeln hatte. Im Seelmeßbuch der Chorherren von Sankt Peter beginnt die lange Reihe der Päpste, deren Jahresgedächtnis gefeiert wird, mit Eugen III. (1145 – 53).[96] Die Gewohnheit der Papstkanzlei, dem Namen eines verstorbenen Papstes jedes Mal die Formel «guten Angedenkens», «heiligen Angedenkens» *(bone memorie, sancte memorie)* hinzuzufügen, scheint während des Pontifikats Innozenz' III. eingeführt worden zu sein.[97] In der Predigtsammlung Honorius' III. findet sich auch eine Predigt am Feste aller Päpste, die Bekenner waren.[98] Am 16. Juli 1228 beging Gregor IX. feierlich das Jahresgedächtnis seines (nicht unmittelbaren) Vorgängers Innozenz III., der 12 Jahre früher am 16. Juli 1216 gestorben war.[99] Die Papstbriefsammlung des Marino Filomarini enthält einen Brief, den Innozenz IV. an alle Kirchen jeder Ordensgemeinschaft gesandt hat; darin bittet er, daß man auf ewig feierlich sein Jahresgedächtnis begehen solle, «denn die Liebe hat kein Ende, auch wenn das Fleisch dahinschwindet».[100]

Im Tode wird der Papst «Asche Petri». War dies der Grund, weswegen die Römische Kirche mit Verehrung die Eingeweide aufbewahrte, die bei der «inneren» Einbalsamierung aus dem Leichnam des Papstes genommen worden waren? Seit dem 16. Jahrhundert wurden die Eingeweide einbalsamierter Päpste (Julius II., Klemens VII., Paul IV., Pius IV., Pius V.) in den Grotten der Peterskirche aufbewahrt.[101] Beim Tode Sixtus' V. am 27. August 1590 im Quirinal wurden seine Eingeweide in die nahegelegene Kirche St. Vinzenz und Anastasius gebracht, da sie Pfarrkirche des Quirinal war. Bis zu Leo XII. (1823–29) wurden hier nur die Eingeweide jener Päpste aufbewahrt, die im Quirinal gestorben waren. Als sie durch eine Entscheidung Leos XII. ihren Status als Pfarrkirche verlor, ordnete derselbe Papst an, hier nicht nur die Eingeweide der im Quirinal verstorbenen Päpste zu bestatten, sondern auch die Eingeweide der Päpste, die im Vatikan starben. 1757 baute Benedikt XIV. unter dem Hauptaltar eine unterirdische Kapelle, wo in einer gut versiegelten Urne die Eingeweide der Päpste aufbewahrt wurden. Die Namen der Päpste wurden in die Marmortafeln des Hauptaltars gemeißelt.[102]

III.
Unvergänglichkeit

Das Novemdiale

Es ist nun der Augenblick gekommen, etwas näher die neuntägige Trauerfeier nach dem Tode des Papstes, das sogenannte Novemdiale, zu betrachten.

Bevor wir die Geschichte dieser Trauerzeit nachzeichnen, müssen wir daran erinnern, daß jahrhundertelang der Papst bereits an seinem Todestag bestattet wurde.[1] Bevor man zur Neuwahl schreiten konnte, mußten seit dem Tode (und Begräbnis) drei Tage verflossen sein.[2] Zu Beginn des 13. Jahrhunderts folgt man noch durchaus dieser alten Gewohnheit. Nach der Wahlanzeige Honorius' III. und nach einer zeitgenössischen Quelle starb Innozenz III. zu Perugia am Samstag, dem 16. Juli 1216, um die neunte Stunde. Bereits am Tage darauf wurde er im Dom von Perugia bestattet, und zwar in einem Marmorgrab nahe beim Fenster des Herkulanusaltars. Das Totenamt wurde gefeiert «so, wie die Tradition es will, in Gegenwart von 17 Kardinalbischöfen, -priestern, -diakonen und vieler anderer Erzbischöfe, Bischöfe, Prälaten, sowie einer großen Menge von Klerikern und Laien».[3] Auch die Bestattung Honorius' III. fand «gemäß der Tradition» am Tag unmittelbar nach seinem Tode am 18. März 1227 statt.[4] Cölestin IV., der nur 17 Tage nach seiner Wahl starb, wurde ebenfalls am Tage nach seinem Tode, am 10. November 1227, bestattet.[5]

In den letzten Jahrzehnten des 13. Jahrhunderts wird der Zeitraum zwischen Tod und Bestattung immer länger. Johannes XXI., der am 20. Mai 1277 von der herabstürzenden Decke eines Zimmers, das er sich im Papstpalast von Viterbo hatte bauen lassen, erschlagen wurde, soll erst sechs Tage nach seinem Tode beigesetzt worden sein.[6] Auch beim Tode Nikolaus' III. wich man von der Tradition ab. Der Papst starb Donnerstag, den 22. August 1280, in Soriano und wurde erst am Sonntag darauf, am 25. August, bestattet, allerdings in Sankt Peter zu Rom. Die Überführung des Leichnams von Soriano nach Rom erklärt zumindest teilweise den Zeitraum zwischen Tod und Bestattung.[7] Martin IV. starb am 28. März 1285 zu Perugia und wurde erst vier oder fünf Tage später, am 1. oder 2. April, bestattet; so berichten es zwei voneinander unabhängige Geschichtsschreiber und eine Chronik.[8] Der unbekannte Autor dieser

Chronik war Augenzeuge der Ereignisse und berichtet, daß der Leichnam des Papstes einige Tage öffentlich aufgebahrt wurde.[9]

Diese drei zuletzt erwähnten Fälle sind zeitlich nicht sehr weit entfernt von dem wichtigen Dekret *Ubi periculum*, mit dem Papst Gregor X. (1271–76) das moderne Konklave schuf.[10] Nach diesem Erlaß durften die Kardinäle nicht länger als zehn Tage bis zur Neuwahl eines Papstes warten.[11]

Damit schuf *Ubi periculum* zwischen dem Tod des Papstes und dem Konklave einen neuen rituellen Zeitraum, der sich aber nur nach und nach durchsetzte. Es ist bekannt, daß Gregor X. auf dem Konzil von Lyon seinen Erlaß nur mit Hilfe der Bischöfe durchsetzen konnte; die Kardinäle selbst zögerten und leisteten Widerstand, denn sie waren nicht geneigt, die wenig bequeme Abgeschlossenheit eines Konklaves hinzunehmen.[12] Der Erlaß wurde am selben Tag, dem 1. November 1274, zweimal veröffentlicht, einmal für die allgemeine Christenheit und einmal für die Universitäten. Die strengen Vorschriften Gregors X. über das Papstkonklave wurden, so scheint es, nur während der drei Papstwahlen des Jahres 1276 angewandt. Hadrian V. (1276) und Johannes XXI. (1276–77) suspendierten sie oder hoben sie gar auf.[13] Cölestin V. jedoch setzte sie am 28. September 1294 wieder in Kraft, nachdem er am 5. Juli vorher zum Papst gewählt worden war.[14] Sein Nachfolger Bonifaz VIII. wurde dann tatsächlich nach zehn Tagen zum Papst gewählt.[15]

Wir wissen nicht, ob beim Tode Bonifaz' VIII. das Novemdiale, die neuntägige Trauerfeier, begangen wurde. Der Geschichtsschreiber Ferreto de Ferreti aus Vicenza berichtet, die Bestattung sei nach altem Brauch *(de more vetusto)* gefeiert worden.[16] Das könnte ein Hinweis sein, daß damals der «neue» Ritus des Novemdiale nicht gefeiert wurde. Dazu könnte auch die Bemerkung Tolomeos von Lucca passen, Bonifaz VIII. sei mit weniger Ehrerbietung bestattet worden, als es einem Papst zukomme.[17] Das Dekret *Ubi periculum* wurde jedoch genau befolgt. Benedikt XI. ist am 22. November 1303, also elf Tage nach dem Tode Bonifaz VIII., zum neuen Papst gewählt worden.[18]

In den Lebensbeschreibungen der avignonesischen Päpste Klemens V., Johannes XXII., Benedikt XII., Klemens VI. und Innozenz VI. fehlt jeder Hinweis auf neuntägige Trauerfeierlichkeiten, erwähnt werden sie jedoch beim Tode Papst Klemens' VI. (1342–52). Auch alle Lebensbeschreibungen Urbans V. (1362–70), die erste ausgenommen, beginnen mit einem Hinweis auf die neuntägige Trauerfeier für seinen Vorgänger Innozenz VI.[19] Das Gleiche tut die Lebensbeschreibung Gregors IX., der am 27. März 1378 zu Rom starb.[20] Nur wenige Jahrzehnte später gibt uns Pierre Ameil in seinem 1380–90 verfaßten Zeremonienbuch die erste auf uns gekommene Beschreibung des Novemdiale.[21]

Auch dieses päpstliche Novemdiale ist in gewisser Weise eine Kaisernachahmung des Papsttums. Das legt der Zeitpunkt der Einführung nahe – es ist die Zeit des Interregnums – sowie die Tatsache, daß unter Gregor X. die Krönung ein eigenständiger Ritus wird.[22] In Byzanz trugen die Verwandten des Kaisers beim Tode der Gattin, des Bruders oder des Sohnes neun Tage lang Trauer.[23] Die Chronik des Nikephoros Gregoras aus dem Anfang des 14. Jahrhunderts berichtet bei Gelegenheit des Todes von Kaiser Andronikos II. (1328), daß die Trauerfeierlichkeiten neun Tage gedauert hätten.[24]

Die eigentlichen Beweggründe für die Übernahme und Ausgestaltung der öffentlichen Aufbahrung und des Novemdiale waren ekklesiologischer und institutioneller Art. Das Novemdiale machte es möglich, zwei «Leiber» sichtbar zu machen: den Leib des verstorbenen Papstes, der öffentlich mit unverhülltem Gesicht aufgebahrt wurde, und den «Leib» der Kirche, der – ebenso sichtbar – durch das Kardinalkollegium dargestellt wurde. Es ist kein Zufall, daß Gregor X. zu Beginn seines Zeremoniales an Damianis Satz von der Kürze des Papstlebens erinnert: «Da das Leben eines jeglichen Herrschers kurz ist, sterben auch die römischen Bischöfe bereits nach kurzer Zeit, sie, die in der unterhimmlischen Hierarchie an oberster Stelle stehen.» Gregor besteht auf der Notwendigkeit der Kontinuität der Institution: «Eine so erlauchte Hierarchie darf nicht kopflos *(acefala)* sein, als sei sie ein Monstrum.»[25] Bereits einige Jahre vorher hatte Heinrich von Susa mit Nachdruck gefordert, daß die Kardinäle die Pflicht hatten, den verstorbenen Papst zu bestatten, bevor sie einen neuen Papst wählten.[26]

Hier muß man daran erinnern, daß gerade in den letzten Jahrzehnten des 13. Jahrhunderts die Auseinandersetzungen über die Vollmachten der Kardinäle während der Sedisvakanz einen Höhepunkt erreichten.[27]

Der Chronist Matthäus Paris erwähnt die Zweifel gewisser Leute, ob die Papstgewalt während der Sedisvakanz auf die Kardinäle übergehe, und er führt einen Brief an, den sieben Kardinäle, darunter die späteren Päpste Innozenz IV. und Alexander IV., am 25. Juli 1243 an einen englischen Abt wegen einer Pfründe gesandt hatten. In diesem Brief hatten die Kardinäle ihren Entscheid in dieser Sache damit begründet, daß bei einer Sedisvakanz die Entscheidungsgewalt bei den Kardinälen liege.[28] Nach dem großen Rechtslehrer Heinrich von Susa durften die Kardinäle nur in «Fragen von großer, eindeutiger und dringender Wichtigkeit» Entscheidungen treffen.[29] Er sagte auch, es sei nicht wahr, wenn einige behaupteten, daß die Kardinäle nach dem Tode eines Papstes ohne Haupt seien. «Ihr Haupt ist das eigentliche und allgemeine Haupt der Kirche, nämlich Christus.»[30] Der Kanonist Johannes Monachus, Vizekanzler und Legat Bonifaz' VIII., behauptete jedoch um 1300 ohne Umschweife: «Während der Vakanz des Apostolischen Stuhles liegt die

Vollgewalt *(plenitudo potestatis)* beim Kardinalkollegium.»[31] So sah es auch Aegidius von Rom: «Einige sagen, die Kirche sterbe nie. In der Tat, während der Sedisvakanz bleibt die Papstgewalt in der Kirche oder im Kardinalkollegium.»[32] Und Petrus Johannis Olivi sagt 1295 in einem Brief an Konrad von Offida: «Ist der Papst gestorben und ist an seine Stelle noch kein neuer Papst getreten, so liegt die Regierungsgewalt über die gesamte Kirche bei den Kardinälen.»[33] Der heilige Franz habe in seiner Regel nicht nur dem Papst und seinen Nachfolgern Gehorsam gelobt, sondern auch noch der Römischen Kirche, womit einzig das Kardinalkollegium gemeint sei. «Das Kardinalkollegium» – so sagt er – «ist im eigentlichen wie im übertragenen Sinne der Sitz der Römischen Kirche.»[34] Die Kardinäle selbst behaupteten nach dem Tode Benedikts XI. (7. Juli 1304): «Macht und Autorität des Römischen Bischofs liegen im Falle einer Sedisvakanz beim Kardinalkollegium.»[35]

Die abschließende Formulierung dieser Theorie stammt von Augustinus Triumphus von Ancona (1270–1327). «Die Papstgewalt ist ewig.» Aber da der Papst wie jeder andere Mensch stirbt, muß diese Gewalt im Kollegium verewigt werden. «Christus ist das ewige Haupt der Kirche, und weil Christus Bischof ist auf ewig nach der Ordnung des Melchisedek, so ist auch die Papstgewalt ewig, denn sie besteht immer fort im Kardinalkollegium oder in der Kirche, welche Eigentum Christi ist, ihres unveränderlichen und ewigen Hauptes.»[36] Während der Sedisvakanz – so sagt Augustinus – ist das Kardinalkollegium die Kirche: «Das Kardinalkollegium verhält sich zum Papst wie die Wurzel zum Baum oder zum Zweig. So wie die Kraft des Zweiges oder des Baumes, zu blühen und Frucht zu tragen, in der Wurzel weiterlebt, auch wenn der Zweig oder der ganze Baum zerstört werden, so lebt beim Tode des Papstes die Papstgewalt im Kardinalkollegium oder in der Kirche weiter: im Kardinalkollegium wie in einer nahen Wurzel, in der Kirche der Prälaten und der Gläubigen wie in einer entfernteren Wurzel.»[37] Nach Alvarus Pelagius darf man beim Tode des Papstes nicht sagen, nun sei die Kirche ohne Haupt; das sei nicht weit entfernt von Ketzerei. «Denn das Kardinalkollegium *(corpus cardinalium)* und die gesamte Kirche hat als eigentliches, wahres, allgemeines Haupt den lebendigen Christus.»[38]

Wenn das Kardinalkollegium während der Sedisvakanz die Kirche darstellte, so war es nur natürlich, daß seine Macht gegenüber dem Kämmerer und den Pönitentiaren, die bisher Aufgaben von höchster Wichtigkeit beim Tode eines Papstes übernommen hatten, immer mehr zunahm. Klemens V. (1305–14) bestimmte, daß die Ämter des Kämmerers und der Pönitentiare beim Tode des Papstes nicht erloschen. Starb ein Kämmerer oder Pönitentiar während der Sedisvakanz, so hatten die Kardinäle das Recht, einen Nachfolger zu ernennen.[39] Seit 1300 werden die Ämter des Kämmerers und der Pönitentiare immer mehr als «ewige» Ämter betrachtet, die nicht mehr an die Person des jeweilig regierenden Papstes gebunden sind.[40] Deswegen fügten der Kämmerer und die Pönitentiare während einer Sedisvakanz ihrem Titel die Formel hinzu: [Pönitentiar] «kraft der Autorität der Heiligen Römischen Kirche» *(auctoritate sancte Romane Ecclesie qua fungimur).*[41] Das war eine einschneidende Änderung, denn früher trug der Kämmerer den Titel «Kämmerer des Herrn Papstes» *(camerarius domini pape),* und sein Titel hatte nicht wie die anderer Beamten den Zusatz «... der Heiligen Römischen Kirche» *(sancte Romane Ecclesie)* oder «... des heiligen Palastes» *(... sacri palatii).*[42] Die Kardinäle und Kurienbeamte mußten ihre Beichte beim Pönitentiar des Papstes ablegen, «denn in der Buße repräsentiert er den Papst».[43]

Alle diese Entscheidungen bekräftigten Rang und Bedeutung des Kardinalkollegiums innerhalb der Kirche. Gleichzeitg zeigen sie sehr deutlich den Willen, die Kontinuität der Römischen Kirche zu sichern und unabhängig zu machen vom schnellen Wechsel seiner Oberhäupter.[44] Man kann sagen, daß in all diesen Entscheidungen jene Bestrebungen gipfeln, deren erste Andeutungen wir in der Mitte des 11. Jahrhunderts bemerkt haben: zwischen der leiblichen Hinfälligkeit des Papstes und der Unvergänglichkeit seines Amtes scharf zu unterscheiden. Mit Hilfe des Kirchenrechts (das neue Papstwahldekret *Ubi primum),* der Liturgie (die strikte Regelung der neuntägigen Trauerfeierlichkeiten), und der Ekklesiologie (die kontinuitätsstiftende Stellung des Kardinalkollegiums) konnte nun die Römische Kirche mit einer gewissen Gelassenheit dem Tode eines Papstes entgegensehen, jener «Zeit der Leere», die Petrus Damiani einen Augenblick des Schreckens genannt hatte.

Zu Beginn des 14. Jahrhunderts wird viel über den Gegensatz von Hinfälligkeit und Ewigkeit nachgedacht. Sogar einer der größten Zivilrechtler jener Zeit hat sich dazu geäußert. Nach Johannes Andreae (1270–1348) ist «der, welcher das Papsttum oder die Würde besitzt, vergänglich; das Papsttum aber, die Würde, die Herrschaft – ist ewig».[45]

Einige Generationen später sagt der große Rechtslehrer Baldus de Ubaldis: «Der Papst allein ist auf Erden Stellvertreter Christi; und wenn er auch nur die Natur des Menschen hat, so besitzt er dennoch etwas Erhabenes, und er handelt kraft himmlischer Macht.»[46] Der Papst ist wie der Kaiser: «Der Kaiser kann sterben, aber die Würde, die Herrschaft, ist ewig; genau so stirbt auch der Papst, aber das Papstamt stirbt nie.»[47]

Um scharf den Gegensatz herauszuarbeiten zwischen physischer Person und ewigem Amt bei Kaiser und Papst vergleicht Ubaldus beide mit dem König, der institutionell eine ganz andere Stellung hat. «Im König fallen zwei Dinge zusammen, die Person und die Würde [*significatio*]; und diese Würde, welche etwas Geistiges ist, lebt auf wunderbare Weise ewig, wenn auch nicht leiblich. Selbst wenn es den König dem Fleische nach nicht gibt, so lebt er dennoch weiter; denn der König nimmt den Platz von zwei Personen ein.»[48] Das heißt soviel wie: «Der König überlebt den König.»[49] Kaiser und Papst jedoch können nicht «zwei Körper» haben, weil Kaisertum und Papsttum keine dynastischen Institutionen sind. «Der Papt stirbt» eben und die – ewige – Papstgewalt fällt über das Kardinalkollegium, welches während der Sedisvakanz die Kirche repräsentiert, an seinen Nachfolger. Deswegen müssen sich die Kardinäle in einem Konsistorium während der Sedisvakanz so setzen, daß kein Platz für den Papst freibleibt.[50]

Papstwahl und Plünderung

Nicht nur die Zeit, auch der Raum wird im ältesten päpstlichen Bestattungszeremoniell des Pierre Ameil aus den Jahren 1385–90 mit Riten ausgefüllt.

Der Schutz des Palastes ist dem Kämmerer anvertraut. Er muß sofort alle Türen schließen außer einer für die unumgängliche Versorgung der Palastbewohner.[51] So dürfte es wohl in Avignon immer gehandhabt worden sein. François de Conzié erwähnt in seinem etwas späteren Zeremonienbuch die Verpflichtung der Kardinäle, die Bewachung der Stadt einem Hauptmann anzuvertrauen. Das Hauptaugenmerk Conziés galt wohl der Verhinderung öffentlicher Unruhen. Conzié spricht nicht von der Notwendigkeit, beim Tode des Papstes den Palast zu schützen; dies war ein Problem, das inzwischen institutionell gelöst worden war.[52] Die avignonesischen Zeremonienbücher bestätigen die Schlußfolgerungen, zu denen wir bei der Betrachtung der Palastplünderungen gekommen waren. Nach den ersten Jahrzehnten des 13. Jahrhunderts erwähnt keine Quelle mehr die wirkliche oder auch nur geplante Ausplünderung des Papstpalastes durch das Volk.

Im dreizehnten Jahrhundert starben nur sieben der neunzehn Päpste von Innozenz III. bis Bonifaz VIII. in Rom: Honorius III. (1227), Gregor IX. (1241), Cölestin IV. (1241), Innozenz V. (1276), Honorius IV. (1286), Nikolaus IV. (1292) und Bonifaz VIII. (1303). Als ein Jahrhundert später, 1378, erneut ein Konklave in Rom stattfand, da sprechen die Quellen erneut von Plünderungen, aber nun nicht mehr anläßlich des Todes eines Papstes, Gregors XI., sondern anläßlich der Wahl seines Nachfolgers Urban VI.

Die im Konklave bei Sankt Peter versammelten Kardinäle waren verschreckt durch den immer größer werdenden Tumult der Römer. Die zweite Lebensbeschreibung Gregors XI. erzählt, man habe befürchtet, «alle Kardinäle aus Frankreich oder anderen Ländern jenseits der Alpen» würden umgebracht oder gefangengenommen. Sie überredeten daher den Kardinal Tibaldeschi, ein Römer, zum Konklaveeingang zu gehen. Dieser ließ dort ein Fenster öffnen und bat die Menge, Ruhe zu bewahren und noch ein wenig zu warten; dann sagte er der aufgebrachten Menge, die Kardinäle wollten den Wunsch der Römer – die Wahl eines römischen Papstes – erfüllen. Diejenigen aber, die weiter entfernt standen und von alledem nichts mitbekamen, fragten von hinten, was da vorne vor sich gehe. Man antwortete ihnen: «Der Kardinal von Sankt Peter». So nannte man den Kardinal Tibaldeschi, da er Prior von Sankt Peter war. Die hinten stehenden Leute meinten nun, der Kardinal von Sankt Peter sei der neue Papst, und sie schrien: «Wir haben einen Papst, den Kardinal von Sankt Peter.» Die Menge durcheilte die Stadt und rief: «Viva, viva, Sancto Pyetro!» Viele liefen zur Residenz des Kardinals und «raubten und zerstörten alles».[53]

Diese Ereignisse wurden später bestätigt in den Befragungen nach dem Ausbruch der großen abendländischen Kirchenspaltung. Danach wollte Kardinal Orsini zur Menge sprechen und zeigte sich an einem Fenster des zweiten Hofes des Vatikanpalastes. Er rief der Menge zu: «Gebt Ruhe! Ihr habt einen Papst!» «Wer ist es?» rief die Menge. Orsini antwortete darauf: «Geht nach Sankt Peter!» Ein Teil der Römer glaubte jedoch, der Kardinal von Sankt Peter sei der neue Papst und lief sofort zum Hause des Kardinals und plünderte es aus.[54]

Die Quellen, welche die Plünderungen von 1378 berichten, sagen nicht, ob es sich um eine Gewohnheit handelte. Genau das aber sagt Adam von Usk über den zweiten uns bekannten Fall der Plünderung von Kardinalsgut bei der Wahl Innozenz' VII. am 17. Oktober 1404.

> Die Guelfen und Ghibellinen der vermaledeiten Römer erhoben sich zu jener Zeit und wüteten gegeneinander mit Raub und Totschlag. Jede Partei versuchte, die Wahl eines Papstes aus ihren Reihen durchzusetzen, aber wegen der Bewachung konnten sie nicht bis zum Vatikanpalast und zum Konklave durchdringen. Ihr Gegensatz war der Grund, daß man schließlich einen Papst wählte, der keiner der beiden Parteien angehörte, nämlich den aus Sulmona stammenden Innozenz VII. Nach der Verkündigung der Wahl stürmten die Römer «entsprechend ihrer habgierigen Gewohnheit» oder besser gesagt: entsprechend ihrer beißenden Verdorbenheit sein Haus, plünderten es vollständig leer, und ließen nichts zurück als die Fenstergitter.[55]

Ein Hinweis auf die Plünderung des Hauses Innozenz' VII. findet sich auch in dem Brief von Jacopo d'Angiolo an Manuel Chrysoloras († 1418) in Konstantinopel anläßlich der Wahl Gregors XII. am 30. November 1406.[56]

Die erste offizielle Antwort auf diesen – neuen – Plünderungsritus kam vom Konstanzer Konzil im Jahre 1417. Die Konzilsväter suchten nicht nur die Güter des zum Papst gewählten Kardinals, sondern auch die der anderen Kardinäle zu schützen.[57] Hauptopfer der Plünderungen war stets der erwählte Kardinal, «als habe er den Gipfel des Reichtums erreicht», wie das Konzilsdekret sagt. Aber auch die anderen Kardinäle blieben nicht verschont, zumindest die nicht, welche im Kardinalkollegium eine bedeutende Rolle spielten. Bisweilen, 1378 etwa, ist das Mißverständnis des Namens, wenn wirklich es ein Mißverständnis war, Ursache der Plünderung.

Der Bericht Aeneas Silvius Piccolominis über die Plünderungen bei der Wahl Nikolaus' V. im Jahre 1447 ist bezeichnend. Gewählt wurde zwar der Kardinal Parentucelli, ausgeplündert wurden aber die Häuser der Colonna und der Kardinäle von Capua und Bologna. Aeneas scheint sogar anzudeuten, daß die Römer sich keineswegs täuschten: «Es ist ein Vorteil der Armen, daß sie nicht viel zu verlieren haben ... «[58] Dann fügt er hinzu, daß nach der Ankündigung seiner eigenen Wahl am 19. August 1458 aus seiner Zelle alles Geld und alle Bücher geraubt worden seien «nach einer schändlichen Gewohnheit»; auch sein Haus war vom Volk sofort ausgeraubt worden.

> Da plünderten die Diener der Kardinäle nach einer schändlichen Gewohnheit die Zelle des Aeneas und raubten das wenige Geld, die Bücher und die Kleider. Gleichzeitig plünderte das Lumpenpack sein Haus und zerstörte es; sogar den Marmor nahm es mit. Ähnliches geschah anderen Kardinälen. Denn während das Volk in ängstlicher Erwartung die Wahl erwartete, wurde einmal dieser, einmal jener als neuer Papst genannt und jedesmal lief das Volk zu seinem Haus und plünderte es aus.[59] Einmal verstand man «Genueser» anstatt «Seneser», und sofort wurde der Kardinal von Genua ausgeraubt.[60]

Der Fortbestand, ja die Ausbreitung dieses Plünderritus veranlaßten Leo X., auf der öffentlichen Sitzung des 5. Laterankonzils am 16. März 1516 ein strenges Verbot solcher Plünderungen zu erlassen. Paris de Grassi hat uns in seinem Tagebuch die Szene beschrieben. Der Bischof von Milazzo erhielt vom Papst das Blatt mit dem Text und begab sich darauf zum Ambo, um das Dekret vorzulesen. «Es verbot,» – so sagt Paris de Grassi – «das Haus des Kardinals zu plündern, der zum Papst erwählt worden war, wie es Sitte der Römer ist. Diese tun oft auch so, als sei dieser oder jener zum Papst gewählt worden, um so Haus und Wohnrat anderer Kardinäle plündern zu können, was alle ohne Unterschied mit dem größten Vergnügen tun.»[61] Die Bulle des Papstes sagt nichts über das Alter dieses Ritus; sie läßt aber durchblicken, daß es sich um etwas Neues handelt.[62]

Konzils- und Papstdekrete konnten jedoch diesen Ritus nicht beseitigen; mindestens zwei Jahrhunderte lang wird er noch weiterleben.[63] In seinem Buch «Über das Kardinalat» *(De cardinalatu)*, dem wichtigsten Werk über das Kardinalamt des 15. Jahrhunderts, das auch den Haushalt eines Kardinals behandelt, schlägt der Kurienbeamte Paolo Cortesi vor, am Eingang des Palastes einen Saal vorzusehen, in den man eine bewaffnete Wache legen kann, welche jede Plünderung verhindert.[64] Während des Konklaves nach dem Tode Papst Marcellus' II. (1. Mai 1555) verbreitete sich die Nachricht, sein Neffe Alessandro Farnese sei zum neuen Papst gewählt worden. «Sofort wollte das Volk die Paläste der beiden Farnese plündern, und nur mit Mühe konnte sie der Bezirksvorsteher *(caporione)* daran hindern.»[65] Als sich Oktober 1559 die falsche Nachricht verbreitete, Ercole Gonzaga sei zum Papst gewählt worden, da wurde die Abtei Felonica bei Mantua, dessen Kommendarabt Ercole Gonzaga war, von den Ortsbewohnern und den Mönchen mit Zustimmung des Abtes bis auf den Grund zerstört; sogar die Obst- und Gemüsegärten wurden geplündert.[66]

Warum berichten uns die Quellen über diese Art der Plünderung zum ersten Mal im Jahre 1378? Warum wird nicht mehr geplündert, wenn ein Papst stirbt, sondern erst dann, wenn sich das Gerücht einer Neuwahl verbreitet, ein bestimmter Kardinal sei zum neuen Papst gewählt worden. Warum betrifft dieser Ritus nun einzig und allein immer nur Kardinalgut?

1. Die römische Gewohnheit, den Papstpalast beim Tode des Papstes auszuplündern, ist, wie wir oben gesehen haben, zum letzten Mal für das Jahr 1227 bezeugt. Der sterbende Honorius III. wurde «erschöpft und halbtot» von einem oberen Fenster des Lateranpalastes den Römern gezeigt, die bereits begonnen hatten, «gegen die Papstgüter zu wüten».[67] Die zunehmende Mobilität der Kurie und der lange Aufenthalt der Päpste in Avignon hatten es in der Folgezeit der Kurie gestattet, «den Palast» vor den Plünderungen durch das römische Volk zu schützen.

Daß die Plünderung der Güter des zum Papst gewählten Kardinals zum ersten Mal beim ersten Konklave, das nach fast einem Jahrhundert wieder in Rom abgehalten wurde, erwähnt wird, ist sicherlich kein Zufall. Die Ausplünderung des erwählten Kardinals könnte ein neuer Ritus sein, der den alten, nunmehr unmöglich gewordenen Ritus der Ausplünderung des Papstpalastes ersetzen sollte.

2. Auch die Plünderung des Kardinalspalastes ist ein Übergangsritus.[68] Indem er sich ausplündern läßt, legt der zum Papst gewählte Kardinal den «alten Menschen» ab und wird nun die päpstliche «Überperson».[69]

Andererseits, indem es den Palast dessen plünderte, von dem man glaubte, «er habe den Gipfel des Reichtums erlangt», eignete sich das römische Volk Güter an, die der neue Papst ohnehin bei der Besitznahme des Laterans – symbolisch oder wirklich – dem Volk und den Kurienmitgliedern austeilen mußte. Deswegen nahmen an der Plünderung auch die Familiaren des Kardinals teil und plünderten sogar die Zelle im Konklave. Dieser Ritus hatte also eine ähnliche Funktion wie die Besitznahme des Laterans; sie war eine symbolische Aneignung der dem Neugewählten anvertrauten Güter.

Aber hat man bei der Wahl Urbans VI. im Jahre 1378 die ursprüngliche symbolische Bedeutung des Lateranritus noch verstanden? Hatte die feierliche Besitznahme des Laterans nicht zunehemend an Bedeutung verloren, seitdem Gregor X. 1272 beschlossen hatte, daß die Krönung eine eigenständige und die eigentlich konstitutive Zeremonie am Beginn eines Pontifikats sein sollte? Hier muß man auch daran erinnern, daß die Lateransessel nicht nach Avignon gebracht worden waren und daher auch nicht in den avignonesischen Krönungsfeierlichkeiten benutzt werden konnten. War also das Plündern der Güter des zum Papst gewählten Kardinals, das zum ersten Mal anläßlich des ersten römischen Konklaves nach der Abwesenheit in Avignon bezeugt ist, nicht ein Ersatz des immer unwichtiger werdenden Besitznahmezeremoniells im Lateran?

3. 1378 war die institutionelle Stellung der Kardinäle, wie sie ihnen 1059 zugewiesen worden war, seit langem Wirklichkeit geworden. Die Kardinäle waren nunmehr die unbestrittenen Garanten des Übergangs der Papstgewalt; ja, sie waren «die Kirche» während des Zeitraums der Sedisvakanz.

Das Plündern der Konklavezelle und der Wohnung des zum Papst gewählten Kardinals zeigten symbolisch, daß der Kardinal nun nicht mehr zum Kardinalkollegium gehörte und daß von nun an die Vollmacht, die Kirche zu regieren, allein bei ihm lag.

«Collegio! Collegio!»

Der Kämmerer bekleidete nach Pierre Ameil, wie wir gesehen haben, ein Amt, das hohes Ansehen genoß. Ein Jahrhundert später ist das anders. Bei Agostino Patrizi Piccolomini sind es nunmehr die Kardinäle, welche die Initiative ergreifen, um alles zu inventarisieren, und das, während der Papst noch mit dem Tode ringt. Wenn sich die Nachricht verbreitet, daß der Papst dem Tode nahe ist, so ist es nach Patrizi Aufgabe von drei Kardinälen – einem Kardinalbischof, einem Kardinalpriester und einem Kardinaldiakon –, zusammen mit dem Kämmerer ein Inventar aller Güter im Papstpalast aufzustellen. Die Initiative geht nicht mehr wie früher vom Kämmerer aus, der nun den Kardinälen untergeordnet ist.[70] Der Vorrang der Kardinäle während der verschiedenen Phasen der Trauerfeierlichkeiten zeigt sich auch daran, daß Patrizi Piccolomini sie ausdrücklich «erhabene Männer» *(summi viri)* oder auch «Mitglieder des Senats» nennt.[71] Es sind auch die Kardinäle, welche die Briefe an die wichtigsten Fürsten und Prälaten senden, um sie vom Tode des Papstes zu unterrichten. Bei Pierre Ameil war das noch nicht so. Die Briefe sind in der Ich-Form gehalten, und der Empfänger wird «Sohn» oder «Bruder» genannt, als rede der Papst selbst. Die Kardinäle sind auch verantwortlich für den Papstpalast, und sie müssen alles tun, «falls der Papst in Rom stirbt», daß es zu keinem Aufruhr kommt. Das ist ein Hinweis auf die bekannte Gewohnheit der Römer, den Papstpalast zu plündern. Er fehlt völlig im Zeremoniale des Pierre Ameil, der hier die avignonesischen Zustände spiegelt, wo dergleichen nie vorgekommen ist.[72] Die Kardinäle müssen auch angeben, an welchem Tag die Exequien (d. h. das Novemdiale, die *novena)* beginnen.[73] Bezeichnend ist auch die Bestimmung Patrizis, daß die Sänger bei den Bestattungsfeierlichkeiten ihr Antlitz den Kardinälen zuwenden müssen.[74] Die Kerzen um den Katafalk des Papstes werden nur angezündet, wenn ein Kardinal die Messe feiert.[75]

Zur Zeit des Pierre Ameil gehörten zum Novemdiale die Aufbahrung und die Bestattung. Die erste Messe wurde gefeiert, sobald der Leichnam aus dem Palast getragen worden war.[76] Offensichtlich wurde der Papst nicht sofort bestattet, denn die Kardinäle sind verpflichtet, jeden Tag nach der Predigt den Leichnam des Papstes aufzusuchen «falls er noch nicht bestattet ist».[77] Das bestätigen auch die Ausgaben der apostolischen Kammer anläßlich der Bestattung Klemens' VI. (1342–52) und Innozenz' VI. (1352–62).[78] In der zweiten Hälfte des 15. Jahrhunderts jedoch wird die Aufbahrung des Papstes, also der Zeitraum zwischen der Überführung in die Kirche und der Bestattung, auf das strikte Minimum reduziert: auf einen einzigen Tag. Der Zeremonienmeister Johannes Burckard, der sehr genau die Entwicklung des päpstlichen Zeremoniells beobachtet hatte, notierte: «Früher blieb der Leichnam drei Tage aufgebahrt.»[79]

Die Quellen zeigen im übrigen immer häufiger einen großen Unwillen der Kurie angesichts der übersteigerten Volksfrömmigkeit um den aufgebahrten Papst.[80] So wurde der einbalsamierte Leichnam Eugens IV. nur einen Tag lang dem Volke gezeigt.[81] Sixtus IV. wurde von den Pönitentiaren auf die Bahre gelegt, «damit er öffentlich gezeigt werden konnte».[82] Diese öffentliche Aufbahrung des mit den liturgischen Gewändern bekleideten Leichnams hat Johannes Burckard in seinem Tagebuch beschrieben:

> Der Leichnam wurde zunächst oben vor dem Hauptaltar niedergesetzt, später etwas tiefer. Das Haupt befand sich in Richtung des

> Altars, die Füße ragten aus einem geschlossenen Eisengitter zwischen Chor und Schiff hervor, so daß jeder, der wollte, sie küssen konnte. Später wurde das Eisengitter geöffnet und der Leichnam näher zum Altar gerückt; so konnte jeder unbehindert ein- und ausgehen. Wir haben jedoch Wächter aufgestellt, damit niemand den Ring oder anderes raube. Bis um ein Uhr nachts blieb er dort.[83]

Derselbe Johannes Burckard hat auch die Aufbahrung Alexanders VI. beschrieben:

> Der Bischof von Sessa fürchtete, es könne sich ein Skandal ereignen, falls man dem Volk den freien Zugang zum aufgebahrten Papst gestatte. [Der Bischof fürchtete Racheakte von Leuten, denen der Papst Unrecht getan hatte]. Daher stellte er die Bahre vom oben genannten Ort auf die Treppe, so daß die Füße nahe dem Gitter und der Tür waren. So konnten die Füße durch das Gitter hindurch mit den Händen berührt werden. Dort blieb der Leichnam den ganzen Tag, und das Gitter blieb immer geschlossen.[84]

Mit krassem Realismus hat Johannes Burckard die beginnende Verwesung des Leichnams Alexanders VI. beschrieben. Niemand vor ihm ist so weit gegangen:

> Während der ganzen Zeit blieb der Papst mit vier brennenden Kerzen hinter dem Gitter vor dem Hochaltar aufgebahrt. Sein Gesicht war immer schrecklicher und dunkler geworden; als ich ihn um die dreiundzwanzigste Stunde sah, hatte es die Farbe eines dunklen Tuches oder – wenn man so will – eines Negers. Das Gesicht war aufgedunsen, die Nase angeschwollen, der Mund war aufgesperrt und die auf das Doppelte geschwollene Zunge füllte den Raum zwischen den Lippen. Der Anblick war so grauenvoll, daß alle sagten, nie dergleichen gesehen zu haben.[85]

Das Novemdiale scheint immer unabhängiger geworden zu sein von der Bestattung des Papstes. Das zeigen die Quellen über Tod und Bestattung Innozenz' VI. († 6. November 1406).[86] Sixtus IV. starb am 12. August 1484. Bereits am 13. wurde sein Leichnam in die Kirche getragen und sofort bestattet. Die «exequiae», d. h. das Novemdiale, begannen erst am 17. August und dauerten bis zum 25. August.[87] Auch der Tod Innozenz' VIII. ereignete sich im Sommer (25. Juli 1492). Stefano Infessura berichtet, daß die «Exequien» am 5. August beendet waren.[88]

Das Novemdiale wird also unabhängig von der «tatsächlichen» Bestattung des Papstes; es wird zum einem rituellen, den Kardinälen vorbehaltenen Zeitraum, in dem diese strikt hierarchisch agieren: Die Kardinalbischöfe eröffnen und beschließen die Trauerzeit. Da die öffentliche

Aufbahrung und das Begräbnis bereits stattgefunden haben, finden die Zeremonien um einen leeren Katafalk statt, die sogenannte «Schmerzenburg» *(castrum doloris)*. Dies machte es notwendig, zumindest den Anschein zu erwecken, als sei der Tote noch gegenwärtig; daher mußten zwei Reitknechte in Trauerkleidung rechts und links des Katafalks ununterbrochen und gleichmäßig schwarze Fächer mit dem Papstwappen wedeln, als wollten sie Fliegen verscheuchen.[89] Zum erstenmal wird uns diese fiktive Gegenwart des Papstleichnams beim Tode Eugens IV. (23. Februar 1447) berichtet. Vielleicht geht dieser Brauch auf das Altertum zurück. Dio Cassius erwähnt in seiner Römischen Geschichte eine zu Lebzeiten des Kaisers Pertinax († 193) hergestellte Wachsstatue, vor der ein junger Sklave mit einem Wedel aus Pfauenfedern die Fliegen verscheuchen mußte, «als sei er bereits tot».[90] Wir wissen jedoch nicht, wann dieser Brauch in das päpstliche Totenzeremoniell aufgenommen wurde. Aeneas Silvius Piccolomini, der diesen Brauch mit eigenen Augen gesehen hatte, macht einige spitze Bemerkungen, gesteht aber dann zu, es handle sich eben um eine alte Gewohnheit.[91]

Auch beim Tode eines Kardinals wurde dieser Brauch angewandt. Zum ersten Mal spricht davon Agostino Patrizi Piccolomini: «Beim Katafalk stehen zwei Stalljungen des Kardinals, die ruhig und gleichmäßig – auch im Winter – zwei Wedel aus schwarzer Seide mit dem Wappen des Kardinals schwenken, als wollten sie Fliegen verscheuchen.»[92]

Dies ist nur eine der vielen Übernahmen aus dem päpstlichen Bestattungszeremoniell in das der Kardinäle.[93] Die ersten Anzeichen, auch die Bestattung der Kardinäle so feierlich zu gestalten wie die der Päpste, finden sich im 13. Jahrhundert.[94] Das Zeremonienbuch des Pierre Ameil enthält einen langen Abschnitt über die Bestattung der Kardinäle mit rund dreißig Artikeln, die fast alle die Liturgie betreffen.[95] Neuntägige Trauerfeierlichkeiten sind zum ersten Mal im Testament des Kardinals Guillaume Teste aus dem Jahre 1326 bezeugt.[96] Doch steht dieses Zeugnis noch vereinzelt da. Erst fünfzig Jahre später werden die Hinweise auf neuntägige Trauerfeierlichkeiten immer häufiger, zunächst in den Kardinaltestamenten der letzten Jahre des avignonesischen Papsttums (1372, 1373) und – ganz besonders – in denen des Schismas (1384, 1397, 1402, 1407, 1410 und 1422).[97] Die Verfasser dieser Testamente sind ausschließlich Franzosen. Doch handelt es sich immer noch um Trauerfeierlichkeiten, die privaten Charakter haben. In der Beschreibung der Trauerfeierlichkeiten für den am 9. April 1434 verstorbenen Kardinal Ardicino de Porta aus Novara, die sich in einem Anhang des Zeremoniale von Pierre Ameil findet, haben wir noch keine Spur des päpstlichen Novemdiale.[98] Während der zweiten Hälfte des 15. Jahrhunderts kommt es zu einer wichtigen Weiterentwicklung: Das nun auch für Kardinäle gefeierte Novemdiale findet nicht mehr wie noch in Avignon am

Begräbnisort statt; es bildet nur noch einen Zeitrahmen für die offiziellen Trauerfeierlichkeiten beim Tode eines Kardinals und kann auch anderswo gefeiert werden. So wie bei der päpstlichen Trauerfeier wird auch bei den Kardinälen der Katafalk ohne Leichnam, die sogenannte «Schmerzenburg» *(castrum doloris)*, fester Bestandteil des Zeremoniells.[99] Im Zeremoniale des Agostino Patrizi Piccolomini aus den Jahren 1484–92 sind die neuntägigen Trauerfeierlichkeiten ein wesentliches Element des Begräbniszeremoniells für einen Kardinal; alle Kardinäle sind verpflichtet, an ihnen teilzunehmen.[100] Im 16. Jahrhundert haben nur Päpste und Kardinäle auf sie ein Anrecht.[101]

Am 24. August 1503, einige Tage nach der Bestattung Alexanders VI., rief der Kardinal von Neapel in seinem Palast die sogenannte *Congregatio* zusammen, eine Versammlung aller Kardinäle. Der Zeremonienmeister Johannes Burckard nennt in seinem Tagebuch außergewöhnlich, daß der Kardinal über seinem Rochett einen violetten, bis zum Boden reichenden Mantel getragen habe. Als die anderen Kardinäle ihn fragten, warum er diesen Mantel trage, antwortete er nur, ihm sei kalt.[102] Aber war dies der wahre Grund? Der violette Mantel verdeutlichte eine Rangordnung innerhalb des Kardinalkollegiums. Das stand jedoch im Widerspruch zur bisher gültigen Lehre, daß während der Sedisvakanz das gesamte Kardinalkollegium als Körperschaft die Kirche darstellte.

Am 9. September 1503 zogen der Kardinal von Neapel und der Kardinal von Sankt Peter in Ketten *(San Pietro in Vincoli)* «mit großer Freude und im Triumph» in Rom ein. Vor der Engelsburg wurden viele Teppiche ausgebreitet, und die Menge rief: «*Ecclesia, ecclesia! Collegio! Collegio!*»[103] Die Kardinäle – das Kollegium – waren die Kirche.

Der Ruf «*Ecclesia! Ecclesia! Collegio! Collegio!*» wollte sagen, daß die Kirche ewig ist; er war ein anderer Ausdruck für den Rechtssatz: Die Würde stirbt nie *(Dignitas non moritur)*, der zum ersten Mal im 12. Jahrhundert bezeugt ist. Er nimmt jene Sentenzen vorweg, die später auf das Königtum angewandt wurden: «Der König ist tot! Es lebe der König!» *(Le roi est mort! Vive le roi!)* oder «Der König stirbt nie!» *(Le roi ne meurt jamais!)*.[104] Freilich hat der Papst nicht wie der König zwei Leiber; doch auch wenn der Leib des Papstes stirbt, die Kirche, vertreten durch das Kardinalkollegium, ist unvergänglich.

Nacktheit des Leibes, Heiligkeit des Leibes, Ewigkeit der Kirche – dies sind die drei Elemente, welche in den Jahrhunderten, die wir hier betrachten, das päpstliche Totenritual bestimmten. Nur oberflächlich betrachtet sind dies Widersprüche. Im Tode ist der Papst nackt, denn in dem Augenblick, da er nicht mehr Papst ist, wird er wieder Mensch. Der päpstlichen Hinfälligkeit, versinnbildlicht durch die Nacktheit und durch die Verwesung, welche die Zeremonienmeister des 15. Jahrhunderts so drastisch schildern, entspricht ein sehr starkes Bewußtsein der

Ewigkeit der Kirche, das in der neuntägigen Trauerliturgie, dem Novemdiale, seinen Ausdruck findet. Dennoch bleibt es nicht bei diesem bloßen Gegensatz zwischen Sterblichkeit des Leibes und Ewigkeit der Institution, denn der hinfällige, nackte, verwesende Leib des toten Papstes wird «heiliger Leib», er wird Teil der «heiligen Leiber» der Nachfolger Petri.

Zu Beginn des Kapitels über die Geschichte des Papsttodes hatten wir ein ganzes Bündel von Fragen gestellt: Gibt es eine Beziehung zwischen dem wirklichen Tod eines Papstes und all den Riten und Texten, die während der gesamten Amtszeit unaufhörlich die Hinfälligkeit des Leibes, die Vergänglichkeit der Würde und die Pflicht zur Reinheit in Erinnerung rufen? Wie ist das päpstliche Totenzeremoniell davon beeinflußt worden? Kurz, welches sind die tieferen Gründe, welche die Römische Kirche bewegt haben, für die Päpste ein eigenes Totenzeremoniell zu schaffen? Es ist nun an der Zeit, die Ergebnisse zusammenzufassen und neue Fragen zu stellen.

1. Die Sterblichkeit des Papstes und die Vergänglichkeit seiner Macht, welche Petrus Damiani um die Mitte des 11. Jahrhunderts so eindrucksvoll in seinem Brief über die Kürze des Papstlebens ins Licht gerückt hatte, wird für immer ein fester Bestandteil des Zeremoniells und der Rhetorik der Römischen Kirche bleiben. Der Glaube an der Unüberschreitbarkeit der «Jahre des Petrus» und die Hinfälligkeitsriten (Wergbüschel, Asche) werden bis in die Neuzeit lebendig bleiben. Sogar die «Leiber» der hingeschiedenen Päpste dienen dazu, den regierenden Papst zur Demut zu mahnen. Man denke an die aus dem Sarkophag Silvesters II. sickernde Feuchtigkeit und an das Lärmen seiner Gebeine, welche den nahen Tod des regierenden Papstes ankündigen. Man denke auch an das, was Bernhard von Clairvaux an Eugen III. schrieb: «Deine Vorgänger mahnen dich: das Ende deines Amtes ist nicht nur gewiß, sondern auch sehr nahe.» Man denke schließlich auch daran, daß nach dem Krönungszeremoniell des ausgehenden 15. Jahrhunderts der neugewählte Papst die Gräber seiner Vorgänger aufsuchen mußte, nachdem vor ihm das Wergbüschel verbrannt worden war.

Mit großer Deutlichkeit wird eine erste Tatsache sichtbar: Es besteht ein enger Zusammenhang zwischen der Geschichte des Todes des Papstes und der an den regierenden Papst gerichteten Hinfälligkeitsrhetorik. Seit dem ersten Reformpapst des 11. Jahrhunderts, Leo IX., wird die Geschichte des Papsttodes von einem immer gleichbleibenden Element geprägt: den Willen, physische Person und Papstamt scharf zu trennen. Der Schutz des «Palastes» vor Plünderungen durch das Volk, die Grabdenkmäler des 13. Jahrhunderts oder das avignonesische Totenzeremoniell sagen deutlich: «Der Papst muß sterben»; im Tode «wird der Papst wieder Mensch».

2. Petrus Damiani hatte nicht nur dem Leben, sondern auch dem Tod des Papstes eine alles andere überragende Wichtigkeit und Allgemeingültigkeit gegeben. Der Tod des Papstes ist ein «Augenblick des Erschreckens» für die gesamte Christenheit. Stirbt der Papst, so verliert der gesamte Erdkreis den «allen gemeinsamen Vater»; diejenigen, welche der Tod einer so erhabenen und einzigartigen Person erschreckt, «werden bis in ihre Eingeweide auch den eigenen Tod fürchten». In den folgenden Jahrzehnten zeigen uns die Quellen sehr deutlich, daß der Tod des Papstes ein Ereignis ist, das alle angeht und dem man daher auch ein eigenes Zeremoniell widmen muß. Die ersten Hinweise auf ein eigenständiges päpstliches Totenzeremoniell begegnen uns zu Beginn des 12. Jahrhunderts, zu einer Zeit, als die Sensibilität für die «ehrenvolle» Bestattung des Papstes immer größer wurde.

3. Die Entstehung eines den Päpsten vorbehaltenen, ganz besonders ehrenvollen Totenzeremoniells, zeigt, daß man sich der Unvergleichlichkeit und Ewigkeit des Papsttums tief bewußt geworden war. In seinem Brief von 1049–50 an die Einwohner von Osimo, welche die Güter des verstorbenen Bischofs geplündert hatten, beschwor Petrus Damiani den «ewigen Bischof» Christus. Diese grundlegende Entwicklung in der römischen Ekklesiologie findet im Zeremoniell ihren Ausdruck erst gegen Ende des 13. Jahrhunderts mit der Einführung der neuntägigen Trauerfeier im Gefolge des Papstwahldekrets *Ubi periculum* Gregors X. von 1274, das einen Zeitraum von höchstens zehn Tagen zwischen dem Tod des Papstes und dem Beginn des Konklaves vorschrieb. Die Zeremonien dieser neuntägigen Trauerzeit zeigten vor aller Welt zwei Dinge: den Tod des regierenden Papstes und die Unvergänglichkeit der Kirche, die während der Sedisvakanz durch das Kardinalkollegium repräsentiert wurde.

Die Herausbildung dieser neuntägigen Trauerfeier bildet den Höhepunkt dieses Nachdenkens über den Tod des Papstes, das zu Beginn des Reformpapsttums begonnen hatte, also in einer Zeit, das mit dem Papstwahldekret von 1059 den Kardinälen das Recht der Papstwahl zugestanden hatte. Seit dieser Zeit wurden die Kardinäle die Bürgen der Kontinuität des Papsttums.

Wir haben gesehen, daß nach den Zeremonienbüchern des Albinus und Cencius von 1189 und 1192 der neugewählte Papst sich nicht eigenmächtig auf den «Kotstuhl» des Laterans niederließ, sondern daß die Kardinäle den Papst «ehrenvoll» auf ihn hinsetzten. Diese Beteiligung der Kardinäle bei der «Einsetzung» weist voraus auf die Rolle, welche sie später spielen werden, wenn der Papst stirbt. Auch der Ascheritus suchte die unvermeidliche Spannung zwischen der Sterblichkeit des Papstes und der Achtung vor seinem Amt mit dem größtmöglichen Gleichgewicht zu regeln. Gleichzeitig wurde in diesem Ritus auch die herausragende Stellung des Kardinalkollegiums bestätigt. Die

Botschaft dieser Riten liegt auf der Hand: Der «Leib des Papstes» muß sterben, aber der «Leib der Kirche» ist während der Sedisvakanz der «Körperschaft» des Kardinalkollegiums anvertraut.

Aegidius Romanus, der gesagt hatte, daß der Papst die «Kirche» genannt werden kann, hat auch die Kardinäle für die Zeit der Sedisvakanz mit der Kirche gleichgesetzt. «Einige behaupten, daß die Kirche niemals stirbt. Und in der Tat, bei einer Sedisvakanz bleibt die Papstgewalt in der Kirche, nämlich beim Kardinalkollegium.» Im Tod «wird der Papst wieder Mensch». Der Leib der Kirche, den der Papst in seinem Leben repräsentiert hatte, wird nach seinem Tode vom Kardinalkollegium repräsentiert, denn sie sind während der Zeit der Sedisvakanz die Kirche. Nach der Wahl eines Nachfolgers jedoch werden die Kardinäle wieder «ein Teil des Leibes des Papstes». Auch dies ist ein Bild, das sich im Laufe des 13. Jahrhundert mit Macht durchsetzt.

Augustinus Triumphus (1270–1328) hatte gesagt: «Die Papstgewalt ist ewig, aber sie kann sich nicht im Papst verewigen, denn der Papst muß sterben so wie alle Menschen.» Sie muß sich daher im Kardinalkollegium verewigen, welches zeitweise die Kirche ist. Nach dem ältesten päpstlichen Totenzeremoniell, dem Zeremoniale des Pierre Ameil, mußte der Papst in den letzten Augenblicken seines Lebens die Kirche den Kardinälen anvertrauen. So riefen denn auch die Römer 1503 während der Sedisvakanz «*Ecclesia! Ecclesia! Collegio! Collegio!*»

Die Rechte der Kardinäle während der Sedisvakanz reichten nie an die päpstliche Vollgewalt heran. Eine bedeutende Entschädigung dafür war jedoch ihre herausragende Rolle im päpstlichen Zeremoniell; sie spiegelt das Ansehen und den Rang, welche das Kardinalkollegium im 14. und 15. Jahrhundert erworben hatte. Alle Geschehnisse beim Tode eines Papstes in den letzten Jahrhunderten des Mittelalters kennzeichnet ein verborgenes, aber sehr reales Ringen zwischen dem Papsttum und dem seiner Vorrechte immer bewußter werdenden Kardinalkollegium, denn die Kardinäle forderten eine immer bedeutendere Stellung im Zeremoniell und damit auch in der Ekklesiologie.

4. Die Abwesenheit des Papsttums von Rom trug dazu bei, daß es immer besser gelang, den «Palast» beim Tode eines Papstes zu schützen. Es ist sicherlich kein Zufall, daß die römische Gewohnheit, den «Palast» beim Tode eines Papstes zu plündern, zum letzten Mal im Jahre 1227 erwähnt wird. Die wachsende Mobilität der römischen Kurie im 13. Jahrhundert und der lange Aufenthalt der Päpste in Avignon machten diesem alten römischen Brauch schließlich ein Ende. Daß es gelang, den «Palast» beim Tode eines Papstes wirksam zu schützen, bedeutete den Sieg der Kontinuität; garantiert wurde diese Kontinuität durch das Kardinalkollegium, daß seine Kompetenzen während der Sedisvakanz immer mehr ausweitete.

Die herausgehobene Stellung des Kardinalats innerhalb der Kirche führte schließlich zur Entstehung eines anderen Brauches, der zum ersten Mal 1378 anläßlich des ersten Konklaves nach der Rückkehr des Papsttums aus Avignon bezeugt ist: die Plünderung der Güter des zum neuen Papst gewählten Kardinals. Dieser «Plünderungsritus» schuf einen «neuen Menschen»: Aus dem Kardinal wurde der Papst. Er bestätigte die Übernahme der päpstlichen Vollgewalt durch den Neugewählten und das Ende der Sedisvakanz, während derer die Kardinäle die Kirche repräsentiert hatten.

5. Im Tode verliert der Papst seine Macht. Deswegen wird der Druckstock zerbrochen, mit dem sein Name der Papstbulle eingeprägt worden war, und deswegen wird sein Gesicht verhüllt, wenn der Leichnam in den Sarg gebettet wird. Während der öffentlichen Aufbahrung vor der Bestattung jedoch sind Antlitz, Hände und Füße unbedeckt. Der Leib des verstorbenen Papstes muß sichtbar und berührbar sein.

Die Gebeine des Papstes Johannes XXII. ruhen in Avignon in einem Reliquiar aus Gold. Der Leib eines verstorbenen Papstes wird «heiliger Leib» und kann Gegenstand der Verehrung sein. Die Heiligkeit, welche die Gregorianische Reform dem lebenden Papste zugesprochen hatte, sie steht auch dem Leib des toten Papstes zu.[105]

Die Zeugnisse für die Ehrerbietung und Verehrung, die man dem Leichnam des Papstes entgegenbrachte, beginnen mit dem ersten Reformpapst des 11. Jahrhunderts, Leo IX., und werden ganz besonders zahlreich in der zweiten Hälfte des 13. Jahrhunderts. Wenn der Papst das lebende Bild Christi auf Erden ist, muß da nicht auch sein Leben von einer christusgleichen Reinheit sein? Ist es nicht dieser Gedanke, der sich in der Wachslämmerzeremonie, im weißen Gewand des Papstes und im Ideal des Engelpapstes ausdrückt? Aber sind Unschuld und Reinheit nicht – so wie die Amtsmacht – Elemente, die der Papst mit dem Tode verliert? Nein, im Gegenteil! Die «Heiligkeit des Lebens» verlängert sich über den Tod hinaus und bewirkt, daß die Leiber der abgeschiedenen Päpste – wie die Quellen jener Zeit sagen – «heilige Leiber» werden. Diese «Heiligkeit des Lebens» wird gerade damals dem Papst durch Reinigungsriten und durch eine bisher unbekannte und vielschichtige Reinheitsrhetorik, an der die Bettelorden in ganz besonderer Weise beteiligt sind, wiederholt und nachdrücklich als Verpflichtung vor Augen gestellt.

Das Gleiche will auch der Einsetzungsritus des Laterans zeigen: Durch das gleichzeitige «Sitzen» und «Liegen» des neugewählten Papstes auf den beiden Porphyrsesseln wird sinnbildhaft ausgedrückt, daß er im Leben wie im Tode mit und bei den Aposteln ist. So gesehen war die seit Beginn des 14. Jahrhunderts immer häufiger bezeugte Einbalsamierung der Päpste der Versuch, einen «heiligen» Leib vor der Verwesung zu bewahren.[106]

Die hier versuchte Nachzeichnung der Geschichte des Papstleibes durchzieht wie ein roter Faden das unaufhörliche Bedenken der Leiblichkeit des Papstes. Ausführlich und ausdrücklich wird dieses Thema zum ersten Mal 1046 von Petrus Damiani in seinem an Alexander II. gerichteten Brief über die Kürze des Lebens der römischen Bischöfe behandelt. In der Folgezeit gewannen diese Überlegungen immer mehr an Tiefe und Breite. Sie hatten schließlich auch Folgen für andere Bereiche des kirchlichen Lebens wie die Liturgie, die Spiritualität, den institutionellen Aufbau der Kirche und ihre Anthropologie. Seit dem ersten Reformpapst des 11. Jahrhunderts entwickelt sich aus dem Innern des Papsttums selbst eine Hinfälligkeitsrhetorik und ein reiches Zeremoniell, in denen immer deutlicher unterschieden wird zwischen dem, «was unten ist» und dem «was oben ist», das heißt, zwischen der physischen Hinfälligkeit des herrschenden Papstes und der Ewigkeit seines Amtes. Zugleich versuchte man, dem ganzen Leben des Papstes eine Dimension transparenter Engelgleichheit zu geben. Um würdig zu sein «Person Christi» *(persona christi)* zu werden, mußte der Papst «sich des eigenen Fleisches entkleiden» (Robert Grosseteste); die Christusähnlichkeit des obersten Bischofs mußte sich nach außen in der «lichtvollen Erscheinung des Leibes» *(luminosa corporis apparentia)* zeigen (A. Rocca).

Das 13. Jahrhundert nimmt in dieser jahrhundertelangen Entwicklung einen ganz besonders wichtigen Platz ein. Alle wichtigen Fragen stellen sich in dieser Zeit mit ganz besonderer Schärfe und bilden ein eng miteinander verflochtenes Problembündel. Zu Beginn des 13. Jahrhunderts spricht Jakob von Vitry über die «Nacktheit» des Leichnams Innozenz' III. Einige Jahrzehnte später dient die «Nacktheit» des toten Papstes dazu, zur Demut zu mahnen und einen verstorbenen, den Bettelorden feindlichen Papst anzuschwärzen. Der Franziskaner Salimbene beschreibt die «Nacktheit» und das Alleinsein des toten Papstes wie eine selbstverständliche Gewohnheit der Römischen Kirche. Erst im ausgehenden 15. Jahrhundert taucht das Thema der Nacktheit mit erneuter Schärfe auf.

Andererseits wird der «Leib des Papstes» im 13. Jahrhundert ein Bild für die Institution, der Papst als Amtsträger wird identifiziert mit den beiden Naturen Christi. Ende des 13. Jahrhunderts kann ein Theologe, Aegidius Romanus, behaupten: «Der Papst kann die Kirche genannt werden.» Wenn der Papst die Kirche darstellt oder auch Christus, muß er sich da nicht mehr als andere in Demut üben? Es ist daher kein bloßer Zufall, wenn die Trennung von Person und Amt ein beherrschendes Thema des 13. Jahrhunderts war. Das zeigen die päpstlichen Wahlanzeigen, die Grabmäler, die älteste Grabfigur eines Papstes (Klemens IV.) in Italien, die Reflexionen über den Tod des Papstes als Trauerfall für die gesamte Kirche, oder die schneidende franziskanische Rhetorik über Nacktheit und Einsamkeit des Papstleichnams.

Kein Zeremoniell spiegelt vollkommen die Wirklichkeit, doch die Zeremonienbücher des Pierre Ameil und des François Conzié aus den Jahren 1385–90 und 1383–91 beschreiben Riten, die zum großen Teil bereits vorher bezeugt sind. Vielleicht ist es das Ergebnis einer Entwicklung in Avignon, daß die Zeremoniale des ausgehenden 14. Jahrhunderts die Beziehung zwischen dem Papst und seinen engsten Mitarbeitern sehr rationell entpersönlichen, etwa dadurch, daß sie das Recht der Familiaren, beim Tod eines Papstes sich die Gegenstände anzueignen, die den Leib des Papstes berührt hatten, durch die Zahlung einer Geldsumme ersetzen. Aber das Schlüsselelement all dieser Zeremoniale, die Trennung zwischen der Sterblichkeit des römischen Bischofs und der Ewigkeit des Amtes, findet seinen vollkommenen Ausdruck in den erzählenden Quellen des 13. Jahrhunderts und in den Grabmälern der Päpste jener Zeit. Auch die Aufbahrung des päpstlichen Leichnams ist erst seit dem 13. Jahrhundert bezeugt. Sie diente gleichzeitig der Verherrlichung des Verstorbenen und der Beglaubigung seines Todes. Das führte gegen 1300 dazu, daß man den Leichnam immer kunstvoller einbalsamierte, damit er sich während der neuntägigen Trauerzeit gut erhielt.

Im Lichte dieser Ergebnisse müssen wir nun einen dritten Aspekt der Geschichte des Leibes des Papstes näher betrachten, die physische Körperlichkeit im engen Sinne. Es handelt sich um Probleme, die bisher nur flüchtig gestreift worden sind, denn auf den vorangegangenen Seiten haben wir Bilder und Metaphern betrachtet, die im Zeremoniell oder in symbolkräftigen Ereignissen ihren Ausdruck gefunden haben. Nun wollen wir untersuchen, wie die Päpste ihre Leiblichkeit in der tagtäglichen Wirklichkeit gelebt haben. Im Mittelpunkt steht vor allem die «Sorge um den Leib», die wir in all ihren Erscheinungsformen erfassen wollen, denn sie umfaßt sehr viel mehr und geht sehr viel weiter als das bloße Bemühen um rein leibliche Gesundheit. Leider gestatten uns die Quellen eine solche Untersuchung erst seit dem Beginn des 13. Jahrhunderts, das auch auf diesem Felde gegenüber den vorhergehenden Jahrhunderten viel Neues bringt. Wegen des Reichtums der Quellen beschränken wir uns in diesem dritten Teil ganz auf Probleme des 13. Jahrhunderts. Es ist nicht unsere Absicht, die Geschichte der Beziehungen der Päpste zur Medizin während des gesamten Mittelalters neu zu schreiben. Wir wollen sehen, ob die Probleme der physischen Körperlichkeit sich in irgendeiner Weise gekreuzt haben mit den Ideen, Texten und Zeremonien, welche die Hinfälligkeit des Papstes zum Gegenstand hatten.

Dritter Teil

LEIBLICHKEIT

I.
Erholung

Mobilität und Sommerresidenz

In dem Jahrhundert zwischen Innozenz III. und Bonifaz VIII. ist der Papsthof rund 60 Jahre abwesend von Rom. Außer Cölestin IV., der nur 17 Tage lang, vom 25. Oktober bis zum 10. November 1241, regierte, hat kein Papst des 13. Jahrhunderts den ganzen Pontifikat in Rom verbracht.[1] Elf der neunzehn Päpste des 13. Jahrhunderts haben mehr als die Hälfte ihrer Amtszeit außerhalb der ewigen Stadt gelebt. Sechs haben sie nicht einmal betreten, etwa die drei Franziskanerpäpste Urban IV. (1261–64), Klemens IV. (1265–68) und Martin IV. (1281–85), die sich ausschließlich in Städten des Kirchenstaates aufgehalten haben. Cölestin V. (1294) hat sein Heimatland, das Königreich Sizilien, nie verlassen. Bonifaz residierte fast die Hälfte seiner Amtszeit außerhalb Roms, meistens in Anagni.[2]

Innozenz III. hat in den achtzehn Jahren seines Pontifikats dreizehn Sommer außerhalb Roms verbracht.[3] Meist verließ er die Stadt irgendwann zwischen April und Juni, jedoch stets vor dem Fest Peter und Paul.[4] Nur in den Jahren 1199, 1200, 1204, 1205 und 1210 blieb der Papst auch im Sommer in Rom. Es war höhere Gewalt, die ihn dazu zwang: 1204 und 1205 hielten ihn Wirren in Rom fest, 1210 mußte er Otto IV. entgegentreten.

Nicht erst seit dem 13. Jahrhundert haben die Päpste den Sommer außerhalb Roms verbracht. So berichtet Anastasius Bibliothecarius († um 879) in seiner Lebensbeschreibung Papst Pauls I. (757–67), der Papst sei vor der Sommerhitze in die Abtei Sankt Paul vor den Mauern geflüchtet und dort am 28. Juni verstorben.[5] Seit je haben an Malaria leidende Päpste außerhalb Roms Erleichterung und Heilung gesucht. Damasus II., der nur wenige Tage nach seiner Wahl am 1. Juli 1048 erkrankte, ließ sich nach Palestrina tragen, um reinere und kühlere Luft atmen zu können, doch starb er bereits am 9. August.[6] Der malariakranke Stefan IX. hielt sich wegen seiner Gesundheit den ganzen Winter 1057–58 in Monte Cassino auf.[7] Um von Papst Nikolaus II. (1058–61) die Befreiung vom Bischofsamt zu erlangen, dessen Anforderungen er sich wegen seines Alters nicht mehr gewachsen fühlte, sandte Petrus Damiani dem Papst einen Vierzeiler über das menschenverschlingende fieberschwangere Rom, das sein Leben bedrohe.[8] Gregor VII. verbrachte die drei Sommer 1074, 1075 und 1076 in Laurino bei Salerno.[9] 1116 verließ die Kurie «wegen des unerträglichen Sommers» Rom und zog ins römische Kampanien und in die Marittima.[10] Paschal II. (1099–1118), durch die drückende Sommerhitze entkräftet, flüchtete sich nach dem Konzil von Benevent im Jahre 1117 nach Anagni.[11] Sein Nachfolger Kalixt II. verbrachte den Sommer 1122 in Velletri, Veroli, Anagni und kehrte erst im Oktober nach Rom zurück.[12] In der zweiten Hälfte des 12. Jahrhunderts wurden die Aufenthalte der Päpste in den so viel angenehmeren Städten des Latium immer häufiger. Eugen III. (1145–53) ließ sich in Segni sogar einen Palast als Sommerresidenz bauen.[13] Für Eugens Nachfolger Hadrian IV. (1154–59) mietete der Kardinal-Graf von Kampanien, welcher die Sommeraufenthalte vorbereiten mußte, am 15. März 1155 vom Bischof von Veroli in Monte San Giovanni ein Haus für den Papst.[14] Anfang Mai 1155 verließ der Papst zusammen mit Kaiser Friedrich Barbarossa Rom. Aber bereits im Juni zwang den Kaiser eine Epidemie, von der Lucanischen Brücke unterhalb Tivoli aus nach Deutschland zurückzukehren.[15] Im folgenden Jahr begab sich der Papst von Benevent nach Narni und von dort nach Orvieto, wo sich vor ihm noch kein anderer Papst aufgehalten hatte. Bei Winterbeginn (Oktober-November) «ging er hinab ins angenehme und volkreiche Viterbo».[16] 1159 verbrachte der Papst den Sommer in Anagni und verstarb dort am 1. September. Hadrians IV. Nachfolger Alexander III. (1159–81) dankte in einem Brief aus den Jahren 1167–69 der Bevölkerung von Veroli für ihre Treue und ihren warmherzigen Empfang.[17] Sein Nachfolger Lucius III. (1181–85) verbrachte fast seinen ganzen Pontifikat außerhalb Roms in Segni, Anagni, Sora und Velletri.

Dennoch wird es erst unter Innozenz III. zu einer festen Gewohnheit, regelmäßig den Winter in Rom, den Sommer aber in einer der klimabegünstigten Städte des Kirchenstaates zu verleben. Das ist eine Neuerung. Zwar hatten bereits früher Päpste längere Zeit außerhalb Roms geweilt, aber eher in Städten Norditaliens – Verona, Ferrara, Pisa –, und das aus politischen oder kirchlichen Gründen. Nur Cölestin III. (1191–98) war während der sieben Jahre seines Pontifikats stets in Rom geblieben.[18]

Dieser regelmäßige Wechsel von Sommer- und Winterresidenz wurde von den Nachfolgern Innozenz' III. sofort übernommen. Innozenz' Nachfolger Honorius III. (1216–27) und Gregor IX. (1227–41) bewohnten im Winter den Lateranpalast, der seit Jahrhunderten die offizielle Residenz der Päpste war, aber mit Beginn des Sommers verließen sie regelmäßig die Stadt.[19] Als Honorius III. am 18. Juli 1216 in Perugia zum Papst gewählt wurde, wartete er bis Ende August, um in Rom einzuziehen. Nur vier Sommer – 1218, 1221, 1224, 1226 – verbrachte er im

Lateranpalast. In einem Brief vom Juni 1226 bekannte er, sich nicht mit den Kardinälen beraten zu können, da sie wegen der unerträglichen Luft abwesend seien.[20] Im darauf folgenden August gewährte er einen Prozeßaufschub «wegen der Abwesenheit der Kardinäle und Prokuratoren», die mit seiner Erlaubnis Rom wegen der Sommerhitze verlassen hatten.[21]

Seit Innozenz III. wird der Wechsel von Winter- und Sommerresidenz so regelmäßig, daß der *Magister* Gregorius in seiner Rombeschreibung «Die Wunder der Stadt Rom» *(De mirabilibus Urbis Romae)* den Lateran ganz beiläufig und selbstverständlich «Winterpalast des Papstes» nennt.[22] Eine solche Benennung des Laterans muß in die ersten Jahrzehnte des 13. Jahrhunderts fallen. Nach 1226 hat in der Tat während des gesamten 13. Jahrhunderts kein Papst mehr einen ganzen Sommer in Rom verbracht.

Die Mobilität des päpstlichen Hofes im 13. Jahrhundert ist außerordentlich groß. Mehr als zweihundertmal wechselte die Kurie ihren Aufenthaltsort. Die Päpste des 13. Jahrhunderts haben alles in allem rund vierzig Jahre in folgenden zehn Städten des Kirchenstaates verbracht: Anagni, Assisi, Ferentino, Montefiascone, Orvieto, Perugia, Rieti, Segni, Tivoli und Viterbo.[23] In den zwanzig Jahren von 1260 bis 1280 hat die römische Kurie fast ununterbrochen in Viterbo residiert, wo es auch von 1268 bis 1271 zur längsten Sedisvakanz der Papstgeschichte kam.

Eine so große Mobilität verlangte eine ausgefeilte Organisation, denn die Verlegung der Kurie betraf stets Hunderte von Personen: die Mitglieder der «Familie» des Papstes (rund 200), die Kardinäle und ihre Familiaren, die Prokuratoren, die Kaufleute der Kurie, die Schreiber der Kanzlei, die Bischöfe bei ihrem pflichtgemäßen «Besuch der Apostelschwellen», die wegen eines Prozesses nach Rom gekommen Prälaten, Büßer, Pilger und so fort. Mindestens 500 bis 600 Personen, die der Kurie angehörten oder sonst in irgendeiner Art an sie gebunden waren, begleiteten regelmäßig den Papst, wenn er seinen Aufenthaltsort wechselte.[24] Für die Organisation dieser Umzüge war die Apostolische Kammer verantwortlich. Zwischen den Zeilen der wenigen auf uns gekommenen Rechnungsbücher des 13. Jahrhunderts spürt man deutlich das Bemühen, dem Papst und den hohen Kurienbeamten eine angenehme Reise und eine bequeme Unterkunft zu verschaffen. Kurienbeamte wurden bereits vorher zum neuen Aufenthaltsort gesandt, um die päpstlichen Gemächer einzurichten und um einen sicheren Aufbewahrungsort für den Papstschatz zu finden. Als Bonifaz VIII. im Mai 1299 die Kurie nach Anagni verlegte, begaben sich vorher ein Kleriker der Kammer und ein Türhüter des Papstes nach Anagni, um die Wohnungen zuzuteilen und einzurichten. Ein gewisser Zaone wurde beauftragt, die Wohnung des Kardinalkämmerers einzurichten, und zwei Diener überführten die gesamte Ausstattung seiner Wohnung. Im Oktober 1302, vor der Rückkehr der Kurie nach Rom, begaben sich zwei Bedienstete in die Ewige Stadt, «um die Wohnungen vorzubereiten». Sogar die Straßen ließ die Apostolische Kammer für die Reise des Papstes ausbessern. So zahlte sie am 28. September 1302 3 Pfund und 8 Schillinge «für die Ausbesserung der Straße, über die der Papst reitet»; und für die Rückreise des Hofes von Anagni nach Rom im Herbst 1302 wurden 17 Arbeiter bezahlt «um die Straße herzurichten». Der Papst führte bei solchen Reisen stets ein Zelt mit sich, daß in den Rechnungen der Kammer *papilio* oder *papilius secretus* genannt wird. Im Oktober 1299 ließ sich Bonifaz VIII. von Meister Nikolaus von Piglio einen Schemel machen, um leichter sein Pferd besteigen zu können. Er besaß aber auch einen reichverzierten Wagen, falls ihm das Reiten zu beschwerlich war.[25] Die Städte, wo die Kurie residierte, mußten sich verpflichten, die hohen Kurienbeamten unentgeltlich aufzunehmen. Für die zu vermietenden Wohnungen wurden durch die Stadt Höchstpreise festgesetzt, die durch von beiden Seiten ernannte Männer überwacht wurden. Um die Mitte des 13. Jahrhunderts vervierfachten sich die Mietpreise, wenn die Kurie in eine Stadt kam. Um den Immobilienmarkt zu beruhigen, ordnete Klemens IV. im Jahre 1266 an, daß nach dem Tode eines Papstes während der gesamten Sedisvakanz die Mietpreise um 75 % sinken müßten. Doch 1279 sieht ein privater Mietvertrag für den Fall einer Sedisvakanz eine lediglich um 50 % niedrigere Miete vor. Noch 1311, als die Kurie längst in Avignon weilte, rechnet ein Testament in Viterbo damit, daß bei einer Ankunft des Papstes sich die Mieten verdoppeln.[26]

Die Päpste unternahmen auch Reisen, um ihre weltlichen Herrschaftsrechte auszuüben.[27] Alexander III. residierte in den Jahren 1179–81 26 Monate lang «als Herr» im Palast von Tusculum.[28] Innozenz III. brach 1208 in das römische Kampanien und die Marittima auf, um die Lehnsbande mit dem Adel zu festigen. Als er Anagni verließ, ritt ihm der getreueste seiner Vasallen, Johannes von Ceccano, der bereits 1201 den Lehnseid geleistet hatte, mit fünfzig Rittern entgegen, um ihm das Ehrengeleit zu geben. Die Ritter waren prächtig geschmückt und zerstreuten den Papst während des Ritts mit Waffenspielen. In Fossanova ernannte ein Protonotar des Königs von Sizilien unter Posaunenstößen den Bruder des Papstes, Richard, zum Grafen von Sora. Nach Verlauf der Hälfte der Reise rief Innozenz III. die Barone nach San Germano (heute Cassino) zusammen, um den Provinzen des Königreiches nördlich des Faro Ruhe und Ordnung zu verschaffen. Am 6. Oktober leistete Richard von Segni seinem Bruder, dem Papst, den Lehnseid.[29]

Bonifaz VIII. benützte die Reisen des Hofes, um Burgen, Dörfer und

Besitz der Familie Caetani im Latium zu besuchen. Die Gesandten des Königs von Aragon berichten regelmäßig darüber. So schreibt der Prokurator des Königs am 2. September 1299: «Der Papst ist zu seinen Schlössern abgereist.»[30] Ähnliche Ausdrücke finden sich in einer Depesche vom 1. Oktober 1299, welche die Rückkehr des Papstes nach Rom ankündigt.[31]

Häufig kam es auch vor, daß der Papst Rom verlassen mußte oder nicht dorthin zurückkehren konnte wegen Unruhen in der Stadt oder wegen des Streites mit Kaiser Friedrich II. Die wahren Beweggründe jedoch für den regelmäßigen Wechsel von Winteraufenthalt in Rom und Sommeraufenthalt in einer der Städte des Kirchenstaates sind weder politische Ereignisse noch Amtspflichten. In fast zwei Dritteln der Fälle verläßt der Papst Rom im Mai oder Juni, jedoch nie vor dem Osterfest.[32] Meist verläßt die Kurie die Stadt nach einem kirchlichen Hochfest wie Christi Himmelfahrt oder Pfingsten.[33] Auch die Zeitpunkte der Rückkehr liegen eng zusammen: In zwei Dritteln der Fälle kehren die Päpste in den Monaten Oktober und November nach Rom zurück. Die Schlußfolgerung drängt sich auf, daß die Mobilität der Kurie im 13. Jahrhundert von dem Willen der Päpste bestimmt wurde, den Unannehmlichkeiten des römischen Sommers zu entgehen.

Jedesmal, wenn sich im dreizehnten Jahrhundert ein Konklave in die Länge zog und die Kardinäle gezwungen waren, während des Sommers in Rom zu bleiben, hatte das dramatische Folgen für die Gesundheit der Beteiligten.[34] Als Gregor IX. am 21. August 1241, wahrscheinlich an Malaria, im Lateran starb, schloß der Senator von Rom, Matteo Rosso Orsini, die acht Kardinäle im Septizonium auf dem Palatin ein. Das verursachte den Tod des englischen Kardinals Robert von Somercotes. Gottfried von Castiglione, der schließlich zum Papst gewählt wurde (Cölestin IV.), verstarb bereits 17 Tage nach seiner Wahl. Aus Angst vor einem neuen Gewaltakt des Senators flüchteten einige Kardinäle nach Anagni, noch bevor der Papst bestattet war. Während der folgenden Sedisvakanz erkrankten die beiden Kardinäle Sinibald Fieschi, der zukünftige Innozenz IV., und Richard Annibaldi schwer.[35]

Nach dem Tode Innozenz' V. am 22. Juni 1276 einigten sich die Kardinäle schnell auf einen Nachfolger. Da der Sommer vor der Tür stand, ordnete der neue Papst Hadrian V. (Ottobono Fieschi) sofort den Umzug der Kurie nach Viterbo an. Doch dort starb der Papst bereits einen Monat nach seiner Wahl am 18. August 1276.

Honorius IV. starb am 3. April 1287 an der Gicht im Palast, den er für seine Familie, die Savelli, auf dem Aventin hatte bauen lassen. Wieder war es die Uneinigkeit der Kardinäle, welche die rasche Wahl eines Nachfolgers verhinderte. Mit der Ankunft des Sommers brach die Malaria aus und raffte sechs Kardinäle hinweg. Vier andere Kardinäle flüchteten aus Rom an Orte, die angenehmer und gesünder waren. Ein einziger Kardinal, Hieronymus Masci, Bischof von Palestrina, blieb allein im Savelli-Palast bei der Kirche Santa Sabina. Er unterhielt ständig ein Feuer in seiner Kammer, um die verseuchte Luft zu reinigen, «und so entkam er den Pestdünsten». Die Ankunft des Herbstes schob noch einmal die Wahl eines Papstes hinaus. Erst gegen Ende des Winters, am 12. Februar 1288, wurde schließlich ein neuer Papst, Nikolaus IV., gewählt.[36]

Auch nach dem Tode Nikolaus' IV. am 4. April 1292 konnten sich die Kardinäle nicht auf einen Nachfolger einigen. Als dann der Sommer kam, flüchteten die meisten Kardinäle nach Rieti und Anagni; nur drei blieben in Rom, doch starb einer von ihnen an Malaria.[37]

Seit den ersten Jahren des Pontifikats Innozenz' III. werden die Quellen, die von der «Erholung des Leibes» *(recreatio corporis)* sprechen, immer zahlreicher. Der Papst selbst spricht davon in seiner Predigt über die goldene Rose. «Ihr müßt wissen, Geliebte im Herrn, daß der vergängliche Leib ununterbrochene Mühsal nicht ertragen kann, wenn man ihm nicht dann und wann Erholung – *recreatio* – gewährt.»[38] 1209 verließ Innozenz III. Rom, weil sein Leib – wie eine Chronik sagt – nicht die Sommerhitze ertrug.[39] Segni jedoch, das der Papst so sehr liebte, weil er hier seine Verwandtschaft wiederfand und wo er sich 1212 und 1213 aufhielt, fanden seine Kapläne, die mildere Orte gewohnt waren, zu «trocken».[40] 1205 mußte Innozenz III. in Rom bleiben, aber er gestattete einigen Kurienbeamten, außerhalb Roms die Rückkehr eines milderen Klimas abzuwarten, um dem Fieber zu entgehen, das in Rom wütete.[41]

1202 verbrachte Innozenz III. den Sommer in Subiaco. Dieser Aufenthalt des Papsthofes in Subiaco wird von einem unbekannten Kurienbeamten in einem zwischen dem 6. August und dem 5. September geschriebenen Brief ausführlich geschildert. Der Brief ist ganz durchtränkt von einer großen Bewunderung für die idyllische Schönheit Subiacos. Der Verfasser, der Kardinal Hugo von Segni, dem späteren Gregor IX. (1227–41), nahestand, war ein feinfühliger Naturbetrachter und genoß das einfache und gesunde Leben an diesem Ort.[42] Die Hinweise auf die gewagte Architektur der Einsiedelei von Subiaco und auf die Gemälde in den Kammern zeigen, daß der Verfasser des Briefes ein vielseitig interessierter und guter Beobachter war.[43] Um den Papst und seinen Hof unterzubringen, wurden Zelte errichtet. Im Süden standen die vom Rauch geschwärzten Zelte des päpstlichen Kochs, der nach dem Befehlshaber der Leibwache Nebukadnezars den biblischen Übernamen «Nabuzardan» trug. Im Osten wohnte der Apotheker; so konnte er bereits bei Sonnenaufgang den Urin prüfen.[44] Im Norden lag der Markt. Die Residenz des Papstes wird «kleiner Tabernakel» *(parvum tabernacu-*

lum) genannt. Sie hatte von allen Zelten die beste Lage, denn sie empfing am meisten Sonnenwärme.[45]

Die Lebensbeschreibung Innozenz' III. und die Chronik Richards von San Germano berichten nur zweimal, zum Jahr 1203 und zum Jahr 1212, daß der Papst den Sommer wegen der Hitze außerhalb Roms verbracht habe.[46] Der Biograph Gregors IX. dagegen spricht regelmäßig von den Sommeraufenthalten des Papstes; er schreibt sie der Sorge des Papstes um seine Gesundheit zu. So berichtet er zum Jahre 1232, daß der Papst sich im August nach Anagni begab und dort glücklich – *feliciter* – auch den größten Teil des Winters verbrachte. Von Anagni aus reiste er dann in das römische Kampanien und in die Marittima.[47] 1227 verbrachte Gregor IX. in Anagni, «weil die ungesunde römische Luft immer mit sommerlichen Krankheiten droht».[48] Im Juni 1230 begab sich der Papst wieder einmal nach Anagni, «um die Wohltat milder Luft zu genießen, als die sommerliche Feuerhitze losbrach».[49] Im folgenden Jahr, ebenfalls im Juni, verläßt der Papst wiederum Rom «aus Furcht vor dem bevorstehenden Sommer».[50] Im Herbst 1236 siedelt er von Rieti, einem Ort, dem man wegen der Sümpfe nachsagte, er begünstige das Rheuma, nach Terni über. Terni beschreibt der Biograph als einen Ort mit reich fließenden Wassern und vielen anmutig angeordneten Bäumen. Dort habe sich der Papst einen Palast «mit vielen Annehmlichkeiten» gebaut.[51] Im Juni 1238 begab sich Gregor IX. erneut von Rom nach Anagni, «um der gefährlichen römischen Hitzeglut zu entgehen». Als dann die «Gefahr des Sommers» vorübergegangen war, kehrte er im Oktober 1238 wieder nach Rom zurück.[52]

Körperliche Erholung und Schutz der Gesundheit durch den Sommeraufenthalt in gesunden und angenehmen Orten wurden schließlich sogar ein Thema der Polemik zwischen Kaiser und Papst. Ein während des ersten Konzils zu Lyon (1245) verfaßter Brief der Kurie, der sich im Briefbuch des päpstlichen Kaplans Albert Behaim erhalten hat, warf Friedrich II. vor, er habe durch seine Belagerung Roms die Gesundheit des Papstes verschlechtert, «der gewohnt war, im Sommer sich durch gesundere Luft zu stärken».[53]

Anläßlich der Rückkehr Innozenz' IV. aus Lyon im Jahre 1251 bemerkt sein Biograph Nikolaus von Calvi, daß es Gewohnheit der Päpste sei, bei Winterbeginn nach Rom zurückzukehren.[54] Und die Übersiedlung der Kurie nach Assisi am 25. Mai 1254 begründet er mit der Tradition, daß der Papst im Sommer Rom stets verlasse.[55]

Zwei der brillantesten päpstlichen Notare, Jordan von Terracina und Johannes von Capua, führten zur Zeit Alexanders IV. (1254–61) einen freundschaftlichen Briefdisput darüber, welcher Sommerresidenz – Anagni oder Subiaco – der Vorzug gebühre. Johannes deckt mit krassem Realismus die Nachteile von Subiaco auf und schwärmt für Anagni, das er einmal sogar «königlich» nennt. Jordan dagegen zeichnet ein ganz idyllisches Bild von Subiaco: Es sei ein mit allen irdischen Annehmlichkeiten gesegneter Erdenwinkel; die großzügige Rechte des Allerhöchsten habe Subiaco im Überfluß mit allem versehen, das dem Wohlergehen des Leibes und dem Heil der Seele diene.[56] Von Alexanders IV. Nachfolger Urban IV. (1261–64) wird berichtet, daß er im Juli 1262 von Viterbo nach Montefiascone gehen wollte, «um der Sommerhitze zu entfliehen».[57] Hier in Montefiascone wurde dann später durch Martin IV. (1281–84) ein weiterer päpstlicher Sommerpalast gebaut.[58] Als Bonifaz VIII. zwischen dem 27. und 31. August 1299 seinen Hof von Anagni nach Trevi verlegte, berichtet der Prokurator des Königs von Aragon seinem Herrn, der Papst habe Anagni verlassen, «um seinem Leib Erholung zu verschaffen» – *causa recreationis corporis sui* – [59], ein Ausdruck, den der Papst selbst in einem Brief vom 1. September 1299 an den englischen König verwandte.[60]

Angst vor Ansteckung

In seinem Traktat «Über das Elend des Menschenlebens» spricht Lothar von Segni, der spätere Innozenz III., auch vom Verwesungsgestank der Leichen, aber er gebraucht Bilder, die nicht der traditionellen Weltverachtungsrhetorik des Mönchtums entstammen, sondern zeitgenössischen medizinischen Werken der Schule von Salerno. Das zeigt z. B. seine Beschreibung der Verwesung durch Würmerfraß. Die Ähnlichkeiten mit den «Salernitanischen Fragen» *(Quaestiones Salernitanae)* sind frappant.[61] Die Schule von Salerno lehrte, daß Reptilien, Fliegen, Schlangen und Würmer durch die von äußerer Wärme verursachte Fäulnis gezeugt werden und daher der menschlichen Natur feindlich seien.[62] Gerade in den letzten Jahrzehnten des 13. Jahrhunderts widmete die Schule von Salerno der aristotelischen Lehre von der Spontanzeugung große Aufmerksamkeit.[63]

Auch die präzise Beschreibung der Natur der Fliegen – freche Insekten, «welche den Menschen mit großer Aufdringlichkeit belästigen» – in der bereits erwähnten Beschreibung des Aufenthaltes des Hofes Innozenz' III. in Subiaco (1202) bezeugt eine sehr genaue Beobachtung der Natur und auch die aufmerksame Lektüre zeitgenössischer medizinischer Texte. Fliegen sind so schädlich und lästig, weil sie – so wird gesagt – nicht phlegmatisch, sondern cholerisch sind.[64] Petrus von Vinea erinnert an die Stechmücken und an die ungesunden Dünste des heißen römischen Sommers, um die Prälaten davon abzuhalten, sich zum Konzil zu begeben, das Gregor IX. im Jahre 1241 zusammengerufen hatte. «Und wenn ihr nun tatsächlich nach Rom kommt, was erwartet euch da, wenn nicht neue Gefahren? Unerträgliche Hitze, fauliges Wasser, grobe und ungesunde Lebensmittel, stickige Luft, Unmengen von Stechmücken, Skorpione und ein verdrecktes, häßliches, tobsüchtiges Lumpenpack.»[65] Der Biograph Gregors IX. erwähnt, daß eine Unzahl von Schlangen in Rom eingedrungen sei, deren verwesende Kadaver Malaria und Tod über die Bevölkerung Roms gebracht hätten.[66] Daß Schlangen und in der Tiefe der Erde lebende Monster die Luft verpesten können, das sagt auch der Verfasser des medizinischen Handbuchs *Breviarium practicae*, der mit der Umwelt der römischen Kurie gut vertraut war.[67]

Die Lebensbeschreibung Gregors IX. erwähnt übrigens ausdrücklich das Bemühen des Papstes, die Fäulnisherde in den Straßen Roms, welche die Luft verpesteten, zu beseitigen.[68] «Fäulnis» wird geradezu ein literarischer Gemeinplatz: Der Kampf gegen die Aufrührer etwa, die sich in der *Torre Cartularia* am Titusbogen verschanzt hatten, wird mit der Notwendigkeit verglichen, eine faulende und eiternde Wunde zu heilen,[69] und auch die Ketzerei ist eine «ansteckende Krankheit».[70] Die Kardinäle, die 1241 nach dem Tode Cölestins IV. aus Rom nach Anagni geflohen waren, sprechen in ihrem Brief von dem «Gestank und der schrecklichen Fäulnis» in Rom.[71] Die Aktualität dieses Themas zeigen auch Stilübungen über den «stinkenden und von Würmern zerfressenen Leib» in Kanzleibriefen vom Hofe Gregors IX.[72]

Die Kadaver und der Verwesungsgestank werden auch behandelt in dem Traktat «Über das Herauszögern der Altersbeschwerden» *(De retardatione accidentium senectutis)*, den wir später noch eingehender betrachten werden. Für den unbekannten Autor dieses Traktates, der in den ersten Jahrzehnten des 13. Jahrhunderts im Umkreis der Kurie lebte, besteht ein Zusammenhang zwischen Verwesung und Malariafieber. Der Pesthauch *(vapor pestilentialis)*, womit offensichtlich die Malaria gemeint ist, habe sich – so sagt er – zunächst bei den Griechen verbreitet wegen der vielen Leichen, die nach einer «schrecklichen Schlacht in Äthiopien» unbeerdigt zurückgelassen worden waren. Diese Theorie stammt übrigens von Avicenna.[73] Gleich zu Anfang begründet dieser Traktat das Altern mit der immer größer werdenden Zahl von Menschen, welche die Luft immer mehr verschlechtern.[74] Das ist ein Gedanke, den Roger Bacon fast wörtlich in seinem «Brief über die Geheimnisse der Natur» *(Epistola de secretis naturae)* wiederholen wird.[75]

Auch Michael Scotus spricht in seinem «Besonderen Buch» *(Liber particularis)* des langen über die Malaria. Auch für ihn ist sie verdorbene Luft. Sie findet sich nicht überall, aber sie weht unbemerkt von einer Gegend zur anderen und bleibt schließlich an einem Ort.[76] Diese Theorie erklärt vielleicht die Aufmerksamkeit Friedrichs II. für die Reinheit der Luft. Adam von Cremona schrieb 1227 für den Kaiser eine Denkschrift, «Anlage, Weg und Ziel eines Heerzugs in das Heilige Land» *(De regimine et via itineris et fine peregrinantium)*, wo er auch ausführlich über die Verseuchung der Luft und über die Mittel, sie zu reinigen, spricht.[77] Wie man sieht, hatten Papsthof und Kaiserhof die gleichen Interessen und Sorgen.[78]

Die Furcht vor Ansteckung ist unzweifelhaft eine der großen Sorgen des Papsttums während des gesamten 13. Jahrhunderts. Urban IV. (1261–64) ernannte am 27. Februar 1364 eine Kommission, die Peter von Rossel, Theologieprofessor in Paris untersuchen sollte, der verdächtigt wurde, leprakrank zu sein. Mitglieder der Kommission waren die beiden Leibärzte des Papstes, Raimund von Nîmes und Remigius, sowie der Kardinal Johannes von Toledo, der ausgedehnte Kenntnisse in der Medizin und Alchemie besaß.[79] In den Verträgen zwischen der Stadt Viterbo und der Apostolischen Kammer aus dem Jahre 1278 vor dem Umzug der Kurie nach Viterbo wurde auch bestimmt, daß aus Gesundheitsgründen die stinkenden Wasserbecken, in denen das Leinen gewaschen wurde, aus der Stadt zu verschwinden hätten.[80] In diesem Zusammenhang ist die Nachricht, Papst Martin IV. (1281–84) habe den Arzt Peter von Evesham, der später Kardinal wurde, nach Rom gerufen, um dort die Malaria zu bekämpfen, nicht unwahrscheinlich.[81]

Wohltaten des Wassers

Der unbekannte Autor, der in einem Brief den Aufenthalt des Hofes Innozenz' III. zu Subiaco im Jahre 1202 berichtet, schreibt unter anderem:

> Wir wohnen [...] oberhalb eines wunderschönen Sees [...]. Der See ist jeden Lobes würdig; er ist blau und wirft Wellen wie das Meer, wenn der Wind über das Wasser streicht, obwohl er doch durch seine Form und durch den Geschmack seines Wassers vom Meer verschieden ist. Liegt das Wasser still da, so wünscht man, sich auf ihm ergehen zu können, denn aus der Ferne gleicht der See einer Wiese, nur daß die Blumen fehlen. Was soll ich weiters sagen? Je mehr wir uns an seinem Anblick erfreuen, um so mehr bedauern wir, daß wir uns nicht auf ihm ergehen können [...]. Die einzelnen Orte, wo wir wohnen, liegen auf wunderschönen von Bächen umrauschten Inseln, welche die menschliche Natur auf wunderbare Weise erquicken. Überall fließt Wasser, hier langsam, dort schnell, hier gurgelnd, dort murmelnd; hier steht es still und klar, dort kocht und sprudelt es wie in einem Topf, da die Kälte des Winters fehlt.[82]

Am Ende dieses langen Lobes des Wassers wird schließlich auch der Papst erwähnt: «Der dritte Salomon [Innozenz III.] liebt dieses Wasser;

er liebt es, seine Hände hineinzutauchen, und er kühlt mit ihm seinen Mund. Mit zweifacher Heilkraft hilft es der zweifachen Bedürftigkeit der menschlichen Natur: Außen wäscht es den Schmutz hinweg, der die menschlichen Sinne beleidigt; innen spült es alles hinweg, was seiner Macht Widerstand leistet.»[83]

Auch der englische Chronist Gerald von Wales berichtet uns von der Liebe Innozenz' III. zum Wasser. Er hatte sich wegen eines Prozesses nach Rom begeben und fand den Papst bei der «Jungfrauenquelle» *(Fons Virginum)*, «wohin er sich oft begab, um sich zu ergehen *(spatiandi causa)*». Diese Quelle im Süden Roms, nicht weit vom Lateran, spendete – so Gerald – klares und frisches Wasser; sie war durch gleich groß behauene Steine gefaßt, und ein lieblicher und wasserreicher Bach ergoß sich von ihr aus in das Gefilde. Gerald fand den Papst bei der Quelle sitzend, etwas entfernt von den anderen.[84]

Bereits einige Jahrzehnte früher, im August 1167, wurde Alexander III. gesehen, wie er am Fuße des Monte Circeo speiste «bei einer Quelle, die seitdem ‹Papstquelle› heißt». Diese friedliche Szene kontrastiert mit den dramatischen Umständen dieser Reise; der Papst war nämlich aus dem durch Kaiser Barbarossa besetzten Rom geflohen mit Hilfe von Schiffen, die ihm der König von Sizilien gesandt hatte.[85]

Auch zur Zeit Innozenz' III. wurde eine neugefundene Quelle unterhalb der Mauern Spoletos sofort «Papstquelle» genannt.[86] Während seines Sommeraufenthaltes in Ferentino im Jahre 1203 ließ Innozenz III. eine gute und schöne Quelle in Stein fassen.[87] 1217 wurde nach einigen Chroniken in Viterbo eine warme und heilkräftige Quelle gefunden, welche den Namen «Kreuzzugsquelle» *(Acqua della Crociata)* erhielt, da sie im Traum einem Mann geoffenbart wurde, der nach Jerusalem aufbrechen wollte. Später wurde sie dann «Bad des Papstes» *(Bagno del Papa)* genannt.[88]

Unzweifelhaft waren die zahlreichen Bäder und Heilquellen der Grund, warum die Kurie im 13. Jahrhundert sich die meiste Zeit in Viterbo aufhielt.[89] Matthäus Paris berichtet, daß Papst Gregor IX. wegen seines Alters und seiner Blasensteine Erleichterung in den Bädern von Viterbo suchte.[90] Der Wasserfall, den Witelo mit seinen Freunden besuchte, um die Gesetze des Regenbogens zu studieren, befand sich in der Nähe von Viterbo bei den Bädern von Lo Scoppio.[91] Es ist daher nicht verwunderlich, daß die reicheren Prälaten in Viterbo Besitz erwarben. So baute sich der Astronom und Arzt Campanus von Novara († 1296) in der Stadt ein großes Haus, das er in den letzten Jahren seines Lebens bewohnte. 1288 hatte der damals bereits sehr betagte Campanus von Papst Bonifaz VIII. die Erlaubnis erhalten, die Kurie zu verlassen.[92]

Mobilität, Angst vor Ansteckung, Lob des Wasser, das sind alles Aspekte ein und desselben Phänomens, das uns die Quellen mit großer

Deutlichkeit seit dem Pontifikat Innozenz' III. zeigen. Wie in anderen Bereichen öffnet auch hier Innozenz III. neue Bahnen. Innozenz III. beginnt mit der Gewohnheit, im Sommer regelmäßig die Kurie an einen angenehmeren Ort zu verlegen, und er ist es auch, der zum ersten Mal – an einem ungewohnten Ort: in seiner Predigt über die goldene Rose – über die «Erholung des Leibes», die *recreatio corporis*, spricht. Der Gegensatz zu den düsteren und sehr pessimistischen Gedanken in seinem Traktat «Über das Elend des Menschenlebens» ist nicht zu übersehen.

Diese Sorge um die «Erholung des Leibes», die sich bei Innozenz III. so deutlich in Praxis und Theorie zeigt, spiegelt eine neue Sensibilität; sie ist mehr als der bloße Wille, der mörderischen römischen Malaria zu entkommen. Auch wenn man annimmt, daß die seit je in Rom wütenden Malariaepidemien im 12. und 13. Jahrhundert ganz besonders heftig waren, so zeigen die Mobilität, die Furcht vor Ansteckung und das Gefallen an Quellen, Brunnen, Bächen, Seen eine neue Sensibilität für das Wohlergehen und die Gesundheit des Leibes.

Um diese neue Sorge um Gesundheit und Erholung zu befriedigen, nutzte die römische Kurie die Möglichkeiten des seit Innozenz III. fest gegründeten Kirchenstaates. Der von Innozenz III. begonnene Wechsel von Winter- und Sommerresidenz fällt zusammen mit der «Neugründung» des Kirchenstaates durch den Papst. Viterbo, wo die Kurie sich länger und häufiger als in jeder anderen Stadt Latiums oder Umbriens aufhielt, ist auch die an Heilquellen reichste Stadt des Kirchenstaates.

Die Sorge um Hygiene, Gesundheit und Annehmlichkeit ist der Hauptgrund für die eindrückliche Mobilität der Kurie im 13. Jahrhundert.[93] Diese Mobilität spiegelt ein neues Raumbewußtsein und eine neue Art des Hoflebens. Sie zeigt auch die große logistische Effizienz der Verantwortlichen; wegen der Größe des Hofes und wegen der hohen Ansprüche der Mitglieder ist sie in Europa ohne Vergleich.[94] Seit den ersten Jahrzehnten des 13. Jahrhunderts wird der sommerliche Landaufenthalt, die «villegiatura», ein fester Bestandteil des Lebensrhythmus der Kurie.

Dieses neue Bedürfnis nach Erholung und Annehmlichkeit brachte es mit sich, daß die Kurie freiwillig über lange Zeiträume von Rom abwesend war. Angezogen von der Annehmlichkeit *(amoenitas)* solcher Städte wie Viterbo oder Orvieto haben die drei französichen Päpste des 13. Jahrhunderts, Urban IV., Klemens IV. und Martin IV., Rom nie betreten. Das Kirchenrecht und die Ekklesiologie jener Zeit rechtfertigten die Mobilität der Kurie und die Abwesenheit der Päpste von Rom mit dem Satz: «Wo der Papst ist, da ist die Kirche» *(Ubi papa, ibi ecclesia)*. Für den Abt von Andres war Viterbo Rom, denn hier residierte der Papst. Aber er vergißt nicht, anzumerken, daß es die Sorge um die Gesundheit gewesen war, die einst Innozenz III. nach Viterbo geführt hatte: er wollte dem römischen Sommer entfliehen, «der seinem Leibe schädlich war».

Von entscheidender Wichtigkeit waren die neuen medizinischen Kenntnisse arabischer Herkunft, welche die Gelehrten des Papsthofes den anderen Hofbeamten vermittelten. Sie trugen dazu bei, tiefsitzende alte Befürchtungen und Obsessionen vor Ansteckung und Seuche zu bannen. Dieses neue Wissen und die sich daraus ergebenden Folgerungen werden gleichzeitig am Papsthof und am Hofe Friedrichs II. übernommen; in gewissen Dingen, etwa dem regelmäßigen Wechsel von Sommer- und Winterresidenz, geht der Papsthof dem Kaiserhof voraus. Als in den letzten Jahrzehnten des 13. Jahrhunderts das Papsttum wieder regelmäßig in Rom residieren konnte, da bauten Nikolaus III. und seine Nachfolger während der Jahre 1280–1300 den von Innozenz III. einst auf dem Vatikanhügel gebauten Palast in eine bequeme und prächtige Papstresidenz um. Diese neue Residenz war umgeben von einem «weitläufigen Garten, in dem Bäume der verschiedensten Art gepflanzt worden waren». Sogar ein Gehege mit exotischen Tieren befand sich in ihm.[95]

II.
Die Sorge für den Leib

Ärzte und Rezepte

Innozenz III. ist der erste Papst, für den die Quellen zum ersten Mal mit Sicherheit einen Leibarzt erwähnen. In dem am 20. April 1213 zu Rom aufgesetzten Testament der Gräfin Maria von Montpellier, Gemahlin König Peters II. von Aragon, wird der «Arzt des Papstes» Johannes Castellomata erwähnt.[1] Dieser Johannes war ein bedeutender Mann. Der unbekannte Verfasser des ältesten im Okzident geschriebenen Traktates über das Herauszögern des Alters sagt, Johannes habe ihn zur Abfassung seines Werkes ermutigt.[2] Die Castellomata waren während der ersten Hälfte des 13. Jahrhunderts eine der einflußreichsten Familien Salernos.[3] Das bestätigt, wie eng die Beziehungen zwischen dem Papsthof und der Schule von Salerno waren; wahrscheinlich waren sie viel enger, als uns die Quellen nahelegen. Ein anderer berühmter Arzt aus Salerno war Romuald († 1181), der wohl identisch ist mit Erzbischof Romuald von Salerno.[4] Aegidius von Corbeil, Leibarzt des französischen Königs Philipp August (1179–1223), spricht von ihm mit großer Hochachtung in seinem Gedicht über die «zusammengesetzten Heilmittel»[5] und betont, wie hoch Romuald als Autor und «Schützer des Lebens» *(patronus vitae)* an der Kurie geschätzt werde.[6] Der Ruhm, den man in Salerno erworben hatte, konnte um 1200 sogar die Kardinalwürde einbringen. Johannes von Sankt Paul, der Verfasser der *Flores Diaetarum*, ein Werk, das eindeutig der Schule von Salerno zugeordnet werden kann, ist vielleicht identisch mit dem Kardinal gleichen Namens.[7]

In jenen Jahrzehnten sind medizinische Kenntnisse und Kardinalwürde durchaus nicht unvereinbar. Der Brief, welcher den Aufenthalt des Papsthofes in Subiaco beschreibt, erwähnt auch namentlich einen *magister*, «der beim dritten Salomon [Innozenz III.] die höchste Gunst genießt». Dem Verfasser dieses Briefes hatte bereits früher ein *magister Ro.* vorgeschrieben, alles zu meiden, was ihn noch weiter abmagere.[8] Dieser *magister Ro.* genannte Arzt ist sehr wahrscheinlich Romanus Bonaventura, der später Kardinaldiakon von Sankt Angelus am Fischmarkt *(Sant' Angelo in Pescheria)* (1216–36) und Bischof von Porto (1236–43) wurde.[9] Außer dem gleichen Namen spricht dafür auch, daß vom Kardinal Romanus eine Predigt überliefert ist, der *Sermo de poenitentia*, in der ein wichtiger Grundsatz der Medizin zitiert wird: *contraria contrariis curantur*, «Gegensätzliches wird durch Gegensätzliches geheilt».[10]

Der Verfasser des Briefes über den Aufenthalt des Papsthofes in Subiaco beruft sich auch gerne auf Galen und Hippokrates.[11] Unwillkürlich denkt man sogleich an die Porträts Galens und Hippokrates' in den Fresken der Krypta von Anagni. Diese Porträts sind nicht nur wegen ihrer Seltenheit wichtig. Die Auftraggeber dieser Fresken müssen unter den Chorherren von Anagni gesucht werden, die enge persönliche und familiäre Bindungen zum Hofe der Päpste Innozenz III. und Gregor IX. hatten, z. B. Rinaldus von Jenne, der 1254 als Alexander IV. den Stuhl Petri bestieg.[12]

Die «Taten Innozenz' III.» *(Gesta Innocentii III)* berichten, der Papst habe innerhalb der Mauern der neuen Papstresidenz auf dem Vatikan ein Haus für den «Arzt des Papstes» gekauft.[13] Das von Innozenz III. gegründete Heilig Geist-Spital sollte vor allem dazu dienen, Päpste und Kardinäle zu heilen.[14] Innozenz III. ist der erste Papst, der wiederholt in der ersten Person von seinen Krankheiten und der Gebrechlichkeit seines Leibes spricht.[15] Häufig gebraucht er in seinen Schriften Ausdrücke und Begriffsbestimmungen aus der Medizin.[16] Er zögert nicht, sich auf jene zu berufen, «die über die Natur geschrieben haben», und hier besonders auf die Ärzte *(physici)*. Von den Naturforschern übernimmt er den Gedanken – er nennt ihn «vernünftig» –, daß der Mond kalt und feucht und der Schlaf die Ruhe der animalischen Kräfte im Menschen sei. Von den Ärzten sagt er einmal, sie widersetzten sich der Glaubenswahrheit, daß Wasser und Wein sich bei der Wandlung in das Blut Christi verwandeln.[17] Ganz genau beschreibt er Haut und Fleisch der Leprakranken, aber nicht als bloßes Sinnbild von etwas anderem – etwa der Sünde –, sondern offensichtlich aus reiner Neugier, so wie es sich einem klinisch beobachtendem Blick darbietet. Er vermag die vier verschiedenen Fieberarten zu definieren und er unterscheidet vier Gemütskrankheiten *(languores mentis)*.[18] Medizinische Bemerkungen finden sich sogar in Predigten, die er an hohen kirchlichen Feiertagen gehalten hat, etwa bei der Krönungsfeier oder bei der Eröffnung des vierten Laterankonzils.[19]

Der Name Innozenz III. ist unlösbar mit den Anfängen der mittelalterlichen Anatomie verbunden. Die ersten Zeugnisse über gerichtsmedizinische Untersuchungen finden sich in zwei Briefen des Papstes aus dem Jahre 1209. In beiden Fällen sollte vor einem gerichtlichen Entscheid zunächst die genaue Todesursache festgestellt werden und damit die eventuellen Verantwortlichkeiten. Im ersten Fall beauftragte der Papst erfahrene Ärzte mit der Untersuchung – es handelt sich noch nicht um eine Autopsie im strikten Sinne – der Leiche eines Ermordeten;

im zweiten Fall befahl der Papst, das Urteil der Chirurgen und Ärzte, die den Leichnam eines ermordeten Mädchens untersucht (aber nicht seziert) hatten, öffentlich zu verkünden.[20] Diese wichtigen Zeugnisse zeigen, wie klarsichtig und genau Innozenz bei der Untersuchung strittiger Fälle vorging; sie zeigen auch, welch fundamentale Wichtigkeit das Kirchenrecht haben wird für die Entwicklung intellektueller und juristischer Techniken, die zur Einführung der gerichtsmedizinischen Autopsie führen.[21]

Ohne Zweifel steht der Pontifikat Innozenz' III. gleichnishaft für Erscheinungen und Tendenzen des gesamten späteren 13. Jahrhunderts. Bereits unter Innozenz III. ist das Ansehen der Kurie eng an die Medizin gebunden; unter ihm dringt das neue medizinische Schrifttum in die Gelehrtenkreise am Papsthof ein, und unter ihm beobachtet man zum ersten Mal eine lebhafte Neugier an allen «Leibwissenschaften», besonders an der Anatomie. So gesehen erscheint auch der Aufenthalt Davids von Dinant in neuem Licht.[22] Der päpstliche Kaplan dieses Namens ist niemand anderer als der Naturphilosoph, Aristoteliker und Arzt, der 1210 von der Pariser Synode verurteilt worden war.[23] David hatte einen Traktat über die Venen, Adern und Nerven des menschlichen Leibes verfaßt. Vermutlich hat er längere Zeit im südlichen oder östlichen Mittelmeerraum gelebt, denn er beschreibt sehr genau geographische und physikalische Besonderheiten Siziliens und Palästinas.[24]

Das Interesse der Gelehrtenkreise am Papsthof für Medizin und Naturwissenschaften wird während des 13. Jahrhunderts ständig zunehmen. Es ist durchaus glaubhaft, daß der Leibarzt Gregors IX., Richard von Wendover, niemand anders ist als jener Richard der Engländer, der einen der wichtigsten Anatomietraktate des 13. Jahrhunderts verfaßt hat.[25] Unter Innozenz IV. (1243–54) verfaßte Tedericus, Sohn des Arztes Hugo von Lucca, auf Bitten seines Ordensbruders Andrea Albalate, Bischof von Valence, sein wichtigstes Werk, die «Chirurgie» *(Cyrurgia seu Filia principis)*.[26] Heinrich von Mondeville, der zu Beginn des 14. Jahrhunderts den ersten bedeutenden Chirurgietraktat in französischer Sprache verfaßte, gibt das Verdienst, ihn zu seinem Werk angeregt zu haben, dem päpstlichen Leibarzt Wilhelm von Brescia.[27]

In der *Biblionomia* Richards von Fournival, Kanzler der Kirche von Reims, werden nicht weniger als 125 medizinische Werke aufgezählt, die von 36 Autoren stammen und die in 30 Handschriften erhalten sind.[28] Nur sein langer Aufenthalt in Italien ermöglichte es Richard, eine so außergewöhnliche Sammlung medizinischer Werke zusammenzutragen. Richard war – nach einem Dokument aus dem Jahre 1239 – Kaplan in der Familie des Kardinals Robert von Somercote.[29] Papst Gregor IX. gestattete dem *magister* und Subdiakon Richard, bis zu seiner Diakonweihe die Chirurgie zu praktizieren.[30]

Die wenigen Quellen, die uns gestatten, mit einiger Deutlichkeit das Vermögen eines Kurienmitglieds im 13. Jahrhundert abzuschätzen, betreffen Personen, die am Papsthof eine ärztliche Tätigkeit ausübten. Ein solcher Mann war Campanus von Novara. Zum ersten Mal erscheint er an der Kurie als Kaplan Ottobonus Fieschis, Neffe Innozenz' III., Kardinaldiakon von Sankt Hadrian an den drei Foren (1252–1276), und schließlich Papst unter dem Namen Hadrian V. (11. Juli – 18. August 1276). Als Campanus an die Kurie kam, war er bereits ein weit bekannter Gelehrter, denn er hatte in den Jahren 1256/59 eine kommentierte Übersetzung des Euklid abgeschlossen.[31] Bei seinem Tod im Jahre 1296, nach dreißig Jahren an der Kurie, war Campanus ein reicher Mann. Die in seinem Dienste stehende «Familie» umfaßte sechs Personen. Er besaß in Viterbo ein großes Haus, und sein ganzes Vermögen in Liegenschaften wird vom aragonesischen Gesandten auf 12000 Gulden geschätzt. Dieses Vermögen versprach der Kardinal Gerhard Bianchi von Parma, letzter Protektor Campanus' und sein Testamentsvollstrecker, dem Neffen Bonifaz' VIII., Peter Caetani, für den Aufbau der *Torre delle Milizie*.[32] Dieser Reichtum entstammte nicht einem ererbten Familienvermögen oder Einkünften aus Pfründen. Er wurde angehäuft durch Campanus' Tätigkeit als Astronom, Astrologe und Arzt am Papsthof, und die Mitglieder dieses Papsthofes waren sehr zahlungskräftige Leute, denn sie erfreuten sich in der zweiten Hälfte des 13. Jahrhunderts beträchtlichen Wohlstandes.

Campanus ist vor allem wegen seiner astronomischen Werke bekannt, die er während seines dreißigjährigen Kurienaufenthaltes verfaßte, etwa der sehr schwierigen «Planetentheorie» *(Theorica planetarum)*, die Papst Urban IV. (1261–64) in Auftrag gegeben hatte.[33] Doch im Rodel mit den Angehörigen der Familie Nikolaus III. vom Mai 1278 – dem einzigen erhaltenen Dokument dieser Art aus dem 13. Jahrhundert – trägt er den Titel *phisicus*, «Arzt».[34] Der Verfasser des medizinischen Traktats *Breviarium practicae*, der sehr gut die Gelehrtenkreise der Kurie kannte, bringt in seinem Buch auch ein Rezept für Pillen, von denen er sagt: «Ohne sie kann ich nicht mehr leben.» Auch *Magister* Campanus – so fügt er hinzu – habe diese Pillen täglich eingenommen.[35]

Im Vorwort zu seinem Werk «Schlüssel der Heilung» *(Clavis sanationis)*, einem Wörterbuch medizinischer Fachausdrücke, sagt Simon von Genua, Campanus habe ihn einst zu seinem Werk ermutigt, und nun, nach seiner Vollendung, schicke er es Campanus zu, damit er es begutachte und verbessere.[36] Rund dreißig Jahre hatte Simon an seinem Buch, dem wichtigsten medizinischen Wörterbuch des Mittelalters, gearbeitet. Ein umfangreiches medizinisches Schrifttum in lateinischer, griechischer und arabischer Sprache hatte er dafür durchgesehen. Zahlreiche Reisen hatte er unternommen, um diese Werke einsehen zu können.

Simon, der seine Kurienlaufbahn als Leibarzt Nikolaus' III. (1288–94) abschloß, hat uns von seiner mühevollen Arbeit ein Dokument von großer Wichtigkeit hinterlassen: die Liste aller Handschriften, die er bei der Abfassung seines Werkes durchgesehen oder besessen hat. Diese Liste ist sehr eindrucksvoll. Simon ist der einzige Autor des 13. Jahrhunderts, der die beiden Überlieferungen des lateinischen Textes von Dioskurides' Werk «Über die Heilkunst» *(De medicina)* kennt.[37] Simon hat zudem noch Werke benutzt, die heute verloren sind; eines der wichtigsten ist sicherlich die «Augenheilkunde» *(Ophtalmikos)* des Demosthenes, von der wir nicht einmal mehr den griechischen Text kennen. Die Handschrift, die Simon gesehen hat, war zu Beginn unvollständig, so wie die Handschrift Papst Silvesters II. (999–1003) nach einer Vorlage aus Bobbio.[38] Unter dem Stichwort *kirtas*, wo er das Papyrus behandelt und seine Anwendungsmöglichkeiten in der Medizin, berichtet er, daß er zu Rom in den Schatzkammern *(gazofilatia)* alter Klöster viele auf Papyrus geschriebene Urkunden und Bücher gefunden habe, allerdings in einer unlesbaren Schrift.[39] Daß ein Autor solchen Ranges wie Simon sein Lebenswerk Campanus zur Begutachtung unterbreitete, zeigt die Kompetenz Campanus'.[40]

Ärzte erscheinen sehr häufig in den Testamenten der Kardinäle, und die Summen, welche die Testamentsvollstrecker an Ärzte zahlen, sind erheblich höher als die Beträge, die den anderen Mitgliedern der *familia* des Kardinals zukommen.[41] Der ungarische Kardinal Stefan verlangt in seinem Testament von den Vollstreckern, die Ärzte zu belohnen, die ihn gepflegt haben.[42] Bei der Abfassung der Testamente der Kardinäle Conte Casati (1287) und Thomas von Ocre (1300) wenige Tage vor ihrem Tode waren drei, beziehungsweise zwei Ärzte zugegen, die zum Teil in ganz Europa bekannt waren.[43] Nicht alle Ärzte gehörten zum Papsthof; sie waren eigens an das Krankenbett der beiden Kardinäle gerufen worden. In seinem Testament vom 22. Februar 1302 schenkte der Kardinal Gerhard Bianchi den beiden Ärzten Karls II. von Anjou, Wilhelm von Tocco und Jakob von Brindisi, 15 beziehungsweise 10 Gulden.[44] Noch vier andere Ärzte erhielten von den Testamentsvollstreckern Geldsummen, offensichtlich für Dienste kurz vor dem Hinschied des Kardinals.

Kardinal Johannes Gaëtan Orsini, der spätere Papst Nikolaus III. (1277–80), versprach dem Arzt Johannes von Procida zum Dank für den Beistand in seiner letzten Krankheit, ihm zu helfen, die Güter im Königreich Sizilien zurückzugewinnen, die wegen seiner Unterstützung König Manfreds eingezogen worden waren. Der Kardinal schrieb an Papst Klemens IV. und bat ihn, sich bei Karl von Anjou für Johannes einzusetzen. Der Papst war bereit, das zu tun, doch er klagte gleichzeitig, er habe immer noch nicht die Arznei erhalten, die ihm der gelehrte Arzt versprochen hatte.[45]

Albert der Große soll für einen gewissen Papst Gregor (Gregor IX. ?) ein Rezept für Pillen zusammengestellt haben, welche unter anderem auch die Sehkraft verbesserten.[46] Magister Johannes von Toledo – sehr wahrscheinlich identisch mit dem Kardinal gleichen Namens – lobt eine Arznei *(electuarium)* Papst Innozenz IV. für den hundertjährigen Abt von Sankt Paul in Rom, dank derer der Abt seine Sehkraft wiedergewann.[47] Der Autor des bereits erwähnten *Breviarium practicae* erwähnt Pillen, welche Papst Alexander und der König [von Sizilien] eingenommen hätten. Diese Pillen besäßen ein ganzes Bündel guter Eigenschaften: Sie heilten den Husten, verbesserten Sehkraft und Gehör, reinigten den Körper von allem Überflüssigen, und sie konnten ohne Änderung der Diät eingenommen werden. Derselbe Autor erwähnt außerdem die Pillen, die er selbst für Papst Alexander gefertigt habe zur Wiedergewinnung seiner verlorenen Stimme, sowie die Salbe, die der König von Frankreich einst Papst Gregor IX. zugesandt habe und die gegen Fisteln, Geschwüre, Abszesse und alle Verhärtungen half.[48] Heinrich von Mondeville, der berühmte Chirurg und Leibarzt König Philipps des Schönen, welcher gut die Ärzteschaft am Papsthof kannte, notiert in seinem Werk ein Rezept, das Papst Bonifaz VIII. von einem gewissen Anselm von Genua erworben und dann dem König von Frankreich weitergegeben hatte.[49]

Vor dem Ende des zwölften Jahrhunderts gibt es so gut wie keine Nachrichten über Ärzte an der römischen Kurie. Die Quellen des dreizehnten Jahrhunderts dagegen erwähnen mehr als siebzig Ärzte im Dienste der Päpste und der Kardinäle.[50] Sie sind gleichmäßig über das ganze Jahrhundert verteilt. Für keinen anderen Herrscherhof dieses Jahrhunderts läßt sich Ähnliches nachweisen. Aber auch für den Papsthof handelt es sich um etwas Neues. Die Ärzte der Päpste und Kardinäle tragen zum Teil berühmte Namen. An der Kurie fanden sie Unterstützung und die Möglichkeit, reich zu werden. Die jahrzehntelange Hilfe der Fieschi für Campanus von Novara ist geradezu ein Wissenschaftsmäzenat. Die Arzttätigkeit konnte den Aufstieg an der Kurie fördern. Das zeigt beispielhaft die Wahl des berühmten Arztes Petrus Hispanus zum Papst (Johannes XXI.) im Jahre 1276. Der Papsthof war damals ein wichtiges Zentrum für die Produktion und Verbreitung medizinischen Schrifttums. Richard von Fournival, Richard, Leibarzt Papst Gregors IX., und der rätselhafte Verfasser des Werkes «Über das Herauszögern der Altersbeschwerden» gehörten zu jenem sehr kleinen Gelehrtenkreis, der Avicenna ins Abendland eingeführt hat.[51] Die Tischgespräche am Hofe Urbans IV., die durch Heinrich von Würzburg und Campanus von Novara im Widmungsbrief seiner «Planetentheorie» erwähnt werden, drehten sich nicht nur um philosophische und naturwissenschaftliche, sondern auch um medizinische Fragen.[52]

Dieses lebhafte Interesse an der Medizin zeigt sicherlich auch, daß man sich bewußt war, wie wichtig die Gesundheit des Papstes für die Institution des Papsttums war. Der Papst hatte einen Leib, dessen Gesundheit die größte Aufmerksamkeit verdiente und für die man die besten Ärzte verpflichten mußte. Gleichzeitig beobachtet man, wie in der gesamten Christenheit aufmerksam die Gesundheit des Papstes beachtet wird, denn Schwäche und Krankheit konnten für das Leben der Kirche verhängnisvoll sein; die Krankheit des Papstes war ein Störelement. Dieses Bewußtsein der Wichtigkeit der Gesundheit sowie die Aufmerksamkeit der gesamten Christenheit zeigen sich sehr deutlich in den Quellen des 13. Jahrhunderts. Hier einige Beispiele: Als Ende September 1208 Innozenz III. schwer erkrankte, verbreitete sich sofort in der ganzen Stadt Anagni die [falsche] Nachricht von seinem Tod.[53] Burkhard von Ursberg hält es für wichtig, anzumerken, daß Honorius III. von schwächlicher Gesundheit gewesen sei.[54] 1276 schickt der Rat von San Gimignano einen Gesandten nach Rom, um sich über den Gesundheitszustand Innozenz' IV. zu unterrichten, «von dem man sage, er sei tot».[55] Am 24. Juli desselben Jahres berichten dann der Abt von Westminster und Heinrich von Newark König Edward I., zwei Tage vorher sei Papst Innozenz IV. trotz aller ärztlichen Bemühungen gestorben.[56] Matthäus Paris schreibt in seiner Chronik, Papst Innozenz IV. sei gestorben und alle Heilkunst des «weißen Kardinals» (Johannes von Toledo) habe ihm nicht helfen können.[57] Ein römischer Chronist erzählt, Papst Martin IV. sei plötzlich schwer erkrankt, aber die Ärzte hätten die Krankheit nicht erkannt und für ungefährlich gehalten, obwohl der Papst sehr gelitten habe; und so sei der Papst schließlich nach wenigen Tagen verstorben.[58] Wie man sieht, sind nun selbst die klinischen Einzelheiten der Krankheiten von Päpsten und Kardinälen es wert, mitgeteilt und aufgezeichnet zu werden.[59]

Zum ersten Mal in der Geschichte des Papsttums wird im 13. Jahrhundert ein ganzes Bündel von Maßnahmen geschaffen für die Gesundheit von Päpsten und Kardinälen: man verlegt mit großem logistischen Aufwand regelmäßig den Sitz der Kurie, man ruft die besten Ärzte an den Papsthof, und man ist bestrebt, stets die neueste medizinische Literatur zur Verfügung zu haben. Bisweilen hat diese Sorge für die Gesundheit – so wie das Bemühen um Erholung – etwas Zwanghaftes und Übersteigertes. Es ist kein Zufall, daß seit den ersten Jahrzehnten des 13. Jahrhunderts die Quellen immer häufiger von den Krankheiten der Päpste und von den Ärzten an ihrem Sterbelager sprechen. Matthäus von Paris berichtete in seiner Chronik, Papst Gregor IX. habe auf dem Sterbebette seinem Leibarzt Richard von Wendover ein kostbares Kreuz geschenkt mit dem Bild des Gekreuzigten aus Elfenbein. Dieses Kreuz sei dem Papst sehr lieb gewesen. «Und als er kam zu sterben, da schenkte er das Liebste – das Kreuz – dem Liebsten – Meister Richard.»[60] Am Totenbett des Kardinals Gerhard Bianchi standen nicht weniger als acht Ärzte, von denen einige zu den Leuchten der Medizin jener Zeit gehörten.[61] Während der Sedisvakanz, die mit dem Tode Benedikts XI. am 7. Juli 1304 in Perugia begann, stellten die Kardinäle fest, «daß Gewalt und Autorität des römischen Bischofs während der Sedisvakanz auf das Kardinalkollegium übergehen», und sie beschlossen daher, die Klausur des Konklaves entgegen den gültigen Bestimmungen etwas zu lockern. Unter anderem wurde nun Ärzten mit Arzneimitteln gestattet, sich zu den Kardinälen im Konklave zu begeben.[62]

Äußeres

Ein unbekannter Chronist, welcher Augenzeuge der letzten Tage Innozenz' III. war, lobt die Stimme des Papstes; sie sei so klangvoll gewesen, daß sie von allen verstanden worden sei, selbst wenn der Papst nur halblaut sprach.[63] Innozenz III. sei – so der Autor – schön *(pulcher)* gewesen; seine äußere Erscheinung habe Verehrung und Furcht eingeflößt.[64] Auch der unbekannte Verfasser der Lebensbeschreibung Urbans IV. rühmt die klare Stimme des Papstes und seine «Schönheit». In seiner Beschreibung des Papstes mischt der Autor idealtypische («erhabenes Antlitz»), naturalistische («mittelgroß») und moralische («starkmütig») Elemente.[65] Einige Jahre später rühmt eine römische Chronik die Schönheit des Antlitzes und den Klang der Stimme Nikolaus' III.[66] Der Dominikaner Tolomeo von Lucca beschreibt die äußere Erscheinung des Papstes mit ähnlichen Worten: Der Papst – so sagt er – sei von vielen «der Schöne» *(el composto)* genannt worden, denn er sei einer der schönsten Geistlichen der Welt gewesen.[67] Sogar die Grabschrift rühmt noch die Schönheit des Leibes *(decus corporis)* Nikolaus' III.[68] Die Inschrift ist bar jeden religiösen Inhalts, dagegen spricht sie mehrmals vom «Ruhm» *(fama)* des Papstes.[69] In seinem «Gedicht über die römischen Kurie», einer der wichtigsten Quellen zur Kenntnis des Lebens am Papsthof jener Zeit, nennt Heinrich von Würzburg den Kardinal Ancherius von Troyes (1262–86), Neffe Urbans IV. (1261–64) ironisch einen «Ausbund von Schönheit».[70]

Diese «Schönheit» des Papstes muß freilich in einem weiteren Zusammenhang gesehen werden. Zwischen dem von Arnolfo di Cambio geschaffenen Bild des Papstes Honorius IV. (1285–87) und dem, was wir aus schriftlichen Quellen über das Aussehen dieses Papstes wissen, besteht ein großer Gegensatz. Die Statue Arnulfs ist von eindrücklicher Erhabenheit.[71] Nach Tolomeo von Lucca jedoch war der Papst durch die Gicht so sehr an Händen und Füssen verkrüppelt, daß er ohne fremde

Hilfe nicht mehr die Messe feiern konnte. Auch Honorius' Bruder war durch die Gicht so sehr verkrüppelt, daß er nicht mehr gehen konnte und getragen werden mußte.[72] Es ist freilich nur ein scheinbarer Widerspruch, wenn das Grabbild des Papstes und die Textzeugnisse nicht übereinstimmen, denn um die Mitte des 13. Jahrhunderts hatte sich bereits der Gedanke durchgesetzt, daß in der Öffentlichkeit der Leib des Herrschers Erhabenheit, Ebenmaß und Schönheit ausstrahlen müsse. Sehr bezeichnend ist, was Tolomeo von Lucca über Papst Johannes XXI. (1276) sagt: «Er war ein großer Gelehrter, aber er besaß nur wenig Vornehmheit. Er sprach überstürzt, und nur in seinen Sitten war er sanft. Da der Zugang zu ihm leicht war, lagen seine Unvollkommenheiten offen zutage. Das verstößt aber gegen die Lehre des Aristoteles, nach der die private Person des Fürsten den Untertanen nicht zugänglich sein darf, sondern einzig die öffentliche, die dem Volke Rede und Antwort stehen muß.»[73]

Das Wort *compositus*, «schön, wohlgestalt, stattlich», das Tolomeo von Lucca bei der Beschreibung Nikolaus' III. verwendet, wird auch vom unbekannten Verfasser des Traktates «Geheimnis der Geheimnisse» *(Secretum secretorum)* gebraucht.[74] An den Herrscher gewandt sagt er: «Du mußt ein geistlicher Mensch sein und du mußt schön aussehen.»[75] Das «Geheimnis der Geheimnisse» ist ein Fürstenspiegel in Form eines Briefes, den Aristoteles im vorgerückten Alter an seinen Schüler Alexander gerichtet haben soll. In ihm teilt Aristoteles Alexander ein «Geheimnis» mit, das mit Bildern und geheimnisvollen Beispielen verschleiert wird, damit es den Unwürdigen verborgen bleibe. Das Buch ist eine sehr uneinheitliche Sammlung von Gesundheitsregeln, moralischen Belehrungen und hygienischen Ratschlägen, die dem Herrscher leibliches Wohlbefinden bescheren sollen. Der erste Teil behandelt die Eigenschaften, die einen guten Herrscher auszeichnen, sowie die Grundsätze, die sein Handeln bestimmen sollen. Der zweite Teil ist der Erhaltung der Gesundheit gewidmet. Im dritten Teil schließlich spricht der Autor über die Alchemie, über die Eigenschaften von Tieren und Pflanzen sowie über die Gerechtigkeit als allgemeines Ordnungsprinzip.[76] Der vierte Teil ist ganz der Physiognomik gewidmet, einer Wissenschaft, die offensichtlich die Gelehrten des 13. Jahrhunderts sehr fasziniert hat.[77]

Tolomeo von Lucca hatte Papst Johannes XXI. vorgeworfen, sich zu gemein gemacht zu haben; dieser Gedanke, daß ein Herrscher nicht zu leutselig sein dürfe, findet sich auch im «Geheimnis der Geheimnisse». Der Autor spricht auch des langen über die Gefahr, vergiftet zu werden, und empfiehlt daher dem Herrscher, sich nie auf einen einzigen Arzt zu verlassen und darüber hinaus stets auch einen Astronomen bei sich zu haben.[78] Dies sind Empfehlungen, die am Papsthof tatsächlich verwirklicht wurden.[79] Das überrascht nicht, denn Philipp von Tripolis, der

Übersetzer der vollständigen Fassung des «Geheimnisses der Geheimnisse», die sich im Westen seit den Dreißigerjahren verbreitete, war sehr wahrscheinlich ein Neffe des Vizekanzlers Papst Honorius' III., Ranerius, der später von 1219 bis 1225 Patriarch von Antiochia war.[80] Gregor IX. verlieh Philipp am 17. Mai 1227 eine Chorherrenpfründe in Tripolis; in der Urkunde erwähnt er, daß Philipp für seinen Onkel Ranerius gesorgt habe; dieser habe es selbst dem Papste mündlich berichtet.[81]

Zum ersten Mal erwähnt wird das «Geheimnis der Geheimnisse» im Briefbuch des päpstlichen Legaten Albert Behaim, das Briefe aus den Jahren 1241–55 enthält; viele dieser Briefe wurden während des Aufenthalts der Kurie in Lyon während der Jahre 1245–50 verfaßt.[82] Auch der durch seine Aristotelesübersetzungen bekannte Wilhelm von Moerbeke (†1285/86) ist in seinen Forschungen über das Licht und über das Sehen stark von diesem Werk beeinflußt. Die Wichtigkeit dieses Werkes zeigt sich auch daran, daß Albert der Große ihm einen ausführlichen Kommentar gewidmet hat.[83]

Das Licht und das menschliche Sehen werden umfassend in der *Perspectiva* abgehandelt, die Witelo während seines langen Kurienaufenthaltes verfaßt hatte. Witelo zählt hier nicht weniger als 29 verschiedene Arten der Schönheit auf.[84] Seine Lichttheorie «empfängt ihren hohen Wert vor allem durch seine überaus große Empfänglichkeit für die Schönheit». Er folgt ganz der aristotelisch-thomistischen Lehre von der Überlegenheit der Form über die Farbe. Dank Thomas' von Aquin konnte sich Witelo vom Einfluß seines Vorbildes Alhazen befreien. Daß Thomas und Witelo zur gleichen Zeit am Papsthof zu Viterbo lebten, ist von großer Wichtigkeit, denn Thomas widmete sich in Viterbo ebenfalls, wenn auch mit schwankender Intensivität, dem Problem des Lichts.[85] In seiner Widmung zu Beginn der *Perspectiva* erwähnt Witelo auch die Forschungen seines Freundes Wilhelm von Moerbeke über das Licht; Wilhelm war päpstlicher Pönitentiar und hatte wegen seiner Amtspflichten alle Studien aufgeben müssen. Er hatte die «Spiegellehre» *(Katoptrika)* Herons von Alexandrien übersetzt, ein Werk, das Witelo dann für sein Werk benutzte.[86]

Witelo berichtet, er habe sich häufig zu einem Wasserfall in der Nähe Viterbos begeben, um die Brechung des Lichtes zu beobachten.[87] Wir wissen, daß Witelo am 7. Februar 1277 in Viterbo weilte, denn an diesem Tag war er Zeuge bei der Abfassung des Testaments des Kardinals Simon Paltanieri von Monselice. Dies ist das einzige genau datierte Zeugnis für Witelos Kurienaufenthalt. Es ist sehr wichtig, denn so wissen wir, daß die beiden größten Gelehrten der Optik des 13. Jahrhunderts zur gleichen Zeit am Papsthof gelebt haben: Witelo und John Peckham. Die *Perspectiva* Witelos und die *Perspectiva communis* John Peckhams haben einen fast gleichlautenden Satz über die Verletzung der Linse *(tu-*

nica, humor glacialis), die damals als tödlich galt. Witelo und John Peckham führen in völlig gleicher Art und mit denselben Worten ein Argument Alhazens an, das sich in dieser Form in keinem anderen Optik-Traktat des Okzidents findet. Es muß daher einer den anderen abgeschrieben haben. John Peckham war im Herbst 1276 an die Kurie gerufen worden, um an der Hochschule der Kurie, dem *studium curiae*, Theologie zu lehren. Der große Gelehrte, der später Erzbischof von Canterbury werden sollte, scheint den Aufenthalt an der Kurie während der Jahre 1276 bis 1278 benutzt zu haben, um die Überarbeitung seine *Perspectiva minor* zu beenden.[88] Zehn Jahre vor der Ankunft John Peckhams hatte ein anderer großer englischer Wissenschaftler, Roger Bacon, Papst Klemens IV. seinen Traktat «Über die Strahlen» *(De radiis)* zugesandt.[89] In den zehn Jahren zwischen 1267 und 1277 war also der Papsthof zu Viterbo der Ort, wo die wichtigsten Werke der Optik geschrieben oder ausgetauscht wurden. Der 1276 zum Papst gewählte Petrus Hispanus (Johannes XXI.) war ebenfalls ein Fachmann aller Fragen, welche das Licht und das Sehen betrafen. Er ist der Verfasser des Traktats «Über das Auge», eines der wichtigsten Werke der mittelalterlichen Augenheilkunde. Wahrscheinlich hat er sein Werk während seines langen Kurienaufenthaltes vor seiner Wahl zum Papst geschrieben.[90]

Licht, Sehen, Leiblichkeit. Die Schönheit der äußerlichen Erscheinung des Herrschers wird im 13. Jahrhundert sehr wichtig. Das ist etwas Neues. Die Gelehrtenkreise des Westens übernahmen diese Gedanken aus Werken wie dem «Geheimnis der Geheimnisse», dessen vollständige Übersetzung von einem Kurienmitglied stammte und für dessen Verbreitung der Papsthof von größter Wichtigkeit war. Aber auch für die Verbreitung der Wissenschaften, die um das Licht und das Sehen kreisten und die so wichtig waren für die Ideen des 13. Jahrhunderts über die äußere Erscheinung und über die Schönheit des Leibes, spielte der Papsthof in den letzten Jahrzehnten des 13. Jahrhunderts eine wichtige Rolle. Arnolfo di Cambio, einer der größten für die Kurie arbeitenden Künstler, versinnbildlichte die menschliche Blindheit gegenüber der Wahrheit durch die wirklichkeitsgetreue Abbildung eines Trachoms. Der Isaakmeister malte eine besonder schwere Folge dieser Krankheit, das von oben in die Hornhaut des Auges einwachsende Gewebe (der sogenannte «Pannus») wie ein drittes Lid. Die Einwärtskehrung des geschwollenen, rotentzündeten und wimpernlosen Augenlids des Isaak wird naturgetreu wiedergegeben. Dieses Bild zeigt eine fast wissenschaftliche Neugier bei der Darstellung dieser häßlichen Augenkrankheit. Es zeugt ebenfalls auf seine Weise von dem leidenschaflichen Interesse jener Zeit an allem, was das Licht, das Auge und das Sehen betraf, ein Interesse, das am Papsthof der zweiten Jahrhunderthälfte lebendig war wie nirgendwo sonst. Augenheilkunde, Optik, Philosophie des Lichts sind die hauptsächlichen Forschungsgebiete jenes «Kreises von Viterbo», dem so große Gelehrte angehört haben wie Campanus von Novara, Petrus Hispanus, Witelo, John Peckham, Simon von Genua und Wilhelm von Moerbeke.[91]

III.
Lebensverlängerung

Das Herauszögern des Alters

Am 5. Mai 1122 empfing Papst Kalixt II. (1119–24) in Audienz einen Patriarchen aus Indien namens Johannes. Dieser berichtete ihm, daß in der Stadt Hulna sich das Grab des Apostels Thomas befinde und daß sein einbalsamierter Leib jeden Kranken heile, der sich am Jahresfest des Heiligen dem Grabe nähere.[1] Am 27. September 1177 beschloß Papst Alexander III., seinen Leibarzt Philipp zum Priester Johannes zu senden. Der Brief des Papstes «an seinen in Christus geliebten Sohn Johannes, berühmter und erlauchter König von Indien», könnte eine Antwort sein auf den berühmten «Brief des Priesters Johannes», der damals bereits im Abendland zirkulierte.[2]

In jenem sagenhaften Reich des Priesterkönigs Johannes herrschte an allem Überfluß, und es gab weder leibliche Hinfälligkeit noch sittliche Verderbtheit. Über eine Quelle sagt dieser Brief: «Wenn jemand nüchtern aus dieser Quelle dreimal trinkt, so wird er aller Krankheit ledig sein, und er wird so bleiben, wie er im Alter von 32 Jahren war.» Und an einer anderen Stelle sagt der Priesterkönig: «In meinem Reich gibt es Steine, die von Adlern [Sinnbilder der Unsterblichkeit] herbeigetragen werden, und mit deren Hilfe wir wieder jung werden und die Sehkraft wiedergewinnen.»[3]

In zwei wichtigen Augenblicken des Kampfes zwischen Kaisertum und Papsttum – 1122 (Konkordat von Worms) und 1177 (Frieden von Venedig) – scheint die Kurie ganz außerordentlich fasziniert gewesen zu sein von der «Utopie» des Priesterkönigs Johannes, in dessen Reich die Leiber nicht alterten und es den Tod nicht gab.

In seinem Traktat über das «Elend des Menschenlebens» widmet Lothar von Segni, der spätere Innozenz III., zwei Kapitel des ersten Buches dem Alter. Die ausführliche Darstellung der Altersbeschwerden ist überaus eindringlich, aber sie bedient sich durchaus traditioneller Bilder.[4] Sehr viel bemerkenswerter sind die Worte des Papstes über die Kürze des Menschenlebens. Innozenz III., der damals 35 Jahre alt war, sagt zu Beginn, ursprünglich habe der Mensch, wie man in der Bibel lesen könne, 900 Jahre und länger gelebt. Doch dann habe sich das Leben immer mehr verkürzt, und Gott habe es schließlich gegenüber Noah auf 120

Jahre festgesetzt (Gen. 5,3). «Seitdem liest man äußerst selten von Menschen, die länger gelebt haben, und da das Menschenleben auch nach Noah immer noch kürzer wurde, sagt der Psalmist: ‹Unser Leben währet siebzig Jahre, und wenn es hochkommt, sind es achtzig Jahre, und das meiste daran ist Mühsal und Beschwer; denn eilends geht es vorüber, und wir schwinden dahin›.»[5]

In Übereinstimmung mit der Tradition ist auch für Innozenz III. die Sintflut der Wendepunkt in der Geschichte des menschlichen Lebensalters; die Zeit der Patriarchen, die neunhundert Jahre und mehr alt wurden, ist unwiderruflich dahin. Ein Leben von mehr als 120 Jahren ist zwar nicht unmöglich, aber unwahrscheinlich. Die ständige Abnahme der Lebenszeit seit der Sintflut wird jedoch nicht ausdrücklich an den Sündenfall geknüpft. Der Schluß der Ausführungen Innozenz' III. klingt sehr wehmütig: «Die Wenigkeit meiner Tage wird in Kürze ein Ende nehmen; nur wenige erreichen heute sechzig, die wenigsten gar siebzig Jahre.»

Die ständige Verkürzung der Lebenszeit, wie man sie in der Bibel verfolgen konnte, wies jede Anwandlung, das menschliche Leben über die gesetzten Grenzen hinaus zu verlängern, in die Schranken.[6] Lothar stimmt hier mit der Schule von Salerno überein, die jede künstliche Lebensverlängerung ausschloß. Es ist bemerkenswert, daß die Ausführungen Lothars über das Alter keinerlei Hinweise auf die Theologie oder Spiritualität seiner Zeit enthalten. Obwohl sein Traktat in der Tradition des Schrifttums der Weltverachtung steht, geht Lothar hier neue Wege. Seine Beweisführung stützt sich auf eine rein naturalistische Sicht der Geschichte des menschlichen Leibes, so wie sie ein gebildeter junger Mann wie Lothar um 1200 in Werken der Schule von Salerno oder in den neuesten Übersetzungen aristotelischer Werke – etwa in dem Traktat «Über Entstehen und Vergehen» – kennen lernen konnte.[7] Lothar, welcher zu einer Zeit in Paris studiert hatte, als das Geistesleben dort besonders lebendig war, zeigt ganz offensichtlich ein lebhaftes Interesse an der Medizin; das macht sich sogar in den Predigten bemerkbar, die er nach seiner Wahl zum Papste hielt.[8]

Auch das älteste ausschließlich der Lebensverlängerung und den Altersbeschwerden gewidmete Werk «Über das Herauszögern der Altersbeschwerden» *(De retardatione accidentium senectutis)* führt uns nach Rom. Im Kapitel über die Luft erzählt der Autor, er kenne in der Nähe Roms einen Berg, dessen Luft und Pflanzen so heilkräftig seien, daß kranke Tiere wieder gesundeten, wenn sie nur einige Zeit dort geweidet hätten.[9] Gemäß mittelalterlicher Gewohnheit, den Schutz mächtiger und einflußreicher Persönlichkeiten zu suchen, behauptet auch der Verfasser dieses Traktats, zwei «Weise» *(sapientes)* hätten ihn überredet, dieses Werk zu schreiben. Der eine dieser «Weisen» ist Johannes Castellioniati, in dem man leicht den Leibarzt Innozenz' III., Johannes Castellomata, wiedererkennt.[10] Der andere «Weise» ist Philipp, Kanzler der Universität Paris († 1236), den der Autor vielleicht in Paris getroffen hat oder an der Kurie während eines der zwei nachweisbaren Aufenthalte Philipps.[11]

Die älteste Handschrift dieses Traktates enthält die Papst Innozenz IV. (1243–54) zugeeignete Fassung des Werks.[12] Die Schlußbemerkung dieser Handschrift nennt auch den Namen des Verfassers: es ist ein sonst nicht bekannter «Herr der Burg Gret» *(dominus castri Gret)*. Derselbe Name erscheint in leicht verändeter Form auch in einem Inventar der Bücher Abt Ivos von Cluny (1256/57–75). Die heute verschollene Handschrift Ivos enthielt die Fassung, welche der Verfasser Kaiser Friedrich II. zugesandt hatte.[13]

Wir wissen nicht, ob dieses Werk ursprünglich für den Kaiser oder für den Papst geschrieben worden ist.[14] Die Anfangsworte des Werkes können sich an beide richten. Die kürzere Fassung des Traktates nennt den Empfänger «Herr der Welt» *(dominus mundi)*, «von zweifach edler Herkunft» *(ex bina nobili stirpe)*. Das stimmt zu Friedrich II., Sohn Kaiser Heinrichs VI. und Konstanzes von Hauteville; es paßt aber auch zu Sinibald Fieschi, der mütterlicherseits dem hohen ligurischen Adel entstammte.[15] Daß der Traktat an Papst Innozenz IV. und Kaiser Friedrich II. gesandt wurde, ist ein erneuter Hinweis darauf, daß es auf dem Felde von Medizin und Naturwissenschaft zwischen Papsthof und Kaiserhof Berührung und gar Austausch gab.[16]

Der Traktat wurde lange – zu Unrecht – Roger Bacon zugeschrieben.[17] Bereits im ausgehenden 13. Jahrhundert werden auch Arnald von Villanova und Raimund Lull als Verfasser genannt. Marsilio Ficino benutzte den Traktat für sein Werk «Über langes Leben» *(De vita longa)*.[18] Roger Bacon wird zum ersten Mal – freilich nur zögernd – als Autor genannt in einer Gruppe eng miteinander verwandter Handschriften aus England. Im 15. und 16. Jahrhundert wird das Werk unter den Namen Rogers, Arnalds und Raimunds mehrmals gedruckt. Das wiedererwachte Interesse vor allem englischer Gelehrter am Problem der Lebensverlängerung brachte es mit sich, daß schließlich allgemein Roger Bacon als Verfasser dieses Traktates galt. In England jedenfalls wurde dieser Traktat immer wieder abgeschrieben und schließlich vom reichen Verleger Richard Browne 1683 in englischer Übersetzung veröffentlicht. Die Originalität dieses Traktats, der soviel Neues brachte, faszinierte weiterhin jahrhundertelang die europäischen Intellektuellen, auch nachdem Marsilio Ficino im 15. Jahrhundert diesem Mythos der Lebensverlängerung erneut ein eigenes Werk gewidmet hatte.

Der rätselhafte Autor betrachtete sein Werk als etwas völlig Neues, das es so vorher noch nicht gegeben habe.[19] Viel Arbeit habe er dafür aufgewandt. Den führenden Männern des Okzidents – dem Kaiser, dem Papst, dem Universitätskanzler von Paris – wollte er ein Gedankengebäude mit vielen neuen Erkenntnissen übermitteln. Diese Wissenschaft der Lebensverlängerung – so sagt er – sei bei Chaldäern und Griechen nicht sehr bekannt gewesen. Entweder sei dies Wissen gar nicht erst zu ihnen gelangt, oder die Alten hätten es wissentlich verborgen gehalten.[20] Dreier Wissenschaften bedürfe der Fürst, der lange herrschen wolle. Die erste lehre, Gerechtigkeit walten zu lassen; das sichere den Frieden des Gemeinwesens und den Gehorsam der Untertanen. Die zweite lehre, die Gesunden in ihrer Gesundheit zu erhalten und die Kranken zu heilen. Dies sei Gegenstand der Medizin. Die dritte schließlich lehre, das eigene Alter hinauszuzögern bis zum natürlichen Ende *(terminus naturalis)*, das Gott in seiner Allmacht festgesetzt habe. Diese Wissenschaft sei schwieriger und dunkler als die anderen.[21]

Der Glaube an die Möglichkeit der Lebensverlängerung gründete sich im Mittelalter auf das Alte Testament und auf Texte des klassischen Altertums. Im Mittelpunkt dieses Mythos standen drei Grundelemente: Zeit, Raum und magische Ingredienzen, die von weither kamen und unerhältlich waren. Das Mittelalter hatte nie vergessen, daß in der Zeit vor der Sintflut die Menschen sehr viel länger lebten. Die Genesis erwähnte Patriarchen, die mehrere hundert Jahre alt geworden waren. Methusalem gar hatte 960 Jahre gelebt. Auch Augustin hatte gesagt, daß die Lebensjahre jener Patriarchen an den Jahren der jetzt Lebenden gemessen werden müßten.[22] Zahlreiche legendäre Berichte, die ihre Spur auf den Weltkarten des Mittelalters hinterlassen haben, schrieben Völkern, die am Rande der Erde oder im fernen Asien wohnten, eine ganz besonders lange Lebenszeit zu.[23] Die Idee, daß es möglich sei, die verlorene Jugend zurückzugewinnen, war im Mittelalter durch die Alexandersage lebendig geblieben. Sie erzählt, vier Greise hätten Alexander drei Brunnen gezeigt: Der erste gab das Leben zurück, der zweite verlieh Unsterblichkeit, der dritte machte wieder jung. Alexander und seine Gefährten tauchten in den Jungbrunnen, und sie wurden wieder Männer von dreißig Jahren; das war das ideale Alter, da es Christi Erdenjahren entsprach. Der Unterschied zum Traktat über das Herauszögern der Altersbeschwerden sticht in die Augen. Im Traktat des 13. Jahrhunderts sind die Bedingungen für die Lebensverlängerung – Raum, Zeit, bestimmte Ingredienzien – ganz und gar nicht mehr unerreichbar, sondern hier und jetzt verfügbar. Zum ersten Mal im Okzident ist die Verlängerung der Lebenszeit nicht mehr etwas rein Sagenhaftes, sondern Gegenstand von Erfahrung und Wissenschaft.

Im Mittelpunkt des Traktates steht die fortschreitende Verkürzung der menschlichen Lebenszeit. Altern heißt, daß Wärme und Feuchtigkeit, also zwei der vier Elemente, die den Leib bilden, von den beiden anderen Elementen, Kälte und Trockenheit, immer mehr verdrängt werden.[24] Es ist also wichtig, Substanzen zu finden, die unveränderlich sind und daher diese Veränderungen im menschlichen Leib nicht mitmachen. Sie können den Verlust der «eingeborenen Urwärme» *(calor innatus)* und die Verflüchtigung der Feuchtigkeit hinauszögern. Aus Substanzen, die veränderlich und verderblich sind, läßt sich immerhin die «Kraft» herausziehen, die ihrerseits nicht mehr veränderlich ist und daher als Heilmittel gegen das Altern dienen kann.[25] Diese das Altern verzögernden Substanzen sind dem gewöhnlichen Menschen verborgen, sie müssen es auch sein, «denn wer die verborgenen Eigenschaften der Dinge kennt, wird früher oder später schließlich das göttliche Gesetz übertreten». Daher können nur der Weise *(sapiens in speculatione)* oder der Erfahrene *(discretus in operatione)* Nutzen aus solchen Substanzen ziehen.[26]

Die Beschreibung der verborgenen Substanzen, der *occulta*, bildet das Hauptstück des Werkes. Sein lehrhafter und gewollt dunkler Ton sicherte ihm einen dauerhaften Erfolg. Noch Mitte des 16. Jahrhunderts schrieb ihn der Arzt Tommaso Rangoni um und übersandte ihn drei aufeinanderfolgenden Päpsten. Dank der in diesem Traktate beschriebenen Elixiere – so sagte er – würden sie 120 Jahre lang leben und so die «Jahre des Petrus» erreichen.[27]

Das erste verborgene Heilmittel gegen das Altern, das Gold, liegt in den Tiefen der Erde; das zweite, der Bernstein, schwimmt im Meer; das dritte, die Schlange, kriecht über die Erde; das vierte, Rosmarin, wächst hinauf in die Luft; das fünfte, der «Duft» eines jugendlichen Leibes *(fumus iuventutis)*, stammt von einem «edlen» Lebewesen; das sechste – Menschenblut – von einem «langlebigen» Lebewesen; die siebte «verborgene» Substanz, Aloeholz, stammt von einem Baum Indiens.[28] Die wichtigsten Substanzen sind offenbar Gold, Bernstein (oder Perlen), sowie Menschenblut, welches hier der «viereckige Stein des edlen Lebewesens» *(lapis quadratus nobilis animalis)* genannt wird. Alle sind unveränderlich und verhindern so den Verlust der natürlichen Körperfeuchtigkeit und der natürlichen Körperwärme. Das Gold ist in diesem Traktat zweifellos die wichtigste Neuigkeit. Der Verfasser ist sich dessen durchaus bewußt, aber er begnügt sich damit, die große Wirkkraft des Goldes zu beschreiben, ohne sich in allzu weitläufigen symbolischen Gedankengängen zu verlieren.[29]

Für das «trinkbare Gold» und für andere alchemistischen Einzelheiten diente zweifellos der Traktat «Geheimnis der Geheimnisse» als Vorlage, der hier übrigens zum ersten Mal in seiner vollständigen Form benützt wird.[30] Auch dieser Traktat hatte ja ausführlich die Möglichkeit behandelt, das Leben zu verlängern. Zu den Herrschern des lateinischen Westens hatte er in völlig neuer Art über den «Leib des Fürsten» gesprochen. Die «Verlängerung des Lebens» – so war die Botschaft – geht den Herrscher als private und als öffentliche Person an, denn das Wohlergehen des Herrschers und das Wohlergehen des Gemeinwesens sind eng miteinander verbunden.

Diese Gemeinsamkeiten in beiden Traktaten sind wichtig. Sie zeigen, daß man die Entstehung und die Verbreitung der vollständigeren Fassung des «Geheimnisses der Geheimnisse» in den Gelehrtenkreisen an der römischen Kurie während der ersten Jahrzehnte des 13. Jahrhunderts suchen muß.[31]

Unsterblichkeit

Sehr viele mittelalterliche Handschriften nennen Roger Bacon als Verfasser des Werkes «Über das Herauszögern der Altersbeschwerden». Daß man während Jahrhunderten dem Franziskaner von Oxford ein Werk zuschrieb, das im Okzident den Gedanken an die Machbarkeit der Lebensverlängerung einführte, ist durchaus verständlich. Roger Bacon hatte die Verjüngung des Menschen und die Verlängerung seines Lebens ausführlich in seinen Hauptschriften abgehandelt, vor allem in jenen, die er Papst Klemens IV. (1265–68) zugesandt hatte.[32] Bacon war mit Klemens IV. in Kontakt gekommen, als dieser noch Kardinalbischof von Sabina war und in Nordfrankreich darauf wartete, sich als päpstlicher Legat in einer schwierigen Mission nach England begeben zu können. Nach seiner Wahl zum Papst im Jahre 1265 schrieb Klemens IV. von Juni 1266 an mehrere Male an «Bruder Roger» und bat um Zusendung seiner Schriften. Bacon gesteht, daß er bis nach dem Fest der Heiligen Drei Könige 1267 hart gearbeitet habe, um den Papst zufriedenzustellen. Außerdem bat er darum, alles geheimzuhalten, wahrscheinlich weil das Generalkapitel von Narbonne im Jahre 1258 verboten hatte, Werke außerhalb des Ordens zu veröffentlichen und unmittelbar mit dem Papsthof Briefe zu wechseln.[33]

Zwischen dem Traktat «Über das Herauszögern der Altersbeschwerden» und den Schriften Bacons über die Lebensverlängerung gibt es erhebliche Unterschiede. Aber Roger Bacon eignete sich die neuen Gedanken über den menschlichen Leib in kurzer Zeit völlig an und baute sie in seine äußerst kühne und geschlossene «Theologie des Leibes» ein.[34]

Die Thesen Bacons können kurz so zusammengefaßt werden: Um die äußersten von Gott und der Natur festgesetzten Grenzen des Menschenlebens zu erreichen, kann der Mensch sich der «wunderbaren Macht» dreier Wissenschaften bedienen: Astronomie, Alchemie und Optik *(perspectiva)*. Die Unsterblichkeit der menschlichen Natur verwirklicht sich nicht einzig und allein durch die Auferstehung am Jüngsten Tage; die Unsterblichkeit des Menschen – seiner Seele und seines Leibes – ist etwas Natürliches. «Einst war der Mensch von Natur aus unsterblich. Nur wegen der Sünde wurde er dem Tode unterworfen. Bei der Auferstehung der Toten werden alle Menschen unsterblich, nicht nur die Heiligen, sondern auch die Verdammten.» «Die Unsterblichkeit des Menschen ist etwas Natürliches; daher ist nicht nur die Seele, sondern auch der Leib unsterblich.» Aber auch nach dem Sündenfall könne der Mensch seiner Natur nach *(naturaliter)* tausend Jahre leben, wie die langlebigen Patriarchen bewiesen. Erst später – so Roger Bacon – sei das Menschenleben immer kürzer geworden, so daß nun nach den Worten des Psalmisten unser Leben nicht länger als siebzig Jahre währe. «Gewisse Herrscher können vielleicht achtzig Jahre erreichen, aber ihre Mühen und Leiden werden dadurch nur noch vermehrt, wie wir im Lichte des Glaubens feststellen können.» Der Verfall des menschlichen Leibes, der schließlich zum Tode führt, ist für Bacon etwas Widernatürliches. Aber nicht die Sünde ist der Grund für die Beschleunigung des Todes *(festinatio mortis)* nach der Patriarchenzeit. «Es ist offensichtlich, daß es dazu kam, weil der Mensch in der Sorge für seine Gesundheit irrte.» Der zum Tode führende Verfall und die zunehmende Kürze des Menschenlebens nach der Vertreibung aus dem Paradies rührte nach Bacon auch daher, daß der Mensch nicht die Regeln einer gesunden Lebensführung, das *regimen sanitatis*, beobachtet hat.

«Die Väter haben kein Maß gekannt im Essen, Trinken, Schlafen, Wachen, Gehen und Ruhen ... Kein Sterblicher hat sich gemäßigt, die Ärzte nicht, die Reichen nicht und die Armen auch nicht. So verdarb die Gesundheit der Väter von Anfang an; sie zeugten verdorbene Söhne, die wegen ihrer Schwächlichkeit weiter verdarben und doppelt verdorbene Kinder zeugten.» Mit jeder Generation «beschleunigte und vervielfachte sich die Verdorbenheit und die Kürze des Menschenlebens, wie wir heute sehen können». Aber diese zunehmende Verderbnis und Kürze können aufgehalten werden, indem der Mensch versucht, so nahe wie möglich an die von Gott und von der Natur gesetzten Grenzen zu kommen. Nicht Gott, nicht die Natur, nicht das Wissen haben das Menschenleben verdorben, sondern die Dummheit des Menschen. Heilmittel gegen diesen Verfall des Menschenleibes, welcher das Altern ist, bieten die «Experimentalwissenschaften *(scientiae experimentales)*» Astronomie, Optik und Alchemie. Sie können die Mängel der Gesundheit bessern, die jeder Mensch bereits bei seiner Geburt in sich trägt.

Dank Astronomie und Optik nämlich kann man die heilkräftigen Sternen- und Sonnenstrahlen bündeln und auf Edelsteine, Heilkräuter, Speisen und Getränke richten. Die Beobachtungen des Astronomen und die Instrumente der Optik helfen bei der «Versternung» *(stellificatio)* von

Speisen und Getränken, Gewürzen und Medikamenten, Steinen und Kräutern, welche jene Menschen gebrauchen, die ewiger Gesundheit und langen Lebens würdig sind. Auf diese Weise, mit Hilfe der Strahlen von Sonne und Sternen, lassen sich die Mängel bessern, die dem Menschen seit seiner Kindheit mitgegeben sind, und so lassen sich auch die Altersbeschwerden herauszögern oder zumindest mildern. Neben den Astronom tritt der Alchemist. Er bereitet durch Brennen und Schmelzen das Gold so zu, daß es Speisen und Getränken zugesetzt werden kann. Das der menschlichen Natur anverwandelte Gold schützt vor Krankheit, bewahrt die Gesundheit und verlängert das Leben, vor allem dann, wenn dieses Gold unter den Strahlen von Sonne und Sternen zubereitet worden ist. Die Alchemie und insbesonders das trinkbare Gold schaffen im Leib ein Gleichgewicht aller vier Elemente, die im Leib zusammenwirken; Bacon nennt dies Gleichgewicht *equalis complexio.* «Der Experimentalwissenschaftler weitet seine Erfahrung aus und bittet den Alchemisten, ihm einen ausgewogenen Leib zu verschaffen.»[35] Dieses vollkommene Gleichgewicht herrscht dann, wenn alle vier Elemente im Leib gleich stark sind und keines das andere dominiert. Beim Choleriker jedoch ist das Feuer übermächtig, beim Sanguiniker die Luft, beim Phlegmatiker das Wasser und beim Melancholiker die Erde. Der Leib, in dem das Feuchte und Trockene, das Warme und das Kalte wohlausgewogen zusammenwirken, kann nicht verfallen. Die Verwirklichung dieser Ausgewogenheit und damit der Einhalt des leiblichen Verfalls ist nach Bacon dem Menschen durchaus möglich. Man muß nur wissen, wie man zu diesem Gleichgewicht kommt, das den fortschreitenden Verfall aufhält oder zumindest verlangsamt. Gold besitzt dieses vollkommene Gleichgewicht; es ist unverderblich und im höchsten Grade ausgewogen. Kein Element beherrscht in ihm das andere; das Feuer vergrößert sogar noch seine Vollkommenheit. Soll also ein Leib nicht verfallen, so muß er das innere Gleichgewicht des Goldes haben.

Gleichgewicht und Harmonie verlängern nicht nur das Leben des Leibes, sie bereiten ihn auch vor für das ewige Leben. «In der Tat, Gott wird dereinst aus der Asche jedes Toten einen solch ausgewogenen Leib bilden; alle Auferweckte werden solche Leiber besitzen. Jeder Mensch, der Verdammte wie der Selige, wird auferstehen, und sein Leib wird nicht mehr verfallen.» Diese allseitige Ausgewogenheit *(equalitas)* ist nicht nur menschlich und technisch möglich, sie ist sogar, betrachtet man die Heilsgeschichte, notwendig. Verjüngung, Lebensverlängerung mit Hilfe der Experimentalwissenschaften und des trinkbaren Goldes heißt: das Gleichgewicht der Elemente wiedergewinnen, damit der fortschreitende Verfall verlangsamt wird, dem die Menschheit unterworfen ist, seit Adam gesündigt hat und seit die Väter die gesunde Lebensweise aufgegeben haben. Um dem unverderblichen und im Jenseits verjüngten Leib der Auferweckten bereits hier auf Erden möglichst nahe zu kommen, muß der Mensch Verfall und Verderblichkeit seines Erdenleibes so weit wie eben möglich verhindern. Das Ideal ist Adam, dessen Leib in vollem Gleichgewicht war und der daher unsterblich hätte sein können.

Bacons Darstellung beruht ganz auf den beiden Traktaten über das «Herauszögern der Alterbeschwerden» und über das «Geheimnis der Geheimnisse». Bacons Theorie ist nicht bemerkenswert, weil sie Neues bringt, sondern weil sie Gedanken, die eine Generation vor ihm ins Abendland eingedrungen waren, zu einem umfassenden Gedankengebäude formte. In diesem Sinn muß die gesamte wissenschaftliche Diskussion um Bacon und das Problem der Lebensverlängerung berichtigt werden. Bacons Neubearbeitung dieser Theorie der Lebensverlängerung ist durchdrungen von dem Gedanken, daß der Mensch verantwortlich ist für seinen Leib und daß er Macht hat über die Natur. Auch hier übernahm Bacon einen Gedanken, der im Abendland noch jung war, daß nämlich die «Wissenschaft» dem Menschen Mittel in die Hand gab, die Herrschaft *(magisterium)* über die Natur zu erringen. Die Alchemie gab dem Menschen die Schlüssel zur Natur; und die Unvollkommenheiten dieser Natur konnten nun durch das sogenannte «Elixier» des Alchemisten geheilt werden. Von nun ist das Wort «Elixier» ein fester Bestandteil der europäischen Wissenschaftssprache.[36]

Die Gedanken Bacons sind manchem Forscher geradezu taoistisch vorgekommen, und man hat sich gefragt, ob die Ideen Bacons über die Lebensverlängerung nicht das Ergebnis der ersten Kontakte sind, die sich um die Jahrhundertmitte zwischen dem Abendland und dem Fernen Osten knüpften.[37] Diese Hypothese eines chinesischen Einflusses ist wohl kaum haltbar. Es läßt sich nämlich sehr genau zeigen, daß Bacon seine Ideen aus den beiden oben genannten Traktaten gezogen hat. Zudem konnte er seine «Theologie des Leibes» durchaus mit Hilfe des westlichen christlichen Gedankenguts formulieren, ohne außereuropäischer Anregungen zu bedürfen.

Nie vorher hatte man im Abendland die Möglichkeit der Lebensverlängerung so gründlich durchdacht und in eine umfassende «Theologie des Leibes» eingebettet. Die für einen Papst verfaßten Werke Bacons gaben den mit Elixieren arbeitenden Lebensverlängerungspraktiken eine theologische Rechtfertigung.[38]

In diesen Theorien über eine mögliche Lebensverlängerung und in der praktischen Anwendung dieser Theorien mit Hilfe von Elixieren gipfelt jenes vielfältige Interesse des Papsthofes am Leib, das wir seit dem Beginn des Pontifikats Innozenz' III. beobachten können. Papst Innozenz III. steht am Anfang: Er spricht vom Alter in Worten, die nicht mehr der herkömmlichen Weltverachtungsrhetorik entstammen; er beginnt mit dem regelmäßigen Wechsel von Sommer- und Winterresidenz, baut ein Haus für den «Arzt des Papstes», predigt über die «Erholung des Leibes», kennt die salernitanische Medizin, hat einen Anatomen (David von Dinant) als Kaplan und als Leibarzt einen Medizinprofessor aus Salerno, dessen Name eng mit dem ältesten westlichen Lebensverlängerungstraktat verbunden ist.

Nicht nur alle grundlegenden Abhandlungen, welche im 13. Jahrhundert das alte Thema der Lebensverlängerung neu behandelten – angefangen vom Traktat über das «Herauszögern der Altersbeschwerden» bis zu den Schriften Roger Bacons – finden höchste Aufmerksamkeit an der Kurie, auch ein Großteil des übrigen medizinischen und paramedizinischen Schrifttums jener Zeit wird am Papsthof unter dem Gesichtspunkt der Verlängerbarkeit des Lebens gelesen, etwa das «Geheimnis der Geheimnisse», dessen vollständige Fassung durch den Neffen des Vizekanzlers Honorius' III. übersetzt wurde. Roger Bacon lobt in seiner Erörterung über die Möglichkeit der Lebensverlängerung überschwenglich die «Experimentalwissenschaften» Optik, Alchemie und Astronomie. Zur gleichen Zeit wurden diese Wissenschaften am Papsthof intensiv gepflegt. Man kann sagen, daß im Jahrzehnt 1266–76 Viterbo Mittelpunkt aller wichtigen Forschungen auf dem Gebiete der Optik ist. Licht und langes Leben sind untrennbar miteinander verbunden. Die Strahlen des Sonnen- und Sternenlichts sollten Speisen «sternenähnlich» machen und so den Leib vor dem Verlust der natürlichen Körperwärme schützen, der einer der Hauptgründe für das Altern war. Campanus von Novara war zwei bis drei Jahrzehnte lang Hofastronom der Päpste; er ist der erste päpstliche Astronom, dessen Name auf uns gekommen ist. Die beiden Kardinäle Johannes von Toledo und Hugo von Evesham wurden von den Zeitgenossen als «Autoritäten» der Alchemie angesehen. Es ist bezeichnend, daß ein zum Papst gewählter Arzt (Petrus Hispanus/Johannes XXI., 1276) eingehend die Probleme der Lebensverlängerung studiert hat. In seiner «Summe über die Bewahrung der Gesundheit» *(Summa de conservatione sanitatis)* hatte Petrus untersucht, ob die Himmelskörper das Menschenleben verlängern können.[39] In zwei anderen Werken, in seiner «Wissenschaft von der Seele» *(Scientia de anima)* und in seinem Kommentar zu Aristoteles' Buch «Über die Seele», sagte er, Licht sei in Wahrheit das zentrale Element der Makrobiotik.[40] In seinem Traktat «Über das Auge» gibt Petrus ein Rezept, wie man seine Sehkraft «verjüngen» könne.[41] Die Bemerkungen des französischen Chronisten Wilhelm von Nangis, Papst Johannes XXI. habe geglaubt, sein Leben um einige Jahre verlängern zu können und er habe das sogar öffentlich vor mehreren Personen behauptet, müssen also ernst genommen werden.[42]

Die Kenntnis der Experimentalwissenschaften ist nach Bacon denen vorbehalten, die «sich selbst und andere lenken müssen».[43] Sie vermitteln Geheimnisse, die nur sehr wenigen mitgeteilt werden dürfen und die dem gemeinen Volk verborgen bleiben müssen. Die Behandlung mit dem Elixier soll einzig dem Herrscher vorbehalten bleiben. Auch für den unbekannten Autor des «Geheimnisses der Geheimnisse» bringt ein langes Herrscherleben dem Gemeinwesen Wohlstand. So wie die Gründer der Alchemie Philosophenkönige ältester Zeiten waren, so sollen auch die Nutznießer dieser Wissenschaft die Machthaber dieser Erde sein.

Neben den Kaisern gehörten auch die Päpste zu den «wenigen», den *paucissimi*, die Zugang zu diesen Geheimnissen haben sollten. Auch der Papst war ja Herrscher und hatte einen Leib, dessen Leben es verdiente, mit Hilfe des Trinkgoldes und der «Experimentalwissenschaften» verlängert zu werden. Vielleicht hatte sogar der Papst noch mehr als jeder andere Herrscher ein Anrecht auf jene lebensverlängernden Praktiken. An keinem anderen Hof, nicht einmal an dem Friedrichs II., finden wir eine so große Wißbegier nach den Möglichkeiten der Lebensverlängerung wie am Papsthof.[44] Das zeigt, daß die Päpste auch dem Leibe nach wie die Kaiser leben wollten.

Aber hatte Petrus Damiani nicht verkündet, der Papstleib sei wegen der Kürze seines Lebens anders als der aller weltlichen Herrscher? Und steht das Interesse der Päpste an den Möglichkeiten der Lebensverlängerung nicht im Widerspruch zur Hinfälligkeitsrhetorik und zu den Demutsriten, die wir seit der Gregorianischen Reform angetroffen haben? Sollte das Leben des Papstes nicht geprägt werden durch Reinigungsriten, welche seine Reinheit und Unschuld ausdrückten? Für Petrus Damiani war das Leben des Papstes zwar kürzer, aber dafür sollte es auch intensiver sein.

Dieser Gegensatz entging den Zeitgenossen nicht. Ja, das Interesse des Papsthofes an allem, was den menschlichen Leib betraf, scheint zu erklären, warum plötzlich in der zweiten Hälfte des 13. Jahrhunderts wieder so nachdrücklich auf die Hinfälligkeit und Endlichkeit des Papstes hingewiesen wird und auf seine Verpflichtung, sich Reinigungsriten zu unterwerfen. Robert Grosseteste schreibt um 1250 an Innozenz IV., der Papst müsse «sich seines eigenen Fleisches entledigen», um würdig zu sein, Christus auf Erden zu vertreten. Franziskaner und Dominikaner sprechen sehr eindringlich immer wieder von der «Nacktheit» des Papstleichnams. Die Auftraggeber des Grabmals Klemens' IV., jenes Papstes also, an den Roger Bacon seine Theorien über eine mögliche Lebensverlängerung gerichtet hatte, verlangten vom Bildhauer, daß die Gesichtszüge des Papstes vom Alter gezeichnet sein sollten. Roger Bacon ist übrigens der erste, der von einem Engelpapst spricht, und das zu einer Zeit, da alte kaiserliche Insignien wie der rote Mantel und das weiße Roß als Sinnbilder der Reinheit und Unschuld umgedeutet werden. Im Idealbild des Engelpapstes ist der Leib durchscheinend und verklärt von Reinheit und Unschuld. Sogar Bacons Theorien über die Lebensverlängerung hatten ein geistliches Ziel: Das Elixier war nicht nur Heilmittel, sondern auch Heilsmittel, *instrumentum salutis*: es sollte vorbereiten auf den «glorreichen» Leib nach der Auferweckung von den Toten. Vielleicht waren es diese suspekten Praktiken mit Elixieren, die nach dem plötzlichen Unfalltod Papst Johannes' XXI. Anlaß für eine neue Legende waren. Der Papst soll sterbend mehrere Male ausgerufen haben: «Was wird mit meinem Buche geschehen? Wer wird es beenden?» Nach anderen soll der Papst von den herabstürzenden Balken erschlagen worden sein, als er gerade ein «perverses und häretisches Werk» diktierte.[45]

Epilog

BONIFAZ VIII.

I.
Der Leib als Bild

Apostelnachfolge und Vollgewalt

Zwischen dem 24. Januar 1295 und dem 6. Mai 1296, jedenfalls vor Dezember 1296, befahl Bonifaz VIII. den Bau eines prächtigen «Mausoleums» im Hauptschiff der Peterskirche an der Innenseite der Eingangswand.[1] Es handelte sich nicht um ein bloßes Grab, sondern um eine Kapelle mit einem Altar. Überdeckt wurde das Mausoleum durch einen achteckigen, von vier Säulen getragenen Baldachin. Unter diesem Baldachin stand der durch Eisenschranken geschützte Altar. Das Grab des Papstes befand sich in einer Nische über dem Altar. Zwei Engel zogen rechts und links den Vorhang zur Seite und gaben den Blick frei auf die Liegefigur des Papstes, der auf einem mit dem Caetani-Wappen verzierten Sarkophag lag.

Über dem Grab befand sich ein Jacopo Turriti zugeschriebenes Mosaik, das im 16. Jahrhundert noch zu sehen war; es zeigte oben in der Mitte die Gottesmutter mit dem Kind und rechts und links von ihr die beiden Apostelfürsten. Unterhalb der thronenden Gottesmutter fand sich der mystische «leere Thron» der Apokalypse mit einem großen Kreuz und zwei Palmbäumen.[2] Der Papst zur Rechten der Madonna war mit seinem Namen *Bonifatius VIII* abgebildet, so wie Innozenz III. im Apsismosaik von Sankt Peter, das vielleicht als Vorbild gedient hat.[3] Bonifaz VIII. trug den Papstmantel, die Krone, und hielt an einem Band die Schlüssel Petri. Der Papst kniete vor der Gottesmutter und ihrem Kind; seine Hände waren zum Gebet gefaltet und schienen sich mit den ausgestreckten Händen von Madonna und Kind zu vereinen.[4] Der aufrecht stehende und den Papst überragende heilige Petrus hatte die rechte Hand auf die Schultern Bonifaz' VIII. gelegt, um ihn dem Schutz der Gottesmutter anzuvertrauen.

Ein anderer römischer Papst des 13. Jahrhunderts, Nikolaus III. (1277–80), hatte zwei Jahrzehnte vor Bonifaz VIII. in der Peterskirche eine Nikolauskapelle gegründet und drei tägliche Messen gestiftet.[5] Nikolaus III. hatte die Kapelle nach seiner Titelkirche Sankt Nikolaus im Tullianischen Kerker benannt, die ihn auch zur Wahl seines Papstnamens inspiriert hatte. Benedikt Caetani, der von Nikolaus III. zum Kardinal ernannt worden war, weihte seine Grabkapelle einem heiligen

Papst, der denselben Papstnamen trug wie er: Bonifaz IV. (608–15) und der außerdem in der Peterskirche begraben war.[6] Wir wissen mit Sicherheit, daß Bonifaz VIII. die neue Kapelle zu Ehren eines heiligen Bonifaz, «Bekenner und Bischof», hatte errichten lassen.[7] Damit überging der Papst einen anderen Heiligen namens Bonifaz, nämlich den Märtyrer Bonifaz, obwohl dessen Gedächtnis – im Gegensatz zu dem des Papstes Bonifaz – in der Peterskirche gefeiert wurde, und zwar, wie die Martyrologien anzeigen, am 14. Mai.[8]

Nach dem Papstbuch *(Liber Pontificalis)*, der offiziösen Sammlung von Papstbiographien, war Bonifaz IV. der Papst, der vom Kaiser Phokas die Erlaubnis erhalten hatte, das Pantheon in eine Kirche umzuwandeln. Der Chronist Siegfried von Ballnhausen, der einzige Zeitgenosse Bonifaz' VIII., der uns eine Beschreibung des Grabmals hinterlassen hat, bemerkt dies ausdrücklich.[9] In zwei für das Verhältnis von Papsttum und Kaisertum besonders wichtigen Augenblicken wurden also Reliquien Bonifaz' IV. in römische Kirchen übertragen. Als Kalixt II. nach dem Abschluß des Konkordats von Worms am 6. Mai 1123 den Altar von Sankt Marien in Cosmedin weihte, da wurde – zusammen mit Reliquien anderer Päpste – auch ein Arm Bonifaz' IV. dem Grab in St. Peter entnommen und in den Altar eingeschlossen.[10] Am selben Tag schenkte der Papstkämmerer Alfanus der Kirche einen auf eigene Kosten hergestellten Papstthron, der ein «unzweifelhaftes Symbol der monarchischen Aspirationen des Papsttums» war.[11] Kalixt II. war es auch, der das Grab des Papstes im Innern der Peterskirche an einen anderen Ort überführte.[12] Die Reliquien eines anderen Papstes Bonifaz, der Märtyrer war, wurden 1246 in die Silvesterkapelle der Kirche zu den heiligen vier Gekrönten *(Santi Quattro Coronati)* übertragen.[13] Damals wurde die Kapelle mit Bildern aus dem Leben Papst Silvesters I. und Kaiser Konstantins des Großen geschmückt. Das war ein «politisches Manifest», das Kaiser Friedrich II. die Oberhoheit des Papsttums in Erinnerung rufen sollte.[14]

Bonifaz VIII. wollte offensichtlich weniger einen Märtyrer als einen Papst ehren (Bonifaz IV.), einen Papst, dessen Reliquien nicht nur im Innern von St. Peter in ein neues Grab gebettet wurden, sondern auch in andere Kirchen Roms übertragen worden waren, als die Beziehungen zum Kaisertum für das Papsttum von besonderer Wichtigkeit waren. Dieser Eindruck wird nicht dadurch abgeschwächt, daß er dem Grab Bonifaz' IV. noch die Gebeine anderer Heiliger zufügte.[15] Papst Bonifaz IV. war offensichtlich eine Gestalt von politischer Symbolträchtigkeit. Das zeigt sich auch darin, daß Bonifaz VIII. in der Kathedrale der neugegründeten Stadt Civita Papale, die das Palestrina der verhaßten Colonna ersetzen sollte, einen Altar zu Ehren dieses heiligen Papstes stiftete.[16]

Das Antlitz Bonifaz' VIII. auf seinem Grabmal – wahrscheinlich ein

Werk von Arnolfo di Cambio – strahlt «klassische Ruhe und todüberwindende Gelassenheit» aus.[17] Einige Jahre vorher hatte Arnolfo den Kardinal Wilhelm von Braye als einen vom Alter gezeichneten Mann dargestellt.[18] Der todesstarre Leib hat ein «müdes verwelktes Gesicht, als liege der Kardinal in einem ewigen Erschöpfungsschlaf». Leib und Antlitz des Verstorbenen bilden einen Gegensatz zu den jünglingshaften Akoluthen, «die vor dem Tod den Vorhang zuziehen».[19] Noch schärfer ist der Gegensatz zu der berühmten Grabfigur Papst Klemens' IV.; das Gesicht dieses Papstes ist wie versteinert durch Alter und Tod.[20]

Bernhard Gui schreibt, Papst Bonifaz VIII. habe sich ein Grabmal errichten lassen mit einem Bild aus Stein «so als lebe er noch».[21] Das Antlitz Bonifaz' VIII. auf seinem Grabmal verschmolz Ewiges mit Gegenwärtigem, Zeitloses mit Zeitgebundenem; es war, trotz aller überirdischen und zeitlosen Erhabenheit, zugleich auch das naturgetreue Porträt eines noch lebenden Individuums.[22] Das eine hob das andere nicht auf. Dies war das Neue, welches die Zeitgenossen so ratlos ließ oder gar skandalisierte.[23] Der Hofdichter Bonaiuto von Cosentino sagt offen, Bonifaz VIII. habe sein Grabmal geplant um seines Ruhmes willen. Das prächtige Marmorgrab gestattete ihm, dem «Vater der Väter» und dem «wachsamen Richter des Erdkreises», die Zeit anzuhalten.[24]

Nicht Akoluthen ziehen vor dem ruhenden Papst die Vorhänge weg, sondern Engel, als wolle man zeigen, daß der lebende Papst – so wie die Engel – zwischen Mensch und Gott steht. Hatte nicht bereits Petrus Damiani gesagt, der Papst stehe an Ehre und Würde über dem Menschen? Und hatte nicht auch Innozenz III. gepredigt, er stehe als Papst zwischen Mensch und Gott?[25] Der englische Dichter Galfrid von Vinsauf hatte an diesen Papst die Verse gerichtet: «Du bist weder Gott noch Mensch, sondern etwas Eigenes zwischen beiden», das heißt «vollständig über dem Menschen» *(trans homines totus)*.[26] Und der große Rechtslehrer Heinrich von Susa († 1271) hatte gesagt: «Der Papst ist größer als jeder Mensch, jedoch weniger als ein Engel, da er sterblich ist. An Macht und Autorität jedoch steht er über jedem Engel.»[27]

Das Bildnis Bonifaz' VIII. verweist in seiner idealen Erhabenheit und zeitlosen Jugendlichkeit auf die heilen und verjüngten Leiber der am Jüngsten Tag Auferweckten, es hat aber zur gleichen Zeit auch die ganz individuellen Gesichtszüge des damals herrschenden Papstes. Bonifaz VIII. wollte, daß die von ihm errichtete Kapelle «eine sichtbare und konkrete Vergegenwärtigung seines Pontifikats» sei; deswegen zeigt die Grabfigur nicht nur das Individuum, sondern auch das überindividuelle Idealbild eines Papstes.[28]

Während der Meßfeier fiel der Blick des Priesters unvermeidlich auf den Sarkophag in der Nische über dem Altar. Die Grabfigur des Papstes war somit visuell in die Meßliturgie miteinbezogen; Ort und Form von

Sarkophag und Grabfigur wurden also sicherlich durch die Liturgie bestimmt.[29] Der Priester hatte vor seinen Augen das Bild des Verstorbenen, aber auch das des Papstes als lebendes Bild Christi. Das ist es, was man «die völlig neue Beziehung zwischen Grab und Altar» genannt hat.[30]

Die Überführung und Zusammenlegung von Papstleibern im Innern der Peterskirche war nichts Neues.[31] Es war jedoch das erste Mal, daß der «heilige» Leib eines Papstes, hier der Bonifaz' IV., im Altar der Grabkapelle eines anderen Papstes beigesetzt wurde. In dieser Kapelle fand sich kein Bild des heiligen Vorgängerpapstes, jedoch zwei Bilder des damals noch lebenden Bonifaz VIII. Das eine zeigte ihn als Toten, ganz abgeklärt und in mystischer Nähe zur Eucharistie;[32] das andere im Mosaik zeigte den knienden Papst, wie er vom heiligen Petrus der Gottesmutter und ihrem Kind vorgestellt wurde. In beiden Darstellungen trug Bonifaz VIII. die Zeichen seines Amtes: Krone, Mantel und Schlüssel.[33]

Der Sarkophag und die Grabfigur Bonifaz' VIII. befanden sich oberhalb des Altares mit den Gebeinen Bonifaz' IV. und unterhalb des Mosaiks, das ihn zusammen mit der Gottesmutter und den Apostelfürsten zeigte.[34] Die Plazierung der Grabfigur mit seinem naturgetreuen Antlitz zwischen dem heiligen Leib eines verstorbenen Papstes und dem heiligen Petrus konstruierte eine Vertikalität, die wie eine persönliche Legitimierung aussieht.[35] Eine Erklärung bieten die Umstände des Baus dieser Kapelle. Der Befehl zum Bau wurde bereits in den allerersten Monaten des Pontifikats gegeben. Damals aber war Cölestin IV. auf der Flucht, und man fürchtete, er könne seinen Verzicht widerrufen.[36] Die Wallfahrt zu Cölestins Aufenthaltsort Collemaggio hatte immer größere Ausmaße genommen, was Bonifaz VIII. mit allen Mitteln zu verhindern suchte.[37]

Bonifaz VIII. war nicht als Nachfolger eines verstorbenen Papstes gewählt worden. Der Bau des eigenen Grabmals über dem Leib eines heiligen Vorgängers diente dazu, eine Sukzession verstorbener Päpste zu schaffen, die damals unterbrochen war, denn mit Bonifaz VIII. war ein Lebender einem Lebenden nachgefolgt. Für die Legitimität Bonifaz' VIII. konnte die Tatsache, daß es nicht den toten Leib eines Vorgängers gab, zum Problem werden. Denn in den letzten Jahrzehnten des 13. Jahrhunderts waren Tod, Bestattung und Neuwahl des Papstes unauflösbar miteinander verknüpft und durch Zeremonien und Gebetsverpflichtungen immer reicher ausgestattet worden. Die Bestattungsfeierlichkeiten waren immer länger geworden, so daß es schließlich zur Ausbildung des Novemdiale, der neuntägigen Trauerzeit kam.[38]

Der heilige Papst

Der französische Kardinal Jakob Caetani Tommasini, Sohn der einzigen Schwester Bonifaz' VIII., schenkte 1299 der römischen Kirche San Clemente einen vielleicht durch Arnolfo di Cambio geschaffenen Tabernakel. Im Tympanon des Tabernakels präsentiert ein Papst mit Heiligenschein und Tiara der in der Mitte thronenden Gottesmutter und ihrem Kind eine kniende Gestalt. Der heilige Papst könnte Petrus oder wohl eher der Schutzheilige der Kirche, Papst Klemens, sein.[39] Wichtig ist jedoch, daß dieser heilige Papst die Züge Bonifaz' VIII. zu haben scheint. Der heilige Klemens im Tympanon des Tabernakels wäre also ein Kryptoporträt Bonifaz' VIII.[40] In der Grabkapelle zu Sankt Peter wurde die Grabfigur Bonifaz' VIII. kraft der im Altar ruhenden Reliquien eines heiligen Papstes in die Folge verstorbener Päpste eingereiht; in San Clemente wird der damals noch lebende Bonifaz VIII. in der Gestalt eines verstorbenen heiligen Papstes dargestellt. Die Heiligkeit des verstorbenen Papstes wird auf den noch lebenden Papst übertragen, der mit seinen Herrschaftszeichen und seinen individuellen Zügen dargestellt wird.[41]

Kaisernachahmung

Gegen den nördlich des Lateranpalastes gelegenen Platz hin, das sogenannte «Lateranfeld» *(campus Lateranensis)*, ließ Bonifaz VIII. eine prachtvolle zweistöckige Benediktionsloggia bauen. Die Loggia beherrschte drei sehr verkehrsreiche Straßen und lag Spitalhäusern gegenüber, die – wenn auch nur mittelbar – von seinen Erzfeinden, den Colonna, verwaltet wurden. Diese Loggia ist heute verschwunden, aber sie ist auf einem Fresko abgebildet, das sich früher in der Vorhalle der Lateranbasilika befand. Wegen einer freilich aus sehr viel späterer Zeit überlieferten Inschrift hat man lange angenommen, das Fresko zeige die Verkündigung des Heiligen Jahres 1300.[42]

Neuere Forschungen hingegen haben zahlreiche Schwierigkeiten aufgezeigt, die einer solchen Deutung entgegenstehen.[43] Das Fresko scheint viel eher die Krönung Bonifaz' VIII. wiederzugeben, so wie sie Jacopo Stefaneschi beschrieben hat.[44] Bonifaz VIII. trägt den roten Kaisermantel und die Tiara mit zwei Kronreifen. Man sieht den Schirm und das hoch aufgerichtete Kreuz. An der Rückwand der unteren Arkade sind abwechselnd das Caetani-Wappen und die Papstinsignien – Tiara und Schlüssel – abgebildet. Die Kurienmitglieder sind ganz in weiß gekleidet. In der Volksmenge sieht man Fahnen. Der Präfekt von Rom trägt einen rot-weiß geteilten Mantel. Auf dem noch erhaltenen Freskofragment, das heute im Seitenschiff der Lateranbasilika aufbewahrt wird, ist rechts neben der Baldachinsäule ganz schwach das Profil eines bärtigen Mönches erkennbar. Das könnte Cölestin V. sein, der die Krönungsfeier verläßt, so wie es Jacopo Stefaneschi in seinem Gedicht beschrieben hat.[45] Ist diese Deutung richtig, so wäre das Lateranfresko die älteste öffentliche Darstellung einer Papstkrönung. Zum ersten Mal erscheint hier auch der Schirm – ursprünglich ein Sinnbild kaiserlicher Macht – bei einem noch lebenden Papst.[46]

Die Darstellung des segnenden Bonifaz VIII. war das letzte Bild einer Folge von drei Fresken. Das erste stellte die Taufe Konstantins des Großen dar und das zweite die Grundsteinlegung der Lateranbasilika. Beide sind heute verloren, aber sie gehörten zu einer alten ikonographischen Tradition, die wir in den Fresken der Silvesterkapelle in der Kirche zu den heiligen vier Gekrönten *(Santi quattro coronati)* noch heute fassen können.[47] Die Art, wie Bonifaz die Menge segnet, verrät ein Vorbild aus konstantinischer Zeit. Das gilt auch für die gepreßte Anordnung der Personen um den Papst sowie für die scharfe Trennung zwischen dem Volk unten und dem Papst mit seinem Hof hoch oben. Das flache Dach des Baldachins, unter dem sich der Papst den Gläubigen zeigt, ist mit einem Relief vom Theodosius-Obelisken in Konstantinopel vergleichbar. Vielleicht kannten Bonifaz VIII. und seine Umgebung diese Reliefs aus eigener Anschauung oder mittelbar.[48]

In dem Fresko der Lateranvorhalle erscheint Bonifaz VIII. als Neugründer des Laterans, d. h. als zweiter Konstantin. Der Papst, der unzweifelhaft die Züge Bonifaz' VIII. trägt, verkörpert den Vorrang des Papsttums über das Kaisertum.

Die «eine und heilige»

Auch die Porträtbüste des Papstes, die sich heute in den vatikanischen Grotten befindet, wurde mit großer Wahrscheinlichkeit von Arnolfo di Cambio geschaffen, vielleicht anläßlich des Heiligen Jahres.[49] Ein Zeitgenosse, Siegfried von Ballnhausen, sah sie 1304 neben dem Grab des Papstes.[50] Mehr jedoch als Entstehungszeit und ursprünglicher Standort sind folgende Einzelheiten wichtig: Diese vatikanische Büste ist das erste plastische Porträt eines noch lebenden Papstes; sie wird in zeitgenössischen Quellen erwähnt, ist eindeutig identifizierbar und wurde nachweislich bereits zu Lebzeiten des Papstes im Innern einer Kirche aufgestellt.[51] Zum ersten Mal erscheint hier die Tiara mit drei Kronreifen, zum ersten Mal auch wird der Papst dargestellt, wie er mit der Rechten segnet und mit der Linken die Schlüssel Petri hält.[52] Sie ist die erste Statue eines noch lebenden Papstes, die am Grabe eines verstorbenen heiligen Papstes aufgestellt wurde. Und schließlich: Sie bietet künstlerisch und in der Art der Bearbeitung erstaunliche Ähnlichkeiten mit der großen bronzenen Petrusstatue in Sankt Peter.[53]

Noch etwas Anderes macht diese Büste einzigartig: Nie vorher begegnet man einer so hohen Tiara – rund eine Elle ist sie hoch.[54] Die Rundheit der Tiara versinnbildlicht die Kugel, welche der vollkommenste Körper und Symbol des Makrokosmos ist. Die Elle war das Grundmaß der Arche Noahs[55], welche – so die Bulle *Unam sanctam* – Sinnbild der Kirche ist.[56] So wie Noah die Arche lenkte, so lenkt der Papst die eine und heilige Kirche. So sagt der Papst selbst im Brief vom 9. Oktober 1299, mit dem er den Colonnakardinälen verzieh.[57] Bonifaz VIII. sah die «eine und heilige Kirche» im Papsttum verkörpert, «ja in seiner eigenen Person».[58] Gebärde, Gegenstände, Symbolik (Segnung, Schlüssel, Tiara) machen die vatikanische Büste zu einem außergewöhnlichen Denkmal päpstlicher Selbsterinnerung, das in der Geschichte der Papstdarstellungen keinen Vorläufer hat.[59]

Gerichtshoheit und Kircheneinheit

Anfang des Jahres 1290 kamen die Kardinallegaten Benedikt Caetani und Gerhard Bianchi nach Reims, um einen lange schwelenden Konflikt zwischen Bischof und Kapitel zu regeln. Im Verlaufe diese Zwistes waren schließlich erzbischöfliche Amtsleute in Häuser und Ländereien des Kapitels eingedrungen und hatten die Umzäunung eines Weingartens vor den Toren der Stadt niedergerissen. Das Domkapitel hatte daraufhin das Orgelspiel untersagt und nahm nicht mehr am Gottesdienst in der Kathedrale teil. Am 1. Oktober war das Fest des heiligen Remigius, des Schutzpatrons der Kathedrale, und man kann sich sehr gut vorstellen, daß die auch dem Domklerus aufgezwungene Einstellung des Gottesdienstes sehr hart empfunden wurde.[60] Das Kapitel selbst hob daher für dieses Fest seinen Gottesdienstboykott auf, und die beiden Kardinäle bestimmten, daß er auch weiterhin aufgehoben bleibe für die Dauer des gesamten Schiedsverfahrens. Innerhalb von zwei Monaten, so wie es im Schiedsvertrag vereinbart worden war, fällten beide Kardinäle in der Abtei Saint-Cloud bei Paris ihren Schiedsspruch.[61] Dem Urteil angehängt war noch die Bestimmung, beide Parteien, Erzbischof und Kapitel, hätten innerhalb eines Jahres zwei Silberstatuen herzustellen: Die eine sollte einen Kardinalbischof darstellen (Gerhard Bianchi war Kardinalbischof von Santa Sabina), die andere einen Kardinaldiakon (Benedikt Caetani war Kardinaldiakon von St. Nikolaus im Tullianischen Kerker). Die unterschiedliche Würde beider Personen sollte durch das liturgische Gewand angezeigt werden: Der Bischof sollte Kasel und bischöfliche Insignien tragen, der Diakon die Dalmatik. Beide Statuen sollten jedoch die Mitra tragen, denn seit dem 12. Jahrhundert hatten auch Kardinalpriester und Kardinaldiakone Anrecht auf die Mitra. Damit aber kein Zweifel an der Identität der beiden Kardinäle aufkommen konnte, sollte auf jede Statue der Name des Dargestellten und seine Würde eingegraben werden, also: *Gerardus episcopus Sabinensis*, und *Benedictus Sancti Nicolai in Carcere Tulliano diaconus cardinalis*. Beide Silberstatuen mußten einen Wert von mindestens 500 Pfund Turnosen haben und sollten an allen Hochfesten während der Messe auf den Altar gestellt werden. Es war dem Erzbischof und dem Domkapitel untersagt, sie jemals zu verkaufen. Leider sagen uns die Quellen nicht, ob diese Statuen wirklich hergestellt worden sind.

Rund zehn Jahre später mußte Bonifaz VIII., nun als Papst, einen ähnlichen Zwist entscheiden. Diesmal lagen Bischof und Domkapitel von Amiens im Streit. Als der Bischof verlorengegangene Rechte wiedergewinnen und das Kapitel visitieren wollte, verfügten die Domherren die Einstellung des Gottesdienstes. Der Bischof erzwang daraufhin das Glockengeläute, feierte mit lauter Stimme in der Kathedrale ein feierliches Bischofsamt, und belegte das Kapitel mit dem Interdikt.[62] Am 4. Dezember 1301 lud Bonifaz VIII. beide Parteien vor sich nach Rom.[63] Auch diesmal, so wie 1290, als er noch Kardinal war, befahl Bonifaz VIII. die Herstellung zweier Statuen. Die Ähnlichkeit mit dem Fall von Reims sticht in die Augen, zumal der Papst genau dem Wortlaut der Schlußbestimmung des Schiedsspruchs von 1290 folgt.

Auch jetzt müssen die Parteien nach Beilegung des Streites zwei Statuen herstellen lassen, aber nun nicht mehr aus bloßem Silber, sondern aus vergoldetem Silber. Der Bischof mußte eine Papststatue in Auftrag geben, das Kapitel eine Marienstatue, deren Wert jeweils tausend Pariser Pfund nicht unterschreiten durfte; das war fast das Doppelte des Werts der Statuen von Reims. Wie in Reims sollten sie an Hochfesten auf den Hauptaltar gestellt werden. Um die Herstellung der Statuen sicherzustellen, befahl der Papst sogar, daß Bischof und Kapitel beim Abt von Saint-Corneille in Compiègne 2000 Pfund hinterlegten.[64] Der Befehl Bonifaz' VIII. wurde tatsächlich ausgeführt. Das Schatzverzeichnis der Kathedrale von Amiens aus dem Jahre 1347 erwähnt «zwei große Statuen aus vergoldetem Silber, die Gottesmutter und der heilige Gregor, die an hohen Festen auf den Altar gestellt werden». Wie man sieht, war um die Mitte des 14. Jahrhunderts die Erinnerung an den Schiedsspruch Papst Bonifaz' VIII. völlig verloren gegangen. Den Papst der Papst-Statuette hielt man nun für Gregor den Großen, der im Mittelalter «der Papst» schlechthin war.

Zweimal also, einmal als Kardinal und dann als Papst, hatte Benedikt

Caetani befohlen, Bilder seiner selbst auf den Hochaltar einer Kathedrale zu stellen. Der Unterschied, daß es einmal die Statue eines Kardinals, das andere Mal die eines Papstes war, ist nicht weiter wichtig. Aber es war durchaus folgerichtig, daß die Statue des Kardinals aus Silber, die des Papstes aus vergoldetem Silber war, und daß die Statue des Kardinals mindestens 500 Pfund wert sein sollte, die des Papstes jedoch das doppelte, nämlich 1 000 Pfund.

Bedeutsam ist, daß diese Anordnungen anläßlich der Beilegung von Streitigkeiten zwischen Bischöfen und ihrem Domkapitel erfolgten. Die Statuen der Kardinäle und des Papstes waren Sinnbilder der die Kircheneinheit sichernden päpstlichen Rechtshoheit, deren Universalität sich gerade bei der Entscheidung verschiedenster lokaler Streitfälle vor aller Augen zeigte.[65] Hier liegt das Neue der Statuen von Reims und Amiens. Sie drückten konkret, durch ein materielles Bild, die Idee aus: «Der Papst ist die Kirche!» (Aegidius von Rom).[66] Auch die beiden Kardinalstatuen in Reims drückten genau dies aus, denn die Kardinäle waren «Teil des Papstleibes».[67] Beide Statuen sind eine «sichtbare» Bestätigung dafür, welchen Rang die Kardinäle – institutionell und ekklesiologisch – am Ende des 13. Jahrhunderts erreicht hatten.[68]

Aber war es nicht Anstiftung zu Götzendienst, Idolatrie, wenn ein Papst befahl, das eigene Bild auf einen Altar zu stellen? Die Juristen Philipps des Schönen, welche die Anklagen zusammenstellten, die den Prozeß gegen das Gedächtnis Bonifaz' VIII. rechtfertigen sollten, ließen sich diese Gelegenheit nicht entgehen. Eine der Anklagen gegen den toten Papst lautete denn auch: «Um sein verdammenswertestes Gedächtnis zu verewigen, ließ er silberne Bilder von sich in Kirchen aufstellen und verführte so die Menschen zum Götzendienst.»[69]

War also Papst Bonifaz VIII. wirklich ein Papst, der «Götzendienst» verlangte? Im strikten Sinn sicherlich nicht. Die Statuen von Reims sollten vor allem die friedenstiftende Rechtsgewalt der römischen Kirche versinnbildlichen. Tatsächlich vermischten sich jedoch in den Statuen von Reims die Darstellung von Individuum und Institution. Das Individuum, der Kardinal, ist zugleich Sinnbild der Römischen Kirche.[70] Dadurch, daß er Bilder von noch lebenden Personen auf Altäre stellen ließ, machte sich Bonifaz noch nicht der Verführung zum Götzendienst schuldig, denn er handelte in Übereinstimmung mit der Ekklesiologie seiner Zeit, die bisweilen sehr kühne, ja übersteigerte Formulierungen liebte, die aber doch immer orthodox blieb. Andererseits war es aber doch bedenklich, daß er die Römische Kirche und ihre Rechtshoheit in so gewaltsamer Art durch das Abbild seiner eigenen Person verkörpern wollte. Mittelbar zielte er so doch darauf ab, sein Abbild und sein Gedächtnis zu verewigen.

II.
Physiognomie und Unsterblichkeit

Die Sorge für den Leib

Während des Pontifikates Bonifaz' VIII. fließen die Quellen, welche uns über die Medizin am Papsthof und die Sorge um das Wohl des Leibes, die *cura corporis*, berichten, immer reicher; sie betreffen alle in den vorhergehenden Kapiteln behandelten Bereiche der menschlichen Leiblichkeit. Der Wechsel von Winter- und Sommerresidenz, der während der vorhergehenden Pontifikate weniger strikt eingehalten worden war, wird unter Bonifaz VIII. die Regel wie nie vorher im ganzen 13. Jahrhundert.[1] Nicht einmal der Kreuzzug gegen die Colonna im August 1298 konnte den Papst davon abbringen, den Sommer in seinem geliebten Anagni zu verbringen. Mindestens sieben Ärzte haben sich während des eher kurzen Pontifikats Bonifaz' VIII. in der «Sorge für den Leib des Papstes» abgelöst.[2] Kein anderer Papst des 13. Jahrhunderts hat mehr Ärzte gehabt. Die Beziehungen des Papstes zu seinen Ärzten reichen von großer Erbitterung bis zu überschwenglichem Lob. Anselm von Bergamo, der vor seinem Ruf an den Papsthof vielleicht Professor in Bologna war,[3] verließ aus uns unbekannten Gründen ganz plötzlich den Papst. Bonifaz VIII. geriet darüber in große Wut, ließ ihn verfolgen und entzog ihm alle Lehen, die er ihm in Medicina (bei Bologna) überlassen hatte.[4]

Der neue Arzt, Arnald von Villanova, heilte den Papst von den heftigen Schmerzen seiner Steinkrankheit.[5] Es war die Krankheit, die den Papst nach dem Überfall in Angani erneut befiel und an der er unter qualvollen Schmerzen verschied.[6] Während des Sommers 1301 wies er Arnald die Burg La Scurcola (im Latium) zu und gebot ihm, einen Traktat über die gesunde Lebensweise zu schreiben. Das Werk gefiel dem Papst so sehr, daß er vor einigen Kardinälen ausrief: «Dieser Mann ist der größte Gelehrte der Welt, und wir haben es nicht gewußt!»[7] Um dieselbe Zeit, im Juli 1301, als die Sonne im Zeichen des Löwen stand, gab Arnald dem Papst ein Goldsiegel, um ihn gegen die Steinkrankheit zu schützen. Die Kardinäle wunderten sich über den Arzt, der sich in solche Dinge mische, und über den Papst, daß er so etwas zulasse und das auch noch erzähle. Bonifaz VIII. soll damals den Kardinälen gesagt haben: «Ich habe einen Katalanen gefunden, Arnald von Villanova, der mir viel Gutes tut. Er hat mir ein Goldsiegel und eine Binde *(bracale)* gemacht, die mich vom Steinleiden und vielen anderen Schmerzen befreit haben.»[8] Das Vertrauen des Papstes in Talismane läßt sich vielleicht mit dem wachsenden Einfluß der Astronomie allenthalben im Europa des ausgehenden 13. Jahrhunderts erkären. Vielleicht war es auch Bonifaz VIII., der den Astrologen und Arzt Peter von Abano vor der Verfolgung durch die Dominikaner von Paris schützte[9]; denn der Pariser Aufenthalt Peters fällt in die Zeit des Pontifikats Bonifaz' VIII.[10]

Der Traktat Peters von Abano über die Gifte, der einem unbekannten Papst gewidmet ist, war vielleicht für Bonifaz VIII. bestimmt.[11] Petrus zitiert in seinem Werk den Traktat des Avenzoar über den Smaragd als Schutz gegen Gift und sagt, dieser Traktat sei für Papst Bonifaz übersetzt worden.[12] Für den Erzbischof von Braga, Martino de Oliveira, der in jenen Jahren an der Kurie weilte, übersetzte der jüdische Konvertit Johannes von Capua einen wichtigen Traktat über die Mittel gegen Gifte aller Art, den *Liber antidotarius Albumeronis.*[13] Am Hofe Bonifaz' VIII. lebte man offensichtlich in der Furcht vor Gift; zum ersten Mal werden nun auch im Papstschatz «Schlangenhörner» und «Schlangenzungen» erwähnt, die man zur Prüfung *(assazum)* von Speisen und Getränken benutzte. Solchen «magischen Messern» schrieb man die Fähigkeit zu, Gifte zu vertreiben.[14]

Der Arzt Bonifaz' VIII., Wilhelm von Brescia, bat Johannes von Capua, die Diätetik des Maimonides zu übersetzen.[15] Die Widmung des Johannes endet mit der Bitte, die Übersetzung «im päpstlichen Archiv zusammen mit den anderen medizinischen Büchern» aufzubewahren. Das ist ein deutlicher Hinweis auf das Ansehen, welches die Bibliothek Bonifaz' VIII. wegen seines medizinischen Schrifttums genoß. Unter keinem anderen Papst wurden so viele medizinische Werke übersetzt wie unter Bonifaz VIII. Ein anderer päpstlicher Arzt, Accursino von Pistoia, übersetzte zu Rom aus dem Arabischen die Schrift Galens «Über die Kräfte der Speisen».[16]

Elixiere

Eine so offen gezeigte Sorge für das Wohlbefinden und die Gesundheit des Leibes reichte aus, daß Arnald von Villanova später dem Papst den massiven Vorwurf machen konnte, nicht der «Eifer für die Seelen», sondern der «Eifer für die Leiber» habe ihn beseelt.[17] Für keinen anderen Papsthof des Mittelalters haben wir so zahlreiche Hinweise auf die Diskussion von Theorien der Lebensverlängerung.

In dem allgemein Arnald von Villanova zugeschriebenen Werk «Über das Leben der Philosophen» *(De vita philosophorum)* preist der Verfasser das trinkbare Gold: Es helfe gegen Lepra und Blasensteine, es verjünge den Organismus und stärke das Gedächtnis. Als Gewährsmänner führt er zwei Persönlichkeiten an: Die erste, ein gewisser «Herr Hugo» *(dominus Hugo)*, habe geschworen, das trinkbare Gold sei «das größte Geheimnis unter den natürlichen Heilmitteln»; die zweite, «der Herr Kardinal von Toledo» habe während seines ganzen Kardinalats zusammen mit den anderen Kardinälen bei der Mahlzeit dieses trinkbare Gold eingenommen; sie hätten es «für das größte und beste Geheimnis gehalten, das sie besaßen oder kannten».[18] Der hier genannte Kardinal von Toledo könnte der Zisterzienser Johannes von Toledo sein, der als Astrologe und Alchemist großes Ansehen genoß.[19] Zusammen mit einem anderen Kardinal, dem Engländer Hugo von Evesham, erscheint er in medizinisch-alchemistischen Traktaten als Autorität der Alchemie, vor allem in ihrer Beziehung zur Medizin.[20]

Arnald von Villanova erwähnt das trinkbare Gold in seinem Traktat «Über Weine» *(De vinis)*.

> Viele Adelige der heutigen Zeit und vor allem Prälaten lassen kleine Stücke Goldes zusammen mit ihren Speisen kochen. Andere essen es mit den Speisen, trinken es mit Elixieren oder nehmen es gefeilt zu sich so wie das *diacameron* genannte Puder, das sich aus gefeiltem Gold und Silber zusammensetzt. Andere halten kleine Goldstücke im Mund und schlucken dann den Speichel hinunter. Einige wandeln das Gold um in Trinkwasser; es genügt, einmal im Jahr eine kleine Menge davon zu trinken, um die Gesundheit zu erhalten und – mag es auch unglaublich erscheinen – das Leben zu verlängern, und dies ist die allerbeste Methode [...]. Die, welche das Gold in ihrem Munde halten, tun das nicht ohne Grund, denn es ist erwiesen, daß Silber im Mund den Durst löscht.[21]

Man nahm also das Gold zu sich, indem man Goldstücke mit den Speisen kochte oder von Münzen abgefeilten Goldstaub unter die Speisen mischte. Diese letzte Methode wählte offensichtlich Papst Klemens V. (1305–14). Nach seinem Tode wurden im päpstlichen Schatz Truhen mit Goldgulden gefunden, von denen man das Gold gefeilt hatte, das der Papst auf Anraten seiner Ärzte zusammen mit den Speisen zu sich nahm.[22]

Es ist nicht sicher, ob Arnald von Villanova der Verfasser der oben erwähnten Schrift «Über das Leben der Philosophen» ist.[23] Sein großes Ansehen bei Bonifaz VIII. könnte jedoch auch auf seinem Ruf als Fachmann in allen Fragen der menschlichen Lebensverlängerung beruhen. Arnald hatte das Altern in dem wichtigen, unzweifelhaft von ihm stammenden Traktat «Über die Urfeuchtigkeit» *(De humiditate radicali)* behandelt, und in einem anderen Werk, «Über das Bewahren der Jugend und das Herauszögern des Alters» *(De conservanda iuventute et retardanda senectute)*, hatte er fast wörtlich den Traktat Roger Bacons «Über das Herauszögern der Altersbeschwerden» *(De retardatione accidentium senectutis)* abgeschrieben.[24] In seiner Bonifaz VIII. gewidmeten Schrift «Gegen den Stein» aus den Jahren 1301/1302 verteidigt Arnald gleich zu Beginn mit Leidenschaft die Lehre, unabdingbare Voraussetzung jeder Lebensverlängerung sei die Bewahrung der «Urfeuchtigkeit» *(humidum radicale)*, also jener Feuchtigkeit, die seit Zeugung und Geburt Teil des Menschenleibes ist und die – wie Öl das Licht einer Lampe – die Lebenswärme unterhält.[25] Eine so eingehende Behandlung dieser Probleme war vom eigentlichen Gegenstand dieses Traktats, den Blasensteinen, gar nicht erfordert. Es ist nicht verwunderlich, daß unter den Vorwürfen, die später der enttäuschte und verbitterte Arzt gegen Bonifaz richtete, an erster Stelle die Anklage stand, der Papst habe sich vor allem darum gesorgt, lange zu leben.[26]

Diesem Vorwurf kann man zwei andere Zeugnisse zur Seite stellen. Eine der Anklagen im Prozeß gegen den toten Papst lautete, Bonifaz VIII. habe dem frommen Gruß «Gott gebe dir ewiges Leben» den Gruß vorgezogen «Gott gebe dir ein gutes und langes Leben».[27] Und der von Bonifaz VIII. eingekerkerte Franziskanerspirituale Jacopone von Todi sagte in seinem berühmten Schmähgedicht auf Bonifaz VIII.

Pensavi per augurio la vita perlongare
anno, di, né ora omo non pò sperare.
Vedem per lo peccato la vita stermenare,
la morte appropinquare quann'om pensa gaudere.[28]

Du dachtest durch Magie dein Leben zu verlängern,
aber weder Jahr noch Tag noch Stunde kann der Mensch hoffen zu erlangen.
Wegen der Sünde sehen wir das Leben dahinschwinden,
den Tod nahen, wenn der Mensch dachte, sich seines Lebens zu freuen.

Auf erste Sicht handelt es sich hier um Gedanken, die der traditionellen Mahnung «Gedenke, daß du sterben mußt» angehören. Aber der in den Versen ausgesprochene Vorwurf, der Papst habe *per augurio* sein Leben verlängern wollen, verdient es, wörtlich genommen zu werden. *Per augurio* heißt hier «mit magischen Praktiken», und das ist sicherlich ein Hinweis auf das bereits früher genannte Elixier. Sofort denkt man auch an die zahlreichen Zeugnisse über Bonifaz' Interesse an der Alchemie.[29] Handschriftlich sind eine ganze Reihe von «Fragen» *(Quaestiones)* überliefert, in denen Arnald von Villanova Probleme der Alchemie mit dem

Papst diskutiert.[30] Indirekt bestätigt wird das auch durch den großen Juristen Johannes Andreae, der gut den Papsthof kannte. Er nennt Arnald einen «sehr großen Arzt und Theologen an der römischen Kurie» und fügt hinzu: «Er war ein großer Alchemist und bereit, die von ihm hergestellten Goldstäbchen *(virgulae auri)* jeder Prüfung unterwerfen zu lassen.»[31]

In der Diskussion dieser für die Gelehrten und Fürsten jener Zeit so neuen Frage, ob und wie es möglich sei, das menschliche Leben zu verlängern, war der Papsthof des 13. Jahrhunderts von großer Bedeutung. Johannes Castellomata, ehemaliger Leibarzt Innozenz' III.; der Burgherr von Goet (Gret), Verfasser des Traktats «Über das Herauszögern der Altersbeschwerden»; Philipp von Tripolis, Neffe des Vizekanzlers Honorius' III. und Übersetzer der vollständigen Fassung des «Geheimnisses der Geheimnisse» und schließlich Roger Bacon: Sie alle haben entscheidend dazu beigetragen, im lateinischen Westen den uralten Mythos von Verjüngung und Lebensverlängerung neu zu schreiben. Innerhalb eines Zeitraums von nur wenigen Jahrzehnten erhielten die europäischen Herrscher, und als erste unter ihnen Kaiser Friedrich II., die Päpste Innozenz IV. und Klemens IV., neue «Heilmittel» im Kampf gegen das Alter.

Die Vorschläge des Burgherren von Goet und Roger Bacons waren verschieden, aber sie ergänzten sich. Der Burgherr von Goet suchte zu zeigen, daß Lebensverlängerung keine Utopie mehr war, sondern dank einer hier und jetzt zu praktizierenden Wissenschaft verwirklicht werden konnte. Für Roger Bacon sollten die «Experimentalwissenschaften» dem Leib das innere Gleichgewicht und damit die Langlebigkeit verschaffen; darüber hinaus aber sollten sie dem «ewigen Geschick des Menschen in seiner Ganzheit dienen». Für Roger Bacon war das Elixier ein Heilsmittel *(instrumentum salutis)*; über den Leib war es dem Menschen möglich, das eigene Geschick bis jenseits des Todes zu bestimmen. Das dank der Experimentalwissenschaften hergestellte Elixier «stellte die Bestimmung des Menschen in eine ununterbrochene Kontinuität zwischen Natur und Übernatur».[32] Bei Bacon bewirkt das Gleichgewicht aller Elemente, die *aequalis complexio*, die psychosomatische Vollkommenheit des Menschen. Der durch alchemistische Hilfsmittel erworbene vollkommene Leib vermag auch andere Leiber zu vervollkommnen, mit denen er in Berührung kommt. Die innere Ausgewogenheit, das Gleichgewicht aller Kräfte, ist geradezu gleichbedeutend mit Unsterblichkeit.[33]

Einige Jahrzehnte, nachdem Roger Bacon seine Abhandlungen Papst Klemens IV. übersandt hatte, schrieb ein Genueser Arzt, Galvano von Levanto, einen der ältesten Traktate über die «Kunst des Sterbens».[34] Galvano war Laie, verheiratet und eng mit dem ligurischen Adelshaus der Fieschi verbunden, das im 13. Jahrhundert vier Kardinäle und zwei Päpste, Innozenz IV. und Hadrian V., gestellt hatte. In seinem Traktat macht der Verfasser einen seltsamen Vergleich zwischen Christus und dem griechischen Helden Andromachos: Christus sei von den Toten auferstanden, um dem Menschengeschlecht das ewige Leben zu erwerben; Andromachos dagegen habe Gewürze, Balsam, Opium und Schlangenfleisch zu sich genommen, um im Gedächtnis der Menschen weiterzuleben.[35] Auch für Galvano also konnte ein Elixier wie hier das von Andromachos, dessen Zusammensetzung stark an die «geheimen Substanzen» im Traktat «Über das Herauszögern der Alltagsbeschwerden» erinnert, ein Mittel sein, Unsterblichkeit zu erwerben. Die «unerschöpfliche Kontinuität», die für Bacon vor allem etwas Geistliches war, ist hier etwas rein Innerweltliches geworden. Das Elixier ist nicht mehr nur Heilsmittel *(instrumentum salutis)*, sondern auch ein Mittel, in der Erinnerung der Menschen fortzuleben und den erworbenen Ruhm zu verewigen.[36]

Wegen solcher und anderer Anklänge könnte man «Die Kunst des Sterbens» Galvanos für ein frühhumanistisches Werk aus der Mitte des 14. Jahrhunderts halten.[37] Galvano schrieb es jedoch bereits am Ausgang des 13. Jahrhunderts für Mitglieder der Kurie, welche die Gedanken des Traktats über das Herauszögern der Altersbeschwerden und die Theorien Roger Bacons über die Lebensverlängerung aufgenommen hatten. Die einzige bekannte Handschrift stammt übrigens aus der Bibliothek Bonifaz' VIII.[38] Zwar gibt es keinen Beweis, daß der Papst das Werk tatsächlich gelesen hat, doch die Tatsache, daß er es besaß, ist bedeutsam genug.

Die Unversehrtheit des Menschenleibes steht im Mittelpunkt des am 27. September 1297 erlassenen Dekrets Bonifaz' VIII. *Detestande feritatis abusum.*[39] Mit diesem Dekret verbot der Papst die Gewohnheit, Leichen zu zerstückeln, um sie an einen entfernt liegenden Begräbnisort leichter überführen zu können. «Abscheulich vor den Augen Gottes, jedem menschlichen Gefühl hohnsprechend, der Frömmigkeit aller Menschen zuwider», so nennt der Papst diesen Brauch. Die sterblichen Überreste sollten – so bestimmte der Papst – zunächst für eine gewisse Zeit, bis der Leichnam verwest war, am Sterbeort oder in seiner Nähe bestattet werden. Das Verbot Bonifaz' VIII. wird von dem Gedanken bestimmt, daß der menschliche Leib an Gott erinnert. Daher muß er auch nach dem Tode wie ein Tempel geschützt werden und darf keine Gewalt erleiden.[40] So sagt es sehr klar der einzige zeitgenössische Kommentar dieses Dekrets von Kardinal Jean Lemoine: «Der Leib des Menschen, dessen Antlitz der himmlischen Schönheit nachgebildet ist, darf nicht befleckt oder entstellt werden.»[41] Das Interesse Bonifaz' VIII. am Leib zielte letztlich auf das Weiterleben der eigenen Individualität, d. h. der

Leib sollte auch im Jenseits weiterhin seine eigene Geschichte haben. Die «Physiognomie», die Bonifaz verteidigen will, entspricht Bacons «unausschöpfbarer Kontinuität». Wie bei Roger Bacon und Galvano von Levanto sind Unversehrtheit und Unsterblichkeit untrennbar. Es ist das erste Mal in der Geschichte des mittelalterlichen Papsttums, daß die Quellen uns gestatten, zu verfolgen, mit welch großer Anstrengung man sich um das Überleben der eigenen individuellen und unversehrten Person bemühte.

Unter Bonifaz VIII. finden sich so viele Papstbilder wie nie zuvor, und die Neugier an allem, was den Leib betrifft, ist äußerst lebhaft. Dieser starke Wille zur Selbstdarstellung und die Bemühungen verschiedenster Art um das Wohlergehen des Leibes und um langes Leben gerieten unvermeidlich in Konflikt mit all den Gedanken, die im Laufe des 13. Jahrhunderts über den Leib des Papstes vorgebracht worden waren. Das ist bedeutsam, denn in den letzten Jahrzehnten des 13. Jahrhunderts wurde, wie wir gesehen haben, über den Papst als Leibwesen, über seine physische Hinfälligkeit und seine Verpflichtung zu Demut und Reinheit vielfältig und tief wie nie vorher nachgedacht.

Das Antlitz der Grabfigur Bonifaz' VIII. strahlt die abgeklärte Ruhe der Unsterblichkeit aus; das Bild Klemens' IV. dagegen zeigt offen Alter und leiblichen Verfall. Nach dem Dominikaner Martin von Troppau war es nicht mehr das aus dem Grab Silvesters II. aussickernde Wasser, sondern das Lärmen seiner Gebeine, welche dem herrschenden Papst seinen nahen Tod ankündigten. In eben diesen Jahren steht die Nacktheit des sterbenden oder toten Papstes im Mittelpunkt mehrerer Exempel der Franziskaner und Dominikaner. Im Tode «wird der Papst wieder Mensch». Sein Leben ist kurz und seine Macht flüchtig. Die Grabschrift Klemens' IV., die Bonifaz VIII. in Perugia gelesen haben könnte, erinnerte daran, daß im Tode der Papst, «Nachfolger und Erbe Petri», nur noch Asche ist.

Aber verfolgte Bonifaz VIII. nicht etwas völlig Anderes? Die Statuen Bonifaz' VIII. sollten die Einheit der Kirche ausdrücken, die Heiligkeit des Papstes, die Oberhoheit des Papsttums und seinen Vorrang gegenüber dem Kaisertum. Aber dieses Papsttum wurde nun nicht mehr durch ein überindividuelles Idealbild dargestellt, sondern durch eine Porträtstatue mit individuellen Zügen. Das ist das Neue an den Standbildern Bonifaz' VIII. Der Kommentar Jean Lemoines über das Dekret *Detestande feritatis abusum*, die Theorien Bacons über die Lebensverlängerung, die Bemerkungen Galvanos von Levanto über Andromachos, die Standbilder Bonifaz' VIII., haben alle etwas Gemeinsames: die Unverletzlichkeit des menschlichen Antlitzes. Das Weiterleben der Erinnerung ist eingebettet in eine «unerschöpfliche Kontinuität» zwischen Leben und Tod. Die Praktiken des Caetani – Papstes zur Erlangung langen irdischen Lebens sowie das Aufstellen von Porträtstatuen noch zu Lebzeiten, das alles scheint in scharfem Gegensatz zu stehen zur Hinfälligkeitsrhetorik und zu den Demutsritualen, denen wir seit der Gregorianischen Reform allenthalben begegnet sind. Der Wille Bonifaz' VIII., durch lebensechte Bildnisse die Erinnerung an sein Menschengesicht wachzuhalten, steht er nicht im Gegensatz zu dem Gedanken, daß der Papst erst im Tode wieder Mensch wird, daß er also als Papst keine individuellen Züge haben darf? Aber der Papst wollte nicht nur die Erinnerung an sich als Individuum, als Benedikt Caetani, wachhalten, er wollte durch solche Erinnerungsmale auch seinen Pontifikat verewigen, obwohl doch jeder Pontifikat so wie das Menschenleben einmal ein Ende hat wie der bekannte Spruch ausdrückte: «Selbst der Papst stirbt.»

Sinn der Demutsrhethorik und der Demutsriten war es, die hinfällige physische Person des Papstes scharf zu trennen von dem unvergänglichen überpersönlichen Papstamt. Aber diese Statuen Bonifaz' VIII., welche die rechtliche, politische und geistliche Universalität der Kirche ausdrücken sollten, vermengten sie nicht Person und Amt? Hat Benedikt Caetani mit dieser Gleichsetzung von Person und Amt nicht bereits als Kardinal begonnen und später als Papst während seines gesamten Pontifikats daran festgehalten?

In seinem bereits erwähnten Brief an Konrad von Offida über die päpstliche Unfehlbarkeit wendet sich Petrus Johannis Olivi scharf gegen jene, die behaupten, das Papsttum sei untrennbar mit der menschlichen Natur des Papstes verbunden. Sie meinen, so wie in der Hostie, solange nur die Akzidentien bleiben (Geruch, Geschmack, Gestalt usf.), immer auch Christus gegenwärtig ist, so bleibe auch im Papst, solange nur die menschliche Natur des Papstes gegeben sei, Christus oder das Papsttum Christi gegenwärtig.[42] Johannes wird schließlich sehr heftig. «Sie sagen, der Papst sei das Bild des ewigen und unwandelbaren Christus; dann müßte ja doch wohl auch der Papst ewig und unsterblich sein. Wenn es richtig ist, was sie behaupten, so kann nach dem Tode eines Papstes kein anderer an seine Stelle treten, denn nach dem Tode Christi kann man ihn auch nicht durch einen anderen Christus ersetzen. Wenn Papst und Bischöfe in gewisser Hinsicht *(quoad aliquid)* Bilder Christi sind, sind sie es aber auch in jeder Hinsicht *(quoad omnia)*? Ist der Papst unerschaffen, unendlich, sündenlos, unfehlbar und allwissend wie Christus? Nur Irre denken und sagen dergleichen!»[43] Nie vorher ist die Gefahr einer Vermengung von Person und Institution so scharf aufgezeigt worden. Die beißende Ironie des Autors zeigt, wie aktuell dieses Problem war. Der Brief des Petrus Johannis Olivi stammt aus den ersten Monaten des Pontifikats Bonifaz' VIII. Das ist wohl kein Zufall, denn die immer weiter gehende Gleichsetzung des Papstes mit der Kirche und mit Christus erreichte gegen Ende des 13. Jahrhunderts seinen Höhepunkt. Aber lag hier nicht eine Gefahr für die Institution, wenn die Person des Papstes immer mehr Christus angenähert und der Kirche gleichgesetzt wurde, wenn also Person und Institution ineinanderflossen?

Aber spricht darüber nicht im Grunde die Legende von der Päpstin Johanna?[44] Die Päpstin, eine Muttergestalt, stirbt bei der Geburt eines Sohnes. Die Legende drückt einen verbotenen Wunsch aus: das Weiterleben des Papstleibes. Im Leben repräsentiert der Papst die Mutter Kirche, aber er kann in der Kirche nicht weiterleben, da er wie alle Menschen sterben muß.[45] Der Papst hat eben nicht zwei Leiber wie der König.[46] Im Tode «wird der Papst wieder Mensch»; er «entkleidet sich der Person des höchsten Bichofs». Deswegen ist der Papst im Tode «nackt».[47] Das Papstamt dagegen ist ewig, «denn es überdauert im Kollegium, d. h. in der Kirche, die Christus gehört, ihrem unwandelbaren und ewigen Haupt».[48] Um 1300 ist der Papst die Kirche, aber nur solange er lebt, nicht nach seinem Tod.

Die Legende der Päpstin Johanna wird seit 1250 vor allem durch Schriftsteller des Dominikanerordens verbreitet, die hier nochmals ihr nie abnehmendes Interesse am «Leib des Papstes» zeigen. In den folgenden Jahrzehnten, als Benedikt Caetani päpstlicher Notar und Kardinal ist, kommt es beim Tode einer ganzen Reihe von Päpsten (1268–85) zu außergewöhnlichen Ausbrüchen der Volksfrömmigkeit. Zur gleichen Zeit entwickelt sich eine sehr intensive Debatte über die Reinheit und Unschuld des römischen Bischofs. Auch diese Debatte drängt sich auf wenige Jahre dicht zusammen. Aber bereits Petrus Damiani hatte dargelegt, daß der Papst sich von anderen Herrschern durch die Kürze und die Vorbildlichkeit seines Lebens unterscheide. Das Sitzen und Liegen auf den Porphyrsesseln des Laterans zeigte, daß der Papst «in den Aposteln geboren wird und stirbt». Die Sinnbilder seines Amtes – die Siegel und das Säckchen – hängen an einem Gürtel, Symbol der Keuschheit. Es ist die Heiligkeit seines Lebens, die den Papst auch nach dem Tode an den «heiligen Leibern» der Apostel teilnehmen läßt, und nicht der ungebührliche Wunsch nach Unsterblichkeit und noch weniger die Identifizierung mit der Institution des Papsttums. Denn sterbend «wird der Papst wieder Mensch». Das sagten die Texte und das zeigten die Zeremonien, welche auf die päpstliche Hinfälligkeit hinwiesen, und die zur Zeit Bonifaz' VIII. bereits zweieinhalb Jahrhunderte alt waren.

Nachwort

Eine Geschichte des *Leibes des Papstes* wird in dem Augenblick möglich, als die Quellen beginnen, über das stets komplexe und bisweilen spannungsgeladene Verhältnis zwischen der physischen Leiblichkeit des Papstes und der Institution des Papsttums zu sprechen.[1] Das geschieht zum ersten Mal in den Jahrzehnten um die Mitte des 11. Jahrhunderts, genauer gesagt während des Pontifikats Leos IX. (1049–54). Der Brief des Petrus Damiani über die päpstliche Lebenskürze (1046) ist der erste mittelalterliche Text, der ausdrücklich die physische und die institutionelle Dimension des Papstes betrachtet.[2]

Eine weitere Beobachtung drängt sich auf. Nachdem man einmal begonnen hat, die Überlegungen zum Problem des Papstleibes schriftlich zu formulieren, fließen die Quellen immer reicher. In der Folgezeit hat dieses Problem unaufhörlich nicht nur am Papsthof, sondern in der gesamten Christenheit immer neue Theorien, Lösungsvorschläge, Polemiken und Kritiken provoziert. Zeremonienmeister, Schriftsteller und Philosophen, Theologen und Moralisten, Ärzte und Alchemisten, Mitglieder der Bettelorden und Laienheilige wie Birgitta von Schweden und Katharina von Siena haben dem Leib des Papstes ihre Aufmerksamkeit gewidmet, und das in drei, wie mir scheint, besonders wichtigen Bereichen: dem Verhältnis zwischen der leiblichen Hinfälligkeit eines jeden Papstes und der Ewigkeit der Kirche, der Notwendigkeit der symbolischen Reinigung des Papstleibes und der Erlaubtheit des Strebens der Päpste nach Gesundheit und langem Leben.

Diese Aufmerksamkeit hängt eng zusammen mit der besonderen Art der Papstgewalt im Mittelalter und in der Neuzeit, sie ist aber auch provoziert worden durch eine der wichtigsten Theorien der Vorkämpfer der Gregorianischen Reform: Der Papst ist – im Leben wie im Tod – Teil der Kirche, und das nicht nur als Amtsperson *(persona pape)*, sondern auch als Privatperson *(persona singularis)*. Dieser Gedanke hat jene vielfältigen Texte und Zeremonien hervorgebracht, die wir in unserer Untersuchung betrachtet haben. Die Geschichte des *Leibes des Papstes* ist ein bevorzugter Standort, um die institutionelle, ekklesiologische und politische Entwicklung des Papsttums bis auf den heutigen Tag zu verfolgen, und das aus einem ganz einfachen Grund: Da die päpstliche «Amtsperson» vom 11. bis zum 13. Jahrhundert zur «Verkörperung» *(incarnatio)* der Gesamtkirche wurde, mußte die päpstliche «Privatperson» durch Theorien, Symbole und Zeremonien immer strenger kontrolliert werden. Die Nachrichten über die verschiedenen Elemente dieser Schutzmaßnahmen gegen eine übersteigerte Papstgewalt müssen mit großer Geduld in Quellen verschiedenster Art gesucht werden. So finden sich wertvolle Auskünfte in Zeremonienbüchern, Briefen und Traktaten etwa Bernhards von Clairvaux und Petrus' Damiani. Theologische und kirchenrechtliche Schriften, Medizin- und Chirurgietraktate, literarische Werke, welche diesen oder jenen Papst verherrlichen oder Kurie und Papsttum angreifen, können für eine Geschichte des *Leibes des Papstes* wichtig sein. Dies Problem ist so allgemein, daß alles, was sich näher oder entfernt auf das Papsttum bezieht, sorgfältig durchgesehen werden müßte. Aber auch eine noch so sorgfältige Sammlung der verschiedensten Quellen würde niemals erschöpfend sein. Deswegen scheint es mir gerechtfertigt, hier auf einige Texte hinzuweisen, die sicherlich in diesem oder jenem Kapitel der italienischen Originalausgabe ihren Platz gefunden hätten, wenn ich sie früher gekannt hätte.

Diese Texte stammen zum großen Teil aus dem 13. Jahrhundert, und das ist kein Zufall. Wiederholt haben wir aufgezeigt, wie lebhaft und umfassend in allen von uns oben genannten Bereichen damals die Diskussion um den *Leib des Papstes* war. Ein Grund dafür war sicherlich das kulturelle Umfeld. Das 13. Jahrhundert ist eben das Jahrhundert der Scholastik, welche es liebt, zu klassifizieren und Probleme systematisch und erschöpfend zu behandeln. Ein anderer Grund war zweifellos der außergewöhnliche politische Aufstieg des Papsttums und seine zunehmende Rangerhöhung in der Ekklesiologie jener Zeit. Der letzte Papst des 13. Jahrhunderts, Bonifaz VIII., hat in geradezu extremer Weise die Spannungen zwischen physischer Hinfälligkeit und Ewigkeit der Institution, zwischen Kürze des Lebens und Unsterblichkeit in seinem Innern ausgelebt.

Das 13. Jahrhundert ist auch wichtig, weil hier die für eine Geschichte des Papstleibes so bedeutsamen Widersprüche mit überraschender Klarheit zu Tage treten. Erinnern wir uns: In der zweiten Hälfte des 11. Jahrhunderts läßt sich zum ersten Mal ein eigenes Zeremoniell für den Tod und die Bestattung des Papstes nachweisen; es bezeugt, daß man damals ernsthaft darüber nachdachte, wie sich die Hinfälligkeit eines jeden Papstes mit der Kontinuität der Institution Kirche vertrug. Dieser Gegensatz zwischen der Ewigkeit der Kirche und der Sterblichkeit eines jeden Papstes war ein zentrales Problem des Reformpapsttums. Das zeigen die Texte und Zeremonien, welche auf die päpstliche Hinfälligkeit hinwiesen und die sich zum ersten Mal um die Mitte des 11. Jahrhunderts nachweisen lassen. 1064 sandte Petrus Damiani an Papst Alexander II. den Traktat über die Kürze des Papstlebens; bereits das ist bemerkenswert. Gegen Ende dieses Brief-Traktats berichtet er dem Papst ausführlich über die Hinfälligkeitsriten, die am

Kaiserhof von Byzanz Teil des Krönungszeremoniells waren: das Zeigen des Gefäßes mit Knochen und Asche sowie das Verbrennen des Wergbüschels. Um 1140 finden wir dann diesen Wergritus im ersten nachgregorianischen Zeremoniale zusammen mit zwei anderen Zeremonien, die ebenfalls an die Sterblichkeit erinnern: das Bestreuen des Papsthauptes mit Asche und das Zeigen der wachsgetränkten Papyrusblätter. In keinem anderen europäischen Herrscherzeremoniell finden sich vergleichbare Zeremonien. Im 13. Jahrhundert gewinnen dann die Hinweise auf die Hinfälligkeit des Papstes eine ganz besondere Schärfe, vor allem dank eines Motivs, das uns bei Jakob von Vitry, Thomas von Eccleston und Salimbene begegnet: der Nacktheit des Papstleichnams.

Thomas von Eccleston und Salimbene haben jedoch dieses Motiv keineswegs erfunden. Wir wissen jetzt, daß die «Nacktheit des Papstes» bereits Thema einer Predigt des Kardinals Odo von Châteauroux war, die dieser am ersten Jahrestag des Todes Innozenz' IV. (1243–54), also im ersten Pontifikatsjahr Alexanders IV. (1254–61), gehalten hatte.[3]

Um über den Papst zu sprechen, bediente sich Odo der Gestalt Aarons, Sinnbild des Hohenpriesters und alttestamentliches Vorbild Christi. Nachdem er die lange Trauerzeit erwähnt hat, mit der Aaron von Israel nach seinem Tode geehrt wurde, fragt er: «Was geschah nun mit Aaron nach seinem Tode?» Die Antwort leitet über zum Thema der Nacktheit: «Aaron wurde entblößt *(nudatus)* ... So werden buchstäblich auch die Päpste entblößt *(sic ad litteram nudantur summi pontifices).*» Odo erklärt daraufhin die sinnbildhafte Bedeutung dieser Entblößung: «Die Päpste werden ihrer Gewalt entblößt. Sie werden entblößt allen weltlichen Glanzes, den sie einst besessen haben. *(Nudantur potestate sua. Nudantur omnia gloria sua temporali quam habuerunt).*» Im Tode verliert der Papst seine Macht *(potestas).* «So wie Eleazar, Sohn Aarons, die Gewänder seines Vaters anzog, so zieht der Nachfolger des Papstes die Gewänder seines Vorgängers an. Und Eleazar wird nicht daran gezweifelt haben, daß er einstens ebenfalls dieser Gewänder wieder entblößt *(denudatus)* würde.» Der Papst ist nicht physisch nackt, er ist nackt im übertragenen Sinne, da er nach seinem Tode nicht mehr die Gewänder trägt, die während seines Pontifikats aller Welt zeigte, welche Würde er bekleidete. Auch für Jakob von Vitry war, wie wir gesehen haben, Innozenz III. nicht physisch nackt; der Leichnam Innozenz' III. war «nackt», weil man die kostbaren Gewänder geraubt hatte, mit denen der Papst im Dom von Perugia aufgebahrt worden war.[4] Diese «Nacktheit» trifft aber nicht nur den Papst, sondern auch die Kardinäle. Odo, der selber Kardinal war, sagt: «Auch wir werden – früher als wir denken – entblößt werden des Kardinalats und aller anderen Würden, welche unsere Vorgänger bekleidet haben und die man ihnen nach ihrem Tode genommen hat.» Odo richtet daher an die Kardinäle die Mahnung: «Mühen wir uns also, nicht nackt gefunden zu werden ohne das Gewand der Tugend, ohne das Gewand der guten Werke, ohne das Hochzeitsgewand, wenn wir einstens entblößt sind unserer Würde, unserer Ehre und unserer Macht; denn wer nackt ohne diese Gewänder gefunden wird, der ist ausgeschlossen vom himmlischen Hochzeitsmahl.»[5]

Über die Nacktheit spricht Odo auch in seiner Predigt am Jahresgedächtnis aller verstorbenen Päpste und Kardinäle, das Papst Alexander IV. gestiftet hatte.[6] In einer anderen Predigt, die er während der Sedisvakanz nach dem Tode Alexanders IV. (1261) oder Urbans IV. (1264) gehalten hat, spricht Odo nicht von der Nacktheit, sondern von der Kürze des Papstlebens und von den «Jahren des Petrus». Hier benützt er ausführlich den Traktat des Petrus Damiani, ohne ihn zu nennen. Odo folgt ganz den Erwägungen Damianis: Einzig dem Papst, jedoch keinem anderen Herrscher, ist das vorzeitige Lebensende *(terminus vite)* vorherbestimmt. «Könige, Bischöfe, Fürsten haben vierzig oder gar fünfzig Jahre und mehr geherrscht. Man findet jedoch keinen Papst, der länger als fünfundzwanzig Jahre regiert hätte, ausgenommen der heilige Petrus. Und dennoch sind junge Leute von unter dreißig Jahren [vielleicht eine Anspielung auf Innozenz III.] Papst geworden. Mehr als jeder andere Machthaber muß der Papst also den Tod vor Augen haben.»[7]

Vor seinen Ausführungen über die Nacktheit Aarons hatte Odo die Verklärung Aarons auf dem Berge Hor erwähnt. Das Thema des Lichtes brachte ihn erneut dazu, vom Papst zu sprechen, aber diesmal als Verkörperung einer Institution, als Abbild Christi. Odos Ausführungen sind von großer Bedeutung für die Ekklesiologie jener Zeit. «Da im Papst das Bild Gottes heller aufstrahlen muß als in jedem anderen Menschen, muß sein Gewand weiß sein wie Schnee. Sein Gesicht muß leuchten wie die Sonne, denn am Gesicht erkennt man den Menschen. Deswegen sind die unteren Gewänder des Papstes buchstäblich *(ad litteram)* weiß. Nur im Tode sind die Papstgewänder schwarz.»[8] Dies ist die älteste symbolische Deutung des weißen Papstgewandes. Sie ist eine Generation vor jener klassischen Deutung niedergeschrieben worden, die Wilhelm Durand in seinem *Rationale* gegeben hat.[9] Daß die Diskussion um die Symbolik des weißen Papstgewandes zur Zeit, als Odo seine Predigten hielt, aktuell war, wird auch durch das Zeremoniale Gregors X. aus den Jahren 1273–74 bekräftigt, welches als erstes das weiße Gewand des Papstes nach seiner Wahl erwähnt.[10]

Nacktheit und weiße Farbe bilden keinen Widerspruch, sie ergänzen sich: Die Nacktheit verweist auf eine wesentliche Grundtatsache der Institution des Papsttums: «Auch der Papst muß sterben»; einzig die Kirche, das heißt Christus, ist ewig. Die weiße Farbe dagegen drückt sinnbildhaft aus, daß der sterbliche Papst Bild Christi und der Kirche ist.

Noch aus einem anderen Grunde ergänzen sich Nacktheit und Weiße. Der Tod des Papstes war, wie schon Petrus Damiani festgestellt hatte, «ein Augenblick des Schreckens» für die gesamte Christenheit, denn es war ein Tod, der eine Leere schuf, die neu ausgefüllt werden mußte; dies barg, vor allem im Hochmittelalter, beträchtliche Gefahren für die Institution des Papsttums. Die Geschichte der päpstlichen Institution und des Papstzeremoniells vom 11. bis zum 15. Jahrhundert haben uns gezeigt, daß man alles tat, um die Gefahren des Machtvakuums, das jeder Papsttod mit sich brachte, zu bannen. Aus diesem Grunde schuf sich die Kirche eine eigene Körperschaft, das Kardinalkollegium, welches zu Lebzeiten des Papstes «Teil des Papstleibes» und nach seinem Tode «die Kirche» wurde.[11]

Roger Bacon (1214–c. 1292) verfolgte diese Gedanken ganz folgerichtig in seinem für Papst Klemens IV. geschriebenen Werk weiter. Nachdem er von der «baldigen» Bekehrung der Tataren und Sarazenen sowie der «möglichen» Rückkehr Byzanz' in den Schoß der Römischen Kirche gesprochen hat, wünscht er dem Papst, «daß Gott ihm ein langes Leben schenken möge, damit alle diese Dinge sich auch tatsächlich verwirklichen». Roger gibt Klemens IV. sogar den Rat, «nicht zu große Enthaltsamkeit zu üben und nicht zu sehr den Schlaf zu verkürzen», denn die Kasteiung des Leibes *(exercitatio corporis)* schafft wenig, aber Frömmigkeit vermag viel. Das leibliche Wohl des Papstes war also notwendig für das Wohl der gesamten Christenheit. Dies ist ein neuer Gedanke und findet sich, wenn ich recht sehe, so klar ausgesprochen in keinem älteren Text. Dabei bleibt Roger stets innerhalb des großen Themas der päpstlichen Hinfälligkeit. Als Privatperson *(persona privata, singularis)* – so Roger – muß der Papst stets seinen Tod vor Augen haben, aber als «öffentliche Person» *(persona publica)* muß er «die Anderen leiten und retten». Das heißt: Nicht als Privatperson hat der Papst Recht auf ein langes Leben, wohl aber als Person, die eine Institution verkörpert und für sie verantwortlich ist.[12]

In den Jahrzehnten um die Mitte des 13. Jahrhunderts bricht sich also der Gedanke Bahn, daß Gesundheit und langes Leben des Papstes von großer Bedeutung für das Wohl der Kirche sind. In diesem Lichte muß man die außergewöhnlich zahlreichen Nachrichten über die Medizin und über die Ärzte am Papsthof des 13. Jahrhunderts sehen. Für das 13. Jahrhundert können wir zum ersten Mal eine Liste der Leibärzte von Päpsten und Kardinälen erstellen.[13] Freilich tut sich zugleich eine neue Kluft auf. Hier die Argumentation im Dienste der Institution: Die Gesundheit des Papstes dient dem Wohl der ganzen Kirche; dort das persönliche und kreatürliche Streben eines Papstes, ganz einfach möglichst lange zu leben. Dies zeigt sich ganz deutlich beim Thema «Lebensverlängerung». Die Römische Kurie war außerordentlich aufgeschlossen für den uralten Traum, das Altern anhalten und das Leben verjüngen zu können.[14] Roger Bacon selbst hat ausführlich über die Möglichkeit der Lebensverlängerung in den für Klemens IV. bestimmten Werken gesprochen.[15] Und es ist kein Zufall, daß einer der Anklagepunkte im Prozeß gegen das Andenken Bonifaz' VIII. lautete, der Papst habe versucht, sein eigenes Leben künstlich zu verlängern.[16]

Die lange Geschichte des Interesses der Römischen Kurie an allen Theorien der Lebensverlängerung beginnt im 13. Jahrhundert mit dem ältesten erhaltenen Traktat über das Herauszögern der Altersbeschwerden.[17] Für die späteren Jahrhunderte gibt es eine Fülle weiterer Texte. Zum Schluß sei hier noch erwähnt ein unveröffentlichter alchemistischer Traktat des Wilhelm Fabri aus Die, Doktor der Rechte und der Medizin, der in der Umgebung Papst Felix' V. († 1451) lebte. Als Herzog war es Amadeus VIII. nicht gelungen, eine Majestät nach dem Vorbild des französischen Königs oder der Herzöge von Bretagne oder Burgund aufzurichten; er war, wie man gesagt hat, auf der Suche nach einer «unmöglichen Majestät».[18] Auch als Papst war es ihm nicht gelungen, außerhalb Savoyens anerkannt zu werden. Da er ein alter Mann war, litt er unter Altersbeschwerden. So war er an einer Hand und an einem Fuß gelähmt. Er litt solche Schmerzen, daß er manchmal laut aufstöhnte, wie uns Fabri berichtet. Dieses «Buch über den Stein der Philosophen und über das trinkbare Gold» *(Liber de lapide philosophorum et de auro potabili)* hat die Form eines Gespräches zwischen dem Papst und seinem Arzt. Eingeschoben sind kurze Abhandlungen, in denen der Arzt Fragen ausführlicher behandelt, die ihm der Papst gestellt hat, etwa die Möglichkeit der Verwandlung von Metallen, die therapeutischen Möglichkeiten des trinkbaren Goldes, oder der Sinn gewisser dunkler Wörter wie *telchem* und *yxir*. Einmal fragt Felix V. «heftig aufschreiend» seinen Arzt: «Wer kann heute behaupten ‹Ich besitze das wahre Elixier?›» Genauso hätte auch Bonifaz VIII. seine Angst gegenüber dem großen Arzt und Alchemisten Arnald von Villanova äußern können!

Anmerkungen

Einleitung

1 Meine Forschungen zur Geschichte der wissenschaftlichen Bestrebungen am Papsthof sind nun gesammelt in dem Band *Medicina e scienze della natura alla corte dei papi nel Duecento*, Spoleto, 1991.

2 *I testamenti dei cardinali del Duecento*, Roma, 1980.

3 *Storia della scienza e storia della mentalità. Ruggero Bacone, Bonifacio VIII e la teoria della «prolongatio vitae»*, in *Aspetti della letteratura latina nel secolo XIII.* Atti del primo convegno internazionale di studi dell'AMUL, Perugia, 3–5 ottobre 1983, Perugia-Firenze, 1986, 243–280 (Nachdruck in *Medicina e scienze della natura*, 281–326).

4 E. A. R. Brown, *Death and Human Body in the Later Middle Ages: The Legislation of Boniface VIII on the Division of the Corpse*, in «Viator», 12 (1981), 221–270; Id., *Authority, the Family, and the Dead in Late Medieval France*, in «French Historical Studies», 16 (1990), 803–832; F. Santi, *Il cadavere e Bonifacio VIII, tra Stefano Tempier e Avicenna. Intorno ad un saggio di Elizabeth Brown*, in «Studi Medievali», ser. III, 28 (1987), 861–878.

5 R. Elze, *«Sic transit gloria mundi». Zum Tode des Papstes im Mittelalter*, in «Deutsches Archiv für Erforschung des Mittelalters», 34 (1978), 1–18.

6 *Ibid.*, 14.

7 E. Kantorowicz, *The King's two Bodies*, Princeton, 1957 (deutsche Übersetzung: *Die zwei Körper des Königs. Eine Studie zur politischen Theologie des Mittelalters*. München, 1990).

8 *Roma anno 1300*, Roma, 1983; I. Herklotz, *«Sepulcra» e «monumenta» del Medioevo*, Roma, 1985; J. Gardner, *The Tomb and the Tiara. Curial Tomb Sculpture in Rome and Avignon in the Later Middle Ages*, Oxford, 1992.

9 M. Maccarrone, *Vicarius Christi. Storia del titolo papale*, Roma, 1952; Id., *Studi su Innocenzo III*, Padova, 1972; Id., *Die Cathedra Sancti Petri im Hochmittelalter*, in «Römische Quartalschrift», 75 (1980), 196–197; Id., *«Ubi est papa, ibi est Roma»*, in *Aus Kirche und Reich. Studien zu Theologie, Politik und Recht im Mittelalter. Festschrift für Friedrich Kempf*, Sigmaringen, 1983, 371–382 (Nachdruck in Id., *Romana Ecclesia Cathedra Petri*, II, Roma, 1991, 1137–1156); Id., *Romana Ecclesia Cathedra Petri*, 2 Bde., Roma, 1991. G. B. Ladner, *Die Papstbildnisse des Altertums und des Mittelalters*, 3 Bde., Città del Vaticano, 1941–1984; Id., *Die Statue Bonifaz' VIII. in der Lateranbasilika und die Entstehung der dreifach gekrönten Tiara*, in «Römische Quartalschrift», 42 (1934), 35–69; Id., *Der Ursprung und die mittelalterliche Entwicklung der päpstlichen Tiara*, in *Tainia. Roland Hampe zum 70. Geburtstag am 2. Dezember 1978 dargebracht*, Mainz am Rhein, 1978, 449–481; Id., *Die Anfänge des Kryptoporträts*, in *Von Angesicht zu Angesicht. Porträtstudien. Festschrift für Michael Stettler*, Bern, 1983, 78–97; Id., *Images and Ideas in the Middle Ages. Selected Studies in History and Art*, 2 Bde., Roma, 1983.

10 P. Niehans, *La sénéscence et le rajeunissement*, Paris, 1937.

11 Der Arzt Dr. Paul Niehans gehörte zu den Ärzten, die Papst Pius XII. am 5. und 11. Dezember 1954 behandelten (siehe den *Osservatore Romano* von diesen Tagen). Am 6. April 1955 wurde er zusammen mit den anderen Ärzten,

die den Papst behandelt hatten, in Audienz empfangen *(ibid.*, 8. April). Am Tage vorher war er vom Papst zum Mitglied der Päpstlichen Akademie der Wissenschaften ernannt worden *(ibid.*, 17. April 1955). Der *Osservatore Romano* gab eine Liste der Schriften Niehans', sagte aber nichts über die Methoden, die ihn berühmt gemacht hatten. Der Verfasser des Artikels begnügte sich damit, folgende Erklärung des Arztes zu zitieren: «Der Höhepunkt meines Lebens war es, daß die göttliche Vorsehung mir vergönnte, seiner Heiligkeit in seiner schweren Krankheit von 1954 beizustehen.» Am 8. Oktober 1958, einen Tag vor dem Tode Papst Pius' XII., wurde Niehans, der sich gerade in Rom befand, an das Sterbebett des Papstes gerufen. Siehe L. D'Orazi, *Pio XII*, Bologna, 1984, 250.

12 B. Schimmelpfennig, *Die Zeremonienbücher der römischen Kurie im Mittelalter*, Tübingen, 1973; M. Dykmans, *Le cérémonial papal de la fin du Moyen Age à la Renaissance*, 4 Bde., Bruxelles-Rome, 1977–1985; Id., *L'œuvre de Patrizi Piccolomini ou le cérémonial papal de la première Renaissance*, 2 Bde., Città del Vaticano, 1980–1982.

13 Es handelt sich, in chronologischer Reihenfolge, um folgende *ordines*: *ordo XI* des Chorherrn von Sankt Peter Benedikt, zusammengestellt zwischen 1140 und 1143 (ed. LC, II, 141–174); die *ordines* des Albinus von 1189 (ed. LC, II, 123–137) und des Cencius von 1192 *(Romanus ordo de consuetudinibus et observantiis = Liber Censuum* LVII–LVIII, ed. LC, I, 290–311); das Zeremoniale Gregors X. von 1272–1273 (ed. Dykmans, *Le cérémonial papal*, I, 155–218); der *ordo XIV* aus dem 13./14. Jh. (ed. *ibid.*, III); der *ordo* XV des Pierre Ameil (ed. *ibid.*, IV, 69–288); das Zeremoniale des François de Conzié (ed. *ibid.*, III, 262–335); das Zeremonienbuch des Agostino Patrizi Piccolomini, 1484–1492 (ed. Id., *L'œuvre de Patrizi Piccolomini*, I–II). Für die Datierung und die sehr verwikkelte Geschichte dieser Texte siehe Schimmelpfennig, *Die Zeremonienbücher*, 1–16 (Benedikt, Albinus et Cencius); 30–35 (Zeremoniale Gregors X.); 62–100 *(ordo XIV)*; 107–117 *(ordo XV)*, 120–126 (François de Conzié).

Erster Teil
Der Leib als Sinnbild

I. Hinfälligkeit und Flüchtigkeit

1 PL 145, 471–480 *(opusculum vigesimum tertium* unter dem Titel *De brevitate vitae Romanorum pontificum, et divina providentia)*. Kritische Ausgabe: *Die Briefe*, III, 188–200 (Brief 108). Die Frage »Cur papa non diutius vivat?» ist im Großteil der Handschriften auch der Titel des Traktates; der Satz «Cur apostolicae Sedis antistes nunquam diutius vivat, sed intra breve temporis spacium diem claudat extremum?» steht im Text; aber siehe auch Anm. 14. Über die Entstehungszeit des Werkes siehe Lucchesi, *Per una Vita*, II, Nr. 189 und Id., *Clavis*, 83. Der Traktat *De brevitate* wird kurz behandelt von Bultot, *La doctrine*, 71–77; Cacciamani, *De brevitate vitae*, 226–242; Colosio, *Riflessioni*, 240–245; Schmidt, *Alexander II.*, 181–182.

2 Die turbulente Wahl Alexanders III. in Rom am 1. Oktober 1061 unter dem Einfluß Hildebrands, des späteren Gregors VII. (1073–85), war von einer großen Gruppe von Bischöfen, die dem Reformprogramm des Papsttums feindlich gesinnt waren, angefochten worden. Eine Synode zu Basel hatte einen anderen Papst gewählt: den Bischof von Parma Cadalus, der den Namen Honorius II. (1061–64) annahm.

3 *Die Briefe*, III, 189. Auch bei anderen Gelegenheiten hatte ihn Alexander II.

gebeten, über Themen zu schreiben, die ihn beschäftigten. Siehe den Prolog zur *Vita sancti Rodulphi episcopi Eugubini*, PL 144, 1009 und den Brief I 12, *ibid.*, 214; siehe Schmidt, *Alexander II.*, 181, Anm. 233. Petrus Damiani schrieb neun Briefe an Alexander II. *(ibid.*, 180). Als Bischof von Lucca hatte Anselmo di Baggio Petrus Damiani auf seiner wichtigen Legation nach Mailand im Jahre 1059 begleitet *(ibid.*, 63). Der Prior von Fonte Avellana nahm seit dem Pontifikat Gregors V. (1045–46) an den Kuriengeschäften teil; er gehörte zum sehr engen Kreis der Berater Leos IX. (1048–54). Stephan IX. (1057–56) hatte ihm gleich zu Anfang seines Pontifikats die angesehene und einflußreiche Würde eines Kardinalbischofs von Ostia verliehen und ihn damit an die Spitze der Kardinalhierarchie gesetzt; siehe Lucchesi, *Per una Vita.*

4 In der *Disceptatio Synodalis* sagt Petrus Damiani, er habe sorgfältig den *Liber Pontificalis* studiert: MGH, *Libelli*, I, 79. Der Text über den hl. Petrus lautet, LP, I, 118: «Petrus ingressus in urbe Roma, Nerone Cesare, ibique sedit cathedram episcopatus an. XXV m. II d. III». Siehe ebenfalls den *Liberianischen Katalog* in LP, I, 3: «Petrus an. XXV mens. I d. VIII». Über die Quellen siehe DACL, 14, 1, Paris, 1938, 844–845. Die Zahl 25 findet sich in allen alten Bischofslisten Roms; siehe Klauser, *Die Anfänge*, 210–211. Die These von Schmidt, *Studien*, 359 ss., wird allgemein als die wahrscheinlichste angesehen: Die Legende von Simon dem Magier setzt die Ankunft des hl. Petrus frühestens ins Jahr 42; als man sah, daß die römischen Bischofslisten den Beginn des Pontifikats von Petrus' Nachfolger Linus in das Jahr 67 oder 68 setzten, blieben für die Tätigkeit des hl. Petrus in Rom noch 25 Jahre.

5 Eine kritische Untersuchung der im *Liber Pontificalis* überlieferten Papstchronologie bestätigt die Beobachtung Damianis. Siehe die Übersichten im LP, I, CCLX–CCLXII für die Zeit von Petrus bis Hadrian I. und *ibid.*, II, LXXV–LXXVIII für die Zeit 795 bis 1458. Von den neunzig Päpsten zwischen Petrus und Hadrian I. haben nur drei länger als zwanzig Jahre regiert: Silvester I., 314–335; Leo I., 440–461 und Hadrian I., 772–795. Für knapp ein Viertel dauerte der Pontifikat zwischen zehn und zwanzig Jahren. Fast drei Viertel der Päpste herrschten weniger als zehn Jahre lang, vierzehn weniger als ein Jahr, fünf zwischen ein und zwei Jahren und sechzehn zwischen drei und fünf Jahren. Für die Jahrhunderte von der Karolingerzeit (Leo III., 795) bis zum unmittelbaren Vorgänger Alexanders II. (Nikolaus II., 1058–1061) sind die Zahlen sogar noch günstiger für die Thesen Damianis. Von den dreiundsechzig Pontifikaten dieser Zeit dauerten achtundfünfzig (92 %) weniger als zehn Jahre, nur fünf (8 %) waren zwischen elf und zwanzig Jahre lang. Zweiundzwanzig Päpste lebten in diesen dreieinhalb Jahrhunderten weniger als ein Jahr. Kein einziger Papst regierte länger als zwanzig Jahre. Vor allem in der Zeit von Silvester II. (999–1003) bis Nikolaus II. (1058–61) nimmt die mittlere Dauer der Pontifikate ganz erheblich ab. Während der Jahre 998–1061 regieren acht Päpste (47 %), also fast die Hälfte der siebzehn, die der *Liber Pontificalis* als legitim betrachtet (die Gegenpäpste werden in den Übersichten nicht aufgeführt), weniger als ein Jahr lang. Kein einziger Pontifikat dauert länger als zwölf Jahre. Wenn man sich den *tempora moderna* nähert, von denen Petrus Damiani spricht, wird das Phänomen der «Pontifikatskürze» noch dramatischer. Von den sieben Päpsten, die den Stuhl Petri zwischen 1045 und 1061 besteigen, leben nur drei länger als ein Jahr, zwei länger als zwei Jahre und einer länger als fünf Jahre. Mit anderen Worten: In den Jahren 998–1044 betrug die mittlere Länge eines Pontifikats siebenundsechzig Monate (sechs Jahre und vier Monate); in den folgenden Jahren (1045–1061) überstieg die mittlere Dauer nie dreiundzwanzig Monate. Die Länge der Re-

gierungszeiten reicht von vierundzwanzig Tagen (Damasus II.) bis zu fünf Jahren, zwei Monaten und sieben Tagen (Leo IX.).

6 Nach dem *Liber Pontificalis*, aus dem Petrus Damiani seine Nachrichten schöpfte, soll der heilige Petrus (am selben Tag wie der heilige Paulus) achtunddreißig Jahre nach dem Tode Christi gestorben sein, was dem Jahre 67 entspräche (LP, I, 118; siehe 119, Anm. 12).

7 *Die Briefe*, III, 189: «Quod considerantibus prodigialis, ut ita loquar, stupor oboritur, quoniam haec breviter vivendi necessitas, quantum ad nostram notitiam, in nulla alia totius orbis aecclesia reperitur».

8 *Ibid.*, III, 190.

9 *Ibid.*, III, 190.

10 *Ibid.*, III, 192.

11 *Ibid.*, III, 190–191.

12 *Ibid.*, III, 190–191.

13 *Ibid.*, III, 192–199.

14 *Ibid.*, III, 188; siehe *ibid.* die Handschriftenliste.

15 *Ibid.*, III, 199.

16 *Ibid.*, III, 199.

17 *Ibid.*, III, 200. Für die Quellen siehe Treitinger, *Die oströmische ... Reichsidee*, 148; nach Rentschler, *Griechische Kultur*, 108, soll ein Mönch des lateinischen Klosters St. Marien in Konstantinopel diese Nachrichten übermittelt haben. Petrus Damiani schrieb Brief 131 an den Abt dieses Klosters. Siehe *Die Briefe*, III, 200, Anm. 30.

18 *Ibid.*, III, 200.

19 Über diesen Satz mit der Wendung *universalis episcopus* sagt Ryan, *Saint Peter Damiani*, 103–105, Anm. 200: «There is in fact no clearer formulation in the contemporary texts reviewed by K. Hofmann, *Der ‹Dictatus Papae› Gregors VII.*, 1933, 34 ss. of the renewed consciousness of papal authority, so seriously obscured in the preceding period»; «no one was more conscious of Roman prerogatives than Damiani, or more articulate in stating them». Siehe auch Löwe, *Kaisertum*, 529–562.

20 Grauert, *Magister*, 91, V. 669–670: «Papa brevis vox est, sed virtus nominis huius/Perlustrat quicquid arcus uterque tenet».

21 *Die Briefe*, III, 192.

22 Im Brief an die Kardinäle vom Herbst 1057 *(ibid.*, II, 57, Nr. 48), sagt Petrus, daß derjenige, welcher im Lateran residiert, wo *populi de tot terrarum orbe* zusammenströmen, zu einem heiligen Leben verpflichtet sei: «Porro quia ad Lateranense palatium a diversis populis de toto terrarum orbe confluitur, necesse est, ut ibi prae ceteris uspiam locis, recta semper vivendi sit forma, districta teneatur assidue sub honestis moribus disciplina».

23 *Ibid.*, III, 192.

24 de Heusch, *Ecrits*, 232. Über das Problem des plötzlichen Todes siehe auch Id., *The Sacrificial Body*, 387–394.

25 LP, II, 297.

26 LP, II, 323: «Sed nulla potentia longa».

27 Bernardus Claraevallensis, *Epistola* 238 (PL 182, 430–431); siehe Jacqueline, *Episcopat*, 196. Cancellieri, *Storia*, 54, Anm. 1 sagt: «Sehr schön sind diese Überlegungen des heiligen Bernhard, *quare nullus excesserit annum 25*, die er an Eugen III. gerichtet hat *in lib 3. de Consol. cap. 2. sect. 5. epist. 104*, und wo er fragt, *quantorum in brevi Rom. Pontificum mortes adspexisti?*». Dieser letzte Satz steht im Brief 238, den wir angeführt haben. Nicht gefunden haben wir jedoch das erste Zitat Cancellieris: «Warum kein Papst die fünf-

undzwanzig Jahre des Petrus überschreitet.» Es findet sich nicht in *De consideratione.*

28 Bernardus Claraevallensis, *De consideratione*, II, IX, 18. Deutsche Übersetzung von H. Brem, in Bernhard von Clairvaux, *Sämtliche Werke*, I, Innsbruck 1990, 691–692. Über den *contemptus mundi* siehe Bultot, *La doctrine*; Sot, *Mépris*, 6–17.

29 *Johannis Saresberiensis episcopi Carnutensis Policratici sive De nugis curialium et vestigiis philosophorum libri VIII*, ed. C. I. Webb, Oxonii 1909, lib. VIII, cap. XXIII, 814–815.

30 Johann von Salisbury, *Policraticus*, VIII, 23. Das Thema der drückenden Last des Papstamtes findet sich wieder in der Deutung, die Wilhelm Durand dem Pallium des Papstes gibt. Der Teil des Palliums, der auf der Brust des Papstes liegt, symbolisiert «huius curas et solicitudines ..., quibus et cor et humeri Pontificis sic saepissime gravantur et impediunter ...» *(Rationale*, Venetiis, 1568, lib. III, cap. XVII, Nr. 4).

31 *Fam.* IX, 5, *Le Familiari*, ed. V. Rossi, Firenze, 1933, 229; siehe U. Dotti, *Un copricapo più leggero per Bonifacio VIII*, in «Belfagor», 32 (1977), 459–462, der auch auf *Mistero buffo* von Dario Fo (1969) verweist. Bonifaz VIII. zögert nicht, seine Mitra abzunehmen («oh! se ol è pesante questo!») und eine leichtere Kopfbedeckung aufzusetzen; im Augenblick, wo er sie sich auf das Haupt setzt, ruft er aus: «eh, questo ol è bon ...».

32 Robertus de Torineio, *Chronica*, in MGH, SS, VI, 531.

33 Das gilt für den *Topos* der fünfundzwanzig Jahre des Petrus, nicht jedoch für das Thema der «Lebenskürze», das häufig vorkommt. Birgitta von Schweden sagt, von Christus den Befehl erhalten zu haben, Papst Urban V. (1362–70) zu mahnen: «Tempus tuum breve est; surge et attende, quomodo anime tibi commisse salventur», *Revelationes Sanctae Birgittae. Reuelaciones extrauagantes*, cap. XLIV, ed. L. Hollmann, Upsala, 1956, 160.

34 Magri, *Hierolexicon*, 444, verweist auf eine alte Zeremonie, «quod nempe in coronationis actu pontifici haec verba memorabantur: ‹Pater sancte non videbis dies Petri›»; siehe Sarnelli, *Lettere Ecclesiastiche*, VI, 71–73 *(Lettera XXXVI: Perchè si dica del Papa: Non videbit dies Petri)*. Die Existenz dieses Ritus, der von keiner mittelalterlichen oder modernen Quelle bezeugt wird, wurde von Mezzadri, *Dissertatio* und Papenbroch, *Conatus chronico-historicus ad catalogum Romanorum pontificum*, AASS Maii VIII, 14, bestritten. Auch Cancellieri, *Storia*, 54, Anm. 1, wandte sich gegen die hartnäckige Meinung, nach der man dem neuen Papst zugerufen hätte, *Non videbis dies Petri*, um ihm zu verstehen zu geben, daß er nicht länger als 25 Jahre leben werde.

35 Antoninus, archepiscopus Florentinus, *Chronicon*, tit. XXII, cap. VII, 486: «Benedictus autem Apostaticus relictus ab omnibus in insulam Paniscolae cum paucis se contulit, ubi manens in sua pertinacia transivit annos Petri ad cumulum suae damnationis: nec mirum, quia non in sede Petri, moriensque docuit ex eligendum unum».

36 *Rodorici episcopi Zamorensis ... Speculum vitae humanae ...*, lib. II, cap. 1–7, 201–257. Erste Ausgabe von C. Sweynheym und A. Pannartz, Roma, 1468 (= Hain-Copinger *13939). Fünfzehn Ausgaben kamen in zwanzig Jahren (1468–88) heraus. Die Meditation über die Lebenskürze des Papstes füllt drei Kapitel des zweiten Buches und scheint ein unabhängiger Traktat gewesen zu sein, nach dem Titel des Werkes zu urteilen. Über dieses Werk im allgemeinen, siehe O'Malley, *Praise*, 179.

37 *Rodorici episcopi Zamorensis ... Speculum vitae humanae*, 226.

38 *Ibid.*, 226.

39 *Ibid.*, 226.
40 *Ibid.*, 230.
41 *Ibid.*, 250; 251; 256.
42 *Ibid.*, 249.
43 *Ibid.*, 249: «Romani pontifices qui sibi longam vitam promittunt».
44 Im Prolog der *Orazia*, V. 55–57. Die Widmung des Werkes ist vom 1. September 1546. Zitiert von Besso, *Roma*, 201.
45 Über die verschiedenen Ausgaben von *De vita hominis* des Ravennater Arztes Rangoni siehe Marini, *Degli archiatri*, I, 339, Anm. a.
46 Moroni, LXXXVI, 68: «Ich lese bei Ludovico Anastasio (*Storia degli Antipapi*, t. 2, Napoli, 1754, 264), ein Familiare des Papstes Urban VIII. habe diesem, als er auf dem Sterbebette lag, halblaut zugeraunt: *non videbis dies Petri*, was bedeutet, er werde nicht die fünfundzwanzig Amtsjahre des heiligen Petrus überschreiten. Aber der Papst habe genau verstanden und sofort gesagt: *Non est de fide*». Siehe auch Besso, *Roma*, 200, Anm. 1.
47 Guillaume de Bury, *Romanorum pontificum brevis notitia*, Patavii, 1726, 364.
48 Simone de Magistris, *Acta martyrum ad Ostia Tiberina*, Romae, 1795, 418, Anm. a: «ut Ecclesiae prodessent diutius Petri Cathedram tenuerunt; idque divinitus renovatum conspicimus in Pio VI ....»; siehe Cancellieri, *Storia*, 54, Anm. 3.
49 Moroni, LIV, 112: «Septimus ille hic est factus, qui rector in orbe/componet fausto numine cuncta, Pius./Sextus ut ante Pius Petri superavit et annos,/Sic Sexti superet Septimus ipse dies»; siehe Besso, *Roma*, 200–201 (2. Auflage, Firenze, 1971, 322 ss.: «Non videbis annos Petri»).
50 M. N. Bouillet, *Dictionnaire universel d'histoire et de géographie*, Paris, 1851 (8. Aufl.), 1343 (S. Pierre, 34–66»). Im *Petit Robert 2*, Paris 1982, 1420, heißt es: «Les Années de Saint Pierre sont les trente-deux ans traditionnels de son pontificat»! Ich verdanke diesen Hinweis Jean-Daniel Morerod von der Universität Lausanne.
51 L. Huetter, *Iscrizioni della città di Roma dal 1871 al 1920*, II, Firenze, 1959, 295: «... sacri principatvs annos XXV / ... / in sede Romana / post Petrvm vnvs explevit»; 296: «Pio IX. pont. max. / Quod Petri annos / in Romano pontificatv / vnvs aequavit / Clervs Vaticanvs..»; 296: «Pio IX admirabili pontificvm maximor. / ... / ad B. Petri annos divinitvs propagato ...»; 297: «Pio IX / pontifici maximo / ... / quo Petri annos in Romana sede / vnvs aeqvavit ...» und «Pio IX pontifici maximo / vni post Petrvm in Romana sede / ... / votis V et XX ...»; 298: «Pio IX pont. max. / Quem praestantissimo Dei nvmine / vltra Petri annos».
52 Besso, *Roma* 200–201; siehe Schmidt, *Alexander II.*, 183.
53 Die Gerbert-Legende ist erneut untersucht worden von Oldoni, *Gerberto e la sua storia*, 629–704; Id., *A fantasia dicitur fantasma*, 493–622 und 167–245. Über Gerbert unterrichten Riché, *Gerbert d'Aurillac* und *Gerberto. Scienza, storia e mito.*
54 Guillelmus Godellius, *Chronicon*, in MGH, SS, XXVI, 195 (biographische Notiz zum Jahr 1144).
55 Walter Map, *De nugis curialium*, 182. Siehe Alberich von Trois Fontaines, in MGH, SS, XXIII, 777.
56 Johannes Diaconus, *Liber de Ecclesia Lateranensi* (Valentini-Zucchetti, *Codice*, III, 348); siehe Graf, *Miti, leggende e superstizioni*, II, 33–34. Die erste Fassung der *Descriptio* ist kurz nach dem Pontifikat Alexanders II. entstanden (1061–73); siehe Valentini-Zucchetti, *Codice*, III, 318–325.
57 Die Aufgabe der vatikanischen Grablege ist eine wichtige Neuerung, zumal

Johannes X. auch der erste Papst war, der sich *intra muros* bestatten ließ. Im zehnten Jahrhundert ist der Lateran aber noch nicht eine wirkliche päpstliche Grablege. Einige Päpste werden noch in Sankt Peter bestattet, andere in verschiedenen Basiliken Roms: Johannes XIII. (†972) wurde in Sankt Paul außerhalb der Mauern bestattet, Benedikt VII. (†983) in Santa Croce in Gerusalemme, Damasus II. (†1048) in Sankt Laurentius vor den Mauern. Siehe Picard, *Etude sur l'emplacement des tombes*, 725–782; Herklotz, «*Sepulcra*», 91–92 und Borgolte, *Petrusnachfolge*, 127–137.

58 Der *Liber Pontificalis* rechtfertigt den Entscheid Paschals II. mit der Bemerkung, daß der Lateran «die wahre Papstresidenz» sei (LP, II, 305: «ab ipsis patribus honorifice est deportata in basilicam Salvatoris, in sede propria, in patriarchio, dextro latere templi, in mausoleo purissimi marmoris talapsico opere sculpto ...»); siehe Herklotz, «*Sepulcra*», 97.

59 *Ibid.*, 91–92. Siehe Borgolte, *Petrusnachfolge*, 354–355 und Stroll, *Symbols*, 185–187.

60 Deér, *The Dynastic*, 146–154.

61 *Ibid.*, 152. Diese Tatsache entging den Zeitgenossen nicht. Mindestens vier Autoren erzählen, der Papst habe sich im Porphyrsarkophag des Kaisers Hadrian bestatten lassen. Siehe Herklotz, «*Sepulcra*», 97 und Anm. 67. 1137 schrieb der Kardinal Gerhard, der zukünftige Papst Lucius II., diese Worte an Innozenz II.: «Ecclesia te in *caesarem* totiusque orbis dominatorem et elegit et consecravit», zitiert von Caspar, *Petrus Diaconus*, 258 und Deér, *The Dynastic*, 148, Anm. 112. Über die kaiserähnlichen *laudes* für Innozenz II.: LC, II, 173; siehe Herklotz, *Der Campus Lateranensis*, 13–14; Kantorowicz, *Laudes Regiae*, 129 und 143, und Stroll, *Symbols*, 183.

62 Die gefesselten Soldaten finden sich zu Füßen der berittenen Sieger und gehen gesenkten Hauptes dem Zug voran. Diese Art der Darstellung ist durch das römische Kaiserzeremoniell inspiriert. Siehe Herklotz, «*Sepulcra*», 116 und 124–128.

63 Deér, *The Dynastic*, 151.

64 Die *Descriptio Lateranensis ecclesiae* nennt den Papst *imperialis episcopus*: Valentini-Zucchetti, *Codice*, III, 345. Über die Bemühungen der Kanonisten des 12. Jh. zur Rechtfertigung der Idee, der Papst sei *verus imperator* siehe Stickler, «*Imperator vicarius papae*», 165–212; siehe Stroll, *Symbols*, 180–192 («Innocent II: the imperial pope»). Die Grabmäler Eugens III. (1145–53) und Hadrians IV. (1154–59) in Sankt Peter verwiesen ebenfalls auf den Kaisersymbolismus des Porphyrs: Das Grab Eugens III. war aus Granit, der als Ersatz des Porphyrs galt; das Grab Hadrians IV. bestand aus mehreren Steinarten, unter ihnen war sicherlich auch Porphyr. Auch die Grabplatte Papst Lucius' III. († 25. November 1183) aus *rosso Veronese* sollte sicherlich das Rot des kaiserlichen Porphyrs nachahmen (Herklotz, «*Sepulcra*», 114–116 und Abb. 24; Gardner ist jedoch anderer Ansicht, *The Tomb*, 30, Anm. 49). Zwei Engel setzen dem Papst die Tiara auf das Haupt. Der Papst wird also in jenem Augenblick dargestellt, als er von den himmlischen Mächten gekrönt wird. Der Rückgriff auf ein ikonographisches Modell der byzantinischen Kaiserdarstellung zeigte, wie man sehr richtig beobachtet hat, «die grundsätzliche Gleichstellung des Papsttums mit dem Kaisertum» (Herklotz, *ibid.*). Die Tradition päpstlicher Porphyrgräber wird im 13. Jh. fortgesetzt: Honorius III. (1216–27) wurde in Santa Maria Maggiore beigesetzt in einer *concha porfyretica*: *Catalogus pontificum Romanorum Viterbiensis*, in MGH, SS, XXII, 352; siehe Deér, *The Dynastic*, 152. Karl I. von Anjou befahl dem Kämmerer der Stadt Rom, für das Grab Innozenz' V. eine *conca porfidis vel alicuius alterius pulcri lapidis*

zu suchen, damit es den anderen Gräbern des Laterans gleiche (siehe Laurent, *Le bienheureux Innocent V*, 418, Anm. 14). Als Alexander III. in Venedig von Friedrich Barbarossa die *proskynesis* empfing, soll er aufrecht auf der großen *rota* aus Porphyr gestanden haben, die sich noch heute vor dem Markusdom befindet. Nach dem kaiserlichen *Ordo C* saßen Papst und erwählter Kaiser während des *scrutinium* auf zwei Sesseln, die auf der großen *rota* in der Peterskirche standen *(ibid.*, 155). Ein sicheres Indiz der *imitatio imperii* der römischen Päpste ist auch das vierblättrige Kleeblatt aus Porphyr, das man in den Bodenmosaiken römischer Kirchen seit Paschal II., also seit der entscheidenden Periode des Investiturstreites, findet. Glass, *Papal Patronage*, 386–390.

65 Schramm, *Kaiser, Rom.*

66 Martinus Polonus, *Chronicon pontificum et imperatorum*, in MGH, SS, XXII, 43. Die Legende vom Rumoren der Knochen im Grab verdankt ihre Entstehung einer falschen Lesung der Inschrift, welche Sergius IV. (1009–12), einer der unmittelbaren Nachfolger Silvesters II., an das Grab Gerberts hatte anbringen lassen. Der zweite Teil der ersten Linie erwähnt den Trompetenschall am Tage des Jüngsten Gerichts «wenn der Herr kommt» *(venturo Domino conferet ad sonitum: Valentini-Zucchetti*, Codice, *III*, 348, Anm. 5; Edition des Epitaphs, der 1648 wiedergefunden wurde und sich bis heute erhalten hat, in LP, II, 263, Anm. 4). Die Worte *venturus Dominus* wurden nicht auf Gott, sondern auf den «kommenden Papst» bezogen, dessen Ankunft durch den *sonitus* der Gebeine angekündigt wird. Die Erzählung Martins von Troppau fand weite Verbreitung. Sie findet sich im 13. Jh. in den *Flores Temporum*, MGH, SS, XXIV, 245: «Ubi dum celebraret, *ex demonum strepitu* mortem timens, publice confessus est; et pedibus ac manibus amputatis, super bigam cum equo domito positus, ad Lateranensem ecclesiam est devectus. Cuius sepulchrum insudat *vel strepit*, quando papa mortuus est; et hoc est in signum misericordie consecute»; dann, zu Beginn des 14. Jh. in Quellen wie der bis 1312 reichenden *Chronica summorum pontificum* des Leo von Orvieto (Graf, *Miti*, II, 74–75), oder in der *Historia pontificum Romanorum* des Ricobaldo von Ferrara (RIS, IX, 172–173). Durch die Aufnahme in den LP blieb diese Anekdote auch in späteren Jahrhunderten immer lebendig.

67 Siehe *Dictionnaire de la papauté*, unter «Résidences pontificales (Moyen Age)» und Paravicini Bagliani, *La cour des papes au XIII*[e] siècle.

68 Die päpstliche Kanzlei bediente sich des Papyrus bis 1057: Wattenbach, *Das Schriftwesen im Mittelalter*, 4. Aufl., Graz, 1958, 110; aber auch später noch war er erhältlich, denn in Süditalien und selbst in Rom wird Papyrus bis zum heutigen Tag angebaut.

69 LC, II, 149, Nr. 34.

70 Es ist schwierig, die liturgischen Elemente des *Ordo XI* zu datieren. Einige könnten bis ins 10. Jh. zurückreichen: Schimmelpfennig, *Die Bedeutung*, 58.

71 Sextus Pompeus Festus, *De verborum significatu*, 473, unter «struppi»: «Struppi vocantur in pulvinaribus [fasciculi] [de verbenis facti, qui pro de]orum capitibus ponuntur»; siehe auch die Epitome des Paulus: «Struppi vocabantur in pulvinaribus fasciculi de verbenis facti, qui pro deorum capitibus ponebantur». Siehe Cancellieri, *De secretariis*, 971–972: «Quae quidem fortasse cuidam in mentem revocabunt, quae tradit Festus de struppis, sive fasciculis de verbenis, qui pro Deorum capitibus in pulvinaribus ponebantur».

72 Mansi, XX, 749 (Konzil von Benevent); siehe Cabrol, «Cendres», in *DACL*, 2,2, 3041–3042. Der erste, der das Streuen von Asche auf das Haupt erwähnt,

ist Regino von Prüm zu Beginn des 10. Jh., aber die Vorschrift bezieht sich einzig auf Büßer: *De ecclesiasticis disciplinis*, lib. I, cap. 291, PL 132, 245. Rupert von Deutz äußert sich in ähnlichem Sinne, *De divinis officiis*, lib. IV, cap. X, PL 170, 98. In den ersten zehn *ordines Romani* findet sich also kein Hinweis auf einen Ascheritus am Aschermittwoch: *Ordo I*, PL 78, 949; *Ordo X*, PL 78, 1017 ss.

73 LC, II, 149, Anm. 34. Eine Liste der Quellen des päpstlichen Ascheritus findet sich bei Schimmelpfennig, *Die Zeremonienbücher*, 385.

74 Andrieu, *Le pontifical*, I, 209–210, Nr. XXVIII.

75 Albinus, LC, II, 129, Nr. 15; Cencius, LVII, Nr. 15, LC, I, 294.

76 Van Dijk-Walker, *The Ordinal*, 181–183. Diese Vorschriften finden sich bereits in der Handschrift, die das «Brevier der hl. Klara» enthält (= C; 1234–1238); siehe *ibid.*, XXIII–XXIV.

77 Paravicini Bagliani, *La mobilità*, 155–278.

78 Aber nur, wenn die Kardinalbischöfe gegenwärtig sind; sonst wird dieser Ritus vom ersten der Kardinalpriester gefeiert. Diese Bestimmung erklärt sich sehr wahrscheinlich daraus, daß immer häufiger Kardinalbischöfe zu päpstlichen Legaten ernannt wurden und daher abwesend waren.

79 Van Dijk-Walker, *The Ordinal*, 181: «curia debet et prelati violaceis seu nigris pluvialibus uti, presbiteri vero et diaconi cardinales planetis, capellani superpelliciis».

80 *Ibid.*, 183.

81 *Ibid.*, 371; siehe 217.

82 Dykmans, *Le cérémonial*, III, 189, Nr. 33–34. Siehe Cancellieri, *Storia*, 500, Anm. zur S. 53, Anm. 3, und Antonelli, *Epistola*, 332.

83 Die Asche wird gewonnen aus der Verbrennung der Palmzweige des vorhergehenden Jahres.

84 Über den liturgischen Mundkuß und seine fortschreitende Beseitigung aus der Liturgie siehe jetzt Carré, *Le baiser sur la bouche*, 221 ss.

85 Es handelt sich um die Sammlung des Bindo Fesulani (Schimmelpfennig, *Die Zeremonienbücher*, 259–260, Nr. LI). Sie sagt nichts über die Bestreuung des Papstes mit Asche. Sie findet sich in den Handschriften Vat. lat. 4726 und Riccardiano 471. Die Bemerkung findet sich in der Handschrift des Vatikans.

86 Dykmans, *Le cérémonial*, IV, 105, Nr. 250. An diesem Aschermittwoch war kein Kardinalbischof in Perugia anwesend. Die Messe wurde gefeiert durch den Kardinal von Bologna, Cosimo Migliorati, Kardinalpriester von Santa Croce in Gerusalemme (1389–1404), der spätere Innozenz VII. (1404–06). Zelebrant und Papst gaben sich gegenseitig die Asche, ohne die traditionelle Rangordnung zu beachten. François de Conzié erwähnt in seinem Tagebuch zweimal die Aschezeremonie, aber nur, um daran zu erinnern, daß Benedikt XIII. die Asche austeilte: *ibid.*, III, 357 und III, 402. Pierre Ameil verweist auf eine *rubrica antiqua*, die vorschrieb, daß der, welcher *facit officium coram papa*, sei er nun Kardinal oder nicht, die Person des Papstes repräsentiert und daher als erster die Asche empfängt vor allen anderen Kardinälen und unmittelbar gefolgt vom ersten der Kardinalbischöfe. Pierre Ameil fügt hinzu, daß man diese Regel vor allem beobachte, wenn der Offiziant ein Ordensgeistlicher sei *(ibid.*, IV, 99, Nr. 215; siehe Nr. 212).

87 Cancellieri, *Storia*, 239; siehe Rocca, *Unde Cineres*, 217. Nach Patrizi Piccolomini (1484–92) war es Aufgabe des ersten Kardinalpönitentiars, die Messe am Aschermittwoch zu feiern (Dykmans, *L'œvre*, II, 345, no 212). Es handelte sich um eine Neuigkeit.

88 Antonelli, *Epistola*, 338.

89 Der Gegensatz zwischen Hinfälligkeit der Person und Achtung vor dem Amt wurde auch in der Aschezeremonie ritualisiert; in der Neuzeit war diese Zeremonie den Kardinälen vorbehalten: *Paridis Grassi ... De caeremoniis cardinalium*, II, f. 79r–80v.

90 Sirach 21, 10–11: «stuppa collecta synagoga peccantium et consummatio illorum flamma ignis»; Is. 1, 31: «et erit fortitudo vestra ut favilla stuppae et opus vestrum quasi scintilla»; über die Vergänglichkeit siehe I Kor. 7, 31: «praeterit enim figura huius mundi»; und 1 Johannes 2, 17: «mundus transit et concupiscentia eius»; zitiert in *Alexander von Roes. Schriften*, ed. Grundmann-Heimpel, 188, Anm. 3.

91 Elze, *«Sic transit»*, 18.

92 Petrus Damiani kannte sehr genau die römische Liturgie. Daß er den Wergritus dem Papst wie etwas völlig Unbekanntes beschreibt, ist entscheidend für den *terminus a quo* der Einführung dieser Zeremonie am Papsthof. Andernfalls hätten die Ausführungen Damianis keinen Sinn. In die gleiche Richtung weist die Tatsache, daß der Wergritus sich in der Kathedralliturgie von Besançon findet, so wie Erzbischof Hugo I. (1031–66) sie festgelegt hatte. Die Übernahme dieses Ritus in Besançon erklärt sich gut aus den Diskussionen, die Petrus Damiani mit Erzbischof Hugo um 1063–64 über die menschliche Hinfälligkeit und die Pflicht zur Demut hatte. Es ist möglich, aber keineswegs sicher, daß dieser Ritus «seit dem 11. Jh.» in das Papstzeremoniell aufgenommen wurde, «in einer Zeit, in der man an der Kurie so manches vom byzantinischen Hofzeremoniell übernommen zu haben scheint» (Elze, *«Sic transit»*, 18, Anm. 63). Schimmelpfennig, *Die Bedeutung*, 58 fragt sich auch, «ob die Wergverbrennung wirklich erst seit dem Reformpapsttum Eingang in die päpstliche Liturgie gefunden hat». Siehe auch Schimmelpfennig, *Die Krönung*, 207–208. Der Brieftraktat über die «Kürze des Lebens der römischen Bischöfe», auf den sich die Hypothese gründet, beweist nur, daß Petrus Damiani Papst Alexander II. über diesen Ritus informieren wollte. Daß die von Benedikt in seinem *Ordo* beschriebenen Riten sehr alt sind, ist nicht zu bezweifeln. Aber für den Wergritus ist das nicht von Bedeutung, denn die *statio* am Weihnachtsmorgen in Santa Maria Maggiore, während derer der von Benedikt beschriebene Wergritus gefeiert wurde, ist nach Petrus Mallius erst durch Gregor VII. eingeführt worden (siehe weiter unten Anm. 96). Wie dem auch sei, man muß bis zum 13. Jh. warten, um endlich Nachrichten zu erhalten über die Einreihung des Wergritus in das Krönungszeremoniell. Das bisher nicht beachtete Zeugnis Stefans von Bourbon gestattet uns, Zeitpunkt und Beweggründe zu präzisieren (siehe unten, Anm. 105–108).

93 Der *Ordo canonicorum* der Kathedrale von Besançon, die Hauptquelle für die Liturgie Besançons, wurde zusammengestellt unter Erzbischof Hugo I. (1031–66). Sie findet sich in einer Handschrift (Besançon, Bibliothèque municipale, ms. 711), die von einer einzigen Hand um 1180 nach einer Vorlage aus der Zeit vor 1120 abgeschrieben wurde. Die Wergzeremonie wurde gefeiert Weihnachten (f. 204v–205r), am Stephanitag (f. 205v), Ostern (f. 216v) und Pfingsten (f. 222v). Am Weihnachtsfest mußte der Erzdiakon nach dem Kyrie, anstelle des Satzes *Reverende pater, sic transit mundus et concupiscentia eius*, die Worte sprechen: *Scito te terram esse* (f. 2054, Z. 21–24). Der Inhalt des *Ordo* zeigt, daß er um die Mitte des 11. Jh. zusammengestellt und nachher nicht mehr verändert wurde: B. de Vregille, *Le «Rituel de saint Prothade» et l'»Ordo canonicorum» de Saint-Jean de Besançon*, in «Revue du Moyen Age latin», 5 (1949), 97–114; siehe Id., *Hugues de Salins, archevêque de Besançon, 1031–*

1066, Besançon, 1981, 349–351 und Id., *Hugues de Salins*, Lille-Besançon, 1983, I, 471–473; II, 1153–1156; III, 161*. Ich verdanke diese Auskünfte der Liebenswürdigkeit von P. Bernard de Vregille, dem ich sehr herzlich dafür danke.

94 Im 13. Jh. feierte man auch in Lisieux die Wergzeremonie, und zwar am Pfingstfest; siehe den *Liber ordinarius* der Kathedrale, zitiert von Cancellieri, *Storia*, 53, Anm. 3 und Moroni, LXX, 91. Diese Zeremonie war sicherlich sehr viel weiter verbreitet, als wir uns heute vorstellen. Moroni, *ibid.*, erwähnt ihn auch für Lucca: «Wenn der Erzbischof das *Gloria in excelsis Deo* anstimmt, verbrennt man in der Mitte der Kathedrale viel Werg.» Er sagt freilich nicht, in welchen Jahrhunderten diese Zeremonie in Lucca gefeiert wurde.

95 *Die Briefe*, III, 246–258 (Nr. 111), besonders 248–249.

96 LC, II, 145, Nr. 16–17. In seiner Edition wählte L. Duchesne die Lesung *facultatem* anstelle von *difficultatem*, die sich in der ältesten Handschrift findet (Cambrai, 12. Jh.). Auch Petrus Mallius sagt, daß die *statio* in Santa Maria Maggiore gefeiert wird «quoniam via brevis est, et dies parvi sunt» *(Descriptio basilicae Vaticanae*, ed. Valentini-Zucchetti *Codice* III, 439–440). Benedikt ist der erste, der die *statio* in Santa Maria Maggiore erwähnt, eine Neuheit, die Petrus Mallius Gregor VII. zuzuschreiben scheint: «Früher wurde die *statio* am Weihnachtstag zu Sankt Peter gefeiert; so war es bis zum Pontifikat Gregors VII.» Das ist ein wichtiges Element, um die Einführung der Wergzeremonie in die römische Liturgie zu datieren, was keineswegs dem *terminus a quo* (1064) widerspricht, der durch den Traktat Damianis über die Lebenskürze der Päpste gegeben wird. Benedikt spricht von der *statio* bei Sankt Peter, als werde sie immer noch gefeiert. Das könnte bedeuten, daß er hier Zeremonien beschreibt aus der Zeit vor Gregor VII. Die sehr detaillierte Beschreibung des Papstzuges von Sankt Anastasia nach Sankt Peter durch antike Ruinen könnte «eine frühere topographische *renovatio Romae* vor dem Reformpapsttum» bezeugen (Schimmelpfennig, *Die Bedeutung*, 51). Wie dem auch sei, der von Benedikt beschriebene Papstzug, der so viele antike Monumente berührte, bildet einen sehr eindrücklichen Gegensatz zur Wergzeremonie. Das ist kaum reiner Zufall. «Kaiserliches» Itinerar und Hinfälligkeitsritus scheinen ganz bewußt einander gegenübergestellt worden zu sein. Das erklärt die so große Eindringlichkeit des Textes Benedikts.

97 LC, II, 145, Nr. 17; siehe *ibid.*, Nr. 16–19, et 153, Nr. 47.

98 Über die Probleme, welche das Alter dieses Itinerars stellt, siehe oben Anm. 96.

99 Um vollständig zu sein, muß man daran erinnern, daß der *Ordo* Benedikts nicht das Krönungszeremoniell des Papstes erwähnt. Andererseits wird die Wergzeremonie in keinem Krönungszeremoniell des 12. Jh. (Albinus, Cencius, *ordines* aus London und Basel) erwähnt.

100 *Libellus de cerimoniis aule imperialis (Graphia aureae Urbis Romae)*, cap. 19, ed. Schramm, *Kaiser*, III, 351. Schramm behauptet, *Kaiser, Rom*, 209, daß die Zeremonie, welche in den *Graphia aureae urbis Romae* – zum ersten Mal – erwähnt wird, der römischen Kirche entlehnt sei; er begründet das damit, bis auf den heutigen Tag werde zu Beginn der Papstkrönung Werg verbrannt. Dies ist eine Deutung, welche die Entwicklung dieses Ritus aus der Rückschau betrachtet. Die *Graphia* haben übrigens im Teil, der die *Mirabilia urbis Romae* behandelt, viel Ähnlichkeit mit dem Werk des Chorherrn Benedikt. Bloch, *Der Autor*, 55–175 widerspricht der Datierung Schramms (um 1030). Den *terminus ante quem* gibt die Erwähnung des Sarkophags von Papst Anastasius IV. († 3. Dezember 1154).

101 Honorius Augustodunensis, *Gemma Ecclesiae*, PL 172, 611–612. Dieses nur

sehr schwer datierbare, aber in die ersten Jahrzehnte des 12. Jh. gehörende Werk ist untersucht worden von L. Cabrini Chiesa, *Temi liturgici in «Honorius Augustodunensis»*, in «Ephemerides liturgicae», 99 (1985), 443–455. Nicht der geringste Hinweis auf den Wergritus findet sich bei Rupert von Deutz (PL 170, 25–26), der die unmittelbare Quelle des Honorius Augustodunensis ist.

102 Nun sind es die Chorherren von Santa Maria Maggiore, die den Papst am Portal der Kirche empfangen: Basel, Universitätsbibliotek, D. IV. 4; ed. Schimmelpfennig, *Die Zeremonienbücher*, 374: «Canonici recipiunt cum processione, ipse dat pacem omnibus. Postea incendit stupam super capita columpnarum, que ibi stant».

103 Lotharius, *De sacro altaris mysterio* (PL 217, 804–805).

104 Maccarrone, *Lotharii*, 71; siehe Lewis, *Lotharius*. Das Werk wurde geschrieben zwischen dem 25. Dezember 1194 und dem 13. April 1195.

105 Stephanus de Borbone, *Tractatus de diversis materiis predicalibus*, I, *De dono timoris*, cap. 7 *De memoria mortis*, ed. Berlioz-Eichenlaub. Ich danke sehr herzlich J. Berlioz, der mir die Druckfahnen seiner Edition zugesandt hat.

106 *Ibid.*

107 *Ibid.*, 101–103. Die Stelle stammt aus der *Vita* des Patriarchen und findet sich in der *Legenda aurea* Jakobs von Voragine, die in den 60er Jahren des 13. Jh. verfaßt wurde (ed. Graesse, cap. XXVII, Nr. 7, 130). Der Abschnitt über den Patriarchen von Alexandrien und den päpstlichen Wergritus finden sich ohne Varianten in einer der Predigten, welche die mittelalterlichen Handschriften Martin von Troppau (†1278) zuschreiben. Es handelt sich jedoch um stark gekürzte Übernahmen aus der Exempelsammlung Stefans von Bourbon. Diego Moles hat dies in einer von mir geleiteten Lizenziatsarbeit (1993) an der Universität Lausanne zeigen können.

108 In seinem Hinweis auf den Papst gebraucht Stefan von Bourbon das Wort *consecratur* und nicht *coronatur*; in seinem Bericht über den Ritus der Marmorsteine in Byzanz hatte er jedoch dieses Wort gebraucht. Im Rom der Päpste wird erst mit dem Zeremoniale Gregors X. (1273) die Krönung ein eigenständiges Element. Deswegen wird das traditionelle Wort *consecratio* nicht vor dem Ende des 13. Jh. durch das Wort *coronatio* ersetzt. Nach Schimmelpfennig, *Die Krönung*, 215, Anm. 100, spricht Martin von Troppau in seiner um 1270 verfaßten *Chronica imperatorum et pontificum Romanorum* immer von *consecratio*, Bernhard Gui (1281–1328) dagegen immer von *coronatio* (LP, II, 462, 467 usf.).

109 Trotz langer Nachforschungen ist es mir unmöglich, nachzuweisen, daß die Worte *Sic transit* bereits bei der Wergverbrennung während der Krönung Gregors VII. (Weihnachten 1075) ausgesprochen wurden (siehe *Alexander von Roes. Schriften*, 188, Anm. 3, zitiert von H. W. Klewitz, in «Zeitschrift der Savigny-Stiftung für Rechtsgeschichte», kan. Abt., 30 (1931), 97 ss). Es handelt sich meiner Meinung nach um eine Extrapolation, die sich auf die vermeintliche Existenz dieses Wergritus am Papsthof des 11. Jahrhunderts gründet. Über die Unwahrscheinlichkeit einer solchen Hypothese, die auf keinem sicheren Zeugnis gründet, siehe Anm. 92. Es ist bekannt, daß General de Gaulle auf die Nachricht von der Ermordung John F. Kennedys mit den Worten reagierte: *Sic transit.*

110 I Kor. 7, 31: «praeterit enim figura huius mundi»; und 1 Joh. 2, 17: «mundus transit et concupiscentia eius»; zitiert von *Alexander von Roes. Schriften*, 188, Anm. 3; siehe oben Anm. 90.

111 *Ibid.* 188, Anm. 3: «Doch dürften, was V. 222 vielleicht andeutet, V. 224 *(Sic*

transit) aber fast gewiß macht, die Verse 215–224 vom Brauchtum bei der päpstlichen Krönungsprozession beherrscht sein; zu ihm gehört dann auch V. 216–218».

112 Dykmans, *Le cérémonial*, I, 180. Auch wenn der Papst außerhalb Roms erwählt und gekrönt worden ist, muß er nach dem Zeremoniale Gregors X. zunächst nach Sankt Peter ziehen und dort ein *Te Deum* singen, bevor er sich zum Lateran begibt.

113 Eichmann, *Weihe*, 56.

114 Campi, *Dell'historia*, II, 346.

115 LC, II, 19. Über das *diadema duplex*, siehe Ladner, *Der Ursprung*, 474.

116 Über die kaiserliche und päpstliche «Erstkrönung» siehe Deér, *Byzanz*, 61–62.

117 LC, II, 33.

118 Die *Vita Gregorii IX*, vielleicht vom Papstneffen Nikolaus von Anagni verfaßt, muß zwischen 1254 und 1265 entstanden sein: Paravicini Bagliani, *La storiografia pontificia*, 52–53. Für die Datierung des Werkes Stefans von Bourbon, siehe oben, Anm. 105.

119 Die Wergzeremonie wird weder im *Opus metricum* des Kardinals Jacopo Stefaneschi erwähnt, eines Augenzeugen der Krönungen Cölestins V. und Bonifaz' VIII., noch in dem *Ordo*, den die Handschrift Toulouse 67 überliefert. Dieser *Ordo* modernisiert das Zeremoniell des 12. Jh. mit Hilfe des *Ordo* Gregors X. und des Pontifikale. Es ist möglich, daß dieser Toulouser *Ordo* für die Krönung Benedikts XI. am 27. Oktober 1303 in Rom zusammengestellt wurde. *Opus Metricum*, V. 345–354, ed. Seppelt, 107; über den *Ordo* von Toulouse, siehe Dykmans, *Le cérémonial*, II, 272, Nr. 15.

120 *Ordo* Gregors X. (*ibid.*, I, 212, Nr. 268). Der Werg hängt an einem Seil am Eingang des Chors; nach dem *Ordo XI* des Chorherrn Benedikt lag es auf Säulen am Eingang der Basilika. So findet es sich auch im *Ordo XIV*. Der Papst bleibt weiterhin völlig passiv (*ibid.*, II, 399, Nr. 18). Die Quelle ist ein römisches Sakramentar, das wir durch die Hs. Ottob. Lat. 356 der Vatikanischen Bibliothek kennen: Brinktrine, *Consuetudines*, 37–38 (= Van Dijk-Walker, *The Ordinal*, XXXII). Über diese wichtige Handschrift siehe unten, S. 258, Anm. 12.

121 *Rationale*, lib. IV, cap. VI, 13.

122 Schrick, *Der Königsspiegel*, 133: «unde sicut vidi, quando dominus papa processionaliter progreditur, *manipulo stuppe super columpna in medio chori* [= Lothar] *appenso ignis supponitur* [= Guillaume Durand], *ne forte qui gloriosus incedit in temporali gloria delectetur* [= Lothar]«.

123 Turin, Archivio di Stato, Protocolli rossi, 2,f. 79–84, ed. Dykmans, *Le cérémonial*, III, 462–473. Siehe Schimmelpfennig, *Papal Coronations*, 184. Nach Dykmans diente dieser *Ordo* für die Krönung Martins V. in Konstanz am 21. Dezember 1417.

124 Dykmans, *Le cérémonial*, II, 292–293, Nr. 10–11; III, 464, Nr. 13, 14, 15. Es ist sehr wahrscheinlich, daß es sich um den *Ordo* handelt, der für die Krönungen Innozenz' VI. (1352) und seiner Nachfolger in Avignon diente. Bis auf eine Ausnahme entsprechen alle Artikel des ersten Teils (1–15), der uns hier interessiert, dem *Ordo*, der 1316 bei der Krönung Johannes' XXII. angewandt worden war. Es handelt sich um ein Zeremoniale für den Fall, daß die Krönung *extra urbem*, fern von Rom, stattfand. Der fehlende Artikel (14) ist der, welcher die Wergzeremonie beschreibt. Über Innozenz VI. siehe Guidi, La coronoazione, 571–590.

125 Siehe die in der vorhergehenden Anm. zitierten Texte. Für die Krönung Jo-

hannes' XXII., die 1316 in Lyon stattfand, errichtete man einen «Katafalk» aus Holz (Dykmans, *Le cérémonial*, II, 299, Nr. 2). Ähnliche «Katafalke» sind für die Krönungen von 1335 und 1342 nachgewiesen *(ibid.* 299, Anm. 63 und Schimmelpfennig, *Papal Coronations*, 189), die in der Dominikanerkirche von Avignon gefeiert wurden. Die Quellen erwähnen nicht den Wergritus.

126 Ed. Thompson, *Chronicon*, 87. Über die Gewohnheit, dem Kaiser Steine verschiedenster Art zu zeigen für den Bau seines Grabmals, siehe den vergleichbaren Text Martins von Troppau (siehe oben Anm. 108) und Leontios' von Neapolis, *Leben*, Kap. 19, 36; über die Vergänglichkeitssymbolik bei den Kaisern des Heiligen Römischen Reiches, siehe Schramm, *Sphaira*, 86 und Anm. 6–7.

127 *Leonardi Dathi Epistolae*, 81. Über Jacopo d'Angelo, siehe Weiss, *Jacopo Angeli*, 803–827.

128 Ein zweites Zeugnis über die Krönung Gregors XII. bietet uns die um 1415 entstandene Chronik eines Geistlichen aus Franken (vielleicht Matthias Spengler). Sie beschreibt den Tod Innozenz' VII. (6. November 1406) und die Krönungen Gregors XII. (19. Dezember 1406), Alexanders V. (8. Juli 1409) und Johannes' XXIII. (25. Mai 1410). Ed. Finke, *Eine Papstchronik*, 361. Der Verfasser verweist häufig auf einen *Ordo*, der sich in derselben Handschrift wie die Chronik findet: Eichstätt, Seminarbibliothek, Anm. 292, ed. Kösters, *Studien*, 93 (siehe Dykmans, *Le cérémonial*, III, 143, Anm. 6). Der *Ordo* von Eichstätt ist eine Mischung aus dem *Ordo XIV (ibid.*, II, 305–306, I. 7), der die Krönungszeremonien für Rom enthält («In primis ipse», bis 1.15 «tempori congruentis») und dem *Ordo*, der die Zeremonien für eine Krönung außerhalb Roms beschreibt *(ibid.*, II, 290–305). Die Handschrift von Eichstätt scheint das avignonesische Zeremoniell den Erfordernissen einer Krönung in Rom angepaßt zu haben. Der Autor setzt voraus, daß der Papst bei Sankt Peter residiert und sich zum Lateran nur zur Besitznahme begibt (Kösters, *Studien*, 98). In den letzten Jahrzehnten des 13. Jahrhunderts haben einige Päpste lange im Vatikan residiert (siehe Paravicini Bagliani, *La mobilità*, 240–245). Die Quelle des *Ordo* von Eichstätt könnte also einen Zustand des 13. Jh. spiegeln (Schimmelpfennig, *Die Zeremonienbücher*, 119). Das stände nicht im Widerspruch zum *exemplum* Stefans von Bourbon. Es wären jedoch noch andere Indizien dafür nötig, daß man am Ende des 13. Jh. bereits so bestimmt vom Vatikan als «Palast des Papstes» sprechen konnte.

129 *Acta Concilii Pisani*, ed. D'Achery, *Spicilegium*, VI, 334: «Et illa die fuerunt multa solemnia, ut puta, de stupibus combustis dicendo: ‹Sic transit›». Über Alexander V. siehe auch die vorhergehende Anm.

130 Zwei Fragmente des *Ordo XIV*, welche Abänderungen aus der Zeit um 1400 enthalten, gehen auf diesen *Ordo* zurück (Barb. lat. 570 und ms. F. IV. 14 der Biblioteca Nazionale in Turin; siehe Schimmelpfennig, *Die Zeremonienbücher*, 120 u. 411; ed., 377). Wie im *Ordo* von Eichstätt ist das Krönungszeremoniell Rom angepaßt: *ibid.*, 376–377, Nr. 1. Wie im «avignonesischen» *Ordo* findet sich hier die Bemerkung, einige dächten, man solle diese Zeremonie vor dem Portal der Kirche feiern, in Gegenwart des Volkes und auf einem Podest, damit alle sehen können, daß irdischer Glanz nur kurze Zeit währe *(ibid.*, 377, Nr. 2). In der Handschrift der Biblioteca Nazionale von Turin wird Francesco (Piendebene) von Montepulciano noch *secretarius* genannt; er wurde später (1413–33) Bischof von Arezzo. Die Quelle dieses Fragmentes stammt also aus der Zeit vor 1413.

131 Ulrich von Richental, *Chronik*, ed. Buck, 126; Id., *Das Konzil*, ed. Feger, II, f. 102; siehe Schimmelpfennig, *Die Zeremonienbücher*, 377, Anm. 2.

132 *Ibid.*, 258, Nr. 8. Für die Identifizierung der Orte siehe Schimmelpfennig, *Die Krönung*, 207–208.

133 Man kann diesen Zyklus auf die Zeit zwischen 1505 und 1507 datieren: P. Misciatelli, *The Piccolomini Library in the Cathedral of Siena*, Siena, 1924; A. Schmarsow, *Raphael und Pinturicchio in Siena*, Stuttgart, 1880. Siehe *Le Vite di Pio II*, ed. Zimolo, 105, Anm. 3. Während der Krönung Innozenz' VIII. (1484) mußte Johannes Burckard das Werg dem zu krönenden Papst zeigen und die üblichen Worte sprechen *(Liber notarum*, ed. Celani, I, 75).

134 Dykmans, *L'œvre*, I, 70, Nr. 122.

135 Bis zum Ende des 17. Jh. unterrichtet darüber: Moroni, LXX, 92–93; für das 20. Jh., siehe Bernhart, *Der Vatikan*, 349 (und 1951, 364).

136 Elze, *«Sic transit»*, 18: «Doch glaube ich, daß keine der verschiedenen Handlungen die irdische Vergänglichkeit und Hinfälligkeit eindrucksvoller symbolisiert als das Verbrennen der Wergbüschel. Und das ist nur im päpstlichen Krönungszeremoniell (seit dem 15. Jahrhundert) regelmäßig bezeugt, aber nicht für einen anderen Herrscher. Und da hatte es, so scheint mir, auch seine volle Berechtigung: Nur für den Papst, nur für diesen Herrscher, hatte diese symbolische Handlung ihren vollen Sinn.» Der Ritus wurde 1414 bei der Krönung Sigismunds zum römischen König (Nürnberg, 25. September 1414) gefeiert: *Deutsche Reichstagsakten*, VII, 215 («post cujus conclusionem dominus plebanus incendebat stupam sive linum et alte dicebat: ‹serenissime rex, Sic transit›»); *Städtechroniken*, III, 344 et 363; XI, 515 (siehe F. X. Haimerl, *Das Prozessionswesen des Bistums Bamberg im Mittelalter*, München, 1937, 97).

137 Über das Problem im allgemeinen, siehe Eichmann, *Weihe*; Schimmelpfennig, *Ein bisher unbekannter Text*, 43–70; Id., *Ein Fragment*, 323–331; Id., *Die Zeremonienbücher*, 381 (vollständige Liste der Quellen zum Besitznahmezeremoniell des Laterans); Maccarrone, *Die Cathedra*, 196–197; Boureau, *La papesse*, 108 ss.; Herklotz, *Der mittelalterliche Fassadenportikus*, 46–48.

138 LP, II, 296. Der gleiche Wortlaut findet sich in der Hs. von Tortosa. Veröffentlicht von C. Vogel in der Neuausgabe des LP, III, 144.

139 LP, II, 297; siehe Maccarrone, *La «cathedra»*, 1312, Anm. 192.

140 Siehe LP, II, 328, Anm. 8.

141 LP, II, 327 (siehe LP, III, 171).

142 *Bernardi vita prima*, lib. II, cap. 7 (PL, 185, 268–269). Die Kardinäle, welche Innozenz II. gewählt hatten, klagten Anaklet II. an, er habe die Papstsessel verächtlich behandelt: «Sedes pontificum contrivit» *(Codex Uldarici*, ed. Jaffé, 248). Das Wort *contero* drückt hier wohl eher die Verachtung als eine wirkliche Zerstörung an. Es ist also nicht nötig, sich vorzustellen, die «zerstörten» Sitze seien aus Holz gewesen, während die beiden Marmorsessel am Eingang der Silvesterbasilika im Innern des Palastes (die Kapelle *Sancta Sanctorum)* unbeschädigt geblieben seien. So Maccarrone, *La «cathedra»*, 1314, Anm. 194.

143 Albinus, LC, II, 123–125, Nr. 3; Cencius, *ibid.*, I, 311–313 (XLVIII. 77). Der *Ordo* aus Basel wurde von Schimmelpfennig veröffentlicht, *Ein bisher unbekannter Text*, 43–70; der aus London von Id., *Ein Fragment*, 323–333.

144 Deér, *The Dynastic*, 136–146.

145 *Descriptio Lateranensis Basilicae*, ed. Valentini-Zucchetti, *Codice*, III, 338; siehe Schimmelpfennig, *Ein bisher unbekannter Text*, 63, Nr. 28.

146 Wenig überzeugend ist die Hypothese, nach der man die Position *inter* usf. im Sinne der deutschen Redensart «zwischen zwei Stühlen sitzen», welche die Unentschiedenheit ausdrückt, verstehen müsse. Ein Inthronisationsritus

kann diesen Sinn nicht haben. Siehe dazu Maccarrone, *La «cathedra»*, 1318, Anm. 198.

147 Das *presbyterium* ist ein Geldgeschenk, das der Papst bei feierlichen Gelegenheiten verteilte.

148 Albinus, LC, II, 123–124, Nr. 3; Cencius, *ibid.*, I, 311 b.

149 Ps. 112, 7–8 und I Sam. 2, 8: Albinus gebraucht die Worte *stercorata* oder *stercoraria*, Cencius und die Handschriften von Basel und London verwenden nur das Wort *stercorata*. Der letzte Papst, der sich auf ihm niederließ, war Pius IV. (1560); später wurde er – zusammen mit den beiden Porphyrsesseln – in den Kreuzgang des Laterans gebracht, wo man ihn noch heute sehen kann, allerdings zusammen mit anderen Gegenständen, die nichts mit ihm zu tun haben; siehe D'Onofrio, *La papessa Giovanna*, 148–149, fig. 94–95.

150 *Liber diurnus Romanorum pontificum*, ed. von Sickel, 104: «neque enim hoc mea merita, karissimi [der Papst spricht], quae nulla sunt, sed vestrae Christianitatis vota apud altissimum promeruerunt quod in me indigno desuper cernitis exultantes, ut nimirum omnipotens *de terra inopem et de stercore pauperem sublimaret*, prerogativam sacerdotii concederet dispensatoremque suae constitueret familiae»; siehe Maccarrone, *La «cathedra»*, 1315, Anm. 196.

151 Guilelmus Neubrigensis, *Historia Anglicana*, in MGH, SS, XXVII, 228: «De quo dicendum est, quomodo tamquam de pulvere elevatus sit, ut sederet in medio principum et apostolice teneret solium glorie». Über die Demutsrhetorik in *De Consideratione*, siehe oben, Anm. 28.

152 A. Blaise, *Dictionnaire latin-français des auteurs chrétiens*, Strasbourg, 1954, 775 übersetzt den Ausdruck *de stercore* im Bibelvers (Ps. 112,7) mit «fumier, excréments» («Mist, Exkremente»).

153 In seiner *Vita* der Päpstin Johanna erklärt B. Platina den Beinamen *stercorata* ganz anders: «Dieser Sessel hat diese Form, damit der, welcher ein so hohes Amt bekleidet, sich stets dessen bewußt ist, daß er nicht Gott, sondern ein Mensch ist, und daß er den Zwängen der Natur unterworfen ist und seine Notdurft verrichten muß. Deswegen heißt dieser Stuhl zu Recht *stercoraria*, ‹Kotstuhl›». Für den lat. Text, siehe G. Gayda, *Vitae pontificum Romanorum*, Roma, 1932, 151–152; siehe Boureau, *La papesse*, 29.

154 Über diesen Aspekt, siehe *ibid.*,104.

155 Ps. 90, 13: «Super aspidem et basiliscum ambulabis et conculcabis leonem et draconem»; siehe Maccarrone, *La «cathedra»*, 1311, Anm. 190.

156 Schimmelpfennig, *Ein bisher unbekannter Text*, 62, Nr. 26: «Hee quidem due sedes et illa, que dicitur stercorata, non fuerunt patriarchales, sed imperiales».

157 Daß Albinus und Cencius ganz allgemein von den Kardinälen sprechen, ist eine Folge des Konzildekrets von 1179, das die Unterschiede zwischen den drei *ordines* der Kardinäle beseitigt hatte. Für das Dekret von 1059, siehe *Corpus iuris canonici*, ed. Friedberg, I, 77–79 (D. 23, c. 1); siehe Jasper, *Das Papstwahldekret*. Für das Konzildekret von 1179, siehe *Corpus iuris canonici*, II, 51 (X 1.6.6) und *Conciliorum oecumenicorum decreta*, 211; siehe Maleczek, *Abstimmungsarten*, 103 ss.

158 Albinus und Cencius hatten als erste den Kardinälen eine aktive Rolle zugestanden: Sie ritten mit dem Papst und begleiteten ihn zum Thron. Der jüngste Kardinalpriester segnete die Asche. Der erste der Kardinalbischöfe streute die Asche auf das Haupt des Papstes und rief ihm mit lauter Stimme die Worte zu, die ihn an den Tod und die Asche des Grabes erinnern sollten. Der jüngste Kardinaldiakon eröffnete die Prozession nach Santa Sabina. Über alle diese Probleme, siehe oben, S. 40–42.

159 Isidor von Sevilla, *Etymologiae*, XVI, 5, 5: «Porphyretes in Aegypto est rubeus, candidis intervenientibus punctis. Nominis eius causa quod rubeat ut purpura».

160 Bis zur Zeit Napoleons standen die beiden Marmorsitze im Lateranpalast: siehe Visconti, *Descrizione*. Kraft des Vertrages von Tolentino ließ Napoleon einen Sessel nach Paris bringen, wo er sich noch heute im Louvre befindet (F. de Clarac, *Musée de sculpture antique et moderne ou description ... du Louvre*, II, Paris, 1841, 993, Anm. 631; siehe Lauer, *Le palais*, 158, fig. 61). Der andere wird im Vatikanischen Museum aufbewahrt (Deér, *The Dynastic*, 142–146). Siehe auch Maccarrone, *La «cathedra»*, 1312, Anm. 191. Gute Abbildung bei d'Onofrio, *La papessa Giovanna*, fig. 85–91.

161 Diese bereits von Montfaucon vorgebrachte Hypothese wurde durch die gründlichen Untersuchungen von Deér bestätigt. Für eine umfassende Diskussion der Quellen, siehe Maccarrone, *La «cathedra»*, 1319, Anm. 200. Die Gewohnheit, die im Frigidarium stehenden Sessel *sigma* zu nennen, wird durch Sidonius Apollinaris († 480/90) bestätigt. Sidonius berichtet auch, daß man für die öffentlichen Bäder roten äthiopischen Marmor verwendete. Das entspricht genau dem Stein *(rosso antico)* der beiden Marmorsessel des Laterans: Sidonius Apollinaris, *Lettres*, II, ed. A. Loyen, Paris 1970, lib. II, 2, 46; siehe Maccarrone, *La «cathedra»*, 1319, Anm. 200.

162 Constantinus Porphyrogenitus imperator, *De Caerimoniis aulae Byzantinae*, II, 1, et II, 15, ed. Reiskij, 521 et 587; siehe Treitinger, *Die oströmische ... Reichsidee*, 32, Anm. 1; Deér, *The Dynastic*, 145 et 1322, Anm. 209; Maccarrone, *La «cathedra»*, 1322, Anm. 208.

163 *Vita Honorii II*, LP, II, 327; siehe oben, Anm. 39.

164 Gandolfo, *Reimpiego*, 203–207. Siehe auch Deér, *The Dynastic*, 140–141, Maccarrone, *La «cathedra»*, 1325, Anm. 215 und Stroll, *Symbols*, 1–15.

165 Liutprandus, *Historia Ottonis*, cap. 22, in MGH, *Scriptores rer. Germanic.*, 175; siehe Maccarrone, *La «cathedra»*, 1323, Anm. 212. La *ferula* ist «der gerade Stab des römischen Bischofs» (Servatius, *Paschalis II.*, 39, Anm. 23). Nach Eichmann, *Weihe*, 32 ss., leitet sich die *ferula* vom Kaiserszepter her, doch Deér, *The Dynastic*, 143, Anm. 86 verwirft diese Theorie. Nach ihm ist die *ferula* ein Symbol, das für die «Belehnungen innerhalb des Kirchenstaates» benutzt wurde und daher ein Symbol der weltlichen Papstherrschaft (Deér, *Papsttum*, 16 ss.; desgleichen Ladner, *Die Papstbildnisse*, III, 309: «vielmehr war und blieb die Ferula, wie die Schlüssel, ein Symbol der Herrschaft, einschließlich der Korrektion d. h. aber von Strafe und Buße»); nach Salmon dagegen war die Ferula ein Zeichen der weltlichen und geistlichen Gewalt des Papstes. Für den Liturgiker Wilhelm Durand sollte dieses Zeichen den Papst zur Demut ermahnen, *Rationale*, lib. III, cap. XV: «Aliquando in ferula scribitur homo: ut Pontifex se hominem memoretur, et de potestate collata non elevetur ...»

166 LP, II, 296. Der Text ist identisch mit der Handschrift von Tortosa, die C. Vogel in der Neuausgabe des LP, III, 144 veröffentlicht hat.

167 Siehe auch Maccarrone, *La «cathedra»*, 1316–1317.

168 Vogel-Elze, *Le pontifical*, I, 292–306 (*ordines* LXXXI–LXXXIII); Schimmelpfennig, *Ein bisher unbekannter Text*, 62, Anm., verweist auf Epiphanius von Salamis, *De XII gemmis*, ed. Guenther, 743–773, Nr. 244. In seiner Predigt über Gregor den Großen widmet Innozenz III. große Aufmerksamkeit dem Symbolismus der Edelsteine am liturgischen Gewand des Bischofs (PL 217, 519–522).

169 Albinus (LC, II, 124) und Cencius (LC, I, 311, XLVIII, Nr. 79) sagen: «Muscus

includitur ad percipiendum odorem, ut ait apostolus: Cristi bonus odor sumus Deo«; dem Wort *odorem* fügt der Londoner *Ordo* hinzu: «quod significat bonam conversationem» (Schimmelpfennig, *Ein Fragment*, 328, Nr. 16); siehe Eichmann, *Weihe*, 50.

170 Albinus, LC, II, 123, Nr. 3. Der Text des Cencius (LC, I, 312, Nr. 79) und der des Londoner *Ordo* (Schimmelpfennig, *Ein Fragment*, 328, Nr. 14) sind gleichlautend. Der Basler *Ordo* (Id., *Ein bisher unbekannter Text*, 62, Nr. 21) hat eine unwichtige Abweichung: «In illis autem sedibus sic sedere oportet electum ac si videatur inter duos lectos iacere, id est ut accumbat inter Petri primatum et Pauli *assiduam operationis* praedicationem».

171 Der Papst muß so sitzen, «als liege er». Er muß gleichzeitig diese beiden Haltungen einnehmen, da er einige Augenblicke auch auf dem linken Sitz «verweilen» muß: «In qua dum aliquantula mora pausat» (Albinus und Cencius); «Post aliquantula mora pausaverit» (*Ordo* von London, ed. Schimmelpfennig, *Ein Fragment*, 328, Nr. 13).

172 Poncelet, *Vie*, 290; siehe Boureau, *La papesse*, 350, Anm. 42. Siehe zu diesem Text weiter unten. Für die Lesung dieses Textes und anderer danke ich herzlich meinem Mitarbeiter an der Universität Lausanne, Jean-Daniel Morerod.

173 Maccarrone, *Lotharii*, III, IV, 80: «Qui modo sedebat gloriosus in throno, modo iacet despectus in tumulo; qui modo fulgebat ornatus in aula, modo sordet nudus in tumba; qui modo vescebatur deliciis in cenaculo, modo consumitur a vermibus in sepulcro».

174 Unter Benedikt III. (655–56) hatte man begonnen, den Namen des Papstes auf die Siegel der päpstlichen Kanzlei zu setzen. Zwei Jahrhunderte später, unter Viktor II. (1055–57), wurde auf der Rektoseite zum ersten Mal der hl. Petrus abgebildet, dem die Hand Christi vom Himmel aus die Schlüssel reichte. Auf der Versoseite fand sich das Bild Roms, umgeben vom Papstnamen im Genetiv: *Victoris papae II*; P. Rabikauskas, *Diplomatica pontificia*, Roma, 1964, 122. Unter Paul II. kam es zu einer Unterbrechung dieser jahrhundertealten Tradition. Nun fand sich auf der Versoseite das Bild des thronenden Papstes mit den Zeichen seiner Macht, umgeben von den Kardinälen und anderen knieenden Personen; siehe Miglio, *«Vidi thiaram»*, 276.

175 Siehe oben, und weiter unten.

176 Valentini-Zucchetti, *Codice* III, 384: «Sic inclusit corpus beati Petri et Pauli». Der *Liber Pontificalis* (LP, I, 312) hat lediglich *Petri*. Gregor der Große habe angeordnet, Messen zu feiern «super corpus beati Petri ... item et in ecclesiam beati Pauli apostoli eadem fecit». Zwei Handschriften aus dem 11. Jh. oder aus den ersten Jahrzehnten des 12. Jh. (Vat. lat. 3764 = E1 und Vat. lat. 3761 = G; siehe LP, I, CXCV et CC), fügen *et Pauli* hinzu, wo die besten Handschriften des *Liber Pontificalis* nur *beati Petri* haben (LP, I, 312; siehe *ibid.*, I, 38, Anm. 60). Die Legende erwähnt allerdings noch nicht die Gegenwart der Leiber der beiden Heiligen im Altar der Confessio.

177 LP, I, 150.

178 Vat. Bibl., Vat. lat. 3627, f. 16v; siehe *ibid.*, I, 38, Anm. 61. In der Edition von Valentini – Zucchetti, *Codice* III, 421 wird zwischen beiden Autoren nicht unterschieden: «De altare Petri et Pauli. Ante aditum, qui vadit in confessionem beati Petri, est altare apostolorum Petri et Pauli, *ubi eorum ossa pretiosa, ut dicitur, ponderata fuerunt*». Dieser letzte Satz ist eine Hinzufügung des Chorherrn Romanus. Die Legende wird auch im *Ordo* Gregors X. erwähnt: «am Altare [der heiligen Petrus und Paulus] sind die Gebeine der seligen Apostel gewogen worden (Dykmans, *Le cérémonial*, I, 196, Nr. 157).

Aber bereits vorher hatte der Dominikaner Bartholomäus von Trient diese Fassung der Legende in seine während der Jahre 1245–51 entstandene Sammlung von Heiligenleben aufgenommen. Zur Zeit des Papstes Cornelius – so sagt er – hätten die Griechen die Leiber der beiden Apostel in einen Brunnen der Katakomben geworfen. Man habe sie wieder herausgeholt und zwei gleich große Teile gebildet: einen für Sankt Peter und einen für Sankt Paul vor den Mauern. Dann habe man sie sorgfältig beigesetzt und verehrt (Vatik. Bibliothek, Barb. lat. 2300,f. 17v, *ibid.*, I, 38, Anm. 61). 1265 erzählt der englische Liturgiker Johannes Beleth, Verfasser der *Explicatio divinorum officiorum,* daß Kaiser Konstantin nach seiner Bekehrung für jeden der beiden Heiligen, die lange Zeit zusammen begraben waren, eine Kirche bauen wollte. Da man aber nicht wußte, welches die Gebeine des hl. Petrus und welches die des hl. Paulus waren, betete und fastete man. Darauf rief eine Stimme vom Himmel: «Die großen Gebeine sind die des Predigers, die kleinen die des Fischers.» Die Gebeine der beiden Heiligen trennten sich ganz von selbst und wurden in die Kirche getragen, die ihnen bestimmt waren *(Summa de ecclesiasticis officiis,* ed. Douteil, 271). Diese Version bevorzugte einen der beiden Apostel (Paulus, der Prediger!) und wurde daher nicht von allen akzeptiert. In seiner *Legenda aurea* übernimmt Jakob von Voragine die Fassung des Johannes Beleth und fügt hinzu: «Andere behaupten, Papst Silvester habe große und kleine Knochen ungetrennt abgewogen und zwei gleich große Teile gebildet. Einer jeden Kirche gab er dann die Hälfte beider Leiber» *(Jacobi a Voragine Legenda Aurea,* 378; die gleiche Version findet man auch bei Wilhelm Durand, *Rationale,* lib. VII, cap. 15, f. 292).

179 Wenn der Gebrauch des Porphyrs eine ganz bewußte Kaisernachahmung ist, so muß man hinzufügen, daß seit dem 8. Jh. der Porphyr Heiligengräbern vorbehalten war. Wenn also die Päpste des 12. Jh. sich in Sarkophagen aus Porphyr bestatten ließen, so eigneten sie sich Privilegien an, die bisher einzig Märtyrern und Heiligen zustanden. Der Gebrauch des Porphyrs für Kaisergräber war nämlich bereits im 5. Jh. aufgegeben worden. Immerhin hatte der Marmorsarkophag Ottos II. († 983) im Atrium von St. Peter einen Deckel aus Porphyr; siehe Herklotz, *«Sepulcra»,* 110–113, der mit Recht auf zwei berühmte Sätze des *dictatus papae* verweist: «Einzig der Papst darf sich kaiserlicher Insignien bedienen» (VIII: *Quod solus possit uti imperialibus insignis)* und: «Der römische Bischof wird, wenn er kanonisch geweiht worden ist, ohne Zweifel heilig dank der Verdienste des heiligen Petrus» (XXIII: *Quod Romanus pontifex, si canonice fuerit ordinatus, meritis beati Petri indubitanter efficitur sanctus);* siehe *Gregorii VII Registrum,* II, 55a, ed. Caspar, *Das Register,* I, 202 und 207.

180 Jackson, *Vive le roi!,* 133. Der *Ordo* Karls V. ist der erste, der den König so auf einem Bette liegend zeigt, wenn die beiden Bischöfe kommen, um ihn zur Krönung zu geleiten. Nach dem *Ordo* des hl. Ludwig aus der Zeit um 1250 (Godefroy, *Le cérémonial français,* I, 13–25) verläßt der König zu Beginn der Zeremonie sein Gemach, lateinisch *thalamus (exeunte autem rege de thalamo).* Dieses Wort könnte auch ein Bett bezeichnen: Le Goff, *A Coronation Program,* 46–71. Die Bestimmung des *Ordo* Ludwigs des Heiligen wiederholt eine Anordung des Römisch-Germanischen Pontifikale von Mainz (961): Schramm, *Die Krönung,* 310–311; siehe *Jackson, Vive le roi!,* 255, Anm.11: «Primum, exeunte illo [rege] thalamum …»

181 Le Goff, *A Coronation Program,* 52. Nach Saint-Simon, *Mémoire,* 221, «liegt der König völlig ausgestreckt und wie schlafend hinter zugezogenen Vorhängen;

er ist wie nackt, denn er hat nur einen Wams aus Satin über dem Hemd, und er ist unbeschuht, denn er trägt weder Stiefel noch Sporen ... All das zeigt einen Mann, der an nichts denkt, der so tief im Schlaf liegt, daß er nicht hört, was um ihn vorgeht; er läßt sich wecken von dem, der ihn berührt und – wie betäubt und halbwach – läßt er sich führen, wohin man will».

182 So Elze, *«Sic transit»*, passim.

183 Man hielt die Reliquien für ein Geschenk Kaiser Konstantins an Papst Silvester: Schimmelpfennig, *Ein bisher unbekannter Text*, 63, Nr. 28. Die vorhergehenden Fassungen der *Descriptio Laternanesis Ecclesiae* aus dem 11. und 12. Jh. behaupteten, es sei erlaubt, an diesem Altar die hl. Messe zu feiern, «allerdings nur dem Papst oder einem Kardinalbischof». Auf dem Altar stand eine «Holztafel mit den Bildern der heiligen Apostel Petrus und Paulus; Konstantin bekannte Papst Silvester, er habe sie im Traume gesehen vor seiner Taufe»: Valentini-Zucchetti, *Codice* III, 338.

184 *Ibid.*, III, 356 (Beschreibung der Laurentiuskapelle); Nach dem Herausgeber sind in der ältesten Handschrift aus der Zeit kurz nach 1073 die Worte *umbilicus et praeputium* verschwunden; im Kapitel «De Arca et Sanctis Sanctorum, quae sunt in Basilica Salvatoris», findet sich *Et circumcisio Domini* nur in der Handschrift mit der spätesten Fassung der *Descriptio*, ein Werk des Diakons Johannes für Alexander III., und auch dort nur als Randbemerkung des Kopisten oder eines Zeitgenossen. Siehe *ibid.*, 337.

185 Jacopo Caetani Stefaneschi, *Opus Metricum*, V. 345–354, ed. Seppelt, 107.

186 Quellen sind der *Ordo* Gregors X. (siehe Van Dijk-Walker, *The Ordinal*, 546–547) und das römische Pontifikale des 13. Jh. (XIII B): Andrieu, *Le pontifical*, II, 378, Nr. 48–49. Der von Dykmans entdeckte *Ordo* könnte die Situation in Avignon spiegeln; in ihm findet sich nicht das Besitznahmezeremoniell: Dykmans, *Le cérémonial*, III, 462–473. Auch Pierre Ameil hat keinen *Ordo coronationis*. Der *Ordo* des François de Conzié ist für Krönung und Besitznahmezeremoniell abhängig vom Pontifikale des 13. Jahrhunderts oder vom Zeremoniale Gregors X. Der Verfasser einer Chronik verweist in seinem Bericht über den Tod Gregors XII. einfach auf ein in derselben Handschrift stehenden *Ordo* (Finke, *Eine Papstchronik*, 361: «et fuit ordo in equitando, ut in proximis precedentibus foliis continetur»).

187 Dykmans, *L'œvre*, I, 82, Nr. 157. So ist es noch im modernen *Caeremoniale Romanum*: Catalani, *Pontificale*, I, 138, cap. 24. Die Verwechslung findet sich bereits in den *Vitae pontificum Romanorum* des B. Platina (1474). In der *Vita* der Päpstin Johanna wird der Stuhl mit einer Öffnung ausdrücklich als *sedes stercorata* bezeichnet, ed. Gayda, *Vitae pontificum Romanorum*, 151–152; siehe Boureau, *La papesse*, 29.

188 Giovanni Burcardo, *Alla corte*, 90.

189 Und nicht nur wegen der Legende der Päpstin Johanna (Cancellieri, *Storia*, 60–112, und Boureau, *La papesse*, 31, 56, 114). Außerhalb des von uns betrachteten Zeitraums fällt die Zeremonie, in der man vor dem Lateran dem Papst einen Hahn aus Bronze zeigte, der auf einer Porphyrsäule beim Portal der Basilika stand. Der Hahn sollte den Papst daran erinnern, daß er die Vergehen anderer verzeihen müsse, so wie Christus Petrus, dem ersten Papst, verziehen hatte, der Christus dreimal verleugnet hatte; siehe Cancellieri, *Storia*, 54, Anm. 3. Der Hahn soll zunächst in die Lateranbasilika und dann von Alexander VII. in den Kreuzgang gebracht worden sein, *ibid.*, siehe auch Moroni, LXX, 91–92.

190 Turner, *The Ritual Process*, 166–203, Kap. 5: «Humility and Hierarchy: The Liminality of Status Elevation and Reversal».

191 Es versteht sich, daß in neuerer Zeit die Anekdoten immer zahlreicher werden. Moroni, LXX, 93, erzählt, daß 1585 Sixtus V. in der Gegenwart von japanischen Gesandten gekrönt wurde. Bei der Wergverbrennung rief man, wie üblich, viermal: «Heiliger Vater, so vergeht der Ruhm dieser Welt!». Aber Sixtus V., der immer lebhaft und entschieden reagierte, brach mit der Gewohnheit der vorhergehenden Päpste, in diesem Augenblick nichts zu sagen, und antwortete unerschrocken und laut: «Unser Ruhm wird nie schwinden, denn wir haben nur einen Ruhm, nämlich den, die Gerechtigkeit durchzusetzen.» Er wandte sich zu den japanischen Gesandten und sprach: «Berichtet euren Herren den Inhalt dieser erhabenen Zeremonie.» Als 1769 Klemens XIV. sah, wie das Werg wegen seiner Feuchtigkeit nur schwierig angezündet werden konnte, da freute er sich, denn er hielt es für ein Zeichen, daß er lange regieren werde *(ibid.)*.

192 In Byzanz konnte die Händewaschung des Kaisers ein Demutsritus sein. Am Aschermittwoch wusch sich der Kaiser die Hände im sogenannten «Tintenfaß des Pilatus»; siehe Treitinger, *Die oströmische ... Reichsidee*, 231, Anm. 104 und Kantorowicz, *Die zwei Körper des Königs*, 52, Anm. 24.

193 *Annales Genuenses*, RIS, XVII, 1019 B. Ich verdanke diese Information der Liebenswürdigkeit von Jean Coste.

II. Persona Christi

1 Petrus Damiani, *Disceptatio synodalis*, in MGH, *Libelli*, I, 93; zitiert von Kantorowicz, *Die zwei Körper des Königs*, 433, Anm. 402.

2 *Ibid.*, 316.

3 Ep. 46, *ibid.*, II, 41. Im Papst Nikolaus II. (1059–61) gewidmeten Traktat «Über den Zölibat der Priester» sagt Damiani, daß der Papst «den Platz Christi einnehme» (PL 145, 386; zitiert von Maccarrone, *Vicarius Christi*, 86).

4 In einem Brief, den er im April 1047 Papst Klemens II. sandte, nennt er den Papst «Stellvertreter Christi» (ep. 26, *Die Briefe*, ed. Reindel, I, 241).

5 Bernardus Claraevallensis, *De consideratione*, lib. II, cap. VIII, 16, ed. Leclercq-Rochais, Siehe *Bernardi Opera*, III, 424.

6 Lib. II, cap. VIII, 15, *ibid.*, III, 423.

7 Lib. II, cap. VIII, 15, *ibid.*, III, 423.

8 Lib. III, IV, 17.

9 Siehe *Bernardi Opera*, ed. Leclercq-Rochais, VIII, *Epistolae* I, 313 (= *Epistola* 126, PL 182, 275). Diese Wendung ist biblischer Herkunft: siehe Gen. 2, 23: «dixitque Adam hoc nunc os ex ossibus meis et caro de carne tua»; Gen. 29, 14: «os meum es et caro mea»; II Sam. 19, 13: «nonne os meum es et caro mea»; I Par. 11, 1: «os tuum sumus et caro tua». Der Satz des heiligen Paulus, Eph. 5, 30 – «quia membra sumus corporis eius de carne eius et de ossibus eius» – betrifft alle Christen.

10 In einem Brief vom 10. April 1153 an den Erzpriester und an die Chorherren von Sankt Peter, sagt Eugen III., der Papst nehme den Platz Christi ein: Ep. 575 (PL 180, 1589 = JL 9714); zitiert von Maccarrone, *Vicarius Christi*, 100. Eine der ersten römischen Quellen, die diesen Titel erwähnen, ist die Beschreibung der Lateranbasilika durch den Diakon Johannes (in der Fassung aus der zweiten Hälfte des 12. Jh.); siehe Herklotz, *Der mittelalterliche Fassadenportikus*, 93, Anm. 271.

11 Maccarrone, *Vicarius Christi*, 106.

12 PL 217, 519 (Predigt XIII am Feste Gregors des Großen). In der *Summa Regi-*

nensis, die um 1192 von einem Schüler Hugutios zusammengestellt wurde, heißt es, der Titel «Bischof» stehe dem zu *qui personam habet Christi*; zitiert von Maccarrone, *Vicarius Christi*, 107, Anm. 89 und 91.

13 Reg. I, 354 *(Die Register*, I, 515).

14 *Ibid.*, I, 515. Für die Legaten, siehe Reg. I, 526 *(ibid*, I, 759); Reg. II, 114 (II, 239); Reg. II, 193 (II, 367); für die Vikare, siehe Reg. II, 204 (II, 399).

15 Reg. I, 445 *(ibid.*, I, 668); Reg. I, 495 (I, 724).

16 Diese Formel geht auf Leo I. (440–61) zurück: «Vices enim nostras ita tuae credidimus charitati, ut in partem sis vocatus sollicitudinis, non in plenitudinem potestatis», ep. 14, PL 54, 671; siehe Rivière, *«In partem sollicitudinis»*, 210–231; W. Ullmann, *Leo I and the Theme of Papal Primacy*, in «Journal of Theological Studies», 11 (1960), 25–51. Gratian nimmt diese Wendung Leos I. in das Dekret auf (C. 3 q. 6 c. 8) und gebraucht den Ausdruck *plenitudo potestatis* in einem *dictum* (Dict. pr. C. 9 q. 3). So trug er entscheidend zur Verbreitung dieses Begriffes bei, zumal er in seine *Concordantia discordantium canonum* zwei ähnliche Texte aufnahm: einen unechten Brief Gregors IV. (C. 2 q. 6 c. 11) und einen pseudoisidorischen Text (C. 2 q. 6 c. 12). Zur Zeit Gratians war jedoch dieser Begriff *plenitudo potestatis* noch nicht auf das Papstamt beschränkt. Die Rechtsgelehrten des 12. Jh. zögerten sogar, diese Formel in diesem Sinne zu verwenden, denn sie konnte auch die Vollmachten eines Botschafters oder eines Bischofs bezeichnen (Tierney, *Foundations*, 143). Bernhard von Clairvaux benutzte sehr häufig diese Formel, was ihr dann den Erfolg sicherte *(De consideratione*, 2, 8, 16; 3, 4, 14; ep. 131 et 132). Hugutio gab ihr schließlich die klassische Definition: «Die Vollgewalt ist dann gegeben, wenn Befehl, Allgemeingültigkeit und Notwendigkeit zusammenfallen. Alle drei Elemente finden sich in der Person des Papstes, die Bischöfe aber haben nur das erste und das dritte Element.» *(Glossa Palatina* ad Dist. 11 c. 2, zitiert *ibid.*, 146). Das Papsttum bediente sich dieser Formel erst in den letzten Jahrzehnten des 12. Jh., so etwa der Papst Lucius III. in einem Brief: PL 201, 1288; siehe dazu Zerbi, *Papato*, 170–173. Bereits im ersten Jahr des Pontifikats Innozenz' III. (1198) wurde dieser Ausdruck von der päpstlichen Kanzlei übernommen. Die Stellen in den Dekretalen Innozenz' III. hat Watt, *The Term*, 175–177, zusammengetragen. Die Kanonisten übernahmen sofort diese Formel. Sie findet sich in den großen Dekretalensammlungen jener Zeit, den *Quinque Compilationes Antiquae: ibid.*, 165. Gleich zu Beginn seines Pontifikats schrieb Innozenz III.: «Obwohl unser Herr Jesus Christus bei der Gründung seiner Kirche allen Aposteln die gleiche Binde- und Lösegewalt gab, wollte er doch, daß einer von ihnen, der heilige Petrus, den Vorrang habe. Er sagte nämlich: Du bist Petrus, und auf diesem Felsen will ich meine Kirche bauen. Damit wollte er den Gläubigen dieses sagen: So wie es zwischen Gott und den Menschen nur einen Mittler gibt, Jesus Christus, der Mensch geworden ist und so Frieden und Eintracht zwischen Himmel und Erde gestiftet hat, so gibt es auch in der Kirche nur ein einziges Haupt, das seine Gewalt von Christus empfangen hat und für Christus ausübt. Dank dieser dem Petrus durch den Herrn verliehenen Gewalt hat die durch Christus gegründete heilige römische Kirche die Oberhoheit über alle anderen Kirchen», Reg. I 316, *Die Register*, I, 448.

17 Innozenz III., Predigt zum Fest Peter und Paul (PL 217, 551); siehe auch PL 217, 656.

18 Innozenz III., Predigt zum Fest Gregors des Großen (PL 217, 517); siehe Bougerol, *La papauté*, 266.

19 PL 217, 665; siehe oben, S. 93.

20 Kempf, *Regestum*, 6.
21 J. Leclercq, *L'idée de la royauté du Christ au Moyen Age*, Paris 1959, 59.
22 Maccarrone, *«Ubi est papa»*, 371–382.
23 *Decretum Gratiani* D. 93 c. 4, ed. Friedberg, I, 321.
24 von Schulte, *Die Summa*, 160. In der mehr oder weniger zeitgenössischen (R. Weigand, *Magister Rolandus und Papst Alexander III.*, in «Archiv für katholisches Kirchenrecht», 149 (1980), 3–44) *Summa magistri Rolandi* (ed. Thaner, *Summa*, 11) wiederholte man noch das *dictum* Gratians von den *limina apostolorum*.
25 *Summa Stephani*, ed. von Schulte, 112–113.
26 *The Summa Parisiensis*, ed. McLaughlin, 71.
27 Maccarrone, *«Ubi est papa»*, 377.
28 «Idem intelligo si curie Romane, ubicumque sit»; M. Maccarrone nach den Handschriften Pal. lat. 626, f. 89rv und Barb. lat. 272, f. 53v: Id., *ibid.*, 376, Anm. 29.
29 Kempf, *Regestum*, 48, Anm. 18. Und an anderer Stelle: «Der Papst hat die Vollmacht von dem, der über Könige und Fürsten herrscht und der die Reiche denen verleiht, die gerecht vor seinen Augen sind» (Predigt zum Feste Gregors des Großen: PL 217, 517); «Der Papst ist der Stellvertreter dessen, dessen Herrschaft ohne Grenzen ist» (PL 216, 1044); siehe PL 217, 552, 778–779. Über das Problem im allgemeinen, siehe Bougerol, *La papauté*, 266. Das Königtum Christi steht im Mittelpunkt des sehr wahrscheinlich von Innozenz III. inspirierten Bildprogramms der Silvesterkapelle in Tivoli. Die Fresken lassen sich in die Jahre 1210–55 datieren und stammen vielleicht von einem Maler, der dem sogen. «Meister der Translation [des hl. Silvesters]» der Krypta von Angani nahestand: Lanz, *Die romanischen Wandmalereien.*
30 MGH, SS, XXIV, 737: «Viterbium tandem deveni et ibidem Romam inveni»; siehe Maccarrone, *Studi*, 60–61.
31 Pagnotti, *Niccolò*, 91.
32 Sinibaldo Fieschi, *Apparatus*, f. 117a, glossa a X, 2, 24 ad verbum *Apostolorum*; siehe Maccarrone, *«Ubi est papa»*, 377, Anm. 35.
33 Bei der Kommentierung desselben Textes (X, 2, 24, 4) sagt Heinrich von Susa über den Ausdruck *limina apostolorum*: «et dic Apostolorum, sicilicet Petri et Pauli, id est Curiam Romanam: nam ibi papa, ubi Roma. Et ex hoc patet, quod ubi papa sit, ibi et Apostoli esse intelliguntur». Vollständiger Text *ibid.*, 378. Siehe Hostiensis, *In quintum decretalium librum commentaria*, f. 60va, Kommentar zu X, 5, 20, 4. Der Gedanke, daß Rom dort ist, wo der Papst ist, findet sich auch in den *Siete Partidas*, partida I, titulo X, ley IV.
34 «Quia non ubi Roma est, ibi papa est, sed econverso».
35 Hostiensis, *Summa aurea*, f. 30r, ad X, 1, 8, 4, siehe *De corpore B. Petri sumptum.*
36 *Decretum Gratiani*, D. 40 c. 12 *(Multi sacerdotes)*: «locus enim non sanctificat hominem, sed homo locum»; über die Kommentare der Dekretisten (von Rufinus bis zu Johannes Teutonicus), siehe Lindner, *Die sogenannte Erbheiligkeit*, 15–26.
37 Zitiert von McCready, *The Papal Sovereign*, 183, Anm. 28.
38 Jung, *Alvaro Pelayo*, 150, Anm. 2: «Corpus Christi mysticum ibi est, ubi est caput, scilicet papa». Kantorowicz, *Die zwei Körper des Königs*, 215, Anm. 33 bemerkt, daß man den Satz des Ignatius, *Ad Smyrn.*, VIII, 2: «Wo sich der Bischof befindet, da ist die Kirche» richtiger so übersetzen muß: «Wo Christus ist, da ist die Kirche». Das gestattet noch besser, die historische Bedeutung der Gleichsetzung Christus = Papst im 13. und 14. Jh. zu ermessen.
39 Alvarus Pelagius, *Collirium*, ed. Scholz, *Unbekannte*, II, 506–507.

40 Baldus, c. 4 X 2, 24, n. 11, f. 249, zitiert von Kantorowicz, *Die zwei Körper des Königs*, 215–16, Anm. 35.

41 Bernardus Claraevallensis, *De consideratione*, 4, 4, 9 (PL 182, 778; ed. Leclercq-Rochais, *S. Bernardi Opera*, III, 455).

42 Johannes Sarisberiensis, *Historia pontificalis* 21, 51, 9; siehe Miczka, *Das Bild*, 138, Anm. 177.

43 Millor-Brooke, *The Letters*, II, 432, Nr. 234: «... audivit et vidit Ecclesiae Romanae, cuius membrum est»; siehe Miczka, *Das Bild*, 139, Anm. 176. Lucius III. nennt den Erzbischof von Reims, Wilhelm, Kardinalpriester von Santa Sabina, *magnum Ecclesiae membrum* (JL 14799, 2. Juni 1182); siehe Sägmüller, *Die Thätigkeit*, 225. Während des Pontifikats Lucius' III. dringt das Bild *caput-membra* in die Sprache der Kanonisten ein. In der *Summa «Et est sciendum»* (um 1185) wird der Ausdruck «Römische Kirche» *pro solo papa* verwandt, bisweilen *pro capite et membris*, d. h. für den Papst und das Kardinalkollegium; siehe Gillmann, *Die Dekretglossen, 225*. Nach Leclerc, *«Pars corporis papae»*, II, 185, bringt die spätere Weiterentwicklung im 13. Jh. nur noch ein «mehr an Präzision». In der *Summa «Et est sciendum»*, sind die Kardinäle *membra (ecclesiae)*, im 13. Jh. dagegen *pars corporis papae*. Dies ist mehr als bloß «mehr Präzision»; zwischen beiden Ausdrücken liegt ein grundsätzlicher Unterschied. Siehe auch Imkamp, *Das Kirchenbild*, 286.

44 *Ottonis et Rahewini Gesta*, 86–87; siehe Miczka, *Das Bild*, 138, Anm. 176.

45 Boson, *Vita Alexandri III*, LP, II, 417.

46 Brief 345 aus dem ersten Pontifikatsjahr, *Die Register*, I, 515 ss. (PL 214, 319–320); siehe Watt, *The Constitutional Law*, 152 ss. und Maleczek, *Papst*, 283. In einem Brief vom 15. November 1202 über die Neuwahl des Erzbischofs von Amalfi gebraucht Innozenz III. noch das herkömmliche Bild und nennt einen der Bewerber, Kardinal Peter von San Marcello, *membrum magnum Ecclesiae Romanae*. Der Papst weigert sich, die Wahl Peters von San Marcello anzuerkennen, «tum quia nolebamus eodem cardinale, utpote tam magno membro Ecclesiae Romanae, carere ...» (Potthast 1761). In einem Brief Innozenz' III. vom Ende des Jahres 1201 wird ein Kardinal *membrum capitis* genannt (Potthast 1546; siehe Maleczek, *Papst*, 284, Anm. 207). Die Formel ist nicht vom Papst, sie stammt von den Chorherren Ravennas, die den Kardinalpriester von Sankt Praxedis, Soffredo, als neuen Erzbischof wünschten: «etsi talis conditio fuisset adiecta, poterat tamen de Romane sedis collegio propter ipsius privilegium prefata postulari persona [d. h. Soffredo], cum membra capitis a membra corporis censeri non debeant aliena». Auch in einem Brief Klemens' IV. werden Kardinäle und Päpste *membra* ein und derselben Kirche genannt, unterworfen einem einzigen Haupte, nämlich Christus (Potthast 20201, Brief an Heinrich von Kastilien vom 30. Dezember 1267): «Parce igitur persequi cardinalem praedictum, quem tamquam specialem Ecclesiae filium, immo nobile membrum eius non potes tangere, nobis et aliis fratribus nostris intactis, cum in Domino corpus unum et invicem singuli membra simus»; zitiert von Sägmüller, *Die Thätigkeit*, 226.

47 Eph. 5, 30: «quia membra sumus corporis eius de carne eius et de ossibus eius»; siehe oben, S. 69.

48 Leclerc, *«Pars corporis papae»*, 185.

49 Für die Texte, siehe Leclerc, *«Pars corporis papae»*, 186; Tierney, *Foundations*, 211, Anm. 2.

50 Cod. Iust. 9, 8, 5: «virorum illustrium qui consiliis et consistorio nostro intersunt, senatorum etiam, nam et ipsi pars corporis nostri sunt»; Kantorowicz, *Die zwei Körper des Königs*, 219, Anm. 42; siehe Cod. Iust. 12, 1, 8. Friedrich II.

nannte 1244 zu Verona die Kurfürsten ebenfalls *imperii principes nobilia membra* [...] *corporis nostri* (MGH, *Constitutiones*, II, 333, Nr. 244). Für Innozenz III. war das Band zwischen Papst und Kardinälen ganz besonders eng, aber das Bild vom Leib und seinen Teilen war durchaus nicht Papst und Kardinälen vorbehalten: 1199 schreibt er an den Katholikos Gregor und seine Suffragane, sie seien *pars nostri corporis*, *Die Register*, II, 407: «... confiteris *et te ac fratres et coepiscopos tuos partem nostri corporis recognoscis* ...»; siehe Imkamp, *Das Kirchenbild*, 287.

51 Hostiensis, *Lectura*, in c. 23 X v, 33, t. IV, 86 V; siehe Leclerc, «*Pars corporis papae*», 185–186.

52 In seinem zu Viterbo am 29. Oktober 1271 aufgesetzten Testament zögerte der Kardinal Heinrich von Susa nicht, die Ausweidung seines eigenen Leichnams zu verlangen, um die Überführung an den gewählten Begräbnisort zu erleichtern (Paravicini Bagliani, *I testamenti*, 134, Nr. 2).

53 Hostiensis, cap. Ecclesia vestra, zitiert von Perez, *Pentateuchum fidei*, liber II, dubium 3, caput octavum, 20 (= Rocaberti, *Bibliotheca*, IV, 705 D); siehe Magri, *Hierolexicon*, 126: «quia cardinales cum papa incorporantur ...».

54 Hostiensis, *Apparatus* 3.5.19, s. v. episcopi Prenestinensis; zitiert von Watt, *The Constitutional Law*, 153.

55 Denifle, *Die Denkschriften*.

56 Die politischen Beweggründe liegen klar zutage; aber es war gewiß nicht das erste Mal, daß diese Ausdrücke gebraucht wurden. Man kann also nicht die Behauptung Wilks, *The Problem*, 458, Anm. 3, übernehmen: «From now on they are to be coniudicatores et coadiutores with the pope». Bereits Bernhard von Clairvaux hatte diese Ausdrücke gebraucht.

57 Brief *Non mediocri* (1439), *Codicis iuris canonici fontes*, I, Città del Vaticano, 1932, Nr. 50; siehe L. Thomassin, *Ancienne et nouvelle discipline de l'Eglise*, II, Paris, 1864, 425–426; Leclerc, «*Pars corporis pape*», 188.

58 LP, II, 446.

59 Jacopo Caetani Stefaneschi, *Opus metricum*, ed. Seppelt, 100: «Post ipsam (crucem) quadratus equus [...] cigneus ad dextram vehitur». Matthäus von Acquasparta, einer der Kardinäle, die Bonifaz VIII. am nächsten standen, führte die Kreuzigung in seinem Siegel: Gardner, *Some Cardinals Seals*, 95.

60 Rocca, *De sacrosancto Christi corpore*, 37–73.

61 *Ibid.*, II, 374–378; siehe auch Alexander a Turre Cremensis, *De fulgendo radio*, radius XXII; Rocaberti, *Bibliotheca*, II, 55–57; Jean Papire Masson, *Libri sex de episcopis Urbis, qui Romanam Ecclesiam rexerunt*, Parisiis, 1586, 286–287v.

62 Amalricus Augerii, in RIS, III, 2, c. 9. Siehe Apostelgeschichte 17, 3: «Hic est Jesus Christus, quem ego annuntio vobis».

63 Dante, Purg. XX, V. 86–87: «veggio in Alagna entrar lo fiordaliso/e nel vicario suo Cristo esser catto».

64 Alvarus Pelagius, *De statu et planctu*, lib. I, cap. 13, f. 4r.

65 *Ibid.*, f. 4r.

66 Antonius de Butrio, *Super prima primi decretalium commentarii*, glossa a 2, X, I, 7, f. 154ra, Anm. 9, zitiert von Maccarrone, *Vicarius Christi*, 237, Anm. 9.

67 Das stark restaurierte Bild Christi in der Apsis von St. Johann im Lateran stammt aus frühchristlicher Zeit und wurde durch Torriti – so sagt die Inschrift – auf ausdrücklichen Wunsch Papst Nikolaus' IV. beibehalten (Y. Christe, *A propos du décor absidal de Saint-Jean du Latran à Rome*, in «Cahiers archéologiques», 20 (1970), 197–206; siehe Herklotz, *Der mittelalterliche Fassadenportikus*, 93). Der archaische Stil ist nicht einzig auf den Künstler, Torriti, zurückzuführen; er war vom Papst, dessen Name in der Inschrift genannt

wird, gewünscht. Diese ikonographische Altertümlichkeit findet ein Echo in einer seit dem 12. Jh. bezeugten Legende: Das Bild sei am Tag der feierlichen Weihe der Basilika den Gläubigen erschienen. Die Inschrift betont die Wahrheitstreue des Antlitzes Christi (Christe, *A propos*, 199: «Facies hec integra ...»). In der Confessio der Basilika zeigte ein Fresko die Erscheinung Christi während der Weihe der Kirche durch Papst Silvester (in Gegenwart des Kaisers Konstantin); siehe Herklotz, *Der mittelalterliche Fassadenportikus*, 93, Anm. 269.

68 Innozenz III., *De sacro altaris mysterio libri sex*, lib. VI, cap. IX, PL 217, 911.

69 Guillaume Durand, *Rationale*, lib. IV, cap. 54; siehe IV, 52. Bonaventura, *Expositio in Psalterium*, ps. XXI, 26, in *Opera omnia*, IX, Paris, 1867, p. 182, hatte einige Jahre früher gesagt: «Christus in communi, et omnibus videntibus, passus est; unde Papa, quando sumit corpus Christi in Missa, sumit omnibus videntibus, nam sedens in cathedra convertit se ad populum». Nikolaus III. (1277–80) schenkte dem Kapitel von Sankt Peter eine «cannulam argenteam ad observandum corpus Christi a summo pont.»: Egidi, *Necrologi*, I, 289.

70 Kantorowicz, *Die zwei Körper des Königs*, 557 *ad indicem*.

71 Pellens, *Die Texte*, 130; siehe Kantorowicz, *Die zwei Körper des Königs*, 67, Anm. 8.

72 Pellens, *Die Texte*, 135; siehe *ibid.*, 665; siehe Kantorowicz, *Die zwei Körper des Königs*, 70, Anm. 13.

73 Pellens, *Die Texte*, 144–145; siehe Kantorowicz, *Die zwei Körper des Königs*, 75, Anm. 25.

74 Pellens, *Die Texte*, 134; siehe Kantorowicz, *Die zwei Körper des Königs*, 77, Anm. 30.

75 Pellens, *Die Texte*, 6.

76 Siehe *Dictatus papae* (Register Gregors VII., II, 55a, Nr. XIX), ed. Caspar, *Das Register*, I, 206: «Quod a nemine ipse iudicari debeat».

77 Pellens, *Die Texte*, 6. Über den Verfasser, siehe Baer, *Studien*.

78 Pellens, *Die Texte*, 226–227.

79 Th. Haluscynski, *Acta Innocentii pp. III, 1198–1216*, Città del Vaticano 1944, p. 189, zitiert von D. L. D'Avray, *A Letter of Innocent III and the Idea of Infallibility*, in «Catholic Historical Review», 66 (1980), 419 n. 13. *Summa* ad Dist. 21 ante c. 1, zitiert von Tierney, *Origins*, p. 34, Anm. 1. Über diese Frage siehe die Beobachtungen von K. Pennington, in «Speculum», (1995), p. 441.

80 Ms. Pembroke Coll. 72, f. 129vb, zitiert von Tierney, *Origins*, p. 34, Anm. 4.

81 Über diesen Ausdruck siehe *ibid.*, passim.

82 Oliger, *Epistola*, 366–373: «Unde autem sequitur quod quia papa vel episcopus est quoad aliquid Christi ymago, ergo quoad omnia est Christi ymago ... Quod vero dicunt, quod ergo quod est increatus et immensus et impeccabilis et infallibilis et omnium praescius sicut Christus, quod nullus dicet vel sapiet nisi demens».

83 M. Maccarrone, *Una questione inedita dell'Olivi sull'infallibilità del papa*, in «Rivista di storia della Chiesa in Italia», 3 (1949), 328; siehe Tierney, *Origins*, 93 ss.

84 Siehe unten, Anm. 74.

85 Innocenz III., *Sermo XXI in festo SS. Petri et Pauli*, PL 217, 551: «Duas autem confitetur in Christo naturas, et unam personam ...»; 552: «... dignitas haec in duobus attenditur, quia scilicet beatissimus Petrus et fundamentum est et caput Ecclesiae ...»; 554: «quae uni Petro duas claves commisit, propter illam excellentissimam fidem, quae in uno Christo duas naturas veraciter recognovit».

86 Augustinus Triumphus, *Summa*, I, 6: «In papa est duplex potestas, una respectu corporis Christi veri, et ista vocatur potestas ordinis ... alia respectu corporis Christi mystici, et ista vocatur potestas iurisdictionis vel administrationis»; zitiert von Wilks, «*Papa*», 81; siehe McCready, *The papal Sovereign*, 196.
87 Jacobus de Viterbio, *De regimine christiano*, lib. II, cap. V, ed. Arquillière, *Le plus ancien traité*, 106; zitiert von Maccarrone, *Vicarius Christi*, 158.
88 Alvarus Pelagius, *De statu et planctu*, I, art. 37, par. P, Nr. 8, f. 8v. 1; zitiert von Jung, *Alvaro Pelayo*, 92.
89 Honorius Augustodunensis, *Expositio in Cantica Canticorum*, PL 172, 414. Über diese Fragen, siehe vor allem Arduini, «*Rerum mutabilitas*», 365–373.
90 Lotharius, *De sacro altaris mysterio* (PL 217, 910); das Thema wird wiederaufgenommen von Wilhelm Durand in seinem *Rationale*, lib. IV, cap. 53, 13. Siehe auch Restaurus Castaldus, *Tractatus*, f. 58, Anm. 7: «Papa in VII partes corporis recipit osculum».
91 Innozenz III., *Sermo XIII in festo d. Gregorii papae*, PL 217, 513–522. Wir behandeln ihre symbolische Bedeutung im folgenden Kapitel.
92 Reg. IX, Nr. 113 (PL 215, 949); Imkamp, *Das Kirchenbild*, 195; siehe Struve, *Die Entwicklung*, 34–35.
93 Predigt am ersten Jahrestag seiner Weihe: PL 217, 663; siehe Munk, *A Study*, II, 9–12.
94 J. Ruysschaert, *Le tableau Mariotti de la mosaïque absidale de l'ancien S. Pierre*, in «Rendiconti della Pontificia Accademia di Archeologia», 40 (1967–1968), 295–317; Ladner, *Die Papstbildnisse*, II, 56–68. Honorius III. sagt in seiner Predigt *(sermo XI)* über den Stuhl Petri (ed. Horoy, *Honorii III opera omnia, II)*: So wie der Leib mit dem Haupt durch den Hals verbunden ist, so die Kirche mit Christus durch Petrus.
95 Aegidius Romanus, *De ecclesiastica potestate*, III, cap. 12, ed. Scholz: «summus pontifex, qui tenet apicem Ecclesie et qui potest dici Ecclesia»; siehe Id., *Die Publizistik*, 60 und Kantorowicz, *Die zwei Körper des Königs*, 215, Anm. 32.
96 Salomon, *Opicinus*, II, Taf. 24.
97 *Ibid.*, Taf. 17.
98 *Ibid.*, Taf. 47.
99 Über die Trennung von Person und Amt siehe Damianis Spiel mit den Worten *dominus* und *domnus* in seinem an Hildebrand, den späteren Gregor VII., gerichteten *carmen CXLIX*: «Vivere vis Romae, clara depromito voce: Plus *Domino* papae quam *domno* pareo papae» (PL 145, 961).
100 Honorius III, Sermo XI, ed. Horoy, *Honorii III opera omnia*, II.
101 Brief Honorius' III. vom 25. Juli 1216, Potthast 5317–5318; ed. Horoy, *Honorii III opera omnia*, II, 8–9. Siehe Phil. I, 8: «quomodo cupiam omnes vos in visceribus Christi Iesu»; Phil. I, 21: «mihi enim vivere Christus est et mori lucrum»; et Phil. I, 23: «desiderium habens dissolvi et cum Christo esse».
102 *Les Registres de Nicolas III*, Nr. 1 (15. Januar 1278).
103 Augustinus Triumphus, *Summa*, qu. 8.3, zitiert von McCready, *The Papal Sovereign*, 184, Anm. 33.
104 Alvarus Pelagius, *De planctu Ecclesiae*, lib. I, cap. 18, ed. Rocaberti, *Bibliotheca*, III, 165: «Item Christi vicarius agit non excellenter ut Christus, sed ministerialiter».
105 *Ibid.*, III, 166.
106 Alvarus Pelagius benutzt diesen Gedanken der beiden Naturen, um zu sagen, Pilatus habe Christus nicht verurteilt als *persona publica aut dignitate preeminens*, sondern *tanquam persona privata*. Christus «non tenebat personam pape, sed simplicis hominis coram suo iudice accusati. Unde nec in

hoc papa Christo succedit, non in persona, non in accusatione ...», ed. Scholz, *Unbekannte*, II, 513.

107 Alvarus Pelagius, *De statu et planctu Ecclesiae*, II, 13,f. 44 r.

III. Weisse

1 Die einzige moderne Untersuchung des *Agnus Dei* - Ritus findet sich bei Bertelli, *Il corpo del re*, 117–127.

2 Johannes 13, 27.

3 LC, II, 153, Nr. 48.

4 Basel, Universitätsbibliothek, cod. D. IV. 4, ed. Schimmelpfennig, *Die Zeremonienbücher*, 373–374. Der Abschnitt über das Ostermahl ist etwas kürzer als im *Ordo XI*, (*ibid.*, 374 = Anhang I, Nr. 20).

5 LC, II, 151, Nr. 43. In der Basler Hs. stimmt die Beschreibung der Zeremonien am Karsamstag und am Weißen Samstag völlig überein mit dem Text Benedikts (Schimmelpfennig, *Die Zeremonienbücher*, 373 = Anhang I, Nr. 15).

6 PL 78, 960; siehe Bertelli, *Il corpo del re*, 121.

7 LC, II, 154, Nr. 53.

8 Im *Ordo* des Albinus wird die Lämmerzeremonie nicht beschrieben.

9 LC, I, 307, Nr. LII, 62.

10 Bertelli, *Il corpo del re*, 122.

11 *Ibid.*, 125 et 127.

12 Biblioteca Apostolica Vaticana, Ott. lat. 356 und Avignon, Bibliothèque du Musée Calvet, ms. 100: es handelt sich um ein rubriziertes Sakramentar, das nicht aus der Papstkapelle stammt, sondern aus einer römischen Kirche, deren Haupt ein hoher Geistlicher mit engen Verbindungen zum Franziskanerorden war. Van Dijk schlägt Gian Gaetano Orsini vor, den späteren Nikolaus III. (1277–80), der seit 1253/54 in Rom eine Liturgiereform begonnen hatte. Die Hs. Ott. lat. 356 stammt aus den Jahren 1267–70/79, während die Handschrift aus Avignon, eine Abschrift, etwas später zu datieren ist; siehe Van Dijk-Walker, *The Ordinal*, 298–299; Schimmelpfennig, *Die Zeremonienbücher*, 393; Dykmans, *Le cérémonial*, II, 143 et 254, et Voci, *Nord o Sud*, 82.

13 «Isti sunt agni novelli qui annuntiaverunt alleluia. Modo veniunt ad fontes. Repleti sunt claritate, alleluia»; siehe Anm. 24.

14 «Domine, domine, isti sunt agni».

15 Was die Lämmer-Zeremonie angeht, so ist es unmöglich, das Alter der Quellen des im Ott. lat. 356 überlieferten römischen Missales zu bestimmen; es ist gleichfalls unmöglich zu sagen, wie diese Zeremonie in der Originalhandschrift des Ordinars Innozenz' III. beschrieben war. Der Herausgeber gibt keine Quelle an (Van Dijk-Walker, *The Ordinal*, 298–299). Der dritte Ruf findet sich nur in der Handschrift von Avignon. Diese Version findet sich auch im *Ordo XIV*, einer Kompilation aus der Zeit Klemens' VI. und seiner Nachfolger (siehe Schimmelpfennig, *Die Zeremonienbücher*, 78 und Dykmans, *Le cérémonial*, II, 405). Die älteste auf uns gekommene Handschrift des Ordinars Innozenz' III. aus dem Jahre 1365 enthält nur einige wenige (unerhebliche) liturgische Details, die sich nicht im Ott. lat. 356 finden (Van Dijk-Walker, *The Ordinal*, 298–299, unter O).

16 Ein *Agnus Dei* findet sich auch auf der Schließe des Chormantels der Grabfigur Hadrians V. († 1276) auf seinem Grab in San Francesco alla Rocca in Viterbo (Ladner, *Die Papstbildnisse*, II, Taf. XXXIX). Es handelt sich um das einzige bis heute bekanntgewordene Beispiel: siehe Gardner, *The Tomb*, 72.

17 Stefan von Bourbon sagt nicht, wieviele Male die rituellen Worte an den Papst gerichtet werden; der dreifache Ruf *Sic transit* ist zum ersten Mal 1404 nachgewiesen; siehe oben, S. 49–50.

18 Der Wille, ein Gleichgewicht zu finden zwischen Vatikan und Lateran, prägt die gesamte Liturgie des römischen Missale von 1255; siehe Van Dijk, *The Urban and Papal Rites*, 411 ss.

19 Van Dijk-Walker, *The Ordinal*, 298–299: «imprimunt illa sigilla in formulis propter hoc adinventis». Über das Bild und das Krönungsjahr in der Beschreibung des Paris de Grassi, siehe oben, S. 86.

20 Dykmans, *Le cérémonial*, IV, 182, Nr. 729; siehe auch Nr. 730.

21 Über die umgekehrten Mitren, siehe die Beschreibung der Zeremonie unter Gregor XVI. (Moroni, I, 130): Nachdem die Kardinäle die Hände und Knie des Papstes, sowie die *Agnus Dei* – Lämmer geküßt haben, legt der Papst ein Lamm in ihre umgekehrte Mitra. Die Patriarchen, Erzbischöfe und Bischöfe küssen die Knie des Papstes und die Lämmer; auch sie erhalten ein Lamm in ihre Mitra. Auch die Äbte mit Mitra erhalten ein Lamm, nachdem sie die Füße des Papstes und die Lämmer geküßt haben. Die mit weißen Kaseln bekleideten Pönitentiare tun das gleiche und erhalten ein Lamm in ihr Birett. Schließlich folgen alle anderen in der Kapelle Anwesenden und die vornehmen Fremden in der Reihenfolge, wie sie bei der Austeilung der Kerzen, der Asche und der Palmzweige beachtet wird; sie küssen die Füße des Papstes, die Lämmer, und erhalten dann ebenfalls ein Lamm vom Papst. Siehe Gattico, *Acta*, I, 382–385.

22 Dykmans, *Le cérémonial*, IV, 183, Nr. 742: «Primo namque cera munda et albissima fuit posita supra altare beati Petri apostoli»; *ibid.*, III, 340, Nr. 13: «Quare omnes volentes habere Agnus Dei deferant bona hora ceram albam, et mundam ac pulcram, nec cum alia intermixtam ...» (Hinzugefügt am 3. April 1395 unter dem Pontifikat Benedikts XIII.). In den Anmerkungen zum Pontifikale aus der Zeit Benedikts XIII. liest man (*ibid.*, III, 339): «Rogamus ergo clementiam tuam ut hos agnos immaculatos benedicere, sanctificare et consecrare digneris, quos de cera virginea in tui honorem formavimus [...] quam absque contagione ac propagine humana [...] sic eos deferentes tuearis ...».

23 *Ibid.*, IV, 182, Nr. 731.

24 *Ibid.*, IV, 182, Nr. 732; II, 401, Nr. 5.

25 *Ibid.*, IV, 185, Nr. 745.

26 Thompson, *Chronicon Adae de Usk*, 93. Die Akoluthen und Familiaren des Papstes, welche die Lämmer herstellten, durften kein Fleisch essen; Dykmans, *Le cérémonial*, III, p. 337.

27 *Ibid.*, III, 236, Nr. 240.

28 Das berichtet eine Anmerkung, die unter Benedikt XIII. am 7. April 1395 in das «lange Zeremonial» von Avignon geschrieben wurde, *ibid.*, III, 341, Nr. 16 (es folgen die Verse, von denen in der folgenden Anm. die Rede ist).

29 *Ibid.*, III, 341, Nr. 16. Diese Verse waren weit verbreitet; siehe *ibid.*, III, 77 und Moroni, I, 131.

30 Der Papstbrief steht in der großen Formularsammlung des päpstlichen Notars Marino Filomarini (Biblioteca Vaticana, Vat. lat. 3976, f. 58v–59r = Schillmann, *Die Formularsammlung*, 102, Nr. 201). Der Name des Papstes findet sich als Randbemerkung in einer der Handschriften dieser Formularsammlung: Biblioteca Vaticana, Archivio di San Pietro C 117, f. 36v; siehe *ibid.*, 102, Anm. 3.

31 Dykmans, *Le cérémonial*, III, 339; Guilelmus Durandus, *Rationale*, lib. I, cap. VII, 34.

32 Stefano Borgia (um 1750) gibt folgende bemerkenswerte Deutung: «Diese *Agni Dei* sind aus jungfräulichem Wachs, und sie müssen es sein, um die Menschennatur Christi anzudeuten, die im reinen, durch keinen Makel befleckten Schoß Mariens aufgenommen wurde. Sie haben die Gestalt eines Lammes als Sinnbild desjenigen Lammes, das sich am Kreuze für das Heil des Menschengeschlechts geopfert hat. Sie werden in Weihwasser getaucht, weil Gott mit dem Wasser im Alten und im Neuen Testament viele Wunder wirkte. Man mischt das Wachs mit Balsam, um auf den ‹guten Geruch Christi› hinzudeuten, den die Erlösten verbreiten müssen. Das Chrisma, das man hineintut, ist Sinnbild der Liebe ...» Zitiert von Moroni, I, 129.

33 Bertelli, *Il corpo del re*, 123–124.

34 Bullen vom 7. Dezember 1447 (Moroni, I, 131), vom 21 März 1470 *(ibid.)* und vom 25. Mai 1572 *(Bullarium*, VIII, 10–11).

35 LC, II, 150, Nr. 36. Über die goldene Rose, siehe vor allem Cornides, *Rose und Schwert*; C. Burns, *Golden Rose* und Dykmans, *Le cérémonial*, I, 35–38. Die älteste Erwähnung fällt in das erste Jahr des Pontifikats Leos IX. (1049–54). Das von Verwandten des Papstes gegründete Kloster Heiligenkreuz bei Woffenheim im Elsaß war der bischöflichen Gerichtsbarkeit entzogen und dem besonderen Schutz Petri unterstellt worden. Dafür mußte die Äbtissin jährlich eine Rose aus Feingold oder ihren Gegenwert übersenden. Die Rose mußte zwei Unzen wiegen und acht Tage vor dem vierten Fastensonntag übersandt werden. An diesem Tag nämlich trug der Papst die Rose während der Prozession (LC, I, 180, Anm. 1; siehe PL 143, 635). Bereits 1049 scheint also die goldene Rose eine Tradition der Römischen Kirche gewesen zu sein. 1097 wird zum ersten Mal erwähnt, daß der Papst eine Rose verschenkt: Urban II. überreichte während seines Aufenthalts in Tours eine Rose dem Grafen Fulko von Anjou *(Martini Turonensis Chronicon*, in MGH, SS, XXVI, 461: «Mihi florem aureum quem manu gerebat donavit»). Der Papst nahm die Rose also mit, als er Rom verließ.

36 LC, II, 294, VIII, Nr. 17.

37 PL 180, 1346. Brief an Alfons von Kastilien (1148).

38 *Recueil des historiens des Gaules*, XV, Paris, 1878, 794. Obwohl der päpstliche Biograph Boso nicht ausdrücklich von der goldenen Rose spricht, sagt er, die Römer hätten beim Einzug Alexanders III. am Sonntag *Laetare Jerusalem* das Antlitz des Papstes betrachtet wie das Antlitz Christi, dessen Platz er hier auf Erden einnehme; siehe oben S. 75.

39 PL 217, 393–398; 395; siehe auch Eichmann, *Weihe*, 50 und Cornides, *Rose und Schwert*, 29.

40 G. Bottino hat die Predigten Honorius' III. nach der Handschrift Sess. 51 der Biblioteca Vittorio Emanuele veröffentlicht in Horoy, *Honorii III opera omnia*, I–II. Über die beiden Predigten *de laetare*, siehe I, 787–805.

41 *Ibid.*, I, 802–804.

42 Bemerkenswert ist der Exkurs Angelo Roccas, *Thesaurus*, I, 208; für ihn hat der Balsam auch die Macht zu verjüngen: *juventutem conservat hominemque in aestate matura juvenem reddit ...*

43 Siehe die zweite Predigt Innozenz' III. über die goldene Rose, PL 217, 395.

44 Dykmans, *Le cérémonial*, I, 159.

45 *Ibid.*, I, 174–176.

46 *Ibid.*, I, 160, Nr. 7.

47 *Ibid.*, I, 172, Nr. 44–48. Ein fast gleichlautender Text findet sich im *Ordo XIII B* (ed. Andrieu, *Le pontifical romain*, II, 370–380), der nach Dykmans zwischen 1275 und 1300 entstanden ist (Dykmans, *Le cérémonial*, I, 167, Anm. 10); siehe

auch den *Ordo XIV*, *ibid.*, II, 281. Der Ritt findet sich wieder in dem Zeremoniale, das nach Dykmans bei der Weihe Martins V. am 21. Dezember 1417 in Konstanz angewandt wurde (*ibid.*, III, 469–479; für die Datierung dieses Zeremoniales, siehe oben, S. 243, Anm. 123). Siehe auch das Zeremoniale Patrizis, Dykmans, *L'œuvre*, I, 68, Nr. 118 (für die weißen Schabracken) und 143–154 (für den Ritt zum Lateran).

48 Das Zeremoniale Gregors X. wurde von Stefaneschi wörtlich übernommen: Dykmans, *Le cérémonial*, II, 267–269.

49 Schimmelpfennig, *Die Zeremonienbücher*, 30 ss.

50 LC, II, 123, Nr. 3; siehe LC, I, 311, Nr. LVIII. 77. Albinus erwähnt anläßlich des Rittes vom Vatikan zum Lateran das «geschmückte päpstliche Pferd», aber er erwähnt nicht seine Farbe (LC, II, 124: Albinus); siehe die Londoner Handschrift, ed. Schimmelpfennig, *Ein Fragment zur Wahl*, 330, Nr. 33. Die Basler Handschrift hat eine Variante: «... et ubi archidiaconus recipit regnum, *quod alio vocabulo frigium dicitur*, de manu marascalci maioris, de quo dominum papam coronat», ed. Schimmelpfennig, *Ein bisher unbekannter Text*, 65, Nr. 20 et 21. Cencius ist noch kürzer (LC, I, 312: «Missa autem celebrata, revertitur ad palatium coronatus ...». Albinus und Cencius sagen nichts über die Kleidung, die der Papst bei Tische nach der Besitznahme des Laterans trägt, LC, II, 124: «Dato presbiterio dominus papa intrat ad mensam preparatam [...]. Omnes tamen sedent mitrati ...».

51 Siehe zum Beispiel *Germania Pontificia*, III, 201, Nr. 7 (1. Mai 1020): der Bischof von Bamberg verpflichtet sich, in jeder Indiktion dem Papst und seinen Nachfolgern ein weißes Pferd mit passendem Sattel zu schicken; JL 5960 (1099–1104) erwähnt ein ähnliches Geschenk der Abtei Remiremont: «infra trium annorum spatium cum auscolino pallio equum candidum Lateranensi palatio persolvant» (siehe LC, I, 175). Siehe hierüber Schramm, *Herrschaftszeichen*, III, 711–713. Die Legaten des Papstes Leo IX. bringen als Geschenk des Kaisers Konstantin IX. Monomachos nach Rom «einen vergoldeten und wunderbar gearbeiteten Sattel». Allerdings wird dieses erst in der Chronik des Jean de Bayonne aus dem 14. Jh. berichtet, ed. H. Belhomme, Strasbourg, 1724–1733, 250 (siehe *ibid.*, III, 714–715). Die Farbe wird ebenfalls nicht erwähnt in dem berühmten Bericht des Abtes Suger von Saint-Denis über die Kleidung der römischen Bischöfe; siehe Suger, *Vie de Louis le Gros*, 58. Albinus sagt lediglich, daß der neugewählte Papst nach der Meßfeier zur Stelle herabschreitet, «wo sich das geschmückte päpstliche Pferd» befindet, LC, II, 124: «Celebrata missa descendit ad locum ubi est equus papalis ornatus ...». Man findet dieselbe Bemerkung in dem Basler *Ordo*, Schimmelpfennig, *Ein bisher unbekannter Text*, 65, Nr. 20. Als Cencius berichtet, daß der Papst bei seiner Rückkehr zum Palast die Tiara trägt, erwähnt er nicht das Pferd, LC, I, 313, XLVIII, Nr. 77.

52 Dykmans, *Le cérémonial*, I, 172, Nr. 48.

53 Constitutum Constantini, 14: «... clamidem purpuream atque tunicam coccineam», ed. Fuhrmann, *Das Constitutum Constantini*, 87, cap. 14.

54 MGH, SS, III, 672, l. 49 ss.: «sublimo solio residentem veste purpurea et aurea radiantem»; siehe Schramm, *Herrschaftszeichen* I, 57. Eichmann, *Weihe*, 33, hatte bereits gezeigt, daß der rote Kaisermantel, den Otto III. während seiner Krönung getragen hatte (998: MGH, SS, IV, 620), spätestens in der ersten Hälfte des 11. Jh. die *cappa rubea* oder *clamys* des Papstes geworden war. Der Kaiserordo, den Otto III. (996–1002) benutzt hatte, hat in dieser Hinsicht wahrscheinlich einen entscheidenden Einfluß ausgeübt. Während der Krönungsmesse (996) legte der Kaiser bei Beginn der Präfation das Pluviale, das

kirchliche Gewand, ab und legte seinen eigenen weltlichen Mantel an (Eichmann, *Die Kaiserkrönung*, II, 139).

55 *Die Briefe des Petrus Damiani*, ed. Reindel, III, 189.

56 LP, II, 361: «indutus rubea chlamide sicut moris est»; siehe Eichmann, *Weihe*, 34.

57 Urban II. trägt 1088 die *cappa rubea*, (MGH, SS, VII, 760), desgleichen Kalixt II.: «vix cappa rubea amiciri sustinuit» (LP, II, 322); nach der Tradition soll Honorius II. zunächst «mitram et mantum» zurückgewiesen haben (LP, II, 379); die Wähler Innozenz' II. schreiben 1130 an Kaiser Lothar, daß sie dem Neugewählten «omnia insignia pontificalia» verliehen haben (Ebers, *Devolutionsrecht*, 171, und daß der Gegenpapst Anaklet «cappam rubeam indecenter induit fictitiaque pontificatus insignia arripuit» *(ibid.)*; 1160 schrieb das Kapitel von Sankt Peter an Kaiser Friedrich Barbarossa über die Wahl des Gegenpapstes Oktavian (Viktor IV.): «electus est et manto indutus ac in sede beati Petri positus» (Watterich, II, 475); der *Liber Pontificalis* sagt anläßlich der Wahl Alexanders III.: «electum [...] papali manto induerunt» (LP, II, 397); im September 1159 beklagt sich Alexander III., Oktavian habe mit Gewalt ihm entrissen «mantum quo nos [...] iuxta morem ecclesiae prior diaconorum induerat» (PL 200, 69 = JL 10584); siehe hierzu Eichmann, *Weihe*, 33–34.

58 Bruno de Segni, *Tractatus*, PL 165, 1108, zitiert von Klewitz, *Die Krönung*, 106, Anm. 33.

59 Albinus (LC, II, 123); Cencius *(ibid.*, I, 311).

60 Zoepffel, *Die Papstwahlen*, 168 ss.; Braun, *Die liturgische Gewandung*, 351 ss.; Klewitz, *Die Krönung*, 120; Wasner, *De consecratione*, 249–281.

61 *Libellus de cerimoniis aule imperialis*, cap. 19, ed. Schramm, *Kaiser*, III, 344. Den *terminus ante quem* gibt die Erwähnung des Sarkophags Anastasius' IV. († 3. Dezember 1154) im Kapitel 16; siehe oben, Anm. 100.

62 Delbrueck, *Der spätantike Kaiserornat*, 7–15. Treitinger, *Die oströmische Kaiser- und Reichsidee*, 9: «Im Palast Heleniani wechselt er die Kleider, zieht die purpurnen Kaiserschuhe, ein weißes goldgestreiftes Dibetison und eine Purpurchlamys an».

63 Nach der Beschreibung Isidors, *Etymologiae*, XVI, 55, ist der Porphyr «rubeus, candidis intervenientibus punctis». Ebenso Anna Komnene, *Alexiade*, VII, 2, 4, ed. Leib, II, 90; siehe Deér, *The Dynastic*, 144, Anm. 90.

64 Über das weiße Pferd, siehe Träger, *Der reitende Papst*, und die Besprechung von E. Garms-Cornides, in «Art Bulletin» (1973), 451–456. Bernhard von Clairvaux, *De consideratione*, IV, III, 6 erinnert Eugen III. daran, daß Petrus nie von einem weißen Pferd getragen wurde: «Petrus hic est, qui nescitur processione aliquando vel gemmis ornatus vel sericis, non tectus auro, non vectus equo albo ...».

65 *Vita Gregorii IX*, LC, II, 19: «insignibus papalibus precedentibus, equo in faleris pretiosis evectus ...».

66 LC, II, 33. Um dieselbe Zeit betont ein Apokalypsekommentar, der sich in einer Prager Handschrift erhalten hat, die symbolische Bedeutung des weißen Kaiserpferdes (Träger, *Der reitende Papst*, 13, Anm. 41).

67 PL 217, 517–521.

68 COD, 243, c. 16. Zeremoniale des Kardinalbischofs Latino Malabranca, cap. 53, ed. Dykmans, *Le cérémonial*, I, 228, Nr. 5. Über das Rochett im allgemeinen, siehe Moroni, LVIII, 70–78 und Braun, *Die liturgische Gewandung*, 130.

69 Innozenz III., *Sermo III in consecratione pontificis*, PL 217, 665; siehe *Sermo II in consecratione pontificis*, PL 217, 654. Siehe Moroni, LVIII, 70: «Das Rochett ist eine Gerichtsrobe und vor allem Insignie des Bischofs».

70 PL 217, 481: «Sacerdos, non solum magnus, sed maximus, *pontificali et regali* potestate sublimis».
71 Dies ist eine der zentralen Thesen, die Gerhart B. Ladner mit großem Scharfsinn vorgetragen hat. Ladners Forschungen über die Tiara finden sich nun in Id., *Der Ursprung*, 449–481 und Id., *Die Papstbildnisse*, III, 270–307.
72 Rupertus abbas Tuitiensis, *In Cantica Canticorum*, 5, 10 (PL 168, 920): «candidus sanctitate, rubicundus passione».
73 Adamannus, *De locis sanctis* 1, 3 (CSEL 39, 232); siehe Beda, *De locis sanctis*, c. 2 (CSEL 39, 305); siehe Haupt, *Die Farbensymbolik*, 97 und Hermann, *Farbe*, 432.
74 Hieronimus, *Epistola 64 ad Fabiolam*, CSEL 54, 586–615, c. 3.
75 Ambrosius, *De mysteriis*, 29–30, 34–35, 37, 42, ed. Botte, 117–121.
76 PL 172, 415.
77 G. Bing, *The Apocalypse Block-Books and Their Manuscript Models*, in «The Journal of the Warburg Institute», 5 (1942), 154, Anm. 1.
78 S. Löwenfeld, *Der Dictatus papae Gregors VII. und eine Überarbeitung desselben im XII. Jahrhundert*, in «Neues Archiv», 16 (1891), 200, n. IX: «[papa] solus utitur rubra cappa in signum imperii vel martirii».
79 Math. 27, 28: «et exuentes eum clamydem coccineam circumdederunt ei ...»; Joh. 19, 2: «et veste purpurea circumdederunt eum».
80 Sicardus, *Mitrale*, 1, 12, PL 213, 40; siehe Hermann, *Farbe*, 432.
81 Ladner, *Die Papstbildnisse*, III, 301.
82 Van Heck, *Pii II Commentarii*, 106: «Nec plura locutus priora exuit indumenta et albam Christi tunicam accepit».
83 Moroni, XCVI, 238.
84 Siehe auch die Predigt Innozenz' III. auf dem 4. Laterankonzil, in PL 217, 676–677: der Papst ist «Vir ergo vestitus lineis [...] quoniam summus pontifex, qui super domum Israel constitutus est speculator, transire debet *per universam Ecclesiam*, quae est civitas regni magni, civitas posita supra montem, investigando et inquirendo merita singulorum: ne dicant bonum malum, vel malum bonum ...».
85 Pastoureau, *L'Eglise*, 219.
86 Galbreath, *Papal Heraldry*, 3 ss., und Erdmann, *Kaiserliche und päpstliche Fahnen*, 46.
87 Guilelmus Durandus, *Rationale*, lib. III, cap. XIX, 18: «Hinc est quod summus pontifex capa rubea exterius semper apparet indutus, cum interius sit indutus candida veste: quia etiam interius candere debet per innocentiam et charitatem: et exterius rubere per compassionem, ut videlicet ostendat se semper paratam ponere animam pro ovibus suis: quia personam gerit illius, qui pro nobis universis rubrum fecit indumentum suum».
88 Urban V., *De curia*, cap. 31. Der Leichnam Bonifaz' VIII. war mit einem Rochett bekleidet, das von einer Kordel aus roter Seide gehalten wurde (Siehe unten, S. 138).
89 Die Statue Bonifaz' VIII. im Museo civico von Bologna scheint die Mozzetta zu tragen: Ladner, *Die Papstbildnisse*, II, 296–302. Auf dem Fresko Melozzos von Forlì, welches die Gründung der Vatikanischen Bibliothek festhält, trägt Sixtus IV. die Mozzetta, das Rochett und das weiße Untergewand (Braun, *Die liturgische Gewandung*, 130).
90 Predigt am Fest des hl. Silvester, Horoy, *Honorii III opera omnia*, II, 101.
91 Bonaventura, *Expositio in Psalterium*, 207. Wenn die Prälaten den *ordo perfectivus* bilden, so muß der Papst «der vollkommenste von allen sein»: Bonaventura, *Illuminationes Ecclesiae in Hexamaeron*, Predigt XXII, 141–142. Siehe

auch von Bonaventura, *Apologiae pauperum responsionis primae caput III*, 429, 430. In seiner Predigt zum dritten Sonntag nach Pfingsten *(Sermones de tempore*, 342–343) sagt Bonaventura, «S. Papa, cum confitebatur, nolebat sedere ad latus sui capellani, qui eum audiebat, sed pedibus ejus provolutus, quousque confessione completa, morabatur; dicebat enim: Modo non teneo locum Papae, sed peccatoris; et ideo cum recogito omnes defectus meos, necesse habeo humiliari».

92 In der von Pierre Ameil beschriebenen Lämmerzeremonie ist der Papst mit sehr feinem Seidenstoff bedeckt; siehe oben, Anm. 24.

93 Guilelmus Durandus, *Rationale*, lib. I, cap. 8, Anm. s 22 et 23.

94 Campi, *Dell'historia*, II, 349. Für die Datation der *Vita Gregorii X* hat man nur einen genauen *terminus ante quem*: die Heiligsprechung Ludwigs IX. von Frankreich (1297); siehe *ibid.*, III, 342.

95 Tholomeus Lucensis, *Historia ecclesiastica*, in RIS, XI, 1161: «carnes diu non comedit; asperrimo lecto est usus, nec vestibus lineis ad carnem utebatur; et sic sanctissimam vitam duxit».

96 Grauert, *Magister*, 147. Über die Grabfigur Hadrians V., siehe weiter unten, S. 136. Im 15. Jh. ist dieses Thema wieder aktuell: Papst Martin V. schlief, ruhte und aß wenig» (LP, II, 515); Nikolaus V. «bewahrte seine bleiche und frische Gesichtsfarbe von der Geburt bis zu seinem Pontifikat». Während der ersten vier Jahre seines Pontifikats wurde er so sehr von seinen Amtspflichten in Anspruch genommen, «daß er wenig aß und noch weniger schlief». Da er an Gicht und Arthrose litt, verlor der Papst seine bleiche und frische Gesichtsfarbe und er bekam ein gelbliches, aschfahles Gesicht (RIS, III, 2, 918–919).

97 Hostiensis, *Summa*, zitiert von Moroni, XCVI, 219. An anderer Stelle: «Cardinales debent esse, quoad mores, et vitae *munditiam, candidiores nivis: imo etiam sanctos*»; zitiert *ibid.*, LVIII, 70.

98 Roger Bacon, *Opus Tertium*, 86 et 402. Über den Engelpapst im allgemeinen, siehe McGinn, *Angel Pope*, 155–173. In der These 23 des *Dictatus papae* (ed. Caspar, *Das Register*, I, 201–208), hatte Gregor VII. behauptet: «Quod Romanus Pontifex, si canonice fuerit ordinatus, meritis beati Petri indubitanter efficitur sanctus testante sancto Ennodio Papiensi episcopo eis multis sanctis patribus faventibus, sicut in decretis beati Symachi pape continetur». Das Thema der «hereditas innocentiae» wurde von den Kanonisten des 12. Jh. ausführlich behandelt (Lindner, *Die sogenannte Erbheiligkeit*, 15–26). Sie übernahmen die Lehre Gratians, nach der *Non loca sed vita et mores sanctum faciunt sacerdotem* (Kommentar zu D. 40): die persönliche Heiligkeit macht den Papst heilig, nicht das Amt, das er ausübt. Der Papst muß die Unschuld des Petrus besitzen, als sei sie erblich (Rufinus, *ibid.*, 20, Anm. 22: «cum ipsa innocentia, quam propriam velut hereditatem debet apostolicus possidere»). Siehe auch Fuhrmann, *Über die Heiligkeit*, 28–43.

99 L. Delisle, *Notices et extraits des manuscrits de la Bibliothèque Nationale*, 38, 2, Paris, 1906, 739–740; siehe Baethgen, *Der Engelpapst*, 14–17.

100 Salimbene, *Chronica*, in MGH, SS, XXXIII, 493: «En circa mille bis centum septuaginta/Tetraque: tunc ille, velut annorum quadraginta,/Sanctus parebit et Christi scita tenebit,/Angelice vite, vobis pavor, o Giezite!». In diesen Versen findet sich zum ersten Mal der Hinweis auf das «engelgleiche» Leben eines zukünftigen Papstes; siehe McGinn, *Angel Pope*, 161.

101 Gieben, *Robert Grosseteste*, 362–363, Nr. 26; siehe aussi Nr. 22 et Nr. 25.

102 *Ibid.*, 354.

103 Southern, *Robert Grosseteste*, 278.

104 Melloni, *Innocenzo IV.*

105 Dykmans, *Le cérémonial*, I, 205, Nr. 224.
106 *Ibid.*, II, 473, Nr. 114.
107 *Ibid.*, 473; siehe 239–240.
108 Dykmans, *Lœuvre*, II, 434; eine ähnliche Situation beschreibt Johannes Burckard am 2. November 1484 (Johannes Burckardus, *Liber notarum*, ed. Celani, I, 122). Die liturgischen Gewänder, die man nach dem Tode Kalixts III. († 1458) und Pius' II. († 1464) in ihren Gemächern fand, waren ausschließlich weiß und rot. Siehe Müntz, *Les arts*, 213–219; 323–326.
109 Dykmans, *L'œuvre*, II, 443 Nr. 1362. Während der Totenfeier für Kaiser Karl IV. (Rom, 2. Februar 1379) feierte nicht der Papst selbst das Totenamt, aber er wohnte ihm bei, angetan mit einem geschlossenen Mantel aus Wolle und mit der weißen Mitra auf dem Haupt *(ibid.*, IV, 194, Nr. 815; das entsprach den Vorschriften des Zeremoniars; siehe Schimmelpfennig, *Die Zeremonienbücher*, 288).
110 Rocca, *De rebus praecipuis*, 67: «In exequiis pro omnibus S. R. E. Cardinalibus defunctis Missam cantavit Illustrissimus ac Reverendissimus D. Cardinalis Paravicinus, praesente S. R. E. Cardinalium Collegio, *absente Papa, qui eis interesse non solet*».
111 Dykmans, *L'œuvre*, II, 343.
112 Dykmans, *Le cérémonial*, IV, 95: «Verumtamen modernis temporibus Romana ecclesia istis tribus utitur quasi uno colore [d. h. schwarz, violett und *indii coloris*»], sed hac die papa utitur violaceis paramentis vel indii coloris»; siehe das «lange Zeremonial», *ibid.*, III, 188, Nr. 30).
113 Das «lange Zeremonial» *(ibid.*, III, 214); Zeremonial des Pierre Ameil *(ibid.*, IV, 147); Zeremonial des Agostino Patrizi Piccolomini (Id., *L'œuvre*, II, 382, Nr. 1130, et 391, Nr. 1169). Am Karfreitag 1288 trug Nikolaus IV. schwarze liturgische Gewänder: siehe A. Baumstark., *Die österliche Papstliturgie des Jahres 1288 nach dem Bericht eines syrischen Augenzeugen*, in «Ephemerides liturgicae», 62 (1948), 188.
114 Dykmans, *L'œuvre*, II, 502, Nr. 1593. Das Problem «An Pontifex Maximus exequiis funeralibus et exequialibus interesse soleat» behandelte Paris de Grassi in seinem Traktat *De funeribus et exequiis* (siehe dazu Herklotz, *Paris de Grassi*, 217–248); Paris spricht darüber auch in seinem *Diarium Curiae Romanae*, ed. Hoffmann, 466. Auch in Byzanz trug der Kaiser nie Trauerkleidung: Treitinger, *Die oströmische Kaiser- und Reichsidee*, 156, Anm. 57; Kantorowicz, *Die zwei Körper des Königs*, 424, Anm. 376.
115 Richerius, *Gesta Senoniensis Ecclesiae*, in MGH, SS, XXV, 297.
116 Alexander a Turre Cremensis, *De fulgendo radio hierarchiae ecclesiae militantis*, Rocaberti, *Bibliotheca*, II, 41–63, druckt dreizehn *radii* aus dem vierten und dem ersten Teil des fünften Buches ab.
117 Lib. V, radius XIX: «De singulari ornatu summi Romani pontificis» *(ibid.*, II, 44–47); radius XXII: «De calceis atque sandalis aurea Cruce obsignatis» *(ibid.*, II, 55–57); radius XXIV: «De pontificio pluviali; ubi longitudo, latitudo, sublimitas, atque profundum pontificiae auctoritatis enucleatur» *(ibid.*, II, 59–63). Lib. V, radius XXI: «De candidis, atque purpureis summi Romani praesulis indumentis» *(ibid.*, II, 53–55).
118 *Ibid.*, II, 53; siehe Lukas 23, 11.
119 *Ibid.*, II, 54.
120 *Ibid.*, II, 54. Torquemada zitiert Livius (lib. V), Vegetius, Vergil und verweist auf Pythagoras und andere.
121 Siehe auch Moroni, XCVI, 219: «Der Papst trägt weiß, um die priesterliche Reinheit anzudeuten, und er trägt Purpur, um allein durch die Farbe des

Gewands seine Entschlossenheit zu zeigen, das Blut zu vergießen für seine Braut, die Kirche»; *ibid.*, 235. Die Liste der Gewänder, «die man vorbereiten muß für den neuen Papst» (Hs. des päpstlichen Sakristans Landucci, 1655) führt nur weiße und rote Gewänder auf.

122 Rocca, *An Summo pontifici*, 78.

123 *Ibid.*, 75, 78–79. Siehe Eccl. 9, 8. Der Gedanke des ersten Teils dieses Bibelverses findet sich auch im Sermo VI, den Innozenz III. auf dem 4. Laterankonzil hielt: PL 217, 676.

124 Siehe oben, S. 95.

Zweiter Teil
Der Tod des Papstes

I. Neue Räume und Zeiten

1 Petrus Damiani, *Die Briefe*, ed. Reindel, I, 336–339, Nr. 35 (JL 4210); 337.

2 *Ibid.*, I, 338.

3 Poncelet, *Vie et miracles*, 290; siehe die *Vita Leonis IX*, ed. Borgia, *Memorie*, II, 327.

4 Poncelet, *Vie et miracles*, 290.

5 *Ibid.*, 290.

6 *Ibid.*, 290.

7 Mansi, VII, 390, Nr. XXII. Das ganz Kapitel XXII enthält Vorschriften für das vorbildliche Leben des Klerikers.

8 *Ibid.*, VIII, 836, Nr. VI.

9 *Ibid.*, VIII, 614–615, Nr. XVI.

10 *Ibid.*, X, 541–42, Nr. X.

11 *Ibid.*, X, 1191, Nr. VII.

12 *Ibid.*, XI, 28–29.

13 Doch auch das Konzil von Toledo im Jahre 655 wendet sich gegen «die zahlreichen Personen, die sich des Diebstahls schuldig machen».

14 Nicht in Betracht kommen natürlich die Vorschriften des Konzils von Rom aus dem Jahre 595; sie betreffen nicht die Plünderung des «Palastes», sondern die Gewohnheit der Gläubigen, unter sich die kostbaren Tücher aufzuteilen, die den Leichnam des Papstes bedeckten. Künftighin soll – so die Bestimmung – der Leichnam des Papstes nicht mehr mit heiligen Tüchern bedeckt werden. MGH, *Epistolae*, I, 364: «Ex amore quippe fidelium huius sedis rectoribus mos ultra meritum erupit, ut, cum eorum corpora humi mandanda deferuntur, haec dalmaticis contengant easdemque dalmaticas pro sanctitatis reverentia sibimet partiendas populus scindat: et cum adsint multa a sacris corporibus apostolorum martyrumque velamina, a peccatorum corpore sumitur, quod pro magna reverentia reservetur. De qua re praesenti decreto constituo, ut feretrum quo Romani pontificis corpus ad sepeliendum ducitur, nullo tegmine veletur. Quam decreti mei curam gerere sedis huius presbiteros ac diaconos censemus». Wie man sieht, ist das Ziel dieses Dekrets völlig verschieden von den Bestimmungen, die wir früher erwähnt haben. Das römische Konzil des Jahres 595 suchte vor allem den Weitergebrauch der *multa velamina* zu untersagen, die den *sacris corporibus apostolorum martyrumque* gehörten, und die herkömmlicherweise dazu dienten, den Leichnam des Papstes zu bedecken. Die Begründung dieses Dekrets lautet so: Wenn das Volk sich diese der «höchsten Verehrung» würdigen *velamina* aneignet, so berühren diese *velamina* die «Leiber von Sündern». Das Dekret von 595 betrifft also

nicht die Plünderung von Papstgütern, sondern den unstatthaften Weitergebrauch (in einem gewissen Sinn Sakrileg) von *velamina*, die man als Reliquien verehrte. Siehe über dieses Dekret Braun, *Die liturgische Gewandung*, 254, unten, S. 274, Anm. 1. Man muß auch beachten, wie E. Caspar, *Geschichte*, II, Tübingen, 1933, 528, gezeigt hat, daß die Ereignisse nach dem Tode Papst Severins (640) keineswegs eine Plünderung durch das Volk waren, sondern eine regelrechte Beschlagnahme der Güter. Die im Liber pontificalis erzählte Episode gehört also nicht zu den «rituellen Plünderungen» nach dem Tode eines Papstes (LP, I, 328–329).

15 *Vita Stephani VI*, LP, II, 192.

16 LP, II, 192.

17 LP, II, 192.

18 Mansi, XVIII, 225.

19 *Ibid.*, 225–226.

20 E. Lesne, *Histoire de la propriété ecclésiastique en France*, II, Lille, 1920, 49, Anm. 1.

21 Über Stefan VI., siehe Flodoardus, *Historia Remensis Ecclesiae*, IV, 1, MGH, SS, XIII, 557–558; über Formosus, IV, 2, *ibid.*, 559.

22 Flodoardus, *Historia*, IV, 5, MGH, SS, XIII, 49, Anm. 3.

23 Mansi, XVIII, 302–303; siehe Lesne, *Histoire*, II, 49, Anm. 4.

24 A. Boretius, *Capitularia regum Francorum*, I, Hannoverae, 1881, 323; siehe Lesne, *Histoire*, II, 49, Anm. 1. Einige Jahre später, 832, erließ Lothar in Italien ein ähnliches Kapitular. Die Plünderung wird hier als etwas Neues bezeichnet *(moderno tempore)*; siehe Boretius, *Capitularia*, II, Hannoverae, 1897, 64; siehe *ibid.*, II, 49, Anm. 1.

25 Matthäus Paris, *Historia Anglorum*, ad annum 1227, 294: «De quo Honorio decima die ante mortem eius, cum mortuus crederetur, nec erat, et exhaustus et semivivus populo Romano in res papales debacanti, quod viveret, per altam fenestram monstraretur, ait quidam versificator: *O pater Honori, multorum nate dolori, / Est tibi decori vivere, vade mori*».

26 Viktor II. starb in Arezzo (28. Juli 1056), Stephan X. in Florenz (29. März 1058), Nikolaus II. in Florenz (17. Juli 1061), Gregor VII. in Salerno (25. Mai 1085), Viktor III. in Monte Cassino (16. September 1087), Gelasius II. in Cluny (29. Januar 1119), Eugen III. in Tivoli (8. Juli 1153), Hadrian IV. in Anagni (1. September 1159), Alexander III. in Città di Castello (30. August 1181), Lucius III. in Verona (25. November 1185), Urban III. in Ferrara (20. Oktober 1186), Gregor VIII. in Pisa (17. Dezember 1188), Innozenz III. in Perugia (16. Juli 1216).

27 Versnel, *Destruction*, 618, gebraucht den Ausdruck *désespoir folklorique*.

28 Im *Liber provincialis*, dem offiziellen Formularbuch der päpstlichen Kanzlei im 13. Jh., gibt es ein Formular, das die Plünderung verdammt. Aber es ist bezeichnend, daß es nur Ereignisse nach dem Tode eines Bischofs im Auge hat. Das ganze Formular X betrifft nur Probleme bei der Nachfolge von Bischöfen, nicht aber von Päpsten. Siehe Tangl, *Die päpstlichen Kanzlei-Ordnungen*, 261, Nr. 9.

29 Innozenz IV. starb in Neapel (7. Dezember 1254), Urban IV. in Perugia (2. Oktober 1264), Klemens IV. in Viterbo (29. November 1268), Gregor X. in Arezzo (10. Januar 1276), Hadrian V. in Viterbo (16. August 1276), Nikolaus III. in Soriano (22. August 1278), Martin IV. in Perugia (28. März 1285), Benedikt XI. in Perugia (7. Juli 1305). In Rom starben: Gregor IX. (22. August 1241), Cölestin IV. (10. Oktober 1241), der Dominikaner Innozenz V. (22. Juni 1276), Honorius IV. (3. April 1286), der Franziskaner Nikolaus IV. (4. April 1292) und Bonifaz VIII. (11. Oktober 1303).

30 Plünderungen und Brände werden berichtet nach dem Tode Klemens' V. am 20. April 1314 in Carpentras. Doch bezeugen die auf uns gekommenen Quellen (Baluze-Mollat, *Vitae*, III, 234, 316 und IV, 175) einmütig, daß die Unruhen nicht beim Tode des Papstes ausbrachen und nicht gegen die «Papstgüter» gerichtet waren. Ursache war vielmehr der Wunsch der «Gaskonen», einen Papst ihrer Wahl durchzusetzen und die Wahl eines italienischen Papstes zu verhindern. Die Ausschreitungen ereigneten sich während des Konklaves; Opfer waren die Einwohner von Carpentras, die Kaufleute *curiam sequentes* und einige italienische Kardinäle.

31 Siehe unten, Anm. 121.

32 Borgolte, *Petrusnachfolge*, 357 et 358.

33 Keine Plünderung eines Papstpalastes erwähnt Nussdorfer, *The Vacant See*, 173–189.

34 Über die Unruhen von 1484, siehe Stefano Infessura *(Diario della Città di Roma*, 161; siehe Bertelli, *Il corpo del re*, 48), Gaspare Pontani *(Il Diario Romano*, RIS, III, 2, 37–38) und einen Brief des Guidantonio Vespucci (in Johannes Burcardus, *Diarium*, III, Appendice, 498: «Es bestand kein Zweifel, daß sie die Herren des Hauses Orsini ausraubten. Zwischen den Barrieren, von denen wir gesprochen haben, und St. Peter waren nach dem Willen von Paolo Orsini keine weiteren Barrieren; denn im Notfall wollte er Reiter und Bewaffnete zu Hilfe schicken»). Über den Tod Sixtus' IV. siehe das Zeugnis des Antonio de Vascho, *Il diario della Città di Roma*, 513: «Ich erinnere mich, daß Papst Sixtus am 12. August 1484 gegen die vierte Nachtstunde beim Herannahen des Freitags starb. Ich erinnere mich auch, daß damals in Rom seltsame Dinge geschahen: man stahl, man schlug sich blutig und beging andere Taten dergleichen Art. Über den Tod Innozenz' VIII., siehe Pastor, *Geschichte der Päpste*, III/1, 339: «Während der langen Krankheit Innozenz' VIII. waren in Rom große Unordnungen vorgekommen, man sah mit Besorgnis der Zeit der Sedisvakanz entgegen. Diese ging jedoch infolge der energischen Maßregeln der Kardinäle und der römischen Behörden zunächst ziemlich ruhig vorüber ... Die Lage war jedoch fortwährend derart, daß die Kardinäle die Abhaltung der Exequien für den verstorbenen Papst beschleunigten». Wichtig ist der Bericht des Brognolus, Gesandter der Gonzaga, vom 7. August 1492 *(ibid.)*: «Einige Personen wurden getötet, andere verletzt, besonders als der Papst im Sterben lag; aber danach ging alles wieder besser». Antonio de Vascho *(Il diario della Città di Roma*, 545, Anm. 12) berichtet so: «Ich erinnere mich, daß Papst Innozenz im Mai krank wurde und im Juli starb. Es gab Tote, Verletzte, Plünderungen, und dann kamen die Kardinäle im Konklave zusammen ...».

35 P. Nores, *Storia della guerra di Paolo IV sommo pontefice contro gli Spagnoli*, in «Archivio storico italiano», s. I, 12 (1847), doc. XLI, 452–453; siehe Ginzburg, *Saccheggi*, 615–636 und Bertelli, *Il corpo del re*, 4.

36 C. Bromato, *Storia di Paolo IV pontefice massimo*, II, Ravenna, 1753, 577–582; siehe Bertelli, *Il corpo del re*, 49.

37 Dykmans, *L'œuvre*, I, 233, Nr. 687.

38 *Die Briefe*, ed. Reindel, I, 338; siehe oben, Anm. 2.

39 Otto IV. (1198 und 1209), Philipp von Schwaben (1203), Friedrich II. (1213, 1216, 1219 und 1220); siehe R. Eisenberg, *Das Spolienrecht*, Marburg, 1896, und die kritischen Bemerkungen von M. Tangl, *Die Vita Bennonis und das Regalien- und Spolienrecht*, in «Neues Archiv der Gesellschaft für ältere Geschichtskunde», 33 (1907–1908), 77–94; d'Aussac, *Le droit de dépouille*; Forchielli, *Il diritto di spoglio*, 13–55; Sheehan, *The Will*, 241–253; H.-J. Becker, *Spolienrecht*, in *Handwörterbuch zur deutschen Rechtsgeschichte*, Fasz. 31, Berlin, 1989, 1779–

1780; Meyer, *Das päpstliche Spolienrecht*, 399–405. Die *potentiores* geben im Laufe des 11. und 12. Jh. – beeinflußt durch die Gregorianische Reform – immer häufiger das Spolienrecht auf. 1120 erreichen ein päpstlicher Legat und König Ludwig VI. vom Seneschall die Rückgabe der von ihm nach dem Tode des Bischofs von Senlis eingezogenen Güter (*Gallia christiana*, X, preuves, 209). Bereits 1084 hatte Raimund von Saint-Gilles feierlich auf sein Recht verzichtet, sich nach dem Tode des Bischofs von Senlis dessen Güter anzueignen (Lesne, *Histoire*, II, 50, Anm. 5). In Frankreich erreichten die Bischöfe ihre Befreiung unter Ludwig VII. (1137–80); siehe Senn, *L'institution des vidamies*, 150–151; Lohrmann, *Kirchengut*, 125–126; Guyotjeannin, «*Episcopus et comes*», 77, Anm. 50. Über das Spolienrecht gegenüber den Bischöfen, siehe Loades, *The Death*.

40 Elze, «*Sic transit*», 10. In der zweiten Hälfte des 13. Jh. war es dem Papsttum gelungen, die Situation völlig umzukehren: Am 18. November 1262 entschied Urban IV., daß künftig die Güter der ohne Testament *apud Sedem Apostolicam* Verstorbenen an die Römische Kirche fallen sollten. Um den Einzug ihrer Güter zu verhindern, mußten die Prälaten im Besitze einer päpstlichen *licentia testandi* sein: siehe Paravicini Bagliani, *I testamenti*, XLII–LXV und im allgemeinen Prochnow, *Das Spolienrecht*.

41 Paravicini Bagliani, *I testamenti*, CLV–CLVIII.

42 Siehe oben, Anm. 8. Als Papst Stephan VIII. im Oktober 942 zu Florenz starb, wusch, bekleidete und bestattete Abt Hugo von Cluny, der dem Papst in seinem Todeskampf beigestanden hatte, den Leichnam des Papstes. Das scheint zu bestätigen, daß es kein genau festgelegtes Bestattungszeremoniell für die Päpste gegeben hat; PL 159, 896.

43 LP, II, 305: «... Corpus eius *balsamo* infectum et, *ut ordo habet*, sacris indutum vestibus ...»; siehe Herklotz, «*Sepulcra*», 209, Anm. 168.

44 LP, II, 294. Eine Stelle in der *Vita* Papst Benedikts III. (855–58) scheint auf erste Sicht eine Ausnahme zu sein; aber wir befinden uns mit ihm fast drei Jahrhunderte von den Pontifikaten Paschals II. und Honorius' II. entfernt, und der Versuch, die Begräbniszeremonie festzulegen, gehört hier in den allgemeinen Kontext des kirchlichen Begräbnisses.

45 Watterich, II, 189: «ut eum [scil. Honorium], sicuti mos est, antiquam iuxta Romani ordinis normam honorifice sepelirent».

46 Petrus Guilielmi, *Liber Pontificalis*, ed. Prerovsky, II, 756: «... *nec* vestitum in antiquo, praeter bracas solummodo et cum camisia – *heu, quantum misere!* – in feretro nudis certe sindonibus, *quod dolendo dicimus*, hinc vel inde relatum». Siehe die *Historia Compostellana*, ed. Watterich, II, 188. Siehe auch unten, Anm. 55.

47 In seinen Glossen zum *Liber Pontificalis* des Petrus Guilielmus notierte Pierre Bohier zum Wort *gleba*: «Id est terra, hoc est terrenum corpus» (*Liber Pontificalis*, ed. Prerovsky, III, 550). Für die Bedeutung des Wortes *gleba* = Leichnam, siehe die mittellateinischen Wörterbücher (Ducange, Latham usf.); sie bestätigen die Richtigkeit der Glosse Bohiers.

48 Die päpstlichen Grabmäler sind Gegenstand einer ganzen Reihe historischer und kunstgeschichtlicher Forschungen. Die letzte ausführliche Arbeit (Herklotz, «*Sepulcra*») hat die Probleme in all ihrer Komplexität dargelegt und einen weiten zeitlichen Überblick gegeben; siehe auch Montini, *Le tombe*; Picard, *Etude*, 725–782; Ladner, *Die Papstbildnisse*.

49 Über Boso, siehe Engels, *Kardinal Boso*, 147–168.

50 *Vita* Leos IX., LP, II, 356: «Eo autem in eadem ecclesia digno cum honore sepulto ...» (die Quelle Bosos, der *Liber ad amicum* Bonizos von Sutri, ed.

Dümmler, MGH, *Libelli*, I, 589, sagt ebenfalls: «Cuius corpus in eadem ecclesia cum honore magno humatum est»); *Vita* Gregors VII., LP, II, 368: «honorifice tumulatum»; *Vita* Paschals II., LP, II, 376: «cum honore maximo tumulatus»; *Vita* Gelasius' II., LP, II, 376: «honorifice tumulatus»; *Vita* Kalixts II., LP, II, 378: «honorifice tumulatus»; *Vita* Honorius' II., LP, II, 379: «digno cum honore sepultus»; *Vita* Innozenz' II., LP, II, 385: «honorifice tumulatus»; *Vita* Lucius' II., LP, II, 386: «digno cum honore sepultus»; *Vita* Eugens III., LP, II, 387: «cum totius fere cleri et populi Romani frequentissima turba, maximo luctu et communi atque inmensa tristitia deportatus est, et in ipsa beati Petri ecclesia coram maiori altari tumulatus»; *Vita* Alexanders III., LP, II, 397: «honorifice tumulatus».

51 Erlande-Brandenburg, *Le roi est mort*, 14.

52 *Ibid.*, 16 zitiert hierzu ein Zeugnis Rogers von Hoveden.

53 Schmale, *Quellen*, 478 (Dekrete der Synode von Brixen); Wido, Bischof von Ferrara, *De scismate Hildebrandi*, in MGH, *Libelli*, I, 534: «Nam, ut a viris religiosissimis didici et fama ferente recognovi, *beatae memoriae Alexandro defuncto necdum humato*, clero et populo, omni senatu pariter collecto ...».

54 Bonizo, *Liber ad amicum*, Beginn des Buches VII, MGH, *Libelli*, I, 601: «Eodem itaque die prefati pontificis corpore in ecclesia sancti Salvatoris humato, *cum circa sepulturam eius venerabilis Ildebrandus esset occupatus*, factus est derepente concursus clericorum, virorum ac mulierum clamantium: ‹Ildebrandus episcopus›».

55 *Historia Compostellana*, ed. Watterich, II, 188. Siehe auch oben, Anm. 46.

56 *Ibid.*, II, 186.

57 Petrus Guilielmus, *Liber Pontificalis*, ed. Prerovsky, II, 181 (LP, I, 316; Mansi, X, 503); siehe Zoepffel, *Die Papstwahlen*, 18.

58 *Ibid.*, 17.

59 Benno, *Gesta Romanae Aecclesiae contra Hildebrandum*, I, 2 (MGH, *Libelli*, II, 370); siehe Zoepffel, *Die Papstwahlen*, 18. Der Text Bonifaz' III. wurde in verschiedene Rechtssammlungen aufgenommen wie die des Deusdedit und Anselms von Lucca, *ibid.*, 16.

60 *Gesta Innocentii III*, c. 5, PL 217, XIX: «Ipse cum quibusdam aliis apud basilicam Constantinianam voluit decessoris exequiis interesse».

61 Über das Konklave von 1241, siehe Zoepffel, *Die Papstwahlen;* Hampe, *Ein ungedruckter Bericht*; Wenck, *Das erste Konklave*, 101–170; Ruffini Avondo, *Le origini*, 261–283; Joelsen, *Die Papstwahlen*; Paravicini Bagliani, *Versi duecenteschi*; Herde, *Election*; Schimmelpfennig, *Papst- und Bischofswahlen*, 178.

62 Hampe, *Ein ungedruckter Bericht*, 30 (Anagni, nach dem 19. November 1241): «nec vestrum aliqui prepotentes in Urbe ac nobiles ausi fuerint ad summi pontificis funus accedere, debiti honoris celebraturi exequias iuxta morem ...».

63 Gutmann, *Die Wahlanzeigen*.

64 PL 143, 869 (JL 4372): «Promotioni nostrae, sicut nobis scripsisti, non ambigimus te gratulari ...». Der Brief ist nicht datiert.

65 PL 144, 348 (JL 4469). Der Brief ist nicht datiert; Alexander II. wurde am 1. Oktober 1061 zum Papst gewählt.

66 JL 4771–4774 (22–26 April 1073).

67 Caspar, *Das Register Gregors VII.* (Rom, 24. April 1073; JL 4772).

68 Paschal II. ging einen Schritt weiter. In seiner Wahlanzeige an den Abt von Cluny vom 10. September nennt er das *Todesdatum* seines Vorgängers und sagt, er sei *am Tag danach* gewählt worden (PL 163, 31; JL 5807).

69 JL 6682 (an den Erzbischof von Mainz, Adalbert); JL 8370 (24. Februar 1130,

an die Erzbischöfe, Bischöfe, Äbte, Pröpste, Kleriker und Laien Deutschlands und Sachsens).

70 D'Achery, *Spicilegium*, VI, 461. Der Brief Eugens III. vom 2. März 1145 ist an den Prior von San Frediano in Lucca gerichtet (PL 180, 1014–1015; JL 8714).

71 PL 200, 70 (JL 10584).

72 JL 14426. Siehe Watterich, II, 460–461: «Felicis memoriae papa Adriano praedecessore nostro viam universae carnis ingresso [et] in beati Petri basilica tumulato». In den erhaltenen Wahlanzeigen der Päpste des ausgehenden 12. Jh. findet man – verglichen mit früher – keine Neuerungen. Am 3. Dezember 1185 (JL 15475) zeigt Urban III. Kaiser Friedrich Barbarossa den Tod Lucius' III. und seine eigene Wahl an. Am 27. Oktober 1187 (JL 16014) meldet Gregor VIII. den Erzbischöfen, Bischöfen, Äbten und Prälaten in Deutschland den *heiligmäßigen* Tod Urbans III. an; die Kardinäle traten am Tag nach seiner Bestattung zur Neuwahl zusammen (Watterich, II, 587).

73 *Die Register*, I, 4, Nr. 1

74 *Regesta Honorii papae III*, I, Nr. 1: «et sequenti die, celebratis exequiis *ac cum honore debito collocato ipsius corpore in sepulcro*». Bemerkenswert ist eine Stelle in der Predigt, die der Papst am 25. Juli 1216, also eine Woche nach dem Tode Innozenz' III. hielt. Der Leichnam des Papstes wird hier «ehrwürdig», *venerabilis*, genannt, und die Teilnahme der Kardinäle an der Bestattungsfeier ist eine «altbekannte» Gewohnheit.

75 Gregor IX., Alexander IV., Urban IV., Klemens IV., Gregor X., Johannes XXI., Nikolaus III., Martin IV.

76 *Les Registres de Nicolas IV*, Nr. 1.

77 *Les Registres de Benoît XI*, Nr. 1. Die Wahlanzeige Bonifaz' VIII. ist für uns unwichtig, da der Caetani-Papst nicht nach dem Tode seines Vorgängers erwählt wurde.

78 Es ist bezeichnend, daß Johannes XXII. (5. September 1315; *Lettres secrètes et curiales de Jean XXII*, I, Nr. 2) davon noch ausdrücklich spricht. Der Wille, die institutionelle Kontinuität herauszustreichen, hatte dazu geführt, daß seit dem 11. Jh. das Begräbnis des verstorbenen Papstes ein wichtiges und konstitutives Element beim Übergang von einem Papst zum anderen geworden war. Das zeigt sich noch deutlicher als früher in den Wahlanzeigen Benedikts XII. (8. Januar 1335) und Klemens' VI. (21. Mai 1342). Weihe und Krönung wurden gefeiert «juxta morem in personis felicis memorie Romanorum pontificum predecessorum nostrorum hactenus observatum»: *Benoît XII, Lettres closes*, 3–4, Nr. 2 (Wahlanzeige vom 9. Januar 1335 an König Philipp VI. von Frankreich); *Lettres de Clément VI se rapportant à la France*, I, 3–4, Nr. 4 (Wahlanzeige vom 21. Mai 1342 an den König von Frankreich).

79 LP, II, 387: «... *maximo luctu et communi atque immensa tristitia* deportatus est ...».

80 Paravicini Bagliani, *La storiografia*, 53, Anm. 25.

81 *Vita Gregorii IX*, LC, II, 19: «Demum vero Romanis exultantibus, populis ac clero jubilante pre gaudio, irruentibus etiam catervatim utriusque sexus hominibus, pontificali decoratus infula in Lateranensi palatio magnifice cathedratur. Tunc lugubres vestes mutavit Ecclesia et urbis semiruta menia pristinum ex parte receperunt fulgorem».

82 Campi, *Dell'Historia*, II, 343: «sicque ipsa Ecclesia lugubria viduitatis indumenta deponens ...».

83 Das in den *Liber Censuum* des Cencius (um 1180) eingeschobene Zeremoniale sagt lediglich, daß während einer Sedisvakanz die Kardinäle gewöhnlich dreimal zusammenkommen: beim Begräbnis des Papstes, den Tag darauf für

die Totenmesse, und am dritten Tag, um nach der Messe zum Heiligen Geist über die Neuwahl zu beraten (LC, I, 311, XLVIII, Nr. 77). Der liturgische *Ordo* interessiert uns hier nur am Rande. Die älteste Handschrift, welche die Totenliturgie für den Papst und die Kardinäle beschreibt – der *ordo ad sepeliendum papam, episcopos, presbiteros et diacones cardinales defunctos* – stammt aus den ersten Jahren des 13. Jh.; es ist die Hs. 67 der Bibliothèque municipale von Toulouse. Sie wurde zwischen 1306 und 1313 geschrieben: Andrieu, *Le pontifical romain*, II, 215 und Dykmans, *Le cérémonial*, I, 71–73. Neuere Edition: *ibid.*, II, 503–507. Dieser *ordo ad sepeliendum papam* ging in das zwischen 1300 und 1340 entstandene Zeremoniale Stefaneschis ein *(ibid.*, II, 131), aber nicht in den *Ordo XIV*, denn die von Mabillon benutzte Handschrift zeigt keine Spur von ihm. Vorbild war der alte *ordo sepeliendi clericos Romane fraternitatis (ibid.*, II, 248–249), der das Kapitel 52 des römischen Pontifikale bildet, ed. Andrieu, *Le pontifical romain*, II, 505–513. Einmal selbständig geworden, veränderte sich dieses päpstliche Totenzeremoniell während der letzten Jahrhunderte des Mittelalters nur noch unwesentlich. Wir finden es in der Tat fast unverändert wieder im römischen Pontifikale für Südfrankreich (Lyon, ms. 566, f. 99–106; siehe Andrieu, *Le pontifical romain*, II, 33), in einer Handschrift, die für einen von Eugen IV. ernannten Kardinal geschrieben wurde (Vat. lat. 4741; siehe *ibid.*, I, 82); es findet sich auch als einfaches, selbständiges Zeremoniale *(ibid.*, I, 72 und III, 503).

84 Neue kritische Ausgabe: *ibid.*, IV, 69–288. Der Text über den Tod des Papstes findet sich auch in der Hs. Vat. lat. 5944, f. 230r–234r; siehe Herklotz, *Paris de Grassi*, 228, Anm. 45. Pierre Ameil war zunächst *socius* des päpstlichen Sakristans unter Urban V. (1362–70) und später Beichtvater der Päpste Gregor XI. (1370–78) und Urban VI. (1378–89). Er blieb Urban VI. treu und wurde von ihm 1386 zum Bischof von Sinigaglia und 1387 zum Patriachen von Grado ernannt. 1400 verlieh ihm Bonifaz IX. das Patriarchat Alexandrien. Er starb ein Jahr später zu Rom: Dykmans, *Le cérémonial*, IV, 13–24.

85 *Ibid.*, IV, 221, Nr. 990.

86 *Ibid.*, IV, 218, Nr. 967.

87 *Ibid.*, IV, 220, Nr. 984.

88 *Ibid.*, IV, 221, Nr. 989.

89 *Ibid.*, IV, 222, Nr. 998.

90 *Ibid.*, IV, 224–225, Nr. 1021–1027.

91 Der Fano ist ein dem Papst vorbehaltenes Schultertuch aus weißer Seide mit roten und goldenen Streifen. Es besteht aus zwei am Rande zusammengenähten Stoffbahnen. Ein Teil des Fano wurde über der Albe, der andere über der Kasel getragen. In der Mitte hatte der Fano eine Öffnung für den Kopf.

92 *Ibid.*, IV, 219, Nr. 976: «... *pallio de corpore Petri sumpto* ...».

93 *Ibid.*, IV, 217, Nr. 953.

94 *Ibid.*, IV, 217, Nr. 954.

95 *Ibid.*, IV, 217, Nr. 960; Nr. 957; Nr. 958.

96 *Ibid.*, IV, 217, Nr. 959.

97 *Ibid.*, IV, 223, Nr. 992.

98 *Ibid.*, IV, 222, Nr. 999: «Neque alii cardinales per totam novenam dictis coloribus debent uti» (rot, schwarz oder grün). Wenn der Papst in Rom stirbt, kleidet sich selbst der Senator der Stadt nicht schwarz, «es sei denn, er tue es aus Liebe zum Papst», also aus ganz persönlichen Gründen *(ibid.*, IV, 219, Nr. 1029: «Senator urbis propter officium non utitur nec vestitur, nisi vellet facere per se amore pape»).

99 *Ibid.*, IV, 223, Nr. 1011.

100 *Ibid.*, IV, 222, Nr. 1001.
101 *Ibid.*, IV, 219, Nr. 1039.
102 *Ibid.*, IV, 219, Nr. 976: «Tunc quasi sedendo erigant eum dicti penitentiarii, et induant ipsum [...] *pallio de corpore Petri sumpto* ... »; 223, Nr. 978 (siehe Nr. 1003); 223, Nr. 979.
103 *Ibid.*, IV, 227, Nr. 1042: «Item sciendum quod barbitonsor pape non retiret cassam cum rasoribus et cum hiis que intra sunt; item de bacili argenteo. Postea novus papa facit sibi dare X vel XII florenos. Verumtamen bacile semper in camera pape cum rasoriis et tobaliolis remanet».
104 *Ibid.*, IV, 218, Nr. 970: «Et interim cum illis fratribus de bulla, si fuerint, vel de Pignota, cum aqua calida cum bonis herbis, quam cubicularii parare debent, lavent corpus bene, et *barbitonsor radat sibi caput et barbam*».
105 *Ibid.*, IV, 227, Nr. 1043: «Item si paneterii et buticularii petunt tobaleas vel bottas, nihil detur eis, quia habent gagia sua. Quod si non darentur eis, rationem haberent petendi in tobaleis in quibus papa ultimo comedit, et in bottis de quibus tunc ultimo bibebat vinum». Diese Bestimmungen scheinen im Widerspruch zu stehen zu einem zwischen 1261 und 1294 entstandenen Buch, welches die Rechte und Pflichten der päpstlichen *familia* enthält: den päpstlichen *servientes* wird das Recht zuerkannt, die «capas vetustas alterius pape, creato successore» zu erhalten; die Elemosinare, die den Papstleib zubereitet und eingekleidet haben, erhalten, wie gewohnt, das Bett, in dem der Papst gestorben ist: Frutaz, *La famiglia*, 301 und 308; über diese Quelle, siehe auch unten, S. 278, Anm. 53.
106 Über den Tod, siehe Dykmans, *Le cérémonial*, IV, 216–227, Nr. 949–1044; über das Konklave: *ibid.*, 228–231, Nr. 1045–1076.
107 LP, II, 305; für den vollständigen Text, siehe oben, Anm. 43.
108 LP, II, 318: «subita passione correptus quam a costa Greci pleuresyn appellari iusserunt, suis ac multis fratris undique convocatis, facta confessione ac corpore cum sanguine Redemptoris acceptis ...».
109 LP, II, 323: «Nec mora, confessus et ordinatus, omnibus ululantibus, obdormivit in Domino».
110 LP, II, 458: «In Suriano castro prope Viterbium, ubi cardinales et curiales in Viterbio morantes ad suum conspectum evocabant ...».
111 Schimmelpfennig, *Die Zeremonienbücher*, 44.
112 Die Schilderung der letzten Worte Alexanders V. und seines Todes sollte offensichtlich seine Wahl auf dem Konzil von Pisa rechtfertigen.
113 Über die Testamente der Kardinäle, siehe Paravicini Bagliani, *I testamenti*, XLIII ss. Nur wenige Papsttestamente sind aus dem 13. und 14. Jh. überliefert. Salimbene behauptet, *Chronica*, 823, Martin IV. habe den Kardinal Jakob Savelli zu seinem Testamentvollstrecker ernannt; siehe Wadding, *Annales Minorum*, V, 154. Doch hat sich dieses Testament nicht erhalten. Von Jakob Savelli, dem künftigen Honorius IV., besitzen wir das Testament, das er noch als Kardinal aufsetzte, ed. Paravicini Bagliani, *I testamenti*, 197–206; über das «Testament», oder besser, über die *donatio causa mortis* Klemens' V., siehe Ehrle, *Der Nachlaß*, 104–149; das Testament Gregors XI. ist veröffentlicht worden von D'Achery, *Spicilegium*, VI, 675–690; das von Nikolaus V. durch Muratori, RIS, III, 2, 945–958.
114 Dykmans, *Le cérémonial*, IV, 216, Nr. 951.
115 Editionen: Gattico, *Acta*, I, Rom 1753, 231–255, cap. 1–41; Dykmans, *Le cérémonial*, III, 262–335 (über den Tod des Papstes: 262–270, Nr. 1–30); über Datierung und Textüberlieferung, siehe Schimmelpfennig, *Die Zeremonienbücher*, 120–126 und Dykmans, *Le cérémonial*, III, 47–73.

116 *Ibid.*, III, 264–265, Nr. 8–11.
117 Im Prozeß gegen die Neffen Klemens' V. (1305–14) sagte der Kardinal Raimund von Santa Maria Nuova aus, er wisse «quod lapides pretiosi dicti domini mei una cum sigillo piscatoris fuerunt traditi collegio dominorum meorum cardinalium apud Carpentoratum, in loco ubi omnes conveniebamus, et per aliquos de dictis dominis meis cofinus, in quo erant, fuit sigillatus», ed. Ehrle, *Der Nachlaß*, 40. Der älteste Hinweis auf den päpstlichen Fischerring findet sich im Pontifikat Klemens' IV. (1265). Für eine Beschreibung dessen, was mit diesem und anderen Ringen beim Tode Pius' IV., Gregors XIII., Urbans VII. und anderer Päpste geschah, siehe Cancellieri, *Notizie*, 1–11.
118 Dykmans, *Le cérémonial*, III, 266, Nr. 16.
119 *Ibid.*, III, 268, Nr. 23; siehe Schimmelpfennig, *Die Zeremonienbücher*, 120–125.
120 Dykmans, *Le cérémonial*, III, 264, Nr. 7: «Item debet ordinare quod statim claudantur omnes porte palatii, una tantum excepta, que videbitur aptior et magis opportuna pro introitu et exitu illorum qui ibi (aliquid) fuerint facturi».
121 *Ibid.*, III, 266–267, Nr. 17–18.
122 Vielleville, *Mémoires*, 63; zitiert von Kantorowicz, *Die zwei Körper des Königs*, 413, Anm. 343. Für das Papsttum, siehe Aymon, *Tableau de la cour de Rome*, 384: beim Tode des Papstes «la Rote et tous les Tribunaux cessent de rendre la justice».
123 Kantorowicz, *Die zwei Körper des Königs*, 411–412; Giesey, *Le roi ne meurt jamais*, 340, Anm. 344.

II. Der Leichnam

1 *Lettres de Jacques de Vitry*, ed. Huygens, 73: «Post hoc veni in civitatem quandam que Perusium nuncupatur in qua papam Innocentium inveni mortuum, sed nundum sepultum, quem de nocte quidam furtive vestimentis preciosis, cum quibus scilicet sepeliendus erat, spoliaverunt; corpus autem eius fere nudum et fetidum in ecclesia relinquerunt. Ego autem ecclesiam intravi et oculata fide cognovi quam brevis sit et vana huius seculi fallax gloria». Jakob von Vitry spricht dann von Honorius III. (1216–27) in Worten, die eine leichte Kritik an Innozenz III. durchblicken lassen. Der neue Papst sei ein «gutmütiger Greis, fromm, einfach, sanft und bereit, allen Besitz den Armen zu geben». Über den Aufenthalt der Kurie in Perugia, siehe Paravicini Bagliani, *La mobilità*, 228–231. Bereits die römische Synode von 595 erwähnt die Gewohnheit der Römer, sich die Gewänder anzueignen, mit denen der Leichnam des toten Papstes bekleidet war. Die Synode verbot, die Bahre, auf welcher der tote Papst zu Grabe getragen wurde, mit einem Trauertuch oder irgendetwas anderem zu bedecken. Vorher waren die Leichen der Päpste mit kostbaren liturgischen Gewändern bekleidet, den *dalmaticae*, eine «Gewohnheit, die nicht dem Verdienst entsprach» *(mos ultra meritum)*. Das Volk hatte die Gewohnheit, diese Gewänder wegzunehmen und unter sich aufzuteilen *pro sanctitatis reverentia*, d. h. aus Verehrung für die Heiligkeit des Verstorbenen: MGH, *Epistolae*, I, 346. Dieser Text kann nicht in Zusammenhang gebracht werden mit dem durch Jakob von Vitry berichteten Ereignis. Im Dekret von 595 fehlt jeder Hinweis auf den erst sehr viel später aufkommenden Topos des *Sic transit*; vor allem war die Absicht der Synode völlig verschieden: sie wollte verhindern, daß sich das Volk die *velamina* von Apostelreliquien und

Märtyrergräbern sowie liturgische Gewänder aneignete (siehe oben, S. 266, Anm. 14). Elze, «*Sic transit*», 4, gibt ebenfalls zu: «Als Motiv ist aber nicht die Gewinnsucht oder Habsucht des Volkes, sondern der Wunsch nach Reliquienbesitz angegeben.»

2 Editionen von Lothars *De miseria*: Maccarrone, *Lotharii cardinalis* (X–XX: Liste von 435 Handschriften); Lewis, *Lotharius* (236–253: Liste von 672 Handschriften). Lothar: «qui modo fulgebat ornatus in aula, modo sordet *nudus* tumba» = Jakob von Vitry: «*nud*um in ecclesia»; Lothar: «quid ergo prosunt divitie? Quid epule? Quid honores?» = Jakob: «cognovi quam brevis sit et vana huius seculi fallax gloria»; Lothar: «mortuus producet putredinem et fetorem ... quid ergo *fet*idius humano cadavere? ... quod horribilius mortuo homine? ... *nud*us egreditur, et *nud*us regreditur» = Jakob: «corpus autem eius fere *nud*um et *fetid*um». Siehe Petrocchi, *L'ultimo destino*, 202–207. Mit *De misericordia conditionis humane* erwarb Lothar sich seinen Ruf als Autor. Das Werk wurde zwischen dem 25. Dezember 1194 und dem 13. April 1195 verfaßt. Einführungen: Bultot, *Mépris*, 442; Moore, *Innocents «De Miseria»*; Sot, *Mépris*.

3 Blanc, *Les usages du paraître*. Auch für Saint-Simon, *Mémoire succint*, 221, ist der König nackt, da er nur mit einem Hemd bekleidet ist: «Le Prince entièrement couché et trouvé comme dormant sur son lict entre ses rideaux fermés, *comme nud puisqu'il n'a qu'une camisole de satin* sur sa chemise ...».

4 Gregorovius, *Die Grabdenkmäler*, 56; siehe Elze, «*Sic transit*», 1. Von «düsteren Worten» spricht Petrocchi, *L'ultimo destino*, 206–207.

5 Die durch Jakob erzählte Episode findet ein gewisses Echo in der Chronik des englischen Mönches Matthäus Paris. Bei ihm ist das Opfer Erzbischof Richard von Canterbury, der drei Tagesreisen vor Rom am 3. August 1231 starb. Richard wollte mit Gregor IX. über die Kirchenpolitik des englischen Königs sprechen. Richards Leichnam wurden für die Bestattung die Bischofsgewänder angelegt, «wie es Brauch ist»; doch während der Nacht erbrachen Leute der Gegend das Grab, um den Ring und andere Bischofsinsignien zu rauben. Aber sie vermochten weder mit Leibeskraft noch mit Werkzeugen das Grab zu öffnen. Jakob von Vitry war Augenzeuge des von Matthäus Paris berichteten Vorfalls. Matthäus Paris ist ein gewöhnlich gut unterrichteter Chronist kirchlicher Ereignisse in England und an der Kurie. Man sieht, die Grabesruhe hoher Prälaten war noch im Hochmittelalter durch die Habgier der Menschen gefährdet (Matthaeus Paris, *Chronica maiora*, III, 206). Siehe auch im Decameron von Boccaccio die 5. Novelle des 2. Tages, wo die Ausraubung des – bereits begrabenen – Erzbischofs von Neapel erzählt wird.

6 Zeitgenössischer anonymer Bericht über den Aufenthalt Innozenz' III. in Perugia und seinen Tod: Perugia, Archivio Capitolare, ms. 41, Petrocchi, *L'ultimo destino*, 206–207.

7 Salimbene, *Chronica*, 608: «... et remansit super paleas nudus et derelictus ab omnibus, sicut mos est Romanorum pontificum, quando ultimum diem claudunt ...».

8 Pagnotti, *Niccolò*, 119: «... Fratres Minores, Predicatores et alii religiosi quam plurimi nec non et clerici seculares circa ipsius patris feretrum pernoctantes ac divinis etiam laudibus et orationibus assistentes».

9 Elze, «*Sic transit*», 17.

10 Paravicini Bagliani, «*La storiografia*», 52, Anm. 20.

11 Salimbene gebraucht seltsamerweise den Plural des Wortes *palea* (= Stroh).

12 Thomas von Eccleston, *De adventu*, 67. Adam de Marisco († 1258) wird als verstorben erwähnt; der Traktat muß also während der Herrschaft Heinrichs III. (1272) geschrieben worden sein: *ibid.*, LXXII–LXXIII.

13 *Ibid.*, 66.
14 *Ibid.*, 66.
15 *Ibid.*, 66.
16 *Ibid.*, 67: «Dixit autem dictus Frater Mansuetus quod nullus mendicus, ne dicam nullus homo, miserabilius et vilius moritur quam papa quicunque».
17 *Ibid.*, 67.
18 Einzig Thomas von Eccleston erwähnt die Gegenwart des heiligen Franz bei der Bestattung Innozenz' III. Thomas war freilich nicht Augenzeuge. «Sein Bericht ist spät und wird nicht durch andere Quellen bestätigt»: Petrocchi, *L'ultimo destino*, 206; Huygens, *Lettres de Jacques de Vitry*, 73, Anm. 62, sieht es ebenso. Eine gewisse franziskanische Geschichtsschreibung ist geneigt, dieser Nachricht Vertrauen zu schenken, kann aber keine Argumente dafür bringen: siehe z. B. P. Gemelli, *Giacomo da Vitry e le origini del movimento francescano*, in «Aevum», 39 (1965), 485–486.
19 Nach Wadding, *Annales*, V, 154, soll Martin IV. den Wunsch geäußert haben, im Franziskanerhabit bestattet zu werden. Thomas von Eccleston zählte auch Nikolaus von Calvi zu den Minderbrüdern, die ein beispielhaftes Leben führten. Seltsamerweise wird es als etwas Positives gesehen, daß er Beichtvater Innozenz' IV. war (Thomas von Eccleston, *De adventu*, 61). Daß im Bericht Nikolaus' von Calvi so viele Personen betend bei der Bahre des Papstes ausharren, könnte auf erste Sicht wie eine bewußte Übertreibung aussehen (Nikolaus von Calvi schrieb nämlich seine Biographie zu Lebzeiten des Papstneffen Wilhelm Fieschi). Der Bericht hat aber vielleicht in einem gewissen Sinn einen ganz besonderen Zeugniswert: Er ist ein Hinweis auf die Neuigkeit oder zumindest erneuerte Aktualität der den sterbenden und toten Papst begleitenden Gebete und Zeremonien. So gesehen und in Abwesenheit anderer Elemente kann man Salimbene nicht einfach Nikolaus von Calvi vorziehen.
20 Oliger, *Liber exemplorum*, 247, Nr. 88 et Anm. 2. Ausführliche Behandlung dieser Exempla bei Paravicini Bagliani, *Die Polemik*, 355–362.
21 Dufeil, *Guillaume de Saint-Amour*, 146, Anm. 247.
22 Thomas Cantimpratanus, *De Apibus*, lib. II, cap. XI, Nr. XXXVII; siehe Wadding, *Annales*, III, 370 ss.
23 Döllinger, *Beiträge*, III, 428–429.
24 *Ibid.*, 428; siehe Elze, «*Sic transit*», 17.
25 Der Text fährt so fort, Giovanni Burcardo, *Alla corte*, 44–45: «Und das, obwohl ich mehrmals deswegen die Bitte geäußert hatte gegenüber dem Kardinal von Parma, Petrus von Mantua, Accursio, Giorgio und Bartolomeo della Rovere [...], dem Barbier Andrea, die alle Kammerherrn und Domestiken des verstorbenen Papstes waren und die viel Gutes von ihm empfangen hatten. Schließlich gab mir der Koch eine Schüssel aus Kupfer, in der man gewöhnlich das Geschirrwasser erhitzte, und dazu noch etwas warmes Wasser. Der Barbier Andrea ließ mir aus seinem Laden Salbe bringen. So wurde der Papst gewaschen. Da aber keine Tücher da waren, um ihn abzutrocknen, schnitt ich sein Hemd entzwei, das er im Tode trug, und ließ es trocknen. Da es auch keine anderen Strümpfe gab als die, welche er gerade trug, konnte ich sie nicht wechseln ...»
26 Johannes Burckardus, *Liber notarum*, I, 352; Giovanni Burcardo, *Alla corte*, 404–406.
27 Johannes Burckardus, *Liber notarum*, I, 355; Giovanni Burcardo, *Alla corte*, 406–407.
28 *Ibid.*, 430; Johannes Burckardus, *Liber notarum*, II, 394.

29 *Ibid.*, I, 15–16: «In hoc erravi: debebat enim in habitu sancti Francisci, cujus ordinem professus erat, sepeliri, desuper in vestibus sacris pontificalibus sibi impositis».

30 Giovanni Burcardo, *Alla corte*, 47; siehe Johannes Burckardus, *Liber notarum*, I, 16: «... et ratio est, quia in eo, quod homo est, moritur et desinit esse major hominum, ideo, ut homo ante apostolatum, sepeliri debet». Dies Problem stellte sich zweimal im 15. Jh.: mit der Wahl Alexanders V. (1409–10) und Sixtus' IV. (1471–84), die beide Franziskaner waren.

31 Paris de Grassi, *Tractatus de funeribus et exequiis* (Vat. lat. 5986, f. 127v): zitiert von Herklotz, *Paris*, 229, Anm. 52. Dykmans, *Paris de Grassi*, 436, Anm. 122 behandelt dieses Problem in seinem Kommentar zum *Ceremoniale* des Patrizi Piccolomini (1484–92): Dieser hatte darauf bestanden, daß der tote Papst mit denjenigen Gewändern bekleidet werde, die er vor seiner Wahl zum Papst trug, vor allem wenn er ein Ordensmann war (Dykmans, *L'œuvre*, I, 247). Genau das gleiche Problem stellte sich in den Vorschriften der päpstlichen Pönitentiarie des 15. Jh. Das ist sicherlich kein Zufall. Siehe unten, Anm. 53.

32 *Ibid.*, I, 231, Nr. 679.

33 *Ibid.*, I, 247: «Ubi etiam privatim nudus supra aliquam tabulam nudam positus ab eisdem plumbatoribus lavatur et extergitur».

34 Elze, «*Sic transit*», 12 ss., 14. Das Wort «ipse papa moritur» stammt von Augustinus Triumphus, zitiert von Spinelli, *La vacanza*, 97 und 164 (siehe auch unten, S. 286, Anm. 36). Elze, «*Sic transit*», 14 hat beide Maximen gegenübergestellt und untersucht. Die berühmte Maxime «Le roi ne meurt jamais» erscheint nach Giesey zum ersten Mal bei J. Bodin, *Les Six Livres de la République*, I, VIII, *ad finem* ed. Paris, 1583, 160): «Car il est certain que le Roy ne meurt jamais, comme l'on dit, ainssi tost que l'un est decedé, le plus proche masle de son estoc est saisi du Royaume, et en possession diceluy auparavant qu'il soit couronné»; siehe Giesey, *Le roi ne meurt jamais*, 268.

35 Über die Ausraubung der Könige von Frankreich, siehe Erlande-Brandenburg, *Le roi est mort*, 17. Die Plünderung der Leiche Wilhelms des Eroberers (1087), welche Ordericus Vitalis erzählt, *Historia ecclesiastica*, VII, 16, ed. Chibnall, IV, 100–108 ist, entgegen der Ansicht Elzes («*Sic transit*», 14, Anm. 47), nicht die einzige unbestreitbare Spoliierung eines toten Königs im Mittelalter.

36 Siehe unten, S. 147–48.

37 Aymon, *Tableau de la Cour de Rome*, 382 berichtet: «Quand le pape est à l'extrémité, ses neveux, ou autres domestiques emportent de son palais tous les meubles qu'ils y trouvent; et aussitôt qu'il a rendu l'Esprit les Officiers de la Chambre Apostolique viennent dans l'appartement où il est décédé pour se saisir de sa dépouille, mais les parens du défunt y mettent si bon ordre, qu'il n'y reste que les autres murailles ...»; siehe Jones, *Crowns*, 401; Bertelli, *Il corpo del re*, 49.

38 Herklotz, «*Sepulcra*», 194.

39 Andrieu, *Le pontifical romain*, II, 501–504.

40 LP, II, 387.

41 Herklotz, «*Sepulcra*», 194 (fig. 85); Id., «Paris», 230 und fig. 1.

42 Herklotz, «*Sepulcra*», 194; Id., «Paris», 230 und ill. C.

43 Herklotz, «*Sepulcra*», 194.

44 *Ibid.*, 199.

45 Dykmans, *Le cérémonial*, IV, 219, Nr. 978. Der Sarg des Papstes Klemens VI. war bedeckt mit einem Tuch aus schwarzer, goldbestickter Seide mit dem Wappen des Papstes auf roter Seide; siehe Déprez, *Les funérailles*, 238. Über die Kissen, siehe Dykmans, *Le cérémonial*, IV, 220, Nr. 979.

46 Herklotz, «Paris», 230–231.
47 Davidsohn, *Geschichte von Florenz*, IV, 3, 371 ss. Herklotz, «*Sepulcra*», 224–225, gibt eine bemerkenswerte Zusammenfassung der durch Davidsohn entdeckten Dokumente.
48 Constantinus Porphyrogenitus, *De Caerimoniis aulae Byzantinae*, II, I, 69 (60).
49 Erlande-Brandenburg, *Le roi est mort*, 19.
50 Siehe oben, S. 269, Anm. 43.
51 von Rudloff, *Über das Konservieren*, 20.
52 Dykmans, *Le cérémonial*, IV, 219, Nr. 969; siehe Moroni, VI, 201–202.
53 In einem zwischen 1261 und 1294 niedergeschriebenen Buch über die Rechte und Pflichten der päpstlichen Familiare, welches die Gewohnheiten unter den Päpsten Bonifaz VIII., Benedikt XI. und Klemens V. festhält, beginnt der Abschnitt über die Elemosinare mit den Pflichten beim Tode des Papstes. Sie haben die Aufgabe, die Leiche des Papstes zu waschen und mit den Papstgewändern zu bekleiden. Ist dies getan, so übergeben sie den Leichnam den Pönitentiaren. Dafür erhalten sie das Sterbebett des Papstes. Diese Bestimmungen finden sich nur in der Handschrift von Neapel, Biblioteca Nazionale, IX. D. 15: «Ipsi vero fratres elemosinarii presentes in obitu summi pontificis debent preparare dominum, lavare, mundare et vestire in vestibus pontificalibus, sicud consuetum est, postea presentare in manibus penitenciarii; et dicti fratres debent habere lectum, in quo moritur dominus noster papa», ed. J. Haller, *Zwei Aufzeichnungen über die Beamten der Curie*, in «Quellen und Forschungen aus italienischen Bibliotheken und Archiven», 1 (1898), 20. Sie finden sich nicht in der vollständigeren, von Frutaz entdeckten Fassung, die sich im bischöflichen Archiv von Aosta erhalten hat: Frutaz, *La Famiglia*, 301. Eine weitere, umfangreichere Fassung aus der Zeit vor 1326 enthält die Handschrift 1706 der Bibliothèque Municipale von Avignon; einige Auszüge sind veröffentlicht worden von G. Mollat, *Miscellanea Avignonensia. I. Notes sur trois fonctionnaires de la cour pontificale au début du XIVe siècle*, in «Mélanges d'archéologie et d'histoire», 44 (1927), 1–5; siehe auch Schimmelpfennig, *Die Zeremonienbücher*, 46. Der Abschnitt über die Elemosinare ist der einzige, welcher die Bestattung des Papstes erwähnt. Die einzige andere Anspielung betrifft die Rechte und Pflichten der Antoniter von Vienne, aber hier handelt es sich um das Begräbnis von Kurienmitgliedern und von Personen, die *apud Sedem Apostolicam* verstorben waren. Die Aufgaben der Pönitentiare, Kammerdiener und Elemosinare sind erneut, mit einigen Varianten, beschrieben in einem Formularbuch der Pönitentiarie aus dem 15. Jh., E. Göller, *Die päpstliche Pönitentiarie*, I, Roma, 1907, 145; siehe von Rudloff, *Über das Konservieren*, 20, Anm. 1.
54 Guy de Chauliac, *Cyrurgia magna*, tract. VI, doct. I, cap. VIII; siehe von Rudloff, *Über das Konservieren*, 37.
55 Guy de Chauliac, *Cyrurgia magna*, tract. I, doct. I, cap. VIII, 274.
56 *Ibid.*, tract. VI, doct. I, cap. VIII: «... ut dicebat Jacobus pharmacopoeus [in anderen Editionen: *apothecarius*], qui multos Romanos pontifices praeparaverat». Die Gegenwart dieses *Jacobus* [oder *Jaquetus*] *Melioris, apothecarius [hypothecarius] Curiae Romanae* während der Jahre 1321–60 wird durch zahlreiche Quellen der Apostolischen Kammer bezeugt (Schäfer, *Die Ausgaben ... unter Johann XXII.*, 859 ad indicem; Id., *Die Ausgaben ... unter Benedikt XII.*, 874 ad indicem); siehe von Rudloff, *Über das Konservieren*, 21.
57 Die Auskünfte Guidos von Chauliac stammen aus der Zeit nach dem Erlaß der berühmten Dekretale Bonifaz' VIII. *Detestande feritatis abusum*, welches die Zerstückelung und Ausweidung des Leichnams verbot. Für den Text der

Bulle Bonifaz' VIII. vom 27. September 1299, siehe *Les Registres de Boniface VIII*, Nr. 3409 (Potthast 24881). Sie wurde mit dem Datum 18. Februar 1300 in den *Liber Sextus (Corpus iuris canonici*, ed. Friedberg, II, 1272–1273 = Potthast 24914) eingetragen. Eine umfassende Darstellung dieses Problems findet sich bei E. Brown, *Death*, 221–270. Herklotz, *Paris*, 245, Anm. 127, zieht aus der Existenz des Dekrets *Detestande feritatis* den Schluß, daß die Ausweidung des Leichnams am päpstlichen Hof nie zum festen Brauch geworden sei. Dies wird jedoch teilweise widerlegt durch die Quellen, welche die «innere» Einbalsamierung erwähnen. Klemens V. zögerte nicht, Befreiungen von der Beachtung dieses Dekrets zu erteilen. Andererseits war es für die «innere» Einbalsamierung nicht nötig, den Leichnam zu zerstückeln und auszukochen, was Bonifaz VIII. ausdrücklich verboten hatte.

58 Guy de Chauliac, *Cyrurgia magna*, Lugduni, 1585, tract. VI, doct. I, cap. VIII: «De facie tenenda detecta, *usque ad octo dies*, in quibus corpora consueverunt alterari et putrefieri ….»; siehe von Rudloff, *Über das Konservieren*, 37.

59 Pietro Argellata, *Cirurgia*, lib. V, tract. XII, cap. III, f. 109r: «Demum fuit indutus ut summus pontifex [d. h. mit den Papstgewändern] et stetit per dies octo sine aliquo fetore mundi»; siehe von Rudloff, *Über das Konservieren*, 39. Dem widerspricht nicht eine unabhängige Quelle, veröffentlicht von D'Achery, *Spicilegium*, VI, 254–256, nach der Alexanders V. Begräbnis, an dem *secundum morem* zahlreiche Kardinäle und Bischöfe teilnahmen, am Ende der *novena* stattfand. Über die Sichtbarkeit von Händen, Füßen und Gesicht: Pietro Argellata, *Cirurgia*, lib. V, tract. XII, cap. III, f. 108v: «Et ego dico quod iste modus non debet fieri in summo pontifice quia manus et pedes debent videri et similiter facies»; siehe von Rudloff, *Über das Konservieren*, 37–39. Über das Leben dieses Chirurgen, siehe M. Crespi, «Argellata, Pietro», in *Dizionario Biografico degli Italiani*, IV, Roma, 1962, 114.

60 Pagel, *Die Chirurgie*, tract. III, doct. I, cap. 7, 390 ss.: «Et istorum corporum praeparandorum tres sunt modi, quorum quaedam pauca aut nulla praeparatione corruptionis praeservativa indigent sicut pauperum et quorundam divitum, infra tres dies in aestate aut infra quattuor in hieme debeant sepeliri. Alia sunt quae praeparatione indigent, sicut homines mediocris status, ut milites et barones, alia facie discooperta, sicut reges et reginae, summi pontifices et praelati»; siehe von Rudloff, *Über das Konservieren*, 29. Über Heinrich von Mondeville, siehe Pouchelle, *Corps*.

61 Als man das Grab Gregors VII. im Jahre 1578 öffnete, fand man einen Schleier über seinem Gesicht. Nach Herklotz («*Sepulcra*», 210, Anm. 185) könnte das für eine Aufbahrung im Sarg sprechen. Dieses Faktum läßt jedoch nur Schlüsse zu über die Art, wie er in den Sarg gelegt wurde, nicht aber über die Art der öffentlichen Aufbahrung, die immer mit «enthülltem Antlitz» geschah. Edition des Notariatsaktes über die Öffnung bei A. Capone, *Il Duomo di Salerno*, I, Salerno, 1927, 125.

62 Iazeolla, *Il monumento*, 143–152.

63 Siehe oben, S. 119.

64 Siehe Brown, *Death*, 268. Über das unverhüllte Antlitz der Toten, siehe Alexandre-Bidon, *Le corps*, 203–205.

65 Der Notariatsakt über die Öffnung wurde veröffentlicht durch Capone, *Il Duomo di Salerno*, I, 124–125. Den Bericht des Chorherrn Grimaldi über die Öffnung des Grabes Bonifaz' VIII. ist veröffentlicht worden von Strnad, *Giacomo*, 145–202 (ed.: 188–202). Moroni, VI, 205 berichtet, daß man bei der Öffnung des Grabes Hadrians IV. († 1. September 1159) im Jahre 1607 den erhaltenen, in schwarze Gewänder gekleideten Leib des Papstes fand.

66 Moroni, VI, 205. Beim Tode Klemens' VI. kaufte die Apostolische Kammer feines weißes Leinen aus Reims, um den Leichnam des Papstes zu bedecken. Siehe Déprez, *Les funérailles*, 238.
67 Strnad, *Giacomo*, 193. Man muß daran erinnern, daß Grimaldi nicht dem Text eines Zeremoniales folgt, sondern nur eine peinlich genaue Beschreibung des Grabes nach seiner Öffnung gibt.
68 Herklotz, «*Sepulcra*», 194; Id., «Paris», 230–231. Siehe auch Gardner, *The Tomb*, 181 *ad indicem*.
69 Dykmans, *Le cérémonial*, IV, 219, Nr. 977.
70 Aymon, *Tableau*, 385–386: «Derrière le Lit de parade sur lequel est le corps du pape, on voit son Maistre d'étable sur un Cheval noir, sans oreilles, qui n'a pour tout harnois que des bandes de toile, un Drap satin blanc, et une aigrette à trois rangs de filet de verre, et de clinquant doré sur la tête. On voit passer ensuite vingt quatre autres Palefreniers conduisant des Mules noires, avec des couvertes blanches, et une douzaine d'Estasiers avec des haquenées blanches, couvertes de velours noir». Benedikt VIII. (1012–24) erscheint nach seinem Tode auf einem schwarzen Pferd. Das schwarze Pferd ist jedoch hier ein Element der *damnatio memoriae*, es spiegelt nicht ein bestimmtes Begräbniszeremoniell (RIS, III, 339).
71 Capone, *Il Duomo di Salerno*, I, 124–125.
72 Dies spricht gegen das Argument von Herklotz, nach dem das verschleierte Antlitz Gregors VII. ein Hinweis auf eine Aufbahrung im Sarg sein könne.
73 LP, I, 293.
74 LP, I, 338.
75 Le *Liber ad Gebehardum* Manegolds, MGH, *Libelli*, I, 326: «... adhuc locuntur miracula ...». Die Nachricht findet sich in der von Boso verfaßten Fassung des *Liber pontificalis*, LP, II, 356. Eine ähnliche Formulierung findet sich anläßlich der Bestattung Gregors VII. (LP, II, 367).
76 Petrus Mallius, *Descriptio*, in Valentini-Zucchetti, *Codice topografico*, III, 387, 395; siehe Maccarrone, *Il sepolcro*, 755, Anm. 16.
77 MGH, SS, XXII, 352: «Tumulum autem eius reverenter habetur».
78 Pagnotti, *Niccolò*, 119: «Et eo ibidem sepulto in spetiosa et celebri sepultura, obsessi [...] liberantur et omnes, qui ibidem puro corde implorant auxilium, salubrem sue petitionis [consequuntur] effectum».
79 Chronik des Dominikanerkonvents Santa Maria in Gradi in Viterbo, 1615 geschrieben von dem Dominikaner Giacinto de Nobili. Der Chronist hatte vielleicht Zugang zu älteren Quellen (AA SS, Propyl. Maii, II, 54* ss.): «Clemens Papa IV [...] in ecclesia Gradensi corpus suum sepeliri mandavit. Die XXIX [...] mensis Novembris miraculis coruscare coepit: Indeque populi ejus sanctitate ac miraculis moti ad ejus sacrum cadaver visendum tangendum et deosculandum confluere», zitiert von Ladner, *Die Papstbildnisse*, II, 155. Um einen solch kostbaren Schatz nicht zu verlieren, bestatteten die Domherren den Papst in der Kathedrale gegen den Willen der Dominikaner. Gregor X. (1271–76) bedrohte sie mit der Exkommunikation (Potthast 20876, 20924, 20935, 21914; die wichtigsten Dokumente finden sich bei Ladner, *Die Papstbildnisse*, II, 155 ss.; siehe auch Garms, Gräber, 96). Als man das Kloster Santa Maria in Gradi später in ein Gefängnis umwandelte, wurde das Grab Klemens' IV. 1885 in die Kirche San Francesco alla Rocca überführt, wo es sich noch heute befindet; siehe Bertelli, *Traversie*, 53–63.
80 Campi, *Dell'historia*, II, 347–349. Über die Verehrung Gregors X., siehe die Dokumentation bei Vauchez, *La sainteté*, 366, Anm. 160.
81 Ladner, *Die Papstbildnisse*, II, 174.

82 Mann, *The Lives of the Popes*, XVI, 354.

83 *Continuatio Romana* der *Chronica pontificum et imperatorum* Martins von Troppau, MGH, SS, XXII, 481: «et qui scripsit hec, vidit ea»; siehe LP, II, 465. Wie Johannes XXI. starb auch Martin V. – zumindest sagte man so – nicht eines natürlichen Todes, sondern an einer Lebensmittelvergiftung (Dante, *Purgatorio*, XXIV, 20–24). Vielleicht wollte man in beiden Fällen durch eine lange öffentliche Aufbahrung den Tod des Papstes beglaubigen.

84 Edition des Briefes: Wadding, *Annales*, V, 168; siehe 154 und 167. Der Papst *(ibid.*, 166) soll übrigens gewünscht haben, im Franziskanerhabit begraben zu werden. Honorius IV. sagt selbst, daß er Testamentsvollstrecker Martins IV. war: *ibid.*, 168. Spuren dieses verlorenen Testaments finden sich in einigen französischen Obituaren (Saint-Martin-des-Champs in Paris, Kathedrale von Sens, Abtei Sainte-Geneviève von Paris und Saint-Denis; siehe Paravicini Bagliani, *I testamenti*, 37).

85 Wadding, *Annales*, V, 167: «ne sancto privarentur corpore [...] varias interposuerunt appellationes [...] obiitque Honorius, neque fuit qui amplius translationem urgeret».

86 Statut Nr. 437 der Stadt Perugia. Später wurde für Martin IV. ein neues Grabmal errichtet. Bonifaz VIII. verkündete einen zweijährigen Ablaß für alle, die an der feierlichen Überführung teilnahmen. Der Brief vom 28. Februar 1296 befindet sich im Archivio Capitolare von Perugia (perg. C, 29). Es ist die «Bulle aus Blei Bonifaz' VIII.», die C. Crispolti erwähnt, *Perugia Augusta*, Perugia, 1648, 68, und die Ladner, *Die Papstbildnisse*, II, 228 vergeblich im Staatsarchiv zu Perugia gesucht hatte.

87 Bernardus Guidonis, *Catalogus*, LP, II, 472.

88 Steinmann, *Die Zerstörung*, 145–171 (154 ss.) und Schmidt, *Typen*, 52. Nachrichten über Wunder nach dem Tode eines Papstes finden sich erst wieder bei Urban V. *(Vita V*, Baluze-Mollat, I, 404). Die Volksfrömmigkeit äußerte sich in Formen, wie sie von keinem anderen Papst des 13. und 14. Jh. berichtet werden: «Vor seinem Grab und überall in der Kirche [St. Viktor in Marseille] wurden unendlich viele Wachsstatuetten *(imagines ceree)* aufgehängt. Sie waren herbeigebracht worden von Personen, die nach der Anrufung seines Namens von den verschiedensten Gefahren und Krankheiten befreit worden waren.» Diese Statuetten stellten den Papst dar. Die *Vita II* Urbans V. schließt mit den überschwänglichen Worten: «An allen wichtigen Orten der Welt gibt es keine Kirche, wo nicht einer bemalten Wachsstatuette des Papstes durch Gebet und Opfergaben Ehre erwiesen wird» (Baluze-Mollat, II, 393). Urban V. war für seine Zeitgenossen ein Mann, der die Ehre der Altäre verdiente. Siehe Albanès, *Abrégé* und Vauchez, *La sainteté*, 368–372.

89 Siehe die Grabschrift Papst Klemens' IV. «Sieh! In Asche verwandelt ist der Nachfolger und Erbe des Petrus ...», Ladner, *Papstbildnisse*, II, 130.

90 *Ibid.*, 143–157.

91 In der Grabschrift Urbans IV. wird der Gegensatz zwischen «oben» und «unten» sehr betont hervorgehoben. Die Inschrift spielt auf den Papstnamen «Urbanus» an und sagt, er sei *ab Urbe monacha* gewesen. Doch im folgenden Vers wird sogleich zugefügt, nun sei er nur noch Asche in einem engen Grab: «... nunc cinis exigui tumuli concludor in archa ...», Ladner, *Die Papstbildnisse*, II, 130.

92 Monferini, *Pietro di Oderisio*, 39 ss. lenkt die Aufmerksamkeit auf eine mögliche Beziehung zwischen dem Grabmal Klemens' IV. und den Dominikanern von Viterbo. Die Hypothese, der Realismus der Grabfigur Klemens' IV. spiegele eine dominikanische Ikonographie des Todes, stimmt ganz zu der da-

mals sehr lebendigen Hinfälligkeitsrhetorik des *Sic transit*. Dieser Realismus – so Monferini – biete Parallelen zur thomistischen Vision der Natur. Der Aufenthalt Thomas' von Aquin in Viterbo stützt diese These, die das Verdienst hat, das Grabdenkmal in den kulturellen Kontext jener Jahre einzubetten. Das Problem wurde wiederaufgenommen von Claussen, *Pietro di Oderisio*, 173–200. Gerade in jenen Jahren war es den Bettelorden möglich, an der Kurie neue Formen der Vorbereitung auf den Tod anzubieten. Der Kardinal Vicedominus Vicedomini († 1276) z. B. gab ein Grabmal in Auftrag «wie die, welche sich in der Dominkanerkirche Lyon befinden». Andere Kardinäle stifteten Votivmessen, wie sie in den Mendikantenorden üblich waren (Paravicini Bagliani, *I testamenti*, CLVII ss.; siehe auch die Überlegungen von Rigon, *Orientamenti*).

93 Nach einer alten Tradition stammt die Grabschrift Urbans IV. von Thomas von Aquin (siehe oben, Anm. 91); siehe Ladner, *Die Papstbildnisse*, II, 157.

94 *Vita Gregorii X*, in Campi, *Dell'historia*, II, 347.

95 Dykmans, *Le cérémonial*, II, 205–207; siehe 411–412. Der «Rödel» der Papstfamilie aus den letzten Jahrzehnten des 13. Jh. bestätigt die Bestimmung Alexanders IV. zugunsten der zweihundert Armen (Haller, *Zwei Aufzeichnungen*, 30; Frutaz, *La famiglia*, 316). Wir wissen außerdem, daß an diesem Tag kein Konsistorium stattfand (siehe l'*Ordo XIV*, ed. Dykmans, *Le cérémonial*, II, 419). Von Kardinal Odo von Châteauroux sind uns Predigten erhalten, die er bei dem von Alexander IV. gegründeten Fest gehalten hat (in der Handschrift Arras 137, f. 158ra–159va findet sich eine Predigt *in anniversario domini Innocentii pape quarti*, sowie ein *sermo in anniversario summorum pontificum et cardinalium, instituto a domino papa Alexandro*, f. 156va–158ra). Die Kleriker der Kirche St. Urban zu Troyes, die Kardinal Ancher Pantaléon zum Gedächtnis seines Onkels Papst Urban IV. (1261–64) hatte in Troyes bauen lassen, mußten jeden Tag eine feierliche Messe für Urban IV. feiern, und mindestens einmal in der Woche eine Messe «pro Romanis pontificibus defunctis» (siehe Borgolte, *Petrusnachfolge*, 205). Der Astronom und Mathematiker Campanus von Novara, der fast dreißig Jahre lang, von Urban IV. bis Bonifaz VIII. päpstlicher Kaplan war, bestimmte in seinem Testament aus dem Jahre 1296, daß täglich ein *officium defunctorum* für Kardinal Gerhard von Parma sowie für alle Päpste *a quibus bonum habuit* gefeiert werde (Paravicini Bagliani, *Medicina*, 112–113).

96 Egidi, *Necrologi*, I, passim. Über die von den Päpsten in Sankt Peter gegründeten Jahresgedächtnisse, siehe Borgolte, *Petrusnachfolge*, 179–232. Es ist schwierig, genau zu bestimmen, seit wann es ein Jahresgedächtnis aller Könige von Frankreich gab. Die ältesten Zeugnisse stammen aus dem 14. Jh.: siehe A. Wilmart, *Les anniversaires célébrés à Saint-Denis au milieu du XIV*[e] *siècle*, in «Revue Mabillon» (1924), 22–31; siehe auch Erlande-Brandenburg, *Le roi est mort*, 103. Doch gründete bereits 1211 der Bischof von Paris, Peter, eine Kaplanei zum Gedächtnis Ludwigs VII., Adelas, seiner Verwandten und «all seiner Vorfahren» (*ibid.*, 100).

97 Tillmann, *Papst Innozenz III.*, 9, Anm. 59.

98 Horoy, *Honorii III opera omnia*, 352–363, Nr. XXXI.

99 Ryccardus de Sancto Germano, *Chronica*, RIS, VII, II, 151. 1241 schrieben die im Konklave vereinten Kardinäle an einen Abt (Walter von Peterborough?) der Diözese Lincoln und baten ihn, einem Kleriker des verstorbenen Kardinals Robert von Somercote mit Namen Johannes eine Pfründe zu verleihen. Die Kardinäle rechtfertigen ihre Bitte damit, daß der verstorbene Kardinal Robert *nobis vivit post funera* (Hampe, *Ein ungedruckter Bericht*, 31).

100 Der unveröffentlichte Text kann mit Hilfe der von Schillmann, 212, angeführten Handschriften wiedergewonnen werden.

101 Moroni, LV, 62. Petrus Argellata, der beauftragt worden war, den Leichnam Alexanders V. († 3. Mai 1410) einzubalsamieren, notiert kurz: «Die Eingeweide *(instestina)* und die anderen Glieder wurden sofort bestattet», doch sagt er nicht wo *(Cirurgia*, lib. V, tract. XII, cap. III, Venetiis, 1513, f. 108v–109r). Der Verfasser der Lebensbeschreibung Pius' II. berichtet, daß die «Präkordien» *(praecordia;* dieses Wort wird man von nun an für die Eingeweide des Papstes benutzen) des Papstes in der Kirche San Ciriaco von Ancona bestattet worden seien (Campanus, *Le vite de Pio II*, RIS III, 2, 87). Über die «Präkordien» des Papstes, siehe Moroni, LV, 62–63.

102 Diario di Roma, 1757, Nr. 6186; siehe Moroni, LV, 62; Bradford, *Heart Burial*, 53–54.

III. Unvergänglichkeit

1 Zoepffel, *Die Papstwahlen*, 18–19.

2 *Ibid.*, 24.

3 *Regesta Honorii papae III*, Nr. 1. Die Wahlanzeige Honorius' III. vom 25. Juli 1216 schildert die zu Beginn des 13. Jh. immer noch gültige Norm: Totenfeier am Tage nach dem Tod; Begräbnis noch am selben Tag; Beginn der Verhandlungen über eine Neuwahl am dritten Tag nach dem Tod. Den Augenzeugenbericht hat herausgegeben Petrocchi, *L'ultimo destino*, 206–207. König Philipp August von Frankreich ist ebenfalls am Tage nach seinem Tode bestattet worden; siehe Cartellieri, *Philipp II.*, 564–573.

4 *Les Registres de Grégoire IX*, Nr. 1; siehe Potthast, II, 677.

5 Hampe, *Ein ungedruckter Bericht*, 26. Der Bericht Nikolaus' von Calvi über die Ereignisse nach dem Tode Innozenz' IV. wird bestätigt durch die Wahlanzeige Alexanders IV. (Pagnotti, *Niccolò*, 119). Für den Brief Alexanders IV., siehe *Les Registres d'Alexandre IV*, Nr. 119 (22. Dezember 1254).

6 Jean Papire Masson, *Libri sex de episcopis Urbis, qui Romanam Ecclesiam rexerunt*, Parisiis, 1586, 251v: «Sepultusque Idib. Maij [13. Mai] millesimo ducentesimo septuagesimo septimo ac post ruinam sexto die [...]. Hoc autem exemplo monemur, ne Romanos quidem Pontifices humanis casibus exceptos esse: quia ut sint Pontifices, homines tamen esse non desinunt». Das von Masson angegebene Datum ist falsch, denn Johannes XXI. starb am 20. Mai. Die Quelle Massons ist unbekannt. Es ist auch schwierig zu sagen, ob der Unfalltod des Papstes Ursache dieses langen Zeitraums zwischen Tod und Bestattung war. Weder Riccobaldo von Ferrara – Francesco Pipino, *Chronicon*, RIS, IX, col. 723, noch Siegfried von Ballnhausen, *Compendium historiarum*, MGH, SS, XXV, 708, bestätigen diese Nachricht Massons. In seiner Wahlanzeige bleibt Nikolaus III. sehr vage über die Zeitfolge der Ereignisse, aber er betont die Feierlichkeit der Bestattung und erwähnt zudem ausdrücklich den Leib des Verstorbenen, was früher im herkömmlichen Kanzleiformular nicht getan wurde: *Les Registres de Nicolas III*, Nr. 1.

7 Fügen wir noch hinzu, daß Nikolaus III. in seiner Schenkung an die Chorherren von Sankt Peter mit Nachdruck auf die Bestimmung der *ordinatio* Alexanders IV. von 1259 hinweist, daß man am Tag des Jahresgedächtnisses zu neun Lesungen verpflichtet sei: Egidi, *Necrologi*, I, 244–245, unter dem 23. August. Über die Schenkung Nikolaus' III. an das Kapitel von Sankt Peter, siehe Borgolte, *Petrusnachfolge*, 212–218.

8 1. April: Johannes de Eversden, *Chronicon*, II, 235; 2. April: *Annales Mantuani*, MGH, SS, XIX, 29; siehe Potthast, II, 1794. Die Daten der Chroniken werden bestätigt durch die Wahlanzeige Honorius' IV. (an den Erzbischof von Mailand), welche – und das ist eine Neuigkeit – nicht nur den Todestag Martins IV. (28. März) anzeigt, sondern auch den Beginn der Beratungen über eine Neuwahl (1. April); siehe *Les Registres d'Honorius IV.*, Nr. 472.

9 Siehe oben, S. 140.

10 *Conciliorum oecumenicorum decreta*, 314–318; über *Ubi periculum maius intenditur*, siehe Spinelli, *La vacanza*, 103 ss. und Petrucci, *Il problema*, 69–96.

11 *Conciliorum oecumenicorum decreta*, 314–315: «Sacro concilio approbante, statuimus ut, si eumdem pontificem in civitate, in qua cum sua curia residebat, diem claudere contingat extremum, cardinales qui fuerint in civitate ipsa praesentes, absentes expectare decem diebus tantummodo teneantur».

12 Johannes Monachus, Kommentar zum *Liber Sextus*, s. v. concilium, zitiert von Dykmans, *Les pouvoirs*, 128, Anm. 9.

13 Hadrian V. (1276), der bereits wenige Tage nach seiner Wahl verstorben war, hatte nicht die Zeit, seinen Entscheid schriftlich zu formulieren. Johannes XXI., der am 2. September 1276 gewählt worden war, veröffentlichte sein Suspensionsdekret am 20. September: *Bullarum*, IV, 37–38. Siehe Dykmans, *Les pouvoirs*, 128.

14 *Quia in futurorum* (Potthast 23980). Kurz vor seiner Abdankung bestätigte Cölestin V. die Gültigkeit von *Ubi periculum* auch für den Fall, daß der Papst nicht sterbe, sondern abdanke.

15 Jacopo Caetani Stefaneschi, *Opus metricum*, lib. II, V. 24–31, ed. Seppelt, 87: «... Regis, *et excusso bis quino lumine Phebi* ...». Bonifaz VIII. nahm 1298 *Ubi periculum* in den *Liber sextus* auf (X, 1, 6, 3, ed. Friedberg, II, 946–949). Obwohl das Dekret Gregors X. zwischen 1276 und 1294 nicht angewandt worden war, hielt man es für wichtig, daß die Wahl des neuen Papstes am Sterbeort des alten Papstes stattfand. Martin IV. (gewählt am 22. Februar 1281) erwähnt in seiner Wahlanzeige die Bestattung Nikolaus' III. in Rom und betont, daß die Kardinäle «anxii de vacatione ipsius Ecclesie» in Viterbo geblieben seien, «ubi tunc residebat curia» *(Les Registres de Martin IV*, Nr. 1). Nikolaus IV. erwähnt ausdrücklich, daß die Kardinäle sich zur Neuwahl im Palast von Santa Sabina versammelt hatten, «in quo predecessor ipse resederat» *(Les Registres de Nicolas IV*, Nr. 1). Benedikt XI. drückte sich noch genauer aus und bediente sich des Wortlauts des Dekrets Gregors X.: die Kardinäle versammelten sich «in palatio sancti Petri de Urbe, in quo decesserat predecessor ipse» *(Les Registres de Benoît XI*, Nr. 1).

16 Cipolla, *Le opere*, I, 159 ss.: «... consumatis exequiis, in Vaticano, basilice Sancti Petri de more vetusto telluri obrute mandavere, marmore superiecto».

17 Tholemeus Lucensis, *Historia ecclesiastica*, RIS, XI, 1223: «Minori reverentia sepelitur, quam pontificalis status requireret»; siehe Cipolla, *Le opere*, 164, Anm. 1. Benedikt XI. wurde am Tage nach seinem Tode bestattet, wir wissen jedoch nicht, welches Zeremoniell man befolgte: B. Guidonis, *Libellus*, zitiert von Potthast, II, 2038.

18 Baluze-Mollat, I, 272, 288; und *ibid*. I, 329–330, 342. Über die *novena* nach dem Tode Innozenz' VI., siehe Déprez, *Les funérailles*, 238, 241.

19 Siehe zum Beispiel die *Vita IV Urbani V*, Baluze-Mollat, I, 398: «Peractis exequiis domini Innocentii more solito IX diebus, die decima, cardinales viginti intraverunt conclave». Das wird bestätigt durch die Rechnungen der Apostolischen Kammer. Der Leichnam Innozenz' VI. wurde während zweier Tage (12.–14. September 1362) in der großen Kapelle des Papstpalastes aufgebahrt

und durch eine Ehrengarde bewacht. Am Tage feierten Priester Messen für die Seelenruhe des Verstorbenen (Déprez, *Les funérailles de Clément VI et d'Innocent VI*, 241).

20 Baluze-Mollat, I, 442–443. Die Chronik des Garoscus, ed. Ehrle, *Die Chronik*, 331 verzeichnet ganz genau die zeitliche Abfolge. Der Papst stirbt Samstag, den 27. März; montags wird sein Leichnam im Chor von Sankt Peter aufgebahrt. Am Tag darauf wird er nach Santa Maria Nuova überführt, wo die feierliche Aufbahrung stattfindet. Während Jahrzehnten war kein Papst mehr in Rom bestattet worden. Es ist sehr bezeichnend, daß Urban VI., vielleicht um seine Legitimität zu bekräftigen, vier Tage nach seiner Wahl noch einmal für den verstorbenen Papst einen Trauergottesdienst feierte: [Vanel], *Histoire des conclaves*, 16.

21 Siehe oben, S. 118 ss.

22 Im Rom der Kaiserzeit war die Doppelbestattung, der *funus duplex*, nicht, wie Bickermann, *Die römische Kaiserapotheose*, 1–34; Id., *Le culte*, 7–37, versucht hatte nachzuweisen, allgemeiner Brauch. Sie scheint aber tatsächlich stattgefunden zu haben im Falle von Pertinax und Septimus Severus (Hohl, *Die angebliche Doppelbestattung*, 169–185); siehe Kantorowicz, *Die beiden Körper des Königs*, 488, Anm. 6, und Dupont, *Corps des dieux*. Der heilige Augustin kämpfte gegen das *Novemdiale*, das Mahl zu Ehren des Verstorbenen bei den Römern, mit welchem die Trauerzeit ihr Ende fand (siehe Freistedt, *Altchristliche Totengedächtnistage*, 119–126). Quellen und Literatur bei Herklotz, *Paris*, 247, Anm. 134–136. Für die neuere Literatur über das Novemdiale, siehe *ibid.*, 247–248, Anm. 138.

23 Treitinger, *Die oströmische Kaiser- und Reichsidee*, 156, Anm. 57 (auf Grund eines Zeugnisses von Pseudo-Kodinos, 14. Jh.).

24 *Nicephori Gregorae byzantina historia* IX, 4, ed. L. Schopen, I, Bonn 1829, 463.

25 Dykmans, *Le cérémonial*, I, 158: «Quia omnis potentatus vita brevis, idcirco sepe contingit quod Romani pontifices, qui in subcelesti ierarchia primatum obtinent, infra breve temporis spatium vitam finiunt et, carnis ergastulo derelicto, ad libertatem transeunt patrie supernorum …».

26 Watt, *The Constitutional Law*, 156.

27 Die maßgebliche Arbeit ist Spinelli, *La vacanza*, 156 ss.; Dykmans, *Les pouvoirs*, 119–145.

28 Matthaeus Paris, *Chronica majora*, ed. Luard, VI, 250.

29 Hostiensis, *Lectura*, f. 104v–105, *De poenis*, 14: *Cum ex eo*, Nr. 24–28; siehe Dykmans, *Les pouvoirs*, 133.

30 Hostiensis, *Apparatus* 5.38.14, s. v. plenitudinem potestatis, zitiert von Watt, *The Constitutional Law*, 156.

31 Johannes Monachus, *Glossa in Sextum*, Venetiis, 1586, f. 365v–366; siehe Dykmans, *Les pouvoirs*, 135.

32 Rocaberti, *Bibliotheca*, II, c. 24, 59: «Dicebant quidam, quod Ecclesia nunquam moritur. Ideo sede vacante remanet potestas papalis in Ecclesia vel collegio cardinalium»; zitiert von Sägmüller, *Die Thätigkeit*, 228, Anm. 3.

33 Oliger, *Epistola*, 369–370: «Et certe, mortuo papa et necdum altero substituto, residet apud eos precipua auctoritas totius Ecclesie gubernande»; siehe Jeiler, *Ein unedierter Brief*, 656 und Sägmüller, *Die Thätigkeit*, 228, Anm. 3.

34 Oliger, *Petri Iohannis Olivi*, 353–354: «… sed solum collegium cardinalium, qui proprie et anthonomastice sunt ipsa sedes Ecclesie Romane»; im oben zitierten Brief; siehe auch P. I. Olivi, *Expositio*, III, f. 107vb, cap. 1: «… et his, qui, mortuo papa, tenent locum eius».

35 «Potestas et auctoritas Romani pontificis, sede vacante, apud collegium car-

dinalium sancte Romane Ecclesie remanet» (Brief vom 21. Juli 1304, ed. Dykmans, *Les pouvoirs*, 131). Nach dem Tod Klemens' V. sprechen die Kardinäle von der Exkommunikation frei: Schimmelpfennig, *Die Zeremonienbücher*, 189.

36 Augustinus Triumphus, *De potestate collegii mortuo papa*, ed. Scholz, *Die Publizistik*, 501–508 (nach Vat. lat. 4046, f. 32): Da es nicht möglich ist «potestas papae [...] perpetuari in papa, quia ipse moritur, sicut et alii homines, oportet quod perpetuetur in Collegio ...». «Sed caput Ecclesie simpliciter est immortale quia Christus, qui est caput Ecclesie simpliciter, est pontifex sanctus in eternum secundum ordinem Melchisedech, uti dicitur ad Hebreos, et per consequens potestas papae est perpetua, simpliciter loquendo, quia remaneat semper in collegio vel in Ecclesia, que est simpliciter ipsius Christi capitis incorruptibilis et permanentis». Siehe Spinelli, *La vacanza*, 163–165 und Elze, *«Sic transit»*, 14.

37 Augustinus Triumphus, *Summa*, qu. 3.8, zitiert von McCready, *The Papal Sovereign*, 300, Anm. 97.

38 Alvarus Pelagius, *De statu*, II, 68, f. 94r: «Immo vacante Ecclesia per mortem pape: non est dicendum quod remaneat sine capite: quia hoc dictum non esset remotum ab heresi que tunc *corpus cardinalium* et tota Ecclesia habet caput Ecclesie generale et verum et proprium Christum scilicet viventem».

39 *Clementinen*, lib. I, tit. III, *De elect.*, cap. II, *Corpus iuris canonici*, ed. Friedberg, II, 1135–1136; siehe Göller, *Die päpstliche Pönitentiarie*, I, 99–100.

40 Diese Regelung setzt sich um 1300 durch und bleibt gültig bis in die Neuzeit; siehe zum Beispiel Aymon, *Tableau*, 384: «Die Rota und alle anderen Gerichte hören auf, Recht zu sprechen. Einzig der Kämmerer und der Großpönitentiar üben weiterhin ihre Ämter aus.»

41 Göller, *Die päpstliche Pönitentiarie*, I, 145, Anm. 2.

42 Rusch, *Die Behörden*, 22. Urbain IV unterschied *camera praedecessoris nostri* und *camera nostra*: *Les Registres d'Urbain IV*, reg. camerale, Nr. 138.

43 Iohannes de Deo, *Summa de poenitentiis*, Vat. Reg. 177, f. 31, zitiert von Göller, *Die päpstliche Pönitentiarie*, I, 98. Wie ein *Ordo* aus dem 15. Jh. zeigt, erlosch das Amt der einfachen Pönitentiare mit dem Tode des Papstes; sie mußten sich daher – begleitet vom Kardinalpönitentiar – dem Kardinalkollegium vorstellen, um die Erlaubnis zu erhalten, auch *sede vacante* ihr Amt ausüben zu dürfen: *ibid.*, I, 145, Anm. 2.

44 Die Ein- und Absetzung der Provinzrektoren des Kirchenstaates sowie der Kollektoren müssen *de consilio cardinalium* geschehen; ihre Zustimmung ist eine unausgesprochene Vorbedingung; siehe *Les Registres de Nicolas IV*, Nr. 7059–7064, 7074–7075; Baumgarten, *Untersuchungen*; Lulvès, *Die Machtbestrebungen*, 85 ss.

45 Johannes Andreae, *Novella*, c. VI 1, 3, Anm. 5: «tenens papatum vel dignitatem est corruptibilis, papatus tamen, dignitas vel imperium semper est»; zitiert von Kantorowicz, *Die zwei Körper des Königs*, 348, Anm. 239.

46 Baldus, *Super decretalibus*, glossa a 2, X, I, 7; Venezia, 1580, f. 93ra, Anm. 4; zitiert von Maccarrone, *Vicarius Christi*, 237.

47 Baldus, *Consilium* 159, III, Francofurti, 1589, f. 41r: «Imperator in persona mori potest: sed ipsa dignitas, seu imperium immortalis est, sicut et summus Pontifex moritur, sed summus Pontificatus non moritur; et immo que procedunt a persona, et nova sede, personalia sunt, si a successiva voluntate dependent. Si autem statim transferunt secum in plenum, tunc mors collatoris non impedit beneficium».

48 Baldus, *Consilium* 159, III, f. 41v: «Porro duo concurrunt in Rege: persona, et significatio, et ipsa significatio, quae est quoddam intellectuale, semper est

perseverans enigmatice: licet non corporaliter: nam licet Rex deficiat, quid ad rumbum, nempe loco duarum personarum Rex fingitur».

49 Kantorowicz, *Die zwei Körper des Königs*, 381 und 398, Anm. 295 sieht in diesen Äußerungen die deutlichste Vorwegnahme der berühmten Sätze der Juristen der Tudor-Zeit über die «zwei Leiber des Königs».

50 Dykmans, *Le cérémonial*, II, 471. Diese Bestimmung findet sich in zwei Handschriften, deren älteste aus dem Jahre 1350 stammt.

51 Dykmans, *Le cérémonial*, III, 264, Nr. 7.

52 *Ibid.*, III, 266–267, Nr. 17–18.

53 Baluze-Mollat, I, 446. Belvederi, *Cerimonie*, 172 vergleicht den Sturm auf das Haus des zum Papst gewählten Kardinals mit der Zerstörung des Baldachins (des Bischofs oder Papstes) nach ihrer Wahl; siehe Ginzburg, *Saccheggi rituali*, 632, Anm. 10 und S. Bertelli, *All'Istituto Italiano per gli studi Storici*, in «Belfagor», 22 (1967), 318–319 (zu einem Seminar von D. Cantimori). Dieser Ritus der Baldachin-Zerstörung ist erst spät belegt. Leo X. versprach den Konservatoren und den Häuptern der römischen *rioni*, ihnen den Baldachin zu überlassen; sie hatten nämlich behauptet, er stehe ihnen zu. Das steht nicht im Gegensatz zur rituellen Plünderung des Hauses eines zum Papst gewählten Kardinals, die zum ersten Mal 1378 erwähnt wird.

54 Valois, *La France*, I, 51 (vollständiger Abdruck der Dokumente). Der *Casus* des Kardinals Orsini ist veröffentlicht worden von Döllinger, *Beiträge*, 359; siehe auch Valois, *La France*, 55: «Le cardinal de Bretagne n'y parvint qu'à la nuit, après avoir éprouvé force tribulations. Assailli, au sortir du palais, par une troupe de romains furieux, qui brandissaient des couteaux sur sa tête et qui lui arrachaient ses bagues, il avait cherché un premier refuge dans sa maison, située, comme on l'a vu, au bas des degrés de Saint-Pierre: la foule était précisément en train de la piller».

55 *Chronicon Adae de Usk*, ed. Thompson, 86.

56 *Leonardi Dathi Epistolae XXXII*, 79: «Privata interea quondam domus sua publice, aperteque diripitur ...».

57 Mansi, XXVII, 1170.

58 Eneas Silvius Piccolomini, *Oratio de morte Eugenii pp. IV creationeque et coronatione Nicolai V*, in RIS, III, 2, 894.

59 *Pii II Commentarii*, I, 106–107: «Tum qui erant in conclaui ministri cardinalium cellulam eius spoliauere atque argentum, quamuis erat modicum, et libros et uestes *turpi more* diripuere, et domum eius in Vrbe uilissima plebs atque infamis non expilauit tantum, sed disrupit etiam marmoribus asportatis».

60 *Pii II Commentarii*, 106–107: «... et Genuensis pro Senensi auditus partem substantie amisit».

61 Delicati-Armellini, *Il Diario*, 43: «erat de non invadendis aedibus cardinalis illius qui esset electus in Papam, sicut est mos Romanorum, qui etiam saepe simulant hunc vel illum electum esse papam, ut hac occasione diripiant domum et suppellectilem ejus, et placuit omnibus indifferenter».

62 *Bullarum*, V, 649.

63 Ginzburg, *Saccheggi rituali*, 621–624.

64 P. Cortesi, *De cardinalatu*, In castro Cortesio, 1511, cap. *De domo*, angeführt von Bertelli, *Il corpo del re*, 52.

65 So schrieb Giovanni Carga dem Bischof von Feltre am 18. Mai 1555, zitiert von Bertelli, *Il corpo del re*, 51.

66 Ginzburg, *Saccheggi rituali*, 621.

67 Siehe oben, S. 108.

68 Ginzburg, *Saccheggi rituali*, 625 ss.

69 Boureau, *La papesse Jeanne*, 113.
70 Dykmans, *L'œuvre*, I, 233, Nr. 686.
71 *Ibid.*, I, 221, Nr. 637 *(summos viros)*, 33, 93, 157, 196, 213 *(senatus)*.
72 *Ibid.*, I, 236, Nr. 705; siehe I, 248; I, 233, Nr. 687.
73 *Ibid.*, I, 250.
74 *Ibid.*, I, 251.
75 *Ibid.*, I, 251.
76 Dykmans, *Le cérémonial*, IV, 222, Nr. 1000 ss.
77 *Ibid.*, IV, 224, Nr. 1011; siehe Herklotz, *Paris*, 245, Anm. 127.
78 Zwischen der avignonesischen Zeit und dem Ende des 15. Jahrhunderts, also von Pierre Ameil zu Johannes Burckard, ändert sich das päpstliche Bestattungszeremoniell erheblich. Dabei handelt es sich keineswegs um rein formale Änderungen. Die Zeremoniale des 14. und 15. Jh. haben eine ganz andere Atmosphäre, was Zeit, Raum und Teilnehmer der Totenfeier betrifft. Pierre Ameil beschreibt die Zeremonien eines Zeitraums, der von den letzten Augenblicken des sterbenden Papstes bis zum Konklave der Kardinäle reicht. Das auf Anordnung Innozenz' VIII. zusammengestellte Zeremoniale des Agostino Patrizi Piccolomini beginnt (im *Titulus XV)* mit den Bestimmungen über Tod und Bestattung der hier *summi viri* genannten Kardinäle. Dann folgen die Zeremonien, die den Papst betreffen, wobei weiter Raum der Liturgie gewidmet wird. Am Ende stehen die Zeremonien, welche die Sedisvakanz des Apostolischen Stuhls eröffnen (Dykmans, *L'œuvre*, I, 248–252; Kommentar: 156*–162*). Für einen Teil dieses *Titulus XV* ist uns die eigenhändige Umarbeitung Johannes Burckards überliefert *(ibid.*, I, 248–252; nach Burckards Autograph Vat. lat. 5633, f. 60–62). Burckard beginnt mit dem Tod des Papstes und läßt alle zeremoniellen Vorschriften beiseite, welche die Krankheit und die Vorbereitung des Papstes auf den Tod betreffen.
79 *Ibid.*, I, 249: «Maneatque ibidem defunctus usque ad noctem. Solebat tamen antiquitus ibidem tribus diebus permanere». Nach Johannes Burckards Bericht (394) wurde der Leichnam Pius' III. in Sankt Peter aufgebahrt von Dienstag, dem 17. Oktober (18–19 Uhr), bis Donnerstag, dem 19. Oktober 1503 (3. Stunde).
80 Eine zeitgenössische Chronik, herausgegeben durch Finke, *Eine Papstchronik*, 362, sagt über Alexander V. († 3. Mai 1410) «et die dominico ponebatur in sala magna in palacio suo indutus pontificaliter et custodiebatur a gentibus armorum et quilibet poterat osculari pedes eius».
81 Eneas Silvius Piccolomini, *De morte Eugenii IV*, in RIS, III, 2, 894: «Corpus eius balsamo conditum per integrum diem populo patuit, atque inde sepultus est apud S. Petrum in Vaticano juxta Eugenium III».
82 *Il diario romano di Jacopo Gherardi*, RIS, XXIII, 3, Bologna, 1904–1911, 136–137.
83 Giovanni Burcardo, *Alla corte*, 45–46.
84 *Ibid.*, 404. Über den Tod Pius' III siehe: 394.
85 *Ibid.*, 406.
86 Die Reihenfolge der Ereignisse läßt sich so zusammenfassen: Samstag, 6. November, Tod des Papstes; noch am selben Tag Überführung des Leichnams aus den Gemächern des Papstes in die *sala*; Sonntag, 7. November, Überführung in die Kapelle (Totenvesper); Mittwoch, 10. November, Überführung nach Sankt Peter; 10.–18. November, *Novemdiale*; 18.–22. November, Konklave. Siehe S. Infessura, *Diario*, 14. Eine anonyme zeitgenössische Chronik gibt noch genauere Einzelheiten (Finke, *Eine Papstchronik*, 359).
87 Toni, *Il Diario Romano di Gaspare Pontani*, RIS, III, 2, 39–41; siehe S. Infessura, *Diario*, 155–170 und Johannes Burckardus, *Liber notarum*, I, 12 ss.

88 S. Infessura, 278–279.
89 Wir wissen nicht, wie lange dieser «Fliegenwedel-Ritus» dauerte.
90 Zitiert von Giesey, *Le roi ne meurt jamais*, 228–229. Siehe auch Ekkl. 10, 1: «muscae morientes perdunt suavitatem unguenti».
91 Wolkan, *Der Briefwechsel*, II, 255–256: «concedendum est aliquid consuetudini».
92 Dykmans, I, 226, Nr. 655.
93 Neue und umfassende Darstellung des Problems der Bestattung von Kardinälen bei Herklotz, *Paris*, 217–248, und Gardner, *The Tomb*, 12 ss.
94 In seinem *Opus metricum* schenkt Jacopo Caetani Stefaneschi besondere Aufmerksamkeit dem Tode der Kardinäle Latino Malabranca (11. August 1294) und Matteo Rosso Orsini (4. September 1305). Er erzählt das Begräbnis der beiden Kardinäle und erwähnt, das ganze Kardinalkollegium habe an der Bestattung Orsinis teilgenommmen (*Opus metricum*, V. 200: «Decubuit moriens, toto presente senatu/Exequiis, laus digna viro»).
95 Dykmans, *Le cérémonial*, IV, 247–251.
96 Duchesne, *Histoire*, II, 281: «... et aliae exequiae solemniter celebrentur, et etiam postea usque ad nonam diem, prout est de aliis cardinalibus fieri solitum». Der Kardinal Guillaume Teste sagt zweimal in seinem Testament, daß man das Bestattungszeremoniell der Kardinäle befolgen solle: zunächst die Totenfeier in der Franziskanerkirche zu Avignon, und dann das eigentliche Begräbnis. «Die anderen Zeremonien soll man bis zum neunten Tag begehen wie es für Kardinäle Brauch ist.» Für die Kardinäle aus Avignon wurde die *novena* im allgemeinen außerhalb von Avignon (Perugia, Toulouse usf.) gefeiert. Zwei Kardinäle bestimmen, man solle sie in der Stadt feiern *in qua moriar* (G. Francon) oder *super locum sepolture* (Pierre Blau). Werde sie aber in Avignon begangen, so solle sie am Grab des Kardinals gefeiert werden. Die Feierlichkeiten und Verpflichtungen während dieser neun Tage werden bisweilen in allen Einzelheiten geregelt: Feier von dreihundert Messen (G. de Chanac), feierliche Messen *cum nota* (P. de Saint-Martial), zwölf Messen am Tag (P. Girard), Almosenverteilung (G. Francon), genaue Angabe der Wachsmengen (P. de Saint-Martial) und des Stoffes – schwarzes Leinen mit einem Kreuz, das während der neun Tage am Grabe getragen werden muß (Pierre Blau). Drei Kardinäle (P. de Saint-Martial, G. de Malesec und P. Girard) schreiben 1397, 1407 und 1410 besondere Feiern am letzten Tag der *novena* vor.
97 Testamente der Kardinäle Philippe Cabassole, *ibid.*, II, 424; Jean de Dormans, ed. Carolus-Barré, *Le cardinal*, 353–354; Guillaume de Chanac, ed. Baluze-Mollat, IV, 277; Pierre de Saint-Martial, *ibid.*, IV, 370; Jean de La Grange, ed. Duchesne, *Histoire*, II, 472; Guy de Malesec, *ibid.*, II, 458; Pierre Blau, ed. Labande, *Pierre Blau*, 168–169 und 170; Pierre Girard, *ibid.*, II, 552; Jean Francon, *ibid.*, II, 515–516.
98 *Ibid.*, IV, 250–251.
99 Guillaume de Chanac bestimmte in seinem Testament aus dem Jahre 1384, für das feierliche *officium exequiarium* die Errichtung einer *domus fustea cum candelis accensis desuper.* Hundert Kerzen, eine jede nicht schwerer als fünf Pfund, sollten angezündet werden; alle *socii* und *familiares* sollten schwarzgekleidet zugegen sein. Kardinal Pierre Blau wünscht in seinem Testament von 1407, daß es während der *missa sepulture* keine *capella ardens* gebe. Doch solle während der *novena* ein schwarzes, mit einem Kreuz geschmücktes Tuch *super locum sepulture* gelegt werden (Labande, *Pierre Blau*, 170). Die ausführlichen Bestimmungen für das Bestattungszeremoniell machen dieses Testament zu einem Kompendium der Begräbnisriten jener Zeit; sie zeigen z. B.,

daß die *capella ardens* ein alter Brauch war. Pierre Ameil sieht auch für die Kardinäle die Errichtung eines *castrum doloris* vor (Dykmans, *Le cérémonial*, IV, 248–249, Nr. 1190), freilich nicht für die *novena*, die im 14. Jh. am Grab gefeiert wurde, sondern offensichtlich für den Fall, daß ein Kardinal am Tage seines Todes nach einer nur sehr kurzen Aufbahrung noch vor der offiziellen Trauerfeier begraben wurde. Pierre Bertrand bestimmte in seinem Testament (1361), daß kein *pannus aureus* über seinen Katafalk gebreitet werden sollte (Duchesne, *Histoire*, II, 365; siehe Herklotz, *Paris*, 230, Anm. 55). Dies zeigt, daß es eine Tradition dieser Art gab, die auch durch andere Zeugnisse vom Ende des 14. Jh. bestätigt wird (Guillaume de Chanac, Gui de Malesec, Pierre Blau). Pierre Blau bestimmte 1407 in seinem Testament, in der Nacht bzw. zwei oder drei Stunden nach seinem Tode bestattet zu werden, um die kostspielige Aufbahrung des Leichnams zu vermeiden; die Sargtücher sollten sein Kardinalswappen tragen.

100 Der Kommentar des Zeremonienmeisters hat nicht mehr wie noch ein Jahrhundert früher die Form einer einfachen *nota*, sondern umfaßt die einundvierzig Artikel des *Titulus XV* des Zeremoniale; ihnen folgen, ohne Zwischentitel, die siebenundzwanzig Artikel über das Bestattungszeremoniell des Papstes. In einem Anhang zum Zeremoniale Papst Nikolaus' V. (1447–55) findet sich die Beschreibung der Bestattung des Korrektors der apostolischen Briefe Giovanni da Rieti, der am 25. Januar 1452 starb. Der Autor dieser Beschreibung erklärt, «daß für jemanden, der nicht Kardinal war, gewöhnlich keine *novena* gefeiert wird» (Dykmans, *Le cérémonial de Nicolas V*, 796; siehe Schimmelpfennig, *Die Zeremonienbücher*, 136 und Anm. 844). Die älteste Beschreibung des Novemdiale für einen Kardinal gibt Johannes Burckard (Begräbnis des Franziskanerkardinals Gabriel von St. Sergius und Bacchus, 1486: *Liber notarum*, I, 161–165). Dies Datum muß in Zusammenhang gebracht werden mit einem Artikel des Begräbniszeremoniells für Kardinäle bei Agostino Patrizi Piccolomini, wo es heißt, vor Sixtus IV. hätten sich die Kardinäle nicht in das Haus eines verstorbenen Kardinals begeben, es sei denn, sie waren die Testamentvollstrecker des Verstorbenen. Sie schickten jedoch ihre Familiaren. Später nehmen sie zwar an den Totenwachen teil, aber sie begleiten nicht den Sarg (Dykmans, *L'œuvre*, II, 222, Nr. 641). Anläßlich der Totenwache für den Kardinal Johannes von Aragon (14. Oktober 1485) bemerkt Burckard, daß die Familiaren teilnahmen, nicht aber die Kardinäle (*Liber notarum*, ed. Celani, I, 120; siehe Herklotz, *Paris*, 232, Anm. 61).

101 Herklotz, «*Sepulcra*», 244.

102 Johannes Burckardus, *Liber notarum*, II, 359 (24. August 1503): «... habuit tamen hoc singulare quod per totam congregationem habuit super rochetum manteletum violatium tangentem terram. Cardinalibus hoc redarguentibus dixit hoc facere propter frigus». Der Kardinal trug diesen Mantel auch in allen folgenden Zusammenkünften: Freitag 25. August (360); Samstag 26. August (360); Montag, 28. August (361); Freitag 1. September (363); Sonntag 3. September (364).

103 *Ibid.*, II, 368 (9. September 1503, nach dem Tode Alexanders VI.): «... extra Castrum fuerunt tracti multi scopeti et clamatum: *Ecclesia! Ecclesia! Collegio! Collegio!* et per viam [...] a multis acclamatum: *San Georgio! San Georgio!*».

104 Über die Entstehung der Maxime *Dignitas non moritur* im 12. Jh. siehe Kantorowicz, *Die zwei Körper des Königs*, 388 ss. Über die Geschichte der Maximen *Le roi est mort! ... Vive le roi!*, und *Le roi ne meurt jamais*, die zum ersten Mal 1515 (Bestattung Ludwigs XII.) und 1576 (Bodin, *Les six livres de la ré-*

publique, I, c. 8) bezeugt sind, siehe Kantorowicz, *Die zwei Körper des Königs*, 405–15. Über die Rufe bei der Bestattung des Königs von Frankreich, siehe Giesey, *Le roi ne meurt jamais*, passim.

105 Das Schrifttum über die Heiligkeit des Papstes ist überreich und nicht immer sehr nützlich. Siehe vor allem Fuhrmann, *Über die Heiligkeit des Papstes*, p. 28–43.

106 Alexandre-Bidon, *Le corps*, 187, sagt: «L'embaumement est donc une pratique ancienne qui tend à rapprocher le corps mort du fidèle de celui du Christ» (Alexandre-Bidon, *Le corps*, 187). Wenn das für den einfachen Gläubigen gilt, so gilt es ganz besonders für den Papst.

Dritter Teil
Leiblichkeit

I. Erholung

1 Abwesenheit von Rom: Innozenz III. (62 Monate; 27,89 % seines Pontifikats); Honorius III. (40,3 Monate; 31,48 %); Gregor IX. (109,5 Monate; 53,29 %); Innozenz IV. (122,3 Monate; 89,27 %); Alexander IV. (59,4 Monate; 77,14 %); Urban IV. (37 Monate; 100 %); Klemens IV. (46 Monate; 100 %); Gregor X. (48,6 Monate; 93,46 %); Innozenz V. (1 Monat; 20 %); Hadrian V. (1 Monat; 100 %); Johannes XXI. (8,3 Monate; 100 %); Nikolaus III. (12 Monate; 36,36 %); Martin IV. (49 Monate; 100 %); Honorius IV. (8 Monate; 33,33 %); Nikolaus IV. (27,2 Monate; 55,51 %); Cölestin V. (5,27 Monate; 100 %); Bonifaz VIII. (46,3 Monate; 43, 88 %), Benedikt XI. (2,8 Monate; 33,73 %).

2 Paravicini Bagliani, *La mobilità*, 155–278.

3 Segni (3), Ferentino (3), Viterbo (3), Anagni (1), Subiaco (1), Perugia (1).

4 Paravicini Bagliani, *La mobilità*, 248.

5 *Vita Pauli I*, LP, II, 465. Dieses Zeugnis, wie auch andere, welche in den folgenden Anmerkungen angeführt werden, hatte bereits Borgia gebracht, *Memorie*, III, 198–204, Anm. 1; siehe Cancellieri, *Lettera*, 19–22. Siehe Id., *Notizie*.

6 Todesursache war das Fieber, das ihn in Rom befallen hatte, und nicht – wie Kardinal Benno behauptet – Gift, *Gesta Romanae Aecclesiae contra Hildebrandum*, IX, in MGH, *Libelli de lite*, II, 379; siehe Celli, *La malaria*, 19.

7 JL *ante* 4376-*post* 4384.

8 Petrus Damiani, *Die Briefe*, II, 344.

9 JL 4874, 4961 und 5002; siehe Celli, *La malaria*, 20.

10 LP, II, 303. Sie verläßt Rom am 8. April, kehrt im Mai wieder nach Rom zurück, wo sie im Trastevere und in der Engelsburg untergebracht ist (JL *ante* 6522–6523); im Juni jedoch bricht sie auf nach Sezze (JL ante 66528). Im Herbst kehrt sie wieder nach Trastevere zurück (JL 6530–6534).

11 LP, II, 305 (JL 6559–6560).

12 JL 6982–6991.

13 LP, II, 387; Das Baujahr dieses Palastes wird durch ein Dokument aus dem Kapitelarchiv von Veroli (28. August 1152) bestätigt, das Toubert zitiert, *Les Structures*, 1052, Anm. 2.

14 *Ibid.*, 1052, Anm. 1.

15 Watterich, II, 331 und LP, II, 393; siehe Celli, *La malaria*, 23.

16 LP, II, 395.

17 Toubert, *Les structures*, 1052, Anm. 2.

18 Für das Folgende, siehe Paravicini Bagliani, *La mobilità*, 155–278.

19 Herklotz, «*Sepulcra*», 139, Anm. 195 bemerkt zu Recht, daß die Benennung «*palatium hiemale*» ein *terminus a quo* ist für die schwierige Datierung der *Mirabilia Urbis Romae*; siehe Osborne, *Master Gregorius*, 11.

20 Potthast 7857. Für den Text, siehe Cancellieri, *Lettera*, 19–22: «propter intemperiem aeris».

21 *Ibid.*, 19–22: «cum nos propter aestivos calores et fratrum nostrorum absentiam procuratores licentiaverimus universos».

22 Huygens, *Magister Gregorius*, 30: «... in porticu etiam ante hiemale palatium domini pape»; siehe Osborne, *Master Gregorius*, 96–97. Der Verfasser, der vielleicht identisch ist mit dem gleichnamigen Kaplan des piemontesischen Kardinals Otto von Tonengo (1227–51), zeigt, daß er in Verbindung stand zu hohen Kurienbeamten, denn er berichtet häufig die Meinung von Kardinälen und Kurienmitgliedern über antike Baudenkmäler: siehe *ibid.*, 11 ss.

23 Aufenthalt der Päpste des 13. Jh. in Städten des Kirchenstaates: Innozenz III. (62 Monate; 27,89% seines Pontifikats); Honorius III. (40 Monate; 31,48%); Gregor IX. (102 Monate; 58,95%); Innozenz IV. (33 Monate; 24,14%); Alexander IV. (54 Monate; 70,12%); Urban IV. (37 Monate; 100%); Klemens IV. (46 Monate; 100%); Gregor X. (17,77 Monate; 34,17%); Innozenz V. (0,5 Monate; 100%); Hadrian V. (1 Monate; 100%); Johannes XXI. (8,3 Monate; 100%); Nikolaus III. (12 Monate; 36,36%); Martin IV. (49 Monate; 100%); Honorius IV. (8 Monate; 33,33%); Nikolaus IV. (27,2 Monate; 55,51%); Cölestin V. (1,4 Monate; 26,56%); Bonifaz VIII. (46,3 Monate; 43, 88%); Benedikt XI. (2,8 Monate; 33,73%).

24 Siehe hierüber Paravicini Bagliani, *La mobilità*, 166–216.

25 Schmidt, *Libri rationum*, Nr. 993, 1239, 2703 und 2237.

26 Paravicini Bagliani, *La mobilità*, 212–215.

27 Toubert, *Les structures*, 1051–1053.

28 LP, II, 423: «... tanquam dominus per XXVI menses resedit».

29 Ambrosi de Magistris, *Il viaggio*, 365–378; siehe Maccarrone, *Studi*, 181 ss.

30 Finke, *Aus den Tagen*, XIV.

31 Finke, *Acta Aragonensia*, I, 65 et 71.

32 Die Feier des Osterfestes in Rom (in Sankt Johann im Lateran) war eine alte Tradition. Nur zwei der dreizehn von Innozenz III. angeordneten Kurienverlegungen fielen vor Himmelfahrt (1203 und 1216). In den Jahren 1206–1209 hat der Papst Rom stets im Mai verlassen, gewöhnlich nach Himmelfahrt, aber zweimal am Tag des Himmelfahrtsfestes (1207 und 1208). Das bezeugen zwei Chroniken: die *Gesta Innocentii III* und das *Chronicon Fossae Novae*. Auch Innozenz' III. Nachfolger Honorius III. hat – mit einer Ausnahme (1225) – Rom stets nach Himmelfahrt verlassen. Nikolaus IV. verließ die Stadt im Mai, nur einmal bereits vor Himmelfahrt (1289). Die letzten fünf Kurienverlegungen unter Bonifaz VIII. fielen alle in die Zeit nach diesem Fest.

33 Innozenz III.: Himmelfahrt (1207–08) und Dreifaltigkeitsfest (1209); Honorius III.: Pfingsten (1217) und Jubilate (1225); Gregor IX.: Dreifaltigkeitsfest (1227 und 1238) und Pfingsten (1280); Alexander IV.: Quasimodo (1257); Nikolaus III.: Vigil des Fronleichnamfestes (1278) und Pfingsten (1280); Honorius IV.: Quasimodo (1285); Niklaus IV.: Dreifaltigkeitsfest (1290); Bonifaz VIII.: Vigil von Pfingsten. Der *Ordo XIV* verzeichnet es fast als ein außergewöhnliches Ereignis, daß die Vesper am Feste Peter und Paul (29. Juni) in Sankt Peter gefeiert wurde; Dykmans, *Le cérémonial*, III, 418.

34 Von den neunzehn Päpsten des 13. Jh. wurden sechs in Rom gewählt: Innozenz III., Gregor IX., Cölestin IV., Hadrian V., Nikolaus IV. und Benedikt XI. Die Wahlen Innozenz' III., Gregors IX. und Benedikts XI. fanden im

Winter, im Frühling und im Herbst statt. Über die Konklave des 13. Jahrhunderts siehe Herde, *Die Entwicklung*, 11 ss.; Id., *Election*, 423–424 und Schimmelpfennig, *Papst- und Bischofswahlen*, 173–196.

35 Hampe, *Ein ungedruckter Bericht.*

36 Tholemeus Lucensis, *Historia Ecclesiastica*, lib. 24, cap. 19, RIS, VIII, 1168; siehe Herde, *Election*, 423–424.

37 Jacopo Caetani Stefaneschi, *Opus metricum*, 36–37; siehe Finke, *Aus den Tagen*, 28.

38 PL 217, 393: «Scitis enim, charissimi, quod corruptibile corpus inter anxietates continuas non potest subsistere, nisi quandoque recreationis remedium intercedat».

39 *Chronica Andrensis*, MGH, SS, XXIV, 732: «... propter estivum tempus corpori suo contrario ...».

40 Ordinar Innozenz' III. (Paris, Bibliothèque Nationale, ms. lat. 4162 A, f. 164va), ed. Van Dijk-Walker, *The Origins*, 462: «... cum eramus apud illam aridam Signiam ...»; siehe S. 97 und Maccarrone, *Studi*, 59.

41 Brief des Vizekanzlers Thomas von Capua, ed. Heller, *Der kuriale Geschäftsgang*, 258, Anm. 3; siehe Celli-Fraentzel, *Quellen*, 383 und Tillmann, *Papst*, 253, Anm. 8.

42 Hugo (oder Ugolino, wie er in zahlreichen zeitgenössischen Quellen genannt wird) gehörte zum Haus der Grafen von Segni, die in der Gegend von Anagni begütert waren; er wurde um 1170 in Anagni geboren und wuchs hier auf. Die Behauptung des englischen Chronisten Matthäus Paris (*Chronica Majora*, ed. Luard, IV, 162), daß Gregor IX. fast hundertjährig starb, darf nicht wörtlich genommen werden. Die *Vita Gregorii IX.* sagt, er sei mit Innozenz III. verwandt gewesen «tertio gradu consanguinitatis», was heißt, daß sie einen gemeinsamen Ururgroßvater hatten (LC, II, 18).

43 Hampe, *Eine Schilderung*, 531. Die Handschrift liegt in Paris, Bibliothèque Nationale, ms. lat. 11867. Man beachte, daß Lothar von Segni in seiner Schrift *De miseria conditionis humanae* gegen die Gewohnheit des *pingere cameras* polemisiert hatte (Maccarrone, *Lotharii*, 71, lib. II, cap. XL)!

44 Hampe, *Eine Schilderung*, 531.

45 *Ibid.*, 531: «A quarto latere, quod calentem solem plenius intuetur, sanctissimi Habrahe patris nostri parvum tabernaculum est defixum, de quo sepe ab eodem videri possumus, dum dormimus, cum predicti nostri hospicii sala communis nonnichil distet a nostris cameris picturatis».

46 Die *Gesta Innocentii III* (PL 217, CLXXXVII) berichten, daß der Papst sich im September 1203 nach Anagni und Ferentino begeben habe, «cum fere totam aestatem demoratus fuisset» (Potthast *post* 1999). Richard von San Germano sagt in einem Brief von Juni 1212: «mense iunii Innocentius papa urbem exiens venit Signiam, ubi per aestatem moram faciens, mense Septembri remeavit ad Urbem» (RIS, VIII, 984; siehe Potthast *post* 4547).

47 *Vita Gregorii IX*, LC, II, 24: «... mense augusti Anagniam civitatem ingressus, ibi majori parte yemis feliciter consumata».

48 *Ibid.*, 19.

49 *Ibid.*, 22.

50 *Ibid.*, 23.

51 *Ibid.*, 26–27.

52 *Ibid.*, 29.

53 Höfler, *Albert von Beham*, 63 et 77: «quem ibidem conclusum nimii ardoris cauma [?] peremit ... eo quod salubriori aere foveri consueverit in aestate».

54 Pagnotti, *Niccolò da Calvi*, 82.

55 *Ibid.*, 82.
56 Sambin, *Un certame*, 24, 28–29.
57 Dietrich von Vaucouleurs, f. 233v, ed. Campi, *Dell'Historia*, II, 410; siehe Signorelli, *Viterbo*, II, 240.
58 RIS, III, 605.
59 Finke, *Aus den Tagen*, XIV.
60 Potthast 24879.
61 Die Wendungen Lothars von Segni, Maccarrone, *Lotharii*, 80, lib. III, 4: «mortuus, *producit putredinem et fetorem*. Vivus, hominem unicum inpinguat; mortuus, *vermes plurimos inpinguabit. Quid ergo fetitius* humano cadavere? [...] Non liberabunt a morte, non defendent a verme, *non eripient a fetore* ...»; «Conceptus in pruritu carnis, in fervore libidinis, in *fetore* luxurie: [...] agit vana et turpia quibus *polluit* famam, *polluit* personam, *polluit* consccienciam [...] *massa putredinis qui semper fetet et sordet horribilis*» – können in Parallele gesetzt werden mit gewissen Wendungen der *Quaestiones Salernitanae*, ed. Lawn, *The Prose Salernitan Questions*, 25, Anm. 54: «Ad fetidum odorem tria occurrunt, aut extranei caloris habundantia, aut naturalis debilitas, aut humiditatis excessus. Verbi gratia, [...] corruptione generata, *odorem faciunt fetidum ut in stercore hominis;* aut ex habundantia humoris ut in cicuta, *unde sequitur corruptio et odor fetidus;* aut ex intensione caloris innaturalis corpus corrumpentis, unde sequitur corruptio vel corruptus odor ut in *fetido cadavere* apparet»; *ibid.*, 231, Anm. 66: «Quare vultures percipiunt remota cadavera? Quoniam in eis spiritus animalis subtilis est, qui veniens ad fantasticam cellulam facile immutatur secundum *aerem qui est infectus a fumo qui est resolutus a cadaveribus*, et ideo longe posita facile percipiunt».
62 Lawn, *The Prose Salernitan Questions*, 346.
63 Die Bücher V und VI der Tierkunde des Aristoteles sind der Zeugung und Entwicklung der Tiere gewidmet.
64 Hampe, *Eine Schilderung*, 533.
65 F. von Raumer, *Geschichte der Hohenstaufen und ihrer Zeit*, IV, Leipzig, 1825, 22; siehe Celli, *La malaria*, 31.
66 *Vita Gregorii IX*, LC, II, 22.
67 Arnaldus de Villanova (?), *Breviarium*, in *Opera omnia*, Basileae, 1585, lib. II, 30.
68 *Vita Gregoriii IX*, LC, II, 22.
69 *Ibid.*, 27.
70 *Ibid.*, 23.
71 Hampe, *Eine Schilderung*, 27 et 29.
72 Haskins, *Latin Literature*, 141.
73 Die Probleme der Ansteckung werden von Avicenna behandelt im *Canon*, Buch IV., Phän. 1, Kap. 1 und Trakt. IV., Kap. 1–5 (Venezia, 1507, f. 398r, 416r-v); siehe Seidel, *Die Lehre*; Grmek, *Le concept d'infection*; Winslow, *The Conquest*; Carrerar Panchon, *Sobre el concepto de pestilencia*; Nutton, *The Seeds.*
74 *De retardatione*, 8: «Mundo senescente senescunt homines, non propter mundi senectutem, sed propter multiplicationem viventium inficientium ipsum aerem, qui nos circumdat».
75 Siehe Diepgen, *Studien*, 95.
76 Michael Scotus, *Liber particularis*, in der Handschrift Canon. Misc. 555 der Bodleian Library, Oxford, f. 41r: «Et ista corruptio aeris non contigit ubique sed transfertur de regione in regionem latenter et manet».
77 F. Höngger, *Ärztliche Verhaltungsmaßregeln auf dem Heerzug ins Heilige Land für Kaiser Friedrich II., geschrieben von Adam v. Cremona (ca. 1227)*, Diss., Borna-

Leipzig 1912, 39–43; siehe Powell, *Greco-Arabic Influences*. Siehe auch die Konstitutionen von Melfi, lib. III, tit. 48 *(De conservatione aeris)*, ed. Dilcher, *Die Konstitutionen*, 309.

78 Paravicini Bagliani, *Medicina*, 76. Nach Albert dem Großen ist es das Zusammentreffen von Jupiter und Mars im Zeichen der Zwillinge, welches zu Pestwinden und Luftfäulnis führt und so die plötzlichen Epidemien verursacht, welche Mensch und Tier heimsuchen; siehe Winslow, *The Conquest*, 96. Die durch verdorbene Luft und durch Temperaturschwankungen hervorgerufenen Epidemien schaffen im Innern des Leibes ein Gift: *De animalibus*, VII, 2, 1–2.

79 *Les Registres d'Urbain IV*, Nr. 1000–1001. Über Johannes von Toledo, siehe S. 201.

80 Siehe Paravicini Bagliani, *La mobilità*, 202–203; siehe Cortonesi, *Per la storia*, 130.

81 J. Bale, *Scriptorum illustrium maioris Brytanniae, quam nunc Angliam et Scotiam vocant, Catalogus*, Basileae, 1557–1559. Kritische Diskussion der Quellen bei Paravicini Bagliani, *Medicina*, 393–408. Über die römische Malaria, siehe oben, Anm. 3 und 4. In einem Brief an den neuernannten Kardinal erinnert ihn Johannes Peckham daran, daß er ihn mehrere Male getroffen habe «vel in Curia vel in scholiis». Das beweist, daß Hugo von Evesham an der römischen Kurie gelebt hat, bevor er am 19. April 1281 von Martin V. zum Kardinal ernannt worden war (Johannes Peckham, *Registrum epistolarum*, I, 219).

82 Hampe, *Eine Schilderung*, 529.

83 *Ibid.*, 530: «Hec [das Wasser] a tercio Salomone diligitur, cum in eadem manus sacras apponat libenter et de ipsa frigido gargarismo utatur ...».

84 Brewer, *Giraldi Cambrensis opera*, III, 252–253 *(De jure et statu Menevensis Ecclesiae)*.

85 LP, II, 416–417: «Set propitiante Domino in die tertia visus est prandere cum sociis ad radicem montis Circhegi, ad fontem qui ex tunc Papalis est appellatus».

86 *Gesta Innocentii III*, PL 214, XXV–XXVI.

87 *Ibid.*, CLXXXVIII: «Cumque apud Ferentinam per totam aetatem demoratus fuisset, ubi fieri fecit optimum et pulcherrimum fontem».

88 Ciampi, *Cronache*, 14.

89 Über die Bäder von Viterbo siehe Durante, *Trattato*, cap. VI. Über die Identifizierung des «Bagno dello Scoppio», siehe Burchardt, *Witelo*, 53, Anm. 168. Hieronymus von Viterbo schrieb einen – noch unveröffentlichten – Traktat zum Lobe der Bäder von Viterbo *(De balneis Viterbiensibus)*, den er Papst Innozenz VI. (1352–62) widmete. Für die Höfe der Normannen und Hohenstaufen war das Wasser von großer Wichtigkeit; siehe dazu Calò Mariani, *Utilità*, 343–372.

90 MGH, SS, XXVIII, 1674: «Fuit papa calculosus et valde senex et caruit balneis, quibus solebat Viterbii confoveri».

91 Witelo, *Opticae libri decem*, X, 67: «Invenimus et nos diebus estivis circa horam vespertinam vel modicum ante circa Viterbium in quodam precipitio apud Balneum, quod dicitur Scopuli, aquam vehementer precipitari, descendentesque ad videndum quod in ipsa posset accidere soli sibi opposito, vidimus iridem perpetuam sole circa aspectum illi debitum existente, et multas ex proprietatibus iridis notavimus».

92 *Les Registres de Boniface VIII*, Nr. 1648. Campanus überließ testamentarisch einem seiner Familiaren den Nießbrauch eines Feldes, eines Weingartens und seines Hauses in Viterbo mit allem Mobiliar. Der Besitz des Campanus in

Viterbo wurde von dem aragonesischen Gesandten am Papsthof auf zwölftausen Gulden geschätzt.

93 Die Aufenthalte Innozenz' IV. (1245–50) und Gregors X. (1274–75) in Lyon, wo die beiden allgemeinen Konzile stattfanden, waren durch die politischen Ereignisse bestimmt.

94 Le Goff, *La perception*, 11–16.

95 Tholemeus Lucensis, *Historia ecclesiastica*, RIS, XI, 1180: «viridarium de diversis consitum arboribus, et magnae amplitudinis». Über den Begriff *amoenitas* in der Hofkultur der Normannen und Hohenstaufen, siehe jetzt Calò Mariani, *Utilità*, 361 ss.

96 Siehe die geographische Karte Paolinos von Venedig (1323) aus der Vatikanischen Bibliothek (Vat. lat. 1960, f. 270v), abgebildet bei Krautheimer, *Rome*, 208, fig. 165. Im Tiergarten des Papstpalastes zu Avignon und im Schloß Pont-de-Sorgues fand man unter anderem auch Pfauen; siehe Schäfer, *Die Ausgaben ... unter Benedikt XII.*, 15; und Id., *Ausgaben*, 493.

II. Die Sorge für den Leib

1 Über die Schreibweise des Namens Johannes' – *Castellomata, Castellionate* etc. –, siehe Paravicini Bagliani, *Medicina*, 217. Der erste, welcher den Titel *medicus pape* trägt, ist *magister* Philipp, den Papst Alexander III. zum Priester Johannes geschickt haben soll: Zarncke, *Der Priester Johannes*, 941–942.

2 Siehe S. 193–94.

3 Kamp, *Kirche*, I, 1, 475–476.

4 Erzbischof Romuald nennt sich «in arte medicinae valde peritus»: *Chronicon*, in RIS, VII, 171; Ugo Falcando, *Liber de Regno Siciliae*, 362 nennt den Erzbischof: «vir in physica probatissimus». Siehe De Renzi, *Collectio Salernitana*, IV, 568–576.

5 Aegidius Corboliensis, *De laudibus*, 52–53, lib. I, V. 131–144.

6 Dieses sehr wichtige Zeugnis über den Einfluß der Schule von Salerno auf die Gelehrtenkreise am Papsthof während der letzten Jahre des 12. Jh. beweist freilich noch nicht, daß Romuald an der Kurie gelebt hat oder gar Leibarzt eines Papstes war; De Renzi, *ibid.* kritisiert Marini, *Degli archiatri*, I, 10, weil er Romuald unter die «archiatri pontificii» eingereiht hat.

7 Paravicini Bagliani, *Medicina*, 9, 11–12, 72–79.

8 Hampe, *Eine Schilderung*, 535.

9 *Ibid.*, 535.

10 PL 217, 688: «arte enim medicinae contraria contrariis curantur».

11 Hampe, *Eine Schilderung*, 535.

12 Hugenholtz, *The Anagni Frescoes*, 139–172.

13 *Gesta Innocentii III*, PL 217.

14 Rusch, *Die Behörden*, 69.

15 Reg. I, 456, *Die Register*, I, 681; Reg. II, 198, *Die Register*, II, 377; *Regestum*, 177. Über die ihm durch seine Leiblichkeit gesetzten Grenzen: PL 217, 656.

16 Tillmann, *Papst*, 239.

17 PL 217, 582; 680; 1121.

18 PL 217, 333: «Caro quippe lebrosi alicubi est plana et alicubi inflata, alicubi rubicunda, alicubi est nigra, et alicubi corrosa»; 387: «Sciendum est autem, quod quaedam febris simplex, quaedam duplex, quaedam continua, et quaedam interpolata»; 388: «Quidam patiuntur dolores, quidam tumores, quidam calores, et quidam furores ...».

19 PL 217, 673 ss.
20 PL 217, 65; PL 216, 161.
21 O'Neill, *Innocent III*, 429–431.
22 Am 6. Juni 1206 gewährt Innozenz III. einem gewissen Kleriker R., Neffe des päpstlichen Kaplans *magister* David, den Teil der Pfründe, welchen David einst in der Kirche von Dinant, Diöz. Lüttich besessen hatte (Potthast 2790).
23 Théry, *Autour*, 9 ss.; Kurdzialek, *David von Dinant*, 181–192; Id., *L'idée*, 311–322.
24 Kurdzialek, *Davidis de Dinanto*, 38. Die Teile seines nur in Bruchstücken auf uns gekommenen Werks, welche die Anatomie und Embryologie behandeln (Gent, ms. 5, f. 158v–182v; Paris, Bibliothèque Nationale, ms. lat. 15433, f. 215rv, und Wien, Nationalbibliothek, cod. lat. 4753, f. 141r–143v), sind veröffentlicht worden durch Kurdzialek, *Anatomische ... Äußerungen*, 1–22. Für die Stellen, die uns hier interessieren, siehe ms. 5 von Gent, f. 179v und f. 182r; zitiert *ibid.*, 3, Anm. 3. Wichtig ist das Zeugnis Alberts des Großen, ein «gewisser David» *(quidam David)* habe für Kaiser Friedrich II. aus dem Griechischen ins Lateinische einen Traktat mit dem Titel «De problematibus» übersetzt. Diese *Problemata* sind in der Tat ein Werk Davids von Dinant: Albert der Große, *Politica*, lib. 2, cap. 7, ed. Borgnet, VIII, 163; siehe Kurdzialek, *Davidis de Dinanto*, XX.
25 K. Sudhoff, *Richard der Engländer*, in «Janus», 28 (1924), 397–403; siehe Paravicini Bagliani, *Medicina*, 17, 19–20.
26 Tederico Borgognoni erwähnt in seinem Chirurgietraktat im Kapitel über die Fisteln einen Neffen «domini pape Innocentii quarti qui paciebatur fistulam in ... [– das Pergament der Handschrift hat hier einen Riß –] ... profundum penetrabat inter duas costas»: zitiert von Giacosa, *Magistri Salernitani*, 440. Handschriften und Editionen sind aufgezählt in Tabanelli, *La chirurgia*, I, 211–213. Tederico blieb Papst Innozenz IV. treu und widmete ihm im hohen Alter die endgültige Fassung seiner *Cyrurgia.*
27 Henri de Mondeville, *Chirurgie.*
28 Seidler, *Die Medizin*, 51.
29 *Les Registres de Grégoire IX*, Nr. 4875.
30 *Les Registres d'Innocent IV*, Nr. 2199.
31 Benjamin-Toomer, *Campanus of Novara*; siehe C. Burnett, *Catalogue*, in *Adelard of Bath. An English Scientist and Arabist of the Early Twelfth Century*, London, 1987, 170–171.
32 Quellen und Literatur bei Paravicini Bagliani, *Medicina*, 88–115.
33 Urban IV. spricht sehr überschwenglich von Campanus, selbst wenn seine Worte auf den ersten Blick bloße Kanzleiformeln zu sein scheinen *(Les Registres d'Urbain IV*, Nr. 1692).
34 Baethgen, *Quellen*, 195, 201, 203 und 204. Der Titel *Phisicus* erscheint nur *ibid.*, 195; über Johannes von Lucca siehe Marini, I, 26–27.
35 Arnaldus de Villanova (?), *Breviarium*, in *Opera omnia*, col. 1070: «Pillulis, sine quibus esse nolo, utebatur magister Campanus quotidie, omni die sumendo duas vel tres in modo cicerum». Das äußerst schwierige und verwickelte Problem der Verfasserschaft des *Breviarium praticae* kann hier nicht erörtert werden; eine neue Untersuchung der gesamten Textüberlieferung wäre nötig, vollständiger als die, welche Verdier, *Etudes*, versucht hat.
36 Simon Januensis, *Clavis sanationis*, ed. Venetiis, 1507, f. IIr.
37 Paravicini Bagliani, *Medicina*, 191–198.
38 *Ibid.*, 193, 249.
39 Simon Januensis, *Clavis sanationis*, Venetiis, 1507, f. XLIIv: «Et ego vidi Rome

in gazofilatiis antiquorum monasteriorum libros et privilegia ex hac materia scripta litteris apud nos non intelligibilibus».

40 *Ibid.*, f. IIr.

41 Siehe zum Beispiel Paravicini Bagliani, *I testamenti*, 338.

42 *Ibid.*, 130.

43 *Ibid.* 227 und 335.

44 *Ibid.*, 338.

45 *Les Registres de Clément IV*, Nr. 1608; siehe Stapper, *Papst*, 28.

46 Marburg, Universitätsbibliothek, ms. 9, f. 107: «Pillule mirabilis operationis quas composuit frater Theotonichus pro papa Gregorio»; siehe Burnett, *An Apocryphal Letter*, 162. Todi, Biblioteca Comunale, ms. 85, f. 77v.

47 *Liber de sanitate a magistro Johanne de Toleto compositus*, der sich im Clm 480 der Bayerischen Staatsbibliothek in München, f. 26v, befindet. Erneut davon gesprochen wird auf f. 33v: «Nota quod istud est electuarium experti iuvamenti, quod fecit Innocentius papa ad opus abbatis S. Pauli Rome, qui amiserat visum, qui licet esset centenarius, optime recuperavit visum», zitiert von Grauert, *Meister*, 138. In der Handschrift VIII. G. 100 der Biblioteca Nazionale von Neapel folgen dem Traktat über Augenkrankheiten des Accanamusali (f. 68r–115r: Giacosa, *Magistri Salernitani*, 468) einige Rezepte. Das erste Rezept beginnt so: «Innocentius papa quartus hoc electuarium composuit». Ein ähnliches, jetzt aber Innozenz III. zugeschriebenes Rezept bringt Sarti-Fattorini, *De claris*, I, 387, Anm. 1; genau das gleiche Rezept, aber nun Johannes XXII. zugeschrieben findet sich bei Marini, I, 11, Anm. a.

48 Arnaldus de Villanova (?), *Breviarium*, in *Opera omnia*, lib. I, cap. XXI, 1110; lib. II, cap. III, add., 1190; lib. III, cap. XXII, add., 1364. Das *Breviarium* enthält außerdem das *experimentum* gegen Tertiana-Fieber eines päpstlichen Arztes namens «Franc. V.», den man bisher nicht identifizieren konnte, sowie das *electuarium* eines anderen Papstarztes, von dem nur die Initialen (F. B.) gegeben werden und der vielleicht identisch ist mit dem oben genannten Arzt. Es wird gesagt, dieses *electuarium* helfe gegen Blasensteine und Koliken (lib. II, cap. XXXII, add., 1266: «utile contra vitium lapidis, et contra cholicam ...»); lib. II, cap. XLIV, add., 1291 und lib. II, cap. XLV, add., *ibid.*, 1298 (Thorndike, *Michael Scot*, 74). Siehe Salins, Bibliothèque Communale, ms. 45, 15.–16. Jh. f. LXIIIv: «Pillule gloriose regis Cicilie, quibus utebatur qualibet die papa Alexander». Die Arzttätigkeit des «weißen Kardinals» (*cardinalis albus*, der Zisterzienser Johannes von Toledo) ist durch mehrere voneinander unabhängige Quellen bezeugt. In der Handschrift Barb. lat. 171 der Vatikanischen Bibliothek finden sich Verse, verfaßt vom «Weißen Kardinal» für Papst Urban, der an einer Brustfellentzündung starb (Barb. lat. 171, f. 155v: «quos fecit cardinalis albus ad papam Urbanum mortuum de pleuresi»; inc. *Urbanus per se nescit pretium scabiose*; Walther 19692; siehe Basel, Universitätsbibliothek, Hs. II 13, f. 103; Paris, Bibliothèque Nationale, ms. lat. 3267, f. 54v; Troyes, Bibliothèque Municipale, ms. 1840, f. 55). In der Handschrift 85 der Biblioteca Comunale von Todi finden sich viele medizinische Rezepte, die Ärzten des Papsthofes zugewiesen werden, unter ihnen dem *cardinalis albus* und Johannes von Procida (f. 77r); zweimal findet sich das Rezept eines «electuarium magistri Iohannis de Procida maximi contra reuma». Eines dieser Rezepte war für Gregor IX. bestimmt (f. 77r).

49 Henri de Mondeville, *Chirurgie*, XXXVII, 790; siehe *La Grande Chirurgie de Guy de Chauliac*, XLIV, 256, 263, 617, 624, 660; tract. VII, doct. I, cap. VI. Siehe ebenfalls die Florentiner Handschrift, Biblioteca Riccardiana, ms. 1066, p. III, c. 37r. Die Handschrift 977 (1885) der Biblioteca Universitaria von Bologna (f.

95r) enthält ein *electuarium*, «das Papst Bonifaz VIII. gegeben wurde»: «Confectio electuarii quod datum fuit Bonifacio VIII»: siehe Thorndike-Kibre, *A Catalogue of Incipit*, 1332; inc. *Recipe piperis albi quod reperitur*. Über Heinrich von Mondeville, siehe Pouchelle, *Corps*.

50 Biographische Einzelheiten bei Paravicini Bagliani, *Medicina*, 3–51.

51 In den Untersuchungen über die Verbreitung und die Kenntnis Avicennas im Westen ist der Traktat *De retardatione* nie beachtet worden: Corner, *Anatomical Texts*; Schipperges, *Die Assimilation*; McVaugh, *The «Humidum Radicale»*; Jacquart, *La réception*; Siraisi, *Avicenna*.

52 Grauert, *Magister*, 97, V. 814–824.

53 *Gesta Innocentii III*, PL 214, cap. CXXXVII, CLXXXVIII; siehe auch *Regestum*, 91, 96.

54 Burkhard von Ursberg, MGH, *Scriptores rerum Germanicarum*, 1916, 101.

55 Davidsohn, *Forschungen*, II, 203, Nr. 1468; siehe Laurent, *Beatus*, 458, Nr. 184: «qui dicebatur esse infirmus».

56 *Ibid.*, 459, Nr. 189.

57 Matthaeus Paris, *Chronica Majora*, V, 430: «Nec potuit ei cardinalis albi phisica suffragari».

58 *Continuatio Romana* Martins von Troppau, MGH, SS, XXII, 481. Diese Behauptung wird von Francesco Pipino wiederholt, RIS, IX, 726.

59 Die Beschreibung der klinischen Symptome der Todeskrankheit des ungarischen Kardinals Stefan findet sich in einer Handschrift der Nationalbibliothek zu Paris; in derselben Handschrift steht auf dem unteren Teil des Einbanddeckels eine chronologische Notiz über die Todeskrankheit Klemens' IV: Paravicini Bagliani, *Un frammento*, 173 und Anm. 16.

60 Matthaeus Paris, *Chronica majora*, V, 299. Ein anderer berühmter Papstarzt des 13. Jh. – Arnald von Villanova – erhielt von Papst Bonifaz VIII. als Geschenk ein silbernes Kreuz: siehe das Inventar von Arnalds Bibliothek und persönlicher Habe, *item* Nr. 236: «Item crux argenti cum pede quam dedit dominus Papa», ed. R. Chabas, *Inventario de los libros, ropas y demàs efectos de Arnaldo de Villanueve*, in «Revista de Archivos, Bibliotecas y Museos», 9 (1903), 198.

61 Paravicini Bagliani, *I testamenti*,

62 Ed. Dykmans, *Les pouvoirs*, 131 (siehe oben,, Anm. 35); siehe Schimmelpfennig, *Die Zeremonienbücher*, 191 ss.

63 Petrocchi, *Lultimo destino*, 207: «lingua expeditissimus, vox eius sonora et si supresse proferebatur, audiebatur ab omnibus et intelligebatur».

64 *Ibid.*, 207: «Aspectus eius reverebatur ab universis plurimum et timebatur». Siehe über diese Probleme im allgemeinen Schmidinger, *Das Papstbild*, 106–129.

65 Jean Papire Masson, *Libri sex de episcopis Urbis, qui Romanam Ecclesiam rexerunt*, Parisiis, 1586, 223 ss.; siehe Schmidinger, *Das Papstbild*, 33.

66 *Continuatio Romana brevis*, MGH, SS, XXX, 712: «decorus facie, nobilitatem et pulchritutidem moribus et prospicuitate decorans, statura procerus ...». Nach Gardner, *Patterns*, 440 handelt es sich vielleicht um eine «Collage» konventioneller Redensarten.

67 Tholemeus Lucensis, *Historia ecclesiastica*, RIS, XI, 1179: «Hic fuit multum compositus homo in moribus: unde et apud multos *el composto* appellabatur, et erat de pulchrioribus clericis mundi».

68 Franciscus Pipinus, *Chronicon*, RIS, IX, 724: «Corpus et exterius tibi quid sors blanda negavit? [...] / Corporis egregio decus ejecere decori / Mira pudicitia, graviumque decentia morum»; siehe Ladner, *Die Papstbildnisse*, II, 21.

69 Herklotz, *«Sepulcra»*, 199. Bereits im *Carmen de statu Curie Romane* hatte der

Dichter Heinrich von Würzburg (um 1261–65) erklärt, er wolle seine Muse in den Dienst der *fama* des Kardinals Gaetanus stellen (ed. Grauert, *Magister*, 94, V. 749–752; siehe auch V. 140–145). Selbst nach dem Tode des Kardinals kann der Dichter die Erinnerung an ihn wachhalten.

70 *Ibid.*, V. 949–950 und 957–958; siehe auch V. 250.

71 Gardner, *Arnolfo di Cambio*, 430.

72 Tholemeus Lucensis, *Historia ecclesiastica*, in RIS, XI, 1191; siehe *Willelmi Rishanger ... Chronica et Annales*, 109.

73 Tholemeus Lucensis, *Historia ecclesiastica*, 1176. Dieser Gedanke wird im 15. Jh. wieder sehr lebendig: Filelfo fordert mit Berufung auf Aristoteles: «regem oportet ab aliis differre *vestitu*, oratione, honoratione». Auch der Stellvertreter Christi auf Erden «et cui ipsius coeli potestas data est» darf nichts gemein haben mit der Menge»; zitiert von Miglio, *«Vidi thiaram»*, 275.

74 *Secretum secretorum*, 171: «Ille vero homo est optime memorie bene compositus in natura, qui habet carnes molles, humidas, mediocres inter asperitatem et lenitatem ...». Das Wort *compositus* findet sich auch in einer Streitschrift des Humanisten Giovanni Antonio Campano gegen Papst Paul II. (1464–71): «Es compositus et splendidus, quae res et si est pontifice summo dignissima ...», zitiert von Miglio, *«Vidi thiaram»*, 292–293.

75 *Secretum secretorum*, 146: «Sicut ergo oportet te esse virum spiritualem pulcri aspectus et ornatum»

76 Brams, *Mensch*, 545–548.

77 Siehe jetzt ebenfalls J. Agrimi, *Fisiognomica e Scolastica*, in «Micrologus. Nature, Sciences and Medieval Societies», 1 (1993), 235–271.

78 *Secretum secretorum*, 49; über Gifte, siehe *ibid.*, 59. Campanus von Novara, einer der genialsten Astronomen und Mathematiker des 13. Jh., wurde durch Urban IV. (1261–64) in die Papstkapelle aufgenommen und war am Papsthofe als Berufsastronom tätig (ibid., 60)

79 Zu Beginn des Jahrhunderts sprechen die Quellen von einem einzigen *medicus pape*; in der zweiten Hälfte des 13. Jh. jedoch haben die Päpste im allgemeinen zwei Ärzte zur Verfügung: Frutaz, *La famiglia*, 310.

80 Diese Identifikation wurde zunächst von Haskins, *Studies*, 137–140, vorgeschlagen; Zweifel äußerte gegenüber diesem Vorschlag Grignaschi, *La diffusion*; das Problem wurde wiederaufgegriffen von Paravicini Bagliani, *Medicina*, 203–216 und von Williams, *The Early Circulation*.

81 *Les Registres de Grégoire IX*, Nr. 118. Der Übersetzer Philipp sagt dem Bischof Gui de Vere von Valence, dem er seine Übersetzung (ed. Förster, *De Aristotelis*, 38) gewidmet hatte, er habe das arabische Original in Antiochia gefunden. Philipp, der Kuriale war, begleitete seinen Onkel Rainier, Patriarch von Antiochia (1219–25) und vorher Vizekanzler der Kirche unter Honorius III., zu seinem neuen Amtssitz im Orient. Philipp war also ein Kleriker mit guten medizinischen Kenntnissen.

82 Burnett, *An apocryphal Letter*, 157.

83 Das *Secretum secretorum* behauptet, die Himmelskörper beeinflußten die Ereignisse auf der Erde durch das Licht. Das Licht ist der wahre Mittler zwischen der himmlischen und der sublunaren Welt. Brams, *Mensch*, 545–548; Grignaschi, *La diffusion*, 19, Anm. 35.

84 Tea, *Witelo*, 22 ss.

85 Simi Varanelli, *Dal Maestro d'Isacco*, 129.

86 Brams, *Mensch*, 556.

87 Siehe oben, S. 295, Anm. 91.

88 Lindberg, *Lines*, 66–83, und Paravicini Bagliani, *Medicina*, 119–140.

89 *Ibid.*, 132.
90 Edition: Berger, *Die Ophtalmologie*. Peter von Spanien widmete seinen *Thesaurus pauperum* Gregor X., «qui pater pauperum nuncupatur». Beachtenswert das Wortspiel im Incipit von *De oculo*: «In nomine summi *pontificis* vel *opificis*, a quo omnes cause procedunt casualiter suum esse et originem extraverunt»; siehe Stapper, *Papst Johannes XXI.*, 24. Bevor er zum Papst gewählt wurde unter dem Namen Johannes XXI. (1276), lebte Peter von Spanien mindestens fünfzehn Jahre an der Kurie. Zwischen 1261 und 1264 gehörte er zur Umgebung des Kardinals Ottobono Fieschi. Zum ersten Mal am Papsthof nachweisbar ist er am 31. Dezember 1261 als Zeuge eines Entscheids des Kardinals Ottobono Fieschi *(Les Registres d'Urbain IV*, Nr. 49). In den Papstregistern erscheint er zum ersten Mal während der ersten Monate des Jahres 1260; *Les Registres d'Alexandre IV*, Nr. 3182 (14. März 1260) et 3183 (1. Januar).
91 Romanini, *Gli occhi di Isacco*, 1 ss.

III. Lebensverlängerung

1 Zarncke, *Der Priester Johannes*, 837–843; 845–846. Otto von Freising berichtet, daß er am 18. November 1145 in Viterbo den Bischof von Dsjebel (südlich von Laodicea) getroffen habe, als dieser aus einer päpstlichen Audienz kam. Der Bischof erzählte ihm, daß im fernsten Osten, hinter Persien und Armenien, ein gewisser Nestorianer mit Namen Johannes wohne, König und Priester. Dieser habe der Kirche von Jerusalem zu Hilfe eilen wollen, aber er konnte nicht den Tigris überqueren und mußte umkehren.
2 Übersetzt durch den Brincken, *Presbyter Johannes*, 87–90. Lateinischer Text, *ibid.*, 83–86.
3 Siehe Anm. 1.
4 Maccarrone, *Lotharii*, 16.
5 *Ibid.*, 15–16. Nach den *Gesta Innocentii III* (PL 217, XVIII), war Lothar 29 Jahre alt bei seiner Erhebung zum Kardinal (1190) und 37 bei seiner Wahl zum Papst (1198). Er ist also um 1160 geboren. *De miseria* wurde zwischen dem 25. Dezember 1194 und dem 13. April 1195 geschrieben.
6 Grmek, *On ageing*, 56–57.
7 Siehe S. 180.
8 Siehe S. 181.
9 *De retardatione*, 39.
10 Siehe S. 180.
11 Der Verfasser von *De retardatione* behauptet, in Frankreich geweilt zu haben. Die Quellen über den Italienaufenthalt Philipps des Kanzlers sind alle veröffentlicht in Denifle-Châtelain, *Chartularium*, I. 1219 war Philipp nach Rom gerufen worden, wo er vor Papst Honorius III. erschien (93, Dok. Nr. 33, 20. November 1219); er wurde erneut nach Rom vorgeladen am 10. Mai 1230 durch Gregor IX. (134, Dok. Nr. 75); wir wissen aber nicht, ob er tatsächlich nach Rom gereist ist.
12 Paris, Bibliothèque Nationale, ms. lat. 6978, f. 36r; siehe *De retardatione*, 89: «Explicit epistola de accidentibus senectutis s. d. q domini castri gret et missa ad Innocencium quartum summum pontificem».
13 Paris, Bibliothèque Nationale, ms. lat. 10938, f. 93vb: «Item epistola domini castri dicti goet de accidentibus senectutis missa ad fredericum imperatorem». Daß diese *epistola* im Bücherkatalog des Abtes Ivo von Cluny genannt wird, hatte bereits Haskins bemerkt, *Latin Literature under Frederick II*, 135–136; siehe

Kantorowicz, *Friedrich II., Ergänzungsband*, 154, der freilich nicht sagt, daß es sich bei dieser *Epistola* um den Traktat *De retardatione* handelt. Der Bücherkatalog findet sich in der Pariser Handschrift zweimal: f. 84vb–85rb und f. 93va-b. Delisle, *Le Cabinet*, II, 484–485 veröffentlichte den Text von f. 93va-b, der besser ist. In der Fassung von f. 84v fehlt das Wort *domini*: *Item epistola castri dicti goet de accidentibus senectutis missa ad Fredericum imperatorem*. Nach Delisle war Ivo Abt von 1256 bis 1273, nach Guy de Valous im *DHGE*, XIII, Paris, 1956, 87, jedoch von 1257–1275. Es ist schwer zu entscheiden, welcher Lesung man den Vorzug geben soll. Die Lesung *Goet* im Katalog Ivos ist vielleicht der Lesung *Gret* (im Explicit des ms. lat. 6978 von Paris) vorzuziehen, da in dieser Handschrift das *r* nachträglich dem *Get* zugefügt wurde.

14 *Dominus mundi* nennt Michael Scotus Friedrich II. in seinem Vorwort zu seiner Übersetzung von Avicennas *De animalibus (Frederice Romanorum imperator, domine mundi*; siehe Thorndike-Kibre, *A catalogue of incipits*, 57).

15 Melloni, *Innocenzo IV*, 23–26.

16 Über diese Frage siehe jetzt Paravicini Bagliani, *Medicina*, 55–84.

17 *De retardatione*, ed. Little-Withington, XXI–XXIII.

18 Clark, *Roger Bacon*, 230–232.

19 *De retardatione*, 1. Das beweisen die beiden Fassungen des Werkes und die Beziehungen des Verfassers zu Philipp dem Kanzler und Johannes Castellomata, mit Friedrich II. und Innozenz IV.; das beweisen auch seine zahlreichen Reisen nach Frankreich und Italien, um Auskünfte (z. B. über wundertätige Pflanzen) und Beobachtungen zu sammeln; das beweist vor allem aber die genaue Kenntnis eines guten Dutzend von Werken, die im Westen nur unvollkommen bekannt waren und die der *dominus castri Goet* zum ersten Mal benutzt. Das Gleiche gilt für den Canon Avicennas (rund hundert Zitate), den pseudo-aristotelischen Traktat *Secretum secretorum* (25), Rhazi (15), Haly Regalis (15), Haly super Tegni (15), Isaac (12), Ahmed ben al-Gezzar (12) und Johannes von Damaskus (9).

20 *Ibid.*, 2.

21 *Ibid.*, 2.

22 *Ibid.*, 2. Augustinus, *De civitate Dei*, XV, 10–15.

23 *Ibid.*, 2.

24 Die Theorie über das Alter in *De retardatione* beruht auf einer sehr aufmerksamen und genauen Lektüre Avicennas. *De retardatione* ist der erste westliche Traktat, der Avicennas Theorien über das Alter in ihrem ganzen Umfang auswertet. Über Avicennas Theorien siehe Theoharides, *Galen*; Gale, *Whether*; Hall, *Life*; McVaugh, *The «Humidum Radicale»*; Cadden, *A Matter of Life*.

25 *De retardatione*, 45; *ibid.*, 16.

26 *Ibid.*, 15–16.

27 Siehe oben,, Anm. 45.

28 *De retardatione*, 15: «Quarum una latet in visceribus terre»; «Altera natat in mari»; «Tertia repit super terram»; «Quarta vegetatur in aere»; «Quinta assimilatur medicine que egreditur de minera nobilis animalis»; «Sexta egreditur de animali longe vite» (= «lapis quadratus nobilis animalis»); «Septima est medicina sive res cuius minera est planta Indie».

29 *Ibid.*, 43–44.

30 Grignaschi, *La diffusion*, 19.

31 Siehe S. 188.

32 Rogerius Bacon, *The «Opus Maius»*, II, 204–213; *Opus Minus*, 373–374; *Opus Tertium*, 45–54. Siehe auch den Brief, den Roger Bacon bei der Übersendung seiner drei Werke an Papst Klemens IV. schickte (Bettoni, *Ruggero Bacone*,

147–148); die *Epistola de Secretis operibus*, cap. VII, 538–542; der *Liber sex scientiarum*, vielleicht Fragment des *Scriptum Principale*, oder des *Compendium Philosophiae*, das Roger Bacon plante, 181–186 («Appendix I», des ms. Bodley 438, f. 28–29). Auch zwei Artikel in Roger Bacons Traktat *De erroribus medicorum* sind dem Gold (Nr. 56) und der Schlange (Nr. 64) als Verjüngungsmittel gewidmet; siehe Welborn, *The Errors*, 52–53.

33 Massa, *Ruggero Bacone*.

34 Gruman, *A History*, 62–67 und Needham, *Science*, V, 2, 10–15, 71, 74, 282; V, 4, 491–496; siehe Paravicini Bagliani, *Medicina*, 329–361.

35 Über den Begriff der *complexio*, siehe Jacquart, *De* krasis *à* complexio.

36 Needham, *The Elixir*, 167–192.

37 Siehe die in Anm. 34 zitierten Werke.

38 Brehm, *Roger Bacons Place*, 53–58.

39 Thorndike, *History of Magic*, II, 499: Londres, British Library, Royal ms. 13-A-VII, XV, f. 149r–153v.

40 Schipperges, *Makrobiotik*, 129–155.

41 Berger, *Die Ophtalmologie*, 45–47. Über heilende Augenwasser siehe nun Wilson, *Philosophers*, 101–210.

42 Guillelmus de Nangiaco, *Chronicon*, MGH, SS, XXVI, zitiert von Potthast, II, 1718.

43 Über diese enge Verbindung von religiös-wissenschaftlichem Wissen und Macht siehe Crisciani, *Labirinti*, 140 und Anm. 2. Crisciani vertieft hier Gedanken über das Band zwischen den drei *arcana*, die Ginzburg in einem anderen Kontext entwickelt hatte; siehe Ginzburg, *High and Low*, 28–41. Unter den von Crisciani zitierten Texten sind hier wichtig Roger Bacons *De secretis nature* und eine Stelle aus dem Brief John Dastins an Papst Johannes XXII., ed. Josten, 43: «Hoc ergo magisterium pertinet ad reges et huius mundi altiores, quia qui habet ipsum indeficientem habet thesaurum»! Über J. Dastin, siehe unten, Anm. 18.

44 Paravicini Bagliani, *Medicina*, 53–84.

45 Papst Johannes XXI. wurde erschlagen durch die herabstürzende Decke eines Zimmers, das er im Papstpalast zu Viterbo hatte bauen lassen. Siehe Siegfried von Ballnhausen, *Compendium historiarum*, MGH, SS, XXV, 708: «Quid fiet de libello meo? Quis complebit libellum meum?». «Hic dum quendam librum, ut dicebatur, hereticum et perversum dictaret, subito domus in qua sedebat super eum corruit in tantumque concussit, ut infra spacium quinque dierum miserabiliter moreretur».

Epilog
Bonifaz VIII.

I. Der Leib als Bild

1 Der 24. Januar 1295 war der Tag von Bonifaz' VIII. Bischofsweihe und Papstkrönung. Der *Liber benefactorum* des Kapitels von St. Peter verzeichnet unter dem 6. Mai die «dedicatio altaris sancti Bonifatii, quod est in navi basilicae principis apostolorum»: Egidi, *Necrologi*, I, 210. Die Weihe einer Kirche fand gewöhnlich an einem Sonntag statt; der 6. Mai fiel einzig im Jahr 1296 auf einen Sonntag: siehe Maccarrone, *Il sepolcro*, 756, Anm. 25. Nach einem römischen Kalendar des 13. Jh. (Van Dijk-Walker, *The Ordinal*, 7) wurde die «Dedicatio capelle s. Bonifacii in ecclesia b. Petri» 1296 gefeiert. Als der Kardinal Benedikt Caetani, Neffe des Papstes († 14. Dezember 1296), «ante

altare Sancti Bonifatii» bestattet wurde, war der Altar bereits geweiht. Am 29. September 1297 spricht Bonifaz VIII. von der vollendeten Kapelle und seinem eigenen Grab in Sankt Peter (Potthast 24758). Das Wort *mausoleum* findet sich bei Johann von Viktring, *Liber certarum historiarum*, zitiert von Maccarrone, *Il sepolcro*, 762, Anm. 59.

2 Wir kennen nur die Zeichnung Tassellis im Album des Kapitelarchivs von Sankt Peter, später abgezeichnet von G. Grimaldi, *Descrizione della Basilica antica di S. Pietro in Vaticano, codice Barberini latino 2733*, ed. R. Niggl, Città del Vaticano, 1972, 37.

3 Ladner, *Die Papstbildnisse*, II, Taf. LXX.

4 Maccarrone, *Il sepolcro*, 758.

5 *Bullarium Vaticanum*, I, 198–201; siehe auch den Brief vom 17. September 1279 (Maccarrone, *Il sepolcro*, 754).

6 Picard, *Etude*, 763–764.

7 Brief vom 27. April 1300 an das Kapitel von Sankt Peter (*Bullarium Vaticanum*, I, 226a et 230a). Nach Guido von Baisio jedoch war dieser Bonifatius ein Märtyrer und nicht ein Papst (Mansi, XXV, 418).

8 Maccarrone, *Il sepolcro*, 755; siehe Jounel, *Le culte*, 177 et 238–239.

9 Siegfried von Ballnhausen, *Compendium*, 712: «Ipse edificavit altare in basilica sancti Petri super sepulchrum sancti Bonifatii pape, qui templum Pantheon a Foca cesare quondam impetraverat, et super altare illud subimet tumbam eminentem et preciosam de candidissimo marmore sculptam et auro [desuper] ornatam fieri statuit, et ciborium desuper quatuor columpnis suffultum, similiter de marmore auroque preciosum, et iuxta tumbam in pariete simulachrum suum sculptum atque auro ornatum».

10 «Brachium s. Bonifatii IV. pape»: Forcella, *Iscrizioni*, IV, 305, Nr. 742.

11 Deér, *The Dynastic*, 140–141; siehe oben,, Anm. 164.

12 Picard, *Etude*, 763 ss.

13 Forcella, *Iscrizioni*, VIII, 390, Nr. 718.

14 Hugenholtz, *The Anagni Frescoes*.

15 Brief vom 27. April 1300, zitiert von Maccarrone, *Il sepolcro*, 756, Anm. 22.

16 *Les Registres de Boniface VIII*, Nr. 3416; siehe Schmidt, *Libri rationum*, 72.

17 Ladner, *Die Papstbildnisse*, II, 308.

18 Claussen, *Pietro di Oderisio*, 186–187.

19 Romanini, *Ipotesi*, 113.

20 Siehe S. 141.

21 Bernardus Guidonis, *De secta illorum*, 22–23: «qui fecit sibi fieri monumentum et imaginem supra petram sicut esset viva».

22 Das Grabmal war bereits zu Lebzeiten, *sibi vivens*, in Auftrag gegeben worden (Bernardus Guidonis, *Continuatio*, LP, II, 471: «Sequenti vero die fuit in tumulo, quem *sibi vivens* praeparari fecerat, tumulatus in ecclesia sancti Petri»). Es ist also nur natürlich, daß Bonifaz VIII. nicht persönlich die Kapelle geweiht hat, wie es Nikolaus III. gemacht hat. Konnte Bonifaz VIII. eine Kapelle weihen, in der sich eine Grabfigur von ihm befand? Der Papst ließ sie daher vom Kardinal Matthäus von Acquasparta weihen (der als Bischof von Porto die Bischofsgewalt über St. Peter ausübte; siehe Maccarrone, *Il sepolcro*, 756). Matthäus war eng mit Bonifaz VIII. verbunden: sein Grab ist das erste nach dem Bonifaz' VIII., das ein lebenstreues Abbild hat (Gardner, *Arnolfo di Cambio*, 420–439); sein Interesse für Probleme der Optik und der Physiognomie bezeugt eine wichtige Predigt über den hl. Franz (siehe Id., *Some cardinal's Seals*, 72–96). Über die Treue der Bildnisse Bonifaz' VIII. siehe jetzt die Beobachtungen Gardners, *The Tomb*, 174–175.

23 Erlande-Brandenburg, *Le roi est mort*.

24 Neuedition der Verse über das Grab nach Vat. lat. 2854, f. 22v–23r: Maccarrone, *Il sepolcro*, 759: «Jam te funus habe, iam te mirare cadaver / Exequias iam cerne tuas, te vermibus escam [...] / Ecce pater patrum divini pastor ovilis, / Puppis apostolice remex, vigil arbiter orbis / Nec non terrenus eterne claviger aule / [...] Insompnesque minus ledat vel tempora tardet».

25 PL 217, 658: «constitutus inter Deum et hominem medius».

26 Galfridus de Vinosalvo, *Poetria nova*, 261: «Non Deus es nec homo: quasi neuter es inter utrumque» (vv. 2068–2069); 197 (v. 20): «Trans homines totus».

27 Rocaberti, *Bibliotheca*, IV, 57.

28 Maccarrone, *Il sepolcro*, 757.

29 Romanini, *Ipotesi*, 127. Die archäologische Untersuchung des Grabes gibt Grimaldi recht, nach dem der Sarkophag sich so nah über dem Altar befand «ut dum sacerdos Missae sacrum perageret tumulum ipsius Bonifacii conspiciebat».

30 Gardner, *Boniface VIII*, 520.

31 Paschal II. bettete in ein und denselben Altar den hl. Leo I. und seine gleichnamigen Nachfolger Leo II., Leo III. und Leo IV.; siehe Maccarrone, *Il sepolcro*, 754, Anm. 11.

32 Über die Sichtbarkeit der Papstfigur während der Eucharistiefeier siehe S. 210.

33 Die Grabfigur trägt nur die Tiara.

34 Auf dem Epitaph Bonifaz' IV., der heute in den Vatikanischen Grotten, in der Kapelle der «Schwangeren-Madonna» *(Madonna delle Parturienti)*, aufbewahrt wird, werden die *ossa* erwähnt in den beiden letzten Versen der von Bonifaz VIII. angebrachten Grabschrift: «Octavus titulo hoc Bonifatius ossa reperta/hac locat erecta Bonifatii nominis ara»: Ladner, *Die Papstbildnisse*, II, 310.

35 So auch Maccarrone, *Il sepolcro*, 758.

36 Maccarrone, *Il sepolcro*, 758; siehe Herde, *Cölestin V.*, 154–155.

37 20. November 1295 et 23. Juli 1296; siehe Maccarrone, *Lindulgenza*, 741.

38 Siehe S. 145ff.

39 Boyle, *An Ambry*, 343–344.

40 Ein ähnliches Kryptoporträt ist – nach Ladner – der Reiter von Bamberg. Er stellt den hl. Georg dar, aber die Gesichtszüge sind die Friedrichs II. (Ladner, *Die Anfänge*, 84–88).

41 *Ibid.*, 88. Im Tympanon von San Clemente trägt der Papst eine Tiara mit einem Kronreif. Oben auf der Tiara sieht man deutlich eine Art Knauf. Es ist der Rubin, der beim Sturz Papst Klemens' V. während des Krönungsumritts verlorenging; siehe Boyle, *An Ambry*, 329–350.

42 Maddalo, *Bonifacio VIII*, 148; Id., *Alcune considerazioni*, 621–628.

43 Nach Stefaneschi verkündete Bonifaz VIII. das Heilige Jahr in Sankt Peter von einer mit Seide und Gold geschmückten Kanzel vor Pilgern, die zum Apostelgrab gekommen waren; der Beginn des Jubeljahres (22. Februar) fiel auf das Fest Petri Stuhlfeier. Die Bulle wurde zwar im Lateran erlassen, aber als Ausstellungsort wurde auf Befehl des Papstes Sankt Peter angegeben. Der Ablaß von dreißig Tagen für die Pilger wurde an den Besuch der beiden Basiliken Sankt Peter und Sankt Paul vor den Mauern gebunden. Silvia Maddalo, *Bonifacio VIII*, 136, hat also recht, wenn sie sagt, daß der Lateran, zumindest nach den offiziellen Vorschriften, abseits der Pilgerzüge blieb.

44 Auf der Zeichnung der Ambrosiana und auf einer Miniatur, welche eine Krönung in Sankt Peter darstellt (Vat. lat. 4933), ist die Person zur Rechten des Papstes Kardinal Matteo Rosso Orsini.

45 Maddalo, *Bonifacio VIII*, 145. Siehe die Abbildung in Fischer-Pace, Rom, II, Abb. 438.
46 Auch die älteste Miniatur mit der Darstellung einer Papstkrönung (Vat. Lat. 4933, f. 7v, Jacopo Stefaneschi, *Opus metricum)* stellt die Krönung Bonifaz' VIII. dar.
47 Maddalo, *Bonifacio VIII*, 145 ss.
48 Mitchell, *The Lateran Fresco*, 1–6.
49 Poggi, *Arnolfo di Cambio*, 193–194.
50 Siehe oben, Anm. 9.
51 Rash, *Boniface VIII*, 47–58.
52 Es gibt wichtige Ähnlichkeiten mit den Statuen in Orvieto (der Papst erteilt auf dem Throne sitzend seinen Segen): *ibid.*, 48. Ihr Erhaltungszustand gestattet aber nicht zu sagen, ob der Papst in der Linken die Schlüssel hielt. Bonifaz VIII. ist der erste Papst, der – etwa im Lateranfresko – neben sein Familienwappen Tiara und Schlüssel Petri setzte (Galbreath, *Papal Heraldry*, 38).
53 Romanini, *Nuovi dati*, 33 ss. zeigt, daß die Büste Bonifaz' VIII., was die äußere Bearbeitung angeht, völlig der Bronzestatue des hl. Petrus in Sankt Peter gleicht. Das bestätigt die Annahme, daß Arnolf die Büste Bonifaz' VIII. geschaffen hat.
54 Jacopo Caetani Stefaneschi, *Opus metricum*, 98: «imposuit capiti spere cubitique figuram»; siehe Ladner, *Die Statue*, 59, Anm. 102.
55 Schramm, *Zur Geschichte*, 307 ss.
56 *Les Registres de Boniface VIII*, Nr. 59: «Una nemque fuit diluvii tempore archa Noe unam Ecclesiam prefigurans, que in uno cubito consumata unum Noe videlicet gubernatorem habuit et rectorem».
57 *Ibid.*, Nr. 3410: «parati solemniter ... portabimus in capite nostro diadema seu coronam, quod regnum vulgariter appellatur, per quod potest unitas sancte Ecclesie designari, quam ipsi in Ecclesia dei immisso scismate scindere fuerant ante moliti».
58 Ladner, *Die Statue*, 58.
59 Rash, *Boniface VIII*, 49.
60 Sommer, *Die Anklage*, 21 ss., 36; Id., *Papst Bonifaz VIII.*, 75–107.
61 4. Dezember 1290 (Varin, *Archives administratives*, I, 2, 1049). Siehe darüber jetzt die sorgfältige Untersuchung Schmidts, *Papst Bonifaz VIII.*, 91.
62 Der Bischof ordnete die *cessatio a divinis* an.
63 *Les Registres de Boniface VIII*, Nr. 4299.
64 Am selben Tag unterrichtete Bonifaz VIII. den Abt von Compiègne von seinem Entscheid und befahl ihm, die Statuetten in Auftrag zu geben.
65 Der Satz «Der Papst bewahrt im Schrein seiner Brust das ganze Recht» wurde von Bonifaz VIII. in den *Liber sextus* aufgenommen und erhielt damit Rechtskraft. *(Liber Sextus*, C. 1 VI 1, 2, ed. Friedberg, *Corpus iuris canonici*, II, 937; siehe Gillmann, *Romanus pontifex*, 156–174 und Kantorowicz, *Die zwei Körper des Königs*, 51, Anm. 15).
66 Siehe S. 79.
67 Siehe S. 79–80.
68 Der unaufhörliche Kampf des Papsttums gegen die *cessatio a divinis* muß auch unter dem Aspekt der Ekklesiologie gesehen werden. Bereits das 4. Laterankonzil hatte bestimmt (im Canon *Irrefragabili)*, daß der Bischof eine unbegründete *cessatio* des Kapitels nicht zu beachten brauche; der Metropolit wurde verpflichtet, mit angemessenen Mitteln einzuschreiten. Das 2. Konzil von Lyon *(Liber sextus*, ed. Friedberg, II, 986) wandte sich erneut gegen die

leichtfertig verhängte *cessatio a divinis* und verlangte von beiden Parteien die Vorlage triftiger Gründe. Gregor X. verurteilte scharf die Gewohnheit, das Kreuz und die Bilder der Gottesmutter und anderer Heiliger auf den Boden zu legen, um die *cessatio a divinis* allen drastisch sichtbar zu machen. Am 4. April 1296 bestimmte Bonifaz VIII., daß eine *cessatio a divinis* nur mit der Mehrheit der Stimmen des Domkapitels beschlossen werden könne; die streitenden Parteien hätten sich vor dem Heiligen Stuhl einzufinden. Am 3. März 1298 zog der Papst die Forderung der Stimmenmehrheit zurück, verstärkte aber die Strafbestimmungen bei Verstößen gegen das Dekret von Lyon (*ibid.*, II, 988; siehe Potthast 24310).

69 Coste, *Boniface VIII en procès*. Im Druck.

70 So gesehen war einer der Anklagepunkte im Prozeß gegen Bonifaz VIII. nicht ohne Grund. Der Papst habe – so die Anklage – gesagt, jeder neugewählte Papst solle sofort eine Statue seiner selbst aufstellen lassen, welche alle – Hohe und Niedrige – verehren und vor der alle Fürsten der Welt sich in Demut und Ehrerbietung verneigen sollten.

II. Physiognomie und Unsterblichkeit

1 Paravicini Bagliani, *La mobilità*, 155–278.

2 Die prosopographische Dokumentation findet sich *ibid.*, *Medicina*, 38–51.

3 *Ibid.*, 40.

4 *Les Registres de Boniface VIII.*, Anm. 3123. Nach Finke, *Aus den Tagen*, 201 und Diepgen, *Arnald*, 23 ss., kam es zum Bruch, da Anselms Behandlung von Bonifaz' VIII. Steinleiden erfolglos blieb.

5 Finke, *Aus den Tagen*, XXX, XXXI, XXXIV.

6 Holtzmann, *Wilhelm von Nogaret*, 234 ss.; siehe Finke, *Aus den Tagen*, 203, Anm. 1.

7 *Ibid.*, XXX. Es handelt sich wahrscheinlich um die *Practica summaria* (Arnaldus de Villanova, *Opera omnia*, 1439–1452), von der zumindest eine Handschrift (München, Bayerische Staatsbibliothek, clm 2848) eine Widmung an Bonifaz VIII. enthält. Arnald spricht von seinem Aufenthalt in Scurcola in einem Brief an Benedikt XI.: Finke, *Aus den Tagen*, CLXXIX–CLXXX.

8 *Ibid.*, XXX: «... magister Arnaldus modo mense Julii preterito, dum sol esset in signo Leonis, fecit quendam denarium et quoddam bracale pape, que cum portaret, malum lapidis amodo non sentiret ...». Das auch in anderen Werken Arnalds bezeugte *Bracale* war eine Art Binde, welche die Nieren zusammenpreßte; das läßt sich medizinisch durchaus rechtfertigen: *ibid.*, 205. Für eine Beschreibung des Siegels, siehe auch *De sigillis* von Arnald, in *Opera omnia*, 2037–2042. Siehe auch Finke, *Aus den Tagen*, XXXIV und XXX.

9 Petrus de Abano, *Conciliator*, 9, 4; ibid. 48, 3; zitiert von Paschetto, *Pietro d'Abano*, 29, Anm. 34.

10 *Ibid.*, 25–6.

11 Petrus de Abano, *Tractatus de venenis*, Prologus: «Sanctissimo in Christo patri et domino [...] divina providentia summo pontifici Petrus de Abano minimus medicorum»; siehe Paravicini Bagliani, *Medicina*, 38.

12 Petrus de Abano, *Tractatus de venenis*, c. IV: «... et Avenzoar hoc invenit, ut in libro translato papae Bonifacio scriptum est». Nach Thorndike, *A History of Magic*, III, 937, ist in einer Wiener Handschrift die Übersetzung des Traktates von Avenzoar Papst Bonifaz VIII. gewidmet.

13 Paravicini Bagliani, *Medicina*, 200–201.

14 Siehe dazu Pogatscher, *Von Schlangenhörnern*, 162–215; K. Eubel, *Vom Zaubereiunwesen anfangs des 14. Jahrhunderts*, in «Historisches Jahrbuch», 18 (1897), 609–631 und Coulon, *Un présent*, 611–620. Für das Inventar des Schatzes Bonifaz' VIII.: Molinier, *Inventaire*, 20–22, XV, Anm. 273–287. «Vorschmecken» ist eine der Pflichten päpstlicher *supracoci*: Frutaz, *La famiglia*, 294.

15 Paravicini Bagliani, *Medicina*, 258–259.

16 Thorndike-Kibre, *A Catalogue of Incipits*, 266.

17 R. Manselli, *La religiositá d'Arnaldo da Villanova*, 18–19: «Palam etiam confitebatur, quod non zelus Christi vel salutis animarum, set corporum regnabat in eo, cum ob commodum corporum et non spirituum ministro communi sponderet honorem».

18 Paris, Bibliothèque Nationale, ms. lat. 7817, f. 54r: «... aurum potabile [...] est maximum decretum [= secretum?] in medicinis naturalibus; ita iurabat et affirmabat *dominus Hugo*. [...]. *Et scias quod dominus cardinalis de Toleto et omnes cardinales fuerunt usi in cibariis quam diu vixerunt in cardinalatu et habuerunt pro maiori et meliori secreto quod scirent vel haberent.*» (Hg. v. Übers.: Calvet, *Le* De vita philosophorum, 73); siehe Paravicini Bagliani, *Medicina*, 263–264. Die Definition des Elixiers im *Rosarium philosophorum* ist sehr ähnlich der in *De vita*; Pereira, *Un tesoro inestimabile*, 161–187. Die sich auf Quecksilber, Gold und Silber gründende medizinische Alchemie ist auch für John Dastin das Geheimnis aller Geheimnisse; *Rosarium (Desiderabile desiderium)*, in Manget, II, 309–324.

19 Grauert, *Meister*.

20 Im *Liber de sanitate conservanda a Johanne de Toleto compositus* (ms. 1246 der Biblioteca Riccardiana in Florenz, f. 32v) wird ein Balsamwasser *(aqua balsami)* gerühmt. Nach dem Autor und auch nach dem *dominus Ugo cardinalis* genügen einige Tropfen davon, um *omnes infirmitates aurium* zu heilen. In der Hs. 405 der Bayerischen Staatsbibliothek zu München steht ein medizinischer Alchemietraktat über das «glorreiche, gesegnete und löbliche Wasser» *(aqua gloriosa benedicta et laudabilis)*, daß der Kardinal *magister Johannes de Toleto* entdeckt habe. Der Traktat soll in Griechenland übersetzt worden sein (f. 102) von *magister Glodiane Constantino* auf Bitten *magistri* Johannes' von Toledo und des *Ugo cardinale Ostiense* (!); siehe Grauert, *Meister*; 139, Anm. 140. Dieser *cardinalis de Toleto* könnte auch Gonsalvo Gudiel sein, Kardinalbischof von Tusculum (1298–99): er besaß Autographen von Michael Scotus, die Übersetzungen Wilhelms von Moerbeke und die Werke Campanus' von Novara, unter ihnen den *Parvus Almagestus*: siehe Paravicini Bagliani, *Medicina*, 229ss. Gudiel ließ den *Liber secundus* und den *Liber quartus* Avicennas übersetzen (Vatikanische Bibliothek, Urb. lat. 186); siehe Santi, *Il cadavere*, 875.

21 Arnaldus de Villanova, *Opera omnia*, col. 591: «Multi modernorum de nobilioribus, et *maxime de prelatis* faciunt bullire petias auri cum cibis, alii accipiunt cum cibis, vel cum electuariis, alii in limatura sicut in confectione, que dicitur diacameron, quam ingreditur utraque, auri scilicet et argenti limatura ...».

22 Ed. Ehrle, *Der Nachlaß*, 65–66: «et limam ipsorum florenorum et lapides iuxta ordinationem medicorum in cibariis, que parantur pro ipso domino Clementi».

23 Paravicini Bagliani, *Medicina*, 263–264.

24 Förster, *Roger Bacons*.

25 Arnaldus de Villanova, *Opera omnia*, 1566–1580. Im Kapitel V wird geraten, ein *electuarium benedictum* zu benutzen, wenn die Sonne in das Zeichen des

Löwen tritt; das Gleiche galt auch für das Goldsiegel, welches Arnald Bonifaz VIII. gegeben hatte (siehe oben, Anm. 8).

26 Finke, *Aus den Tagen*, XXXI: «Papa enim non curat nisi de tribus et circa hoc totalis sua versatur intentio, *ut diu vivat* et ut adquirat pecuniam, tercium ut suos ditet, magnificet et exaltet. De aliqua autem spiritualitate non curat».

27 Coste, *Boniface VIII en procès*; Dupuy, *Histoire du différend*, 328, art. 1: «Frequentissime [...] dicebat: Dicunt istae asinae de Urbe (loquens de devotis dominabus Urbis): ‹Dio ti dia vita eterna› [...]. Longe plus placet mihi audire: ‹Deus det tibi longam et bonam vitam›. Et probabitur mandasse familiae suae quod, cum ipsi mitteret aliquis xenium, responderent: ‹Deus det tibi longam et bonam vitam›».

28 Jacopone de Todi, *Le satire*, 319.

29 Über das Wort *augurio*, siehe Brambilla Ageno, *Sull'invettiva*, 388–391. Über Bonifaz VIII. und die Alchemie: Singer, *Catalogue*, 199–205, 217 und Finke, *Aus den Tagen*, 207–209.

30 In der Hs. 5230 der Österreichischen Nationalbibliothek in Wien, steht auf 171 eine *recepta, qua operabat Bonifacius papa antequam ipse esset papa et multum fuit lucratus cum ista recepta*. In der Hs. 168 (180) der Universitätsbibliothek Bologna findet sich der *Liber de pratiqua aquarum roris madii datum pape Bonifatio VIII a domino Iohanne filio sororis carnalis dicti domini pape* (Thorndike, *A History of Magic*, III, 53, Anm. 6). Der englische Alchimist John Dastin schrieb alchemistische Werke für den Kardinal Napoleon Orsini (†1342) und sandte an Johannes XXII. (1316–34) einen Brief über das trinkbare Gold; dieser Brief bezeugt auch den Erfolg der Thesen Roger Bacons und des Traktats *De retardatione*; siehe Josten, *The Text*, 34–51; Theisen, *John Dastin's Letter*, 76–87, und Id., *John Dastin*, 73–78.

31 Johannes Andreae, *Additamenta ad Speculat. tit. de crim. falsi*: «Plus nostris diebus habuimus magistrum Arnaldum de Villanova in Curia Romana summum medicum et theologum de quo scripsi de observ[atione] jeju[nii] consilium qui est magnus alchemista virgulas auri quas faciebat consentiebat omni probationi submitti», zitiert von Thorndike, *A History of Magic*, III, 50.

32 Santi, *Il cadavere*, 878.

33 Über die chinesische Alchemie, siehe Needham. *Science*, V, 2, 10–15, 71, 74, 282; V, 4, 491–496. Über die Beziehungen mit dem Okzident: Id., *The Elixir*, 167–192. Über die indische Alchemie, siehe Mahdihassan, *Indian alchemy*.

34 G. Petti Balbi, *Arte di governo e crociata. Le «Liber sancti passagii» di Galvano da Levanto*, in «Studi e ricerche dell'Istituto di civiltà classica medievale», 7 (1986), 131–168.

35 Paris, Bibliothèque Nationale, ms. lat. 3181, f. 39r: «... Andromachus grece, vir bellicosus latine, ab Andreas qui est vir, et machi bellum, cupiens humano generi esse utilis et vivere post mortem in memoria hominis ex diversitate rerum – aromatum, [...] balsamo, opio et carnibus serpentis comperiit ...».

36 Tenenti, *Il senso della morte*.

37 *Ibid.*, 21–47 et 83–81.

38 Ehrle, *Historia*, I, 31 (= Per. 53); siehe Pelzer, *Addenda*, 88.

39 Die Bulle *Detestande* wurde zweimal verkündet: am 27. September 1299 (*Les Registres de Boniface VIII*, Anm. 3409) und am 18. Februar 1300 (*Extravagantes communes*, lib. III, tit. VI, *De sepulturis*, cap. 1, in *Corpus iuris canonici*, ed. Friedberg, II, 1271–1273); siehe Brown, *Death*, 221–270; siehe auch Id., *Authority*, 803–832.

40 Santi, *Il cadavere*, 878.

41 *Extravagantes communes*, lib. III, tit. VI, cap. I: «quia corpus humanum, cuius facies ad similitudinem caelestis pulchritudinis est figurata, nec maculari nec defigurari debet».
42 Oliger, *Epistola*, 367: «Ex hiis autem concludunt, quod papatus est aliquid indelebile et inseparabile a substantia humanitatis eius, qui assumitur ad papatum, ut sicut in hostia consecrata, manentibus accidentibus, manet semper Christus, sic, manente humanitate pape, manet semper in eo sacramentaliter Christus seu Christi papatus».
43 *Ibid.*, 368: «Quod vero dicunt, quod *papa est ymago Christi eterni et immutabilis*, ergo papa debet esse eternus et immutabilis; si bene arguunt, sequitur etiam, quod post mortem pape non possit substitui alius papa, quia constat, quod post mortem pape non possit substitui alius papa, quia constat, quod post mortem Christi non potuit substitui alius Christus. Unde autem sequitur, quod, quia papa vel episcopus est quoad aliquid Christi ymago, ergo quoad omnia est Christi ymago? Dicant ergo, quod est increatus et immensus et impeccabilis et infallibilis et omnium prescius, sicut Christus, quod nullus dicet vel sapiet, nisi demens». Nach Karl I. von Anjou nannte Kardinal Wilhelm von San Marco Giovanni Gaetano Orsini, den künftigen Nikolaus III., ironisch «Veronica» (Baethgen, *Ein Pamphlet*, 19).
44 Boureau, *La papesse*, 16–51. Nach der Legende prüfte man, ob der neugewählte Papst ein Mann war, wenn er auf den Porphyrsesseln saß. Es verwundert nicht, daß diese Legende zum ersten Mal erwähnt wird durch den Dominikaner Robert von Uzès in einer Gruppe von Texten, die – traurig und bestürzt – den Niedergang der römischen Kirche beklagen: Boureau, *La papesse*, 41–43.
45 Für den vollständigen Text Augustinus' von Ancona, siehe oben, S. 286, Anm. 36.
46 Elze, *«Sic transit gloria mundi»*, 14; siehe oben, S. 11.
47 Über die Nacktheit des Papstes, siehe S. 183–92.
48 Siehe oben, S. 286, Anm. 36.

Nachwort

1 Ich danke herzlich meinen Freunden Gilmo Arnaldi, Jacques Dalarun, Mario Ronzani und Francesco Santi für ihre Bemerkungen und Vorschläge. Sie sind dieser deutschen Fassung zugute gekommen.
2 Siehe S. 22 ss.
3 Diese Predigt ist veröffentlicht worden von P. Cole, D. L. D'Avray und J. Riley-Smith, *Application of theology to current affairs: memorial sermons on the death of Mansurah and on Innocent IV*, in N. Bériou und D. L. d'Avray, *Modern Questions about Medieval Sermons. Essays on Marriage, Death, History and Sanctity*, Spoleto, 1994, S. 239 Nr. 99. Vgl. A. Paravicini Bagliani, *Rileggendo i testi sulla ‹nudità del papa›*, in *Re nudi. Congiure, assassini, tracolli ed altri imprevisti nella storia del potere.* Atti del Convegno di studio della Fondazione Ezio Franceschini. Certosa del Galluzzo, 19 Nov. 1994, Spoleto, 1996, 103–125. Ich danke Alexis Charansonnet für die Übersendung seiner Abschrift dieser Predigt Odos von Châteauroux wie auch der beiden anderen, auf die ich weiter unten eingehe. Eine kritische Ausgabe dieser Briefe wird erscheinen in seiner «thèse de doctorat» *L'Université, l'Eglise, l'Etat dans les sermons du cardinal Eudes de Châteauroux (1190?–1273).*
4 Siehe S. 125.
5 Cole, d'Avray, Riley-Smith, *Application*, 239 Nr. 100 und Nr. 101.

6 *Sermo in anniversario summorum pontificum et cardinalium instituto a domino papa Alexandro.* Siehe Charansonnet, *L'Université.*
7 *In electione pontificis.* Siehe Charansonnet, *L'Université.*
8 Ebda
9 Siehe S. 95.
10 Siehe S. 90–91.
11 Siehe S. 73.
12 Roger Bacon, *Opus tertium*, Kap. XXIV, hg. von J. S. Brewer, Rogerius Bacon, *Opus Tertium, Opus Minus, Compendium philosophiae*, London, 1859, 86–87. Auch Guibert von Tournai sagt in seiner für den heiligen Ludwig bestimmten *Eruditio regum et principum*, daß der König Anrecht auf ein langes Leben habe. Siehe J. Le Goff, *Saint Louis*, Paris, 1996, 413.
13 Siehe S. 185.
14 Siehe S. 192 ss.
15 Siehe S. 197.
16 Siehe dazu jetzt das große Werk von J. Coste, *Boniface VIII en procès. Articles d'accusation et dépositions des témoins (1303–1311).* Rome, 1995.
17 Über diesen Traktat siehe G. Carbonelli, *Sulle fonti storiche della chimica e dell'alchimia in Italia*, Roma, 1925, 84–93. Für eine kritische Untersuchung dieses Textes siehe C. Crisciani, *From the Laboratory to the Library: Alchemy According to Gulglielmo Fabri*, in *Renaissance Natural Philosophy and the Disciplina*, Cambridge, Mass., (Im Druck). Ich danke Chiara Crisciani für die Überlassung des Textes ihres Aufsatzes. Ihre kritische Ausgabe dieses Traktates wird demnächst in den *Cahiers lausannois d'histoire médiévale* erscheinen.
18 J. Chiffoleau, *Amédée VIII ou la Majesté impossible'*, in *Amédée VIII – Félix V premier duc de Savoie et pape (1383–1451)*, Lausanne, 1992, 19–49.

Bildnachweis

Cattedrale di Arezzo, Arezzo: Abb. 10; Museo Civico, Bologna: Abb. 15 (Foto: Alinari); Biblioteca Apostolica Vaticana, Città del Vaticano: Abb. 3, 4, 12/13, 14 (Foto: Alinari); Biblioteca Nazionale Centrale, Florenz: Abb. 7; Scala, Florenz: Abb. 1, 5, 6, 11; Bibliothèque Nationale de France, Paris: Abb. 16; Réunion des Musées Nationaux, Paris: Abb. 8; Istituto Centrale per il catalogo e la documentazione, Rom: Abb. 2; Basilica di S. Francesco, Viterbo: Abb. 9.

Quellen und Schrifttum

I. Quellen

AA SS = *Acta Sanctorum ...*, 43 Bde., Venetiis 1734–1770.
Achery Luc d', *Veterum aliquot scriptorum Spicilegium*, VI, Parisiis 1664.
Adamannus, *De locis sanctis*, ed. P. Geyer, in CSEL 39, Vindoboniae 1898.
Aegidius Corboliensis, *Carmina Medica*, ed. L. Choulant, Lipsiae 1826.
Aegidius Romanus, *De ecclesiastica potestate*, ed. R. Scholz, Weimar 1929.
Aeneas Silvius Piccolomini, *Oratio de morte pp. Eugenii IV creationeque et coronatione Nicolai V*, in RIS, III, 2, 878–898.
Albanès J.-H., *Abrégé de la vie et des miracles du bienheureux Urbain V*, Paris 1872.
Albericus Trium Fontium, *Chronicon*, in MGH, SS, XXIII, 674–950.
Albertus de Bezanis, *Chronica pontificum et imperatorum*, in MGH, *Scriptores rerum Germanicarum*, III, Hannoverae 1980.
Albertus Magnus, *De animalibus*, in *Opera omnia*, ed. A. Borgnet, XI, Parisiis 1891.
Albertus Magnus, *Politica*, in *Opera omnia*, ed. A. Borgnet, VIII, Parisiis 1890.
Albinus, *Eglogarum digesta liber XI (ordo)*, in LC, II, 123–137.
Alexander a Turre Cremensis, *De fulgendo radio hierarchiae ecclesiae militantis*, Venetiis 1604.
Alexander von Roes. Schriften, ed. H. Grundmann – H. Heimpel, Stuttgart 1958 (MGH, Staatsschriften I, 1).
Alvarus Pelagius, *Collirium adversus haereses novas*, ed. R. Scholz, *Unbekannte kirchenpolitische Streitschriften aus der Zeit Ludwigs des Bayern (1327–1354)*, 2 Bde., Roma 1911–1914.
Alvarus Pelagius, *De statu et planctu*, Venetiis 1560 (= Rocaberti, *Bibliotheca maxima pontificia*, III, 23–266).
Amalricus Augerii, *Actus pontificum Romanorum*, in RIS, III, 2, 5–68.
Ambrosius, *De mysteriis*, ed. B. Botte, Paris 1949 (Sources Chrétiennes 25bis).
Andreas de Barbatia, *De praestantia cardinalis*, in *Tractatus juris universi*, XIV, Lyon 1546.
Andrieu, M., *Le pontifical romain*, 4 Bde., Città del Vaticano 1938.
Anna Comnena, Porphyrogenita, *Alexiade*, ed. B. Leib, 4 Bde., Paris 1945–1976.
Annales Mantuani, in MGH, SS, XVII, 146–180.
Antoninus, archiepiscopus Florentinus, *Chronicon*, Lugduni 1586.
Antonius de Butrio, *Super prima primi decretalium commentarii*, Venetiis 1578.
Argellata, Pietro, *Chirurgia*, Venetiis 1513.
Arnaldus de Villanova, *Opera omnia*, Basileae 1585.
Arquillière, H. X., *Le plus ancien traité de l'Eglise. Jacques de Viterbe. De regimine christiano (1301–1302)*, Paris 1926.
Augustinus Triumphus, *De potestate collegii mortuo papa*, ed. R. Scholz, *Die Publizistik zur Zeit Philipps des Schönen und Bonifaz VIII.*, Stuttgart 1903, 501–508.
Avicenna, *Canon*, Venetiis 1507.
Baldus, *Consilia*, III, Francofurti 1589.
Baldus, *Super decretalibus*, Venetiis 1580.
Baluze, E. – Mollat, G., *Vitae paparum Avenionensium*, 4 Bde., Paris 1914–1922.

Balzani, U., *La storia di Roma nella Cronica di Adamo da Usk*, «Archivio della Società Romana di storia patria», 3 (1880), 473–488.

Beda, *De locis sanctis*, ed. P. Geyer, in CSEL 39, Vindobonae 1898, 301–324.

Benedictus, *Liber politicus*, in LC, II, 141–174.

Benjamin, F. S. – Toomer, G. J., *Campanus of Novara and Medieval Planetary Theory. Theorica planetarum*, Madison 1971.

Beno, *Gesta Romanae Aecclesiae contra Hildebrandum*, in MGH, *Libelli de lite*, II, 369–380.

Benoît XII (1334–1342). Lettres closes, patentes et curiales se rapportant à la France, a cura di G. Daumet, Paris 1920.

Bernardi Claraevallensis vita prima, in PL, 185, 225–416.

Bernardus Claraevallensis, *De consideratione*, ed. J. Leclercq – H. M. Rochais, *S. Bernardi Opera*, III, Romae 1963, 394–493.

Bernardus Guidonis, *De secta illorum qui se dicunt de ordine apostolorum*, RIS (n. ed.), IX, 5, 22–23.

Bernardus Guidonis, *Libellus de magistris ordinis Praedicatorum*, in E. Martène, *Veterum scriptorum amplissima collectio*, VI, Parisiis 1729, 397–417.

Bernhard von Clairvaux, *Sämtliche Werke*, Innsbruck 1990 ss.

Bettoni, E., *Ruggero Bacone. Lettera a Clemente IV*, Milano 1964.

Bonaventura, *Apologia pauperum*, in *Opera omnia*, XIV, Paris 1868, 410–520.

Bonaventura, *Expositio in Psalterium*, in *Opera omnia*, IX, Paris 1867, 154–578.

Bonaventura, *Illuminationes Ecclesiae in Hexamaeron*, Sermo XXII, in *Opera omnia*, IX, Paris 1867, 17–153.

Bonaventura, *Sermones de tempore*, in *Opera omnia*, XIII, Paris 1868, 1–492.

Bonizo episcopus Sutriensis, *Liber ad amicum*, in MGH, *Libelli de Lite*, I, 571–620.

Brewer, J. S., *Giraldi Cambrensis opera*, 3 Bde., London 1863.

Brinktrine, J., *Consuetudines liturgicae in functionibus anni ecclesiastici papalibus observandae*, Monasterii 1935.

Bruno episcopus Signinus, *Tractatus*, in PL 165, 1079–1110.

Bullarum, diplomatum et privilegiorum sanctorum Romanorum pontificum ..., IV–V, Augustae Taurinorum 1859–1860; VIII, Neapoli 1883.

Burchardus Urspergensis, *Chronicon*, in MGH, *Scriptores rerum Germanicarum*, XVI, Hannoverae 1916.

Caspar, E., *Das Register Gregors VII.*, I, Berolini 1920 (Neudr. München 1978).

Catalani, G., *Pontificale Romanum*, 3 Bde., Parisiis 1850–1853.

Catalogus pontificum Romanorum Viterbiensis, in MGH, SS, XXII, 349–352.

Cencius, *Romanus ordo de consuetudinibus et observantiis* (= *Liber Censuum* LVII–LVIII), in LC, I, 290–311.

Chartularium Universitatis Parisiensis, ed. H. Denifle – E. Châtélain, I, Paris 1894.

Chronicon Andrense, in MGH, SS, XXIV, 690–773.

Chronicon Fossae Novae, in MGH, SS, XIX, 276–302.

Chronicon S. Martini Turonensis, in MGH, SS, XXVI, 459–476.

Ciampi, I., *Cronache e statuti della città di Viterbo*, Firenze 1872.

Cipolla, C., *Le opere di Ferreto de Ferreti Vicentino*, I, Roma 1908.

Codex Uldarici, ed. Ph. Jaffé, in *Bibliotheca rerum Germanicarum*, V, Berolini 1869, 17–469.

Codicis iuris canonici fontes, 9 Bde., Città del Vaticano 1932–1951.

Collectio Avellana, ed. O. Günther, in CSEL 35, Vindobonae 1895.

Collectio bullarum sacrosanctae basilicae Vaticanae, 3 Bde., Romae 1747–1752.

Conciliorum oecumenicorum decreta, ed. J. Alberigo et alii, Bologna (3. Ausg.) 1973.

Constantin VII Porphyrogénète, *Le livre des cérémonies*, ed. A. Vogt, 4 Bde., Paris 1939–1940.

Constantinus Porphyrogenitus imperator, *De Caerimoniis aulae Byzantinae*, ed. J. J. Reiskij, Bonn 1829–1830.
Constitutum Constantini, ed. H. Fuhrmann, *Das Constitutum Constantini (Konstantinische Schenkung)*. Text, MGH, Hannover 1968.
Corpus iuris canonici, ed. Ae. Friedberg, 2 Bde., Leipzig 1879–1881.
Cortesi, P., *De cardinalatu*, In castro Cortesio 1511.
CSEL = *Corpus scriptorum ecclesiasticorum latinorum*, Vindobonae 1866 -
De Renzi, S., *Collectio Salernitana*, 5 Bde., Napoli 1852–1859.
De retardatione accidentium senectutis, ed. A. G. Little – E. Withington, Oxonii 1928.
Decretum Gratiani, ed. E. Friedberg, *Corpus Iuris Canonici*, I, Leipzig 1892.
Del Re, G., *Cronisti e scrittori sincroni Napolitani*, I, Napoli 1845.
Deutsche Reichstagsakten, VII, Göttingen 1956.
Die Register Innocenz III., I, ed. O. Hageneder – A. Haidacher, Graz-Köln 1964.
Die Register Innocenz III., II, ed. O. Hageneder – W. Maleczek – A. A. Strnad, Rom-Wien 1979.
Dilcher, H. – Hönger F., *Ärztliche Verhaltungsmaßregeln auf dem Heerzug ins Heilige Land für Kaiser Friedrich II., geschrieben von Adam v. Cremona (ca. 1227)*, Diss., Borna-Leipzig 1912.
Egidi, P., *Necrologi e libri affini della Provincia romana*, 2 Bde., Roma 1908.
Egidius Corboliensis, *Viaticus*, ed. V. Rose, Lipsiae 1907.
Ehrle, F., *Historia bibliothecae Romanorum pontificum tum Bonifatianae tum Avenionensis*, I, Romae 1890.
Ehrle, F., «Die Chronik des Garoscus de Ulmoisca Veteri und Bertrand Boysset», *Archiv für Literatur- und Kirchengeschichte*, 7 (1893), 317–395.
Epifanius de Salamis, *De XII gemmis*, ed. O. Günther, Wien 1895, 743–773.
Finke, H., *Acta Aragonensia. Quellen zur deutschen, italienischen, französischen, spanischen, zur Kirchen- und Kulturgeschichte aus der diplomatischen Korrespondenz Jaymes II. (1291–1327)*, 3 Bde., Berlin 1908–1922.
Flores Temporum, in MGH, SS, XXIV, 230–250.
Franciscus Pipinus, *Chronica*, in RIS IX, 587–752.
Galfridus de Vinosalvo, *Poetria nova*, ed. E. Faral, *Les arts poétiques du XIIe et du XIIIe siècle*, Paris 1924, 197–262.
Gattico, G. B., *Acta selecta caeremonialia Sanctae Romanae Ecclesiae*, I, Roma 1753.
Germania Pontificia, ed. A. Brackmann, III, Berolini 1925.
Gesta Innocentii pape III, in PL 214, XVII–CCXXVIII.
Giacosa, P., *Magistri Salernitani nondum editi*, Torino 1901.
Giovanni Burcardo, *Alla corte di cinque papi. Diario 1483–1506*, ed. L. Bianchi, Milano 1988.
Guido de Cauliaco, *Cyrurgia magna*, Lugduni 1585.
Guilellmus Durandus, *Rationale divinorum officiorum*, Venetiis 1568.
Guilellmus Godellus, *Chronicon*, in MGH, SS, XXVI, 196–198.
Guilellmus Neubrigensis, *Historia Anglicana*, in MGH, SS, XXVII, 224–248.
Guillelmus de Nangiaco, *Chronicon*, in MGH, SS, XXVI, 674–696.
Guy de Chauliac, *La Grande Chirurgie ... composée en lan 1363*, ed. E. Nicaise, Paris 1890.
Hampe, K., «Ein ungedruckter Bericht über das Conclave von 1241 im römischen Septizonium», *Sitz.-Ber. der Heidelberger Akad. d. Wissen.*, phil.-hist. Klasse (1913), fasc. 1.
Hampe, K., «Eine Schilderung des Sommeraufenthaltes der römischen Kurie unter Innozenz III.», *Historische Vierteljahrsschrift*, 8 (1905), 509–535.
Henri de Mondeville, *Chirurgie ... composée de 1306 à 1320*, ed. E. Nicaise, Paris 1893.

Höfler, C., *Albert von Beham und Regesten Pabst Innocenz IV.*, Stuttgart 1847.
Honorius Augustodunensis, *Expositio in Cantica Canticorum*, in PL 172, 347–496.
Honorius Augustodunensis, *Gemma Animae*, in PL 172, 541–736.
Honorius Augustodunensis, *Speculum Ecclesiae*, in PL 172, 897–1108.
Horoy, C., *Honorii III opera omnia*, in *Medii aevi Bibliotheca Patristica ab anno 1217 usque ad Concilii Tridentini tempora*, 4 Bde., Paris 1879–1883.
Hostiensis, *In quintum decretalium librum commentaria*, Venetiis 1581.
Hostiensis, *Lectura in quinque Decretalium libros*, Venetiis 1581.
Hostiensis, *Summa aurea*, Lugduni 1588.
Il diario della Città di Roma dall'anno 1480 all'anno 1492 di Antonio de Vascho, hg. von G. Chiesa, in RIS (2a ed.), XXIII, 3, Bologna 1904–1911.
Il diario romano di Gaspare Pontani, ed. D. Toni, in RIS (2a ed.), III, 2, Bologna 1907–1908.
Il diario romano di Jacopo Gherardi da Volterra, ed. E. Carusi, in RIS (2a ed.), XXIII, 3, Bologna 1904–1911.
Infessura Stefano, *Diario della città di Roma*, ed. O. Tommasini, Roma 1890.
Innocentius III, *Sermones*, in PL 217, 310–688.
Jacobus a Voragine, *Legenda aurea*, ed. Th. Graesse, 3. Aufl., Vratislavia 1890.
Jacopone da Todi, *Le satire*, ed. B. Brugnoli, Firenze 1914.
Jacopus Caietanus de Stefaneschis, *Opus Metricum*, ed. F. X. Seppelt, *Monumenta Coelestiniana. Quellen zur Geschichte des Papstes Coelestin V.*, Paderborn 1921, 1–145.
Jacques de Vitry, *Lettres*, ed. R. B. C. Huygens, Leiden 1960.
JL = *Regesta pontificum Romanorum, ab condita ecclesia ad annum post Christum natum MCXCVIII*, ed. Ph. Jaffé – S. Löwenfeld, 2a ed., 2 Bde., Lipsiae 1885–1888.
Johannes Beleth, *Svmma de ecclesiasticis officiis*, ed. H. Douteil, 2 Bde., Tvrnholti 1976.
Johannes Burcardus, *Diarium*, ed. L. Thuasne, 3 Bde., Paris 1883–1885.
Johannes Burckardus, *Liber notarum ab anno MCCCCLXXXIII usque ad annum MDVI*, ed. E. Celani, in RIS (2a ed.), XXXII, 1, Bologna 1907–1942.
Johannes de Bayone, ed. H. Belhomme, Strassbourg 1724–1733,
Johannes de Eversden, *Chronicon*, ed. B. Thorpe, 2 Bde., Londini 1849.
Johannes Diaconus, *Descriptio Lateranensis Ecclesiae*, ed. R. Valentini – G. Zucchetti, *Codice topografico della città di Roma*, III, Roma 1946, 326–373.
Johannes Pecham, *Registrum epistolarum*, ed. C. T. Martin, I, London 1882–1886.
Johannes Sarisberiensis, *Historia pontificalis*, ed. M. Chibnall, London 1962.
Kurdzialek, M., *Davidis de Dinanto Quaternulorum fragmenta*, Warszawa 1963.
Lawn B., *The Prose Salernitan Questions edited from a Bodleian Manuscript (Auct. F. 3.10)*, London 1979.
LC = *Le Liber Censuum de l'Eglise Romaine, publié avec une introduction et un commentaire* par P. Fabre, et L. Duchesne ..., *Tables avec la collaboration* de G. Mollat, 3 Bde., Paris 1889–1952.
Le Vite di Pio II e di G. A. Campano e Bartolomeo Platina, hg. von G. C. Zimolo, in RIS (2a ed.), III, 3, Bologna 1964.
Leonardi Dathi Epistolae XXXII, recensente Laurentio Mehus ... accessit elegantissima Jacobi Angeli Epistola ad Emmanuelem Chrisoloram addita ejusdem vita, Firenze 1743.
Leontios v. Neapolis, *Leben des Heiligen Johannes des Barmherzigen*, c. 19, ed. H. Gelzer, Freiburg-Leizpig 1893.
Les Registres d'Alexandre IV (1254–1261), hg. von C. Bourel de la Roncière, J. de Loye, P. Hellouin de Cenival u. A. Coulon, Paris 1895–1959.

Les Registres d'Honorius IV (1285–1287), hg. von M. Prou, Paris 1886–1888.
Les Registres d'Innocent IV (1243–1254), hg. von E. Berger, Paris 1884–1921.
Les Registres d'Urbain IV (1261–1264), hg. von J. Guiraud u. S. Clémencet, Paris 1892–1958.
Les Registres de Benoît XI (1303–1304), hg. von. Ch. Grandjean, Paris 1905.
Les Registres de Boniface VIII (1294–1303), hg. von A. Thomas, M. Faucon, G. Digard u. R. Fawtier, Paris 1884–1939.
Les Registres de Clément IV (1265–1268), hg. von E. Jordan, Paris 1893–1945.
Les Registres de Grégoire IX (1227–1241), hg. von L. Auvray, S. Clémencet u. L. Carolus-Barré, Paris 1890–1955.
Les Registres de Martin IV (1281–1283), hg. von F. Olivier-Martin, Paris 1901–1935.
Les Registres de Nicolas III (1277–1280), hg. von J. Gay, Paris 1898–1938.
Les Registres de Nicolas IV (1288–1292), hg. von E. Langlois, Paris 1886.
Lettres de Clément VI se rapportant à la France, hg. von E. Déprez – J. Glénisson, I, Paris 1901–1925.
Lettres secrètes et curiales de Jean XXII, hg. von A. Coulon u. S. Clémencet, Paris 1906–1972.
Lewis, R. E., *Lotario di Segni (Pope Innocent III), De miseria condicionis humanae*, Athens (Georgia) 1978.
Libellus de cerimoniis aulae imperatoris (Graphia aureae Urbis Romae), ed. P. E. Schramm, *Kaiser, Könige und Päpste*, III, Stuttgart 1960, 319–353.
Liber diurnus Romanorum pontificum, ed. Th. E. von Sickel, Wien 1889.
Liber Pontificalis nella recensione di Pietro Guglielmo e del card. Pandolfo, ed. U. Prérovsky, 3 Bde., Roma 1978.
Liutprandus, *Historia Ottonis*, in MGH, *Scriptores rerum Germanicarum in usum scholarum* 41, Hannover 1915.
Lotharius, *De sacro altaris mysterio libri sex*, in PL 217, 763–920.
LP = *Le Liber pontificalis*, ed. L. Duchesne, 2 Bde., Paris 1886–1892; Bd. III, ed. C. Vogel, Paris 1957.
Maccarrone M., *Lotharii cardinalis (Innocentii III). De miseria humanae conditionis*, Lucani 1955.
Manegoldus, *Liber ad Gebehardum*, in MGH, *Libelli de lite*, I, 303–308.
Mansi, G. D., *Sacrorum conciliorum nova et amplissima collectio*, ed. altera, 53 Bde., Paris 1901–1927.
Martène, E., *De antiquis Ecclesiae ritibus libri IV*, 3 Bde., Rotomagi 1700–1702.
Martinus Polonus, *Chronica pontificum et imperatorum, Continuatio Romana*, in MGH, SS, XXII, 397–475.
Martinus Polonus, *Sermones, Exempla de morte*, Argentorati 1480, 1484, 1486, 1488.
Matthaeus Paris, *Chronica maiora*, ed. H. R. Luard, in *Rerum Britannicarum Medii Aevi Scriptores*, 57, 7 Bde., Londini 1872–1883.
Matthaeus Paris, *Historia Anglorum*, ed. F. Madden, in *Rerum Britannicarum Medii Aevi Scriptores*, 44, Londini 1886–1869.
MGH, *Constitutiones et acta publica imperatorum et regum*, II, Hannoverae 1896.
MGH, *Libelli de lite imperatorum et pontificum saec. XI et XII conscripti*, 3 Bde., Hannoverae 1891–1897.
Millor, W. J. – Brooke C. N. L., *The Letters of John of Salisbury*, 2 Bde., Oxford 1955–1979.
Molinier, E., «Inventaire du trésor du Saint Siège sous Boniface VIII (1295)», *Bibliothèque de l'Ecole des Chartes*, 43 (1882), 19–310; 626–646; 45 (1884) 31–57; 46 (1885), 16–44; 47 (1886), 646–667; 49 (1888), 226–237.

Munk, C. M., *A Study of Pope Innocent IIIs Treatise: De quadripartita specie nuptiarum*, Diss. Univ. of Kansas, Lawrence 1976.

Müntz, E., *Les arts à la cour des papes pendant le XVe et le XVIe siècle. Recueil de documents inédits tirés des archives et des bibliothèques romaines*, Paris 1878.

Nabuco, J. – Tamburrini F., *Le cérémonial apostolique avant Innocent VIII*, Roma 1966.

Nicephorus Gregora, *Byzantina historia*, ed. L. Schopen, I, Bonn 1829 (Corpus scriptorum historiae byzantinae XIX).

Oliger, P. L., «Epistola ad Conradum de Offida», *Archivum Franciscanum Historicum*, 11 (1918), 366–373.

Oliger, P. L., «Petri Iohannis Olivi de renuntiatione papae Coelestini V quaestio et epistola», *Archivum Franciscanum Historicum*, 11 (1918), 309–366.

Ordericus Vitalis, *Historia ecclesiastica*, ed. M. Chibnall, IV, Oxford 1973.

Ordo Romanus I, in PL 78, 937–968.

Ordo Romanus X, in PL 78, 1009–1026.

Ordo Romanus XIV, in PL 78, 1121–1274.

Ostermuth, H. J., *«Flores Diaetarum». Eine salernitanische Nahrungsmitteldiätetik aus dem XII. Jahrhundert, verfaßt vermutlich von Johannes de Sancto Paulo*, Diss. Leipzig 1919.

Ottonis et Rahewini Gesta Friderici I. imperatoris, ed. G. Waitz – B. v. Simson, Hannover 1912.

Pagel, J. L., *Die Chirurgie des Heinrich von Mondeville*, Berlin 1892.

Pagnotti, F., «Niccolò da Calvi e la sua Vita d'Innocenzo IV con una breve introduzione sulla istoriografia pontificia dei secoli XIII e XIV», *Archivio della Società Romana di storia patria*, 21 (1898), 6–120.

Paridis de Crassis Diarium Curiae Romanae, ed. G. Hoffmann, in *Nova scriptorum ac monumentorum ... Collectio*, Lipsiae 1731.

Paridis Grassi Bononiensis olim Apostolicarum Caeremoniarum magistri ac episcopi Pisauren. De caeremoniis cardinalium et episcoporum in eorum dioecesibus libri duo, 2 Bde., Venetiis 1582.

Pellens, K., *Die Texte des Normannischen Anonymus*, Wiesbaden 1966.

Pelzer, A., *Addenda et emendanda ad Francisci Ehrle Historiae Bibliothecae Romanorum pontificum tum Bonifatianae tum Avenionensis Tomum I*, In Bibliotheca Vaticana 1947.

Petrus Damiani, *Die Briefe des Petrus Damiani*, ed. K. Reindel, 3 Bde., München 1983–1989.

Petrus Damiani, *Disceptatio Synodalis*, in MGH, *Libelli de lite*, I, 77–94.

Petrus Damiani, *Vita sancti Rodulphi episcopi Eugubini*, in PL 144, 1009–1024.

Petrus de Abano, *Tractatus de venenis*, Mantuae 1472.

Petrus Iohannis Olivi, *Expositio Regulae Fratrum Minorum*, Venetiis 1513.

Petrus Mallius, *Descriptio basilicae Vaticanae*, ed. R. Valentini – G. Zucchetti, *Codice topografico della città di Roma*, III, Roma 1946, 319–441.

Pii II Commentarii rerum memorabilium que temporibus suis contigerunt, ed. A. Van Heck, 2 Bde., Città del Vaticano 1984.

PL = *Patrologiae cursus completus. Series latina*, ed. J. P. Migne, 221 Bde., Parisiis 1841–1864.

Poncelet, S., «Vie et miracles du pape S. Léon IX», *Analecta Bollandiana*, 25 (1906), 258–297.

Pontificale Romanum-Germanicum, ed. C. Vogel – R. Elze, *Le pontifical romano-germanique du dixième siècle*, 3 Bde., Città del Vaticano 1963–1972.

Potthast, A., *Regesta pontificum Romanorum inde ab a. post Christum natum MCXVIII ad a. MCCCIV*, 2 Bde., Berolini 1875.

Recueil des historiens des Gaules et de la France, XV, Paris 1878.
Regesta Honorii papae III, ed. P. Pressutti, 2 Bde., Romae 1888–1895.
Regestum Innocentii papae III super negotio Romani imperii, ed. F. Kempf, Roma 1947.
Regino Prumiensis, *De ecclesiasticis disciplinis*, in PL 132, 185–370.
Restaurus Castaldus, *Tractatus de imperatore*, in *Tractatus universi iuris*, XII, Lyon 1549.
Richerius, *Gesta Senoniensis Ecclesiae*, in MGH, SS, XXV, 253–345.
Ricobaldus Ferrariensis, *Historia pontificum Romanorum*, in RIS, IX, 107–262.
Robertus de Torineio, *Chronica*, in MGH, SS, VI, 470–535.
Rocaberti, J. Th., *Bibliotheca Maxima Pontificia*, 21 Bde., Roma 1698–1699.
Rodoricus episcopus Zamorensis, Speculum vitae humanae ... intermixto de brevitate vitae pontificum Romanorum, Francofurti 1689.
Rogerius Bacon, *Opus Tertium, Opus Minus, Compendium philosophiae*, ed. J. S. Brewer, London 1859.
Rogerius Bacon, *The Opus Maius*, ed. J. H. Bridges, 3 Bde., London 1897–1900.
Rupertus, abbas Tuitiensis, *De divinis officiis*, in PL 170, 9–334.
Rupertus, abbas Tuitiensis, *In Cantica Canticorum*, in PL 168, 837–962.
Ryccardus de Sancto Germano, *Chronica*, ed. C. A. Garufi, RIS (2a ed.), VII, 2, Bologna 1938.
Saint-Simon Louis de, *Mémoire succint sur les formalités*, in *Ecrits inédits de Saint-Simon*, ed. M. P. Faugère, II, Mélanges I, Paris 1880.
Salimbene de Adam, *Chronica*, ed. G. Scalia, 2 Bde., Bari 1966.
Sambin, P., *Un certame dettatorio tra due notai pontifici (1260). Lettere inedite di Giordano da Terracina e di Giovanni da Capua*, Roma 1955.
Schäfer, K. H., *Die Ausgaben der Apostolischen Kammer unter Benedikt XII., Klemens VI. und Innozenz VI. (1335–1362)*, Paderborn 1914.
Schäfer, K. H., Die *Ausgaben der Apostolischen Kammer unter den Päpsten Urban V. und Gregor XI.*, Paderborn 1937.
Schäfer, K. H., Die *Ausgaben der Apostolischen Kammer unter Johann XXII.*, Paderborn 1911.
Schillmann, F., *Die Formularsammlung des Marinus von Eboli. I. Entstehung und Inhalt*, Rom 1929.
Schmidt, T., *Libri rationum Camerae Bonifatii papae VIII (Archivum Secretum Vaticanum, collect. 446 necnon Intr. et ex. 5)*, Città del Vaticano 1984.
Scholz, R., *Unbekannte kirchenpolitische Streitschriften aus der Zeit Ludwigs des Bayern (1327–1354)*, 2 Bde., Roma 1911–1914.
Schrick, G., *Der Königsspiegel des Alvaro Pelayo (Speculum regum)*, Inauguraldiss. Bonn 1953.
Schulte, J.-F. von, *Die Summa magistri Rufini zum Decretum Gratiani*, Giessen 1892.
Secretum secretorum cum glossis et notulis. Tractatus brevis et utilis ad declarandum quedam obscure dicta Fratris Rogeri, ed. R. Steele, Oxford 1920.
Sextus Pompeus Festus, *De verborum significatu quae supersunt cum Pauli epitome*, ed. W. M. Lindsay, Lipsiae 1913.
Sidonius Apollinaris, *Lettres*, 2 Bde., ed. A. Loyen, Paris 1970.
Sigfridus de Balnhusin, *Compendium historiarum*, in MGH, SS, XXV, 684–718.
Simon Januensis, *Clavis sanationis*, Venetiis 1507.
Sinibaldus de Flisco, *Apparatus in quinque libros decretalium*, Venetiis 1578.
Stephanus de Borbone, *Tractatus de diversis materiis predicalibus*, I, *De dono timoris*, ed. J. Berlioz – J.-L. Eichenlaub, Turnhout 1994.
Suger, *Vie de Louis le Gros*, ed. A. Molinier, Paris 1887.
Summa Stephani, ed. J. F. von Schulte, Giessen 1891.

Tabanelli, M., *La chirurgia italiana nell'Alto Medio Evo*, 2 Bde., Firenze 1965.
Tangl, M., *Die päpstlichen Kanzlei-Ordnungen von 1200–1500*, Innsbruck 1894.
Thaner, F., *Summa magistri Rolandi*, Innsbruck 1874.
Tholemeus Lucensis, *Historia ecclesiastica*, in RIS, XI, 753–1216.
Thomas Cantimpratanus, *De Apibus*, Duaci 1627.
Thomas de Eccleston, *De adventu fratrum Minorum in Angliam*, ed. J. S. Brewer, *Monumenta Franciscana*, London 1858 (Rerum Britannicarum Medii Aevi Scriptores, 4), 5–72.
Thompson, E. M., *Chronicon Adae de Usk. A. D. 1377–1404*, London 1876.
Töply, R. V., *Anatomia Richardi Anglici*, Wien 1902.
Ulrich von Reichental, *Das Konzil zu Konstanz*, 2 Bde., ed. O. Feger, Konstanz 1962–1964.
Ulrich von Richental, *Chronik des Constanzer Concils*, ed. M. R. Buck, Tübingen 1882.
Valentini, R. – Zucchetti, G., *Codice topografico della Città di Roma*, 3 Bde., Roma 1940–1953 (Fonti per la storia d'Italia 81, 88, 90–91).
Van Dijk, S. J. P. – Walker, J. H., *The Ordinal of the Papal Court from Innocent III to Boniface VIII and Related Documents*, Fribourg 1975.
Varin, P., *Archives administratives de la ville de Reims*, 3 Bde., Paris 1839–1848.
Vielleville, *Mémoires*, ed. J. Michaud e P. Poujoulat, Paris 1836–1839 (Nouvelle collection des mémoires sur l'histoire de France, IX).
Vita Gregorii IX, in LC, II, 18–36.
Vita sancti Joannis Eleemosynarii, in PL 73, 337–384.
Wadding, L. de, *Annales Minorum*, Ad Claras Aquas 1931 -
Walter Map, *De nugis curialium*, ed. M. R. James, Oxford 1983
Watterich, J. M., *Pontificum Romanorum qui fuerunt Vitae*, 2 Bde., Lipsiae 1862.
Wido, episcopus Ferrariensis, *De scismate Hildebrandi*, in MGH, *Libelli de lite*, I, 532–567.
Willelmi Rishanger quondam monachi S. Albani et quorumdam anonymorum, Chronica et Annales, ed. H. T. Riley, London 1865.
Witelo, *Opticae libri decem instaurati*, ed. F. Risner, Basileae 1572.
Wolkan, R., *Der Briefwechsel des Eneas Silvius Piccolimini*, in *Fontes rerum Austriacarum*, 61, 62, 67, 68, 4 Bde., Wien 1909–1918.
Zarncke, F., *Der Priester Johannes*, 1. Abt., in *Abhandlungen der phil.-hist. Classe der königlich Sächsischen Gesellschaft der Wissenschaften*, VIII, Leizpig 1879.

II. Schrifttum

Albert, J.-P., *Odeurs de sainteté. La mythologie chrétienne des aromates*, Paris 1990.
Alessio, F., *Mito e scienza in Ruggero Bacone*, Milano 1957.
Alexandre-Bidon, D., «Le corps et son linceul», in *A réveiller les morts. La mort au quotidien dans l'Occident médiéval*, Paris 1993, 183–206.
Ambrosi de Magistris, R., «Il viaggio di Innocenzo III nel Lazio e il primo ospedale di Anagni», *Studi e documenti di storia del diritto*, 29 (1898), 365–378.
Antonelli, N., *Epistola de ritu inspergendi Sacri Cineris super Caput Romanorum Pontificum*, in E. de Azevedo S. J., *Vetus Missale Romanum Monasticum Lateranense*, Romae 1754.
Arduini, M. L., «‹Rerum mutabilitas›. Mondo, tempo, immagine dell'uomo e Corpus Ecclesiae-Christianitatis in Onorio di Ratisbona (Augustodunensis). Per la comprensione di un razionalismo politico nel secolo XII», in *L'homme et son univers au Moyen Age. Actes du septième congrès international de philosophie*

médiévale (3 août – 4 septembre 1982), ed. Chr. Wenin, I, Louvain-la-Neuve 1986, 365–373 (Nachdruck in *Recherches de théologie ancienne et médiévale*, 51 (1984), 78–108).
Aussac, F. d', *Le droit de dépouille (jus spolii)*, Strasbourg-Paris 1930.
Aymon, J., *Tableau de la cour de Rome*, La Haye 1707.
Baer, W., *Studien zum sogenannten Anonymus von York*, Diss. München 1966.
Baethgen, F., «Ein Pamphlet Karls I. von Anjou zur Wahl Papst Nikolaus' III., *Sitz.-Ber. d. bayer. Akad. d. Wissen.*, phil.-hist. Klasse, 1960.
Baethgen, F., «Quellen und Untersuchungen zur Geschichte der päpstlichen Hof- und Finanzverwaltung unter Bonifaz VIII», *Quellen und Forschungen aus italienischen Archiven und Bibliotheken*, 20 (1928–1929), 114–237.
Baethgen, F., *Der Engelpapst. Idee und Erscheinung*, Leipzig 1943.
Ballestreri, L. G., «Arnaldus de Vilanova (c. 1240–1311) y la reforma de los estudios medicos en Montpellier (1309): El Hipocrates latino y la introducion del nuevo Galeno», *Dynamis*, 2 (1982), 27–158.
Baumgarten, P. M., *Untersuchungen und Urkunden über die Camera collegii cardinalium*, Leipzig 1898.
Belvederi, G., «Cerimonie nel solenne ingresso dei vescovi in Bologna durante il Medio Evo», *Rassegna Gregoriana*, 12 (1913), 169–186.
Berger, A. M., *Der von Michel Angelo Buonarotti eigenhändig geschriebene Augentraktat*, München 1897.
Berger, A. M., *Die Ophtalmologie (liber de oculo) des Petrus Hispanus (Petrus von Lissabon, später Papst Johannes XXI.)*, München 1899.
Bernhart, J., *Der Vatikan als Thron der Welt*, Leipzig 1930.
Bertelli, C., «Traversie della tomba di Clemente IV», *Paragone* (1969), 53–63.
Bertelli, S., *Il corpo del re*, Firenze 1990.
Besso, M., *Roma e il Papa nei proverbi e nei modi di dire*, Roma 1904 (2. Aufl., Firenze 1971).
Bibliotheca Sanctorum, 12 Bde., Roma 1961–1970.
Bickermann, J., «Die römische Kaiserapotheose», *Archiv für Religionswissenschaft*, 29 (1929), 1–34.
Bickermann, J., «Le culte des souverains dans l'Empire romain», *Entretiens de la Fondation Hardt*, 19, 1972, 7–37.
Bignami, Odier J., «Les Visions de Robert d'Uzès», *Archivum Fratrum Praedicatorum*, 25 (1955), 258–320.
Bloch, H., «Der Autor der ‹Graphia aureae urbis Romae›», *Deutsches Archiv für Erforschung des Mittelalters*, 4 (1984), 55–175.
Bodin, J., *Les Six Livres de la République*, Paris 1576 (Paris 1583).
Bonanni, F., *La gerarchia ecclesiastica*, Roma 1720.
Borgia, S., *Memorie istoriche della pontificia Città di Benevento*, 3 Bde., In Roma 1763–1769.
Borgolte, M., *Petrusnachfolge und Kaiserimitation. Die Grablegen der Päpste, ihre Genese und Traditionsbildung*, Göttingen 1989.
Bougerol, J. G., «La papauté dans les sermons médiévaux français et italiens», in *The Religious Roles of the Papacy: Ideals and Realities, 1150–1300*, ed. Chr. Ryan, Toronto 1989, 247–275.
Boureau, A., *La papesse Jeanne*, Paris 1988.
Boyle, L. E., «An Ambry of 1299 at San Clemente, Rome», *Mediaeval Studies*, 26 1964), 329–350.
Bradford, C. A., *Heart Burial*, London 1933.
Brambilla Ageno, F., «Sull'invettiva di Jacopone da Todi contro Bonifacio VIII», *Lettere italiane*, 16 (1964), 373–414.

Brams, J., «Mensch und Natur in der Übersetzungsarbeit Wilhelms von Moerbeke», in *Mensch und Natur im Mittelalter*, Berlin-New York 1992, 545–548.
Braun, J., *Die liturgische Gewandung im Occident und Orient nach Ursprung und Entwicklung, Verwendung und Symbolik*, Freiburg i. Breisgau 1907.
Brehm, E., «Roger Bacons Place in the History of Alchemy», *Ambix*, 23 (1976), 53–58.
Brincken, A. D. von den, «Presbyter Johannes, Dominus Dominantium – ein Wunsch-Weltbild des 12. Jahrhunderts», in *Ornamenta Ecclesiae. Kunst und Künstler der Romanik*, 1, Köln 1985, 83–97.
Brown, E. A. R., «Authority, the Family, and the Dead in Late Medieval France», *French Historical Studies*, 16 (1990), 803–832.
Brown, E. A. R., «Death and Human Body in the Later Middle Ages: The Legislation of Boniface VIII on the division of the Corpse», *Viator*, 12 (1981), 221–270.
Bultot, R., «Mépris du monde, misère de l'homme dans la pensée d'Innocent III», *Cahiers de civilisation médiévale*, 4 (1962), 441–456.
Bultot, R., *La doctrine du mépris du monde*, IV, *Le XIe siècle*. 1. *Pierre Damien*, Louvain-Paris 1963.
Burchardt, J., *Witelo. Filosofo della natura del XIII sec. Una biografia*, Varsavia 1984.
Burnett, C., «An Apocryphal Letter from the Arabic Philosopher Al-Kindi to Theodore, Frederick IIs Astrologer, Concerning Gog and Magog, the Enclosed Nations, and the Scourge of the Mongols», *Viator*, 15 (1984), 151–167.
Burns, C., *Golden Rose and Blessed Sword*, Glasgow 1970.
Butzek, M., *Die kommunalen Repräsentationsstatuen der Päpste des 16. Jahrhunderts in Bologna, Perugia und Rom*, Diss. phil. Berlin, Bad Honnef 1978.
Cabrol, F., «Cendres», in *Dictionnaire d'archéologie et de liturgie chrétiennes*, 2,2, Paris 1910, 3041–3042.
Cacciamani, G., «De brevitate vitae pontificum Romanorum, et divina providentia», *Vita monastica*, 26 (1972), 226–242.
Cadden, J., «A matter of Life and Death: Water in the Natural Philosophy of Albertus Magnus», *History and Philosophy of the Life Sciences*, 2 (1980), 241–252.
Calò Mariani, M. S., «Utilità e diletto. L'acqua e le residenze regie dell'Italia meridionale fra XII e XIII secolo», *Mélanges de l'Ecole Française de Rome. Moyen Age et Temps Modernes*, 104 (1992), 343–372.
Calvet, A., «*Le* De vita philosophorum *du pseudo-Arnaud de Villeneuve. Texte du manuscrit B. N. lat. 7817 édité et traduit*», *Chrysopoeia*. Revue publiée par la Société d'étude de l'histoire de l'alchimie, 4 (1990–1991), 35–79.
Campi, P. M., *Dell'Historia ecclesiastica di Piacenza, con mentione di famiglie, huomini illustri, registro de privilegi, ecc.*, 3 Bde., Roma 1651–1662.
Cancellieri, F., *De secretariis basilicae Vaticanae veteris ac novae libri II*, 4 Bde., Roma 1786.
Cancellieri, F., *Lettera sopra il tarantismo, l'aria di Roma e della sua Campagna*, Roma 1817.
Cancellieri, F., *Notizie istoriche delle stagioni e dei siti diversi in cui sono tenuti i conclavi nella città di Roma*, Roma 1823.
Cancellieri, F., *Storia de solenni possessi dei sommi pontefici detti anticamente processi o processioni dopo loro coronazione dalla basilica Vaticana alla Lateranense*, Roma 1802.
Carolus-Barré, L., «Le cardinal de Dormans, chancelier de France ‹principal conseiller› de Charles V d'après son testament et les Archives du Vatican», *Mélanges d'archéologie et d'histoire*, 52 (1935), 353–354.
Carré, Y., *Le baiser sur la bouche au Moyen Age. Rites, symboles, mentalités, XIe–XVe siècles*, Paris 1992.

Carrerar Panchon, A., «Sobre el concepto de pestilencia (waba) en el Canon de Avicena», *Asclepio*, 33 (1981), 267–273.
Cartellieri, A., *Philipp II. August König von Frankreich*, 4 Bde., Leizpig 1899–1922.
Caspar, E., *Die älteste römische Bischofsliste. Kritische Studien zum Formproblem des euseb. Kanons sowie zur Geschichte der ältesten Bischofslisten und ihrer Entstehung aus apostolischen Sukzessionsreihen*, Berlin 1926.
Caspar, E., *Geschichte des Papsttums von den Anfängen bis zur Höhe der Weltherrschaft*, 2 Bde., Tübingen 1930–1933.
Caspar, E., *Petrus Diaconus und die Monte Cassineser Fälschungen*, Berlin 1909.
Celli, R., «La malaria nella storia medievale di Roma», *Archivio della R. Società Romana di storia patria*, 47 (1924), 5–44.
Celli-Fraentzel, A., «Quellen zur Geschichte der Malaria in Italien und ihrer Bedeutung für die deutschen Kaiserzüge des Mittelalters», in *Quellen und Studien zur Geschichte der Naturwissenschaften und der Medizin*, 4 (1935).
Chodorow, S., *Christian Political Theory and Church Politics in the Mid-Twelfth Century: The Ecclesiology of Gratians Decretum*, Berkeley 1972.
Clark, J. R., «Roger Bacon and the composition of Marsilio Ficino's ‹De Vita Longa› (De Vita, Book II)», *The Journal of the Warburg and Courtauld Institutes*, 49 (1986), 230–232.
Claussen, P. C., «Pietro di Oderisio und die Neuformulierung des italienischen Grabmals zwischen Opus romanum und Opus Francigenum», in *Skulptur und Grabmal des Spätmittelalters in Rom und Italien*. Akten des Kongresses «Scultura e monumento sepolcrale del tardo medioevo a Roma e in Italia» (Rom, 4.–6. Juli 1985), Wien 1990, 173–200.
Colosio, I., «Riflessioni di S. Pier Damiani sulla morte dei papi», *Rivista di ascetica e mistica*, 3 (1978), 240–245.
Corner, G. W., *Anatomical Texts of the Earlier Middle Ages*, Washington 1927.
Cornides, E., *Rose und Schwert im päpstlichen Zeremoniell. Von den Anfängen bis zum Pontifikat Gregors XIII.*, Wien 1967.
Coulon, A., «Un présent de Philippe V, roi de France, au pape Jean XXII», *Mélanges de l'Ecole Française de Rome*, 14 (1894), 611–620.
Crisciani, C., «Labirinti dell'oro. Specificità e mimesi nell'alchimia latina», *Aut Aut*, n. s., 184–185 (1981), 127–151.
Crispolti, C., *Perugia Augusta*, Perugia 1648.
Crowley, Th., *Roger Bacon. The Problem of the soul in his philosophical commentaries*, Dublin 1950.
D'Onofrio, C., *La papessa Giovanna. Roma e papato tra storia e leggenda*, Roma 1979.
DACL = *Dictionnaire d'archéologie chrétienne et de liturgie*, 15 Bde., Paris 1907–1953.
Davidsohn, R., *Forschungen zur älteren Geschichte von Florenz*, 4 Bde., Berlin 1896–1908.
Davidsohn, R., *Geschichte von Florenz*, 4 Bde., Berlin 1896–1927.
Deér, J., «Byzanz und die Herrschaftszeichen des Abendlandes», in *Byzanz und das abendländische Herrschertum. Ausgewählte Aufsätze*, hg. von P. Classen, Sigmaringen 1977, 42–69.
Deér, J., *The Dynastic Porphyry Tombs of the Norman Period in Sicily*, Cambridge/Mass. 1959.
Delbrueck, R., «Der spätantike Kaiserornat», *Die Antike*, 8 (1932), 7–15.
Delicati, P. – Armellini M., *Il Diario di Leone X di Paride de Grassi*, Roma 1884.
Delisle, L., *Le Cabinet des manuscrits de la Bibliothèque Nationale*, 4 Bde., Paris 1868–1881.
Denifle, H., «Die Denkschriften der Colonna gegen Bonifaz VIII. und der Cardi-

näle gegen die Colonna», *Archiv für Literatur- und Kirchengeschichte des Mittelalters*, 5 (1889), 509–524.
Déprez, E., «Les funérailles de Clément VI et d'Innocent VI d'après les comptes de la cour pontificale», *Mélanges d'archéologie et d'histoire*, 20 (1900), 235–250.
DHGE = *Dictionnaire d'histoire et géographie ecclésiastique*, Paris 1912.
Digard, G., *Philippe le Bel et le Saint-Siège de 1285 à 1304*, II, Paris 1936.
Döllinger, J. J. J. v., *Beiträge zur politischen, kirchlichen und Cultur-Geschichte der sechs letzten Jahrhunderte*, 3 Bde., Wien 1862–1882.
Duchesne, F., *Histoire de tous les cardinaux françois*, 2 Bde., Paris 1660.
Dufeil, M., *Guillaume de Saint-Amour et la polémique universitaire parisienne 1250–1259*, Paris 1972.
Dupuy, P., *Histoire du différend d'entre le pape Boniface VIII et Philippes le Bels, roy de France*, Paris 1655.
Durante, G., *Trattato di dodici bagni singolari della illustre città di Viterbo*, Perugia 1595.
Dykmans, M., «Le cérémonial de Nicolas V», *Revue d'histoire ecclésiastique*, 63 (1968), 365–825.
Dykmans, M., «Les pouvoirs des cardinaux pendant la vacance du Saint Siège d'après un nouveau manuscrit de Jacques Stefaneschi», *Archivio della Società Romana di storia patria*, 104 (1981), 119–145.
Dykmans, M., «Paris de Grassi», *Ephemerides liturgicae*, 96 (1982), 407–482.
Dykmans, M., *L'œuvre de Patrizi Piccolomini ou le cérémonial papal de la première Renaissance*, 2 Bde., Città del Vaticano 1980–1982.
Dykmans, M., *Le cérémonial papal de la fin du Moyen Age à la Renaissance*, 4 Bde., Bruxelles-Rome 1977–1985.
Easton, S. C., *Roger Bacon and His Search for a Universal Science. A Reconsideration of the Life and Work of Roger Bacon in the Light of His Own Stated Purposes*, New York 1952.
Ebers, G. J., *Devolutionsrecht vornehmlich nach katholischem Kirchenrecht*, Stuttgart 1906.
Ehrle, F., «Der Nachlaß Clemens V. und der in Betreff desselben von Johann XXII. (1318–1321) geführte Process», *Archiv für Literatur- und Kirchengeschichte des Mittelalters*, 5 (1889), 1–158.
Eichmann, E., *Die Kaiserkrönung im Abendland*, 2 Bde., Würzburg 1942.
Eichmann, E., *Weihe und Krönung des Papstes im Mittelalter*, München 1951.
Eisenberg, R., *Das Spolienrecht am Nachlaß der Geistlichen in seiner geschichtlichen Entwicklung in Deutschland bis Friedrich II.*, Marburg 1896.
Elze, R., «‹Sic transit gloria mundi›». Zum Tode des Papstes im Mittelalter», *Deutsches Archiv für Erforschung des Mittelalters*, 34 (1978), 1–18.
Engels, O., «Kardinal Boso als Geschichtsschreiber», in *Konzil und Papst. Historische Beiträge zur Frage der höchsten Gewalt in der Kirche. Festgabe für H. Tüchle*, ed. G. Schwaiger, München 1975, 147–168.
Erdmann, C., «Kaiserliche und päpstliche Fahnen im hohen Mittelalter», *Quellen und Forschungen aus italienischen Archiven und Bibliotheken*, 25 (1933–1934), 1–48.
Erlande-Brandenburg, A., *Le roi est mort. Etude sur les funérailles, les sépultures et les tombeaux des rois de France jusquà la fin du XIIIe siècle*, Genève-Paris 1975.
Finke, H., «Eine Papstchronik des XV. Jahrhunderts», *Römische Quartalschrift*, 4 (1890), 340–362.
Finke, H., *Aus den Tagen Bonifaz VIII. Funde und Forschungen*, Münster, 1902.
Fischer-Pace, U. V., *Rom*, 2 Bde., Darmstadt 1988.
Forcella, V., *Iscrizioni delle chiese e di altri edifici di Roma dal secolo XI fino ai giorni nostri*, 14 Bde., Roma 1869–1884.

Forchielli, G., «Il diritto di spoglio e il diritto di regalia in Germania nel medioevo», in *Für Kirche und Recht. Festschrift für J. Heckel*, 1959, 13–55.
Förster, E., *Roger Bacon's ‹De retardandis senectutis accidentibus et de sensibus conservandis› und Arnald von Villanova's: «De conservanda iuventute et retardanda senectute»*, Leipzig, Diss., 1912.
Förster, R., *De Aristotelis quae feruntur Secretis secretorum commentatio*, Kiliae 1888.
Freistedt, E., *Altchristliche Totengedächtnistage und ihre Beziehung zum Jenseitsglauben und Totenkultus der Antike*, Münster 1971.
Frutaz, A. M., «La famiglia pontificia in un documento dell'inizio del sec. XIV», in *Palaeographica Diplomatica et Archivistica. Studi in onore di Giulio Battelli*, II, Roma 1979, 277–323.
Fuhrmann, H., «‹Il vero imperatore è il papa›. Il potere temporale nel medioevo», *Bullettino dell'Istituto storico italiano e Archivio Muratoriano*, 92 (1985/86), 367–379.
Fuhrmann, H., «Über die Heiligkeit des Papstes», *Jahrbuch der Akademie der Wissenschaften in Göttingen* (1981) p. 28–43.
Galbreath, D. L., *Papal Heraldry*, Cambridge 1930.
Gale, F. M., «Whether it is Possible to Prolong Man's Life Through the Use of Medicine», *Journal of the History of Medicine*, 26 (1971), 391–397.
Gandolfo, F., «Reimpiego di sculture antiche nei troni papali del XII secolo», *Rendiconti della Pontificia Accademia Romana di Archeologia*, s. III, 47 (1974–1975), 203–207.
Gardner, J., «Arnolfo di Cambio and Roman Tomb Design», *Burlington Magazine*, 115 (1973), 420–439.
Gardner, J., «Boniface VIII as a Patron of sculpture», in *Roma anno 1300*, Roma 1983, 513–520.
Gardner, J., «Patterns of Papal Patronage circa 1260-circa 1300», *The Religious Roles of the Papacy: Ideals and Realities, 1150–1300*, ed. Chr. Ryan, Toronto 1989, 439–456.
Gardner, J., «Some cardinal's seals of the thirteenth century», *The Journal of the Warburg and Courtauld Institutes*, 38 (1975), 72–96.
Gardner, J., *The Tomb and the Tiara. Curial Tomb Sculpture in Rome and Avignon in the Later Middle Ages*, Oxford 1992.
Garms, J., «Gräber von Heiligen und Seligen», in *Skulptur und Grabmal des Spätmittelalters in Rom und Italien*. Akten des Kongresses «Scultura e monumento sepolcrale del tardo medioevo a Roma e in Italia» (Rom, 4.–6. Juli 1985), Wien 1990, 83–105.
Gay, V. – Stein H., «Embaumement», in *Glossaire archéologique du Moyen Age et de la Renaissance*, Paris 1887–1928, 625 ss.
Gerberto. Scienza, storia e mito. Atti del «Gerberti Symposium» (Bobbio, 25–27 luglio 1983), Bobbio 1985.
Getz, F., «To Prolong Life and to Promote Health: Baconian Alchemy and Pharmacy in the English Learned Tradition», in *Health, Disease and Healing in Medical Culture*, New York 1991.
Gieben, S., «Robert Grosseteste at the Papal Curia, Lyons 1250. Edition of the Documents», *Collectanea Franciscana*, 41 (1971), 340–393.
Giesey, R. E., *Le roi ne meurt jamais*, Paris 1987.
Gillmann, F., «Die Dekretglossen des Cod. Stuttgart hist. f. 419», *Archiv für katholisches Kirchenrecht*, 107 (1927), 192–250.
Gillmann, F., «Romanus pontifex iura omnia in scrinio pectoris sui censetur habere (c. 1 in VI^{to} de Const. I, 2)», *Archiv für katholisches Kirchenrecht*, 92 (1912), 1–17; 106 (1926), 156–174.

Ginzburg, C., «Saccheggi rituali. Premesse a una ricerca in corso», *Quaderni storici*, 22 (1987), 615–636.
Ginzurg, C., «High and low. The theme of forbidden knowledge in the XVIth and XVIIth centuries», *Past and present*, 73 (1976), 28–41.
Glass, D., «Papal Patronage in the Early Twelfth Century. Notes on the Iconography of Cosmatesque Pavement», *The Journal of the Warburg and Courtauld Institutes*, 32 (1969), 386–390.
Gnoli, D., *La Roma di Leone X. Quadri e studi originali annotati e pubblicati*, Milano 1938.
Godefroy, Th. und D., *Le cérémonial français*, 2 Bde., Paris 1649.
Göller, E., *Die päpstliche Pönitentiarie*, 2 Bde., Rom 1907–1911.
Göring, H., *Die Beamten der Kurie unter Bonifaz VIII.*, Königsberg 1934.
Graf, A., *Miti, leggende e superstizioni del Medio Evo*, 2 Bde., Torino 1892–1893.
Grauert, H., «Meister Johann von Toledo», *Sitzungsberichte der bayerischen Akademie der Wissenschaften*, (1901).
Grauert, H., *Magister Heinrich, der Poet von Würzburg, und die römische Kurie*, München 1912.
Gregorovius, F., *Die Grabdenkmäler der Päpste*, 3. Aufl., Leipzig 1911.
Grignaschi, M., «La diffusion du ‹Secretum secretorum› (Sirr-al-'Asrar) dans l'Europe occidentale», *Archives d'histoire doctrinale et littéraire du Moyen Age*, 47 (1980), 7–70.
Grmek, M. D., «Le concept d'infection dans l'Antiquité et au Moyen Age, les anciennes mesures sociales contre les maladies contagieuses et la fondation de la première quarantaine à Dubrovnik (1377)», *Radovi sa Medunarodnog simpozii a u povodu sestote oblj etnice Dubrovacke karantene*, Zagreb 1980, 9–54.
Grmek, M. D., *On ageing and old age. Basic problems and historic aspects of gerontology and geriatrics*, Den Haag 1958.
Gruman, G. J., «A History of Ideas about the Prolongation of Life. The Evolution of Prolongevity Hypotheses to 1800», *Transactions of the American Philosophical Society*, New Series, 56, part 9 (1966).
Guidi, P., «La coronazione d'Innocenzo VI», in *Papsttum und Kaisertum. Forschungen … Paul Kehr … dargebracht*, München 1926, 571–590.
Gutmann, F., *Die Wahlanzeigen der Päpste bis zum Ende der avignonesischen Zeit*, Marburg 1931.
Guyotjeannin, O., *‹Episcopus et comes›. Affirmation et déclin de la seigneurie épiscopale au nord du royaume de France (Beauvais-Noyon, X*[e]*-début XIII*[e] *siècle)*, Genève 1987.
Hall, Th. S., «Life, Death and the Radical Moisture. A Study of Thematic Pattern in Medieval Medical Theory», *Clio Medica*, 6 (1971), 3–11.
Haller, J., «Zwei Aufzeichnungen über die Beamten der Curie», *Quellen und Forschungen aus italienischen Bibliotheken und Archiven*, 1 (1898), 1–31.
Haupt, G., *Die Farbensymbolik in der sakralen Kunst des abendländischen Mittelalters*, Diss. Leizpig 1941.
Haskins, Ch. H., «Latin Literature under Frederick II», *Speculum*, 3 (1928), 129–151.
Haskins, Ch. H., *Studies in the History of Mediaeval Science*, Cambridge 1924.
Heller, E., «Der kuriale Geschäftsgang in den Briefen des Thomas von Capua», *Archiv für Urkundenforschung*, 13 (1935), 198–318.
Herde, P., «Die Entwicklung der Papstwahl im dreizehnten Jahrhundert», *Österreichisches Archiv für Kirchenrecht*, 32 (1981), 11–41.
Herde, P., «Election and Abdication of the pope: Practice and Doctrine in the Thirteenth Century», in *Proceedings of the Sixth International Congress of Medieval Canon Law*, Città del Vaticano 1985, 411–436.

Herde, P., *Coelestin V. 1294 (Peter von Morrone). Der Engelpapst. Mit einem Urkundenanhang und Edition zweier Viten*, Stuttgart 1981.

Herklotz, I., «Der Campus Lateranensis im Mittelalter», *Römisches Jahrbuch für Kunstgeschichte*, 22 (1985), 1–43.

Herklotz, I., «Der mittelalterliche Fassadenportikus der Lateranbasilika und seine Mosaiken. Kunst und Propaganda am Ende des 12. Jahrhunderts», *Römisches Jahrbuch für Kunstgeschichte*, 25 (1989), 27–95.

Herklotz, I., «Die Beratungsräume Calixtus' II. im Lateranpalast und ihre Fresken. Kunst und Propaganda am Ende des Investiturstreits», *Zeitschrift für Kunstgeschichte*, 52 (1989), 145–214.

Herklotz, I., «Grabmalstiftungen und städtische Öffentlichkeit im spätmittelalterlichen Italien», in *Materielle Kultur und religiöse Stiftung im Spätmittelalter*, Wien 1990, 233–271.

Herklotz, I., «Paris de Grassi *Tractatus de funeribus et exequiis* und die Bestattungsfeiern von Päpsten und Kardinälen in Spätmittelalter und Renaissance», in *Skulptur und Grabmal des Spätmittelalters in Rom und Italien*. Akten des Kongresses «Scultura e monumento sepolcrale del tardo medioevo a Roma e in Italia» (Rom, 4.–6. Juli 1985), Wien 1990, 217–248.

Herklotz, I., *‹Sepulcra› e ‹monumenta› del Medioevo*, Roma 1985.

Hermann, A., «Farbe», *Reallexikon für Antike und Christentum*, VII, Stuttgart 1969, 358–447.

Heusch, L. de, «The Sacrificial Body of the King», in *Fragments for a History of the Human Body*, ed. M. Feher, III, New York 1989, 387–394.

Heusch, L. de, *Ecrits sur la royauté sacrée*, Bruxelles 1987.

Hofmann, K., *Der ‹Dictatus Papae› Gregors VII.*, Paderborn 1933.

Hohl, E., «Die angebliche Doppelbestattung des Antoninus Pius», *Klio*, 31 (1938), 169–185.

Holtzmann, W., *Wilhelm von Nogaret. Rat und Großsiegelbewahrer Philipps des Schönen von Frankreich*, Freiburg i. Br. 1898.

Hugenholtz, F. W. N., «The Anagni Frescoes – A Manifesto. A historical investigation», *Mededelingen van het Nederlands Instituut te Rome*, 41, n. s. 6 (1979), 139–172.

Huygens, R. B. C., *Magister Gregorius (XIIe ou XIIIe siècle). Narracio de Mirabilibus Urbis Romae*, Leiden 1970.

Iazeolla, T., «Il monumento funebre di Adriano V in S. Francesco alla Rocca a Viterbo», in *Skulptur und Grabmal des Spätmittelalters in Rom und Italien*. Akten des Kongresses «Scultura e monumento sepolcrale del tardo medioevo a Roma e in Italia» (Rom, 4.–6. Juli 1985), Wien 1990, 143–152.

Imkamp, W., *Das Kirchenbild Innocenz' III. (1198–1216)*, Stuttgart 1983.

Jackson, R. A., *Vive le roi! A History of the French Coronation from Charles V to Charles X*, Chapel Hill-London 1984.

Jacquart, D., «De *krasis* à *complexio*. Note sur le vocabulaire du tempérament en Latin médiéval», in *Textes Médicaux Latins Antiques*, Centre Jean Palerne, St. Etienne 1984.

Jacquart, D., «La réception du ‹Canon› d'Avicenne: Comparaison entre Montpellier et Paris au XIIIe et XIVe siècles», in *Actes du 110e Congrès national des sociétés savantes*, Montpellier 1984, Section d'histoire des sciences et des techniques. II. Histoire de l'école médicale de Montpellier, Paris 1985, 69–77.

Jacqueline, B., *Episcopat et papauté chez saint Bernard de Clairvaux*, Sainte-Marguerite-d'Elle 1975.

Jasper, D., *Das Papstwahldekret von 1059. Überlieferung und Textgestalt*, Sigmaringen 1986.

Jeiler, J., «Ein unedierter Brief des P. Olivi († 1297)», *Historisches Jahrbuch*, 3 (1882), 648–659.
Joelsen, O., *Die Papstwahlen des 13. Jahrhunderts bis zur Einführung der Conclaveordnung Gregors X.*, Berlin 1928.
Jones, W., *Crowns and Coronations. A History of Regalia*, London 1883.
Josten, C. H., «The Text of John Dastin's Letter to Pope John XXII», *Ambix*, 4 (1951), 34–51.
Jounel, P., *Le culte des saints dans les basiliques du Latran et du Vatican au douzième siècle*, Roma 1977.
Jung, N., *Alvaro Pelayo*, Paris 1931.
Kamp, N., *Kirche und Monarchie im Staufischen Königreich Sizilien*, I. *Prosopographische Grundlegung: Bistümer und Bischöfe des Königreichs 1194–1266*, 3 Bde., München 1972–1975.
Kantorowicz, E. H., *Die zwei Körper des Königs. Eine Studie zur politischen Theologie des Mittelalters*, München 1990.
Kantorowicz, E. H., *Kaiser Friedrich II.*, Berlin 1927; *Ergänzungsband*, Berlin 1931.
Kantorowicz, E. H., *Laudes Regiae: A study in Liturgical Acclamations and Mediaeval Ruler Worship*, Berkeley, Los Angeles 1946.
Keller, H., «Büste», in *Reallexikon der Deutschen Kunstgeschichte*, III, Stuttgart 1954, 257–274.
Keller, H., «Der Bildhauer Arnolfo di Cambio und seine Werkstatt», *Jahrbuch der preussischen Kunstsammlungen*, 55 (1934), 205–228; II, 56 (1935), 22–43.
Klauser, Th., «Die Anfänge der römischen Bischofsliste», *Bonner Zeitschrift für Theologie und Seelsorge*, 8 (1931), 210–211.
Klewitz, H.-W., «Das Ende des Reformpapsttums», *Deutsches Archiv für Erforschung des Mittelalters*, (1939), 371–412.
Klewitz, H.-W., «Die Krönung des Papstes», *Zeitschrift der Savigny-Stiftung für Rechtsgeschichte*, kan. Abt. 3 (1941), 96–130.
Klewitz, H.-W., *Reformpapsttum und Kardinalkolleg*, Darmstadt 1957.
Kösters, J., *Studien zu Mabillons Römischen Ordines* (Diss. Freiburg/Br.), Münster 1905, Beilage 3.
Krautheimer, R., *Rome. Profile of a City, 312–1308*, Princeton 1980.
Kroos, R. – Kobler, F., «Farbe, liturgisch (kath.)», in *Reallexikon der deutschen Kunstgeschichte*, VII, München 1981, 54–122.
Kurdzialek, M., «Anatomische und embryologische Äußerungen Davids von Dinant», *Sudhoffs Archiv*, 45 (1961), 1–22.
Kurdzialek, M., «David von Dinant als Ausleger der aristotelischen Naturphilosophie», *Miscellanea Mediaevalia*, 10 (1976), 181–192.
Kurdzialek, M., «L'idée de l'homme chez David de Dinant», *Symbolae*, s. A., 1 (1976), 311–322.
Kuttner, S., «Die Konstitutionen des ersten allgemeinen Konzils von Lyon», *Studia et documenta historiae et iuris*, 6 (1940), 70–123.
Kuttner, S., *Mediaeval councils, decretals and collections of canon law*, London 1980.
Ladner, G. B., «Der Ursprung und die mittelalterliche Entwicklung der päpstlichen Tiara», in *Tainia. Roland Hampe zum 70. Geburtstag am 2. Dezember 1978 dargebracht*, Mainz a. Rhein 1978, 449–481.
Ladner, G. B., *Images and Ideas in the Middle Ages. Selected Studies in History and Art*, 2 Bde., Roma 1983.
Ladner, G. B., «Die Statue Bonifaz' VIII. in der Lateranbasilika und die Entstehung der dreifach gekrönten Tiara», *Römische Quartalschrift*, 42 (1934), 35–69.
Ladner, G. B., «Die Anfänge des Kryptoporträts», in *Von Angesicht zu Angesicht. Porträtstudien*. Festschrift für Michael Stettler, Bern 1983, 78–97.

Ladner, G. B., *Die Papstbildnisse des Altertums und des Mittelalters*, 3 Bde., Città del Vaticano 1941–1984.
Lanz, H., *Die romanischen Wandmalereien von San Silvestro in Tivoli. Ein römisches Apsisprogramm der Zeit Innocenz' III.*, Bern 1983.
Lauer, Ph., *Le palais du Latran*, Paris 1911.
Laurent, J., «La perception de l'espace de la chrétienté par la curie Romaine et l'organisation d'un concile oecuménique en 1274», in *Histoire comparée de l'administration (IVe-XVIIIe siècles)*, München 1980, 11–16.
Laurent, M.-H., *Beatus Innocentius pp. V (Petrus de Tarantasia O. P.). Studia et documenta*, Romae 1943.
Laurent, M.-H., *Le bienheureux Innocent V (Pierre de Tarentaise) et son temps*, Città del Vaticano 1947.
Le Goff, J., «A Coronation Program for the Age of Saint Louis: The Ordo of 1250», in *Coronations. Medieval and Early Modern Monarchic Ritual*, ed. J. M. Bak, University of California Press 1990, 46–71.
Le Goff, J., «Saint Louis et les corps royaux», *Le temps de la réflexion*, 3 (1982), 255–284.
Leclerc, J., «‹Pars corporis papae›. Le sacré collège dans l'ecclésiologie médiévale», in *L'homme devant Dieu. Mélanges offerts au Père Henri de Lubac*, II, Paris 1964, 183–198.
Leclercq, J., *Recueil d'études sur Saint Bernard*, 3 Bde., Roma 1962–1969.
Lindberg, C., «Lines of influence in Thirteenth-Century Optics: Bacon, Witelo and Pecham», *Speculum*, 46 (1971), 66–83.
Lindner, D., «Die sogenannte Erbheiligkeit des Papstes in der Kanonistik des Mittelalters», *Zeitschrift der Savigny-Stiftung für Rechtsgeschichte*, kan. Abt. 53 (1967), 15–26.
Loades, D., «The Death of the Bishop in the Early Middle Ages», *The End of Strife*. Papers selected from the Proceedings of the Colloquium of the Commission Internationale d'Histoire Ecclésiastique Comparée held at the University of Durham 2 to 9 September 1981, Edinburgh 1984, 32–43.
Lohrmann, D., *Kirchengut im nördlichen Frankreich. Besitz, Verfassung und Wirtschaft im Spiegel der Papstprivilegien des 11.–12. Jahrhunderts*, Bonn 1983.
Louis, P., «La génération spontanée chez Aristote», in *Actes du XIIe Congrès International d'histoire des sciences*, I, Paris 1970, 291–305.
Löwe, H., «Kaisertum und Abendland in ottonischer und frühsalischer Zeit», *Historische Zeitschrift*, 196 (1963), 529–562.
Lucchesi, G., *Per una vita di S. Pier Damiani. Componenti cronologiche e topografiche*, 2 Bde. (= Bd. 1–2 von *San Pier Damiano nel IX centenario della morte (1072–1972)*, Cesena 1972.
Lulvès, J., «Die Machtbestrebungen des Kardinalats bis zur Aufstellung der ersten päpstlichen Wahlkapitulationen», *Quellen und Forschungen aus italienischen Archiven und Bibliotheken*, 13 (1910), 73–102.
Maccarrone, M., «‹Ubi est papa, ibi est Roma›», in *Aus Kirche und Reich. Studien zu Theologie, Politik und Recht im Mittelalter. Festschrift für Friedrich Kempf*, Sigmaringen 1983, 371–382.
Maccarrone, M., «Die Cathedra Sancti Petri im Hochmittelalter», *Römische Quartalschrift*, 75 (1980), 196–197 (Nachgedr. unter dem Titel «La ‹cathedra sancti Petri› nel Medio Evo: da simbolo a reliquia», in Id., *Romana Ecclesia Cathedra Petri*, II, Roma 1991, 1249–1373).
Maccarrone, M., «Il sepolcro di Bonifacio VIII nella Basilica Vaticana», in *Roma Anno 1300*, Roma 1983, 753–771.

Maccarrone, M., «L'indulgenza del Giubileo del 1300 e la basilica di San Pietro», in *Roma anno 1300*, Roma 1983, 731–752.
Maccarrone, M., *Romana Ecclesia Cathedra Petri*, 2 Bde., Roma 1991.
Maccarrone, M., *Studi su Innocenzo III*, Padova 1972.
Maccarrone, M., *Vicarius Christi. Storia del titolo papale*, Roma 1952.
Maddalo, S., «Alcune considerazioni sulla topografia del complesso lateranense allo scadere del secolo XIII: il patriarchio nell'anno del Giubileo», in *Roma anno 1300*, Roma 1983, 621–628.
Maddalo, S., «Bonifacio VIII e Jacopo Stefaneschi. Ipotesi di lettura dell'affresco della loggia lateranense», *Studi Romani*, 31 (1983), 129–150.
Magri, D., *Hierolexicon*, Romae 1677.
Mahdihassan, S., *Indian alchemy or Rasayana in the light of asceticism and geriatrics*, New Delhi 1977.
Maleczek, W., «Das Kardinalskollegium unter Innocenz II. und Anaklet II.», *Archivum Historiae Pontificiae*, 19 (1981), 27–78.
Maleczek, W., *Papst und Kardinalskolleg von 1191 bis 1216*, Wien 1984.
Manselli, R., «La religiositá d'Arnaldo da Villanova», *Bullettino dell'Istituto storico italiano per il Medio 'Evo*, 63 (1951).
Marini, G., *Degli archiatri pontificij*, 2 Bde., Roma 1784.
Massa, E, *Ruggero Bacone. Etica e poetica nella storia dell'«Opus Maius»*, Roma 1955.
McCready, W. D., «The Papal Sovereign in the Ecclesiology of Augustinus Triumphus», *Mediaeval Studies*, 39 (1977), 177–205.
McGinn, B., «Angel Pope and Papal Antichrist», *Church History*, 47 (1978), 155–173.
McLaughlin, T. R., *The Summa Parisiensis on the Decretum Gratiani*, Toronto 1952.
McVaugh, M., «The ‹Humidum Radicale› in Thirteenth-Century Medicine», *Traditio*, 30 (1974), 259–283.
Melloni, A., *Innocenzo IV. La concezione e l'esperienza della cristianità come* regimen unius personae, Genova 1990.
Meyer, A., «Das päpstliche Spolienrecht im Spätmittelalter und die licentie testandi», *Zeitschrift der Savigny-Stiftung für Rechtsgeschichte*, kan. Abt., 108 (1991), 399–405.
Mezzadri, B., *Dissertatio critica-historica de vigintiquinque annis Romanae Petri Cathedrae adversus utrumque Pagium*, Romae 1750.
Miczka, G., *Das Bild der Kirche bei Johannes von Salisbury*, Bonn 1970.
Miglio, M., «Vidi thiaram Pauli papae secundi», *Bullettino dell'Istituto Storico Italiano per il Medio Evo e Archivio Muratoriano*, 81 (1969), 273–296.
Mitchell, Ch., «The Lateran Fresco of Boniface VIII», *The Journal of the Warburg and Courtauld Institutes*, 14 (1951), 1–6.
Monferini, A., «Pietro di Oderisio e il rinnovamento tomistico», in *Monumenti del marmo. Scritti per i duecento anni dell'Accademia di Carrara*, Roma 1969, 39–63.
Montini, U. R., *Le tombe dei papi*, Roma 1957.
Moore, J. C., «Innocent's ‹De Miseria humane conditionis›: A ‹Speculum Curiae›?», *Catholic Historical Review*, 67 (1981), 553–564.
Moroni, G., *Dizionario di erudizione storico-ecclesiastica*, 103 Bde., Venezia 1849–1861.
Needham, J., «The Elixir concept and chemical Medicine in East and West», *Organon*, 11 (1975), 167–192 (it. Übersetzung, «Il concetto di elixir e la medicina su base chimica in Oriente e in Occidente», in *Acta Medicae Historiae Patavinae*, 19 (1973–1974), 9–41).

Needham, J., *Science and Civilization in China*, V, 2, Cambridge 1974, V, 4, Cambridge 1980.
Negelein, J. von, «Die volkstümliche Bedeutung der weißen Farbe», *Zeitschrift für Ethnologie*, 33 (1901), 53ss.
Nibbyl, P. H., «Old Age, Fever, and the Lamp Metaphor», *Journal of the History of Medicine*, 26 (1971), 351–368.
Nussdorfer, L., «The Vacant See: Ritual and Protest in Early Modern Rome», *Sixteenth Century Journal*, 18 (1987), 173–189.
Nutton, V., «The seeds of disease: an explanation of contagion and infection from the Greeks to the Renaissance», *Medical History*, 27 (1983), 1–34.
O'Malley, J. W., *Praise and Blame in Renaissance Rome. Rhetoric, Doctrine, and Reform in the Sacred Orators of the Papal Court, c. 1450–1521*, Durham, North Carolina 1979.
O'Neill, Y., «Innocent III and the Evolution of the Anatomy», *Medical History*, 20 (1976), 429–431.
Oldoni, M., «A fantasia dicitur fantasma» (Gerberto e la sua storia)», *Studi Medievali*, 21 (1980), 493–622 e 24 (1983), 167–245.
Oldoni, M., «Gerberto e la sua storia», *Studi Medievali*, ser. 3a, 18 (1977), 629–704.
Osborne, J., *Master Gregorius. The Marvels of Rome*, Toronto 1987.
Pacaut, M., *Alexandre III*, Paris, 1956.
Pacaut, P. F., *Lo scisma del MCXXX*, Roma 1942.
Paravicini Bagliani, A., «Die Polemik der Bettelorden um den Tod des Kardinals Peter von Collemezzo (1253)», in *Aus Kirche und Reich. Studien zu Theologie, Politik und Recht im Mittelalter.* Festschrift für Friedrich Kempf, Sigmaringen 1983, 355–362.
Paravicini Bagliani, A., «La mobilità della Curia romana nel secolo XIII. Riflessi locali», in *Società e istituzioni dell'Italia comunale: l'esempio di Perugia (secoli XII–XIV)*, Perugia 1988, 155–278.
Paravicini Bagliani, A., «La storiografia pontificia del secolo XIII. Prospettive di ricerca», *Römische historische Mitteilungen*, 18 (1976) 52–53.
Paravicini Bagliani, A., «Un frammento del testamento del cardinale Stephanus Hungarus († 1270) nel codice C 95 dell'Archivio del Capitolo di San Pietro», *Rivista di storia della Chiesa in Italia*, 25 (1971), 167–182.
Paravicini Bagliani, A., «Versi duecenteschi su un conclave del secolo XIII», in *Miscellanea Gilles Gerard Meersseman*, II, Padova 1970, 151–168.
Paravicini Bagliani, A., *Cardinali di Curia e ‹familiae› cardinalizie dal 1227 al 1254*, 2 Bde., Padova 1972.
Paravicini Bagliani, A., *Medicina e scienze della natura alla corte dei papi nel Duecento*, Spoleto 1991.
Paravicini Bagliani, A., *I testamenti dei cardinali del Duecento*, Roma 1980.
Paschetto, E., *Pietro d'Abano medico e filosofo*, Firenze 1984.
Pastor, L. von, *Geschichte der Päpste seit dem Ausgang des Mittelalters*, 22 Bde., Freiburg i. Br. 1886–1922.
Pastoureau, M., «L'Eglise et la couleur, des origines à la Réforme», in *Actualité de l'histoire à l'Ecole des Chartes*, Paris 1989, 202–230.
Pereira, M. «Un tesoro inestimabile: elixir e *prolongatio vitae* nell'alchimia del '300», *Micrologus. Natura, scienze e società medievali*, 1 (1993), 161–187.
Pereira, M., *L'oro dei filosofi. saggio sulle idee di un alchimista del Trecento*, Spoleto 1992.
Perez, A., *Pentateuchum fidei*, Matriti 1621.
Petrini, P., *Memorie Prenestine disposte in forma di annali*, Roma 1795.

Petrocchi, M., «L'ultimo destino perugino di Innocenzo III», *Bollettino della Deputazione di Storia Patria per l'Umbria*, 64 (1967), 202–207 (Nachdruck in Id., *Il simbolismo delle piante in Rabano Mauro e altri studi di storia medievale*, Roma 1982, 107–116).

Petrucci E., «Il problema della vacanza papale e la costituzione ‹Ubi periculum› di Gregorio X», in *Atti del Convegno di studio per l'VIII Centenario del 1° Conclave (1268–1271)*, Viterbo 1975, 69–96.

Picard, J.-C., «Etude sur l'emplacement des tombes des papes du IIIe au Xe siècle», *Mélanges d'archéologie et d'histoire*, 81 (1969), 725–782.

Pits, J., *Relationum historicarum de rebus Anglicis liber primus*, Paris 1619.

Pogatscher, H., «Von Schlangenhörnern und Schlangenzungen vornehmlich im 14. Jahrhunderte (Mit Urkunden und Akten aus dem Vaticanischen Archive)», *Römische Quartalschrift*, 12 (1898), 162–215.

Poggi, G., «Arnolfo di Cambio e il sacello di Bonifacio VIII», *Rivista d'Arte*, 3 (1905), 193–194.

Pouchelle, M.-Chr., *Corps et chirurgie à l'apogée du Moyen-Age*, Paris 1983.

Powell, J. F., «Greco-Arabic Influences on the Public Health Legislation in the Constitutions of Melfi», *Archivio Storico Pugliese*, 31 (1978), 89–90.

Prochnow, F., *Das Spolienrecht und die Testierfähigkeit der Geistlichen im Abendland bis zum 13. Jahrhundert*, Berlin 1919.

Rangoni, T., *De vita hominis ultra CXX annos protrahenda*, Venetiis 1550, 1553, 1560.

Rash, N., «Boniface VIII and Honorific Portraiture: Observations on the Half-Length Image in the Vatican», *Gesta*, 26, 1 (1987), 47–58.

Rentschler, M., «Griechische Kultur und Byzanz im Urteil westlicher Autoren des 11. Jahrhunderts», *Saeculum*, 31 (1980), 112–156.

Riché, P., *Gerbert d'Aurillac, le pape de l'an mil*, Paris 1987.

Rigon, A., «Orientamenti religiosi e pratica testamentaria a Padova nei secoli XII–XIV (prime ricerche)», in *Nolens intestatus decedere. Il testamento come fonte della storia religiosa e sociale*, Perugia 1985, 41–63.

Rivière, J., «‹In partem sollicitudinis›. Evolution d'une formule pontificale», *Revue de sciences religieuses*, 5 (1925), 210–231.

Rocca, A., *An summo pontifici sacrum facienti conveniat uti sacris vestibus colore viridi affectis*, in Id., *Thesaurus pontificiarum sacrarumque antiquitatum*, I, Romae 1745, 75–80.

Rocca, A., *De rebus praecipuis a sanctissimo D. N. Clemente VIII Ferrariae gestis*, in Id., *Thesaurus pontificiarum sacrarumque antiquitatum*, I, Romae 1745, 66–68.

Rocca, A., *De sacrosancto Christi corpore Romanis pontificibus iter conficientibus praeferendo commentarius*, in Id., *Thesaurus pontificiarum sacrarumque antiquitatum*, I, Romae 1745, 37–73.

Rocca, A., *Enarratio de universo ritu summi pontificis Sacrosanctam Eucharistiam in Missa solemniter sumentis*, ed. J. Th. Rocaberti, *Bibliotheca Maxima Pontificia*, IV, Romae 1698, 1–19.

Rocca, A., *Thesaurus pontificiarum sacrarumque antiquitatum*, 2 Bde., Romae 1745.

Rocca, A., *Unde Cineres super caput spargendi usus originem trahat, et quae sibi velit?*, in *Opera omnia*, I, Romae 1719, 217–218.

Roma anno 1300, a cura di A. M. Romanini, Roma 1983.

Roma nel Duecento. L'arte nella città dei papi da Innocenzo III a Bonifacio VIII, ed. A. M. Romanini, Torino 1991.

Romanini A. M., «Gli occhi di Isacco. Classicismo e curiosità scientifica tra Arnolfo di Cambio e Giotto», *Arte medievale*, IIa s., 2 (1988), 1–56.

Romanini, A. M., «Ipotesi ricostruttive per i monumenti sepolcrali di Arnolfo di Cambio», in *Skulptur und Grabmal des Spätmittelalters in Rom und Italien*. Akten

des Kongresses «Scultura e monumento sepolcrale del tardo medioevo a Roma e in Italia» (Rom, 4.–6. Juli 1985), Wien 1990, 107–128.
Romanini, A. M., «Nuovi dati sulla statua bronzea di San Pietro in Vaticano», *Arte medievale*, IIa s., a. IV, n. 2 (1990), 1–49.
Rudloff, E. von, *Über das Konservieren von Leichen im Mittelalter. Ein Beitrag zur Geschichte der Anatomie und des Bestattungswesens*, Freiburg i. Br. 1921.
Ruffini, Avondo E., «Le origini del conclave papale», *Atti della r. Accademia delle Scienze di Torino*, 62 (1926–1927), 261–283.
Rusch, B., *Die Behörden und Hofbeamten der päpstlichen Kurie des 13. Jahrhunderts*, Königsberg 1936.
Ryan, J. J., *Saint Peter Damiani and His Canonical Sources*, Toronto 1956.
Sägmüller, J.-B., *Die Thätigkeit und Stellung der Cardinäle bis Papst Bonifaz VIII. historisch-canonistisch untersucht und dargestellt*, Freiburg i. Br. 1896.
Salmon, P., *Mitra und Stab. Die Pontifikalinsignien im römischen Ritus*, Mainz 1960.
Salomon, R., *Opicinus de Canistris. Weltbild und Bekenntnisse eines avignonesischen Klerikers des 14. Jahrhunderts*, 2 Bde., London 1936.
Santi, F., «Il cadavere e Bonifacio VIII, tra Stefano Tempier e Avicenna. Intorno ad un saggio di Elizabeth Brown», *Studi Medievali*, 3a s., 28 (1987), 861–878.
Sarnelli, P., *Lettere Ecclesiastiche*, Venezia 1716.
Sarti, M. – Fattorini, M., *De claris archigymnasii Bononiensibus professoribus a saeculo XI ad saeculum XIV*, 2 Bde., Bononiae 1769 (Nachdruck, Bononiae 1888–1896).
Schimmelpfennig, B., «Die Bedeutung Roms im päpstlichen Zeremoniell», in *Rom im hohen Mittelalter. Studien zu den Romvorstellungen und zur Rompolitik vom 10. bis zum 12. Jahrhundert.* Reinhard Elze zur Vollendung seines siebzigsten Lebensjahres gewidmet, Sigmaringen 1992, 47–61.
Schimmelpfennig, B., «Die Krönung des Papstes im Mittelalter dargestellt am Beispiel der Krönung Pius' II. (3. 9. 1458)», *Quellen und Forschungen aus italienischen Archiven und Bibliotheken*, 54 (1974), 192–270.
Schimmelpfennig, B., «Ein bisher unbekannter Text zur Wahl, Konsekration und Krönung des Papstes im 12. Jahrhundert», *Archivum Historiae Pontificiae*, 6 (1968), 43–70.
Schimmelpfennig, B., «Ein Fragment zur Wahl, Konsekration und Krönung des Papstes im 12. Jahrhundert», *Archivum Historiae Pontificiae*, 8 (1970), 323–331.
Schimmelpfennig, B., «Papal Coronations in Avignon», in *Coronations. Medieval and Early Modern Monarchic Ritual*, ed. J. M. Bak, University of California Press 1990, 179–196.
Schimmelpfennig, B., «Papst- und Bischofswahlen seit dem 12. Jahrhundert», in *Wahlen und Wählen im Mittelalter*, ed. R. Schneider – H. Zimmermann, Sigmaringen 1990, 173–196.
Schimmelpfennig, B., *Die Zeremonienbücher der römischen Kurie im Mittelalter*, Tübingen 1973.
Schipperges, H., «Makrobiotik bei Petrus Hispanus», *Sudhoffs Archiv*, 44 (1960), 129–155.
Schipperges, H., *Die Assimilation der arabischen Medizin durch das lateinische Mittelalter*, Wiesbaden 1964.
Schmale, F.-J., *Quellen zur Geschichte Kaiser Heinrichs IV.*, Darmstadt 1968.
Schmale, F.-J., *Studien zum Schisma des Jahres 1130*, Köln 1961.
Schmarsow, A., *Raphael und Pinturicchio in Siena*, Stuttgart 1880.
Schmidinger, H., «Das Papstbild in der Geschichtsschreibung des späteren Mittelalters», *Römische Historische Mitteilungen*, 1 (1956–1957), 106–129 (nachgedruckt in Id., *Patriarch im Abendland. Beiträge zur Geschichte des Papsttums, Roms*

und Aquileias im Mittelalter. Ausgewählte Aufsätze von Heinrich Schmidinger. Festgabe zu seinem 70. Geburtstag, Salzburg 1986).
Schmidt, C., *Studien zu den Pseudo-Clementinen*, Leipzig 1929.
Schmidt, G., «Typen und Bildmotive des spätmittelalterlichen Monumentalgrabes», in *Skulptur und Grabmal des Spätmittelalters in Rom und Italien*. Akten des Kongresses «Scultura e monumento sepolcrale del tardo medioevo a Roma e in Italia» (Rom, 4.–6. Juli 1985), Wien 1990, 13–82.
Schmidt, T., «Papst Bonifaz VIII. und die Idolatrie», *Quellen und Forschungen aus italienischen Archiven und Bibliotheken*, 66 (1986), 75–107.
Schmidt, T., *Alexander II. (1061–1073) und die römische Reformgruppe seiner Zeit*, Stuttgart 1977.
Schmitt, C. B. – Knox, D., *Pseudo-Aristoteles Latinus. A Guide to Latin Works Falsely Attributed to Aristotle Before 1500*, London 1985 (Warburg Institute Surveys and Texts 12).
Scholz, R., *Die Publizistik zur Zeit Philipps des Schönen und Bonifaz VIII.*, Stuttgart 1903.
Schramm, P. E., «Die Krönung in Deutschland bis zum Beginn des Salischen Hauses (1028)», *Zeitschrift der Savigny-Stiftung für Rechtsgeschichte*, kan. Abt., 55 (1935), 184–332.
Schramm, P. E., *Herrschaftszeichen und Staatssymbolik*, 3 Bde., Stuttgart 1954–1956.
Schramm, P. E., *Kaiser, Könige und Päpste*, 5 Bde., Stuttgart 1968–1971.
Schramm, P. E., *Kaiser, Rom und Renovatio*, Leipzig-Berlin 1929, Darmstadt 1962 (3. Aufl.).
Schramm, P. E., *Sphaira, Globus, Reichsapfel*, Stuttgart 1958.
Seidel, E., «Die Lehre von der Kontagion bei den Arabern», *Archiv für Geschichte der Medizin*, 6 (1912), 81–93.
Seidler, E., «Die Medizin in der ‹Biblionomia› des Richard de Fournival», *Sudhoffs Archiv*, 51 (1967), 44–54.
Senn, F., *L'institution des vidamies en France*, Paris 1907.
Servatius, C., *Paschalis II.*, Stuttgart 1979.
Sheehan, M. N., *The Will in Mediaeval England*, Toronto 1963.
Signorelli, G., *Viterbo nella storia della Chiesa*, 2 Bde., Viterbo 1940.
Simi Varanelli, E., «Dal Maestro d'Isacco a Giotto. Contributo alla storia della ‹perspectiva communis› medievale», *Arte medievale*, IIa s., 3 (1989) 115–142.
Singer, D. W., *Catalogue of Latin and Vernacular Alchemical Manuscripts in Great Britain and Ireland Dating from before the XVI Century*, I, Brussels 1928.
Siraisi, N. G., *Avicenna in Renaissance Italy. The ‹Canon› and Medical Teaching in Italian Universities after 1500*, Princeton 1987.
Skulptur und Grabmal des Spätmittelalters in Rom und Italien. Akten des Kongresses «Scultura e monumento sepolcrale del tardo medioevo a Roma e in Italia» (Rom, 4.–6. Juli 1985), Wien 1990.
Sommer, C., *Die Anklage der Idolatrie gegen Papst Bonifaz VIII. und seine Porträtstatuen*, Diss. phil. Freiburg i. Br. 1920.
Sot, M., «Mépris du monde et résistance des corps aux XIe et XIIe siècle», *Médiévales*, 8 (1985), 6–17.
Southern, R. W., *Robert Grosseteste. The Growth of an English Mind in Medieval Europe*, Oxford 1986.
Spinelli, L., *La vacanza della Sede apostolica dalle origini al concilio Tridentino*, Milano 1955.
Stapper, R., *Papst Johannes XXI. Eine Monographie*, Diss. Münster 1898.
Steinmann, E., «Die Zerstörung der Grabdenkmäler der Päpste von Avignon», *Monatshefte für Kunstwissenschaft*, 11 (1918), 145–171.

Stickler, A. M., «‹Imperator vicarius papae›. Die Lehren der französisch-deutschen Dekretistenschule des 12. und beginnenden 13. Jahrhunderts über die Beziehungen zwischen Papst und Kaiser», *Mitteilungen des Instituts für Österreichische Geschichtsforschung*, 62 (1954), 165–212.

Strnad, A. A., «Giacomo Grimaldis Bericht über die Öffnung des Grabes Papst Bonifaz' VIII. (1605)», *Römische Quartalschrift*, 61 (1966), 145–202.

Stroll, M., *Symbols as Power. The Papacy following the Investiture Contest*, Leiden 1991.

Stroll, M., *The Jewish Pope. Ideology and Politics in the Papal Schism of 1130*, Leiden 1987.

Struve, T., *Die Entwicklung der organologischen Staatsauffassung des Mittelalters*, Stuttgart 1978.

Tangl, M., «Die Vita Bennonis und das Regalien- und Spolienrecht», *Neues Archiv der Gesellschaft für ältere Geschichtskunde*, 33 (1907–1908), 77–94.

Tea, E., «Witelo prospettico del XIII secolo», *L'Arte*, 30 (1927), 14–27.

Tenenti, A., *Il senso della morte e l'amore della vita nel Rinascimento*, Torino 1957.

The ‹Secret of Secrets›. Sources and Influences, ed. W. F. R. Ryan – C. B. Schmitt, London 1982.

Theisen, W. R., «John Dastin's Letter on the philosophers stone», *Ambix*, 33 (1986), 76–87.

Theisen, W. R., «John Dastin: the alchemist as co-creator», *Ambix*, 38 (1991), 73–78.

Theoharides, T. C., «Galen on Marasmus», *Journal of the History of Medicine*, 26 (1971), 269–389.

Théry, G., *Autour du décret de 1210: I. David de Dinant. Etude sur son panthéisme matérialiste*, Kain 1925.

Thorndike, L. – Kibre P., *A Catalogue of Incipits of Mediaeval Scientific Writings in Latin*, London 1963.

Thorndike, L., *A History of Magic and Experimental Science*, 8 Bde., New York 1923–1958.

Thorndike, L., *Michael Scot*, London 1965.

Tierney, B., *Foundations of the Conciliar Theory. The Contributions of the Medieval Canonists from Gratian to the Great Schism*, Cambridge, 1955.

Tierney, B., *Origins of Papal Infallibility 1150–1350*, Leiden 1972 (2. Aufl., 1988).

Tillmann, H., *Papst Innozenz III.*, Bonn 1954.

Toubert, P., *Les structures du Latium médiéval. Le Latium méridional et la Sabine du IXe siècle à la fin du XIIe siècle*, 2 Bde., Rome 1973.

Träger, J., *Der reitende Papst. Ein Beitrag zur Ikonographie des Papsttums*, München-Zürich 1970.

Treitinger, O., *Die oströmische Kaiser- und Reichsidee nach ihrer Gestaltung im höfischen Zeremoniell*, Jena 1938 (Nachdr. Bad Homburg 1969).

Turner, V. W., *The ritual process; structure and antistructure*, London 1969.

Ullmann, W., *The Growth of Papal Government in the Middle Ages*, 3. Aufl., Cambridge 1970.

Valois, N., *La France et le Grand-Schisme*, 4 Bde., Paris 1896–1902.

Van Dijk, S. J. P. – Walker J. H., *The Origins of the Modern Roman Liturgy*, London 1959.

Van Dijk, S. J. P., «The Urban and Papal Rites in seventh and eighth-century Rome», *Sacris Erudiri*, 12 (1961), 411–487.

Vanel, C., *Histoire des conclaves depuis Clement V. jusqu'à present*, Paris 1689.

Vauchez, A., *La sainteté en Occident aux derniers siècles du Moyen Age*, Rome 1981.

Verdier, R., *Etudes sur Arnaud de Villeneuve, 1240 (?)–1311*, 2 Bde., Leiden(-Marseille) 1949.
Versnel, H. S., «Destruction, *Devotio* and Despair in a Situation of Anomy: the Mourning for Germanicus in triple Perspective», in *Perennitas. Studi in onore di Angelo Brelich*, Roma 1980, 541–618.
Visconti, E. M., *Descrizione del Museo Lateranense*, Roma 1782–1792.
Voci, A. M., *Nord o Sud? Note per la storia del medioevale* palatium apostolicum apud Sanctum Petrum *e delle sue cappelle*, Città del Vaticano 1992.
Vogel, P., *Nikolaus von Calvi und seine Lebensbeschreibung des Papstes Innozenz IV.*, Münster 1939.
Vregille, B. de, *Hugues de Salins, archevêque de Besançon, 1031–1066* (édition de la thèse), 3 Bde., Lille-Besançon 1983.
Wasner, F., «De consecratione, inthronisatione, coronatione summi pontificis», *Apollinaris*, II, 8 (1935), 249–281.
Wasner, F., «Literarische Zeugen für eine Federkrone der Päpste im Mittelalter», *Ephemerides Liturgicae*, 60 (1960), 409–427.
Watt, J. A., «The Constitutional Law of the College of Cardinals from Hostiensis to Johannes Andreae», *Mediaeval Studies*, 33 (1971), 127–157.
Watt, J. A., «The Term ‹Plenitudo potestatis› by Hostiensis», in *Proceedings of the Second International Congress of Medieval Canon Law*, Città del Vaticano 1965, 161–187.
Weiss, R., «Jacopo Angeli de Scarperia (c. 1360–1410–11)», in *Medioevo e Rinascimento. Studi in onore di Bruno Nardi*, Firenze 1955, 803–827.
Welborn, M. C., «The Errors of the Doctors According to Friar Roger Bacon of the Minor Order», *Isis*, 18 (1932), 52–53.
Wenck, K., «Das erste Konklave der Papstgeschichte. Rom, August bis Oktober 1241», *Quellen und Forschungen aus italienischen Archiven und Bibliotheken*, 18 (1926), 101–170.
Wickersheimer, E., *Dictionnaire biographique des médecins en France au Moyen Age*, 2 Bde., Paris 1936.
Wilks, M. J., «‹Papa est nomen iurisdictionis›. Augustinus Triumphus and the Papal Vicariate of Christ», *Journal of Theological Studies*, NS 8 (1957), 71–91.
Wilks, M. J., *The Problem of Sovereignty in the Later Middle Ages. The papal monarchy with Augustinus Triumphus and the publicists*, Cambridge 1963.
Williams, S. J., *The Early Circulation of the Pseudo-Aristotelian Secret of Secrets in the West*, in «Micrologus», 2 (1994), 127–144.
Wilson, C. A., «Philosophers, Iósis and the Water of Life», in *Proceedings of the Leeds Philosophical and Literary Society (Literary and Historical Section)*, 19 (1984), 101–210.
Winslow, C.-E. A., *The Conquest of Epidemic Disease. A chapter in the History of Ideas*, University of Wisconsin, 1980.
Zerbi, P., *Papato, impero e ‹respublica christiana› dal 1187 al 1198*, Milano 1980.
Zoepffel, R., *Die Papstwahlen und die mit ihnen im nächsten Zusammenhange stehenden Ceremonien in ihrer Entwicklung vom 11. bis zum 14. Jahrhundert*, Göttingen 1871.

Register

Buchanzeigen